龍與獅的對話

翻譯史研究論叢

翻譯史研究論叢・系列之二

龍與獅的對話

翻譯與馬戛爾尼訪華使團

王宏志 著

香港中文大學出版社
The Chinese University of Hong Kong Press

翻譯研究中心
RCT Research Centre for Translation

翻譯史研究論叢
叢書主編：王宏志
叢書助理：李佳偉、李穎欣

《龍與獅的對話：翻譯與馬戛爾尼訪華使團》
王宏志　著

國際統一書號 (ISBN)：978-988-237-249-8

出版：香港中文大學翻譯研究中心
香港 新界 沙田．香港中文大學
電郵：rct@cuhk.edu.hk
網址：www.cuhk.edu.hk/rct

香港中文大學出版社
香港 新界 沙田．香港中文大學
傳真：+852 2603 7355
電郵：cup@cuhk.edu.hk
網址：cup.cuhk.edu.hk

Studies in Translation History
Series Editor: Lawrence Wang-chi Wong
Series Assistants: Barbara Jiawei Li & Agnes Yingxin Li

Dialogue Between the Dragon and the Lion: Translation and the Macartney Mission (in Chinese)
By Lawrence Wang-chi Wong

ISBN: 978-988-237-249-8

Published by: Research Centre for Translation
The Chinese University of Hong Kong
Sha Tin, N.T., Hong Kong
Email: rct@cuhk.edu.hk
Website: www.cuhk.edu.hk/rct

The Chinese University of Hong Kong Press
The Chinese University of Hong Kong
Sha Tin, N.T., Hong Kong
Fax: +852 2603 7355
Email: cup@cuhk.edu.hk
Website: cup.cuhk.edu.hk

Printed in Hong Kong

封面說明：乾隆頒送喬治三世第一道敕諭，1793年10月7日，現藏英國皇家檔案館，RA GEO ADD 31 21 A, courtesy of the Royal Archives © Her Majesty Queen Elizabeth II 2021。

叢書緣起

「翻譯史研究論叢」由香港中文大學翻譯研究中心策劃，香港中文大學出版社出版及發行，是海外第一套專門研究中國翻譯史個案的學術叢書。

近年來，中國翻譯史研究得到了較大的關注，坊間早已見到好幾種以《中國翻譯史》命名的專著，而相關的論文更大量地出現，這無疑是可喜的現象。然而，不能否認，作為一專門學術學科，中國翻譯史研究其實還只是處於草創階段，大部分已出版的翻譯史專著僅停留於基本翻譯資料的整理和爬梳，而不少所謂的研究論文也流於表面的介紹，缺乏深入的分析和論述，這是讓人很感可惜的。

香港中文大學翻譯研究中心成立於1971年，初期致力向西方譯介中國文學，自1973年起出版半年刊《譯叢》，以英文翻譯中國文學作品。近年著力推動翻譯研究，並特別專注中國翻譯史研究，於2011年推出《翻譯史研究》年刊，是迄今唯一一種專門刊登中國翻譯史個案研究論文的期刊。中心自2010年開始籌劃出版「翻譯史研究論叢」，目的就是要積極推動及提高中國翻譯史研究的水平，深入探討中國翻譯史重要個案，2012年推出叢書的第一種。

「翻譯史研究論叢」設有學術委員會，由知名學者擔任成員，為叢書出版路向、評審等方面提供意見及指導。所有書稿必須通過匿名評審機制，兩名評審人經由學術委員會推薦及通過，評審報告亦交全體學術委員會成員審核，議決書稿是否接納出版。

「翻譯史研究論叢」園地公開，歡迎各方學者惠賜書稿，為推動及提高中國翻譯史研究而共同努力。

王宏志

「翻譯史研究論叢」主編

呈獻

南洋理工大學終身名譽校長

徐冠林教授

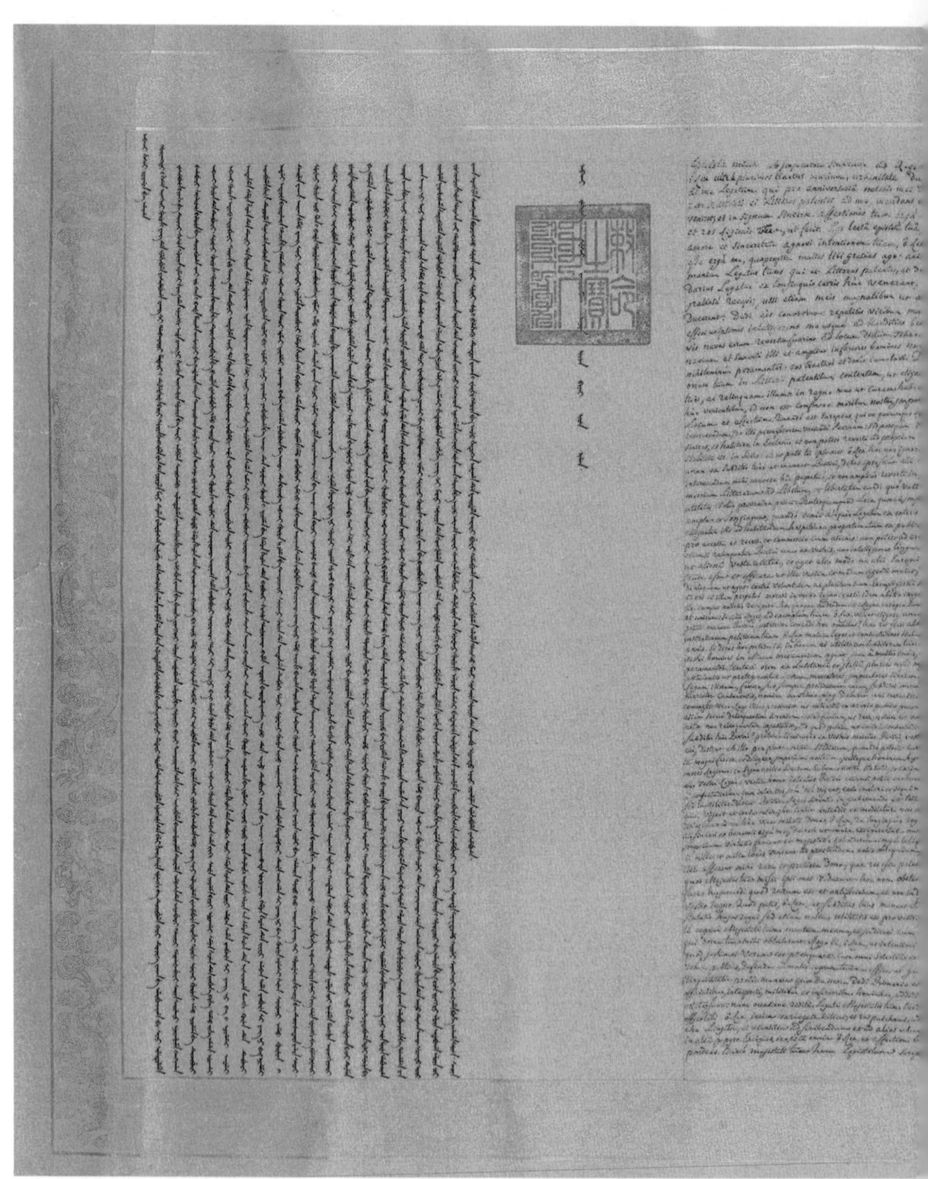

圖1　乾隆頒送喬治三世第一道敕諭，1793年10月7日，現藏英國皇家檔案館，
RA GEO ADD 31 21 A, courtesy of the Royal Archives © Her Majesty Queen Elizabeth II 2021。

奉
天承運
皇帝勅諭暎咭唎國王知悉國王遠在重洋傾心嚮化特遣使恭齎表章航海來庭叩祝萬壽並備進方物用將忱悃朕披閱表文詞意肫懇具
見國王恭順之誠深為嘉許所有齎到表貢之正副使臣念其奉使遠涉推恩加禮已令大臣帶領瞻覲錫予筵宴疊加賞賚用示懷柔其已
回珠山之管船官役人等六百餘名雖未來京朕亦優加賞賜俾得普沾恩惠一視同仁至國王表內懇請派一爾國之人住居天朝照管爾
國買賣一節此則與天朝體制不合斷不可行向來西洋各國有願來天朝當差之人原准其來京但既來之後即遵用天朝服色安置堂內
永遠不准復回本國此係天朝定制想國王亦所知悉今爾國王欲求派一爾國之人居住京城既不能如來京當差之西洋人在京居住不歸
本國又不可聽其往來常通信息實為無益之事且天朝所管地方至為廣遠凡外藩使臣到京譯館供給行止出入俱有一定體制從無聽
其自便之例今爾國若留人在京言語不通服飾殊制無地可以安置若必似來京當差之西洋人令其一例改易服飾天朝亦從不肯強人
以所難設天朝欲差人常住爾國亦豈爾國所能遵行況西洋諸國甚多非止爾一國若俱似國王懇請派人留京豈能一一聽許是此事斷
難行亦豈能因國王一時之請以致更張天朝百餘年法度若云國王為照料買賣起見則爾國在澳門貿易非止一日原無不加以恩視即
如從前博爾都噶爾雅意達哩亞等國屢經遣使來朝亦曾以照料貿易為請天朝鑒其悃忱優加體恤凡遇該國等貿易之事無不照料備
周前成廣東商人吳昭平有拖欠洋船價值銀兩之事即飭令該管總督由官庫內先行動支帑項代為清還並將拖欠商人重治其罪想此
事爾國亦聞知矣又何必派人留京為此越例斷不可行之請況留人在京距澳門貿易處所幾及萬里伊亦何能照料耶若云仰慕天朝欲
其觀習教化則天朝自有天朝禮法與爾國各不相同爾國所留之人即能學習爾國自有風俗制度亦斷不能效法中國即學會亦屬無用
天朝撫有四海惟勵精圖治辦理政務奇珍異寶並不貴重爾國王此次齎進各物念其誠心遠獻特諭該管衙門收納其實天朝德威遠被萬
里來王種種貴重之物梯航畢集無所不有爾之正使等所親見然從不貴奇巧並無更需爾國製辦物件是爾國王所請派人留京一事於
天朝體制既屬不合而於爾國亦殊覺無益特此詳晰開示遣令貢使等安穩回國爾國王惟當善體朕意益勵款誠永矢恭順以保乂爾有邦
共享太平之福除正副使以下各官及通事兵役人等正賞加賞各物件另單賞給外茲因爾國使臣歸國特頒勅諭並錫賚國王文綺珍物
具如常儀加賜綵緞羅綺文玩器具諸珍另列清單王其祗受悉朕眷懷特此敕諭

乾隆五十八年九月初三日

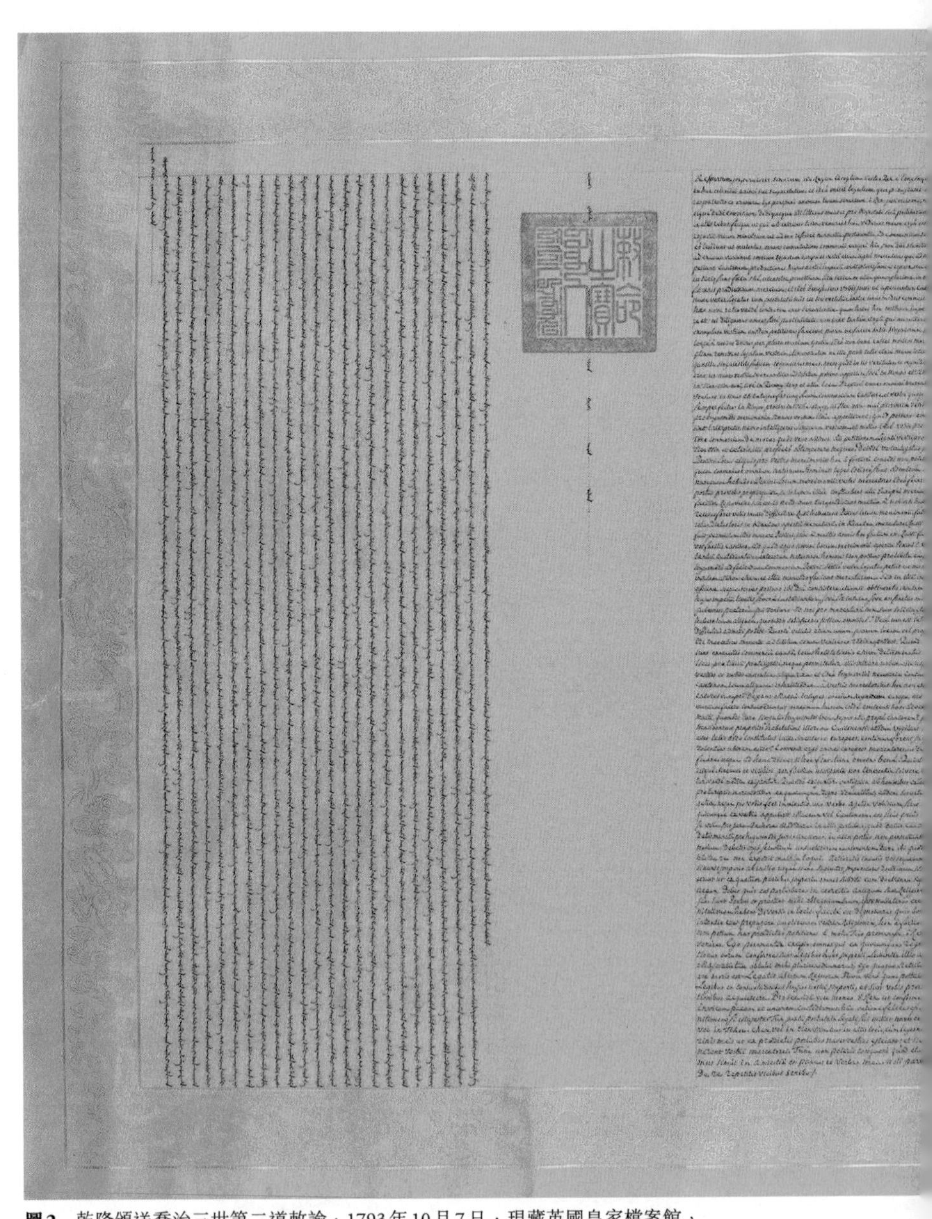

圖2 乾隆頒送喬治三世第二道敕諭，1793年10月7日，現藏英國皇家檔案館，RA GEO ADD 31 21 B, courtesy of the Royal Archives © Her Majesty Queen Elizabeth II 2021。

奉天承運

皇帝勅諭暎咭唎國王知悉爾國王遠慕聲教嚮化維殷遣使恭齎表貢航海祝釐朕鑒爾國王恭順之誠令大臣帶領使臣等瞻覲錫之筵宴賚予駢蕃業已頒給勅諭賜爾國王文綺珍玩用示懷柔昨據爾使臣以爾國貿易之事稟請大臣等轉奏皆係更張定制不便准行向來西洋各國及爾國夷商赴天朝貿易悉於嶴門互市歷久相沿已非一日天朝物產豐盈無所不有原不藉外夷貨物以通有無特因天朝所產茶葉磁器絲觔為西洋各國及爾國必需之物是以加恩體恤在嶴門開設洋行俾得日用有資並沾餘潤今爾國使臣於定例之外多有陳乞大乖仰體天朝加惠遠人撫育四夷之道且天朝統馭萬國一視同仁即在廣東貿易者亦不僅爾暎咭唎一國若俱紛紛效尤以難行之事妄行干瀆豈能曲徇所請念爾國僻居荒遠間隔重瀛於天朝體制原未諳悉是以命大臣等向使臣等詳加開導遣令回國恐爾使臣等回國後稟達未能明晰復將所請各條繕勅逐一曉諭想能領悉據爾使臣稱爾國貨船將來或到浙江寧波珠山及天津廣東地方收泊交易一節向來西洋各國前赴天朝地方貿易俱在嶴門設有洋行收發各貨由來已久爾國亦一律遵行多年並無異語其浙江寧波直隸天津等海口均未設有洋行爾國船隻到彼亦無從銷賣貨物況該處並無通事不能諳曉爾國語言諸多未便除廣東嶴門地方仍准照舊交易外所有爾使臣懇請向浙江寧波珠山及直隸天津地方泊船貿易之處皆不可行又據爾使臣稱爾國買賣人要在天朝京城另立一行收貯貨物發賣仿照俄羅斯之例一節更斷不可行京城為萬方拱極之區體制森嚴法令整肅從無外藩人等在京城開設貨行之事爾國向在嶴門交易亦因嶴門與海口較近且係西洋各國聚會之處往來便益若於京城設行發貨爾國在京城西北地方相距遼遠運送貨物亦甚不便從前俄羅斯人在京城設館貿易因未立恰克圖以前不過暫行給屋居住嗣因設立恰克圖以後俄羅斯在該處交易買賣即不准在京城居住亦已數十年現在俄羅斯在恰克圖邊界交易即與爾國在嶴門交易相似爾國既有嶴門洋行發賣貨物何必又欲在京城另立一行天朝疆界嚴明從不許外藩人等稍有越境攙雜是爾國欲在京城立行之事必不可行又據爾使臣稱欲求相近珠山地方小海島一處商人到彼即在該處停歇以便收存貨物一節爾國欲在珠山海島地方居住原為發賣貨物而起今珠山地方既無洋行又無通事爾國船隻已不在彼停泊爾國要此海島地方亦屬無用天朝尺土俱歸版籍疆址森然即島嶼沙洲亦必畫界分疆各有專屬況外夷向化天朝交易貨物者亦不僅爾暎咭唎一國若別國紛紛效尤懇請賞給地方居住買賣之人豈能各應所求且天朝亦無此體制此事尤不便准行又據稱撥給廣東省城小地方一處居住爾國夷商或准令嶴門居住之人出入自便一節向來西洋各國夷商居住嶴門貿易畫定住址地界不得踰越尺寸其赴洋行發貨夷商亦不得擅入省城原以杜民夷之爭論立中外之大防今欲於附近省城地方另撥一處給爾國夷商居住已非西洋夷商歷來在嶴門定例況西洋各國在廣東貿易多年獲利豐厚來者日眾豈能一一撥給地方分住耶至於夷商等出入往來悉由地方官督率洋行商人隨時稽察若竟毫無限制恐內地民人與爾國夷人間有爭論轉非體恤之意核之事理自應仍照定例在嶴門居住方為妥善又據稱暎咭唎國夷商自廣東下嶴門由內河行走貨物或不上稅或少上稅一節夷商貿易往來納稅皆有定則西洋各國均屬相同此時既不能因爾國船隻較多徵收稍有溢額亦不便將爾國上稅之例獨為減少惟應照例公平抽收與別國一體辦理嗣後爾國夷商販貨赴嶴門仍當隨時照料用示體恤又據稱爾國船隻請照例上稅一節粵海關徵收船料向有定例今既未便於他處海口設行交易自應仍在粵海關按例納稅毋庸另行曉諭至於爾國所奉之天主教原係西洋各國向奉之教天朝自開闢以來聖帝明王垂教創法四方億兆率由有素不敢惑於異說即在京當差之西洋人等居住在堂亦不准與中國人民交結妄行傳教華夷之辨甚嚴今爾國使臣之意欲任聽夷人傳教尤屬不可以上所諭各條原因爾國使臣之妄說爾國王或未能深悉天朝體制並非有意妄干朕於入貢諸邦誠心向化者無不加之體恤用示懷柔如有懇求之事若於體制無妨無不曲從所請況爾國王僻處重洋輸誠納貢朕之錫予優嘉倍於他國今爾使臣所懇各條不但於天朝法制攸關即為爾國代謀亦俱無益難行之事茲再明白曉諭爾國王當仰體朕心永遠遵奉共享太平之福若經此次詳諭後爾國王或誤聽爾臣下之言任從夷商將貨船駛至浙江天津地方欲求上岸交易天朝法制森嚴各處守土文武恪遵功令爾國船隻到彼該處文武必不肯令其停留定當立時驅逐出洋未免爾國夷商徒勞往返勿謂言之不預也其凜遵毋忽特此再諭

乾隆五十八年九月初三日

Imp rii Kien Long … Vo Lu ha ho isa Tertia die

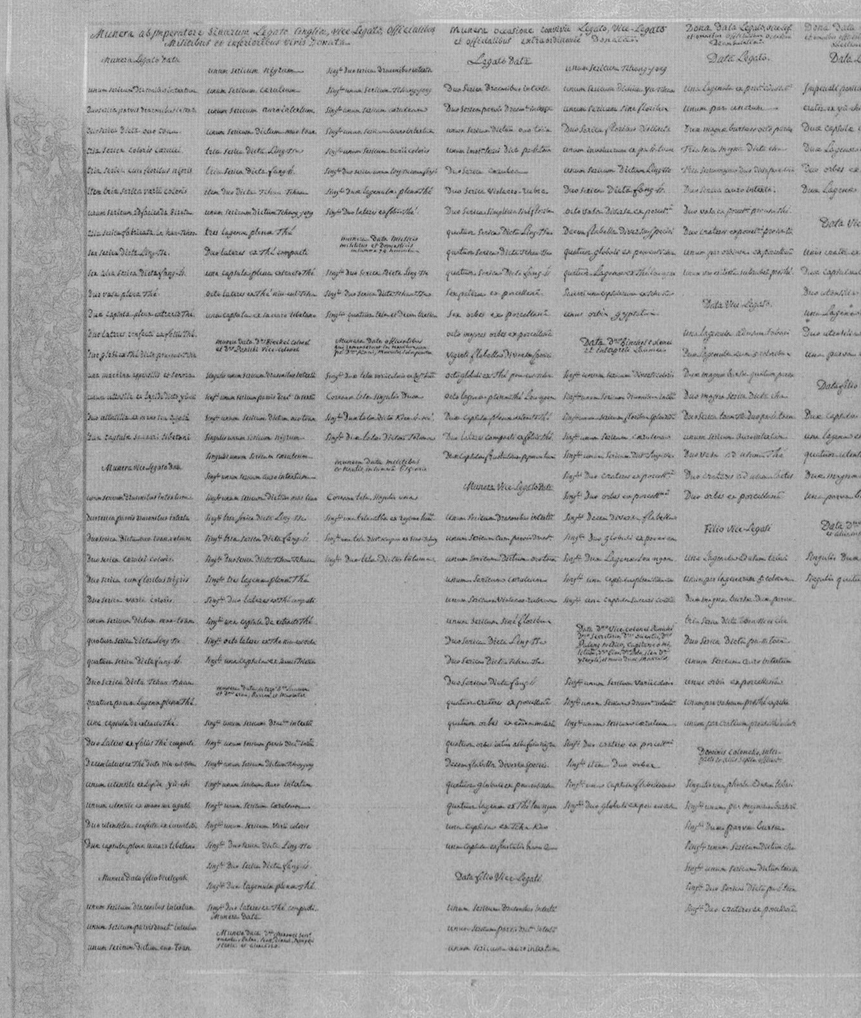

Munera ab Imperatore Sinarum Legato Angliae, Vice Legato, Officialibus Militibus et inferioribus viris Donata.

Munera occasione convivii Legato, Vice-Legato et officialibus extraordinarie Donata.

圖3　乾隆賞送馬戛爾尼使團成員物件清單，現藏英國皇家檔案館，
RA GEO ADD 31 21 C, courtesy of the Royal Archives © Her Majesty Queen Elizabeth II 2021。

計開

正賞正副貢使及官役兵丁等物件

正使 龍緞一疋 粧緞二疋 倭緞二疋 藍緞三疋 青花緞三疋 彩緞三疋 帽緞一疋 杭紬三疋
綾六疋 紡絲六疋 茶葉二大瓶 茶膏二匣 磚茶二塊 大普洱茶二個 刻龘吉慶一架 玉器一件
瑪瑙器二件 廣錦二匣

副使 龍緞一疋 粧緞二疋 倭緞二疋 藍緞二疋 青花緞二疋 彩緞二疋 帽緞一疋 綾四疋
紡絲四疋 綢紬二疋 茶葉四小瓶 茶膏一匣 磚茶二塊 女兒茶十個 玉器一件 瑪瑙器一件
葫蘆器二件 藍錦二匣

副使之子 龍緞一疋 粧緞一疋 倭緞一疋 青緞一疋 藍緞一疋 錦一疋 帽緞一疋 綾三疋
紡絲三疋 綢紬二疋 漳絨一疋 茶葉三瓶 磚茶二塊 茶膏一匣 女兒茶八團 歲錦一匣

總兵官李本生 副總兵官吧咏魏 龍緞各一疋 粧緞各一疋 倭緞各一疋 青緞各一疋 藍緞各一疋 錦各一疋 帽緞各一疋 綾各三疋
紡絲各三疋 綢紬各二疋 茶葉各三瓶 磚茶各二塊 茶膏各一匣 女兒茶各八個 歲錦各一匣

通事委門 管兵官額魯 總管貢物官吧寵 管船官嗎吻哆噺 龍緞各一疋 粧緞各一疋 漳絨各一疋 錦各一疋 藍緞各一疋 彩緞各一疋 綾各二疋 紡絲各二疋
茶葉各二瓶 磚茶各二塊

代筆嗎嗐索門 文學 醫生吧郎 桅舊事 天文生登雅德 聽事官白齡 伊開 伊登勒 額勒奈德 龍緞各一疋 粧緞各一疋 漳絨各一疋 藍緞各一疋 錦各一疋 彩緞各一疋 綾各一疋 紡絲各一疋
茶葉各二瓶 磚茶各二塊

吹樂匠作兵丁家人雜役共七十四名 綾各二疋 紬各二疋 布各四疋 銀各十兩

留船管船官嗎咏 噴嘆哆噺 武哨吃 喔喔 哈咏哆 回子花布各二疋 高麗布各二疋 漂絲葛各二疋 波羅麻各二疋

留船兵役水手共六百十五名 高麗布各一疋 回子白布各一疋 小增城葛各一疋 波羅麻各二疋

筵宴加賞正副貢使及各官物件

正使 龍緞二疋 粧緞二疋 倭緞一疋 大卷八絲緞一疋 藍緞二疋 替色緞二疋 素緞二疋 綾四疋
杭紬四疋 紡絲四疋 五彩瓷花碗六件 霽青白裏瓷盤六件 瓷盤八件 各樣扇二十柄 普洱茶八團 六安茶八瓶
茶膏二匣 磚茶二塊 哈密瓜乾二匣

副使 龍緞一疋 粧緞一疋 倭緞一疋 藍緞一疋 替色緞一疋 素緞一疋 綾二疋 杭紬二疋
紡絲二疋 五彩瓷花碗四件 瓷盤四件 霽青白裏瓷盤四件 各樣扇十柄 普洱茶四團 六安茶四瓶 茶膏一匣
哈密瓜乾一匣

副使之子 龍緞一疋 粧緞一疋 錦一疋 漳絨一疋 羽緞一疋 素緞一疋 花緞二疋 小卷八絲緞一疋
綾一疋 紡絲二疋 瓷器八件 十錦扇十柄 普洱茶四團 六安茶四瓶 茶膏冰糖各一匣 雕漆盤一件

總兵官李本生 通事委門 閃緞各一疋 粧緞各一疋 瓷花緞各一疋 藍緞各一疋 綾各一疋 瓷碗各二件 瓷盤各二件 十錦扇各十柄
普洱茶各二團 六安茶各二瓶 茶膏各一匣 冰糖各一匣

副總兵官吧咏魏 代筆文學 醫生吧郎 管兵官額魯 聽事官白齡 伊登勒 管船官嗎吻哆噺 閃緞各一疋 粧緞各一疋 藍緞各一疋 瓷碗各二件 瓷盤各二件 扇各一匣 普洱茶各二團

特賞正副使及各官遊玩景緻物件

正使 瓷鼻烟壺一個 五彩雞尊一對 大荷包一對 小荷包八個 大卷紗三疋 大卷緞三疋 大卷八絲緞二疋 錦二疋
瓷茶桶一對 瓷奶茶碗一對 瓷盤一對 宜興器一件

副使 瓷鼻烟壺一個 五彩滴壺一對 大荷包一對 小荷包四個 大卷紗二疋 大卷緞二疋 大卷八絲緞二疋 錦一疋
瓷茶桶一對 瓷奶茶碗一對 瓷盤一對

副使之子 鼻烟壺一個 五彩鼓一對 大荷包一對 小荷包二個 紗緞各三疋 八絲緞二疋 錦一疋 瓷盤一件
皮茶桶一對 奶茶碗一對

總兵官通事九名 鼻烟壺各一個 大荷包各一對 小荷包各二個 紗各一疋 緞各一疋 八絲緞二疋 瓷碗二件

特賞正副使及各官觀劇物件

正使 御筆書畫小冊頁一件 玉盃一件 漆挑盒二件 葫蘆瓶二件 瓷盤二件 瓷瓶二件

副使 玉盃一件 漆挑盒二件 葫蘆器二件 瓷瓶一件 瓷器二件 小荷包一個

副使之子 漆挑盒二件 瓷瓶一件 瓷器四件

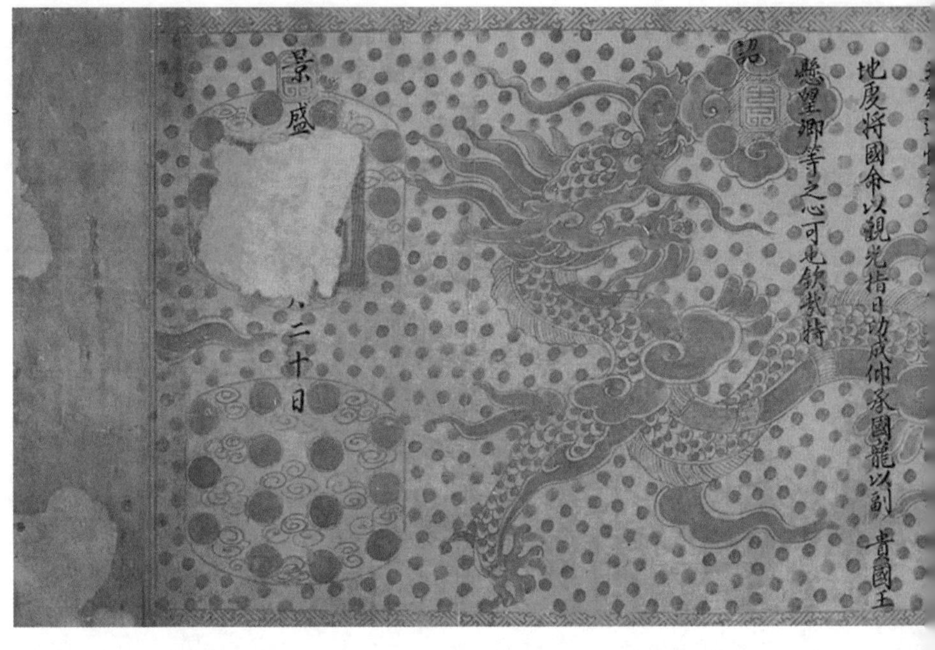

地虔將國命以親光指日功成仰承國寵以副 貴國王
懸望卿等之心可也欽哉特
詔
景盛 八二十日

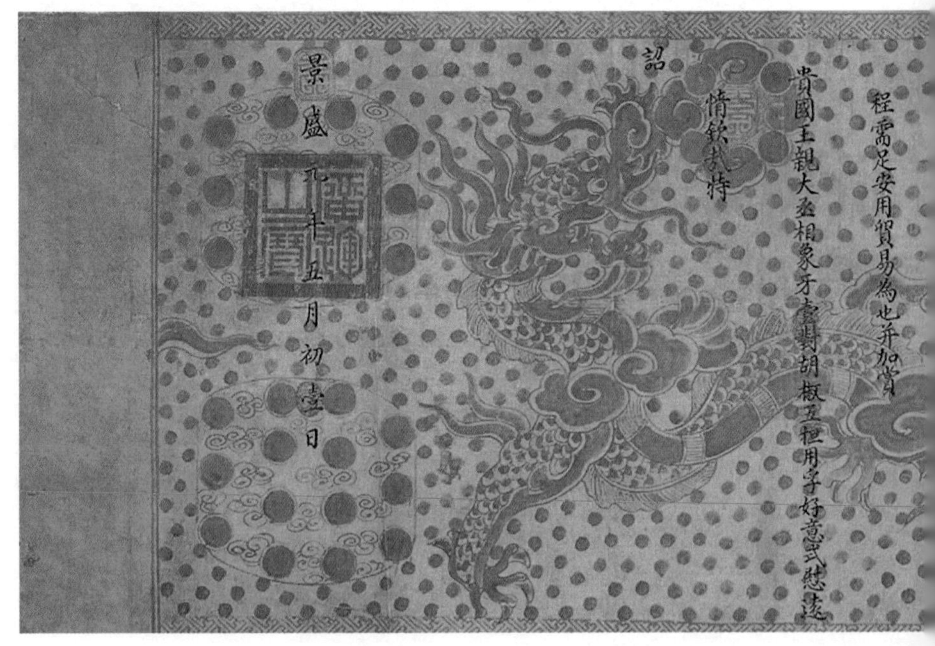

程需足安用貿易為也并加賞
貴國王親大丞相象牙壹對胡椒五担用字好意式慰遠
情欽哉特
詔
景盛九年五月初壹日

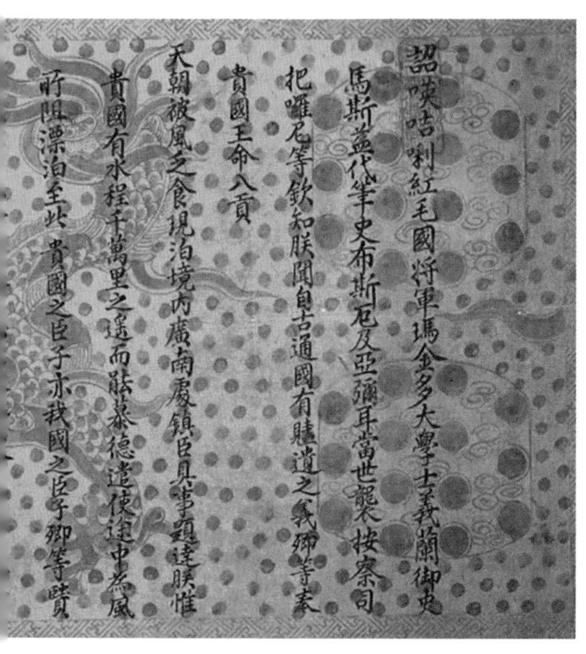
詔嘆咭唎紅毛國將軍瑪金多大學士義蘭御史
馬斯蓋代筆史布斯厄及亞彌耳當世襲按察司
把囉尼等欽知朕聞自古通國有賮遺之義卿等奉
貴國王命入貢
天朝被風乏食現泊境內廣南處鎮臣具事題達朕惟
貴國有水程千萬里之遙而賮恭德遣使途中為風
所阻漂泊至此貴國之臣子亦我國之臣子卿等貲

圖4　阮光纘頒與馬庚多斯船長諭令，1793年5月29日，現藏大英圖書館，Or 14817/B © The British Library。

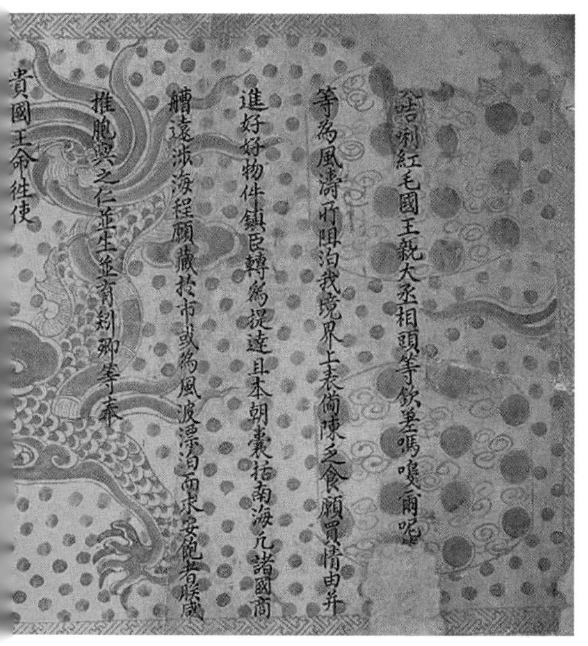
咭唎紅毛國王親大丞相頭等欽差嗎嘎爾呢
等為風濤所阻泊我境界上表備陳乏食願買情由并
進好好物件鎮臣轉為提達且本朝囊括南海凡諸國商
艚遠涉海程願藏技市或為風波漂泊而求安飽者朕咸
推胞與之仁並生並育矧卿等奉
貴國王命往使

圖5　阮光纘頒與馬戛爾尼諭令，1793年6月8日，現藏大英圖書館，Or 14817/A © The British Library。

147
Dominus Nean – A Chinese Missionary
of the Propaganda fide at
Naples who attended the Embassy
as Interpreter. 1794.

圖6　使團畫師額勒桑德所繪嚴寬仁畫像，現藏大英圖書館 © The British Library。

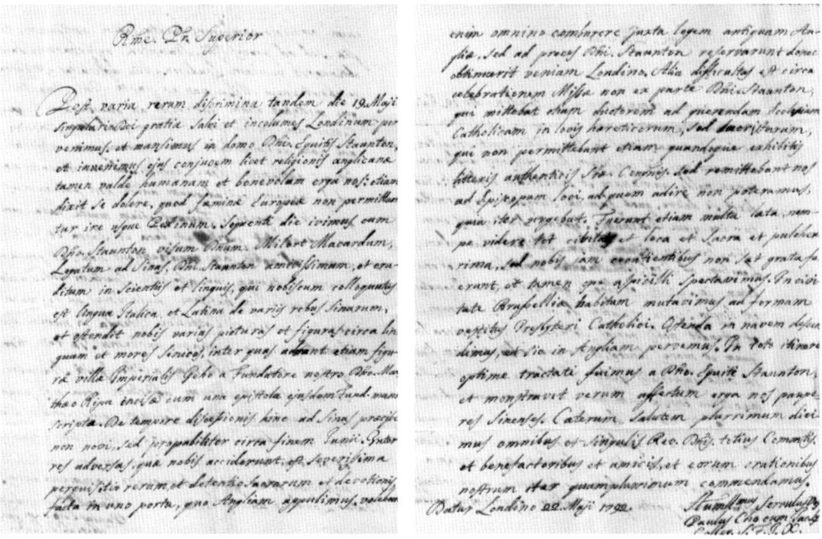

圖7　柯宗孝、李自標致那不勒斯中華書院主管信，1792年5月22日，現藏那不勒斯東方大學，courtesy of Università degli Studi di Napoli "L'Orientale"。

Eminentissime et Reverendissime Domine

541

Angliam repetenti, quæ ex Cantone veniens nobis in freto Java seu Batavie occurrit, cuidam navi, prætermittere non potui, quin aliquid litterarum ad Tuam Eminentiam darem: memini enim nec unquam obliviscar, quanta extiterit tua erga me meamque gentem paterna sollicitudo.

Nos quatuor die 26. Septembris anni superioris ex Portsmouth Magnæ Britanniæ portu profecti, Deo protegente salvi attigimus insulam Javam die 28. Februarii hujus anni: pertranseuntes tenuimus Maderam, Tenerif unam ex Cannaliis, Caput Viride, Americam in Blasilia, Tristan da Cunha, Amsterdam, et hanc Javam: moramque fecimus in regionibus dictis non parvam. In itinere hucusque peracto etiam ego cum collega Petro Wan in navi pedissequa sumus ab omnibus humaniter tractati, viventes ea semper modestia, quæ maxime decet eleemosynam petentes.

Jam dies sunt quadragintaquinque, quod hic in Java retardemus. Spero brevi post hinc Sinas adnavigaturos. Inde Deo favente Tuæ Eminentiæ perscribam de reliquo; cujus Sacram Purpuram toto corde prostratus deosculor, et Sanctam Benedictionem peto, Imperata Cuncta facturus. —— Datum Ex Insula Java die 13. Aprilis 1793.

Eminentissimæ Tuæ Emæ et Rmæ

Addictissimus servulus et indignissimus filiolus Vincentius Nien

圖8 嚴寬仁致那不勒斯中華書院主管信，1793年4月13日，現藏梵蒂岡傳信部檔案館，SOCP, vol. 68, f. 541 © Archivium Propaganda Fide。

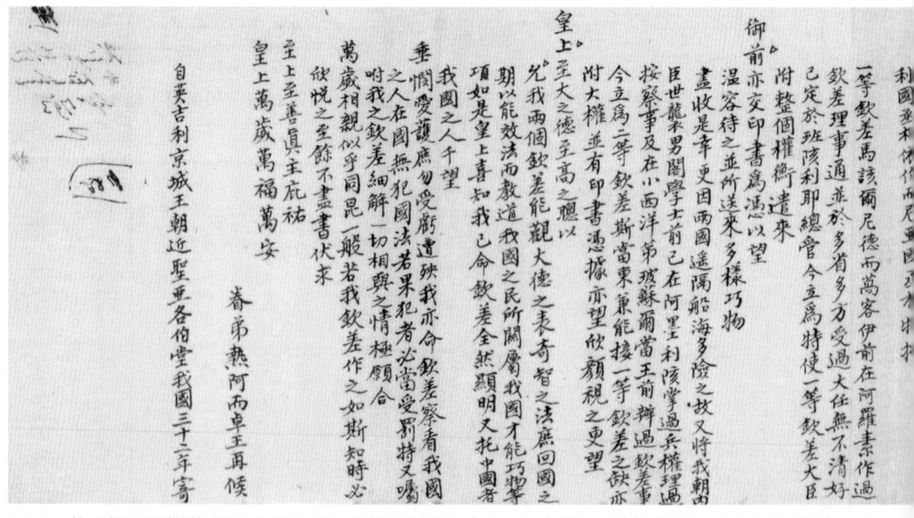

一等欽差馬該爾尼德而萬客伊前在阿羅素作過
欽差理事通並於多省多方受過大任無不清好
已定於班孩利耶總會今立爲特使一等欽差大臣
附整個權衡遣來
御前亦交印書爲憑以望
温容待之並所送來多樣巧物
盡收是幸更因兩國遥隔船海多險之故又將我朝內
臣世襲男閣學士前已在阿里利陔掌過兵權理過
按察事及在小西洋第玻蘇爾當王前辦過欽差事
今立爲二等欽差斯當東兼能接一等欽差之缺亦
附大權並有印書憑據亦望欣顏視之更望
皇上至大之德至高之聽以
允我兩個欽差能覲大德之表奇智之法庶回國之
期以能效法而教道我國之民所關屬我國才能巧物等
項如是皇上喜知我已命欽差全然顯明又托中國者
我國之人千望
垂憫愛護庶勿受虧遣殃我亦命欽差察看我國
之人在國無犯國法若果犯者必當受罰特又囑
咐我之欽差細解一切相與之情極願合
萬歲相親似乎同昆一般若我欽差作之如斯知時必
欣悅之至餘不盡書伏求
至上至善眞主庇祐
皇上萬歲萬福萬安
眷弟熱阿而卓王再候
自英吉利京城王朝近聖亜各伯堂我國三十二年寄

圖10 使團譯員翻譯英國國王喬治三世致乾隆皇帝國書中譯，相信為柯宗孝手抄，現藏英國國家檔案館，FO 1048/1 © The National Archives, The United Kingdom。

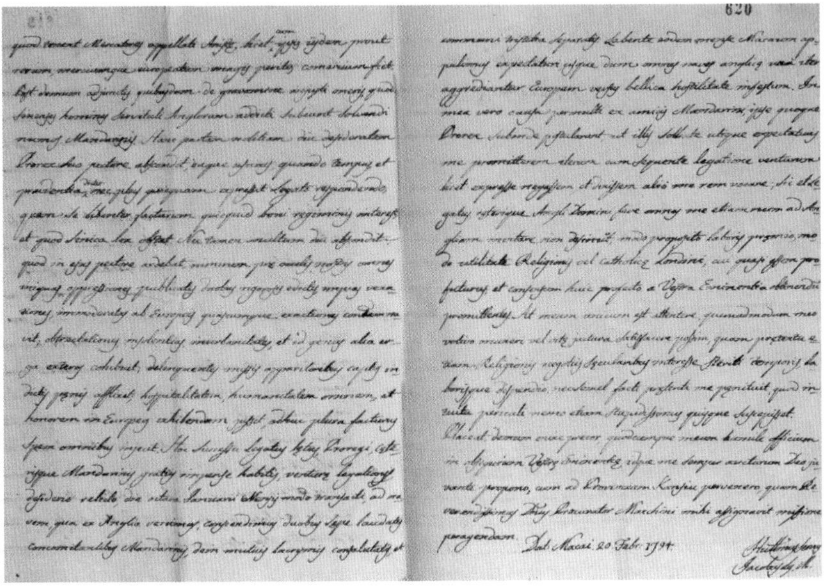

圖9 李自標致那不勒斯中華書院主管信（部分），1794年2月20日，現藏梵蒂岡傳信部檔案館，SOCP, vol. 68, f. 620 © Archivium Propaganda Fide。

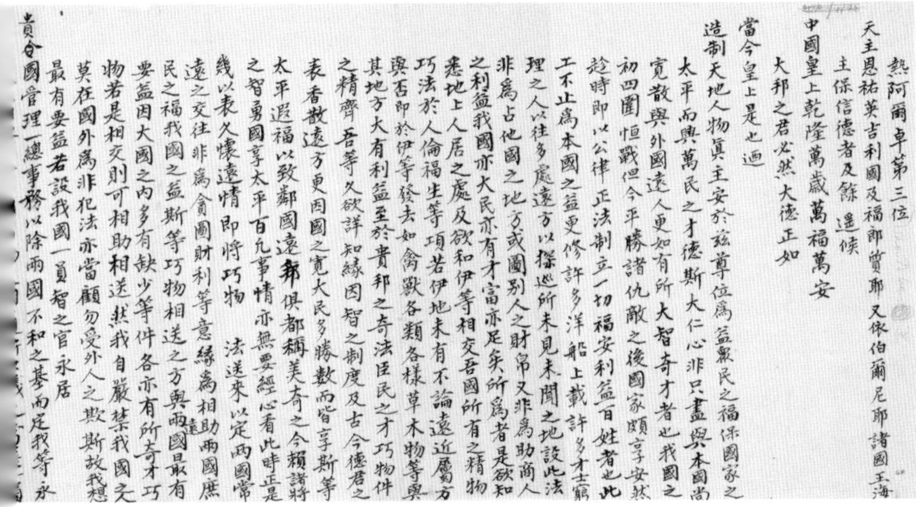

熱阿爾卓第三位
天主恩祐英吉利國及福郎質耶又依伯爾尼耶諸國王海
主保信德者及餘 遙候
中國皇上乾隆萬歲萬福萬安
大邦之君必然大德正如
當今皇上是也迺
造制天地人物眞主安於茲尊位爲益衆民之福保國家之
太平而興萬民之才德斯大仁心非只盡與本國尚
寛散與外國遠人更如有所大智奇才者也我國之
初四圍恒戰但今平勝諸仇敵之後國家頗享安然
趁時即以公律正法制立一切福安利益百姓者也此
工不止爲本國之益更修許多洋船上載許多才士窮
理之人以往多處遠方以探巡所未見未聞之地設此法
非爲占他國之地方或圖別人之財帛又非爲助商人
之利益我國亦大民亦有才富亦足矣所爲者是欲知
悉地上人居之處及欲和伊等相交吾國所有之精物
巧法於人倫福生等項若伊地未有不論遠近屬方
與否即於伊等發去如禽獸各類各樣草木物等與
其地方大有利益至於貴邦之奇法臣民之才巧物件
之精齊吾等久欲詳知緣因智之制度及古今德君之
表香散遠方更因國之寛大民多勝數而皆享斯等
太平遐福以致鄰國遠鄉俱都稱美奇之今賴諸將
之智勇國享太平百凡事情亦無要經心看此時正是
機以表久懷遠情即將巧物 法送來以定兩國常
遠之交往非爲貪圖財利等意緣爲相助兩國庶
民之福我國之益斯等巧物相送之方與兩國最有
要益因大國之內多有缺少等件各亦有所奇才巧
物若是相交則可相助相送然我自嚴禁我國之
莫在國外爲非犯法亦當顧勿受外人之欺斯故我想
最有要益若設我國一員智之官永居
貴國管理一總事務以除兩國不和之基而定我等永

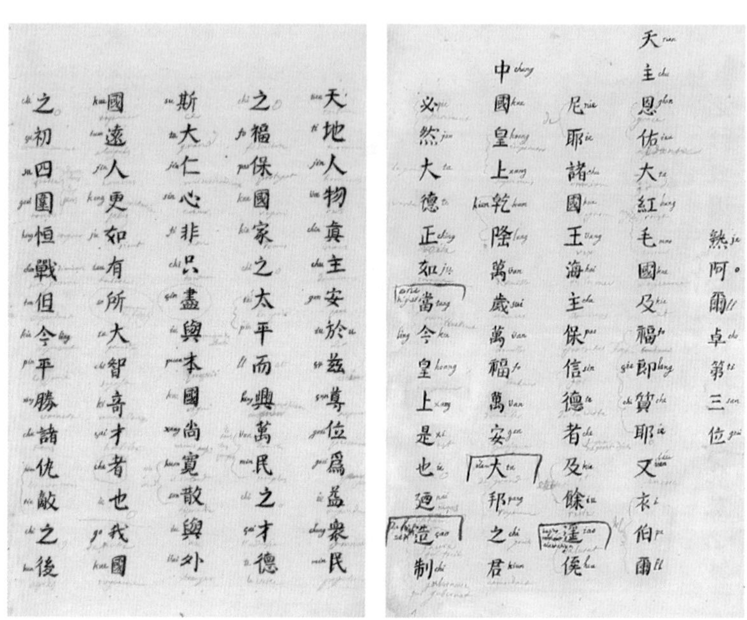

熱阿爾卓第三位
天主恩佑大紅毛國及福郎質耶又衣伯爾
尼耶諸國王海主保信德者及餘遙僥
中國皇上乾隆萬歲萬福萬安大邦之君
必然大德正如當今皇上是也適造制

天地人物真主安於茲尊位為羞眾民
之福保國家之太平而興萬民之才德
斯大仁心非只盡與本國尚寬散與外
國遠人更如有所大智奇才者也我國
之初四圍恒戰但今平勝諸仇敵之後

圖11　孟督及手抄使團譯員翻譯英國國王喬治三世致乾隆皇帝國書中譯（部分），現藏梵蒂岡宗座圖書館，Borg. Cin. 394 © Biblioteca Apostolica Vaticana。

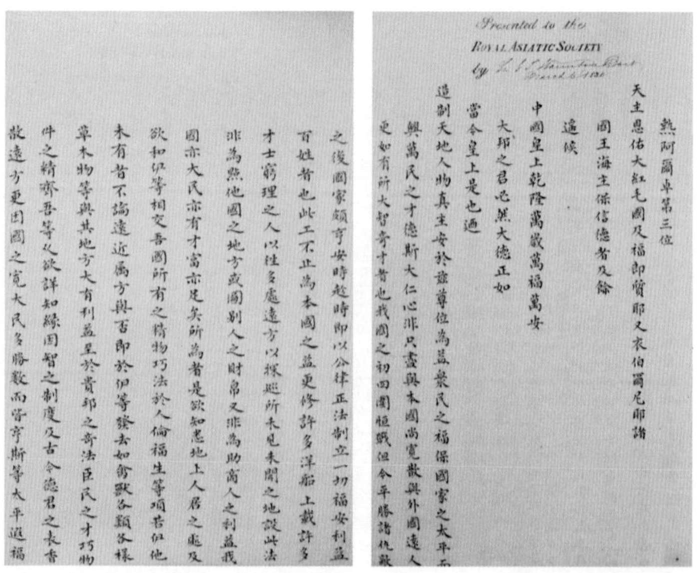

Presented to the
Royal Asiatic Society

熱阿爾卓第三位
天主恩佑大紅毛國及福郎質耶又衣伯爾尼耶諸
國王海主保信德者及餘
遙僥
中國皇上乾隆萬歲萬福萬安
大邦之君必然大德正如
當今皇上是也適
造制天地人物真主安於茲尊位為羞眾民之福保國家之太平而
興萬民之才德斯大仁心非只盡與本國尚寬散與外國遠人
更如有所大智奇才者也我國之初四圍恒戰但今平勝諸仇敵

之後國家頗享安時越時即以公律正法制立一切福安利益
百姓者也此工不止為本國之益更修許多洋船上載許多
才士窮理之人以往多處遠方以探巡所未見未聞之地設此法
非為戀他國之地方或圖別人之財帛又非為助商人之利益我
國亦大民亦有才富亦足矣所為者是欲知悉地上人居之處及
欲和伊等相交吾國所有之精物巧法於人倫福生等項旨但他
未有者不論遠近屬方與否即於伊等發去如餙獸各類各樣
草木物等與其地方大有利益呈於貴邦之奇法臣民之才巧物
件之精齊吾等又欲詳知緣國智之制度及古今德君之表善
散遠方更因國之寬大民多勝數而皆享斯等太平道福

圖12　小斯當東所藏使團譯員翻譯英國國王喬治三世致乾隆皇帝國書中譯（部分），抄寫人身份不明，現藏大不列顛及愛爾蘭皇家亞洲學會，“George Thomas Staunton Chinese Letters and Documents,” vol. 1, doc. 1, courtesy of The Royal Asiatic Society of Great Britain and Ireland。

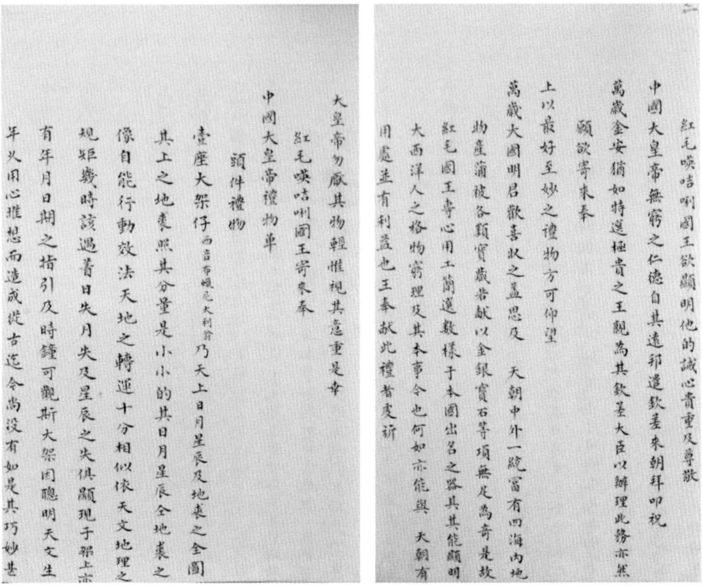

圖13　小斯當東所藏使團譯員翻譯使團禮品清單中譯（部分），抄寫人身份不明，現藏於大不列顛及愛爾蘭皇家亞洲學會，“George Thomas Staunton Chinese Letters and Documents,” vol. 1, doc. 2, courtesy of The Royal Asiatic Society of Great Britain and Ireland。

圖14　小斯當東所藏和珅奏報馬戛爾尼熱河覲見乾隆禮儀及禮品單（部分），抄寫人身份不明，現藏於大不列顛及愛爾蘭皇家亞洲學會，“George Thomas Staunton Chinese Letters and Documents,” vol. 1, doc. 5, courtesy of The Royal Asiatic Society of Great Britain and Ireland。

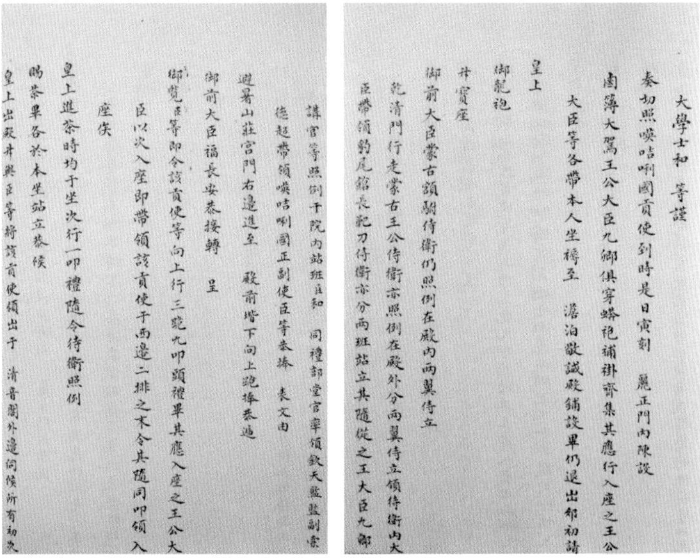

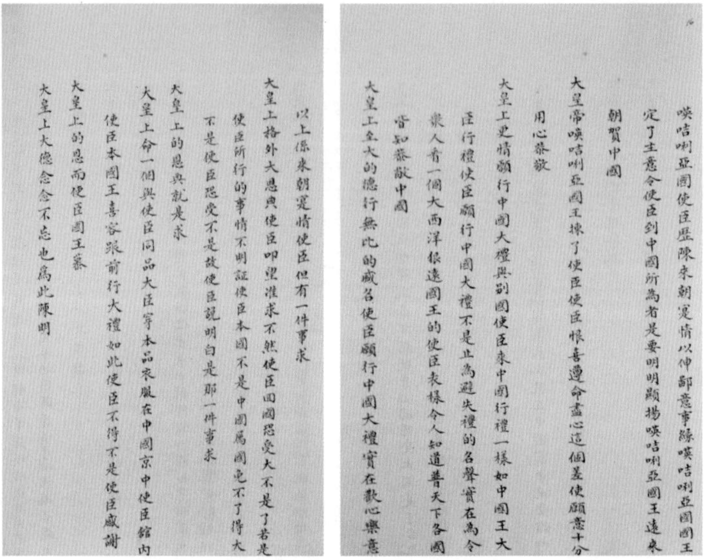

嘆咭唎亞國使臣歷陳來朝寔情以伸鄙意事緣嘆咭唎亞國國王
定了主意令使臣到中國所為者是要明明顯揚嘆咭唎亞國王遠來
朝賀中國
大皇帝嘆咭唎亞國王揀了使臣使臣恨喜遵命盡心這個差使願意十分
用心恭敬
大皇上更情願行中國大禮與副國使臣來中國行禮一樣如中國王大
臣行禮使臣願行中國大禮不是止為避失禮的名聲實在為令
衆人看一個大西洋很遠國王的使臣表樣令人知道普天下各國
皆知恭敬中國
大皇上至大的德行無比的威名使臣願行中國大禮實在歡心樂意

以上係來朝寔情使臣但有一件事求
大皇上格外大恩典使臣叩望准求不然使臣回國恐受大不是了若是
使臣所行的事情不明証使臣本國不是中國屬國也不了得大
不是使臣恐受不是故使臣說明白是那一件事求
大皇上的恩典就是求
大皇上命一個與使臣同品大臣穿本品衣服在中國京中使臣館內
使臣本國王喜容張前行大禮如此使臣不得不是使臣感謝
大皇上的恩而使臣國王蒙
大皇上大德念念不忘也為此陳明

圖15　小斯當東所藏馬戛爾尼致和珅信（部分），1793年8月28日，羅廣祥的中國助手與李自標合譯，抄寫人身份不明，現藏於大不列顛及愛爾蘭皇家亞洲學會，"George Thomas Staunton Chinese Letters and Documents," vol. 2, doc. 16, courtesy of The Royal Asiatic Society of Great Britain and Ireland。

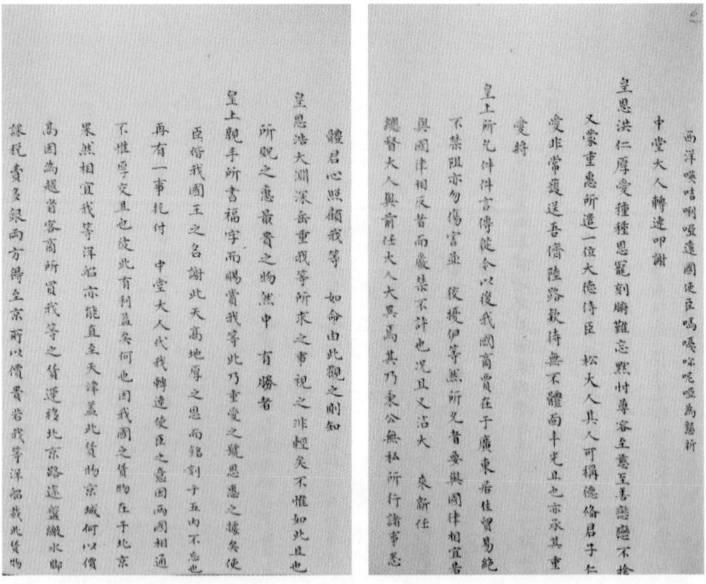

西洋嘆咭唎嘎遠國使臣嗎嘎哝呢嘽為懇祈
中堂大人轉達叩謝
皇恩洪仁厚愛種種恩寵刻腑難忘黙忖尊容至意至善戀戀不捨
又蒙重惠所遣一位大德侍臣　松大人其人可稱德脩君子仁
愛非常護送吾儕陸路款待無不體面十光止也亦永其重
愛將
皇上所允件件言傳從今以後我國商賈在于廣東居住貿易絕
不禁阻亦勿傷害並　伎授伊等照所允旨要與國律相宜若
與國律相反者而嚴禁不許也況且又沾大　來新任
總督大人與前任大人大異焉其乃秉公無私所行諸事悉

體君心照顧我等　如命由此觀之則知
皇恩浩大淵深嶽重我等所求之事視之非輕矣不惟如此且也
所貺之應最貴之物黙中　有勝者
皇上親手所書福字而賜賞我等此乃重愛之號恩惠之據矣使
臣俗我國王之名謝此天高地厚之恩而銘刻于五內不忘也
再有一事托付　中堂大人代我轉達使臣之意因兩國相通
不惟厚交且也彼此有利益矣何也因我國之貨物在于北京
果然相宜我等洋船亦能直至天津蓋此貨物京城何以價
高因為越省客商所買我等之貨運移北京路遠盤繳水腳
課稅費多銀兩方得至京所以價貴若我等洋船載此貨物

圖16　小斯當東所藏馬戛爾尼致和珅信（部分），1793年11月9日，譯者不確定，抄寫人身份不明，現藏於大不列顛及愛爾蘭皇家亞洲學會，"George Thomas Staunton Chinese Letters and Documents," vol. 1, doc. 6, courtesy of The Royal Asiatic Society of Great Britain and Ireland。

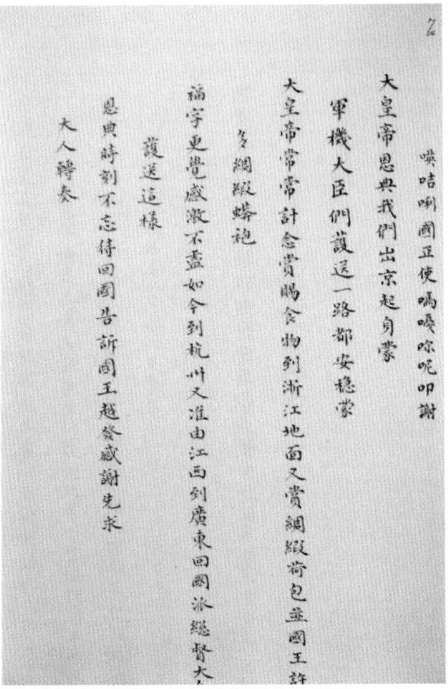

𠸄咭唎國正使嗎嘎𠯈呢叩謝
大皇帝恩典我們出京起身蒙
軍機大臣們護送一路都安穩蒙
大皇帝常常討念賞賜食物到浙江地面又賞綢緞荷包並國王許
多綢緞蟒袍
福字更覺感激不盡如今到杭州又准由江西到廣東回國派總督大
護送這樣
恩典時刻不忘待回國告訴國王越發感謝先求
大人轉奏

圖17　小斯當東所藏馬戛爾尼謝恩信，1793年11月9日，抄寫人身份不明，現藏於大不列顛及愛爾蘭皇家亞洲學會，“George Thomas Staunton Chinese Letters and Documents,” vol. 1, doc. 7, courtesy of The Royal Asiatic Society of Great Britain and Ireland。

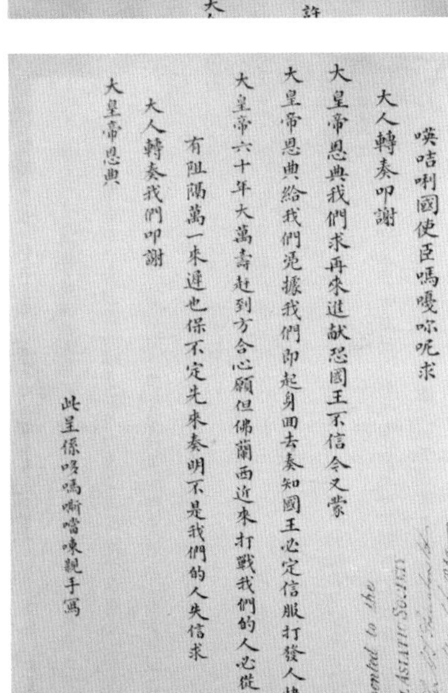
𠸄咭唎國使臣嗎嘎𠯈呢求
大人轉奏叩謝
大皇帝恩典我們求再來進獻恐國王不信今又蒙
大皇帝恩典給我們憑據我們即起身回去奏知國王必定信服打發人快來如能
大皇帝六十年大萬壽趕到方合心願但佛蘭西近來打戰我們的人必從那裡走恐
有阻隔萬一來遲也保不定先來奏明不是我們的人失信求
大人轉奏我們叩謝
大皇帝恩典
此呈係哆嗎嘶噹嗹親手寫

圖18　小斯當東所藏馬戛爾尼致和珅信，未署日期，約為1793年11月初，抄寫人身份不明，現藏於大不列顛及愛爾蘭皇家亞洲學會，“George Thomas Staunton Chinese Letters and Documents,” vol. 2, doc. 1, courtesy of The Royal Asiatic Society of Great Britain and Ireland。

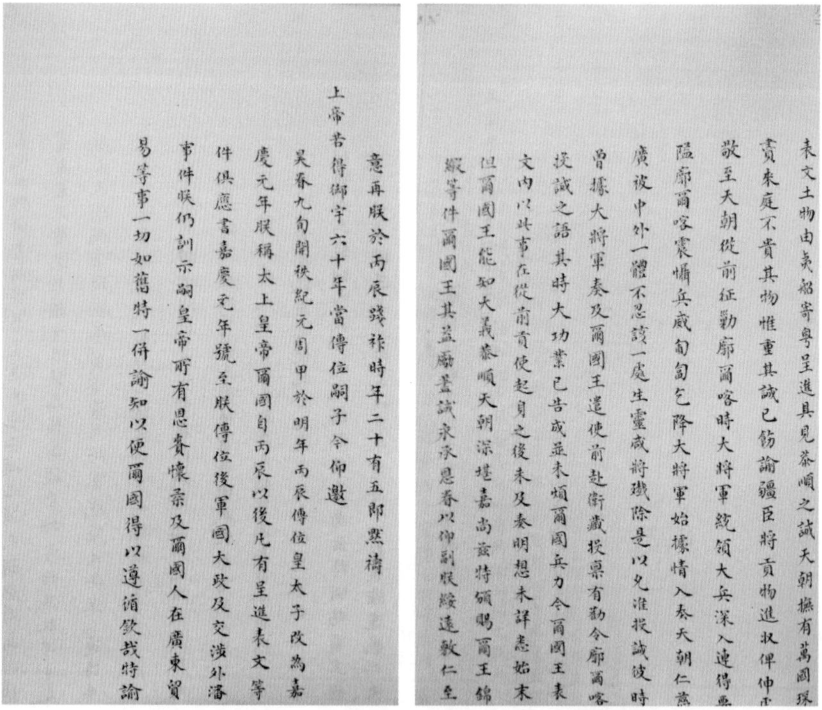

表文土物由夷船寄粵呈進具見恭順之誠天朝撫有萬國琛
賮來庭不貴其物惟重其誠已飭諭疆臣將貢物進收俾伸虔
敬至天朝從前征勦廓爾喀時大將軍統領大兵深入連得要
隘廓爾喀震慴兵威匍匐乞降大將軍始據情入奏天朝仁慈
廣被中外一體不忍該一處生靈咸將殲除是以允准投誠彼時
曾據大將軍奏及爾國王遣使前赴衛藏投稟有勸令廓爾喀
投誠之語其時大功業已告成並未煩爾國兵力令爾國王表
文內以此事在從前貢使起身之後未及奏明想未詳悉始末
但爾國王能知大義恭順天朝深堪嘉尚茲特頒賜爾王錦
緞等件爾國王其益勵藎誠永承恩眷以仰副朕綏遠敷仁至

意再朕於丙辰踐祚時年二十有五即默禱
上帝若得御宇六十年當傳位嗣子今仰邀
昊眷九旬開秩紀元周甲於明年丙辰傳位皇太子改為嘉
慶元年朕稱太上皇帝爾國自丙辰以後凡有呈進表文等
件俱應書嘉慶元年號至朕傳位後軍國大政及交涉外藩
事件朕仍訓示嗣皇帝所有恩賚懷柔及爾國人在廣東貿
易等事一切如舊特一併諭知以便爾國得以遵循欽哉特諭

圖19 小斯當東所藏乾隆頒送喬治三世第三道敕諭〔不完整〕，1796年2月3日，抄寫人身份不明，現藏於大不列顛及愛爾蘭皇家亞洲學會，"George Thomas Staunton Chinese Letters and Documents," vol. 1, doc. 16, courtesy of The Royal Asiatic Society of Great Britain and Ireland。

目錄

自序

時間過得很快，從2009年我發表第一篇有關馬戛爾尼使團的文章算起，到今天出版這本小書，轉眼已過十多年了。不是什麼十年磨一劍，因為曾經有一段時間我完全把這題目放下了，直到大約五年前，想整理一些舊作以出版論文集，才重看從前三篇有關使團的文章。本來以為只需稍作修補便可，但竟然是一發不可收。仔細查閱資料後，發現不但可以補充的地方很多，就是一些主要觀點也需要修正，再加上四處搜尋一些較少人知道和利用的資料，結果，花上四年多的時間才算竣工。

想在這裡先交代一下撰寫本書的背景和想法。

儘管我的學士學位是翻譯，且從1988年開始便一直在香港中文大學翻譯系任教，但我原來的研究領域是20世紀中國文學，尤其集中在1930年代左翼文學運動，出版過一些有關魯迅、左聯、新月派以及文學史書寫的論文和專著。1990年代初開始，在讀過一些翻譯研究文化轉向的理論後，我的學術生涯出現一個重大的轉變：從文學研究到翻譯研究，那是因為我開始認識到翻譯在人類文化和歷史發展上的真正意義和價值，讓我願意把所有的學術時間和精力用在翻譯研究上。當然，我並不否定文學研究的重要性和價值，誰也不能想像一個沒有文學的世界會是怎樣的。但文學研究在學術界一直都得到重視，已出現很多傑出的學術成果，但翻譯研究呢？在過去一段很長的日子裡，有關翻譯的討論大多屬於原著中心，只是反覆提問譯文能不能表達原文的意思，讀來是否通順流暢。這是一種翻譯批評式的討論，當然不能説完全沒有作用或價值，一些出色的討論對於學習如何做翻譯是會有幫助的，但這屬於翻譯實踐和教學的範疇，不能算是嚴格意義的學術研究，更沒法展示翻譯在人類歷史和文化發展上的角色和貢獻。這點我在不同地方都説過，就不再浪費筆墨了。

在走上翻譯研究的道路後，最初的階段很自然地集中在文學翻譯方面。借助從前在文學研究方面的訓練和積累，轉向文學翻譯研究是較為順利的。我第一本翻譯研究論著《重釋「信、達、雅」：20世紀中國翻譯研究》中的好幾篇文章，都是環繞魯迅、瞿秋白、梁實秋等20世紀翻譯家和理論家開展討論的，而且也很快走向晚清，梁啟超和林紓的文學翻譯成為我研究的對象，當然也離不開嚴復。

但是，文學翻譯在中國近代翻譯史其實來得最晚。在梁啟超提出「譯印外國小説」前，嚴復已翻譯出版《天演論》，產生極其重大的影響，更不要説自1860年代開始的洋務運動，絕大部分的翻譯活動幾乎完全跟文學扯不上關係。此外，即使梁啟超等倡議的文學翻譯，在動機上與洋務運動和《天演論》等翻譯活動也有共通的地方，就是通過翻譯引入西方新知識、新思想，作為國家富強的手段。所以，自1860年代以來，甚至包括民國時期的種種翻譯活動，政治性都非常強烈，跟國家民族的命運息息相關，更在歷史發展上扮演了非比尋常的角色，成為影響中國近代史的重要元素。我在2011年出版的《翻譯與文學之間》，雖然還是以文學翻譯為主，但也收入非文學翻譯方面的研究，包括廣州體制的通事、同文館、晚清翻譯活動的贊助人如林則徐、恭親王等。

其實，自明末開始，中國歷史其中一個關鍵性的轉變就是歐洲人的到來。在中西方不同層面和領域的交往中，要達致有效溝通和交流，翻譯的作用是不言而喻的。因此，除上面提到以富國自強為目標的西籍翻譯外，特別值得注意的是中外交往過程中所出現的翻譯活動。可以説，要準確地理解近代中外交往的歷史，甚至整個中國近代史，就必須認識翻譯的角色。不過，令人頗感遺憾的是：在一段很長的時間裡，翻譯幾乎完全沒有進入歷史研究的視野，就好像所有的中外交往過程中都沒有需要借助翻譯、又或是從來沒有出現過翻譯似的，更不要說認真處理當中因為翻譯而引起的一些問題。這固然與歷史事實不符，不但隱沒了翻譯在歷史發展中所曾發揮的重大作用，更妨礙甚至損害我們對歷史正確和深入的了解。説得嚴重一點：不正視翻譯在近代中外交往史上的功能和影響，根本不可能準確地理解近代中外交往史。

就是在這樣的理解下，大約從2003年開始，我進入一個新的研究領域，就是翻譯在近代中英外交關係中所扮演的角色，第一篇發表的論文就是與本書相關的〈馬戛爾尼使華的翻譯問題〉。作為英國第一次遣使來華，馬戛爾尼使團毫無疑問是中英關係史上其中一樁影響最深遠的事件，當中涉及的翻譯問題很值得深入研究。馬戛爾尼使團以外，我在最近十多年把研究對象擴展到中英關係史上其他重要的課題，諸如阿美士德使團、廣州貿易體制、律勞卑事件等，也比較集中地探討翻譯在鴉片戰爭的角色。2014年出版的《翻譯與近代中國》，收錄的全是與晚清時期相關的文章，其中只有一篇是屬於文學翻譯方面的，其餘都涉及中英交往的課題，很大程度上呈現個人向近代政治史、外交史的轉變。近年重點研究對象則是鴉片戰爭，也發表了一些文章，探討這場改變中國歷史的戰爭中的譯員、條約談判的翻譯活動和譯本問題。

至於馬戛爾尼使團，繼2009年的〈馬戛爾尼使華的翻譯問題〉後，我在2013年發表了兩篇文章：〈「張大其詞以自炫其奇巧」：翻譯與馬戛爾尼的禮物〉及〈大紅毛國的來信：馬戛爾尼使團國書中譯的幾個問題〉。前者是為一次有關贈送禮品的學術會議而寫，後者則以英國國家檔案館外交部檔案所藏、由使團自己準備和帶到中國來的國書中譯本為對象，探討使團所準備的國書中譯本的譯者及書寫問題。儘管這譯本的政治作用和歷史意義非比尋常，但從沒有得到學者的關注和討論。這三篇文章可以說是本書的源頭，但在閱讀更多原始資料後，我花上超過四年的時間重寫，才完成這部30餘萬字的專著，除增補幾個新部分外，還修正了從前的一些論點，希望能為馬戛爾尼訪華使團相關的翻譯問題和現象提供較全面和準確的研究。

不過，這部探討馬戛爾尼使團翻譯問題的專著不應該只限於翻譯研究或所謂外語系統的讀者，雖然本書好像全在討論翻譯和語文的問題，但其實處理的是一個歷史個案，是中英關係史上其中一樁最重要的歷史事件。本書選擇以翻譯作為切入點，是因為翻譯在這事件中的確扮演關鍵角色，不容忽視；可惜的是長久以來大部分的研究對此隻字不提，把翻譯的角色隱去，這是對馬戛爾尼使團作為歷史事件的研究的嚴重不足。本書就是希望能夠在這方面作點補白的貢獻。

説來慚愧，一晃間已有六年多沒有出版論著了，首先想説明的是為什麼會把這本小書呈獻給新加坡南洋理工大學終身名譽校長徐冠林教授。在過去的學術生涯裡，個人出版過十餘種的專著和論文集，這是第一次作呈獻。徐校長在2006年把我聘請到南洋理工大學，出任人文與社會科學學院創院院長，2007年轉任文學院創院院長，讓我在四年全職大學行政位置上大大地豐富了人生的閱歷。知遇之恩，一直銘記在心。不過，把小書呈獻給徐校長不單出於個人的感激，而是要對於一位大學教育工作者表達崇高的敬意。徐校長是軍事科技工程的專家，曾任新加坡國防科技局局長；此外，南洋理工大學一向以理工科馳名國際，位居世界前列。徐校長在2003年掌管南洋理工大學後，即馬上籌辦人文與社會科學學院，而在我出任院長期間，他對人文學科的大力支持和信任，更遠超我的預期。在多次的交談和討論中，知悉他有非常明確的信念：人文學科在一個國家、民族、社會和文化的發展中扮演至關重要的角色；國家民族的興盛與衰亡、社會文化的進步或落伍，與人文學科是否受到重視息息相關。十分有意思的是，作為工科專家，他經常説，沒有人文學科修養的工科生以至科學家是沒有靈魂的。這一句話可能開罪不少人，但當中的意義不是很值得深思嗎？徐校長的眼光和胸襟不是讓人深深敬佩嗎？

個人方面，也很想借此機會對多年來提點和支持的眾多師友表示謝意。首先要特別感謝的是鄭樹森教授。儘管他的研究領域不在翻譯或中國近代史，但他淵博的學識和睿智的思辨力，讓我每次跟他的交談都是豐盛的學習機會。在過去的二三十年裡，他從不間斷地給我提點和指導，還有大力的支持和鼓勵。無論是學術上或人生路途上，每遇到困難或疑惑，我總是最先想到向他請教求助，每次他總能提供很好的意見和解決方法。拙作今天面世之際，容我表達最衷心的謝意。張曼儀、卜立德（David Pollard）兩位老師，劉紹銘和葛浩文（Howard Goldblatt）兩位師長，他們長年的教誨，引領我走上學術的路，指示我人生的方向；黃克武、鄒振環、沈國威、陳力衛、楊承淑、羅崗，都是近現代思想史、文化史、語言學史、跨文化研究和文學研究的專家，有幸與他們交往多年，令我獲益良多，更要感謝他們長期支持我在香港中文大學翻譯研究中心和翻譯系所辦的活動，在各方面都是很大的推動力；陳思和、王曉明、千野拓政、孔慧怡、王德威、奚密、陳子善、沈衛威、劉樹森、柴明熲、陳平原、李天綱、王東風、朱志瑜、李奭學、吳偉諸位，都是認識二三十年的摯友；還有中學或大學年代就認識，一起在學術圈成長的容世誠、陳金樑、陸鏡光、陳清僑、李小良、楊永安等，近年不一定能夠經常聚首暢聊，但偶爾的一次碰面、簡單的一句問候，總能讓我享受良久的暖意，叫我煩燥急亂的心境馬上平靜下來。更難得是認識了不少「西方友人」：胡志德（Theodore Huters）、司馬富（Richard Smith）、Timothy Barrett、傅熊（Bernhard Fuehrer）、傅佛果（Joshua Fogel）、梅謙立（Thierry Meynard）、范岱克（Paul A. Van Dyke）、費南山（Natascha Gentz）、賀麥曉（Michel Hockx）、安如巒（Roland Altenburger）、顧有信（Joachim Kurtz）、Peter Kornicki、Susan Bassnett、Theo Hermans、Mona Baker、Judith Wordsworth，他們都是國際上中國研究和翻譯研究的頂尖人物，認識很多年了，且早已不只是學術上的朋友，我從他們那裡得到的當然也不限於學術知識。特別要感謝梅謙立，我在一些拉丁文和法文文獻的翻譯問題上曾多番叨擾，得他慷慨地協助校正。

除了這些多年的老朋友外，在近年才認識的，甚至主要是因為馬戛爾尼使團這個項目才認識的，還有幾位很重要的朋友。首先要向幾位意大利學者表示極大的謝意。我從前沒有全面開展馬戛爾尼使團的研究，是因為早已知道一批有關使團譯員李自標和柯宗孝的資料收藏在意大利。雖然幾年前曾專誠跑到梵蒂岡宗座圖書館，希望能找到一些相關材料，但苦於外語能力的限制，面對拉丁文和意大利文的檔案目錄，頓時變成實實在在的「文盲」，最後只能空手而回。2013年在香港中文大學翻譯研究中心主辦的一次會議中認識了羅馬大學(Sapienza Università di Roma)的伯艾麗(Alessandra Brezzi)教授，再經她介紹認識了安德偉(Davor Antonucci)教授，以及那不勒斯東方大學(Università degli Studi di Napoli "L'Orientale")樊米凱(Michele Fatica)教授和Sergio Muzzupappa博士。本來，早在幾十年前第一次到意大利旅遊時便已經體驗過意大利人熱情好客、樂於助人的態度，但當我2018年到羅馬和那不勒斯查找馬戛爾尼使團的原始資料，他們的盡心幫忙更只能用「叫人感動」來形容。樊米凱送我好幾部著作和文章；Sergio Muzzupappa直接把整理好的相關資料複製給我；安德偉除介紹我認識當時在傳信部檔案所在的伍爾班大學漢學研究中心(Centro Studi Cinesi, Urbaniana University)工作的Emanuele Raini博士外，更在百忙中整天陪我在梵蒂岡傳信部檔案館(Archivium Propaganda Fide)翻查檔案目錄——更準確地說是他翻查目錄，為我找出有用的資料，怎能不令人感動？此外，伯艾麗的博士生Silvia Nico為我翻譯意大利文獻以及安排與Jacopo Dellapasqua合譯拉丁文文獻，還協助在羅馬其他的檔案館找尋相關資料，佔去她很多寶貴的學習時間。另外2019年夏天才認識在波士頓大學任教的梅歐金(Eugenio Menegon)教授，他專注於清初天主教在華活動，也是意大利人，同樣熱心助人，好幾次為我解答有關天主教檔案的疑問，甚至親自為我翻譯一篇文獻，在這裡也要好好向他致謝。

還有牛津大學的沈艾娣(Henrietta Harrison)教授。幾年前，我已知道她在撰寫馬戛爾尼使團「童子」小斯當東和譯員李自標的聯合傳記。2018年7月，在讀過她那篇有關馬戛爾尼使團禮品的文章後，我寫信向她請教，開始了這兩年多來經常進行、非常有用的討論。然而，直到今天，我們還是緣慳一面，雖然她曾經嘗試安排我到牛津大學做講座，我也邀請她來香港參加會議，但最終雙方都無法成行。不過，正如她在其中一封信裡所説，我們用上很多的時間去細讀對方的著作，感覺上就是很熟悉的老朋友。最為難得的是她絕無同「題」如敵國的計較，毫不吝嗇地與我分享研究資料，甚至把好幾頁的研究筆記送過來。這是一種學術上的自信和大度。當然，本書借用她的資料和觀點的，我會在適當位置鳴謝，也提出了一些不同的看法。

特別要致謝的更有大不列顛及愛爾蘭皇家亞洲學會（Royal Asiatic Society of Great Britain and Ireland）的Edward Weech博士。好幾年前，我在研究第一位到達西藏拉薩的英國人萬寧（Thomas Manning）時，曾到倫敦的學會檔案館查找相關資料，得到過他慷慨的幫忙。最近他知悉我在研究馬戛爾尼使團後，便送來兩冊小斯當東收藏贈與皇家亞洲學會的中文文書抄本，沒想到當中包括了幾篇我過去幾年一直千方百計、四處尋找的資料：馬戛爾尼使團自己所準備的一些中文譯本，包括喬治三世給乾隆的國書、禮品清單中譯本、馬戛爾尼致和珅的信函等。這些資料彌足珍貴，除國書中譯本外，暫時還不見於其他地方，就連中國第一歷史檔案館的清宮檔案裡也沒有。在收到這些資料時，我的興奮和感激之情，可想而知。在這裡，容我表達衷心的謝意。

必須提到的還有好幾位現在已經不算年輕的「年輕人」：雷啟立、倪文尖、毛尖、查明建，認識他們也很久了，當時他們都只是20歲左右的小伙子，看著他們成長、發展，今天都獨當一面，成就驕人，真叫人高興，和他們暢談，讓我「不知老之將至」。另外還要特別感謝台灣中興大學的游博清，他是一位非常嚴謹的年輕學者，曾慷慨地提供過一些重要的研究資料。

談到研究資料，在研究馬戛爾尼使團的過程中，我從香港特別行政區研究資助局（Research Grants Council）以及香港中文大學翻譯系和翻譯研究中心都曾拿到一些研究經費，供聘請研究助理之用。我在這方面真的比較幸運，先後得到幾位既勤快、又負責任、做事認真的助理協助查找和整理資料，以及幫忙整理書稿，為我減省很多時間，在這裡向陳胤全、裴凡慧、張思楠、高心雲、梁凱晴、蔣之涵、魏華容、李穎欣致謝。

在過去的十餘年裡，我在香港中文大學、復旦大學、南洋理工大學和上海外國語大學招收了30多名博士生，他們有些已經畢業，在不同的院校任教，也有才剛開始，三數年後才能拿到博士學位的。不管怎樣，很高興有這些學生，教學相長，我在指導他們寫論文的過程中，是最大的得益者，而且，他們很多都在不同事務上無償地提供協助，更不用說與他們一起總是充滿歡樂。我想在這裡也記下一筆，雖然不能一一提名了。

這本小書得以出版，還要衷心感謝香港中文大學翻譯研究中心的同事，他們除了在日常工作上提供很多幫忙和便利外，還協助校對和出版方面的具體工作；香港中文大學出版社社長甘琦和她的團隊，尤其是編輯葉敏磊和張煒軒，既專業又能幹，這本小書能在這所享譽全球的出版社出版，很是榮幸和高興。經費方面，翻譯研究中心的「研究項目經費」提供了2018年到意大利的研究費用；另外本書有關廣州公行和通事部分，得到香港特別行政區研究資助局的資助，是2016–2017年度「優配研究金」(General Research Fund)項目"Translation and the Canton System in Sino-British Relations"的部分研究成果，也在這裡致謝。同樣要說明的是本書部分章節曾在不同期刊上發表，謹向《中央研究院近代史研究所集刊》、《中國文化研究所學報》、《翻譯史研究》、《翻譯史論叢》、《復旦談譯錄》和《外國語言與文化》的主編和全體工作人員表示衷心的感謝。

另外，本書開首所收插圖，絕大部分從沒有在公開出版書刊中出現過，彌足珍貴，謹向英國國家檔案館(The National Archives)、英國皇家檔案館(The Royal Archives)、大英圖書館(The British Library)、大不列顛及愛爾蘭皇家亞洲學會、梵蒂岡宗座圖書館(Biblioteca Apostolica Vaticana)、梵蒂岡傳信部檔案館、那不勒斯東方大學等機構致謝。

上面對於一些在各方面曾給我支持和幫助的師友、同事和學生的致謝，實在太像流水帳了，沒法表達我衷心的感激，更恐怕有掛一漏萬的情況，在這裡懇請包容和原諒。

最後，也是最重要的還有家人。我至誠地感恩，一直以來，上天賜我幸福的家庭。六十多年前來到這個世界，我得到父母特別的寵愛，讓我在一個充滿關愛、溫暖和歡樂的家成長。在我25歲那年，媽媽猝然離開，爸爸也在2002年去世。劬勞未報，是終身沒法救贖的罪孽，只有時刻告誡自己，一定要努力工作，正直做人，希望有一天能夠做出一丁點可以讓他們感到安慰的成績。

還有在人生中一直推動我積極前行、與我一起生活超過四十年的燕珍。我常說，學者的太太最難為。雖然我們不用每天定時上班，但這只不過是說周六、日和晚上都是工作時間。對於自己時常以研究和寫論文為借口，逃避家務，剝削陪伴的時間，心中是充滿愧疚的。更感激的是她帶給我三個兒子，費盡精力和心思，讓他們在溫暖舒適的家庭中長大。今天，三個孩子都已成家，各自有著尚算不錯的事業，三個兒媳婦善良漂亮，闔家幸福快樂，這也是我滿懷感恩的理由。這幾年，最多的歡樂是來自兩個小孫兒晞瑜和澤蓁，只要見到他們，一切的煩惱都立刻消失，完全地浸淫在心滿意足的甜蜜裡，而讓我倍感幸福和幸運的是剛添了小孫女兒珞曦。祝願他們永遠健康快樂。

王宏志

2021年母親節初擬

2021年中秋節修訂

2022年2月22日充滿愛的一天補記

第1章

背景篇

我不認為他們除了把所有使團的來訪視為臣伏的表現外，還有什麼別的看法。

——湯馬士・菲茨休(Thomas Fitzhugh)[1]

使團回來了，人們問我們做了什麼。我們的答案：我們不能跟他們談話。

——登維德(James Dinwiddie)[2]

一

1792年(乾隆五十七年)，英國派遣馬戛爾尼勳爵(George Lord Macartney, 1737–1806)率領使團到中國，攜帶豐盛的禮物，以補祝乾隆(愛新覺羅・弘曆，1711–1799，1735–1796在位)八十大壽為名，嘗試打開中國的大門。使團船隊自1792年9月26日從英國樸茨茅斯(Portsmouth)

1 Thomas Fitzhugh to Nathaniel Smith, 29 August 1787, IOR/G/12/91, p. 8, India Office Records and Private Papers, British Library. 湯馬士・菲茨休，東印度公司特選委員會主席。

2 William Jardine Proudfoot (c. 1804–1887) (compiled), *Biographical Memoir of James Dinwiddie: Astronomer in the British Embassy, 1792, '3, '4, Afterwards Professor of Natural Philosophy in the College of Fort William, Bengal* (Liverpool: Edward Howell, 1868; Cambridge and New York: Cambridge University Press, 2010 Reprint), p. 87. 登維德(1746–1815)，馬戛爾尼使團機械師。

出發，經過九個月的航行，1793年6月20日抵達澳門外海，[3] 短暫停留後便繼續北上，經白河大沽口，在1793年8月11日抵達天津，取道通州，8月21日到達北京，先住在圓明園邊上的宏雅園，然後在8月26日轉到內城，9月2日出發前往承德，9月14日（乾隆五十八年八月十日）在熱河萬樹園覲見乾隆，呈遞國書，[4] 完成中英兩國第一次正式的官方高層外交接觸。

其實，在馬戛爾尼以前，英國已嘗試派遣使團訪華。凱思卡特（Charles Cathcart, 1759–1788，又譯作「加茨喀特」）使團在1787年初開始籌備，同年12月21日自英國港口斯庇漢（Spithead）出發，但使團在1788年6月10日抵達蘇門答臘附近的邦加海峽（Straits of Banka）時，特使凱思卡特猝然病逝，使團被迫折回。[5] 四年後，馬戛爾尼使團以補祝乾隆八十壽辰的名義成行。

其實，在東印度公司組織馬戛爾尼使團前，廣東官員曾向英國提出要求，派遣代表到北京賀壽。根據東印度公司的檔案，1789年9月24日，行商Munqua，也就是「文官」，即萬和行的蔡世文（1734–1796），傳

---

3 George Macartney, *An Embassy to China: Being the Journal Kept by Lord Macartney During His Embassy to the Emperor Ch'ien-lung, 1793–1794*, ed. J. L. Cranmer-Byng (London: Longmans, 1962), p. 61.

4 Ibid., pp. 121–122; George Staunton, *An Authentic Account of an Embassy from the King of Great Britain to the Emperor of China* (Philadelphia: Robert Campbell, 1799), vol. 2, pp. 73–77. 關於馬戛爾尼向乾隆呈遞國書的日期，原中國第一歷史檔案館副館長秦國經認為馬戛爾尼和斯當東的記述不準確，他説實際上「進表的儀式不是在萬樹園，而是避暑山莊的澹泊敬誠殿」，日期為乾隆五十八年八月十三日（1793年9月17日）。秦國經：〈從清宮檔案看英使馬戛爾尼訪華歷史事實〉，收張芝聯（主編）：《中英通使二百周年學術討論會論文集》（北京：中國社會科學出版社，1996），頁212；亦見中國第一歷史檔案館（編）：《英使馬戛爾尼訪華檔案史料匯編》（北京：國際文化出版公司，1996），頁47。這說法已為黃一農所否定，並指出秦國經的錯誤是「誤將原先擬定的覲見儀注和地點視為真實紀錄」所致。黃一農：〈印象與真相——清朝中英兩國的覲禮之爭〉，《中央研究院歷史語言研究所集刊》第78本第1分（2007年3月），頁55。

5 關於凱思卡特使團，原始資料見IOR/G/12/18, pp. 109–152; IOR/G/12/90；相關的討論及部分文獻，見H. B. Morse, *The Chronicles of the East India Company Trading to China, 1635–1834* (London: Oxford University Press, 1926), vol. 2, pp. 151–171; Earl H. Pritchard, *The Crucial Years of Early Anglo-Chinese Relations, 1750–1800* (Washington: Pullman, 1936; New York: Octagon Books, 1970 reprint), pp. 236–264，二者主要以東印度公司檔案為基礎。中文方面，見朱雍：《不願打開的中國大門：18世紀的外交與中國命運》（南昌：江西人民出版社，1989），頁154–161，內容主要參考Morse和Pritchard的著作。

來粵海關監督的消息，要求與公司大班見面。第二天，廣州東印度公司特選委員會主席哈利森(John Harrison, c. 1721–1794)及布魯斯(A. Bruce)就前往海關監督官衙。[6]雙方晤面時，粵海關監督提出第二年就是乾隆八十壽辰，希望所有在廣州貿易的國家能委派兩名成員，前赴北京賀壽。據特選委員會的日誌，粵海關監督特別提出，由於英國是最受尊重的國家，因此想先聽一下他們的意見，再去與其他外國人商議。但哈利森卻提出，由於北京從來沒有接待過外國商人，恐怕他們的代表在那裡會被扣押，又擔心要向皇帝叩頭。粵海關監督向他們保證不會扣押公司代表，且沿途會熱情接待，費用由官員負責，但向皇帝叩頭是必然的禮節。哈利森回應說所有體面的外國人都不會同意的，他們只肯以自己國家的禮儀來覲見皇帝。最後，由於粵海關監督要求他們明確回應，布魯斯表示同意去北京，條件是他會得到良好的對待，不會低貶他的地位。海關監督對此很感滿意，並表示會向兩廣總督如實匯報。[7]

廣州特選委員會的報告在翌年5月才送到倫敦的董事會，董事會對於廣州方面的處理方式很不滿，馬上發出措辭相當嚴厲的譴責，認為他們的行為是懦弱的表現，錯失讓英國人直接到北京的機會。他們甚至強調，在外國宮廷行使外國禮儀，並不意味著任何屈辱；最後，他們指示特選委員會要立即回應，並預期可以很快從廣州派遣代表出發。[8]在接到指示後，哈利森聯同特選委員會向倫敦解釋，他們從沒有正式拒絕派人到北京，只是中國官員最終沒有落實計劃，還告訴一些外國商人無須前往北京。[9]就是這樣，東印度公司失去了從廣州派員到北京的一次機

---

6 馬士(Hosea Ballou Morse, 1855–1934)說這次商談是在1789年10月。Morse, *The Chronicles of the East India Company*, vol. 2, p. 177. 從東印度公司檔案所見，這是不正確的。

7 Consultations and Orders of the Select Committee, 25 September 1789, IOR/G/12/96, pp. 32–33；相同的內容又見於特選委員會向倫敦董事局的報告。Select Committee to Court of Directors, 12 December 1789, IOR/G/12/96, pp. 111–112.

8 Orders and Instructions given by the Court of Directors to the Select Committee, 10 May 1790, IOR/R/10/34.

9 Select Committee to Court of Directors, 31 January 1791, IOR/G/12/98, p. 148. 馬士將特選委員會的解釋整段收入，但放在1790年，這是不對的。Morse, *The Chronicles of the East India Company*, vol. 2, p. 182.

會，但由此又重燃英國政府派送使團的計劃，因為他們認為這顯示朝廷是歡迎英國派遣使團的。但從特選委員會的匯報可以見到，原來的邀請只是來自兩廣總督和粵海關監督，北京方面從沒有任何計劃，準備接待西方人向乾隆祝壽。

英國遣使來華的主要目的是要爭取較好的商業條件，甚至希望能在中國設立使館，並割讓或租借港口。[10] 不過，在大部分的討論裡，這次英國政府派遣使團的外交嘗試都被視為徹底失敗，因為馬戛爾尼在熱河覲見過乾隆，呈遞國書並稍作參觀後，便在1793年9月21日匆匆離開承德，回到北京，且不久即得到暗示，要他們儘快離開中國。結果，使團在10月7日離開北京南下，經過兩個多月的行程，12月19日抵達廣州，最後在1794年1月8日從澳門起錨回國。在離開北京前夕，馬戛爾尼正式以書面提出多項要求，卻全部為清政府拒絕，使團沒有達到原來設定的任何目標，更甚的是有使團成員感到遭受很大侮辱，作出這樣的描述：「我們像乞丐一樣進入北京，像囚犯一樣留在那裡，像難民一樣離開。」[11] 當然，大使馬戛爾尼和副使斯當東（George Leonard Staunton, 1737–1801）並不認為使團空手而回。馬戛爾尼強調使團之行讓清廷上下更好地認識英國，因為他們從沒有見過這麼多英國人，且使團成員的表現一定會帶來好感及尊重，清廷以後對待英國和它的子民會很不一

---

10 有關東印度公司對馬戛爾尼發出的指示，見 Dundas to Macartney, Whitehall, 8 September 1792, IOR/G/12/20, pp. 36–55；又見 Morse, *The Chronicles of the East India Company*, vol. 2, pp. 232–242。中英關係史專家普利查德搜集到另一份給馬戛爾尼的指示，討論見下文。Earl H. Pritchard (ed.), "The Instructions of the East India Company to Lord Macartney on His Embassy to China and His Reports to the Company, 1792–4," *Journal of the Royal Asiatic Society of Great Britain and Ireland* (1938), pp. 201–230; 375–396, 493–509, reproduced in Patrick Tuck (selected), *Britain and the China Trade, 1635–1842*, vol. 7, pp. 201–230; 375–396, 493–509；中譯本見E. H. 普利查德（編注）、朱杰勤（譯）：〈英東印度公司與來華大使馬卡特尼通訊錄〉，《中外關係史譯叢》（北京：海洋出版社，1984），頁196–209。

11 Æneas Anderson, *A Narrative of the British Embassy to China, in the Years 1792, 1793, and 1794; Contains The Various Circumstances of the Embassy, with Account of Customs and Manners of the Chinese and a Description of the Country, Towns, Cities, &c. &c.* (London: J. Debrett, 1795), p. 181.

樣；[12] 他們特別強調在離開北京前往廣州途中，先與負責陪同使團自北京南下至杭州的欽差大臣松筠（1752–1835）進行了深入的溝通，然後又與接續陪同的新任兩廣總督長麟（? –1811）商討，取得不少改善廣州貿易環境的承諾。[13] 另外也有學者指出，由於使團獲准從陸路南下，有充裕時間觀察中國。因此，馬戛爾尼使團最大的成果是獲取很多有關中國的第一手資料，甚至勘察了中國沿海水域，繪製地圖，建立全新有關中國的知識，對日後英國政府對華的政治決定以至軍事行動起了很大的積極作用。[14] 儘管不同史家對二百多年前的馬戛爾尼使團有著各種各樣的評價和判斷，但毫無疑問，這次訪華事件的確是中英兩國外交史上的重要里程碑，對兩國歷史有深遠的影響。

長久以來，英國都很希望能夠跟中國溝通，開展貿易。[15] 不過，從最早的階段開始，英國人便面對一個難以解決的問題：語言上的障礙。伊莉莎白一世（Elizabeth I, 1533–1603，1558–1603在位）曾先後三次著人攜

12　Macartney, *An Embassy to China*, pp. 213–214.

13　Macartney to Secret and Superintending Committee, Canton, 10 December 1793, IOR/G/12/93A, p. 488; Macartney, *An Embassy to China*, pp. 176–177.

14　例如Ulrike Hillemann, *Asian Empire and British Knowledge: China and the Networks of British Imperial Expansion* (London: Palgrave Macmillan, 2009), p. 44; James L. Hevia, *Cherishing Men from Afar: Qing Guest Ritual and the Macartney Embassy of 1793* (Durham, NC: Duke University Press, 1994), pp. 204–205；P. J. Marshall, "Britain and China in the Late Eighteenth Century," in Robert A. Bickers (ed.), *Ritual and Diplomacy: The Macartney Mission to China 1792–1794* (London: The Wellsweep Press, 1993), p. 22；歐陽哲生：《古代北京與西方文明》（北京：北京大學出版社，2018），頁451。其實，馬戛爾尼自己也説過類似的話。他在日誌中説到使團避開廣州，從天津登岸，雖然惹來朝廷不滿，但因而掌握了中國東北海岸的地理，尤其是黃海地區，以前從沒有歐洲船隻到過。Macartney, *An Embassy to China*, p. 193. 事實上，馬戛爾尼使團成員英國皇軍炮兵團中尉Henry William Parish便曾向馬戛爾尼提交一份包含大量軍事資料和地理勘察的報告。"Military and statistical observations upon Macao, etc., by Henry W. Parish, dated Feb. 28, 1794," *An Important Collection of Original Manuscripts, Papers, and Letters relating to Lord Macartney's Mission to Pekin and Canton, 1792–1794*, vol. 9, doc. 371, Charles W. Wason Collection, Cornell University, accessed through "The Earl George Macartney Collection," Archives Unbound, Gale (hereinafter abbreviated as CWCCU).

15　關於中英早期（17–18世紀）貿易關係，可參Earl H. Pritchard, *Anglo-Chinese Relations During the Seventeenth and Eighteenth Centuries* (Urbana, Ill: The University of Illinois, 1929; New York: Octagon Books, 1970 reprint)。

帶信函給中國皇帝，[16] 最初在1583年交由商人約翰·紐伯萊(John Newberry)負責，但紐伯萊在途中被葡萄牙人拘捕，未能把信帶到中國。[17] 1596年，伊莉莎白一世第二次嘗試向中國皇帝致信，甚至派遣使臣本傑明·伍德(Benjamin Wood)乘坐羅伯特·都得里(Robert Dudley)的艦隊，連同兩名商人一起出發，但船隊也在途中遇險，先與葡萄牙船隊開戰，後來又在今天的緬甸海岸遭西班牙人襲擊，連最後一艘船也沉沒，很多船員被殺，但都得里最終得以逃脫，回到英國去。[18] 接著是在幾年後的1602年，航海家喬治·韋茅斯(George Weymouth, c. 1585–c. 1612)從倫敦出發，嘗試從東北方向尋找到亞洲的航線，也同時帶上了伊莉莎白一世給中國皇帝的信件，但不足三個月，由於船員叛變以及風浪，韋茅斯被迫折返。[19] 換言之，儘管伊莉莎白一世先後給中國發過三封信，但中國方面始終沒有接到消息，而且，雖然英國人附有拉丁文本，甚至最少其中一封有意大利文和葡萄牙文本，[20] 但這三封信全都沒有中文譯本。[21] 這是

---

16 一直以來，大部分學者都根據Richard Hakluyt的說法，以為伊莉莎白一世只發過兩封信給中國皇帝。Richard Hakluyt, *The Principal Navigations Voyages Traffiques and Discoveries of the English Nation* (Glasgow: James MacLehose and Sons, 1904; Cambridge: Cambridge University Press, 2014 reprint), vol. 5, pp. 451–452; vol. 11, p. 417；張軼東：〈中英兩國最早的接觸〉，《歷史研究》1958年第5期(1958年10月)，頁27–43；劉鑒唐、張力(主編)：《中英關係繫年要錄(公元13世紀–1760年)》，第1卷(成都：四川省社會科學院出版社，1989)。馬士更說伊莉莎白一世只送出過一封信。Morse, *The Chronicles of the East India Company*, vol. 1, p. 6. 這都是不正確的。Rayne Allison指出，伊莉莎白一世前後共給中國皇帝發出過三份信函，除Hakluyt所說的兩封外，第三封現藏於英國蘭開夏郡檔案局(Lancashire Records Office)，編號DDSH 15/3。他還在文章中以附錄形式把信函抄錄出來。Rayne Allison, "The Virgin Queen and the Son of Heaven: Elizabeth I's Letters to Wanli, Emperor of China," in Carlo M. Bajetta, Guillaume Coatalen, and Jonathan Gibson (eds.), *Elizabeth I's Foreign Correspondence: Letters, Rhetoric, and Politics* (New York, NY: Palgrave Macmillan, 2014), pp. 209–228. 至於另外較早的兩封信的英文及拉丁文本，見Hakluyt, *The Principal Navigations*, vol. 5, pp. 451–452; ibid., vol. 11, pp. 417–421；又見R. Montgomery Martin, *China; Political, Commercial, and Social; in an Official Report to Her Majesty's Government* (London: James Madden, 1847), vol. 2, pp. 1–2。

17 Hakluyt, *The Principal Navigations*, vol. 5, pp. 451–452.

18 Allison, "The Virgin Queen and the Son of Heaven," p. 217.

19 Ibid., p. 210.

20 Ibid., p. 220.

21 張軼東曾將首兩封信翻譯成中文，見張軼東：〈中英兩國最早的接觸〉，附錄一及二，頁42–43。

在預料之內的，因為那時候英國根本不可能找到人把信件譯成中文。1617年1月，英王詹姆士一世(James I, 1566–1625，1603–1625在位)也曾經寫過一封信給中國皇帝，希望能開展中英商貿，這次他們看來是想提供中譯本的，但又知道當時沒有中國人會協助翻譯信件，因為人們認定那是會被判死刑的罪行。[22] 結果，詹姆士一世的嘗試也以失敗告終。

相對於歐洲其他國家，英國人來華貿易起步較晚。葡萄牙商人早在明中葉已開始到中國本土進行買賣。正德八年(1513)，歐維士(Jorge Alvares, ? –1521)自葡萄牙人所佔領的滿剌加(麻六甲)出發，到達廣州附近的Tamão做買賣，[23] 賺到豐厚的利潤回國。[24] 1557年，葡萄牙人更開始入住澳門，[25]「築室以交易，不逾年多至數百區」。[26] 1583年，澳門已有900名葡萄牙人。[27]

---

22 "Extract of a Letter from Geo. Ball & c. dated Bantam to the Company," 19 January 1617, IOR/G/12/01, p. 4; Morse, *The Chronicles of the East India Company*, vol. 1, p. 10.

23 一直以來不少人認為歐維士所登陸的Tamão或Tumon，就是今天香港地區所稱的屯門，但也有學者持不同意見，有指Tamão即大嶼山的東涌。參金國平、吳志良：〈從西方航海技術資料考Tumon之名實〉，《東西望洋》(澳門：澳門成人教育學會，2002)，頁259–274；金國平：〈Tumon雜考〉，《西力東漸：中葡早期接觸追昔》(澳門：澳門基金會，2000)，頁19–42。另一方面，湯開建則認為「上川島西北岸的『大澳』港，很可能是早期葡萄牙人所說的Tamão。」湯開建：〈中葡關係的起點——Tamão新考〉，《明代澳門史論稿》(哈爾濱：黑龍江教育出版社，2012)，上卷，頁1–36。

24 黃慶華：《中葡關係史》(合肥：黃山書社，2006)，上冊，頁85；萬明：《中葡早期關係史》(北京：社會科學文獻出版社，2001)，頁24；萬明把Jorge Alvares的名字譯作「若熱．阿爾瓦雷斯」。

25 葡萄牙人最早入澳居住的時間有多種說法，主要為三種：1535、1553及1557年。這裡採納衛思韓(John E. Wills, Jr., 1936–2017)的說法。他指出在早年居住澳門的傳教士公匝勒(Gregório Gonzáles)一封未發表的信裡，說到在1557年冬天，他們獲准留在澳門過冬，且不用拆掉草屋，所以可以視為葡萄牙合法入住澳門的開始。參John E. Wills Jr. (ed.), *China and Maritime Europe, 1500–1800: Trade, Settlement, Diplomacy, and Missions* (Cambridge and New York: Cambridge University Press, 2011), p. 38。有關葡萄牙人入澳整體綜述及分析，可參湯開建：〈澳門開埠時間考〉，《明代澳門史論稿》，上卷，頁197–221。

26 龐尚鵬：〈陳末議以保海隅萬世治安疏〉，《百可亭摘稿》(道光十二年刻本)，卷1，錄自萬明：〈明代澳門貿易——中國與西方的海上匯合點〉，《明代中外關係史論稿》(北京：中國社會科學出版社，2011)，頁541。

27 卡門．曼德思(著)，臧小華(譯)：《陸海交接處：早期世界貿易體系中的澳門》(北京：社會科學文獻出版社，2013)，頁178。有關中葡於明代的交往，除上引《中葡關係史》

英國東印度公司第一次正式與中國人進行貿易買賣，是在1637年由約翰·威德爾(John Weddell, 1583–1642)所率領的商船隊完成的。[28]不過，這最早的交往和貿易其實毫不順利，船隊在到達澳門和廣州後，幾經周折，甚至要在武裝衝突後，英國人才勉強購買得一些貨物離開，算是完成任務。在這次所謂的「虎門事件」裡，翻譯問題是癥結所在。

我們不在這裡詳細交代整個事件及當中的翻譯問題。[29]但簡單說來，幾乎所有的矛盾和紛爭都是由於譯者——一名來自廣州的通事——從中播弄所造成的。在英文資料裡，這名懂得葡語的通事名叫Pablo

---

及《中葡早期關係史》外，亦可參T'ien-Tsê Chang, *Sino-Portuguese Trade from 1514–1644: A Synthesis of Portuguese and Chinese Sources* (Leyden: E. J. Brill, 1969)。另外，原始資料見張海鵬(編)：《中葡關係史資料集》(成都：四川人民出版社，1999)。

28 嚴格來說，英人這次第一次來華貿易，不能算是由東印度公司完成的，因為船隊是由當時屬於敵對的科爾亭會社(Courteen Association)所指派。1637年，英王查理士一世向科爾亭會頒發專利，容許他們在東印度地區內東印度公司沒有設商館的地方進行貿易，成為東印度公司在壟斷亞洲貿易上最大的對手。不過，由於科爾亭會社跟東印度公司在1657年合併，人們也把這時候英人來華的商貿活動歸入東印度公司的活動中。

29 關於東印度公司這第一次來華貿易，西方資料主要有Sir Richard Carnac Temple (ed.), *The Travels of Peter Mundy, in Europe and Asia, 1608–1667* (Nendeln, Liechtenstein: Kraus Reprint Ltd., 1967), vol. III, *Travels in England, India, China, etc., 1634–1638*, part I, "Travels in England, Western India, Achin, Macao, and the Canton River, 1634–1637," pp. 158–316。彼德·芒迪(Peter Mundy, 1600–1667)是著名旅遊家，當時跟隨威德爾船隊一起到亞洲，並作了詳盡的紀錄。此外，該書另一個很大的價值來自編者Sir Richard Carnac Temple。在整理及編輯該遊記出版的時候，他加入大量相關的一手資料，包括存於英國國家檔案局(Public Record Office)及印度事務部(India Office)的檔案、威德爾自己撰寫的航海日誌，以及「科爾亭文件」(Courteen Papers)，還有藏於里斯本的大量葡文第一手資料，且翻譯成英文，給與研究者極大的方便。中文方面最重要的原始資料是〈兵部題《失名會同兩廣總督張鏡心題》殘稿〉，收國立中央研究院歷史語言研究所(編)：《明清史料乙編》(上海：商務印書館，1936)，第8本，頁751–756；《明史》亦有簡略記載，只是錯誤地把事件歸在〈和蘭傳〉內。「虎門事件」研究方面，較多人知道和引用的是Morse, *The Chronicles of the East India Company*, vol. 1, pp. 14–30；但其實他的描述基本參照芒迪的遊記。另外汪宗衍：《明末中英虎門事件題稿考證》(澳門：于今書屋，1968)主要是對〈兵部題《失名會同兩廣總督張鏡心題》殘稿〉的考證；還有湯開建、張坤：〈兩廣總督張鏡心《雲隱堂文錄》中保存的崇禎末年澳門資料〉，《澳門研究》第35期(2006年8月)，頁122–132；萬明：〈明代中英的第一次直接碰撞——來自中、英、葡三方的歷史記述〉，《中國社會科學院歷史研究所學刊》(北京：商務印書館，2004)，第3冊，頁421–443。收萬明：《明代中外關係史論稿》(北京：中國社會科學出版社，2011)，頁652–677。有關虎門事件中的翻譯問題，見王宏志：〈通事與奸民：明末中英虎門事件中的譯者〉，《編譯論叢》第5卷第1期(2012年3月)，頁41–66。

Noretti，但其實是中國人，即《明史．和蘭傳》中所記的「奸民李葉榮」。[30] 本來，他經由廣州總鎮海道鄭觀光指派，負責向虎門外海的英國人傳諭，「惕以利害」，命令他們立刻開洋歸國。但李葉榮卻告訴威德爾，只要他們願意繳付稅款，中國官府便容許他們進行貿易，還說傳諭指定他來充任這次英國人來華買賣的通事及經紀，把五名英國商人連同貨款帶到廣州去。但在回到廣州後，李葉榮先把英商藏起來，然後告發他們「私帶夷貨入省」，又向官員匯報說英國人拒絕聽命，不肯離開，讓與他勾結的總兵陳謙向虎門的英國船隊發動火攻，只是風向剛好轉變，英人才倖免於難。李葉榮和陳謙這等同謀財害命的計劃最終在威德爾以武力救人索貨後被揭穿，更高級的官員介入調查，李葉榮和陳謙被懲處，而英人則獲准在廣州買賣貨物後離開。就是這樣，東印度公司才算完成第一次直接與中國進行的貿易活動。

東印度公司這第一次在華貿易的不愉快經歷，基本上是因為語言的障礙，令英國人無法直接與中國官員溝通。那時候，葡語是東方貿易的通用語言，[31] 因此，直至18世紀中葉，所有到中國貿易的歐洲商人都一定帶隨懂葡語的譯員同行。[32] 威德爾也沒有例外，早已作好準備，特意招聘了一名懂葡語的商人湯馬士．羅賓遜（Thomas Robinson, ?–1638）隨船出發。[33] 但羅賓遜不懂中文，他的翻譯服務只限於那些懂得葡語的人，沒法跟一般的中國人直接溝通。在這情形下，威德爾只能完全依賴這名來自中國的通事李葉榮，最終惹來這麼大的麻煩。威德爾在離開時甚至曾經簽過承諾書，在被扣廣州的船員獲釋並取回貨款及貨物後，他們便會離

30　張廷玉等：《明史》（北京：中華書局，1974），第28冊，卷325，頁8437。

31　Austin Coates, *Macao and the British, 1637–1842: The Prelude to Hong Kong* (London: Routledge and Kegan Paul, 1966), p.1.

32　Paul A. Van Dyke, *The Canton Trade: Life and Enterprise on the China Coast, 1700–1845* (Hong Kong: Hong Kong University Press, 2005), p. 9.

33　關於這名威德爾船隊的譯員，迄今只能找到一篇報導，那就是芒迪遊記的編輯R. C. Temple為該書所作的其中一篇附錄。Temple (ed.), *The Travels of Peter Mundy*, vol. III, Appendix B, pp. 462–466.

開，永遠不再回來。[34] 最後，威德爾的確遵守這諾言，直至1642年去世前也再沒有踏足中國的土地，而且在隨後幾十年也沒有其他英國人到中國進行買賣，直至1676年才在廈門設置商行，[35] 1699年開始在廣州買賣。但長期以來外國人在中國的貿易活動以至日常生活都受到各種各樣的限制，且時常遭當地官員諸多需索壓迫，英國人深感不滿，試圖以不同形式來打破這些規限，1757年著名的「洪任輝事件」便是東印度公司嘗試打破只能在廣州通商的限制、直接派遣職員到寧波和天津進行貿易的結果。

洪任輝 (James Flint) 是現時已知第一位由英國東印度公司出資培養的中英譯員。他在1736年已經到了廣州，開始學習中文，1741年得到東印度公司貨監奧利弗 (Richard Oliver) 資助150兩，繼續留在廣州學中文。[36] 喬治 · 安森 (George Anson, 1697–1762) 在1743年來到中國時，洪任輝雖然不是東印度公司的正式譯員，但一直從旁提供翻譯服務，贏得了讚賞。[37] 翌年，他又參加貨監們與粵海關監督的會議，負責傳譯，同樣得到好評。[38] 1746年，東印度公司董事局正式指定他作為貨監的「通事」(linguist)，同時在有需要時協助公司的事務，每條船可領取90兩的薪金；這看來並非公司的正式受薪僱員，更不是用「譯員」(translator/interpreter) 的職位來聘用他，倒更像買辦的工作，估計單在1750年貿易年度內他的收入便不少於900兩，[39] 且公司領導層好幾次對洪任輝的貢獻表示肯定。[40] 1753年，東印度公司有意重開寧波的貿易，便派遣他到寧

34 Ibid., p. 264.

35 Morse, *The Chronicles of the East India Company*, vol. 1, p. 45.

36 Ibid., p. 277.

37 George Anson, *A Voyage Round the World: In the Years MDCCXL, I, II, III, IV. By George Anson, Esq; Commander in Chief of a Squadron of His Majesty's Ships, Sent Upon an Expedition to the South-Seas. Compiled from Papers and Other Materials of the Right Honourable George Lord Anson, and Published Under his direction. By Richard Walter, M. A. Chaplain of His Majesty's Ship the Centurion, in That Expedition. The Third Edition. With Charts of the Southern Part of South America, of Part of the Pacific Ocean, and of the Track of the Centurion Round the World*, edited by Richard Walter and Benjamin Robins (London: John and Paul Knapton, 1748), p. 536.

38 Ibid.

39 Morse, *The Chronicles of the East India Company*, vol. 1, p. 287.

40 Susan Reed Stifler, "The Language Students of the East India Company's Canton Factory,"

波去。然而，差不多在這個時候，粵海關監督拘捕一名替洪任輝書寫稟詞的中國人。[41] 這無疑是一個警號，但洪任輝在第二年還是再去寧波，惹來廣州方面更大的不滿。乾隆二十二年(1757年)，洪任輝奉東印度公司的指令乘船到天津呈訴，控告粵海關勒索，投訴廣州通商環境惡劣，並要求寧波開埠，改變一口通商格局。朝廷一方面對勒索廣州外商的情況展開調查，懲處粵海關總督李永標；另一方面，對於洪任輝連續兩年未經批准、私自跑到寧波進行買賣的違法行為，採取強硬的手段，處死代寫狀文的劉亞匾，並在澳門圈禁洪任輝三年(1759年12月6日至1762年11月)，刑滿逐離中國，永遠不准重來。[42]

儘管洪任輝得到東印度公司的重用，但他的中文水平——尤其是書寫能力是很有限的。學者指出，在替他書寫稟詞的中國人被拘捕後，「沒有人為他謄寫，洪任輝的文書不一定能夠讓人讀懂」。[43] 洪任輝在天津所投遞的一份呈摺裡也只承認「我祇會眼前這幾句官話，其餘都寫在呈子上了。」[44] 顯然，他的投訴狀詞並不是由他自己寫的。換言之，洪任輝也不能算是合格的譯員，即便他沒有被捕、圈禁或驅逐，也不一定能改善東印度公司和英國與中國官員的溝通。

Journal of the North China Branch of the Royal Asiatic Society for the Year 1938, Volume LXIX (Shanghai: Kelly & Walsh, 1939), p. 49.

41 Ibid.

42 "Memoir, Intercourse with China, 1588–1832. Part I," IOR/G/12/11, pp. 103–106; "References to the Diaries from 1755," 6 December 1759, IOR/G/12/20, p. 581. 關於洪任輝在天津呈遞投訴的經過，見於他1759年6月13日至7月29日日記，收Morse, *The Chronicles of the East India Company*, vol. 1, pp. 301–305；關於洪任輝被囚日期以及他的被捕經過，見同上，頁298–299。中文方面的原始資料見〈乾隆二十四年英吉利通商案〉，《史料旬刊》第3期，頁天九十一至天九十五；第4期，頁天一百十三至天一百二十五；第5期，頁天一百五十六至天一百六十二；第6期，頁天一百九十八至天二百；第9期，頁天三百零四至天三百一十。研究方面，可參Edward L. Farmer, "James Flint versus the Canton Interest (1755–1760)," *Papers on China* 17 (December 1963), pp. 38–66；陳東林、李丹慧：〈乾隆限令廣州一口通商政策及英商洪任輝事件述論〉，《歷史檔案》1987年第1期(1987年2月)，頁94–101；朱雍：《不願打開的中國大門》，頁64–76。

43 Stifler, "The Language Students of the East India Company's Canton Factory," p. 49.

44 〈直隸總督方觀承奏英吉利商人洪任來津投呈摺〉，《史料旬刊》第4期，頁天一百十四。

在短短的幾十年裡，英國東印度公司成為廣州外貿最大的外商。但不管在廣州外貿佔多大比重，他們始終面對著嚴重的語言障礙。其實，東印度公司也嘗試過加強漢語人才的培訓。1753年，在洪任輝事件還沒有發生前，公司曾出資派遣兩名僱員湯馬士·貝文(Thomas Bevan)及巴頓(Barton)到南京學習中文。[45] 巴頓的名字後來不怎樣見於東印度公司的檔案，但貝文看來一直十分活躍，例如董事局主席碧古(Frederick Pigou)在1756年2月14日所作的報告中曾指出，貝文學習中文進步得很快，且品行良好，在幾年後會為公司提供重要的服務。[46] 1757年，貝文曾跟隨洪任輝北上天津。[47] 不過，這都是在洪任輝被圈禁以前的事情。在洪任輝被囚禁後，便再沒有提及貝文繼續做翻譯或學習中文的消息，卻見到他先後出任為東印度公司管理會及特選委員會成員，[48] 直至1780年因為健康問題回國，[49] 自此再沒有他的消息。從那時候開始，東印度公司就一直沒有自己的譯員，長達20年之久。[50]

---

45 "Memoir, Intercourse with China, 1588–1832. Part I," IOR/G/12/11, p. 102; Morse, *The Chronicles of the East India Company*, vol. 1, p. 297; vol. 2, p. 51; vol. 5, p. 27.

46 Morse, *The Chronicles of the East India Company*, vol. 5, p. 27.

47 Ibid., vol. 2, p. 51.

48 Ibid., pp. 107, 123, 130, 133, 144, 149, 165.

49 "Consultations, Observations, Orders &c. of the Select Committee, appointed by the Honorable Court of Directors, with Letter perceived, and written by the Select Committee, 19th January 1780–16th December 1780," IOR/G/12/70, p. 231.

50 Stifler, "The Language Students of the East India Company's Canton Factory," p. 50. 第一位正式獲聘為東印度公司譯員的是曾以馬戛爾尼侍童身份跟隨使團到中國來，早已開始學習中文，並曾直接以中文與乾隆交談的小斯當東。他在1800年1月22日重臨廣州，在公司中出任初級書記(junior writer)一職，但一開始即為公司提供翻譯工作。1803年，小斯當東向東印度公司提出申請，希望能從「書記」一職轉為譯員，但卻遭到否決。這對他來說是不小的打擊，甚至揚言不再熱衷於為公司提供有關中文方面的服務。直到1808年2月26日，東印度公司董事局任命他為公司的中文譯員。G. T. Staunton to Sir G. L. Staunton, Canton, 25 January, 1800; Staunton to Lady Staunton, Canton, 24 February, 1805; Canton, 1 March, 1805; Canton, 5 November, 1805, in "George Thomas Staunton Papers, 1743–1885 and Undated," Rare Book, Manuscript and Special Collections Library, Duke University, Durham, North Carolina, accessed through Adam Matthew Digital, "China: Trade, Politics and Culture 1793–1980"; George T. Staunton, *Memoirs of the Chief Incidents of the Public Life of Sir George Thomas Staunton, Bart* (London: L. Booth, 1856), pp. 34–35. See also Lydia Luella Spivey, "Sir George Thomas Staunton: Agent

另一方面，自從「洪任輝事件」後，清廷加強外貿監管，明確限定廣州一口通商，「廣州體制」的格局逐漸形成，管理方式也從對內轉向為對外的控制，[51] 其後的規定更多是直接針對來華外國商人，他們在廣州的買賣活動以至日常生活都受到嚴格監管，[52] 這也是東印度公司要求並願意出資英國政府派遣使團到中國的主要原因。在各項規定中，外商最感不滿的是中國官員從來不與外商(夷商)直接溝通，一切交往都是通過行商和通事進行。這情況一直維持到1834年東印度公司在華貿易壟斷權結束以後，英國政府所派遣的首任商務監督律勞卑(William John Napier, 1786–1834)還是不能直接與廣東官員接觸。時任兩廣總督盧坤(1772–1835)以「貿易細事，向由商人自行經理，官不與聞其事。該夷貿易，如有更定章程等事，均應該商等會同查議。……天朝大臣，例不准與外夷私通書信」為理由，[53] 明確規定「凡夷人具稟事件，應一概由洋商代為據情轉稟，不必自具稟詞」，[54] 讓律勞卑大為不滿，極力抗爭，最

---

for the British East India Company in China, 1798–1817" (M.A. thesis, Duke University, 1968), pp. 53–54; 關於小斯當東在馬戛爾尼使團的角色，見本書〈譯員篇〉。

51　王日根：《明清海疆政策與中國社會發展》(福州：福建人民出版社，2006)，頁377–378。

52　有關廣州體制的研究為數不少，最值得參考的包括梁嘉彬：《廣東十三行考》(上海：商務印書館，1936)；章文欽：《廣東十三行與早期中西關係》(廣州：廣東經濟出版社，2009)；Cheong Weng Eng, *The Hong Merchants of Canton: Chinese Merchants in Sino-Western Trade* (London: Curzon Press, 1997); Van Dyke, *The Canton Trade*; Paul A. Van Dyke, *Merchants of Canton and Macao: Politics and Strategies in Eighteenth-Century Chinese Trade* (Hong Kong: Hong Kong University Press, 2011); Paul A. Van Dyke, *Merchants of Canton and Macao: Success and Failure in Eighteenth-Century Chinese Trade* (Hong Kong: Hong Kong University Press, 2016); John M. Carroll, "The Canton System: Conflict and Accommodation in the Contact Zone," *Journal of the Hong Kong Branch of the Royal Asiatic Society* 50 (2010), pp. 51–66; John M. Carroll, *Canton Days: British Life and Death in China* (Lanham: Rowman & Littlefield, 2020).

53　盧坤道光十四年六月二十一日致洋商諭，英國國家檔案館(National Archives)藏英國外交部(Foreign Office)檔案，FO 663/46，頁11；道光十四年八月初二日盧坤示，FO 663/46，頁14；又見佐佐木正哉(編)：《鴉片戰爭前中英交涉文書》(東京：巖南堂書店，1967)，頁5、10–11。

54　〈兩廣總督盧坤、監督中祥疏(道光十五年正月)〉，梁廷枏：《粵海關志》(韶關：廣東人民出版社，2002)，卷29(夷商四)，頁563。

終導致爆發衝突，律勞卑被迫離開廣州，不久即在澳門病逝，史稱「律勞卑事件」或「律勞卑之敗」(Napier Fizzle)。[55]

本來，通事負責翻譯和溝通是早已確定的。清初刊本的《香山縣志》已記有通事怎樣在澳門為中國官員與洋人作傳譯，擔當重要的溝通橋樑：

> 凡文武官下澳，率坐議事亭上，彝目列坐進茶畢，有欲言則通事番譯傳語。通事率閩粵人，或偶不在側，則上德無由宣，下情無由達。彝人違禁約，多由通事導之。[56]

另外，他們還負責文件和往來書信的翻譯工作，當時有「粵東文書上下俱用通事」的說法。[57] 可是，在這長時間的中外交往裡，究竟這些洋商或通事是否具備足夠的外語能力，可以勝任翻譯的工作？語言能力以外，有沒有其他因素導致這些所謂的翻譯人員無法準確地完成翻譯的工作？

先看外語能力。我們知道，在同治元年五月十五日(1862年6月11日)京師同文館成立前，中國一直沒有正式培訓西方語言翻譯人才的機構，廣州體制下的通事要掌握外語都只能是「無師自通」。可是，當時根本沒有什麼中國人會願意認真學習英語。1807年來華的第一位新教傳教士，且長期為東印度公司服務的馬禮遜(Robert Morrison, 1782–1834)，在剛到來時曾嘗試與一些中國人進行語言交換教學，[58] 也曾有過一兩名中國商人跟他學習英文，但不久都放棄了。[59] 因此，在澳門和廣州負責翻譯的通事其實都沒有接受過正式的外語訓練。當時住在廣

---

55 關於律勞卑事件，可參 Morse, *The International Relations of the Chinese Empire* (London: Longmans, Green & Co., 1910–18), vol. I, pp. 118–144；吳義雄：《條約口岸體制的醞釀——19世紀30年代中英關係研究》(北京：中華書局，2009)，頁451–462。另外，一本專門討論律勞卑在中國的英文專著是Priscilla Napier, *Barbarian Eye: Lord Napier in China, 1834, the Prelude to Hong Kong* (London and Washington: Brassey's, 1995)，但其學術性不高。

56 申良翰(纂修)、李騰元(編輯)：《香山縣志》(出版日期缺)，卷10，頁3。

57 張渠：《粵東聞見錄》(廣州：廣東高等教育出版社，1990)，頁6。

58 LMS/CH/JO, Morrison's Journal, 8 Sept 1807；錄自蘇精：〈馬禮遜和他的中文老師〉，《馬禮遜與中文印刷出版》(台北：學生書局，2000)，頁64。

59 參蘇精：《中國，開門！馬禮遜及相關人物研究》(香港：基督教中國宗教文化研究社，2005)，頁36–37。

州、自己也懂中文、且經常與通事一起處理商務的美國人亨特（William Hunter, 1812–1891），便曾非常幽默又諷刺地描述一些通事的情況。他說中國的通事「除了自己的語言外，別的一點也不懂」。[60] 這說法算不上完全準確，因為這些廣州通事其實是在不同程度上掌握一種「外語」：「廣州英語」（Cantonese English）。然而，這種所謂的「英語」「毫無疑問是中國人的一項發明」，是完全扭曲變形的廣州話與英語的混合體，還滲入了葡語、印地語、馬拉語，但卻「沒有句法、也沒有邏輯聯繫」。[61] 這樣的「英語」不是一般英國人所能聽懂的。[62] 令問題更複雜的是：儘管這些通事能以「廣州英語」在口頭上與英國人作簡單的溝通，但他們絕大多數都不能閱讀和書寫英文，「但知夷語，並不認識夷字」，[63] 是當時的通事很普遍的狀況，他們根本沒法勝任文書翻譯工作。語言能力以外，還有權力架構和社會地位的問題。本來，這些廣州通事是朝廷官方所承認的，早在雍正九年（1731年）已規定所有通事必須註冊，[64] 但這樣的安排並不是為了確認他們具有專業的翻譯能力或資格，而是要更好地規定通事的職責，從而方便管理。不過，朝廷要管理通事，重點不在通事，真正目的是要管理來華的洋夷，因為通事的職責不只限於翻譯工作。光緒年間的《重修香山縣志》對通事的職務有這樣的描述：

> 其役於官，傳言語，譯文字，丈量船隻，貨之入口，點評數，秤輕重，輸稅上餉者曰通事。[65]

---

60 William C. Hunter, *The "Fan Kwae" at Canton Before the Treaty Days, 1825–1844* (London: Kegan Paul, Trench and Co., 1882), p. 50.

61 Ibid., p. 61.

62 Basil Hall, *Voyage to Loo-Choo, and Other Places in the Eastern Seas, in the Year 1816* (Edinburgh: Archibald Constable & Co., 1826), p. 288.

63 〈欽差大臣耆英等奏為諮調洋商伍敦元來蘇以備差委片〉，中國第一歷史檔案館（編）：《鴉片戰爭檔案史料》（天津：天津古籍出版社，1992），第5冊，頁599。

64 印光任、張汝霖：《澳門記略》（廣州：廣東高等教育出版社，1988），頁28。

65 〈附記〉，田明曜：《重修香山縣志》（台北：台灣學生書店，1968），第4冊，卷22，頁1957。

這不單涉及朝廷的稅收，更觸碰廣州商人和官員的直接利益。乾隆九年（1744年），廣州府海防同知印光任（1691–1758）制定〈管理番舶及寄居澳門夷人規約〉七條，第一條即規定所有洋船到達澳門後便須即日「投行」，並著「行主、通事報明」；[66] 其接任人張汝霖又在乾隆十四年（1749年）提出〈澳夷善後事宜條議〉，明令以後外船船稅、貢銀、行商及通事之手續費、出口貨稅及采辦官用品物，都交由行商一二人負責保證；[67] 乾隆二十二年（1757年）的「洪任輝事件」以後，負責調查洪任輝對廣州粵海關監督指控的兩廣總督李侍堯（?–1788），在乾隆二十四年（1759年）提呈一系列的管制措施，這就是著名的〈防範外夷規條〉五條；[68] 其後有兩廣總督百齡（1748–1816）在嘉慶十四年（1809年）所奏准的〈民夷交易章程〉[69] 和道光十一年（1831年）李鴻賓（1767–1846）的〈防範夷人章程〉八條，[70] 一直到道光十五年（1835年），還有盧坤的〈酌增防夷新規〉八條。[71] 官員接連推出這些「防夷」方案，且一條比一條嚴密，一方面可以見到清廷著意加強對在華外商的監管，另一方面也加重了對通事的問責，最後由盧坤以一種所謂「層遞箝制」的方法，讓這種長久以來執行的控制方法進一步制度化：

> 其人夫責成夷館買辦代僱，買辦責成通事保充，通事責成洋商保充，層遞箝制，如有勾串不法，唯代僱、保充之人是問。[72]

---

66 〈澳門同知印光任議（乾隆九年）〉，梁廷枏：《粵海關志》，卷28（夷商三），頁535–537。

67 梁嘉彬：《廣東十三行考》，頁91。

68 〈乾隆二十四年英吉利通商案．李侍堯摺三〉，《史料旬刊》第9期，頁三百零六至三百零九，又見梁廷枏：〈部覆兩廣總督李侍堯（乾隆二十四年）〉，《粵海關志》，卷28（夷商三），頁545–548。

69 〈兩廣總督百齡、監督常顯議（嘉慶十四年）〉，《粵海關志》，卷28（夷商三），頁548–549。

70 〈兩廣總督李鴻賓、監督中祥疏（道光十一年二月）〉，同上，卷29（夷商四），頁559–563。

71 〈兩廣總督盧坤、監督中祥疏（道光十五年正月）〉，同上，頁563–567。

72 同上，頁565。

及至鴉片戰爭前夕，林則徐(1785–1850)到廣州禁煙時，仍然執行著這種「逐層擔保」的做法，[73] 當中最關鍵的地方在於：一切唯擔保、保充人是問。作為這「層遞箝制」的主要角色，通事往往首當其衝，受到官員的欺壓。無論是在中方還是英方的資料和紀錄裡，我們都可以見到大量的個案，記錄通事們怎樣被中國官員拘押、拷打、關禁，更嚴重的還有發放充軍，甚至判處死刑，[74] 理由是他們沒有做好監管的工作，以致外商犯上錯誤，違反制夷的規條。不過，官員其實並不一定真的要懲罰失職的行商或通事，他們的目的是要迫使外商服從於他們的指令。很多時候，行商和通事在嚴刑拷打後，會被帶上枷鎖，送到外商那裡談判，由通事懇求夷商就範。顯然，這是官員脅迫外商的手段，通事只不過是監控外國人的工具，這點就連外商也清楚明白。[75] 結果，通事便從不敢開罪官員們，正如馬士所說，「他們膽子太小，不可能譯出半句官員不中聽的話來」；[76] 而通事更重要的能力便是如何有效地談判、調解，而不是要準確地理解和翻譯出外商的說話和意圖。[77] 另外，我們還見到對通事其他的負面描述，例如亨特報導過一宗有關一名印度水手的案

73　「至各夷館所用工人以及看門人等，均責成買辦保僱，其買辦責成通事保充，而通事又責成洋商選擇，令其逐層擔保，仍由府縣查驗，給牌承充。如查有營私舞弊，悉惟擔保人是問。」〈兩廣總督林則徐等復議禦史駱秉章條陳整飭洋務章程折〉，中國第一歷史檔案館(編)：《鴉片戰爭檔案史料》，第1冊，頁796。

74　例如曾幫助東印度公司送信及送禮物到北京的通事李耀，便因為被視為跟英國人太接近，給廣州官員帶來麻煩，最終被羅織罪名，發判伊犁充軍。參王宏志：〈1814年「阿耀事件」：近代中英交往中的通事〉，《中國文化研究所學報》第57期(2014年7月)，頁203–232。此外，在1834年的「律勞卑事件」中，律勞卑刻意打破一貫的溝通模式，拒絕通過行商和通事跟廣州當局接觸，但兩廣總督還是以死刑來威嚇行商和通事：「該商等與夷人，交易多年，聲息相通，通事買賣人等，尤與夷人切近，如果詳明開導，該夷目斷無不遵。倘有違抗，皆係該商等辦理不善，及通事人等教誘所致。定將該商等參辦，通事人等立即正法。」盧坤道光十四年六月十五日致洋商諭，FO 663/46, p. 11；又見佐佐木正哉(編)：《鴉片戰爭前中英交涉文書》，頁5。

75　Morse, *The Chronicles of the East India Company*, vol. 3, pp. 267–269.

76　Ibid., p. 31.

77　Van Dyke, *The Canton Trade*, p. 78.

件，由總通事「老湯姆」(“Old Tom”) 負責口譯，但老湯姆根本聽不懂印度水手的話，只是任意杜撰，整個過程就是一場鬧劇。[78]

在這樣的情況下，作為英國政府正式派遣到北京，試圖爭取改善英國人在華貿易和生活狀況的馬戛爾尼使團，不可能借助這些廣州通事來解決溝通的問題。他們得要另找使團譯員，除須具備足夠的語言水平外，還要對使團效忠，不受中方的脅迫，才可能做好溝通和翻譯的工作。這對於使團來說是很大的挑戰。

譯者以外，在翻譯和溝通上還有別的難題。在馬戛爾尼使團訪華事件中，儘管雙方最終都備有好幾名翻譯人員，但中英第一次正式外交接觸所涉及的翻譯問題極其艱巨，幾乎是無法解決的。

首先是語言的問題。在下文〈譯員篇〉的討論可以見到，在這次中英兩國的交往裡，一個令翻譯任務變得複雜的因素，就是雙方正式的翻譯人員都不懂英語，這是因為無論使團方面怎樣努力，也無法找到具備中、英雙語能力的譯員。另一方面，雙方的譯員卻因為相同的宗教背景和訓練而共同掌握了中英文以外的另一種語言——拉丁文，這種唯一的共同語言便成為翻譯過程的中介語言。儘管這也能達到基本溝通的效果，但因為兩國的溝通並不是直接通過各自的本國語言互換來進行，而是要先把中文或英文翻譯成拉丁文，然後才能翻譯成對方的語言。多重轉譯的模式不但增添出錯的可能，就是過程中所引起的不便和麻煩也是可想而知的。使團的副使斯當東便曾猜想，翻譯上的繁複程序是造成乾隆沒有多跟馬戛爾尼直接談話的原因。[79] 換言之，由於譯者語言能力的

---

78 William Hunter, *Bits of Old China* (London: Kegan Paul, Trench and Co., 1885), pp. 21–30. 中譯本見亨特（著）、沈正邦（譯）、章文欽（校）：《舊中國雜記》（廣州：廣東人民出版社，1992），頁23–30。不過，有學者指出，這「只是亨特為了滿足外國讀者對中國的想像而創作的鬧劇」。葉靄雲：〈廣東通事「老湯姆」及其寬和通事館考〉，《翻譯史研究（2016）》（上海：復旦大學出版社，2016），頁97–119。據葉靄雲的考證，「老湯姆」就是蔡懋，又稱蔡剛，出任通事近五十年，還提攜了至少四個兒子、三個堂侄和多名助手任職通事，發家致富。她的結論是「『老湯姆』這個遊走於中西之間、位居官方和半官方之間的通事，應該是成功的。」同上，頁119。

79 Staunton, *An Authentic Account of an Embassy*, vol. 2, p. 122.

局限，馬戛爾尼並不能夠與乾隆很有效地溝通，可見翻譯在馬戛爾尼使華事件中所扮演的重要角色。

其實，不單口頭上的傳譯，書面上的翻譯也面對相同的難題。從馬戛爾尼方面發出的文書是先以英文寫成的，然後必須交由一名使團成員翻譯成拉丁文，才能讓使團譯員以這個拉丁文本為基礎翻譯成中文。換言之，每份文書都經過兩重的翻譯程序，備有三份文本。事實上，有時候這三份文本都同時送遞到中國朝廷去。例如在1793年8月6日，朝廷便收到了英文、拉丁文和中文三個文本的使團禮品清單。[80] 此外，由於當時歐洲的外交習慣是以法文作為國際通用外交語言，因此，有時也見到法文本的出現。舉例說，馬戛爾尼曾向和珅呈遞照會，提出覲見乾隆所用的儀式，便共有中、英、法和拉丁文四個文本。[81] 同樣地，清廷的文件也要經過幾重翻譯才送到使團手上，最先由中方的翻譯人員把文書翻譯成拉丁文，交到使團去；雖然使團中不少成員都懂拉丁文，不一定需要再翻譯成英文，但我們也確實見到一些文件最終還是譯出英文本。可以想像，經過重重的轉譯或重寫後，意義上的準確性便難以保證了。

此外，翻譯的難題並不止於語言的層面，令問題變得更複雜的是兩國政治和文化的巨大歧異，以致一些重要的訊息在表達以至詮釋上很不相同，嚴重地影響兩國相互的理解，這包括英國日盛的國力、使團自身的定位、中國奉行已久的朝貢制度，以及清廷當時對待這次英國來使的態度等。這就是說，當時中英兩國的政治和文化差距，在很大程度上影響了使團的溝通和翻譯。但無論是清廷最高決策人乾隆所閱讀到從英方送來文書的中文文本，還是馬戛爾尼收到的諭旨，還有日常口語上的溝通，都是通過翻譯而來，並只能從這些翻譯文本裡得到相關的資訊，翻譯對整個使團的影響和作用，是可想而知了。

---

80 “Catalogue of Presents,” IOR/G/12/92, p. 155.

81 “Note for Cho-Chan-Tong, First Minister, Pekin, 28 August 1793, English original, with Latin and French translations,” IOR/G/12/92, pp. 209–216.

二

關於這次中英外交史上的重要開端，有大量原始資料。阿蘭・佩雷菲特(Alain Peyrefitte, 1925–1999)所著的《停滯的帝國——兩個世界的撞擊》(*L'Empire Immobile ou Le Choc Des Mondes* [*The Collision of Two Civilisations: The British Expedition to China in 1792–4*])列出西方未出版及已出版的原始資料接近80項，[82] 但這還不能説是完整的。英國伯明翰大學的Robert Swanson一篇追尋馬戛爾尼使團相關文書蹤跡的文章，説明其實有不少資料經已散失。[83] 另外黃一農的〈龍與獅對望的世界：以馬戛爾尼使團訪華後的出版物為例〉則詳細描述使團回國後所出版的相關書刊，並交代不同版本及流通情況的細節，列出不少今天很難見到的作品。[84] 不過，通過不同的資料數碼化工程，今天可以見到與使團相關的原始資料還算充裕，為研究者提供很大的方便。

首先，不少使團成員在回國後撰寫並出版回憶錄。本來，馬戛爾尼希望使團主要成員一起合作集體撰寫一份使團匯報，但除副使斯當東配合外，其他不少成員並不怎麼理會這要求，各自撰寫和出版回憶錄。[85]

---

82 Alain Peyrefitte, *L'Empire Immobile ou Le Choc Des Mondes* (Paris: Librairie Arthéme Fayard, 1989), pp. 489–494; Alain Peyrefitte, *The Collision of Two Civilisations: The British Expedition to China in 1792–4*, translated by Jon Rothschile, (London: Harvill, 1993), pp. 597–602；中譯本見佩雷菲特(著)、王國卿等(譯)：《停滯的帝國：兩個世界的撞擊》(北京：三聯書店，1993)；後來又見在台灣以另一書名出版：阿朗・佩雷菲特(著)、王國卿等(譯)：《停滯的帝國：一次高傲的相遇，兩百年世界霸權的消長》(新北：野人文化股份有限公司，2015)。

83 Robert Swanson, "On the (Paper) Trail of Lord Macartney," *East Asian History* 40 (2016), pp. 19–25.

84 黃一農：〈龍與獅對望的世界：以馬戛爾尼使團訪華後的出版物為例〉，《故宮學術季刊》第21卷第3期(2003)，頁265–306。另外，北京大學歐陽哲生也發表過〈鴉片戰爭前英國使團的兩次北京之行及其文獻材料〉，《國際漢學》2014年第1期(2014年12月)，頁102–113；又收歐陽哲生：《古代北京與西方文明》，頁454–467。不過，正如該作者自己所言，當中的材料只是「根據理查德、讓-路易・克萊默-平〔John L. Cranmer-Byng〕、佩雷菲特、黃一農、張國剛諸位先生引據的文獻」，而他所説的「結合自己所搜尋到的材料」，就是提供一些使團成員回憶錄的中譯本資料。同上，頁458。

85 黃一農：〈龍與獅對望的世界〉，頁270；Swanson, "On the (Paper) Trail of Lord Macartney," p. 23.

今天，這些二百多年前出版的回憶錄，除部分已經重印流通外，大都能在谷歌圖書(Google Books)中找到；另外由Gale所製作的大型資料庫 *Eighteenth Century Collection Online* 中也收有約20種與馬戛爾尼使團相關的專書，[86] 大部分都是使團人員出版的回憶錄。在眾多回憶錄中，最廣為徵引的是斯當東的《大英國王派遣至中國皇帝大使的真實報告》(*An Authentic Account of an Embassy from the King of Great Britain to the Emperor of China*)，[87] 因為這算是官方出版物；[88] 另外使團總管(comptroller)巴羅(John Barrow, 1764–1848)、[89] 機械師登維德、[90] 侍衛愛尼斯·安德遜

---

[86] *Eighteenth Century Collection Online*, http://www. gale.com/EighteenthCentury/. 參見黃一農：〈印象與真相——清朝中英兩國的覲禮之爭〉，頁41，註23。

[87] 本書有多個版本，參見黃一農：〈龍與獅對望的世界〉，頁272–275。中譯本方面，現在最流行的是斯當東(著)，葉篤義(1912–2004)(譯)：《英使謁見乾隆紀實》(香港：三聯書店，1994)。本書所用為George Staunton, *An Authentic Account of an Embassy from the King of Great Britain to the Emperor of China* (Philadelphia: Robert Campbell, 1799) 2卷版，除另註明外，中文翻譯均由筆者提供。

[88] 另外還有兩本也算是以斯當東名義出版、在內容上完全相同的回憶錄：《奉大英國王之命派遣至中國大使的節略報告》及《派遣至中國皇帝之大使的歷史報告》。*An Abridged Account of the Embassy to the Emperor of China, Undertaken by Order of The King of Great Britain; Including the Manners and Customs of the Inhabitants; and Preceded by an Account of the Causes of the Embassy and Voyages to China, Taken Principally from the Papers of Earl Macartney, as Compiled by Sir George Staunton, Bart.* (London: John Stockdale, 1797); *An Historical Account of The Embassy To The Emperor of China, Undertaken by Order of The King of Great Britain; Including The Manners and Customs of the Inhabitants; and Preceded by An Account of the Causes of The Embassy and Voyage to China, Abridged Principally From the Papers of Earl Macartney, As Compiled By Sir George Staunton, Bart* (London: John Stockdale, 1797). 黃一農指出，這是John Stockdale或為搶佔市場而出版的。黃一農：〈龍與獅對望的世界〉，頁277。

[89] John Barrow, *Travels in China, Containing Descriptions, Observations, and Comparisons, Made and Collected in the Course of a Short Residence at the Imperial Palace of Yuen-Min-Yuen, and on a Subsequent Journey through the Country from Pekin to Canton* (London: T. Cadell & W. Davies, 1804)；中譯本見：約翰·巴羅(著)，李國慶整理：《中國旅行記》(桂林：廣西師範大學出版社，2011)；喬治·馬戛爾尼、約翰·巴羅(著)，何高濟、何毓寧(譯)：《馬戛爾尼使團使華觀感》(北京：商務印書館，2013)。當時清宮文獻對巴羅的記錄為「總管貢物吧龍」。〈賞英貢使帶赴熱河官役清單〉，《英使馬戛爾尼訪華檔案史料匯編》，頁135；〈帶赴熱河人名數目折〉，同上，頁562。

[90] Proudfoot, *Biographical Memoir of James Dinwiddie*。在當時清宮文獻，登維德的職務為「天文生」。〈賞英貢使帶赴熱河官役清單〉，頁135；〈帶赴熱河人名數目折〉，頁562。在英文的材料中，他是使團的機械師(machinist)。"Tableau or Sketch of an Embassy from His Majesty to the Emperor of China," *An Important Collection*, vol. 10, doc. 442, CWCCU.

(Æneas Anderson)[91] 及塞繆爾・霍姆斯 (Samuel Holmes)[92] 的回憶錄，還有另一名「聽事官」惠納 (John Christian Hüttner, 1766–1847) 以德文寫成的使團回憶錄《來自英國派遣到中國及部分韃靼地區使團的報告，1792–1794年》(*Nachricht von der Britischen Gesandtschaftsreisé durch China und einen Teil der Tartarei, 1792–94*)，[93] 都是較受注意的。沒有參加使團，但在1795年出版一本有關中國史地和思想的著作的 William Winterbotham (1763–1829)，在書中加入了114頁有關馬戛爾尼使團的「豐富記錄」，並宣稱是來自一名使團成員認真觀察的記錄。[94] 至於大使馬戛爾尼自己的日誌，最早經由巴羅整理，收入他在1807年出版的馬戛爾尼傳記中，[95] 然

不過，他曾經寫過信給馬戛爾尼，希望不要用機械師，改用數學家 (mathematician) 的職銜。"Letter from J. Dinwiddle to Lord Macartney dated, July 31, 1793, requesting that his title in embassy be changed from machinist to mathematician," ibid., vol. 6, doc. 266, CWCCU。值得一提的是登維德回憶錄的整理者、他的外孫William Jardine Proudfoot (1804–1887) 在1861年出版一本厚達176頁的書，逐一駁斥巴羅在回憶錄及自傳中不少有關使團的說法。William Jardine Proudfoot, *"Barrow's Travels in China." An Investigation into the Origin and Authenticity of the "Facts and Observations" Related in a Work Entitled "Travels in China, by John Barrow, F.R.S." (Afterwards Sir J. Barrow, Bart.) Preceded by a Preliminary Inquiry into the Nature of the "Powerful Motive" of the Same Author, and Its Influence on His Duties at the Chinese Capital, as Comptroller to the British Embassy, in 1793* (London: George Philip and Son, 1861). 關於登維德在參加馬戛爾尼使團前的科學活動，可參Linde Lunney, "The Celebrated Mr. Dinwiddie: An Eighteenth-Century Scientist in Ireland," *Eighteenth-Century Ireland* 3 (1988), pp. 69–83.

91 Anderson, *A Narrative of the British Embassy to China*; 中譯本見愛尼斯・安德遜(著)、費振東(譯):《英使訪華錄》(北京：商務印書館，1963)，後改題重版：《英國人眼中的大清王朝》(北京：群言出版社，2002)。

92 Samuel Holmes, *The Journal of Mr. Samuel Holmes, Sergeant-Major of the XIth Light Dragoons, During His Attendance as One of the Guards on Lord Macartney's Embassy to China and Tartary* (London: W. Bulmer & Company, 1798).

93 Johann Christian Hüttner, *Nachricht von der Britischen Gesandtschaftsreisé durch China und einen Teil der Tartarei, 1792–94* (Berlin: Voss, 1797). 當時清宮文獻記為聽事官「伊登勒」。〈賞英貢使帶赴熱河官役清單〉，頁135；〈帶赴熱河人名數目折〉，頁562。

94 W. Winterbotham, *An Historical, Geographical, and Philosophical View of the Chinese Empire, Comprehending a Description of the Fifteen Provinces of China, Chinese Tartary, Tributary States, Natural History of China; Government, Religion, Laws, Manners and Customs, Literature, Arts, Sciences, Manufactures, &c. To which is added, a Copious Account of Lord Macartney's Embassy, Compiled from Original Communications* (London: J. Ridgway and W. Button, 1795).

95 John Barrow, *Some Account of the Public Life and a Selection from the Unpublished Writings of The*

後是海倫・羅賓斯(Helen H. Robbins)在1908年出版的《我們的第一位訪華大使：馬戛爾尼爵士的一生》(*Our First Ambassador to China: An Account of the Life of George, Earl of Macartney*)中整理的部分。[96] 但最廣泛引用的是克萊默－賓(John L. Cranmer-Byng, 1919–1999)根據日本東洋文庫所藏日誌稿本所整理，並在1962年出版的版本，[97] 儘管在2004年該書有重印版本，加入不少插圖，但把1962年版由克萊默－賓所寫的長篇引言刪掉，較少為人徵引，流通量也不大。[98] 無論如何，可以肯定的是馬戛爾尼這份日誌是研究使團最重要的作品。回憶錄和日誌以外，當時年僅13歲的副使兒子小斯當東(George Thomas Staunton, 1781–1859)寫有兩冊的日記，頗能提供一些額外的細節；[99] 而由他編輯及整理出版父親斯當東一生及家庭的回憶錄，透露不少有關斯當東的家庭資料，且收入了

Earl of Macartney. The Latter Consisting of Extracts from an Account of the Russian Empire; A Sketch of the Political History of Ireland; And a Journal of an Embassy from the King of Great Britain to the Emperor of China (London: T. Cadell and W. Davies in the Strand, 1807), vol. 2, pp. 161–531.

96 Helen H. Robbins, *Our First Ambassador to China: An Account of the Life of George, Earl of Macartney, with Extracts from His Letters, and The Narrative of His Experiences in China, as told by Himself 1737-1806 From Hitherto Unpublished Correspondence and Documents* (New York: E. P. Dutton and Co., 1908), pp. 180–412.

97 Macartney, *An Embassy to China* (London: Longmans, 1962). 中譯本方面，較受關注的是馬戛爾尼(著)、秦仲龢〔高伯雨，1906–1992〕(譯)：《英使謁見乾隆紀實》(香港：大華出版社，1972)；馬戛爾尼(著)、劉半農(1891–1934)(譯)、林延清(解讀)：《乾隆英使覲見記》(天津：天津人民出版社，2006)。劉半農譯本原由上海中華書局出版(1916)，經考證節譯自Robbins, *Our First Ambassador to China*，第10–12章。參黃一農：〈龍與獅對望的世界〉，頁280。本書引用馬戛爾尼日誌時，除另行說明外，均引錄自克萊默－賓所整理出版的1962版本，中文翻譯由筆者提供。關於克萊默－賓所使用的版本，參Cranmer-Byng, "Appendix B: Note on the Transmission of the Manuscript of the Journal," in Macartney, *An Embassy to China*, pp. 332–333.

98 George Macartney, *An Embassy to China: Being the Journal Kept by Lord Macartney during his Embassy to the Emperor Ch'ien-lung, 1793–1794*, edited by J. L. Cranmer-Byng (London: The Folio Society, 2004).

99 Thomas Staunton, "Journey to China 1792–3"; Thomas Staunton, "Journal of a Voyage to China, Second Part," Staunton Papers, Duke University. 在第二本，小斯當東以中文寫上「多瑪斯當東」「小書論路從英吉利國到中國」。不過，今天所能見到小斯當東的日記是有缺頁的，第二冊前部分頁1–96已散佚，因此從第一冊終結時的1793年5月16日至1793年8月29日的日記部分是見不到的。

斯當東跟馬戛爾尼在出使前後的一些通信，裡面有很多與使團相關的材料，甚至不見於東印度公司檔案內。[100] 不過，斯當東父子的書信則主要收藏在杜克大學(Duke University)的「喬治・湯瑪士・斯當東文件」("George Thomas Staunton Papers, 1743–1885 and Undated")內，小斯當東的來華日記也是文件的收藏品，今天整份文件都有電子版本可供參考。[101]

但回憶錄或日記往往受限於個人的觀察，且滲入主觀的意見，不一定全面或準確。相對而言，東印度公司檔案的相關資料便較客觀，其中包含當時公司內部的文書往來、指令和匯報等，都是極為重要的第一手資料。這些總稱為「印度事務部檔案」(India Office Records, IOR) 的檔案，過去收藏於印度事務部圖書館(India Office Library)，[102] 1982年轉移到大英圖書館(The British Library)，其中三卷IOR/G/12/91、IOR/G/12/92及IOR/G/12/93(分成兩冊)就是與馬戛爾尼使團直接相關的檔案，大部分是信件，分別涵蓋1787–1792年、1792–1795年及1793–1810年，共約有2,200頁，另外IOR/G/12/20、IOR/G/12/105、IOR/G/12/110、IOR/G/12/126及IOR/G/12/265等也收有與使團相關的原始資料。

大英圖書館東印度公司原始檔案以外，被視為收藏最多馬戛爾尼使團資料的單一地方是康奈爾大學(Cornell University)的「查爾斯・沃森典藏」(Charles W. Wason Collection)。當中的資料最初部分是查爾斯・沃森(Charles Wason, 1854–1918)在1913年5月23日購自「菲利普斯典藏」

---

[100] George T. Staunton, *Memoir of the Life & Family of the Late Sir George Leonard Staunton, Bart. With an Appendix, Consisting of Illustrations and Authorities; And a Copious Selection from his Private Correspondence* (Havant: Havant Press, 1823).

[101] "George Thomas Staunton Papers, 1743–1885 and Undated," Rare Book, Manuscript and Special Collections Library, Duke University, Durham, North Carolina, in "China: Trade, Politics and Cultures, 1793–1980." Marlborough, Wiltshire: Adam Matthew Digital, 2007.

[102] 關於印度事務部圖書館，可參Rajeshwari Datta, "The India Office Library: Its History, Resources, and Functions," *The Library Quarterly: Information, Community, Policy* 36, no. 2 (April 1966), pp. 99–148。

(Phillips Collection),這是湯瑪士・菲利普斯爵士(Sir Thomas Phillips, 1792–1872)在馬戛爾尼去世後從馬戛爾尼家族購買的資料,[103] 另外的部分則是沃森在1913年從馬戛爾尼後人C. G. Macartney手上購買所得,整份資料涵蓋1784至1916年。2018年,Gale將查爾斯・沃森典藏的馬戛爾尼檔案數碼化,推出名為"The Earl George Macartney Collection - Archives Unbound Gale"的電子資料庫,共收77個資料集,但其實很多時候一個資料集內包括大量文書。舉例說,77個資料集中有10個題為"An Important Collection of Original Manuscripts, Papers, And Letters Relating to Macartney Mission To Pekin And Canton, 1792–1794",共收448份文件(documents),都是與馬戛爾尼使團相關的第一手資料,其中部分不見於印度事務部檔案內,甚至包括馬戛爾尼日誌的部分手稿,[104] 經由Gale整理的資料頁面共21,121幀,[105] 可見查爾斯・沃森典藏馬戛爾尼使團的部分是極為豐富的。

毫無疑問,這些東印度公司和馬戛爾尼的原始資料是研究馬戛爾尼使團所必須參考的,其中包括在使團出發前相關人士的往來書信,詳細討論和商議使團的籌劃工作,也包括使團途中的溝通和訊息傳遞,以至使團成員在路上及回程所作的報告和回國以後的後續討論。過去由於這些原始資料只分存於個別的圖書館或檔案館,流通不廣,使用很不方便,人們只能倚賴一些有機會接觸這些資料的學者整理或轉錄。比方說,曾在中國長期居住,任職晚清海關的馬士(Hosea Ballou Morse, 1855–1934),[106] 退職後在英國利用東印度公司的資料,編寫出來的四卷

---

103 關於馬戛爾尼去世後他所藏文件的拍賣及散失情況,參Brian Hutton, "The Creation, Dispersion and Discovery of the Papers of George, 1st Earl Macartney," *Familia* 2 (1989), pp. 81–86; Swanson, "On the (Paper) Trail of Lord Macartney," p. 22。關於菲利普斯的手稿收藏,可參Toby Burrows, "Manuscripts of Sir Thomas Phillips in North American Institutions," *Manuscript Studies* 1, no. 2 (Fall 2016), pp. 308–327。

104 "Journal Kept on Shipboard while in China, May 26, to Aug. 3, 1793, Also Notes and Records," *An Important Collection*, vol. 6, doc. 252, CWCCU.

105 https://www.gale.com/intl/featured/the-earl-george-macartney-collection。檢索日期:2019年10月7日。

106 關於馬士,可參John K. Fairbank, Martha Henderson Coolidge and Richard Smith, *H. B. Morse, Customs Commissioner and Historian of China* (Lexington: University Press of Kentucky,

本 *The Chronicles of the East India Company Trading to China, 1635–1834*（中譯本作《東印度公司對華貿易編年史》），[107] 除在論述中大量徵引公司檔案資料外，還經常以附錄形式直接輯錄一些原始文書，例如馬戛爾尼訪華的一章就有五個附錄，都是非常重要的資料，包括東印度公司發給馬戛爾尼的指示、英王喬治三世（George III, George William Frederick, 1738–1820，1760–1820在位）給乾隆的使團國書、乾隆的敕諭英譯等。[108] 另外，專門研究17、18世紀中英關係的普利查德（Earl H. Pritchard, 1907–1995），除了在他兩部重要的著作中廣泛應用東印度公司資料以及康奈爾大學的查爾斯・沃森典藏外，[109] 更專門整理過一些與馬戛爾尼使團相關的材料，例如他曾編輯出版〈東印度公司給與馬戛爾尼爵士出使中國的指令及其向公司所作的報告〉（"The Instructions of the East India Company to Lord Macartney on His Embassy to China and His Reports to the Company, 1792–4"），[110] 指令的部分更是來自他自己在1931年購買的一份材料，是直接交與馬戛爾尼的指示原本，不見於東印度公司檔案，也與馬士所收的不同。[111] 他也從查爾斯・沃森典藏整理發表過一批由當時在

1995）；陳美玉：〈清末在華洋人的個案研究：馬士（H. B. Morse, 1855–1934）在中國海關的經歷與成就〉，《崑山科技大學人文暨社會科學學報》第1期（2009年6月），頁235–270。

107 H. B. Morse, *The Chronicles of the East India Company Trading to China, 1635–1834*, 4 vols；中譯本見：馬士（著）、區宗華（譯）、林樹惠（校）：《東印度公司對華貿易編年史》（廣州：中山大學出版社，1991），5卷；馬士（著）、區宗華（譯）、林樹惠（校），章文欽校注：《東印度公司對華貿易編年史》（廣州：廣東人民出版社，2016）。

108 Morse, *The Chronicles of the East India Company*, vol. 2, pp. 232–254.

109 Earl H. Pritchard, *Anglo-Chinese Relations During the Seventeenth and Eighteenth Centuries;* Earl H. Pritchard, *The Crucial Years of Early Anglo-Chinese Relations, 1750–1800.*

110 Pritchard (ed.), "The Instructions of the East India Company," pp. 201–230, 375–396, 493–509; reproduced in Patrick Tuck (selected), *Britain and the China Trade, 1635–1842*, vol. 7, same pagination. "Rough Draft of Proposed Instructions to Lord Macartney, Dated July 29, 1792," *An Important Collection*, vol. 4, doc. 155, CWCCU; and "Sketch of Instructions for the New Commissioners to Canton Relative to the Communication of the Projected Embassy from His Majesty to the Emperor of China," 17 March 1792, IOR/G/12/91, pp. 167–169.

111 Pritchard (ed.), "The Instructions of the East India Company," p. 205.

北京的西方天主教士寫給馬戛爾尼的信函，[112] 在一段頗長時間裡為研究者所廣泛應用和徵引。不過，這樣的選輯不可能提供全面的資料。即以普利查德〈東印度公司就其出使中國給與馬戛爾尼爵士的指令及其向公司所作的報告〉為例，指令部分十分珍貴，在其他地方沒法看到，但報告方面則明顯遜色，當中只收錄馬戛爾尼的三份報告（1793年12月23日、1794年1月7日、1794年9月3日），[113] 而且都十分簡短，相關資料不算多，更重要的報告其實是馬戛爾尼在1793年11月9日在杭州附近寫給原東印度公司監督委員會（Board of Control）主席、後升任英國政府內政大臣（Home Secretary）的鄧達斯（Henry Dundas, 1742–1811）的報告，長達85頁，[114] 另有附件20份共251頁，[115] 相當全面地描述了使團在華期間的活動，除交代馬戛爾尼在北京與乾隆見面前後的情況外，還包括使團離開北京後南下廣州，沿途跟陪同的松筠及長麟的商談，的確是非常有用的資料。普利查德是知悉這份報告的，但他當時只說正在嘗試出版這份重要文件，[116] 可惜最終還是沒有發表出來。今天通過數碼化電子資源，如東印度公司以及查爾斯·沃森典藏兩大來源的馬戛爾尼使華資料，還有不少已出版或沒有出版的回憶錄等，都可以方便地參考使用。

然而，儘管近年出現大量數碼化的電子材料，但仍有不少原始資料散落在不同的圖書館或檔案室，還沒有整理或發表。英國方面，英國國

---

112 Earl H. Pritchard, "Letters from Missionaries at Peking Relating to the Macartney Embassy," *T'oung Pao* Second Series 31, no. 2/3 (1934), pp. 1–57.

113 Pritchard (ed.), "Part II: Letter to the Viceroy and First Report" and "Part III: Later Reports and a Statement of the Cost of the Embassy," "The Instructions of the East India Company," pp. 378–396, 493–497.

114 Macartney to Dundas, Chekian [Zhejiang], near Han-chou-fu [Hangzhou fu], 9 November 1793, IOR/G/12/92, pp. 31-116; 關於鄧達斯，可參Michael Fry, "Dundas, Henry, First Viscount Melville (1742–1811)," *The Oxford Dictionary of National Biography* (Oxford: Oxford University Press, 2004), https://www-oxforddnb-com.easyaccess1.lib.cuhk.edu.hk/view/10.1093/ref:odnb/9780198614128.001.0001/odnb-9780198614128-e-8250?rskey=mdw7yp&result=3, accessed 9 May 2021。

115 Macartney to Dundas, near Han-chou-fu, 9 November 1793, IOR/G/12/92, pp. 121–368.

116 Pritchard (ed.), "The Instructions of the East India Company," p. 378, n. 2.

家檔案館（The National Archives）所藏相關的材料較少，也不算重要，直接相關的是一份約60頁的檔案，收藏馬戛爾尼跟鄧達斯與使團主艦「獅子號」（the *Lion*）船長高厄爾（Erasmus Gower, 1742–1814）的一些通信；[117] 另外還有高厄爾的航海誌。[118] 不過，檔案館外交部檔案（Foreign Office Archives）中卻藏有可說是所有馬戛爾尼使團訪華的文書中最關鍵、最重要的一份資料：馬戛爾尼使團自己所準備的喬治三世致送乾隆國書中譯本，但過去一直沒有被人提及。[119] 就筆者所知，除英國外交部檔案以外，這份珍貴文本今天還可以在另外兩處地方見到，一是大不列顛及愛爾蘭皇家亞洲學會（Royal Asiatic Society of Great Britain and Ireland）檔案館的「小斯當東中文書信及文件」（"George Thomas Staunton Chinese Letters and Documents"），[120] 由小斯當東在1830年3月6日捐贈與學會，裡面有很多與使團及其後中英交往直接相關的原始文書，十分珍貴，下文會詳細介紹。該檔案所收的第一份文件就是使團所準備的英王國書中譯本，與外交部檔案所收的版本大體相同，基本上只有個別手民之誤。[121] 小斯當東以外，使團國書中譯本又由另一位參與過國書準備工作的人珍藏，今天見藏於意大利梵蒂岡宗座圖書館（Biblioteca Apostolica

117 "Embassy to China," CO 77/29.

118 "Admiralty: Captains' logs," Lion (5 May 1792–13 October 1794), ADM 51/1154; "Admiralty: Masters' Logs," Lion (4 May 1793–29 April 1794), ADM 52/3163; Lion (7 May 1792–6 May 1793), ADM 52/3221.

119 "King George III to Emperor Ch'ien-lung, Introducing Lord Macartney as Ambassador. (dated: Sept)," FO 1048/1; 筆者在2013年撰文首次介紹這個譯本。王宏志：〈大紅毛國的來信：馬戛爾尼使團國書中譯的幾個問題〉，《翻譯史研究（2013）》（上海：復旦大學出版社，2013），頁1–37。

120 "George Thomas Staunton Chinese Letters and Documents," 2 volumes, Royal Asiatic Society of Great Britain and Ireland.

121 例如：「國家頗享安然」被抄錯成「國家頗亨安時」、「非為占他國之地方」抄錯為「非為點他國之地方」、「若伊地未有」抄錯為「若伊他未有者」、「然皆享斯等太平」抄錯為「然皆亨斯等太平」、「國享太平」抄錯為「國亨太平」、「永居貴國」抄成「永居令國」、「以代國位」變成「以代位」；「遣來」錯寫成「遺來」、「我國三十二年記」漏寫成「我國三十二年」等，但也有一處值得注意的是；小斯當東所藏版本用的是「紅毛國」，但外交部檔案用的是「英吉利國」。

Vaticana），[122] 是由曾經協助抄寫國書中譯本的意大利漢學家孟督及(Antonio Montucci, 1762–1829)在1828年賣給梵蒂岡圖書館的。[123] 由於這是孟督及自己的抄本，個別字句與英國外交部所藏版本不同。

英國國家檔案館以外，大英圖書館還藏有其他未出版手稿，值得重視。例如使團畫師(當時職銜為繪圖員〔Draftsman〕)額勒桑德(今天不少出版物直譯其名字為威廉．亞歷山大，William Alexander, 1767–1816)除沿途繪製大量畫作(共約1,000幅，其中870幅現藏於大英圖書館)，[124] 被描述為做了「幾乎攝影般的記錄」，[125] 並在回國後整理出版最少三部相關畫集外，[126] 更有一本輔以圖畫的日記，頗有意思。現在也有掃描電子版可供參考。[127]

---

122 Borg.cin. 394, Biblioteca Apostolica Vaticana.

123 Knud Lundbæk, "The Establishment of European Sinology 1801–1815," in Soren Clausen, Roy Starrs, and Anne Wedell-Wedellsborg (eds.), *Cultural Encounters: China, Japan, and the West: Essays Commemorating 25 Years of East Asian Studies at the University of Aarhus* (Aarhus: Aarhus University Press, 1995), p. 23. 一直以來，中文學術界都以「蒙突奇」來翻譯Antonio Montucci的名字(也間有用「蒙圖齊」的)。筆者也沒有例外，在發表過的文章中都以「蒙突奇」作為他的中文名。其實，Montucci曾在一本著作中自署中文名字：孟督及。Antonio Montucci, *Urh-Chh-Tsze-Ten-Se-Yn-Pe-Keou; Being a Parallel Drawn between the Two Intended Chinese Dictionaries; By the Rev. Robert Morrison and Antonio Montucci, LL.D.* (London: T. Cadell and W. Davis and T. Boosey, 1817)。筆者過去曾查閱此書，但沒有注意封面名字，後來經帥司陽提及，翻查後確認孟督及就是Montucci自用的中文名字。另外，潘鳳娟在2016年一篇論文的腳註中說明孟督及的名字。潘鳳娟：〈不可譯之道、不可道之名：雷慕沙與《道德經》翻譯〉，《中央大學人文學報》第61期(2016年4月)，頁59。本書採名隨主人的原則，全用孟督及。

124 India Office Records, WD 959–961。在當時的清宮文獻中，額勒桑德所領職銜為聽事官。〈賞英貢使帶赴熱河官役清單〉，頁135；〈帶赴熱河人名數目折〉，頁562。

125 Aubrey Singer, *The Lion and the Dragon: The Story of the First British Embassy in the Court of Qianlong in Peking, 1792–1794* (London: Barrie and Jenkins, 1992), p. 6.

126 由額勒桑德本人在回國後整理出版的有：William Alexander, *Views of Headlands, Islands &c. Taken during a Voyage to, and along the Eastern Coast of China, in the Years 1792 & 1793, etc.* (London: W. Alexander, 1798); William Alexander, *The Costume of China* (London: William Miller, 1805); William Alexander, *Picturesque Representations of the Dress and Manners of the Chinese. Illustrated in Fifty Coloured Engravings, with Descriptions* (London: W. Bulmer and Co., 1814)，最後一本有中譯本。威廉．亞歷山大(著)、沈弘(譯)：《1793：英國使團畫家筆下的乾隆盛世——中國人的服飾和習俗圖鑒》(杭州：浙江古籍出版社，2006)。

127 William Alexander, "Journal of a Voyage to Pekin in China, on Board the 'Hindostan' E. I. M., Which Accompanied Lord Macartney on His Embassy to the Emperor," kept by William

不過，過去長期被忽略的是一批收藏於意大利的珍貴史料。

我們知道，馬戛爾尼在使團出發前，曾派遣斯當東前往歐洲大陸找尋合適的譯員，最終在意大利那不勒斯（拿波里）的中華書院（*Collegio dei Cinesi*）聘用兩名經已完成傳道修業、準備回國的中國人，出任使團的譯員。這兩名譯員在使團中扮演至為關鍵的角色，其中一直隨團到北京，待使團完成訪問啟程回國後才離開的李自標（1760–1828），可以說是使團其中一名最重要的成員，本書〈譯員篇〉將詳細討論這兩名使團譯員的背景和工作。資料方面，這兩名譯員在離開後繼續與那不勒斯中華書院的長老保持聯絡，寫信報告使團的事情，而那不勒斯中華書院、羅馬梵蒂岡傳信部（Propaganda Fide）以及澳門教區也有書信和會議紀錄，交代及討論這兩名譯員和使團的情況。必須強調，來自意大利的資料在好幾個重要問題上的報導，跟英國人的說法很不一樣，為馬戛爾尼訪華事件提供不同的敘述；而且，由於這些文書原來都是教會內部交流的訊息，當中沒有任何利益問題，遠比英國人那些公開出版、且涉及龐大商業利益以至國家榮耀的論述更為可信。這些珍貴的資料今天只能在羅馬梵蒂岡傳信部檔案館及那不勒斯東方大學的檔案室見到。就筆者所知，迄今充分利用這些意大利檔案去討論馬戛爾尼使團的，似乎只有意大利那不勒斯東方大學的樊米凱（Michele Fatica）和牛津大學的沈艾娣（Henrietta Harrison）。

中文原始資料方面，北平中國故宮博物院圖書館掌故部於1928至1929年編輯出版《掌故叢編》十輯，其中八輯收有「英使馬戛爾尼來聘案」文件共80份，並附影印的〈英使馬戛爾尼謝恩書〉。[128] 1930年，中國故

Alexander, draughtsman to the embassy. MS Add. 35174, British Library, accessed through Adam Matthew Digital.

[128] 北平中國故宮博物院圖書館掌故部（編）：〈英使馬戛爾尼來聘案〉，《掌故叢編》，第1、2、3、5、7、8、9輯（1928）。台北國風出版社曾整理編輯重印，見〈英使馬戛爾尼來聘案〉，《掌故叢編》（台北：國風出版社，1964），頁46–86。為方便檢索，除特別註明外，本文引用《掌故叢編》時，採用國風出版社版本。

宮博物院圖書館掌故部改組為文獻館，《掌故叢編》易名為《文獻叢編》，其中第5輯有「英吉利國交聘案」，共收文件八份。[129] 這是有關馬戛爾尼使團訪華中文原始資料的最早披露，彌足珍貴。但作為原始史料，當中有三個嚴重的問題：一是資料經過整理並以重排形式出版，沒法讓人見到文書的原貌，就連古代官場及外交文書最簡單及常見的抬頭書寫也沒法顯示出來；二是重新排印過程中有不少手民之誤；[130] 三是這次輯錄的使團資料只佔清宮所藏全部相關資料的一小部分，讓人們沒法全面理解事件，更惹來學者的批評。沈艾娣分析《掌故叢編》的編選出版過程，強調當時資料的篩選帶有政治目的，《掌故叢編》編者在清朝滅亡、中華民國成立不久的政治和文化背景下，刻意收錄一些對清廷不利的文獻，聚焦於禮品和禮儀問題，隱去大量乾隆在軍事上的鋪排，從而展現他封閉落伍的一面，並配合五四運動以來以西化為現代化的追求。[131] 這是很有意思的觀點，《掌故叢編》所收文件是經過篩選，而且不夠齊備，的確是不能否認的事實。

中國第一歷史檔案館在1996年出版的《英使馬戛爾尼訪華檔案史料匯編》（以下簡稱《匯編》），可以說幾乎完全彌補《掌故叢編》和《文獻叢編》的缺點，所有文件均以影印原件形式出版，讓人們可以看到文件的原貌，而且所收文件數量很大。根據該書編例，匯編收集的檔案包括「內閣全宗的起居注、外交專案、移會、實錄、聖訓；軍機處全宗的上諭檔、錄副奏折、隨手檔；宮中全宗的朱批奏折、廷寄、諭旨匯奏、高

---

[129] 北平中國故宮博物院文獻館（編）：〈英吉利國交聘案〉，《文獻叢編》，第5輯（1930），頁1–5。台北國風出版社曾整理編輯重印，見〈英吉利國交聘案〉，《文獻叢編》（台北：國風出版社，1964），上冊，頁157–159。為方便檢索，除特別註明外，本文引用《文獻叢編》時，取用國風出版社版本。

[130] 舉例說，〈六月初二日上諭〉把「乾隆五十八年六月初二日」錯排成「乾隆五年八年六月初二日」；《掌故叢編》，頁53：〈六月二十日廷寄〉「於七月杪八月初到灤」被錯排成「於七月秒八月初到灤」，同上，頁55。

[131] Henrietta Harrison, “The Qianlong Emperor’s Letter to George III and the Early-Twentieth-Century Origins of Ideas about Traditional China’s Foreign Relations,” *American Historical Review* 122, Issue 3 (June 2017), pp. 680–701.

宗純皇帝御製詩文;內務府全宗的奏案、月折檔、活計檔、內務府來文;外務部全宗的《覲事備查》等檔冊」,「共收錄檔案文獻七百八十三件。」[132] 必須指出的是,這七百多件檔案文獻並不全是乾隆朝的內宮檔案,當中還包括了1816年英國第二次遣使來華嘉慶朝軍機處25份上諭和奏摺,以及該書第六部分約20頁不屬於清宮檔案,諸如《東華全錄》、《清史稿》,以及《乾隆五十八年英吉利入貢始末》的「文獻」。但總的來說,《匯編》所收文獻數目十分可觀,約是《掌故叢編》的九倍,毫無疑問是研究馬戛爾尼訪華使團最重要、最齊備的中文原始資料集。[133] 據中國第一歷史檔案館館長徐藝圃的說法,這包括了「中國第一歷史檔案館所收藏的清朝政府接待英國使團的全部檔案文件」,「以及在中國目前可能搜集到的全部文獻資料」。[134] 作為清宮檔案的管理者,他的說法是沒有理由被懷疑的,但問題是:當時的中文原始文獻是否都已經全數找到並收錄入內?當然,要求完整無缺地集齊二百多年前的全部檔案並不現實。事實上,即使單指來自中方的文書,我們也知道有些的確是沒有被收錄在內。舉例說,陪同使團南下到廣州的長麟,在途中經常呈送奏摺滙報使團的情況,斯當東也說過在路上長麟幾乎每天都向乾隆匯報,[135] 但收錄在《匯編》內的奏摺只有兩份,另外就是一些與松筠聯名合奏的,顯然,他的很多奏摺並沒有被保留下來。

此外,讓人不解的是,一些原來曾出現在《掌故叢編》的文件,卻不見於這套大型的《匯編》。舉例說,《匯編》收錄乾隆五十八年六月三十日當天的文件共有九份,[136] 但當中並沒有《掌故叢編》所收的〈六月三

---

132 〈檔案文獻編例〉,《英使馬戛爾尼訪華檔案史料匯編》,頁1。

133 還可以一提的是:佩雷菲特組織了一批學者和譯者,把《英使馬戛爾尼訪華檔案史料匯編》大部分檔案翻譯成法文出版。Alain Payrefitte (ed.), *Un choc de cultures; La vision des Chinois* [A Clash of Cultures: The Vision of the Chinese], Pierre Henri Durand, et. al. (trans.) (Paris: Librairie Arthéme Fayard, 1992)。相關書評見Beatrice S. Bartlett, "A New Edition of Macartney Mission Documents: Problems and Glories of Translation," *Études chinoises* 14, no. 1 (1995), pp. 145–159。

134 〈序言〉,《英使馬戛爾尼訪華檔案史料匯編》,頁8。

135 Staunton, *An Authentic Account of an Embassy*, vol. 2, p. 195.

136 〈檔案編年索引〉,《英使馬戛爾尼訪華檔案史料匯編》,頁617–618。

十日軍機處給徵瑞箚〉、〈六月三十日軍機大臣上阿哥啟〉及〈六月三十日交內務府提督衙門片〉三份。[137] 另外，由小斯當東手書的「謝恩書」，[138] 也不見於《匯編》內。

同樣沒有收錄在《匯編》的，還有一些從朝廷送與使團的文書。一份非常重要但沒有收在《匯編》內，卻可以在別的地方找到的，是乾隆正式寫給英國國王的第三道敕諭。在馬戛爾尼回到英國後，英國又再以國王喬治三世的名義發送一封書函給乾隆，連同禮品在1796年初送抵廣州，對乾隆款待使團表示感謝。這是馬戛爾尼在離開北京後在南下途中答應長麟的。[139] 這封感謝信由小斯當東翻譯，可見於《匯編》內，下文〈後續篇〉會有詳細的討論。乾隆在收到廣東巡撫兼署理兩廣總督朱珪(1731–1801)的呈奏後，馬上趕及在退位前頒下敕諭，也贈送物品回禮。這份敕諭可以說是有關乾隆與馬戛爾尼使團的最後一份重要文書，但卻不見收入《匯編》，裡面只有〈奏為擬頒英吉利敕諭片〉及〈奏為擬頒英吉利賞物清單片〉。[140] 不過，讓人感到詫異的是《文獻叢編》原來就收有這份敕諭，[141] 而且，這敕諭也見於《高宗純皇帝實錄》以至《東華錄》，[142] 那麼，為什麼宣稱已收錄所有清宮檔案的《匯編》卻沒有收入？而且，《匯編》在最後的「文獻」部分輯錄了《東華全錄》兩份文書，其中包括乾隆給喬治三世的第二道敕諭，但見於《東華全錄》的第三道敕諭卻付之闕如。從檔案收藏的角度看，這是不小的問題，究竟這是編輯上的疏忽遺漏，還是意味著在1928–1930年編輯《掌故叢編》和《文獻叢編》後，上面所提到的幾份清宮檔案就遺失了？看來這裡欠缺一個合理的解釋。對研究者而言，這問題不算太嚴重，因為它們已見於《掌故叢編》和《文

---

[137] 《掌故叢編》，頁62。

[138] 〈英使馬戛爾尼謝恩書〉，同上，頁23。

[139] Macartney, *An Embassy to China*, pp.184–185.

[140] 《英使馬戛爾尼訪華檔案史料匯編》，頁275。

[141] 〈敕諭〉，《文獻叢編》，上冊，頁158–159。

[142] 乾隆六十年十二月下(十九)，《高宗純皇帝實錄》(北京：中華書局，1986)，第27冊，卷1493，頁980–981；王先謙：《東華續錄》，《續收四庫全書》(上海：上海古籍出版社，1995)，頁368–369。

獻叢編》。不過，要提出的是即使《文獻叢編》、《高宗純皇帝實錄》和《東華錄》所收的第三道敕諭也並非完整，在內容上與英國檔案所藏相關資料不同(詳見〈後續篇〉)。另外，可以確定有一些從中國方面發送與使團的文書，的確是完全不見蹤影的。例如1793年3月25日，馬戛爾尼在還沒有抵達中國前，經由巴達維亞收到廣州東印度公司轉來的一份來自北京的信件，只有中文本，日期為乾隆五十七年十一月二十四日。馬戛爾尼讓他的譯員翻譯成拉丁文，送呈鄧達斯，只是中文原件沒有保留下來。[143] 此外，長麟在廣州寫給馬戛爾尼的一封信，[144] 還有兩份有關禁止欺壓外國商人的諭令，[145] 都見不到原來的文本，只能在東印度公司檔案中找到英文和拉丁文譯本。

《匯編》、《掌故叢編》、《文獻叢編》以外，還有一些中文原始材料見於一個十分特別的來源：《乾隆五十八年英吉利入貢始末》，它可以說是唯一一份由當時參與接待使團的人留下的珍貴史料。[146]

秦國經和高換婷《乾隆皇帝與馬戛爾尼》一書對《乾隆五十八年英吉利入貢始末》有這樣的介紹：

---

143 Macartney to the Chairs of the East India Company, North Island, near the Coast of Sumatra, 25 March 1793, IOR/G/12/92, pp. 15–18；拉丁文譯本見頁19–21。馬戛爾尼這封信裡只附拉丁文譯本，沒有英文譯本，英文譯本另見於"The Emperor of China's Edict in Consequence of His Being Informed of the Intended Embassy from England, English Translation from the Chinese," *An Important Collection*, vol. 8, doc. 335, CWCCU。

144 "The Viceroy's Answer to the Representation of Grievances," Latin and English translations, IOR/G/12/92, pp. 463–468, 509–512.

145 "The Viceroy's First Edict," Latin and English translations, IOR/G/12/92, pp. 471–478, 513-516; "The Viceroy's Second Edict," Latin and English translations, IOR/G/12/92, pp. 479–486.

146 在當時的政治體制下，我們不可能期待清廷一些相關當事人會留下文字，記錄或表達自己對使團來華的觀察和感受。直接抒發對使團的感受的，恐怕就只有乾隆所寫的御製詩〈紅毛英吉利國王差使臣馬戛爾尼等奉表貢至詩以誌事〉。現在見到一些清人相關的著述，如梁廷枏(1796–1861)的《夷氛聞記》和蕭令裕的《記英吉利》，都不能算作原始資料，而是使團離開後半個世紀以上的作品，更不要說大都十分簡單，沒有什麼特別珍貴難得的史料。梁廷枏：《夷氛聞記》(北京：中華書局，1959)；蕭令裕：〈記英吉利〉，收魏源：《海國圖志》(長沙：岳麓書社，1998)，卷53，頁1451-1477。

> 此書為乾隆五十八年時任天津鎮總兵的蘇寧阿所編纂。書前署名「瀛洲書屋」，實為一本以時間為順序的日記，共上、中、下三冊。目前作者僅見到上、下二冊，保存於北京圖書館。[147]

我們知道，蘇寧阿經由直隸總督梁肯堂（1717–1801）指派，在大沽口接待馬戛爾尼使團。乾隆五十八年六月十六日（1793年7月23日），蘇寧阿連同天津道喬人傑（1740–1804）發現由馬戛爾尼派遣前往探水的「豺狼號」（the *Jackal*），馬上與他們接觸，是最早與使團人員見面的中國官員。[148] 雖然蘇寧阿的名字在現時所見的資料中並不常出現，[149] 不能算是積極參與使團的接待工作，但他所編纂的《乾隆五十八年英吉利入貢始末》卻提供了重要的史料。一方面，裡面有幾份文件跟《匯編》內所收的相同，例如在前期接待方面扮演頗為重要角色的長蘆鹽政徵瑞（1734–1815）有關接待準備安排的奏摺，[150] 足見《乾隆五十八年英吉利入貢始末》的準確性和權威性。但另一方面，《乾隆五十八年英吉利入貢始末》更大的價值是其大部分的內容都不見於《匯編》內。稍作統計，現在所見到上下冊《乾隆五十八年英吉利入貢始末》共收有18份文件，包括「乾隆五十八年六月十一日至九日十五日接待英使日記」，其中15份是不見於《匯編》的檔案部分。因此，《匯編》以「文獻」形式收錄這份《乾隆五十八年英吉利入貢始末》，對研究者的確大有助益。[151]

此外還有許地山（1893–1941）在1931年出版從英國牛津大學波德利安圖書館（Bodleian Library）抄寫出來的《達衷集》。由於《達衷集》帶有副標題「鴉片戰爭前中英交涉史料」，讓人把注意力放在鴉片戰爭前19世紀30年代的一段日子，尤其上卷主要收錄有關東印度公司僱員林賽

147　秦國經、高換婷：《乾隆皇帝與馬戛爾尼》（北京：紫禁城出版社，1998），頁189。

148　〈直隸總督梁肯堂奏報英探水船來津並仍回廟島緣由片〉，《英使馬戛爾尼訪華檔案史料匯編》，頁342–343。

149　除上列奏摺外，又見於〈直隸總督梁肯堂覆奏遵旨辦理英貢使登州起旱及陸路接送事宜折〉，同上，頁346。

150　〈長蘆鹽政徵瑞奏為奉旨預備照料西洋貢使折〉，同上，頁225–226；〈長蘆鹽政徵瑞奏為迎接英貢船事宜已備齊全並派人往海口打探折〉，同上，頁594–595。

151　《乾隆五十八年英吉利入貢始末》，同上，頁592–605。

(Hugh Hamilton Lindsay, 1802–1881，在航行中取中文名字「胡夏米」) 在1832年率領船隊在中國海岸沿海航行的資料。[152] 但其實《達衷集》也收錄乾隆、嘉慶年間的一些資料，其中〈廣州府下行商蔡世文等諭〉(乾隆五十七年十一月二十八日) 及〈粵督粵海關下行商蔡世文等諭〉(乾隆六十年三月二十六日)，都直接與馬戛爾尼使團有關；[153] 另外還有相關的〈粵督批英商波郎所稟十一事件〉，這三篇都不見於《匯編》和《掌故叢編》。[154] 不過，正如許地山所說，「這書是東印度公司在廣州夷館存放的舊函件及公文底稿」，[155] 因此，這些資料其實是來自東印度公司。可是，印度事務部檔案所收的都是英文或其他外文 (部分有拉丁文、葡萄牙文和法文) 的資料，中文的並沒有收入其中。東印度公司部分中文件案今天能夠在英國國家檔案館的英國外交部檔案 (Foreign Office Archive) 裡找到，FO 1048以及FO 233都有與使團相關的中文原始資料，[156] 雖然數量不算多，但並沒有收錄在《匯編》、《掌故叢編》，以至《乾隆五十八年英吉利入貢始末》內，甚至也不見於《達衷集》。

其實，從東印度公司檔案的英文資料可以知道，英方曾經送來不少中文文書，只是今天都不見於《匯編》、《掌故叢編》和《乾隆五十八年英

---

152 許地山 (編)：《達衷集》(上海：商務印書館，1931)，頁1–85。有關這次航行，最詳盡的記錄來自林賽和另一位航行成員郭實獵。H. H. Lindsay & Karl F. A. Gützlaff, *Report of Proceedings of a Voyage to the Northern Ports of China in the Ship Lord Amherst* (London: B. Fellowes, 1833); Karl F. A. Gützlaff, *Journal of Three Voyages along the Coast of China in 1831, 1832, & 1833* (London: Frederick Westley and A. H. Davis, 1834), pp. 163–369. 有關這次航行的研究不算很多，中文論文見張德昌：〈胡夏米 (Hugh Hamilton Lindsay) 貨船來華經過及其影響〉，《中國近代經濟史研究集刊》第1卷第2期 (1931年11月)，收《清史研究資料叢編》(香港：學海出版社，出版日期缺)，頁220–239；英文方面則有Immanuel C.Y. Hsü, "The Secret Mission of the Lord Amherst on the China Coast, 1832," *Harvard Journal of Asiatic Studies* 17, no. 1/2 (June 1954), pp. 231–252，但二者都算不上很深入的研究。

153 許地山 (編)：《達衷集》，頁156–162。

154 同上，頁163–170。

155 〈弁言〉，同上，頁1。

156 在英國國家檔案館外交部檔案中，FO 1048的標題為 "East India Company: Select Committee of Supercargoes, Chinese Secretary's Office: Chinese-Language Correspondence and Papers"，而FO 233的則是"Northern Department and Foreign Office: Consulates and Legation, China: Miscellaneous Papers and Reports"。

吉利入貢始末》。由此看來，這些中文文書很可能從沒有在清宮檔案中保留下來，似乎是被故意刪除。舉例來說，廣州東印度公司秘密及監督委員會(Secret and Superintending Committee)曾給署理兩廣總督郭世勳(?–1794)就使團來華作出安排寫過一些信函，現在已知的最少有兩封，發信日期分別為1793年3月17日[157]及1793年7月15日。[158]但二者現在只見英文原信，卻見不到中文譯本。

更重要的是馬戛爾尼在使團抵達北京後寫給和珅的幾封信，中文譯本都是由英方準備的，但也全不見於《匯編》:

- 1793年8月28日，馬戛爾尼於北京致和珅書，商議覲見乾隆的儀式；[159]
- 1793年9月18日，馬戛爾尼於熱河致和珅書，提出讓「印度斯坦號」(the *Hindostan*)船長馬庚多斯(William Mackintosh)先回舟山，並准許他們在舟山寧波等地購買茶葉；[160]
- 1793年10月1日，馬戛爾尼於圓明園致和珅書，感謝准許使團成員在浙江購買茶葉，並再一次提出要求批准馬庚多斯馬上出發往舟山；[161]
- 1793年10月3日，馬戛爾尼於圓明園致和珅書，向清廷正式提出六項要求；[162]
- 1793年10月4日，馬戛爾尼於圓明園致和珅書，提出在得到朝

---

157 Secret and Superintending Committee to the Fouyuen and Quangpo, Macao, 17 March 1793, IOR/G/12/93A, pp. 178–179.

158 Secret and Superintending Committee to Fouyuen and Quangpo, Macao, 15 July 1793, IOR/G/12/93A, pp. 242–245.

159 "Note for Cho-Chan-Tong, First Minister, Pekin, 28 August 1793, English original, with Latin and French translations," IOR/G/12/92, pp. 209–216.

160 "Note for Cho-Chan-Tong, First Minister, Gehol, 18 September 1793, English original, with Latin translation," IOR/G/12/92, pp. 217–224.

161 "Note for Cho-Chan-Tong, First Minister, Delivered at Yuen-min Yuen, 1 October 1793, English original, with Latin translation," IOR/G/12/92, pp. 225–232.

162 "Note for Cho-Chan-Tong, First Minister, Pekin, 3 October 1793," IOR/G/12/92, pp. 259–262.

廷就六項要求的書面答覆後即馬上啟程離開北京；[163]

- 1794年11月9日，馬戛爾尼的「陳遞謝恩呈詞」；[164]
- 1794年11月9日，馬戛爾尼交松筠轉致和珅書，表達對兩道敕諭的不滿。[165]

和珅以外，長麟的情況也一樣，馬戛爾尼寫給他的幾封信函也是見不到中文譯本的，包括：

- 1793年11月20日，馬戛爾尼於廣州致兩廣總督長麟書，開列11條要求，改善廣州貿易狀況；[166]
- 1793年11月23日，馬戛爾尼於廣州致兩廣總督長麟書，感謝乾隆豐厚接待使團，並請求轉達請求，乾隆能再發信函與英國王；[167]
- 馬戛爾尼於廣州致兩廣總督長麟書，無註明日期，但據馬戛爾尼給鄧達斯報告，這封信應該完成於1794年1月1日，內容陳述英國商人在廣州不公平的待遇，並提出16項改善要求。[168]

另外還要指出的是：即使一些出現在《匯編》，表面看來是由使團送來的文本，也不見得一定是英國人的原件，而是經由軍機處人員在入檔前作過改動的，最明顯的例子就是使團送來的禮品清單（詳見〈禮品

---

[163] "Note for Cho-Chan-Tong, First Minister, Pekin, 4 October 1793," IOR/G/12/92, pp. 263–266.

[164] 〈欽差松筠等奏為英貢使陳遞謝恩呈詞據情轉奏折〉，《英使馬戛爾尼訪華檔案史料匯編》，頁478–479。

[165] 同上；"Note for Cho-chan-tong First Minister, Hang-tchou-fou, November 9th 1793," IOR/G/12/93B, pp. 187–193.

[166] "Note to Chan Ta gin, Viceroy of Canton, 20 November 1793, English original, with Latin translation," IOR/G/12/92, pp. 411–420.

[167] "Note to Chan Ta gin, Viceroy of Canton, 23 November 1793, English original, with Latin translation," IOR/G/12/92, pp. 421–426.

[168] "Representation to the Viceroy of the grievances under which the English and their Trade labour at Canton," IOR/G/12/92, pp. 451–462, 499–508.

篇〉）；[169] 另外，剛提過收藏於英國國家檔案館外交部檔案，英使團自己所準備喬治三世送乾隆國書原來的中譯本，[170] 也沒有留在清宮檔案裡，因為《掌故叢編》和《匯編》所收錄的〈譯出英吉利國表文〉只是清廷所指令的新譯本，[171] 並不是英國人所準備及帶到中國的官方譯本。這在〈國書篇〉中會詳細分析。

上面提及的一些往來文書，無論原件是英文還是中文的，過去只能在英國東印度公司檔案裡見到英文本、拉丁文和/或法文譯本，但中文本不見收納於清宮檔案，一方面很可能中方當事人如郭世勳、和珅及長麟等當時沒有把這些中文文書呈交朝廷，因而沒有能夠抄錄存檔於宮內檔案；另一方面也可能是和珅或乾隆指示不將文件入檔。這是很可惜的，因為這些來自使團的中文文書都是極為重要的資料，它們是中國官員以至乾隆直接閱讀的文本，中方對使團的理解便是通過這些英國人送來的文本獲得的。

然而，在一套過去從沒有被發掘和利用的中文資料裡，我們終於找到由英方準備的部分中文文書。大不列顛及愛爾蘭皇家亞洲學會（Royal Asiatic Society of Great Britain and Ireland）檔案館收藏了一套中文資料集——學會檔案館稱之為「小斯當東中文書信及文件」（"George Thomas Staunton Chinese Letters and Documents"），[172] 由小斯當東在1830年3月6

169 〈英貢使為奉差遣進貢請賞寬大房屋安裝貢品並賞居住房屋的稟文譯稿〉，《英使馬戛爾尼訪華檔案史料匯編》，頁121；〈英國王謹進天朝大皇帝貢件清單譯稿〉，同上，頁121–124；使團禮品清單原文見"Catalogue of Presents sent by His Britannic Majesty to the Emperor of China," IOR/G/12/92, pp. 155–168; 拉丁文譯本見同上，頁171–185；又見"Catalogue of Presents Sent by His Britannic Majesty to the Emperor of China, Aug. 1793, Together with Latin Translation," *An Important Collection*, vol. 8, doc. 350, CWCCU。

170 英國外交部檔案，FO 1048/1。英王喬治三世致送乾隆國書原文見"Letter from His Majesty to the Emperor of China on the occasion of deputing Lord Macartney on an Embassy," IOR/G/12/91, pp. 325–332；又見"Copy of a Letter Together with Latin Translation from King George the Third to the Emperor of China, Undated," *An Important Collection*, vol. 8, doc. 330, CWCCU; Morse, *The Chronicles of the East India Company*, vol. 2, pp. 244–247。

171 《掌故叢編》，頁76–78；《英使馬戛爾尼訪華檔案史料匯編》，頁162–164。

172 "George Thomas Staunton Chinese Letters and Documents," Royal Asiatic Society of Great Britain and Ireland, 2 volumes.

日捐贈，分為一、二兩冊，共收52份文件，其中第二冊34份大都是小斯當東在東印度公司廣州商館工作期間所累積和處理過的中文書信，但當中也有兩篇是馬戛爾尼發送給和珅的信件，而第一冊18份文件中更有10份文件與使團直接相關。這12份文件的具體內容和分析，會在本書相應部分深入處理，現先作簡介如下：

1. 第一冊第1號文件：英王喬治三世致乾隆國書中譯本，與英國國家檔案館外交部檔案所藏使團中譯本基本完全相同，是使團自己所準備及帶來的譯本。
2. 第一冊第2號文件：使團贈送乾隆的禮品清單。這也是使團自己所翻譯和準備的譯本，跟《匯編》所錄入檔清宮檔案的文本不盡相同。
3. 第一冊第3號文件：署理兩廣總督郭世勳及粵海關監督盛住向沿海督撫傳諭。在內容及行文上與《匯編》上諭檔內相關上諭接近。[173]
4. 第一冊第4號文件：署理兩廣總督郭世勳向粵海關監督咨送會稿公函。
5. 第一冊第5號文件：和珅奏報馬戛爾尼在熱河覲見乾隆的禮儀及禮品單。此文件前半部分與蘇寧阿《乾隆五十八年英吉利入貢始末》所錄禮儀單相同，但後半部分開列「英吉利國恭進貢品十九件」則未見收錄《乾隆五十八年英吉利入貢始末》內。[174] 值得一提的是小斯當東在列出目錄時註明本文件來自Gazette，也就是《京報》。
6. 第一冊第6號文件：馬戛爾尼致和珅信。從內容所見，此函即

[173] 〈和珅字寄沿海督撫奉上諭英使即在天津進口著遇貢船到口即派員護送〉，《英使馬戛爾尼訪華檔案史料匯編》，頁91。

[174] 〈內閣大臣和珅奏英使於熱河覲見皇帝的禮儀單〉，《乾隆五十八年英吉利入貢始末》，同上，頁600。

為馬戛爾尼在1793年11月9日在杭州寫給和珅、並在11月13日交松筠，請求轉呈北京的「漢字稟紙一件」。[175]

7. 第一冊第7號文件：馬戛爾尼謝恩信。此信篇幅很短，從內容上看，應是松筠乾隆五十八年十月初十日代呈「謝恩呈詞」，與上一文件（上冊第6號）一併呈送。[176]
8. 第一冊第8號文件：長麟奏摺，下署日期為乾隆五十八年十一月三十日，未見收入清宮檔案內，但主要內容大抵與軍機處十月二十八日上諭相同。[177]
9. 第一冊第16號文件：乾隆致喬治三世第三道敕諭部分，雖然並不完整，但包含未見於《文獻叢編》、《高宗純皇帝實錄》和《東華錄》所收第三道敕諭的最後一段。文件未署日期，應為乾隆六十年十二月二十五日（1796年2月3日）。[178]
10. 第一冊第17號文件：札鎮海縣令奉上諭英使船隻回寧波灣泊賞撥口分米石，乾隆五十八年七月十四日。
11. 第二冊第1號文件：馬戛爾尼致和珅信，説明在回國後會奏呈國王，在乾隆登基60年時再遣使團過來，但因路途遙遠，且與法國開戰，恐有延誤，先行説明。本信未署日期，從內容看，應是使團離開北京後，大約是在乾隆五十八年十月初至十月中期間所送，因為五十八年十月二十八日有上諭著長麟傳告馬戛爾尼，將來再行進貢，不必拘定年限，[179] 應是回應這封信的。

---

[175] 〈欽差松筠等奏為英貢使陳遞謝恩呈詞據情轉奏折〉，《英使馬戛爾尼訪華檔案史料匯編》，頁478–479。

[176] 同上。

[177] 〈諭軍機大臣著長麟傳知英使臣將來再行進貢不必拘定年限〉，同上，頁77–78。

[178] 〈奏為擬頒英吉利敕諭片〉，同上，頁275；〈奏為擬頒英吉利賞物清單片〉，同上。另一方面，東印度公司廣州商會則報告説敕諭所署日期為乾隆六十年十二月二十九日，也就是乾隆退位前的一天，不過，他們並不是直接看過敕諭，只是説獲告知而已。Consultation, 21 March 1796, IOR/G/12/110, p. 213.

[179] 〈諭軍機大臣著長麟傳知英使臣將來再行進貢不必拘定年限〉，同上，頁77–78；〈和珅字寄長麟奉上諭著傳知英貢使准其嗣後具表納貢不必拘定年限〉，同上，頁198–199。

12. 第二冊第16號文件：馬戛爾尼致和珅信，表示願意在謁見乾隆時行中國禮儀，但要求乾隆指命一個與馬戛爾尼同品大臣向英國國王畫像行同樣大禮。本信未署日期，從內容看，這是馬戛爾尼1793年8月28日在北京致和珅信的中譯本。[180]

除了這12篇外，上冊的其餘八篇及下冊兩篇，在時間上稍晚，屬嘉慶年間，內容是有關英國送來禮品及書函、嘉慶頒送敕諭物品，但很大程度上都是與馬戛爾尼使團相關的，可以說是使團來訪的延續：

1. 英國王喬治三世致中國大皇帝信件，並開列附呈禮品18項，下署日期為1804年5月22日（第一冊第9號文件）。
2. 兩廣總督倭什布（?–1810），粵海關監督延豐奏摺，報告行商潘致祥引見「英吉利夷目」多林文（James Drummond, 1767–1851），恭進英國王信函及禮品，未署日期（第一冊第10號文件）。
3. 兩廣總督倭什布，粵海關監督延豐奏摺，報告有關法國人投訴英人覬覦澳門的調查結果，並匯報因和珅及原總督已調任，已諭令退回英國送來信件及禮品，未署日期（第一冊第11號文件）。
4. 軍機大臣字寄兩廣總督那彥成傳諭粵海關監督延豐，指令查探英人寄和珅信件內容，並指示所有外來護航兵船不得任意越界，嘉慶十年三月初八日（第一冊第12號文件）。
5. 廣東候補知縣于濬修稟兩廣總督及粵海關監督，奏報已將英國貢物送抵禮部，並恭候敕書賞件，嘉慶十年九月二十七日（第一冊第13號文件）。
6. 英吉利國大班領賞儀注，未署日期（第一冊第14號文件）。

---

180 "Note for Cho-Chan-Tong, First Minister, Pekin, 28 August 1793, English original, with Latin and French translations," IOR/G/12/92, pp. 209–216.

7. 嘉慶致英國王敕諭，並賞禮品20年，嘉慶十年十一月初一日(第一冊第15號文件)。
8. 英國王喬治三世致中國大皇帝信件，否認法國所傳，英國人覬覦澳門之說，下署日期為1810年4月21日(第二冊第2號文件)。
9. 東印度公司大班多林文等稟呈兩廣總督，提問英國王所送禮品達北京後可有任何指示或信函，可交回國公司船隻轉交(第二冊第3號文件)。
10. 東印度公司大班多林文等稟呈兩廣總督、廣東巡撫、粵海關部，匯報本年度公司回國船隻已全部啟航，要待至十一月十二月間始能將皇帝所賜敕書物件付送，預計翌年五六月間才能抵達。本信下署日期為嘉慶十一年二月二十三日(第二冊第4號文件)。

儘管現在所見這些使團的文件並不是原件，而是小斯當東後來找中國助手重抄的(從字跡書法看來，整套中文件案謄抄由一人完成，且抄寫得很工整，字體也相當秀麗)，但就筆者所知，這些中文文件都沒有收入《匯編》，且幾乎全沒有在別處見到，更未見其他學者使用，彌足珍貴，在內容上也十分重要，能為我們解答很多有關使團的重要問題。[181]

另外值得提出的還有位於倫敦溫莎堡的英國皇家檔案館(The Royal Archives at Windsor)，[182] 藏有最少三份與馬戛爾尼使團相關的珍貴文

[181] 此外，大不列顛及愛爾蘭皇家亞洲學會另外還藏有關中英貿易的中文件案(Chinese Documents on Trade Regulations with the English)。檔案編號GB 891 SC1，共有三份文書，也是由小斯當東捐贈與該學會，是有關18世紀末19世紀初中英貿易以及小斯當東的重要史料。不過，檔案所涵蓋時間為1798–1816年，跟馬戛爾尼使團沒有直接的關係。

[182] 有關英國皇家檔案館及其藏品，可參Royal Collection Trust, The Royal Library & The Royal Archives: A Guide to Collections (London: Royal Collection Trust, 2016)。

物，[183] 分別是乾隆頒送喬治三世的第一道敕諭、[184] 第二道敕諭，[185] 以及「正賞正副貢使及官役兵丁物件」上諭。[186] 第一道敕諭及第二道敕諭在內容上與《匯編》所收錄的基本並無不同，但二者均署上相同的日期：乾隆五十八年九月初三日，而且都是有漢、滿及拉丁文三種文字。「正賞正副貢使及官役兵丁物件」所錄送贈使團禮品的清單，在《匯編》中分別抄錄為八份文件，[187] 但不包含《匯編》另外三份送贈英國國王的禮品清單，[188] 並只以漢文及拉丁文書寫，沒有滿文。

三

作為單一歷史事件，馬戛爾尼使團訪華的原始資料可說是相當豐富，而且，由於事件對中英關係以至整個中國近代史都有深遠的影響，過去不少中外史學家曾對此課題作深入研究。相對來說，西方世界在馬戛爾尼使團研究方面的成果較多。

單以專著而言，佩雷菲特的《停滯的帝國》厚達547頁（英譯本更有630頁，中譯本544千字），使用大量的西方原始資料及檔案，甚至包括一些個人收藏；而且，當時《匯編》還沒有整理出版，佩雷菲特已經能

183 筆者是從Aubrey Singer的《獅與龍：英國第一個派往北京乾隆皇帝宮庭使團的故事，1792–1794》知悉英國皇家檔案館藏有乾隆頒送喬治三世的第一道敕諭的，隨後與檔案館聯絡，得知檔案館還藏有另外兩件文物，Singer沒有提及。

184 RA GEO/ADD/31/21/A.

185 RA GEO/ADD/31/21/B.

186 RA GEO/ADD/31/21/C.

187 〈酌擬賞英吉利國正使清單〉，《英使馬戛爾尼訪華檔案史料匯編》，頁101；〈酌擬加賞英吉利國正使清單〉，頁101–102；〈酌擬賞英吉利國副使清單〉，頁102–103；〈酌擬加賞英吉利國正使清單〉，103–104；〈英吉利國貢使在如意洲東路等處瞻仰酌擬賞單〉，頁104；〈英吉利國貢使在含青齋西路等處瞻仰酌擬賞單〉，頁104–105；〈副貢使之子及總兵官等在如意洲瞻仰擬賞件事〉，頁105；〈副貢使之子等在含青齋西路等處瞻仰酌擬賞件清單〉，頁105–106。

188 〈擬賞英國王物件清單〉，同上，頁96–98；〈酌擬加賞英國王物件清單〉，頁98–99；〈擬隨敕書賞英國王物件單〉，頁99–101。

夠使用中國第一歷史檔案館內所藏的清宮檔案。[189] 在內容上，該書涵蓋面較廣，使團各方面的問題都有所觸及，且往往提供一些重要細節。觀點方面，正如書名所顯示，英使馬戛爾尼訪華事件代表了「兩個世界的撞擊」：野心勃勃、急速對外擴張的大英帝國，與大清乾隆皇帝的「停滯的帝國」在政治、文化方面作正面交鋒碰撞，使團最終只能以一事無成告終。整體而言，佩雷菲特所給與使團的評價是較負面的。今天看來，這個觀點算不得上有什麼突破性或獨特之處，但作為第一本全面交代使團各方面問題和現象的專著——法文版初版於1989年，《停滯的帝國》毫無疑問是一本不能忽略的重要著作。

英文方面，最早出版以馬戛爾尼使華為主題的專著，是由前英國廣播公司電視台副總裁Aubrey Singer（1927–2007）在1993年出版的《獅與龍：英國第一個派往北京乾隆皇帝宮庭使團的故事，1792–1794》。Singer似乎不是以學術論著作為主要撰寫目的，全書雖然錄有不少引文，但從不註明出處，不符合學術著作的要求。不過，書內有兩（三）幅插圖很值得注意。第一幅是該書的第17幀插圖：乾隆給喬治三世的第一道敕諭，藏於英國溫莎堡皇家檔案館，Singer自言得到英女皇伊利莎伯二世批准在書內收錄這一道敕諭。[190]

《獅與龍》另一幅有趣的插圖是該書的第三幅插圖（含局部放大）。Singer對它的介紹是這樣的：

> （上及下）1793年7月20日，英國使團在山東省登州海面停泊。當天晚上，登州總督到「獅子號」上拜會馬戛爾尼爵士，帶來皇帝所頒送的兩份上諭，其一頒與大使（上圖），另一為頒與「印度斯坦號」的馬庚多斯船長。每幅上諭卷軸長約五呎，紙面為橙色，有御用龍的圖型壓花。[191]

不過，卷軸上所寫的內容與這段描述文字卻完全不同：

---

[189] 徐藝圃：〈序言〉，《英使馬戛爾尼訪華檔案史料匯編》，頁8。但也許是因為佩雷菲特不懂中文的緣故，實際徵引中文資料的其實不算多。

[190] Singer, *The Lion and the Dragon*, p. XI.

[191] Ibid., illustration following p. 48.

英吉利紅毛國王親大丞相頭等欽差馬戛爾尼等為風濤所阻泊我境界上表備陳乏食願買情由並進好好物件鎮臣轉為提達且本朝囊括南海凡諸國商艚遠涉海程願藏於市或為風波漂泊而求安飽者朕咸推胞與之仁並生並有矧卿等奉貴國王命往使天朝途中匱乏朕之情為何如哉特敓賜粟子叁千斛以供途程需足安用貿易為也並加賞貴國王親大丞相象牙壹對胡椒五担用孚好意式慰遠情欽哉特詔
景盛元年五月初壹日

顯然，不諳中文的Singer弄錯了。插圖的卷軸上明確寫上一個日期：「景盛元年五月初壹日」，這不但不是1793年7月20日，更清楚說明這諭令並非來自乾隆，因為景盛是越南大越國西山朝皇帝阮光纘(1783–1802，1792–1802在位)的年號，「景盛元年五月初壹日」就是1793年6月8日。我們知道，使團是在1793年5月下旬到達越南沱囊(Tourane, Da Nang，今天的峴港)附近，受到阮光纘的款待，並贈送物品。船隊離開前還獲贈大量白米，使團在澳門把其中部分轉贈東印度公司。斯當東的回憶錄頗為詳細地記載使團在交趾支那王國(Kingdom of Cochin-China)的經歷，[192] 而馬戛爾尼的日誌也記述了交趾支那國王對使團提供豐盛的補給品，自己也向國王回贈禮品；[193] 我們甚至知道使團還臨時翻譯出一封以喬治三世名義、致送交趾支那國王的國書。[194] Singer雖然擁有這份來自阮光纘的卷軸，[195] 但因為不懂中文，不知道上面寫的是什麼，便誤記為7月20日使團船隻停泊於登州廟島洋面，登州知府藍嘉瓚登船與馬戛爾尼的見面。其實，儘管藍嘉瓚也向使團贈送食物，但並不是插圖中卷軸所說的「粟子叁千斛」，而更重要的是，當時根本並沒有送遞什麼上諭。[196] 其實，這道卷軸藏於大英圖書館，且有電子版本，

---

192 Staunton, *An Authentic Account of an Embassy*, vol. 1, pp. 159–188.

193 Macartney, *An Embassy to China*, pp. 61–62.

194 "Credentials in Latin Given by George the Third to Lord Macartney," *An Important Collection*, vol. 8, doc. 329, CWCCU.

195 Singer, *The Lion and the Dragon*, p. IX.

196 關於1793年7月20日使團與中國官員的接觸， 馬戛爾尼的日誌記載得很簡單。Macaratney, *An Embassy to China*, p. 67. 但山東巡撫吉慶在上奏中做了很詳細的報告。〈山東巡撫吉慶奏報英貢船經泊登州廟島並赴天津日期折〉，《英使馬戛爾尼訪華檔案史料匯編》，頁336–337。

在網上可以查閱，[197] 而且，Singer所說乾隆頒與「印度斯坦號」船長馬庚多斯的上諭，也是阮光纘所發出，同藏於大英圖書館(見本書「附錄5」)。[198] 緊接在Singer《獅與龍》後一年出版的何偉亞(James Hevia)《懷柔遠人：馬嘎爾尼使華的中英禮儀衝突》，[199] 則標榜以後現代主義眼光閱讀和書寫歷史，嘗試推翻兩個文明碰撞、傳統與現代不能避免衝突的觀點，以賓禮為切入點，提出兩個帝國建構(imperial formations)碰撞的觀點，[200] 得到較大的注意，同時也引起頗大的爭議；且作為史學家，何偉亞在史料的應用和閱讀上的一些問題也頗為人所詬病，但始終不失為一本在中外學術界影響力較大的著作。[201] 事實上，何偉亞在專著出版前後

197　"Emperor Canh Thinh's Scroll," Or 14817/A, British Library, http://www.bl.uk/manuscripts/FullDisplay.aspx?ref=Or_14817/A.

198　"Emperor Canh Thinh's Scroll," Or 14817/B, British Library, http://www.bl.uk/manuscripts/FullDisplay.aspx?ref=Or_14817/B.

199　James L. Hevia, *Cherishing Men from Afar: Qing Guest Ritual and the Macartney Embassy of 1793* (Durham, NC: Duke University Press, 1994)；中譯本見何偉亞(著)、鄧常春(譯)、劉明(校)：《懷柔遠人：馬嘎爾尼使華的中英禮儀衝突》(北京：社會科學文獻出版社，2002)。不得不指出的是，這個譯本非常明顯地暴露了只具備雙語能力，缺乏學科知識去翻譯專題學術著作的問題。也許為清廷服務的傳教士所自用的中文名字不一定廣為人知，因而錢德明(Jean-Joseph-Marie Amiot)變成「約瑟夫—馬里耶．阿米奧」、梁棟材(Jean Joseph de Grammont)變成「讓—約瑟夫．德．格拉蒙」、賀清泰(Louis de Poirot)變成「路易斯．德．普瓦羅」、羅廣祥(Nicholas Joseph Raux)變成「尼古拉斯．羅」、索德超(Joseph-Bernard d'Almeida)變成「約瑟夫—伯哈德．阿爾梅迪亞」等(頁101)，這似乎可以理解，儘管譯者多次徵引的《掌故叢編》裡便出現過他們的中文名字。另外，在近代中英關係史上耳熟能詳，幾乎可說是隨手查到的名字如衛三畏(Samuel Wells Williams, 1812–1884)、郭實臘(Karl Friedrich August Gützlaff, 1803–1841)、威妥瑪(Thomas Wade, 1818–1895)分別被譯為「S．韋爾斯．威廉斯」(頁232)、「古茨納夫」(頁233)和「托馬斯．韋德」(頁230–231)，還有廣州制度下英國商館(English factory)被譯成「英國工廠」(頁211)、紅毛(red-haired)被譯成「紅髮國」(頁141)、Hoppo多次被音譯為「伯和」(頁115、222、223)，都是十分嚴重的學科知識問題。當然，把Admiral Gower中的Admiral音譯為「阿德米拉」(頁116)、把Richard III Rex中的Rex(拉丁文的國王)音譯為「瑞克斯」(頁115)，所反映的又是別的問題了。

200　羅志田為中譯本所寫的序言對何偉亞的觀點作了相當持平的評論。羅志田：〈譯序〉，何偉亞(著)、鄧常春(譯)、劉明(校)：《懷柔遠人》，頁1–31。

201　1997–1998年間在中英文世界都出現過批評及支持何偉亞的文章。周錫瑞：〈後現代式研究：望文生義，方為妥善〉，《二十一世紀》第44期(1997年12月)，頁105–117；艾爾曼、胡志德：〈馬嘎爾尼使團、後現代主義與近代中國史：評周錫瑞對何偉亞著作的批評〉，《二十一世紀》第44期(1997年12月)，頁118–130；張隆溪〈什麼是「懷柔遠

也發表過好幾篇有關馬戛爾尼使團的文章，引起學界的注意，[202] 包括一篇專門討論叩頭問題的論文，但重點不在馬戛爾尼使團。[203]

另一本以英文寫成、但在中國出版的專著是張順洪（Zhang Shunhong）的《英國人的中國觀，一個特別的時期（1790–1820）》，[204] 該書基本上是他早年在英國倫敦大學的博士學位論文，[205] 部分內容曾以中文發表。[206] 不過，他的重點不在馬戛爾尼使團本身及其在華的活動，而是分析1790–1820年間英國人對中國的評價，因此馬戛爾尼使團（以及阿美士德使團）成員在中國期間的觀察和描述便構成論文的主要部分。同樣以馬戛爾尼訪華使團為題的博士論文還有好幾篇，一是1998年澳洲紐卡素大學曾敬民（Zeng Jingmin）的〈馬戛爾尼訪華使團的科學面：17及18世紀中英科學技術概念的比較研究〉，從使團的禮品及使團成員對

人」？正名、考證與後現代式史學〉，《二十一世紀》第45期（1998年2月），頁56–63；葛劍雄：〈就事論事與不就事論事：我看《懷柔遠人》之爭〉，《二十一世紀》第46期（1998年4月），頁135–149；羅志田：〈夷夏之辨與「懷柔遠人」的字義〉，《二十一世紀》第49期（1998年10月），頁138–145；張隆溪：〈「餘論」的餘論〉，《二十一世紀》第65期（2001年6月），頁90–91。Joseph W. Esherick, "Cherishing Sources from Afar," *Modern China* 24, no. 2 (April 1998), pp. 135–161; James Hevia, "Postpolemical Historiography: A Response to Joseph W. Esherick," *Modern China* 24, no. 3 (July 1998), pp. 319–327; Joseph W. Esherick, "Tradutore, Traditore: A Reply to James Hevia," *Modern China* 24, no. 3 (July 1998), pp. 328–332.

202 James Hevia, "A Multitude of Lords: Qing Court Ritual and the Macartney Embassy of 1793," *Late Imperial China* 10, no. 2 (December 1989), pp. 72–105；何偉亞的博士論文題目為："Guest Ritual and Interdomainal Relations in the Late Qing" (Unpublished PhD dissertation, University of Chicago, 1986)；而*Cherishing Men from Afar*第二章的標題即為"A Multitude of Lords: The Qing Empire, Manchu Rulership, and Interdomainal Relations," *Cherishing Men from Afar*, pp. 30–56.

203 James L. Hevia, "'The Ultimate Gesture of Deference and Debasement': Kowtowing in China," *Past and Present* 203: Suppl. 4 (2009), pp. 212–234.

204 Zhang Shunhong, *British Views on China: At a Special Time (1790–1820)* (Beijing: China Social Sciences Press, 2011).

205 Zhang Shunhong, "British Views on China: During the Time of the Embassies of Lord Macartney and Lord Amherst, 1790–1820" (Unpublished PhD dissertation, University of London, 1990).

206 張順洪：〈馬戛爾尼和阿美士德對華評價與態度的比較〉，《近代史研究》1992年第3期（1992年6月），頁1–36。

中國科技的評述，分析17、18世紀中英兩國科技概念上的差異；[207] 另一篇是2004年愛荷華州立大學的Joseph Clayton Sample的〈激烈去中心的中國：從接觸點角度註釋馬戛爾尼使團〉，論文的焦點也是審視使團成員（主要是馬戛爾尼）對中國的觀察和描述，但他把「接觸點」(contact zone) 放置於18世紀歐洲殖民擴張的歷史語境中，批判歐洲中心的中國論述。[208] 香港大學陳珊珊的〈藝術、科學和外交：馬戛爾尼來華使團的意象〉，強調科學在使團積累和表述與中國相關知識以及建構中國圖象過程中所扮演的角色；通過分析與使團相關的文字和圖像紀錄，論文嘗試考究藝術家和科學人員怎樣理解、篩選和表述有關中國的訊息，並分析這些訊息怎樣以藝術作品的形式傳遞到英國社會去。[209] Kara Lindsay Blakley在墨爾本大學的博士論文〈從外交到流播：馬戛爾尼使團及其對英國有關中國藝術、美學及文化理解上的衝擊，1793–1859〉接近於藝術史的方向，以馬戛爾尼使團訪華開始，通過藝術作品的製作和流播，分析中英關係逐漸惡化的過程。[210] 另外，1995年美國華盛頓大學Patricia Owens O'Neill〈錯失的機會：18世紀末中國與英國與荷蘭的關係〉，主要探究18世紀末中國與英國和荷蘭的關係，其中一章以近200頁討論馬戛爾尼使團，並對比1795年1月抵達北京、由德勝(Isaac Titsingh, 1745–1812)所率領的荷蘭使團。[211] 有趣的地方是：論文題目中所指的「錯失

---

207 Zeng Jingmin, "Scientific Aspects of the Macartney Embassy to China 1792–1794: A Comparative Study of English and Chinese Conceptions of Science and Technology in the Seventeenth and Eighteenth Centuries" (Unpublished PhD dissertation, University of Newcastle, N.S.W., 1998).

208 Joseph Clayton Sample, "Radically Decentered in the Middle Kingdom: Interpreting the Macartney Embassy to China from a Contact Zone Perspective" (Unpublished PhD dissertation, Iowa State University, 2004).

209 Chen Shanshan, "Art, Science, and Diplomacy: Imagery of the Macartney Mission to China" (Unpublished PhD dissertation, The University of Hong Kong, 2018).

210 Kara Lindsay Blakley, "From Diplomacy to Diffusion: The Macartney Mission and Its Impact on the Understanding of Chinese Art, Aesthetics and Culture in Great Britain, 1793–1859" (Unpublished PhD dissertation, University of Melbourne, 2018).

211 關於德勝使團，最廣為參考的是J. J. L. Duyvendak (1889–1954), "The Last Dutch Embassy to the Chinese Court (1794–1795)," *T'oung Pao* second series, 34, 1/2 (1938), pp. 1–137; C. R.

的機會」，並不是不少學者所説乾隆錯失了與西方接軌和交流、讓中國走向現代化的機會，而是指英、荷等歐洲國家因為陷入與法國拿破崙（Napoléon Bonaparte, 1769–1821）的戰爭，失去延續使團所建立的關係，更好與中國發展貿易關係的機會。[212]

1993年，畢可思（Robert A. Bickers）編輯出版的《禮儀與外交：馬戛爾尼訪華使團，1792–1794》，[213] 收錄的是幾位學者在1992年9月28至30日倫敦大學亞非學院主辦英國中國研究學會（British Association for Chinese Studies）1992年度會議上所發表的論文，論文集只有薄薄的93頁，收錄五篇論文，但其實主編畢可思自己的文章與馬戛爾尼使團幾乎全無關係，他也從沒有對馬戛爾尼使團做過研究。[214] 論文集另外四篇的文章中分別為馬歇爾（P. J. Marshall）〈18世紀末的英國與中國〉、張順洪〈歷史的時代錯誤：清廷對馬戛爾尼使團的看法和反應〉、王曾才〈馬戛爾尼使團：二百年後的回顧〉，以及何偉亞〈中西關係史中的馬戛爾尼使團〉。

近年研究馬戛爾尼使團最力的是牛津大學的沈艾娣。2017–2019年間，沈艾娣共發表三篇論文，分別探討乾隆給英王的敕諭、[215] 中英雙方

Boxer, "Isaac Titsingh's Embassy to the Court of Ch'ien Lung (1794–1795)," *T'ien Hsia* 8, no. 1 (1939), pp. 9–33。中文方面，較值得注意的是蔡香玉：〈乾隆末年荷蘭使團出使緣起〉，《學術研究》2016年第10期（2016年10月），頁127–135；蔡香玉：〈乾隆末年荷蘭使團表文重譯始末〉，《清史研究》2018年第2期（2018年5月），頁99–113。

212 Patricia Owens O'Neill, "Missed Opportunities: Late 18th Century Chinese Relations with England and the Netherlands" (Unpublished PhD dissertation, University of Washington, 1995).

213 Robert A. Bickers (ed.), *Ritual and Diplomacy: The Macartney Mission to China 1792–1794* (London: The Wellsweep Press, 1993).

214 Robert A. Bickers, "History, Legend and Treaty Port Ideology, 1925–1931," ibid., pp. 81–92. 畢可思的研究重點在英帝國殖民擴張與中國關係，並曾主持有關晚清海關研究，現主持一個中國歷史照片（Historical Photographs of China）數碼化項目。參https://research-information.bris.ac.uk/en/persons/robert-a-bickers。不過，在承德的紀念馬戛爾尼訪華200周年的學術會議上，他的論文在題目上是提及到馬戛爾尼使團的，雖然真正觸及使團的部分很少。畢可思：〈通商口岸與馬戛爾尼使團〉，《中英通使二百周年學術討論會論文集》，頁314–331。

215 Harrison, "The Qianlong Emperor's Letter to George III," pp. 680–701.

所互贈的禮品，[216] 以及使團譯員李自標等重要課題，[217] 都是非常重要的研究成果。2021年11月，其專著《口譯的危險：清政府與英帝國之間兩位譯者的非凡生活》是一部有關馬戛爾尼使團兩名「譯員」李自標和當時初學漢語的小斯當東的聯合傳記，從社會史的角度入手，分析二人在馬戛爾尼使團所扮演的角色，以及在使團離開中國以後二人不同的發展和經歷，詳細論述兩名譯者在中英兩國第一次最高層官方交往的特定重要歷史時刻所面臨的困局和危機，不但增加我們對馬戛爾尼使團的理解，更可以視為譯者研究的專著。[218] 該書是沈艾娣多年的研究成果，利用豐富的一手檔案史料，其中尤以意大利方面的檔案，很多迄今未見其他學者應用，在不少問題上有嶄新的發現，極具參考和細讀的價值，但當中個別論點和猜想頗有可商榷之處，本書在相關部分會有分析和討論。

除了直接以馬戛爾尼使團為課題的專著和論文集以外，普利查德《早期中英關係的關鍵歲月，1750–1800》雖然不以馬戛爾尼使團為題，但當中100多頁(佔全書篇幅四份一)是與使團相關的。[219] 普利查德能夠同時使用東印度公司以及查爾斯．沃森典藏的原始資料，對事件的陳述十分細緻詳盡，但他的表述較為傳統，主要是平鋪直敘，順時序交代事件的過程，並沒有多作議論或分析；而他早年(1943)有關叩頭的論文，則一直很受重視。[220] 不過，比他更早的一篇有關使團叩頭問題的文章是William Woodville Rockhill在1897年發表的〈派遣到中國朝廷的使團：叩

---

216 Henrietta Harrison, “Chinese and British Diplomatic Gifts in the Macartney Embassy of 1793,” *English Historical Review* 133, no. 560 (February 2018), pp. 65–97.

217 Henrietta Harrison, “A Faithful Interpreter? Li Zibiao and the 1793 Macartney Embassy to China,” *The International History Review* 41, no. 5 (2019), pp. 1076–1091.

218 Henrietta Harrison, *The Perils of Interpreting: The Extraordinary Lives of Two Translators between Qing China and the British Empire* (New Jersey: Princeton University Press, 2021).

219 Pritchard, *The Crucial Years*, pp. 272–384.

220 Earl H. Pritchard. “The Kowtow in the Macartney Embassy to China in 1793,” *The Far Eastern Quarterly* 2, no. 2 (February 1943), pp. 163–203.

頭問題〉。[221] 另外，前文談及的克萊默－賓也是較早撰寫馬戛爾尼使團的重要學者。他為馬戛爾尼日誌出版所寫長達近60頁的序言就是一篇重要論文，[222] 而在這之前他曾根據《掌故叢編》所收使團檔案寫成論文，並把部分文獻翻譯成英文，[223] 又在1981年合寫一篇有關使團禮品的論文，[224] 都很有參考價值；1967年發表一篇有關小斯當東和馬禮遜作為英國早期漢學家的文章，[225] 大體只是基本生平和活動的介紹。Rogério Miguel Puga在2009年以葡萄牙文出版、2013年出版英文本的專著《英國人在澳門，1653–1793》以澳門為重心，討論英國人的野心，怎樣在17–18世紀一直覬覦澳門，最後一章就集中討論馬戛爾尼使團；[226] Ulrike Hillemann在探討18–19世紀英帝國如何通過東印度公司作為在亞洲擴張的網絡，取得有關中國知識的《亞洲帝國和英國知識：中國與英帝國擴張網絡》裡，也用上近10頁的篇幅去討論馬戛爾尼使團。[227] 馬世嘉(Matthew W. Mosca)在他研究清代邊疆政策及印度問題的專著裡，提出

[221] William Woodville Rockhill, "Diplomatic Missions to the Court of China: The Kotow Question," *The American Historical Review* 2, no. 3 (April 1897), pp. 427–442; 2, no. 4 (July 1897), pp. 627–643.

[222] Cranmer-Byng, "Introduction," in Macartney, *An Embassy to China*, pp. 3–58.

[223] J. L. Cranmer-Byng, "Lord Macartney's Embassy to Peking in 1793: From Official Chinese Documents," *Journal of Oriental Studies* 4, nos. 1–2 (1957–58), pp. 117–186; reprinted in Tuck (selected), *Britain and the China Trade, 1635–1842*, vol. 7, same pagination；但這個重印本卻遺漏了頁118。

[224] J. L. Cranmer-Byng and Trevor H. Levere, "A Case Study in Cultural Collison: Scientific Apparatus in the Macartney Embassy to China, 1793," *Annals of Science* 38, no. 5 (1981), pp. 503–525.

[225] J. L. Cranmer-Byng, "The First English Sinologists. Sir George Staunton and the Reverend Robert Morrison," in *Symposium on Historical Archaeological and Linguistic Studies on South China, South-East Asia and The Hong Kong Region: Papers Presented at Meetings Held in September 1961 as Part of the Gold Jubilee Congress of the University of Hong Kong*, edited by F. S. Drake (Hong Kong: Hong Kong University Press, 1967), pp. 247–260.

[226] Rogério Miguel Puga, *A Presença Inglesa e as Relações Anglo-Portuguesas em Macau, 1653–1793* (Lisbon: Centro de Historia de Alem-Mar, FSCH-New University of Lisbon; Centro Cultural e Cientifico de Macau, 2009); Rogério Miguel Puga, *The British Presence in Macau, 1635–1793*, translated by Monica Andrade (Hong Kong: Hong Kong University Press, 2013).

[227] Hillemann, *Asian Empire and British Knowledge*, pp. 34–45.

清廷知悉英國人在印度的管轄，也認定英國人曾牽涉在1788–1792年廓爾喀（尼泊爾）入侵西藏事件內，嚴重影響了馬戛爾尼使團成功的機會，儘管馬戛爾尼在來華時對於廓爾喀之役毫不知情。這是迄今有關清政府廓爾喀之役與馬戛爾尼使團關係唯一的研究。[228] 高昊在2020年出版的《創造鴉片戰爭：英國對華的帝國態度》，第一章也以馬戛爾尼使團為題，重點分析使團主要人物有關使團的論述，尤其如何辯解使團無功而還、並向英國社會傳遞有關中國的什麼訊息等。[229] Caroline Stevenson的新作《英國第二個訪華使團：1816年阿美士德爵士覲見嘉慶皇帝的「秘密使命」》雖然以阿美士德使團為研究主體，但當中不少討論觸及馬戛爾尼使團，尤其是前面有關阿美士德籌組過程的討論部分。該書運用大量一手資料，值得重視。[230]

除了這些比較集中及相對全面地研究馬戛爾尼使團的論著和論文外，也有專門探討使團個別不同問題的文章。使團所帶來的禮品就是一個較受關注的題目，上面提過克萊默－賓和沈艾娣都發表過這方面的文章，華威克大學Maxine Berg的兩篇論文雖然不直接在題目上提及使團禮品，但其實都以使團攜帶的物品為核心，其一討論馬戛爾尼選購禮品時的考慮以及與英國工商業界的關係，[231] 另一篇則主要討論使團帶來的

---

228 Matthew W. Mosca, *From Frontier Policy to Foreign Policy: The Question of India and the Transformation of Geopolitics in Qing China* (Stanford: Stanford University Press, 2013), pp. 135–158；中譯本見：馬世嘉（著）、羅盛吉（譯）：《破譯邊疆與破解帝國：印度問題與清代地緣政治的轉型》（新北市：台灣商務印書館，2019）。又可參Matthew W. Mosca, "The Qing State and Its Awareness of Eurasian Interconnections, 1789–1806," *Eighteenth-Century Studies* 47, no. 2 (Winter 2014), pp. 103–116.

229 Hao Gao, *Creating the Opium War: British Imperial Attitude Towards China, 1792–1840* (Manchester: Manchester University Press, 2020). 亦可參他在愛丁堡大學的博士論文：Hao Gao, "British-Chinese Encounters: Changing Perceptions and Attitudes from the Macartney Mission to the Opium War" (Unpublished PhD dissertation: The University of Edinburgh, 2013)。

230 Caroline M. Stevenson, *Britain's Second Embassy to China: Lord Amherst's "Special Mission" to the Jiaqing Emperor in 1816* (Canberra: Australian National University Press, 2021).

231 Maxine Berg, "Britain, Industry and Perceptions of China: Matthew Boulton, 'Useful Knowledge' and the Macartney Embassy to China 1792–94," *Journal of Global History* 1, no. 2 (July 2006), pp. 269–288.

物品究竟對中國是否有用，從而反映英國人在18世紀對中國的理解。[232] 禮品以外，一個較受關注的是使團畫師額勒桑德怎樣通過繪畫來描述中國，迄今在西方最少有兩部專著、三篇論文是以額勒桑德在使團期間的畫作為研究對象的，當中以原大英圖書館中文部主管吳芳思（Frances Wood）的一篇較多為人徵引，[233] 她後來又整理出版額勒桑德部分的使團繪畫。[234]

另外一些值得注意與使團有關的論文包括Greg Clingham對馬戛爾尼日誌本身所呈現的文化差距的分析；[235] 葉曉青的〈「四海昇平」：1793年馬戛爾尼使團與朝貢劇〉，通過分析清廷所安排給馬戛爾尼觀看的大戲「四海昇平」，解說乾隆對使團的態度；[236] Laurence Williams的〈乾隆皇

---

232 Maxine Berg, "Macartney's Things. Were They Useful? Knowledge and the Trade to China in the Eighteenth Century," paper presented at "Global Conference 4," 16–18 September 2004, Leiden, http://www.1se.ac.uk./Economic-History/Assets/Documents/Research/GEHN/GEHNConference/conf4/Conf4-MBerg.pdf, accessed 4 March 2018. Berg還有一篇論文，從全球史的角度，討論18世紀亞洲的產品及生產技術與英國消費品市場的關係。Maxine Berg, "In Pursuit of Luxury: Global History and British Consumer Goods in the Eighteenth Century," *Past and Present* 182 (February 2004), pp. 85–142.

233 Susan Legouix, *Image of China: William Alexander* (London: Jupiter Books, 1980); Patrick Conner and Susan Legouix Sloman, *William Alexander: An English Artist in Imperial China* (Brighton: Brighton Borough Council, 1981); Mildred Archer, "From Cathay to China: The Drawings of William Alexander, 1792–4," *History Today* 12 (1962), pp. 864–871; Frances Wood, "Closely Observed China: From William Alexander's Sketches to His Published Work," *British Library Journal* 24 (1998), pp. 98–121; Stacey Sloboda, "Picturing China: William Alexander and the Visual Language of Chinoiserie," *The British Art Journal* 9, no. 2 (October 2008), pp. 28–36.

234 劉潞、吳芳思（編譯）：《帝國掠影：英國訪華使團畫筆下的清代中國》（北京：中國人民大學出版社，2006）。該書一年後在香港出版時書名稍有改動：劉潞、吳芳思（編譯）：《帝國掠影：英國使團畫家筆下的中國》（香港：中華書局，2007）。吳芳思早在1994年也曾發表過一篇與馬戛爾尼使團有關的論文，那是她在1993年11月24日在皇家藝術學會（Royal Society of Arts）的一場演講。Frances Wood, "Britain's First View of China: The Macartney Embassy 1792–1794," *The Journal of the Royal Society of Arts* 142, no. 5447 (March 1994), pp. 59–68.

235 Greg Clingham, "Cultural Difference in George Macartney's *An Embassy to China*, 1792–94," *Eighteenth Century Life* 39, no. 2 (April 2015), pp. 1–29.

236 Ye Xiaoqing, "Ascendant Peace in the Four Seas: Tributary Drama and the Macartney Mission of 1793," *Late Imperial China* 26, no. 2 (December 2005), pp. 89–113；葉曉青的專著是*Ascendant Peace in the Four Seas: Drama and the Qing Imperial Court* (Hong Kong: The Chinese University Press, 2012)。

帝凝視下的英國政府：諷刺、帝國主義與馬戛爾尼訪華使團，1792–1804〉則討論在使團出訪前後英國出現的大量諷刺性作品，包括漫畫、詩作、歌謠以至戲劇等，怎樣顛覆當時英國社會中的精英論述，又分析使團總管巴羅的回憶錄如何以非常敵對和侵略性的詮釋，嘗試扭轉這些諷刺作品的論述，開始建立一種文化書寫上的帝國主義，為1842年鴉片戰爭的武力帝國主義舖路。[237] Joyce Lindorff的〈柏尼、馬戛爾尼和乾隆皇帝：音樂在英國使華使團中的角色，1792–1794〉處理的是英國作曲家及音樂史家查爾斯·柏尼(Charles Burney, 1726–1814)跟馬戛爾尼以及使團的關係，並以中西音樂差異入手，説明使團所面對的文化碰撞。[238] Thomas Irvine在2020年剛出版的《聆聽中國：聲音與中西相遇，1770–1839》中的第四章〈聲音與馬戛爾尼使團，1792–1794〉同樣討論了柏尼的音樂和使團在到達中國後所發出和聽到各種各樣的聲音。[239]

中文方面，迄今唯一的一本專著是秦國經和高換婷合著的《乾隆皇帝與馬戛爾尼》。秦國經原是中國第一歷史檔案館副館長，負責整理出版《匯編》，高換婷則為中國第一歷史檔案館館員，也以責任編輯身份參與《匯編》的出版工作。從二人的資歷看，這部著作理應有一定的權威性，但看來該書定位不太明確，全書沒有一個正式資料註腳，不符合學術規範，但也不能説沒有學術性，其中不少內容是來自秦國經〈從清宮檔案看英使馬戛爾尼訪華歷史事實〉，[240] 而書末所附「本書所據清宮檔案文獻簡介」更是一字不易直接錄自該文，在後面還加上「文獻」的一節。[241]

---

[237] Laurence William, "British Government under the Qianlong Emperor's Gaze: Satire, Imperialism, and the Macartney Embassy to China, 1792–1804," *Lumen* 32 (2013), pp. 85–107.

[238] Joyce Lindorff, "Burney, Macartney and the Qianlong Emperor: The Role of Music in the British Embassy to China, 1792–1794," *Early Music* 40, no. 3 (August 2012), pp. 441–453.

[239] Thomas Irvine, *Listening to China: Sound and the Sino-Western Encounter, 1770–1839* (Chicago: Chicago University Press, 2020), pp. 109–138.

[240] 秦國經：〈從清宮檔案，看英使馬戛爾尼訪華歷史事實〉，收張芝聯(主編)：《中英通使二百周年學術討論會論文集》，頁189–243；亦收入《英使馬戛爾尼訪華檔案史料匯編》，頁23–88。

[241] 秦國經、高換婷：《乾隆皇帝與馬戛爾尼》，頁182–188。

然而，儘管該書用上大量清宮檔案，但裡面出現一些十分基本的資料錯誤，令人難以理解，例如該書把使團所帶來譯員李自標Mr. Plum說成為「亨利・培林先生」，「此次他任使團助理秘書」；又把兩名中國傳教士譯者視為一人，變成「卓保羅・李雅各（即柏倉白），此次他任使團翻譯」，[242] 這都是非常嚴重的資料錯誤。

相對來說，《中英通使二百周年學術討論會論文集》更值得重視。從書名可見，論文集收錄為紀念馬戛爾尼使團訪華200周年而召開的學術研討會的論文。這次國際學術會議由時任北京大學教授張芝聯及中國人民大學清史研究所名譽所長戴逸聯合發起及主持，1993年9月14日在承德召開——也就是200年前馬戛爾尼在熱河萬樹園覲見乾隆的日子。出席會議的60餘位學者來自中、英、法、德、美等國，最後論文集共收錄22篇論文，當中八篇是從外文翻譯，包括馬歇爾、佩雷菲特、戴廷杰（Pierre-Henri Durand）、羅威廉（William Rowe）、何偉亞、羅志豪（Erhard Rosner）、戴素彬（Sabine Dabringhaus）和畢可思的論文；而中文論文方面則有主要來自中國人民大學的清史專家，如戴逸、王思治、劉風雲、黃興濤等，也有中國社會科學院的許明龍、張順洪和張曉林，以及蕭致治（武漢大學）、秦國經（中國第一歷史檔案館）、趙世瑜（北京師範大學）等知名歷史學者，毫無疑問是匯集了當時中國主要的清史和中外交往史專家。不過，不能否認的是這些論文很大程度上受限於原始資料的匱乏。在會議舉行時，《匯編》還沒有出版，除秦國經、佩雷菲特和何偉亞等極少數學者外，其他學者不怎麼能夠使用清宮中文件案，而且大部分中國學者使用的外文原始資料頗為有限，大大影響論文的創新性。

除專門研究馬戛爾尼使團的論著外，清代中外關係的研究大都用上顯著篇幅來交代馬戛爾尼訪華事件。頗受關注的是朱雍的《不願打開的中國大門：18世紀的外交與中國命運》，但有關馬戛爾尼使團的英文資料幾乎全部都是錄自前述馬士及普利查德二書；論點方面，雖然修正了

---

242 同上，頁36。

有關清廷「閉關自守」的說法，提出清廷實際實施「限關自守」的政策，但總結論仍然是守舊固執的乾隆，不願意把中國大門打開，狂妄自大地拒絕使團的全部要求；[243] 而王開璽《清代外交禮儀的交涉與論爭》第三章第一節的標題就是「馬戛爾尼使團來華後的禮儀衝突」，從禮儀爭論的角度去探討馬戛爾尼使團。[244] 侯毅的《小斯當東與中英早期關係史研究》第二章用上接近60頁的篇幅去書寫「小斯當東與馬戛爾尼使團使華」，但除幾位主要使團成員回憶錄的中譯本外，只用上二手資料，沒有什麼參考的價值。[245]

有關使團的中文論文為數很多，不可能在這裡一一介紹和討論，只稍提幾篇特別值得細讀的文章。朱杰勤（1913–1990）在1936年發表的〈英國第一次使臣來華記〉，很可能是其中最早一篇研究馬戛爾尼使團的中文學術論文。必須承認，那時能夠利用的材料十分有限，從參考書目看，除幾個主要成員的回憶錄外，他主要倚賴馬士的《東印度公司對華貿易編年史》，而讓人稍感意外的是他並沒有用上《掌故叢編》的清宮檔案。整體來說，那是一篇頗為平穩的論文。[246] 倒是另一篇他希望讀者能夠結合一起閱讀的後期作品〈英國第一次使團來華的目的和要求〉，雖然寫於40多年後，但卻沒有很多新意。[247] 中國外交史專家王曾才，除在1993年熱河中英通使二百周年學術討論會上發表的論文外，早在1978年即發表〈馬戛爾尼使團評述〉，是研究使團的中文論文中最早利用英國

243　朱雍：《不願打開的中國大門：18世紀的外交與中國命運》，其中第6–8章討論馬戛爾尼使團。

244　王開璽：《清代外交禮儀的交涉與論爭》（北京：人民出版社，2009），頁170–211；另外在2017年出版《清代的外交與外交禮儀之爭》，但大抵只作文字上的修飾，內容幾乎完全一致。王開璽：《清代的外交與外交禮儀之爭》（北京：東方出版社，2017），頁231–274。

245　侯毅：《小斯當東與中英早期關係史研究》（北京：中國社會科學出版社，2020），頁55–113。

246　朱杰勤：〈英國第一次使臣來華記〉，《現代史學》第3卷第1期（1936年5月），頁1–47，收《中外關係史論文集》（開封：河南人民出版社，1984），頁482–547。

247　朱杰勤：〈英國第一次使團來華的目的和要求〉，《世界歷史》1980年第3期（1980年3月），頁24–31，收《中外關係史論文集》，頁548–562。

外交部及殖民部(Colonial Office)檔案的論文，儘管數量不算多，主要還是引錄馬士和普利查德的資料。[248] 另一位台灣學者劉家駒也曾發表論文，討論馬戛爾尼覲見乾隆的禮儀問題。[249] 分析使團嘗試以禮品完成科學使命的，還有韓琦早年的〈禮物、儀器與皇帝：馬戛爾尼使團來華的科學使命及其失敗〉。[250] 另外，江瀅河探討使團與澳門的關係、[251] 歐陽哲生討論使團的「北京經驗」，[252] 以及鍾珍萍、葛桂彔從互文和圖像的角度分析使團如何建構中國形象建構，[253] 都是很有意思的切入點，但可惜都沒有能夠利用東印度公司檔案中大量相關的資料，論述上難免不足。

最值得重視的論文來自國立清華大學的黃一農。在馬戛爾尼使華問題上，他發表過兩篇長文，都是紮實精彩的力作。〈龍與獅對望的世界：以馬戛爾尼使團訪華後的出版物為例〉非常詳細地交代英使團回國後刊行的大量的出版物，尤其在版本及流播上的細節。[254] 他在2007年發表的〈印象與真相——清朝中英兩國的覲禮之爭〉，運用大量的電子資源，對使團覲禮，特別是叩頭問題作詳盡完整的解說，深具說服力。[255] 除自己的研究外，黃一農也指導過一篇以馬戛爾尼使團科學任務為題目的碩士論文：常修銘的〈馬戛爾尼使節團的科學任務——以禮品展示與

[248] 王曾才：〈馬戛爾尼使團評述〉，《屈萬里先生七秩榮慶論文集》編輯委員會(編)：《屈萬里先生七秩榮慶論文集》(台北：聯經出版公司，1978)，頁235–248；又收王曾才：《中英外交史論集》(台北：聯經出版公司，1979)，頁17–40。

[249] 劉家駒：〈英使馬戛爾尼覲見乾隆皇帝的禮儀問題〉，《近代中國初期歷史研討會論文集》，上冊(台北：中央研究院近代史研究所，1989)，頁27–49。

[250] 韓琦：〈禮物、儀器與皇帝：馬戛爾尼使團來華的科學使命及其失敗〉，《科學文化評論》第2卷第5期(2005年10月)，頁11–18。

[251] 江瀅河：〈1793年英國馬戛爾尼使團與澳門〉，珠海市委宣傳部、澳門基金會、中山大學近代中國研究中心(主編)：《珠海、澳門與近代中西文化交流》(北京：社會科學文獻出版社，2010)，頁286–307。

[252] 歐陽哲生：〈英國馬戛爾尼使團的「北京經驗」〉，《北京社會科學》2010年第6期(2010年12月)，頁4–19；歐陽哲生：《古代北京與西方文明》，頁468–510。

[253] 鍾珍萍、葛桂彔：〈互文 · 圖像 · 數據與中國形象建構———以英國馬戛爾尼使團著作為中心〉，《福建師範大學學報(哲學社會科學版)》2021年第2期(2021年4月)，頁144–154。

[254] 黃一農：〈龍與獅對望的世界〉，頁265–306。

[255] 黃一農：〈印象與真相〉，頁35–106。

科學調查為中心〉。[256] 這篇論文以使團禮品為主要分析對象，呈現使團怎樣通過帶來的禮品及其展示，傳達英國以至歐洲的科學發展及力量，同時也借機觀察和討論中國當時的科學知識，是一篇非常出色的碩士論文；另外常修銘還發表過單篇論文〈認識中國——馬戛爾尼使節團的「科學調查」〉。[257]

綜觀這些專著及論文，不論中外，主要處理幾個關鍵問題。最多人討論的是為什麼英國人費盡這麼大的力氣和金錢到北京，最終卻不能取得什麼實質的成果，無功而還？大部分學者的焦點都放在乾隆對待使團的立場和態度。長期以來，主流論述認為：清廷錯誤地把這些國際間遣使互訪的正常外交活動視為蠻夷藩屬要到中華帝國朝貢的舉措，導致使團失敗而回，而覲見乾隆時的叩拜禮儀被認定為最關鍵的因素。不少歷史家批評乾隆堅守閉關政策，以保護主義的姿態拒絕與西方往來，愚昧地放棄與世界接軌、走向近代化的機會，這甚至被視為導致後來中英鴉片戰爭的遠因。但也有學者提出不同的意見，認為這次中英相遇是兩個具有不同文化觀念的帝國一次正面交鋒和衝突，禮儀問題就正是這些交鋒和衝突的具體表現。還有一些學者認為乾隆拒絕英國人的貿易要求，並不是出於頑固、保守或封閉的心態，而是因為其他政治和經濟方面的考慮，甚至有人強調乾隆並不是閉關自守的君主，他拒絕馬戛爾尼的要求，其實是「洞悉其奸」，看破馬戛爾尼來華的政治陰謀。[258] 另一個討論焦點是這次馬戛爾尼訪華事件怎樣清楚展示中英兩國在政治、文化、

256　常修銘：〈馬戛爾尼使節團的科學任務——以禮品展示與科學調查為中心〉（台北：清華大學未發表碩士論文，2006）。

257　常修銘：〈認識中國——馬戛爾尼使節團的「科學調查」〉，《中華文史論叢》第94期（2009年6月），頁345–377。

258　趙剛：〈是什麼遮蔽了史家的眼睛？——18世紀世界視野中的馬戛爾尼使團來華事件〉，李陀、陳燕穀（主編）：《視界》，第9輯（石家莊：河北教育出版社，2003），頁2–28。Hevia, *Cherishing Men from Afar*; Harrison, "The Qianlong Emperor's Letter," pp. 680–701; Joanna Waley-Cohen, *The Sextants of Beijing: Global Currents in Chinese History* (New York: Norton, 1999), pp. 5–6, 93. 以上所提各種不同的論述和觀點也反映在紀念中英通使二百周年國際學術討論會中，參張芝聯（主編）：《中英通使二百周年學術討論會論文集》。

經濟思想等方面的分歧，而這些嚴重分歧又怎樣反映在兩國的地位、使團的定位和性質、使團的接待方式、叩頭問題、禮品的選擇和認受等問題上，以至馬戛爾尼和其他使團成員對中國的描述與批評，及使團回國後西方國家對使團的評價等。毫無疑問，這些都是非常重要的課題，而且，相關的討論可以擴展到整個18世紀以至19世紀上半葉的中外關係，並不局限於一次個別的歷史事件。

我們不打算在這裡進一步分析或判定這次中英交鋒的性質，更不想在叩拜禮儀問題上再作糾纏，但要指出的是：在現時所見到有關馬戛爾尼使團的研究中，除極少數的例外，幾乎完全把一個至關重要的問題忽略了，就是在整個使團訪華活動中，中英雙方所遇到的語言障礙以及當中涉及的翻譯問題。這是不合理的，因為上面提到眾多學者所熱心關注的各個問題，無論是乾隆對使團的理解和定位，或是英使團對中國的觀察和解讀，以至雙方對待禮品的態度、政治和文化上的差距和碰撞，關鍵都在於使團跟清廷能否做到有效的溝通，而翻譯就是雙方溝通的決定性元素，更不要說當時中英兩國存在巨大的語言、文化和政治差距，本身就構成嚴重的溝通和翻譯上的難題。

本來，國際間的外交活動須倚賴翻譯，這是最正常不過的事情。可是，由於中英兩國在馬戛爾尼使團以前從來沒有過任何正式的官方外交往來，在英國人的理解裡，清廷一向嚴格限制外國人學習中文，而中國人本身也從來沒有學習外語的意願，所以根本沒法找到合格的、具備水準的譯者，這嚴重地影響了使團與清廷和乾隆的有效溝通，甚至是這次使團沒法取得實質成果的其中一個主要因素。事實上，在使團離開中國後不久，一些在華歐洲傳教士便已經提出，使團失敗的其中一個原因是他們帶來的譯員太年輕，缺乏經驗，不熟悉中國朝廷文化。[259] 此外，譯者的政治立場和文化定位，也影響翻譯的效果。更重要的是翻譯在這場

[259] Letter from Louis de Poirot, Peking, 18 May 1794, BL IOR MSS EUR F 140/36, quoted from Stevenson, *Britain's Second Embassy to China*, p. 99; Hanna to Staunton, Canton, 2 March 1794, *An Important Collection*, vol. 7 doc. 292, CWCCU.

重大歷史事件中的角色，中英雙方都在有意或無意間以翻譯作為交鋒的戰場，通過翻譯傳遞重大的訊息。因此，深入探討馬戛爾尼使團來華期間中英雙方的翻譯活動，對於理解這次中外交流史上的重要事件，會有莫大的幫助。相反來説，長期忽略翻譯在使團活動中所起的作用，根本就沒法全面及準確地理解整個事件。

在上面提及西方的專著和論文中，觸碰翻譯問題的幾乎絕無僅有。佩雷菲特的《停滯的帝國》偶有提及使團譯員的情況和活動，但不單零碎，且譯者和翻譯顯然都不是他關注的問題，沒法讓人更進一步理解使團的翻譯問題。現在所見到直接討論使團翻譯問題的有兩篇文章和一本專著，都以使團譯者為主體研究對象，這包括上文已介紹過沈艾娣在2018年發表的〈忠實的譯者？李自標與1793年馬戛爾尼訪華使團〉及2021年出版的專著《口譯的危險》；但最早討論使團譯員的是意大利那不勒斯東方大學的樊米凱，他在1996年以意大利文發表過〈那不勒斯中華書院學生、出使乾隆皇帝之馬戛爾尼使團以及中國天主教徒自由崇拜的要求(1792–1793)〉("Gli Alunni Del Collegium Sinicum di Napoli, La Missione Macartney Presso L'Imperatore Qianlong e La Richiesta di Liberta di Culto per I Cristiani Cinesi [1792–1793]")，通過藏於意大利的原始資料，交代使團譯員的情況，尤其是一直陪同使團抵達熱河的譯員李自標在北京所做的一件非常重要的事：向朝廷提出要求，改善中國天主教徒的待遇。[260] 這是一篇非常重要的文章，但由於以意大利文寫成，流播不廣，沒有得到應有的重視，十分可惜。該文幾乎完全沒有利用東印度公司檔案和中文方面的原始資料，讓人感到稍有不足。不過，由於樊米凱和沈艾娣的研究重點在於譯者，沒有怎樣處理與使團相關的翻譯文本，在這方面留下很大的討論空間。

260　Michele Fatica, "Gli Alunni Del Collegium Sinicum di Napoli, La Missione Macartney Presso L'Imperatore Qianlong e La Richiesta di Liberta di Culto per I Cristiani Cinesi [1792–1793]," in S. M. Carletti, M. Sacchetti, P. Santangelo (eds.), *Studi in Onore di Lionello Lanciotti*, vol. 2 (Napoli: Istituto Universitario Orientale, 1996), pp. 525–565.

中文方面，2007年季壓西、陳偉民所撰《中國近代通事》有一章〈馬戛爾尼使華(1792–1793)：中英早期交往中的語言障礙〉，[261] 可說是直接處理使團的翻譯問題。不過，該書在資料方面嚴重不足，只參考中國大陸一些已出版的材料，除大量引用馬戛爾尼和斯當東回憶錄的中譯本外，幾乎沒有運用別的材料，甚至連《匯編》也沒有，令人難以接受，而西方的資料也付諸闕如，在論述上和資料上都有不少缺失。接下來是王輝在2009年發表的〈天朝話語與喬治三世致乾隆皇帝的清宮譯文〉，對清宮所藏英國使團國書中譯本〈譯出英吉利國表文〉進行話語分析，呈現「天朝式的翻譯」面貌。[262] 同樣以話語入手、對〈譯出英吉利國表文〉作批評話語分析的，還有2019年廖迅喬的〈國書與表文背後的話語權力——馬戛爾尼使團國書翻譯的批評話語分析〉。[263] 對譯文作話語分析，這自然是可取的一個角度，王輝嘗試說明「表文既背叛了喬治三世，使他威風掃地，匍匐在中國大皇帝的腳下；又愚弄了乾隆皇帝，讓他陶醉在萬國來朝的假象中，錯失了認識世界的良機」，[264] 而廖迅喬則要證明譯文是「『天朝上國』話語的自我防衛和對西方話語權力的抗拒」。[265] 不過，今天我們已明確知道使團備有自己官方的譯本，而〈譯出英吉利國表文〉則是清廷另外找人翻譯的(我們始終沒法完全確定譯者是誰)，放回當時的歷史語境裡，這份譯文最多只能為朝廷提供一個對照參考的文本，實際上對使團、乾隆以及中英關係是不起作用的，以它作為話語分析的對象能否讓我們增加對使團的理解？當然，要指出的是，王輝發表這篇論文時還沒有人提及英國人自己所準備的譯本，而廖迅喬則已通過筆者的論文明確知悉英國人自己曾帶來國書中譯本。

---

261 季壓西、陳偉民：《中國近代通事》(北京：學苑出版社，2007)，頁1–48。

262 王輝：〈天朝話語與喬治三世致乾隆皇帝的清宮譯文〉，《中國翻譯》2009年第1期(2009年1月)，頁27–32。

263 廖迅喬：〈國書與表文背後的話語權力——馬戛爾尼使團國書翻譯的批評話語分析〉，《外國語文》第35卷第2期(2019年3月)，頁126–132。

264 王輝：〈天朝話語與喬治三世致乾隆皇帝的清宮譯文〉，頁30。

265 廖迅喬：〈國書與表文背後的話語權力〉，頁131。

王輝在超過11年後在2020年另以英文發表一篇有關英使團國書翻譯的文章，[266] 仍然以話語的角度入手，不同的是這次加入了以筆者在2013年發表的〈大紅毛國的來信：馬戛爾尼使團國書中譯的幾個問題〉所揭示使團自己帶到中國來的國書中譯本為分析對象，遺憾的是這篇文章出現不少錯誤，[267] 充分說明歷史課題的研究需要對史料有足夠的掌握。

---

266 Hui Wang, "Translation between Two Imperial Discourses: Metamorphosis of King George III's Letters to the Qianlong Emperor," *Translation Studies* 13, no. 3 (2020), pp. 318–332.

267 例如他說喬治三世給乾隆信函是由鄧達斯或他的秘書所寫，而他聲稱所引用的資料是何偉亞的《懷柔遠人》("George III's letters, though bearing his signature and seal, were written by Britain's Secretary of State Henry Dundas or his secretary (Hevia 1995, 60)")。Wang, "Translation between Two Imperial Discourses," p. 319. 可是翻查《懷柔遠人》相關部分，何偉亞並沒有這樣說過，他只說國書中不少文句見於馬戛爾尼在1792年1月4日寫給鄧達斯的信 ("Much of the phrasing in the letter was suggested by Lord Macartney in a communication to Henry Dundas dated January 4, 1792.")。Hevia, *Cherishing Men from Afar*, p. 60, n. 6；而且，何偉亞在這裡所說的只是使團帶來的第一份國書，但王輝以複數 (plural form) 去描述喬治三世的信函，是把喬治三世的第二封信也包括在內，這很是有問題，不單何偉亞只指第一封信，更重要的是喬治三世給乾隆的第二封信是在1795年6月20日完成的，鄧達斯早在一年前 (1794年7月11日) 已經不是Secretary of State。又例如王輝在文中「引用」何偉亞的說法，使團的禮品清單由北京的外國傳教士「重譯」，跟國書的命運一樣 ("The gift list was eventually retranslated into Chinese by the missionaries serving in the Qing court (Hevia, 1995, 148), anticipating the fate of George III's first letter.")。Wang, "Translation between Two Imperial Discourses, p. 325. 但其實何偉亞沒有說過「重譯」，他只說馬戛爾尼所提交的禮品清單交由那些為朝廷服務的傳教士翻譯 ("After the court received the list, it was translated into Chinese, probably from the Latin version, by missionaries in the emperor's service.")。Hevia, *Cherishing Men from Afar*, p. 148. 但何偉亞本身這說法是錯誤的，詳細的討論見本書〈禮品篇〉。此外，還有一個問題值得提出。王輝在文中說到乾隆向喬治三世前後共寫過兩封信，但其實乾隆共給喬治三世發出過三道敕諭。王輝的遺漏是因為他只參考《英使馬戛爾尼訪華檔案史料匯編》，卻不知道《文獻叢編》，甚至《高宗純皇帝實錄》及《東華續錄》都收有乾隆給喬治三世的第三封信。本來這不能深責，因為很多學者也都只用《英使馬戛爾尼訪華檔案史料匯編》的材料，但讓人更感奇怪的是，王輝在文章中註釋5這樣說：「乾隆敕諭完整的英譯，見莊延齡，1896，頁45–53。」("For full English versions of the edict(s), see Parker (1896, 45–53)") Wang, "Translation between Two Imperial Discourses," p. 330. 這裡關於Parker翻譯敕諭的資料是準確的，Parker是漢學家莊延齡 (Edward Harper Parker, 1849–1926)，1896年曾把乾隆給喬治三世的信翻譯出來，問題是：莊延齡當年是知道第三道敕諭，且把它翻譯出來，緊接放在第二道敕諭譯文的後面，頁碼為53–55。王輝在參考書目中所開列莊延齡的翻譯的頁碼是45–55，那為什麼會看不到當中已包括了第三道敕諭的譯文？莊延齡在文章開首明確寫出他是根據《東華錄》把敕諭翻譯出來的。這就是說，如果認真看過莊延齡的翻譯，那就很容易查出《東華錄》的第三道敕諭。

重慶交通大學的劉黎在2014–2016年間連續發表了五篇與馬戛爾尼使團翻譯問題相關的文章，[268] 是集中研究馬戛爾尼使團翻譯的年輕學者，十分難得，但可惜受客觀環境所限，這些文章都是在嚴重缺乏資料情況下，大部分仗賴二手材料寫成，且不少論述過於簡單，甚至出現錯誤。至於其他一些沒有做過認真研究寫成的短文，更沒有多大參考價值了。

筆者大約在2004年前後開始關注馬戛爾尼使團的翻譯問題，而第一篇相關文章〈馬戛爾尼使華的翻譯問題〉要到2009年才出版，[269] 嘗試較全面探討使團來華所出現的翻譯問題，包括使團譯員、國書翻譯等，但限於篇幅，且資料也不夠齊全，例如當時還未發現使團自己帶來的國書和禮品清單中譯本，更不要說使團譯員在意大利的檔案，效果未如理想，在論點上也有需要修正的地方。同樣的情況也出現在第二篇論文〈「張大其詞以自炫其奇巧」：翻譯與馬戛爾尼的禮物〉，[270] 該文討論禮品清單的翻譯，闡述中英兩國文化以及科技知識的差距所構成的翻譯難題，而最終的譯本如何影響清廷對禮品的理解，以致英國人最初精心挑選禮品、試圖讓乾隆留下深刻印象的願望幾乎完全落空。至於第三篇〈大紅毛國的來信：馬戛爾尼使團國書中譯的幾個問題〉，則主要討論一

---

268 劉黎：〈一場瞎子和聾子的對話：重構英使馬戛爾尼訪華的翻譯過程〉，《上海翻譯》2014年第3期（2014年8月），頁81–85；劉黎：〈何止譯者：馬戛爾尼使團訪華活動之譯員考析〉，《重慶理工大學學報（社會科學版）》第29卷第3期（2015年3月），頁126–130；劉黎：〈馬戛爾尼覲見乾隆皇帝禮儀照會翻譯之考析〉，《重慶交通大學學報（社會科學版）》第15卷第2期（2015年4月），頁137–139；劉黎：〈中英首次正式外交中百靈致兩廣總督信件的翻譯問題〉，《重慶交通大學學報（社會科學版）》第16卷第2期（2016年4月），頁133–138；劉黎：〈意識形態的博弈：馬戛爾尼訪華外交翻譯中的操控與反操控〉，《外國語文研究》第2卷第4期（2016年8月），頁56–62。

269 王宏志：〈馬戛爾尼使華的翻譯問題〉，《中央研究院近代史研究所集刊》第63卷（2009年3月），頁97–145。

270 王宏志：〈「張大其詞以自炫其奇巧」：翻譯與馬戛爾尼的禮物〉，收張上冠（編）：《知識之禮：再探禮物文化學術論壇論文集》（台北：國立政治大學外國語文學院翻譯中心、國立政治大學外國語文學院跨文化研究中心，2013），頁77–124。

直收藏在英國國家檔案館外交部檔案的一份使團國書中譯，對比過去一直被學者引用的清宮檔案文本，並嘗試解答譯者是誰的問題。[271]

本書以上述三篇文章為基礎，利用近年找到的原始資料，對馬戛爾尼訪華使團的翻譯問題重新作出全面的檢視，嘗試更準確地展示翻譯在這場中英關係的重大歷史事件上所扮演的關鍵角色。全書分共七篇，除本章〈背景篇〉外，還有〈譯員篇〉、〈預告篇〉、〈禮品篇〉、〈國書篇〉、〈敕諭篇〉和〈後續篇〉，最後是簡短的〈結語〉。

〈背景篇〉主要交代英國派遣馬戛爾尼使團的背景，尤其在廣州體制下中英日常溝通和翻譯所出現的問題，並簡略介紹有關使團的原始資料以及現有的研究狀況。

〈譯員篇〉討論英國及清政府雙方面所聘請和派遣的譯員：他們是什麼人？他們的語言、文化、政治背景是怎樣的？他們具備什麼資歷？他們做了什麼？他們的活動背後有什麼政治和文化的操控力量？他們最終如何影響使團的活動以至成敗？

〈預告篇〉探究英方怎樣向清廷傳遞派遣使團的訊息，當中翻譯扮演什麼角色？焦點集中在英國東印度公司通知廣東官員派遣使團的書函。書函是怎樣送到中方官員手上的？誰負責翻譯？有什麼譯本？譯出來的文本有什麼問題？譯本造成怎樣的效果？

〈禮品篇〉處理英國人帶來送贈乾隆禮品清單的翻譯問題，其中包括禮品清單譯文具備什麼意義？現在所見到的禮品清單中譯本有什麼不同的版本？誰是禮品清單的譯者？當中的差異在哪裡？傳遞了什麼訊息？造成怎樣的效果？

〈國書篇〉深入研究英王國書中譯本的幾個重要問題：國書中譯的過程是怎樣的？中譯本的譯者是誰？國書中譯本有多少個版本？最早的中譯本是怎樣的？它跟過去故宮所藏軍機處上諭檔中的〈譯出英吉利國表

271　王宏志：〈大紅毛國的來信：馬戛爾尼使團國書中譯的幾個問題〉，《翻譯史研究（2013）》（上海：復旦大學出社，2013），頁1–37。

文〉有什麼分別？兩個中譯本跟原來的國書文本的關係是怎樣的？二者所作具體的改動是怎樣的？這些改動造成什麼不同的效果？其中的意義又在哪裡？

〈敕諭篇〉主要分析乾隆兩道直接發與馬戛爾尼的兩道敕諭的翻譯，由於使團接收到的是滿文本、漢文本和拉丁文本，英國人最終讀到的文本是怎樣的？乾隆原來要在敕諭中發出的訊息，跟馬戛爾尼、鄧達斯以至英國讀者讀到的訊息是否相同？如果存有歧異，那又引起什麼後果？馬戛爾尼對乾隆的敕諭作出什麼回應？

〈後續篇〉交代使團離開北京以後馬戛爾尼等與中方官員如松筠和長麟等的溝通以及一些相關文書的翻譯問題，並討論使團回國後再送來英國國王給乾隆的信件，探討回國後繼續學習中文的小斯當東怎樣獨當一面地翻譯這封信，以及這份譯文帶來的後續回應，並交代一直沒怎麼受到注意、乾隆在退位前向英國國王發出的最後一道敕諭。

至於最後一章〈結語〉，除了總結前面的觀點、綜合討論翻譯在馬戛爾尼使團不同方面的問題外，也從本個案突顯出翻譯在近代中國重大歷史事件上所產生的深遠影響，從而肯定翻譯本來就是中國近代史重要的構成部分，也是近代史研究絕對不應該忽視的角色。

第2章
譯員篇

我們的譯員雖然是中國人，但對於自己朝廷的狀況及語言是不熟悉的。

——斯當東[1]

這真是超現實的狀況：使團成功的希望只繫於一名滿族傳教士和一名英國小孩。

——佩雷菲特[2]

一

具備豐富海外擴張經驗的英國人，充分理解翻譯在派遣使團等外交活動中的重要角色。因此，從籌備派遣使團的最初階段開始，他們便積極商議怎樣可以找到合適的使團翻譯人員。

其實，在馬戛爾尼以前所派遣的凱思卡特使團，在尋找翻譯人員時便已經遇到很大的困難。儘管略懂中文的洪任輝當時已獲釋回到英國，但因為清廷明確指令不准重來，[3] 他不可能參加使團。1787年8月29日，

---

1 Staunton, *An Authentic Account of an Embassy*, vol. 2, p. 125.

2 Peyrefitte, *The Collision of Two Civilisations*, p. 77；佩雷菲特這裡所說的滿族教士（"Manchu priest"）是指使團譯員李自標，但他不是滿洲人，佩雷菲特有誤。下詳。

3 "Memoir, Intercourse with China, 1588–1832. Part I," IOR/G/12/11, pp. 103–106; "References to the Diaries from 1755," 6 December 1759, IOR/G/12/20, p. 581.

在開始籌劃凱思卡特使團後，時任東印度公司廣州特選委員會主席的菲茨休寫信給東印度公司董事局副主席史密斯(Nathaniel Smith)，商議解決使團譯員的問題。[4] 他首先指出英王的國書必須以英文和拉丁文撰寫，這樣便可以讓住在北京的歐洲天主教士來翻譯成中文。這似乎是假設可以借助這些傳教士來協助解決翻譯的問題。不過，對於這些傳教士，菲茨休似乎沒有很大的信心，特意建議準備一些禮物去籠絡他們；他也同時指出中國的通事是不可靠的，除了因為他們的英語水平低外，更因為他們不敢忠實地翻譯一些與官員意見相左的説話。[5] 因此，菲茨休認為真正解決問題的方法還是找一名歐洲人擔任使團的譯員。他想到他的副手湯馬士·貝文。當1779年廣州商館成立特選委員會時，菲茨休是主席，貝文是其中一名成員。[6] 貝文早在1753年便開始學中文，還曾經跟隨洪任輝到天津去。菲茨休指他的官話説得很好，口音比廣州任何外國商人都要好，1779年還出任過廣州商館主席，[7] 但他不可能參加使團，菲茨休用「我們可憐的朋友」(“our poor friend”)來形容他，大概指他身體很不好，東印度公司檔案記錄他在1780年因為健康問題要求回國。[8] 接著菲茨休又提議一名叫加爾伯特(Galbert)的法國人，他幾個月前還在蘇格蘭，曾在中國住過好幾年，也能説不錯的官話。[9] 但其實在這之前，菲茨休已向凱思卡特建議過招聘加爾伯特為使團譯員。

---

4 Fitzhugh to Smith, 29 August 1787, IOR/G/12/91, p. 9.

5 關於廣州制度下通事的問題，可參 Van Dyke, *The Canton Trade*, pp. 77–94；王宏志：〈「叛逆」的譯者：中國近代翻譯史上所見統治者對翻譯的焦慮〉，《翻譯學研究集刊》第13輯(2010年11月)，頁1–55；Lawrence Wang-chi Wong, “Translators or Traitors?—The *Tongshi* in 18th and 19th Century China,” *East Journal of Translation*, Special Issue of 2014 (May 2014), pp. 24–37.

6 Morse, *The Chronicles of the East India Company*, vol. 2, p. 39.

7 “Consultations, Observations, Orders &c. of the Select Committee, Appointed by the Honorable Court of Directors, with Letter Perceived, and Written by the Select Committee, 3rd October 1879–17th January 1780,” IOR/G/12/66, p. 3.

8 “Consultations, Observations, Orders &c. of the Select Committee, Appointed by the Honorable Court of Directors, with Letter Perceived, and Written by the Select Committee, 19th January 1780–16th December 1780,” IOR/G/12/70, pp. 231–232.

9 Fitzhugh to Smith, 29 August 1787, IOR/G/12/91, p. 9.

1787年6月20日，凱思卡特向時任東印度公司監督委員會主席鄧達斯寫了一封很長的信，提出有關使團安排的初步建議，可以預想，當中必然包括如何解決語言障礙的意見。首先，凱思卡特提出要找東印度公司的一名僱員阿格紐(Captain Agnew)來做他的私人秘書(private secretary)，原因是他懂得波斯語和摩爾語(Moorish language)，但這無助解決使團在中國的溝通困難。[10] 接著，凱思卡特就提到經由東印度公司廣州主管的介紹，使團可以聘請一名現居於蘇格蘭北部的法國人為譯員。不過，凱思卡特在這第一封信中並沒有說出加爾伯特的名字，只提供一些基本資料，而且看來凱思卡特最初並不贊同聘用加爾伯特，原因是他認為不應該由法國人來出任英國使團的譯員，只是在知悉除加爾伯特外，無論在中國或歐洲也再找不到任何會說「中國宮廷的語言」的人後，便只能接受這安排。[11]

加爾伯特全名為Jean-Charles-François Galbert，1757年出生，1765年2月1日，年僅8歲便跟隨父親在法國西部的洛里昂(Lorient)登上*Villevault*號，出發到廣州——老加爾伯特早在1752年第一次到中國，這次是出任*Villevault*號的貨監，帶上加爾伯特的目的就是要他作為*Enfant de langue*從小學習中文。[12] 他們在9月30日抵達廣州後，加爾伯特便開始學習中文。1774年，加爾伯特開始在法國廣州使館出任譯員及書記，被當時在廣州的外國人視為「法國國王的譯員」(“the king's interpreter”)。[13] 加爾伯特更曾一度被委任為「事務大臣」(chancellor)，但只做了兩個半月便請辭，原因是這工作涉及不少法律方面的問題，但他較熟悉商貿方面的事務。他在中國一直住到1785年，人們認為他無論

10　Charles Cathcart to Henry Dundas, 20 June 1787, IOR/G/12/90, p. 4；但阿格紐最終並不是使團的秘書，而是由楊格(Lieutenant Young)擔任。同上。

11　Ibid., p. 5.

12　有關*Enfant de langue*的說明，參Susan E. Schopp, *Sino-French Trade at Canton, 1698–1842* (Hong Kong: Hong Kong University Press, 2020), p. 99, n. 11.

13　Samuel Shaw, “Memorial to the French Consul,” 30 November 1784, in *The Journals of Major Samuel Shaw, The First American Consul At Canton* (Boston: W. M. Crosby and H. P. Nichols, 1847), p. 193.

在品性還是語文能力方面都跟中國讀書人相差無幾，[14] 而在華期間參與過最重要的翻譯任務是1784–1785年「休斯夫人號」(the *Lady Hughes*) 鳴放禮炮誤殺兩名中國官員的案件。[15] 菲茨休早在1780年在廣州便認識他，和他有過交往。[16] 經過菲茨休的引薦後，加爾伯特便加入凱思卡特使團當譯員，而且，看來凱思卡特很快便認識到加爾伯特的重要性。他在寫給東印度公司正副主席的信中說，聘得加爾伯特為譯員後，使團也許可以避開廣州，直接前往中國東部或東北部海岸。[17] 此外，由於加爾伯特本來是住在法國阿維尼翁 (Avignon)，為了參加使團已在倫敦住上幾個月，凱思卡特向東印度公司要求支付加爾伯特從阿維尼翁到倫敦的路費以及在倫敦的生活費，並提出要向加爾伯特保證，在使團回國後會根據凱思卡特的報告來支付適當的報酬。[18] 對於這些要求，東印度公司董事局的回覆是頗為正面的。他們願意支付加爾伯特的路費以及在倫敦居住三個月的生活費，但在回國後給與報酬的問題上，公司主席指出這是由董事局決定，但他強調公司對於有貢獻的人一向十分慷慨。[19] 此外，凱思卡特又寫信給鄧達斯，提出如果加爾伯特能令人滿意地完成任務，英國政府應給與他終身長俸 (pension)，原因在於他為了參加英國的使團而放棄自己的國家 (“renounces his Country”)，且他的情況也跟其他使團成員不一樣，因為其他專業人士將來的事業會得益於參加過使團的經

---

14 以上有關加爾伯特的資料，來自Schopp, *Sino-French Trade at Canton*, p. 121。

15 Pritchard, *The Crucial Years*, p. 239, 247. 關於「休斯夫人號」事件，可參Li Chen, “Law, Empire, and Historiography of Modern Sino-Western Relations: A Case Study of the ‘Lady Hughes’ Controversy in 1784,” *Law and History Review* 27, no. 1 (Spring 2009), pp. 1–53。另外，他的專著也用上大量篇幅討論「休斯夫人號」事件，但很可惜該書沒有片言隻字談及案件審判期間的翻譯問題，加爾伯特的名字也沒有在書中出現。Li Chen, *Chinese Law in Imperial Eyes: Sovereignty, Justice, and Transcultural Politics* (New York: Columbia University Press, 2016).

16 Morse, *The Chronicles of the East India Company*, vol. 2, p. 60.

17 Cathcart to Chairman and Deputy Chairman of the East India Company, 1 November 1787, IOR/G/12/90, p. 25.

18 Ibid., p. 27.

19 Chairman and Deputy Chairman to Cathcart, East India House, 8 November 1787, IOR/G/12/90, p. 31.

歷。[20] 東印度公司檔案裡沒有見到對於這個要求的回覆，不過，這問題也著實不需要處理，因為加爾伯特在使團回程途中去世了。[21] 這樣，他也不可能出任馬戛爾尼使團的譯員。

馬戛爾尼很清楚地意識到解決翻譯問題的重要性。1792年1月4日，在還沒有正式被委任為大使前，馬戛爾尼就寫了一封長信給鄧達斯，分析了決定使團成敗的要素，其中一個就是要為使團找到合適的譯員。他認為在中國這樣一個多疑善妒的國度，北京的傳教士也許不會過於依附朝廷，但也不要預期能在北京或廣州找到可以信賴的譯員，以為他們真的能忠實準確地提供優良的翻譯服務。因此，最好還是在歐洲找到好的中文譯員，這樣才可以正確傳遞使團的訊息和指令。馬戛爾尼還特別指出，在歐洲找譯員有另一個好處，就是在漫長的航海旅程中，譯員能跟使團成員培養緊密的關係，讓他對自己的工作有更大的熱情和忠誠，同時使團成員也可以從中觀察譯員的感情和真實的性格，從而判定他是否可靠、值得信任，而且，他還可以負責核正北京傳教士的翻譯。不過，馬戛爾尼說這樣的譯員不可能在英國找到，必須到歐洲大陸去，才有機會找到一些既能完成工作、又不大清楚使團真正任務的譯員。[22] 顯然，馬戛爾尼想得很周全，他深明選擇外交譯員的條件不僅在於譯者的語言能力，更重要的是譯員對使團是否忠誠可靠。

接著，在三天後的1月7日，馬戛爾尼又寫信給鄧達斯，談論使團的編制。他說雖然他心目中有一些合適人選，但在沒有得到正式的同意前，不會提出名單來。但馬戛爾尼所謂已經找到合適人選並不包括譯員，因為他特別強調「第一個目標是要找好的譯員」，更要求鄧達斯儘快給他明確的答覆，是否可以到歐洲大陸去尋找中文譯員。值得指出的是，他在信後所附的使團人員編制表裡，兩名譯員的位置放在第四位，僅次於大使、事務官（secretary）和事務次官（undersecretary），還在總管

---

[20] Cathcart to Dundas, Charles Street, 1 November 1787, IOR/G/12/90, p. 105.

[21] Pritchard, *The Crucial Years*, p. 262.

[22] Macartney to Dundas, Curzon Street, 4 January 1792, IOR/G/12/91, pp. 47–48.

(comptroller)、醫師以及機械師之前，報酬更高達150鎊，[23] 足見他對譯員的重視。鄧達斯在收到這封信後，便馬上在第二天的1月8日向馬戛爾尼發出指示，要求儘快尋找合適的譯者，[24] 馬戛爾尼也就立刻委派斯當東到歐洲大陸去。

在譯員的問題上，斯當東有相同的看法。他也認同在所有英國的屬地都找不到合適人選，而對於這麼重要的外交任務來說，廣州一般的通事是不可能勝任的。[25] 他曾經仔細分析過廣州通事不適合出任使團譯員的原因：一、他們只能在商貿買賣方面提供簡單的溝通服務，在別的話題上是沒有能力進行翻譯的；二、北京的官員和皇帝聽不懂他們所說的方言；三、長期以來東印度公司對這些廣州通事所做的翻譯是否忠實準確抱有很大的懷疑。[26] 另一方面，他深信在英國境內也沒有任何人適合擔任譯員的工作。[27] 因此，他就按照馬戛爾尼的指示到歐洲大陸去尋找譯員，因為他們相信在歐洲大陸有可能會找到一些曾經在中國居住過的西方人，又或是一些懂得歐洲語言的中國人。斯當東特別提到羅馬梵蒂岡從前聘請過一些中國人，協助管理中文書籍及手稿。此外，他也提到那不勒斯有一所專門培養年青中國傳教士的學院。[28] 其實，馬戛爾尼在

---

23 "Tableau or Sketch of an Embassy from His Majesty to the Emperor of China," in Macartney to Dundas, Curzon Street, 7 January 1792, IOR/G/12/91, p. 61；不過，這份編制表並沒有開列各職位人員，也沒有註明各人的薪酬，關於使團成員名單及他們的薪酬，見 "Tableau or Sketch of an Embassy from His Majesty to the Emperor of China," *An Important Collection*, vol. 10, doc. 442, CWCCU；又可參 Pritchard, *The Crucial Years*, p. 305。

24 Dundas to Macartney, Somerset Place, 8 January 1792, *An Important Collection*, vol. 3, doc. 30, CWCCU.

25 George Staunton, *An Historical Account of the Embassy to the Emperor of China, Undertaken by Order of the King of Great Britain; Including the Manners and Customs of the Inhabitants; and Preceded by an Account of the Causes of the Embassy and Voyage to China, Abridged Principally from the Papers of Earl Macartney, as Compiled by Sir George Staunton, Bart. Secretary of Embassy to the Emperor of China, and Minister Plenipotentiary in the Absence of the Embassador* (London: John Stockdale, 1797), p. 24.

26 Staunton, *An Authentic Account of an Embassy*, vol. 1, p. 20.

27 Ibid.

28 同上。早在順治年間，西方傳教士已開始把一些中國人帶到歐洲去接受傳教的訓練。現在知道最早的一位是在順治七年(1650年)跟隨意大利傳教士衛匡國(P. Martino

1792年1月23日寫給鄧達斯的一封信中也說到時常有中國人到那不勒斯的中文學院和巴黎接受教育。[29]

不過，當時是否必須去歐洲大陸才能找到懂中文的人？長久以來，我們都忽略了其實這時候有一名中國人住在蘇格蘭，他的英語非常好，完全可以充任使團的譯員。

2019年，退休的業餘歷史學家巴克萊・普萊斯(Barclay Price)出版《中國人在英國》(*The Chinese in Britain: A History of Visitors and Settlers*)。該書開首便簡單交代最早到過英國的幾名中國人，包括在1687年到倫敦，成為第一位到英國的中國人沈福宗(Michael Alphonsius Shen Fu Tsung, 1658–1691)、1756年的林奇官(Loum Kiqua)、1769年的Tan Chitqua(約1728–1796)，還有1770年的黃亞東(Wang-y-Tong, 1753–?, fl. 1770–1784)。[30] 由於前三位曾分別得到英國國王詹姆士二世(James II, 1633–1701，1685–1688在位)、喬治二世(George II, 1683–1760，1727–1760在位)及喬治三世的接見，而黃亞東也曾有機會與不少名人交往，所以較

Martini, 1614–1661)到歐洲的鄭瑪諾(又名維信，西文名字為Emmanuel de Sequeira, ?–1673)。他在羅馬公學學習，1671年(康熙十年)與閔明我(Philippus Maria Grimaldi, 1639–1712)、恩理格(Christian Herdtricht, 1624–1684)等回到北京，康熙十二年(1673年)逝世。此外，1707年(康熙四十六年)，山西平陽人樊守義(1682–1753)曾跟隨傳教士艾若瑟(Antonio Francesco Giuseppe Provana, 1662–1720)到歐洲，晉見教宗克勉十一世(Clemens PP. XI, Giovanni Francesco Albani, 1649–1721)，並留在意大利學習，至康熙五十九年(1720年)回國，並曾謁見康熙，且在北京等地傳教，乾隆十八年(1753年)病逝。他著有《身見錄》，是中國人第一部歐洲遊記。據統計，同治以前赴歐洲留學的中國學生共有114人。參方豪：〈同治前歐洲留學史略〉，《方豪六十自定稿》(台北：學生書局，1969)，頁379–402。另外，關於樊守義和他的《身見錄》，可參方豪：〈樊守義著中文第一部歐洲遊記〉，《中西交通史》(台北：中華文化出版事業委員會，1954)，卷4，頁186–195；Paul Rule, "Louis Fan Shou-i: A Missing Link in the Chinese Rites Controversy," in Edward Malatesta et. al. (eds.), *Échanges culturels et religieux entre la Chine et l'Occident* (San Franciso: Ricci Institute for Chinese-Western Cultural History, 1995), pp. 277–294; Thierry Meynard, "Fan Shouyi, a Bridge between China and the West under the Rite Controversy," *Annales Missiologici Posnanienses* 22 (2017), pp. 21–31.

29 Macartney to Dundas, Curzon Street, 23 January 1792, IOR/G/12/91, p. 76.

30 Barclay Price, *The Chinese in Britain: A History of Visitors and Settlers* (Gloucester: Amberley Publishing, 2019), pp. 11–16.

為人知悉。[31] 但最值得注意的其實是被普萊斯稱為「英國第一位華人紳士」(“Britain's first Chinese gentleman”)的William Macao (1753–1831),[32] 因為他並不是短暫到訪,而是在英國住上50多年,且時間上正好與馬戛爾尼使團重合。

沒有人知道William Macao原來的中文名字是什麼,只能從他的名字猜想他很可能是來自澳門,相信他最晚在1775年便到達英國,最初是以僕人的身份,由孟加拉東印度公司醫生David Urquhart (1745?–?)帶到蘇格蘭,在Braelangwell住下來,並成為虔誠的基督徒,最晚在1778年已受洗,相信是第一名在英國受洗的中國人。接著,他獲蘇格蘭稅務長Thomas Lockhart聘為侍從(footman),至1780年12月Lockhart去世,但得到Lockhart遺孀Henrietta的安排,在愛丁堡工作。1782年,Macao轉到蘇格蘭稅務局,1786年獲擢升為助理文員(assistant clerk),生活條件大為改善,自己聘用了一名僕人,並繼續得到升遷,1793年,Macao跟Helen Ross結婚,生了三個孩子,但在第四個孩子出世時,太太難產去世,Macao沒有再結婚,在一名僕人的幫忙下獨力撫育三個孩子。另一方面,他的事業繼續良好發展,1805年升任稅務局船隊財務主任(cashier of Yachts),處理稅務局反走私瞞稅船隻的財務。在這個職位被取消後,Macao轉任初級總會計司(junior accountant general),完全融入愛丁堡專業人士的圈子。從1818年到1822年5月,Macao一直嘗試爭取成為英國公民,其中曾獲勝訴,成為歸化蘇格蘭人(“a naturalized Scotsman”),因

---

31 有關這三位早期到過英國的中國人,可參David Clarke, “Chinese Visitors to 18th Century Britain and their Contribution to its Cultural and Intellectual Life,” *Curtis Botanical Magazine* 34, no. 4 (December 2017), pp. 498–521;Peter J. Kitson, “‘The Kindness of my Friends in England’: Chinese Visitors to Britain in the Late Eighteenth and Early Nineteenth Centuries and Discourses of Friendship and Estrangement,” *European Romantic Review* 27, no. 1 (2016), pp. 55–70.

32 普萊斯是最早也是迄今唯一研究William Macao的人。現在在互聯網上所能查到有關William Macao的資訊都跟普萊斯有關。下文有關William Macao的討論,全部來自《中國人在英國》。不過,讓人頗感遺憾的是全書沒有一條腳註,也沒有任何參考書目。Price, *The Chinese in Britain*, pp. 17–28.

此，他被視為「第一位華裔蘇格蘭人」（“the first Chinese Scotsman”）。[33] 但這身份只維持20個月，蘇格蘭高等民事法院（Scottish Court of Session）頒定只有國會才有授與歸化的權力，Macao被取消蘇格蘭公民身份，即使上訴到上議院還是被駁回。但這沒有對Macao的事業構成影響，不久即升任為退任基金會計司（accountant of the superannuation fund），一直至1826年73歲才退休，1831年10月31日去世，終年78歲，下葬蘇格蘭St. Cuthbert教堂墳場。

從上文有關William Macao一生的簡單描述，我們可以確定在馬戛爾尼使團準備出發到中國前，一名中國人在英國本土已經居住了差不多20年，英語能力很強，完全能夠融入英國人社會。但總部設在倫敦的東印度公司對此全不知情，結果要派遣斯當東到歐洲大陸去，為使團尋找譯員。

斯當東在回憶錄中說自己在1792年1月出發，[34] 更具體的日期由與他同行的兒子小斯當東提供：1792年1月15日星期日。[35] 他們先去巴黎，在其中一所傳道院（Maison des Missions Etrangeres）中找到一名到過中國的傳教士，但由於他在差不多20年前已回到歐洲，幾乎完全忘掉漢語，不可能充當譯員，且更明確說不管使團提供什麼條件，也不願意再到中國去。斯當東只得轉到意大利。他到達羅馬後才發現一些原來在梵蒂岡工作的中國人已經離開。不過，他在那裡取得樞機主教的推薦信，一方面讓他在到達北京後與在那裡居住的意大利傳教士聯絡，另一方面就推薦他到那不勒斯的一所中文書院（“Chinese college”）去。[36] 於是，

---

33 “New Research Uncovers the Story of the First Chinese Scotsman,” *History Scotland*, 16 February 2018, https://www.historyscotland.com/history/new-research-uncovers-the-story-of-the-first-chinese-scotsman/, accessed 21 April 2020.

34 Staunton, *An Authentic Account of an Embassy*, vol. 1, p. 21.

35 Thomas Staunton, “Journey to China, 1792–3, First Part,” 15 January 1792, p. 1, Staunton Papers, Duke University.

36 Staunton, *An Authentic Account of an Embassy*, vol. 1, p. 21.

斯當東與兒子馬上趕到那不勒斯，小斯當東後來回憶說，在那不勒斯見到的中國傳教士，是他人生中第一次見到的中國人。[37]

在絕大部分的中文論著和文章裡，斯當東回憶錄中所說那不勒斯這所 "Chinese college" 都寫作「中國學院」，[38] 不過，這所正式名字為 *Collegio dei Cinesi* 的修道院，今天所用的官方中文名稱是「中華書院」。[39] 中華書院是意大利傳教士馬國賢 (Matteo Ripa, 1682–1746) 在1732年於那不勒斯所創立的，最初名叫耶穌基督聖家書院 (*Sacra Famiglia di Gesù Cristo*)，座落於「中國斜坡」(*Salita dei Cinesi*)，後來經歷多次變化，先後更名為東方學院 (*Istituto Orientale*) 及皇家亞洲學院 (*Real Collegio Asiatico*)，最終成為今天的那不勒斯東方大學。

1682年3月29日在那不勒斯南部小鎮埃波里 (Eboli) 出生的馬國賢，1705年5月21日獲授聖職後決志到中國傳教，1707年10月13日離開羅馬出發，1710年1月3日到達澳門，1711年2月以畫師身份抵達北京，共住上13年，頗得康熙 (愛新覺羅．玄曄，1654–1722，1661–1722在位) 信任，其中最著名的作品是《避暑山莊三十六景》銅版畫。但馬國賢在北京的生活並不愉快，且跟其他傳教士——尤其是法國耶穌會的傳教士時有齟齬，在經歷禮儀之爭和清廷禁教後，馬國賢要求返回意大利。[40] 1723年11月15日，馬國賢離開北京，1724年1月24日從廣州出

---

37 Staunton, *Memoirs of the Chief Incidents*, pp. 10–11.

38 例如：萬明：〈意大利傳教士馬國賢傳略〉，《傳統文化與現代化》1999年第2期 (1999年4月)，頁83–95；夏泉、馮翠：〈傳教士本土化的嘗試：試論意大利傳教士馬國賢與清中葉中國學院的創辦〉，《世界宗教研究》2010年第3期 (2010年6月)，頁77–85。

39 參Michele Fatica, *Sedi e Palazzi dell'Università degli Studi di Napoli "L'Orientale"* (《那不勒斯東方大學校址及教學樓》) (Napoli: *Università degli Studi di Napoli "L'Orientale"*, 2008); Michele Fatica, *Matteo Ripa e il Collegio dei Cinesi de Napoli (1682–1869)* (Napoli: Università degli Studi di Napoli "L'Orientale", 2006)。

40 "Views of Jehol, the Seat of the Summer Palace of the Emperors of China, 1725." 有關馬國賢和《避暑山莊三十六景》銅版畫及禮儀之爭，可參Michele Fatica and Yue Zhuang, "Copperplates Controversy: Matteo Ripa's *Thirty-Six Views of Jehol* and the Chinese Rites Controversy," in Yue Zhuang and Andrea M. Riemenschnitter (eds.), *Entangled Landscapes: Early Modern China and Europe* (Singapore: NUS Press, 2017), pp. 144–186。

發回國，同年11月20日返抵那不勒斯，帶著的是「一個鮮明的使命」——「為年輕的中國神父的啟蒙立一個神學院」，[41] 同行還有四名中國學生和一位教師。[42] 然而，他的計劃最初沒有得到認同，他向羅馬傳信部提交一份詳細的計劃書，列舉八個應該在那不勒斯開辦一所中國書院的理由，最終得到教宗本督十三（Pope Benedict XIII, 1649–1730）親自批准，但馬國賢還要經歷很多挫折，幾經艱苦解決各方面的難題，最終才能在1732年7月5日正式成立中華書院，招收中國傳教士學員，由梵蒂岡傳信部負責考試及審批授與聖職的資格。最早從書院獲晉司鐸的是跟隨馬國賢從中國到意大利的谷文耀（若翰，Giovanni Battista Ku, 1701–1763）及殷若望（G. E. In, 1705–1735），他們成績優異，得到許多讚譽，在1734年9月10日離開那不勒斯，啟程回國。[43]

斯當東的回憶錄曾簡略地報告過他們在那不勒斯聘請兩名譯員的經過。在那不勒斯跟這兩名傳教士見面後，斯當東馬上確定他們完全能夠進行中文跟拉丁語或意大利語的翻譯，且二人舉止溫雅，正直誠懇。[44] 不過，招聘過程看來算不上順利，這跟傳教士的語言能力無關，因為他們長期在意大利接受傳教訓練，拉丁文和意大利文都沒有問題，而且他們原來就是要回到中國傳教的，因此也沒有完全棄用漢語。斯當東説最

41 "*Sedi e Palazzi dell'Università degli Studi di Napoli 'L'Orientale',*" *Sedi e Palazzi dell'Università degli Studi di Napoli "L'Orientale"*, p. 8.

42 這四名學生名字為谷文耀、殷若望、黃巴桐（Philippus Hoam, 1712–1776）及吳露爵（Lucius Vu, 1713–1763）；教師的名字叫王雅敬（Gioacchino Wang）。參方豪：〈同治前歐洲留學史略〉，頁380、390；Michele Fatica, *Archivio Storico del Collegio dei cinesi (Sezioni di Napoli, Roma E Venezia)* (Naples, 2004), p. 2.

43 上文兩段有關馬國賢及中華書院的描述，主要參考Matteo Ripa, *Memoirs of Father Ripa, during Thirteen Years' Residence of the Court of Peking in the Service of the Emperor of China: With an Account of the Foundation of the College for the Education of Young Chinese at Naples*, Selected and Translated from the Italian by Fortunato Prandi (London: J. Murray, 1844)；中譯本見馬國賢（著），李天綱（譯）：《清廷十三年：馬國賢在華回憶錄》（上海：上海古籍出版社，2004）；John Emanuel, "Matteo Ripa and the Founding of the Chinese College at Naples," *Neue Zeilschrift für Missionswissenchaft* 37 (1981), pp. 131–140; Francesco D'Arelli, "The Chinese College in Eighteenth-Century Naples," *East and West* 58, no. 1 (December 2008), pp. 283–312.

44 Staunton, *An Authentic Account of an Embassy*, vol. 1, p. 21.

大的障礙來自修道院的長老，他們十分擔心這些傳教士會因為接受使團的聘任而放棄原來的傳道工作，最後通過當時英國駐那不勒斯公使漢密爾頓爵士（William Hamilton, 1730–1803）（斯當東說，漢密爾頓曾幫忙過修道院）和一位受人敬重、且得到修道院信任的那不勒斯人Don Gaetano d'Ancora的協助，成功聘得兩名傳教士作使團譯員。[45] 此外，斯當東和馬戛爾尼的回憶錄都記載，有另外兩名已完成訓練的中國傳教士也一併離開，得到英國人同意，乘坐使團的便船回中國。[46]

長期以來，人們就是根據斯當東這段記述去理解他這次意大利之行招聘譯員的經過，另外就只有馬戛爾尼日誌上十分簡單的記錄。不過，必須指出的是，二人把一些重要細節略去了，而證諸一些原始史料，尤其是那不勒斯中華書院以及羅馬梵蒂岡傳信部的檔案，甚至可以見到英國人的敘述有不太準確的地方。

首先，儘管馬戛爾尼在1792年1月的信件中已經提到那不勒斯的中華書院，[47] 但顯然他們最初對它並不怎樣重視，因為斯當東出發到歐洲大陸找尋譯者時首先前往巴黎，然後是羅馬。大力推動斯當東到那不勒斯的原來就是漢密爾頓爵士。在現存斯當東所藏書信中，有一封漢密爾頓爵士在1792年2月21日自那不勒斯寫給斯當東的信，內容便是有關使團找尋譯員的。漢密爾頓在信裡說，他跟那不勒斯傳道會的長老熟稔，知道當時在中華書院裡有四名已修學完畢的中國人正要準備回國，他們的漢語和拉丁語都不錯（"well conversant in their own and Latin language"），也許其中一二人會被「您那非常優厚的條件所吸引」，願意為使團提供翻譯服務；但他又指出，這些傳教士回國一般都是會到澳門去的，如果跟隨使團直接到北京，他們可能會感到憂慮，甚至害怕會被處死——特別是他們最近收到從中國方面送來的一些信件，知悉清廷對宗教的約束越來越嚴厲。因此，漢密爾頓要求斯當東儘快到來，直接跟

---

45 Ibid.

46 Ibid., vol. 1, p. 191; Macartney, *An Embassy to China*, p. 64.

47 Macartney to Dundas, Curzon Street, 23 January 1792, IOR/G/12/91, p. 76.

這些中國教士商談，除確定他們的能力外，也希望可以說服其中一二人加入使團。[48] 我們今天可以見到一封由Michael Ly署名、在1786年10月4日自馬尼拉寄出到那不勒斯中華書院的信，明確談到清廷嚴厲執行禁教，一些長期在廣州和北京的傳教士都被迫離開，跑到馬尼拉去躲避。[49] 不過，漢密爾頓在4月3日又給馬戛爾尼寫信，告訴他在斯當東還沒有來到那不勒斯前，已代為確定兩名中國傳教士擔任使團的譯員，而且這兩名譯員是最聰穎的，一定能符合馬戛爾尼的要求。[50] 不過，這封信是在斯當東已經完成招聘任務，在1792年3月19日離開那不勒斯後才寫的。[51]

招聘過程以外，還可以補充這些中國傳教士的資料。人們過去根據斯當東和馬戛爾尼的回憶錄去了解這四名中國傳教士的情況，從中得到的訊息其實是很少的，甚至連他們原來的中文名字也不知道，中文學術界相關的討論大部分都只是自行直接採用音譯的方法來翻譯他們的名字，例如兩名正式譯員在英國人的回憶錄裡作Paolo Cho及Jacobus Li，就被音譯成「周保羅」(或卓保羅)及「李雅各」，[52] 但顯然都不是他們原來的名字。我們曾經通過方豪的〈同治前歐洲留學史略〉知道這兩名譯員的中文名字。其實，方豪的文章沒有隻字提及馬戛爾尼使團，但裡面的「留學生略歷表」記錄了四名一起在1793年回國的人，讓我們確定他們就是使團的兩名譯員以及兩名乘坐使團便船回國的傳教士，其中Paulo

48 Hamilton to Staunton, Naples, 21 February 1792, Staunton Papers, Duke University.

49 *Archivio della Curia Generalizia dell'Ordine dei Fratri Minori* (hereinafter abbreviated as ACGOFM), Roma, Raccolta di lettere degli alunni Cinesi dalla Cina 1753–1883, Missioni, 53, ff. 117–119. 查證那勒不斯中華書院檔案，這名Michael Ly的中文名字是李汝林(1754–1802)，直隸涿州人，與使團譯員柯宗孝、李自標等一行八人在1773年10月一起抵達那不勒斯學習傳道，1783年9月12日離開。Fatica, *Archivio Storico del Collegio dei cinesi*, pp. 2–3. 在這封信的開首，李汝林便向柯宗孝、王英、李自標及嚴寬仁問好。

50 Hamilton to Macartney, Naples, 3 April 1792, *An Important Collection*, vol. 4, doc. 107, CWCCU.

51 Naples, 17 March 1792, SC Collegi Vari, vol. 12, f. 132.

52 例如：季壓西、陳偉民：《中國近代通事》，頁1–48；佩雷菲特(著)、王國卿等(譯)：《停滯的帝國》，頁490–491。

Cho的中文名字是柯宗孝(1758–1825),根本不是姓周,Jacobus Li(在不同地方又叫作Jacob Ly、Plumb先生[53])的中文名字是李自標,二人都是在1773年(乾隆三十八年)離開中國,到那不勒斯學習修道的,那次同行出國的共有八人,當中包括跟隨使團同船回國,在馬戛爾尼日誌中稱為Padre Vang的「王神父」王英(1759–1843)。至於在使團成員回憶錄中姓氏拼寫為Nyan,[54]因而過去曾被稱為「安神父」的第四名傳教士,[55]中文名字叫嚴寬仁(1757–1794),福建龍溪人,1777年(乾隆四十二年)20歲時出國到意大利去,也在1792年一起回國,但在兩年後便去世了。[56]方豪這篇文章無疑為我們提供了這四名回國傳教士的一些基本訊息,很值得重視,但畢竟那並不是要專門探研馬戛爾尼使團或其譯員身份的文章,不可能提供更多的相關資料,更多更重要的資料來自那不勒斯中華書院以及羅馬梵蒂岡傳信部的檔案。

首先是一封1773年8月3日在羅馬所發出的信,當中說到他們一行八人在Emiliano Palladini的帶領下,已在7月15日抵達毛里求斯的路易港(Port Louis),目的地是那不勒斯的中華書院。在這封信裡,柯宗孝的名字寫成Paolo Ke,李自標是Giacomo Li,而王英則是Pietro Vam。[57]但我們不知道他們是什麼時候出發,從哪裡出發。不過,小斯當東的使團日記提供了一條資料。在使團離開北京,南下廣州,然後轉到澳門後,小斯當東在1794年1月18日參觀聖約瑟教堂所擁有的一所房子,他說李自標在1773年曾在那裡住上11個月,[58]這說明很可能他們出發前是在

[53] Mr. Plumb是Mr. Plum的轉化,因為這位翻譯是姓李的。Macartney, *An Embassy to China*, p. 320.

[54] 在馬戛爾尼使團主要成員的記載裡,嚴寬仁的名字沒有怎樣出現過,就是連斯當東的回憶錄中也沒有提及他的名字,只有馬戛爾尼日誌中用"Nyan and Vang"來指稱嚴寬仁和王英。Macartney, *An Embassy to China*, p. 64.

[55] 例如戴廷傑:〈兼聽則明——馬戛爾尼使華再探〉,《英使馬戛爾尼訪華檔案史料匯編》,頁131。

[56] 方豪:〈同治前歐洲留學史略〉,頁383。

[57] Giuseppe Castelli to Gennaro Fatigati, Rome, 3 August 1773, Archivio Storico dell'Università degli Studi di Napoli l'Orientale, Fondo Collegio dei Cinesi, Busta n. 4, fascicolo 1.

[58] Thomas Staunton, "Journal of a Voyage to China, Second Part," 18 January 1794, p. 258, Staunton Papers, Duke University.

澳門集合和等候的。接著在1773年8月30日（乾隆三十八年七月十三日），眾人已到達巴黎，參觀巴黎王家圖書館，並以中文留下題詞，其中一人「以漢字簽全體名字」，柯宗孝用的是「柯保祿」、李自標是「李雅各」，而王英則是「王伯多祿」。[59] 各人最終在1773年10月18日到達那不勒斯，從11月14日開始在中華書院學道。[60]

那不勒斯中華書院的檔案裡藏有由中華書院長老Gennaro Gatigati所寫對於這些中國學生的紀錄和評價。其中一份寫於1776年，也就是他們在那不勒斯住了兩至三年的時候，裡面對柯宗孝有幾句簡單的評語：「18歲半，來自北京海淀，他很好，有一點固執，有時候讓我傷心」，沒有怎樣談及他的學習。對於李自標，這份記錄說他來自甘肅的連城府（Lian Cenfu），16歲半，學習拉丁文的成績較好，很謙遜、服從，「他在一些事務上給我幫忙，參加聖禮，在學習拉丁文」，看來對他的評價較柯宗孝正面。這份報告中還有王英的部分，說他十分虔誠，喜歡學習，但才智有限，也在學習拉丁文。[61] 1776年外，還有1778年的報告，關於柯宗孝，報告說他「學習不積極，堅持自己的見解。過去曾因為過於固執，而且沒有才華」，讓他們很不快，雖然他的態度已有所改善，很是虔誠，但看來整體對他的評價不高。另一方面，李自標繼續得到很好的評價，說他有很高的才華，品格高尚、謹慎、虔誠，非常優秀，在學習上超越每一個人。很明顯李自標在這兩年間進步神速。至於王英，報告說他禮儀很好，但因為他不信奉宗教，也不服從，曾一度讓他們很傷心；現在變好了，讓他們很安慰，只可惜其才華有限。此外，在這一年的報告中還首次出現嚴寬仁的名字（在學院檔案中名字拼寫為Vicenzio Nien或Vicentius Jen），但記載十分簡單，只說這名來自福建、20歲的年

---

59 方豪：〈同治前歐洲留學史略〉，頁393。

60 Cf., Michele Fatica, *Archivio Storico del Collegio dei cinesi (Sezioni di Napoli, Roma E Venezia)* (Naples, 2004), pp. 2, 4.

61 "Nota degl'Alunni esistenti nel Collegio della S. Famiglia di Gesù Cristo a' 30 novembre 1776," SC Collegi Vari, vol. 10, ff. 442r–442v.

輕人才來了幾個月，服從性頗高，也很虔誠，在學習拉丁文。[62] 此外，就在這一年的3月19日，李自標通過書院初步的考驗和觀察，在書院的幾位長老見證下宣誓，承諾獻身宗教。[63]

經過十多年的訓練後，柯宗孝等人獲授神父的職位——最早是柯宗孝，在1784年3月7日連同比他遲四年才到中華書院的嚴寬仁一起獲授聖職，而李自標則是1784年11月14日，最晚是王英，是1785年5月17日。[64] 1790年，他們四人準備接受回國前的結業考試，原已得到教宗的批准，在1790年3月30或31日到梵蒂岡，[65] 但不知什麼緣故，這次行程被推遲九個多月，要待到12月18日他們一行四人才到羅馬，並在27日獲教宗庇護六世(Pope Pius VI, 1717–1799)接見，而考試則安排在翌年(1791年)1月9日才舉行，[66] 且全部考得最優等的成績，得到教宗的讚許。[67] 這樣，這四名跟隨英國使團回國的傳教士，都在斯當東到來前便已經在那不勒斯中華書院完成學習，正好準備回國服務。應該說，這些學習完畢、已獲授予神父職位的中國傳教士是很渴望回國的。梵蒂岡傳信部檔案中有一封信談及王英和嚴寬仁回國的經費。雖然斯當東願意讓他們跟隨使團從英國乘坐便船回國，但從那不勒斯到奧斯坦德(Ostend)一段航程的船費則是要由教會支付的，共220那不勒斯金幣(*ducati*)。對修道院來說，這數目不小，但教會的說法是「為了不要讓這些學生在那不勒斯無所事事和感到不愉快」(“*per non far restare qui più oziosi e scontenti gl'Alunni*” [“not to have students idle and discontented”])，也為了幫

---

62 “Nota d'Alunni Cinesi 1778,” SC Collegi Vari, vol. 10, ff. 514r–515r.

63 ACGOFM, Missioni, 53, ff. 248r–250r; 有關李自標在那不勒斯中華書院學習的情況，可參Harrison, “A Faithful Interpreter,” pp. 1080–1081; Harrison, *The Perils of Interpreting*, pp. 37–49。

64 Fatica, *Archivio Storico del Collegio dei cinesi*, pp. 2, 4.

65 Leonardo Antonelli to Francesco Massei, Rome, 8 March 1790, Archivio Storico dell'Università degli Studi di Napoli l'Orientale, Fondo Collegio dei Cinesi, Busta n. 5, fascicolo 2.

66 Leonardo Antonelli to Francesco Massei, Rome, 28 December 1790, ibid.

67 Harrison, *The Perils of Interpreting*, p. 48.

助傳教，他們願意承擔高昂的費用。[68] 另一方面，斯當東同意讓這兩名傳教士乘便船返中國，不是要協助推動天主教在中國的宣教工作，純粹是因為這是柯宗孝和李自標提出的要求，[69] 可見斯當東對二人的重視。

這四名傳教士並不是一起從那不勒斯啟程的。柯宗孝和李自標在1792年3月19日離開那不勒斯，原來預計4月中抵達英國，[70] 但計劃拖延了。1792年4月4日，二人還在意大利，並從北部的里米尼（Rimini）寫信回羅馬，向樞機主教安東內里（Leonardo Antonelli, 1730–1811）報告，他們跟隨使團到中國所乘坐的船隻要到7月中以後才起航，這樣，王英和嚴寬仁會有足夠的時間趕到英國，一同出發。[71] 另一方面，安東內里4月3日的一封信則說王英和嚴寬仁已經乘坐了一艘英國船離開，將會隨同英國使團回到中國，[72] 信中沒有提及柯宗孝和李自標。更準確地說，王英和嚴寬仁是在1792年3月26日晚上10時左右才從那不勒斯登上英國船，第二天早上啟航，前往奧斯坦德，再轉到英國去，[73] 然後在7月初才抵達倫敦。[74] 但他們沒有馬上加入使團，只是在使團即將出發到中國的一刻才與李自標等在樸茨茅斯會合。小斯當東在1792年9月16日星期日的日記上記下：「在這裡，我們的中國人與他們的朋友（另外的中國人）王先生和嚴先生會合。」[75] 柯宗孝和李自標在1792年3月19日從那不勒斯出發後，途經羅馬，取道里米尼、威尼斯，然後進入奧地利，經斯圖加特（Stuttgart）、法蘭克福，再轉布魯塞爾到奧斯坦德，用

68 Naples, 27 March 1792, SC Collegi Vari, vol. 12, ff. 133–134.

69 Harrison, *The Perils of Interpreting*, p. 68.

70 Naples, 17 March 1792, SC Collegi Vari, vol. 12, f. 132.

71 Leonardo Antonelli to Francesco Massei, Rome, 10 April 1792, Archivio Storico dell'Università degli Studi di Napoli l'Orientale (abbreviated as ASUNIOR), Busta 5, fascicolo 2.

72 Leonardo Antonelli to Francesco Massei, Rome, 3 April 1792, ASUNIOR, Busta 5, fascicolo 2.

73 Naples, 27 March 1792, SC Collegi Vari, vol. 12, f. 134.

74 Harrison, *The Perils of Interpreting*, p. 67.

75 "Sunday, the 16th... here our chinese met their friends, (the other chinese) Mr. Wang and Nien." Thomas Staunton, "Journey to China 1792–3 First Part," 16 September 1792, p. 3, Staunton Papers, Duke University.

上兩個多月的時間離開歐洲大陸，在1792年5月19日抵達倫敦，[76]且一直住在斯當東家裡。[77] 9月15日，二人與斯當東父子以及小斯當東的老師惠納一起從倫敦動身，當天抵達樸茨茅斯，而王英與嚴寬仁在第二天才到達會合。使團全體成員一直在樸茨茅斯等待較好的天氣，至9月26日星期三才正式啟航。[78]柯宗孝和李自標與馬戛爾尼和斯當東一起乘坐「獅子號」，而另外兩名傳教士嚴寬仁和王英則坐另一艘船「印度斯坦號」。經過九個月的航行，當中包括在爪哇停留了近兩個月，使團船隊在1793年6月20日抵達澳門外海。[79]

在這四名跟隨使團回到中國的傳教士中，三人在澳門登岸離開，除王英和嚴寬仁外，還有在英國人回憶錄中被指原先答允出任使團譯員的柯宗孝。根據馬戛爾尼和斯當東的說法，柯宗孝因為害怕自己擅自離國，且為外國人工作，會遭清廷嚴厲懲處，所以堅持要離開。[80]對於柯宗孝離開使團，雖然馬戛爾尼和斯當東好像沒有多加怪責或批評，但明顯認為責任在柯宗孝，是他在回到澳門後「無法抗拒恐懼」(“could not resist the fear”)，[81]「突然害怕起來」(“suddenly took fright”)[82]而要求離團的。也就是說他臨陣退縮，沒有實踐原來的承諾，肩負使團譯者的任務。由於極具權威性的馬戛爾尼和斯當東都這樣說，人們長期以來就接受這說法。[83]但事實是不是這樣？

---

76 Cho and Ly to Massei, 22 May 1792, 關於柯宗孝及李自標從那不勒斯到倫敦的行程，參Fatica, “Gli Alunni Del Collegium Sinicum di Napoli,” pp. 539–542。

77 Paulus Cho and Jacobus Ly to Massei, London, 22 May 1792, ASUNIOR, Busta 16, fascicolo 1/16.

78 Thomas Staunton, “Journey to China 1792–3, First Part,” 26 September 1792, pp. 1–12, Staunton Papers, Duke University.

79 Macartney, *An Embassy to China*, p. 61.

80 Ibid., p. 64; Staunton, *An Authentic Account of an Embassy*, vol. 1, p. 192.

81 Macartney to Dundas, near Han-chou-fu, 9 November 1793, IOR/G/12/92, p. 35.

82 Macartney, *An Embassy to China*, p. 64.

83 Patricia Owens O’Neill更在她的論文中添加一些想像，說「英國人把他們的行為視為破壞合約」(“The British saw this as a breach of contract”)。O’Neill, “Missed Opportunities,” p. 242；在這篇論文有關使團譯員和李自標的描述方面，儘管她所下註釋說明資料來自斯當東的回憶錄，但其實有很多的錯誤，例如說從那不勒斯回來的四名傳教士都是受聘為使團的譯員，而李自標是滿州人，但樣子看來不像一般的蒙古人，同上，頁242。

1792年3月17日，也就是柯宗孝和李自標還沒有離開那不勒斯的時候，中華書院主管弗蘭柯斯克·馬賽(Francesco Massei)寫了一封信給安東內里樞機，報告斯當東到來尋找使團譯員的事情。他指出首先是漢密爾頓向他提出請求，同時還讓斯當東過來找他，請他批准兩名中國學員跟隨使團到中國去。不過，英國人的請求究竟是什麼？馬賽說：

> 馬戛爾尼爵士經由英格蘭國王委派為出使中國的使者。他特別希望能與我們其中兩名中國學生同行，直至他到達澳門，好能學習一些有關中國的習俗和語言。[84]

原來，馬戛爾尼最初的要求只是讓這些中國傳教士陪同前往澳門，讓英國人在途中增加對中國的理解，同時學習一下漢語，卻不是要他們以譯員的身份，全程陪同使團前往北京。馬賽在該信的另一段說得更明確：

> 我當初是感到為難的。當我得到承諾離船的地點是澳門而不是廣州，離船後這些學生便不會跟大使在一起，我就同意這請求了，這對我們的書院，尤其對我們在中國的傳教活動會有裨益。我們的傳教需要神職人員，尤其是中國自己方面的。因此，最為優秀的柯宗孝和李自標會在下周一19日跟隨斯當東爵士離開這裡。[85]

除馬賽外，在這問題上提供最多資訊的是澳門傳信部教務總長基安巴提斯塔·馬爾克尼(Giovanni Battista Marchini, 1757–1823)在1793年11月3日所寫的一封信。這封信前半部分以不少的篇幅來報導他們在澳門得到有關馬戛爾尼使團訪華的消息，包括乾隆對使團極為重視，指示官員隆重接待，並開始懲處廣州的官員，防止他們剝削和欺壓外商等。接著，他提到他把一些信件交與斯當東帶往北京，其中一封是李自標所寫的。關於李自標，馬爾克尼這樣說：

---

84 Francesco Massei to Leonardo Antonelli, Naples, 17 March 1792, SC College Vari, vol. 12, f. 131.

85 Ibid.

> 根據書院主管的命令，他〔李自標〕必須在澳門離船，但因為一些情況，他要跟隨大使往北京，但不是以譯員的身份陪同大使和他的朋友，而是大使所尊敬和信任的人。[86]

馬爾克尼還繼續說，李自標留在使團，本來是很不方便和不安全的，因為假如使團的任務失敗，英國與北京朝廷的關係便會起變化，如果中國官員發現他原來是中國人，更是神父身份，這將對教會活動非常不利。然而，馬爾克尼又說，李自標的同伴告訴他，即使李自標希望離團，也不可能如願。因此，他沒有指示李自標在澳門離團登岸，因為這是沒用和不對的。他特別提到他們跟英國人的緊密關係以及對於英國人的感激，最後他只能向李自標作提示，注意在中國的言行，避免引來任何的麻煩。[87]

馬賽和馬爾克尼的信件確認了一個事實：那不勒斯中華書院並不以為李自標和柯宗孝會跟隨使團到北京去，更不要說同意或批准了。他們原來所給與柯宗孝和李自標的指示就是要二人在澳門離開使團，因為斯當東跟馬賽所達成的協議是讓四名一起回國的傳教士在澳門離船，遵從澳門教區總務長分派宣教任務，否則馬賽是不會批准他們跟隨英國人離開的。事實上，上引馬爾克尼的信裡還談及安排柯宗孝和王英等人回國後的工作。[88] 在這情形下，我們可以推翻馬戛爾尼和斯當東所說柯宗孝在澳門離團的原因。柯宗孝跟王英和嚴寬仁一起在澳門離開使團，並不是突然改變主意，臨陣退縮，實際上他已完成所承諾的任務，按照原來的協議在澳門離開。1793年9月30日，在使團到達北京、覲見過乾隆，且快要離開時，柯宗孝曾乘到北京探親之便，到圓明園跟馬戛爾尼等見面，並給使團帶來東印度公司委員在7月2日所寫的一封信，[89] 小斯當東

---

86 Giambattista Marchini, Macao, 3 November 1793, Archivio storico della Sacra Congregazione de Propaganda Fide, Scritture originali riferite nei confressi particolari di India e Cina, hereinafter abbreviated as APF SOCP, b. 68, f. 486v.

87 Ibid., f. 487r.

88 Ibid.

89 Macartney to Dundas, near Han-chou-fu, 9 November 1793, IOR/G/12/92, p. 94.

更說他是與李自標的哥哥李自昌一起從廣東過來的，[90] 可見柯宗孝並沒有刻意與使團劃清界線。當然，這並不是說柯宗孝等不害怕受清廷懲處，即便李自標也說過離船的三人是因為害怕而離開的。[91] 但這應該理解為他們因害怕而從一開始便決定不跟隨使團到北京，事實上，就連那不勒斯中華書院方面也有同樣的恐懼，所以他們批准柯宗孝等在澳門離開。由此可見，柯宗孝沒有一直隨團到北京，繼續出任譯員，並不是在到達澳門後才突然感到害怕而臨時做出的決定。

但為什麼會這樣？這看來並不合理，馬戛爾尼派遣斯當東到歐洲大陸的目的，本來就是要找尋合適的使團譯員到北京，並在訪華期間負責翻譯的工作，在他們所有的相關討論裡，都從來沒有說過只是找人陪同到澳門。畢竟只在旅途中認識一點中國的情況，尤其是來自已經離開國家十多年的傳教士，顯然是沒有太大功用的，更不用說要讓使團成員在旅途中學會中文，更是不切實際。

其實，無論是漢密爾頓在1792年2月21日在那不勒斯寫給斯當東的信，又或是斯當東本人的回憶錄，都已經清楚說明當時中華書院是反對他們的傳教士到北京去，長老們既擔心這些傳教士的安全，也害怕他們會放棄傳道事業。可是，經過在巴黎和羅馬尋覓不果後，斯當東相信不可能再在別的地方找到合適的譯員，那不勒斯是他唯一的希望，因此，他願意用盡方法在那裡招聘譯員，更何況他在那不勒斯見到柯宗孝和李自標後，很感滿意。漢密爾頓在給斯當東的信中有一句頗為微妙的話：「我已說明他們要回澳門的願望，但我也毫不懷疑，假如您的船隻不去那裡，您是能夠成功解決問題的。」[92] 這似乎在暗示使團船隻大可繞過澳門，不讓傳教士離團，直接把他們帶到北京去。馬戛爾尼及斯當

---

90 Thomas Staunton, "Journal of a Voyage to China, Second Part," 26 September 1973, p. 115, Staunton Papers, Duke University.

91 Jacobus Ly, Canton, 25 December 1793, APF SOCP, b. 68, ff. 609r.

92 Hamilton to Staunton, Naples, 21 February 1792, Staunton Papers, Duke University.

東最終沒有這樣做，李自標的確自願隨團到北京去，那是因為馬戛爾尼和斯當東在旅途中成功說服了他。但是，中華書院的長老在那不勒斯跟斯當東商談的安排，並不是要讓柯宗孝和李自標到北京去的，因此才有上引幾封信的內容。必須承認，相較於馬戛爾尼和斯當東的說法，這些信件的內容更為可信，畢竟我們實在想不出那不勒斯方面有任何理由要虛構事件；相反，斯當東卻很可能為了說服長老，同意讓李自標等馬上成行，從而完成招聘譯員的任務，而臨時提出他們在澳門離團的說法。在這情形下，我們可以推論，斯當東在那不勒斯時故意欺騙或誤導了中華書院的長老，讓他們以為李自標等人會在澳門離船，不會跟隨使團到北京。由此可見，柯宗孝在澳門離開使團，並沒有絲毫責任，而且，看來馬戛爾尼等也不太喜歡柯宗孝，認為他脾氣暴躁、不夠靈活變通，在倫敦生活時已出現問題，[93] 因此後來選定李自標來擔任使團的譯員。

在使團出發前和來華旅程途中，這四名中國傳教士已經參與不少翻譯工作，包括柯宗孝和李自標在倫敦完成翻譯使團國書和禮品清單。除翻譯工作外，柯宗孝和李自標還協助準備使團贈送乾隆的禮品。[94] 他們也按照斯當東原來在那不勒斯所提的要求，教導使團成員學習漢語。由於他們在倫敦期間一直住在斯當東家裡，最先跟隨他們學習漢語的自然就是小斯當東，他大概在使團正式出發前便已經開始學習中文了。這些中文課應該是相當認真的，因為小斯當東的來華日記一開始便記載了他在旅程還沒有展開前的一個早上就先上中文課。[95] 從日記的記述方式看來，這不可能是第一次上課，而是很常規的，因為在另一則日記裡又記錄在一個上午共上了兩小時中文課。[96] 另外，斯當東和巴羅也曾在旅途中跟隨柯宗孝和李自標學習中文——斯當東自言仍然沒法聽懂中國官員

93 Harrison, *The Perils of Interpreting*, p. 68.

94 Staunton, *An Authentic Account of an Embassy*, vol. 1, p. 25.

95 Thomas Staunton, "Journey to China, 1792–3, First Part," 17 September 1792, p. 6, Staunton Papers, Duke University.

96 Ibid., 13 January 1793, p. 116.

的一句話，中國官員也不知道他在說什麼；[97] 但巴羅則多次說自己在北京的時候已能掌握一點漢語，可以外出交談。[98]

在旅途中，看來嚴寬仁做得很多，因為斯當東在回憶錄曾特別感謝嚴寬仁的幫忙，說他非常擅長書寫中文，在旅途上為使團翻譯了不少文書。[99] 那麼，究竟嚴寬仁為使團翻譯了什麼，讓斯當東如此感謝他？現有資料所見，嚴寬仁為使團翻譯的一份十分重要的文件，就是英王喬治三世交與馬戛爾尼送遞交趾支那國王（King of Cochin China）的國書。這份國書現在可以見到拉丁文版，英文本只是一個譯本，也找不到中文譯本，但在拉丁文本背後有這樣的一句：「國王致交趾支那國王信函中文譯本由嚴神父完成，1793年6月18日」（"Chinese Translation of the King's letter to the King of Cochin China—done by Padre Nyan, June 18, 1793"）。[100] 由此可見嚴寬仁的確負責了這項重要的翻譯工作，事實上，使團畫師威廉·額勒桑德在回憶錄中除了記下嚴寬仁翻譯過英王致交趾支那國王的信函外，[101] 也說明嚴寬仁負責使團在交趾支那主要的傳譯工作。雖然實際上言語不通，但因為他們都使用漢字，所以當時主要由嚴寬仁通過書寫來進行。[102] 很可惜現在見不到中譯本，無法借此探究嚴寬仁的中文和翻譯水平。但必須指出，這時候柯宗孝和李自標都一直同行，為什麼馬戛爾尼不讓他們翻譯，而另外找嚴寬仁來翻譯？沈艾娣說那是因為李自標生病了（壞血病），而柯宗孝脾氣暴躁，沒有人認為他適合做使團譯員，所以需要嚴寬仁幫忙。[103] 但又是否可能因為使團對嚴寬仁的中文水平較有信心，卻對自己的譯員柯宗孝和李自標的能力有所保留？

97　Staunton, *An Authentic Account of an Embassy*, vol. 1, p. 242.

98　Barrow, *Travels in China*, pp. 105–106; John Barrow, *An Auto-Biographical Memoir of Sir John Barrow, Bart., Late of the Admiralty; Including Reflections, Observations, and Reminiscences at Home and Abroad, from Early Life to Advanced Life* (London: John Murray, 1847), p. 76.

99　Staunton, *An Authentic Account of an Embassy*, vol. 1, p. 191.

100　"Credentials in Latin Given by George the Third to Lord Macartney," *An Important Collection*, vol. 8, doc. 329, CWCCU.

101　Alexander, "Journal of a Voyage to Pekin in China," 4 June 1793.

102　Ibid., 28 May 1793.

103　Harrison, *The Perils of Interpreting*, p. 87.

對於嚴寬仁的服務，馬戛爾尼曾提出給與報酬。但儘管羅馬方面只給與非常微薄的補助，嚴寬仁卻怎麼也不肯接受任何金錢或禮物作為報酬。據斯當東説，嚴寬仁認為這些翻譯工作是應該做的，不單只因為他們能夠免費乘船回國，更因為在整個航程中得到非常文明友善的對待；斯當東更説，嚴寬仁對英國心懷感激及尊敬。[104] 這說法是準確的。嚴寬仁在1793年4月13日使團滯留爪哇期間曾寫信回那不勒斯，說到他和王英自出發以來，無論在海上或停留在陸地，都得到全部人很好的對待；他還説，一直以來，他們所過的生活卑微得像叫化子一樣。[105] 這樣看來，嚴寬仁感謝英國人，願意為他們做事，也是很合理的了。此外，嚴寬仁在幾名傳教士中應該是最出色的，除能夠在很短時間內獲授神父職銜，澳門教區總務長馬爾克尼也説他認為嚴寬仁是其中最好的一位。[106] 據説斯當東曾考慮招聘嚴寬仁為使團譯員，但因為在四人中他在中華書院年資最淺，書院以當時在那不勒斯居住時間作決定因素，沒有選上他；另外，斯當東也擔心來自福建彰州的嚴寬仁不懂北方的方言，所以最終還是選定柯宗孝和李自標為使團譯員；[107] 但看來嚴寬仁自始至終都對使團保持忠誠，因為他在使團抵達北京後還曾經把一些信件轉送過來。[108]

無論如何，可以確定的是：三名傳教士在澳門離船後，李自標獨自跟隨使團到北京去完全是出於自願的，而澳門教務總長馬爾克尼也同意和批准他這樣做，上引馬爾克尼的信已確認這點了。為什麼會這樣？

我們一直以為柯宗孝和李自標早已答應到北京，因而只關注柯宗孝為什麼會突然感到害怕，而同在意大利學習傳教、一起回國的李自標卻毫不擔心？我們從前只見到斯當東的説法，認為李自標作為少數民族，

---

104 Staunton, *An Authentic Account of an Embassy*, vol. 1, p. 191.

105 Vicenzio Nien, Java, 13 April 1793, APF SOCP, b. 68, f. 541.

106 Giambattista Marchini, Macao, 3 November 1793, APF SOCP, b. 68, f. 487r.

107 沈艾娣2018年7月19日給筆者的信。

108 Thomas Staunton, "Journal of a Voyage to China, Second Part," 26 September 1793, p. 115, Staunton Papers, Duke University.

樣貌不像漢人，所以風險較低。這說法大抵是正確的，下文會再詳細討論。但問題是：假如李自標原來就不需要陪同使團到北京，那就不存在任何風險，更沒有所謂漢人和少數民族外貌不同的問題。因此，首先要回答的是為什麼李自標甘冒風險，願意跟隨使團到北京去？

上文指出過，在斯當東四處找尋譯員的時候，漢密爾頓曾寫信給他，說到也許那不勒斯中華書院其中一兩名學員會被使團「非常優厚的條件所吸引」。[109] 此外，馬戛爾尼也在預算中撥出共300鎊，作為使團兩名譯員的報酬。[110] 這應該可說是很不錯的條件。不過，從現有資料看來，李自標願意充當使團譯員，跟隨使團到北京，絕對不是為了金錢上的報酬。

1794年3月2日，在使團已經離開中國後，馬爾克尼又寫了一封信，對李自標為英國使團的服務作出很高的評價和讚譽，但值得特別注意的是馬爾克尼在信中多次談到李自標參加使團的目的，其中在開首已經非常明確地說：「他參加到北京的行程只有宗教上的原因」。[111] 事實上，李自標自己也說過，出於「宗教上的動機」（"*motivo religionis*" [religious motive]），他在柯宗孝等離開後仍繼續旅程。[112] 這是很重要的提示，但具體是什麼「宗教上的動機」、「宗教上的原因」？李自標沒有說明，馬爾克尼也沒有說清楚，只說李自標最終沒有在行程中得到他所要的，而且，雖然他表現異常出色，英國人很感激他，但他最後沒有從英國人那裡取得什麼，只是請求斯當東向東印度公司指示繼續支持他們的傳教活動。[113] 由此可見，李自標願意冒險前往北京的「宗教原因」也是跟傳教有關。至於他在跟隨使團到北京期間在宗教方面做了什麼、對使團有什麼影響，下文再作交代。

109　Hamilton to Staunton, Naples, 21 February 1792, Staunton Papers, Duke University.

110　"Tableau or Sketch of an Embassy from His Majesty to the Emperor of China," *An Important Collection*, vol. 10, doc. 442, CWCCU.

111　Giambattista Marchini, Macao, 2 March 1794, APF SOCP, b. 68, f. 635.

112　Jacobus Ly, Canton, 25 December 1793, APF SOCP, b. 68, ff. 609r.

113　Giambattista Marchini, Macao, 2 March 1794, APF SOCP, b. 68, f. 635.

無論如何，在柯宗孝、王英和嚴寬仁在澳門離團後，使團的翻譯工作便幾乎完全落在李自標一人身上，但其實不同人士在不同時候都曾經嘗試為使團尋找譯員。早在使團還沒出發前，鄧達斯便提醒過馬戛爾尼，即使從那不勒斯聘得兩名中國傳教士當譯員，但如果在途中遇上一些葡萄牙、西班牙或意大利的傳教士，只要是對英國或使團沒有偏見的，也可以考慮聘來為使團服務。[114] 因此，斯當東在澳門時曾向馬爾克尼提出要求，希望能聘用另一名也是在那不勒斯中華書院學習後回國的傳教士Ignarzio Tai作為使團譯員，但他們沒有答應，因為Ignarzio Tai要留在澳門當譯員。[115] Ignarzio Tai的中文名字是戴德冠（則仁，1737–1785），在中華書院的檔案裡作Cassius Tai，廣東省惠來人，1756年8月21日19歲到達那不勒斯學習，1763年12月21日獲授聖職，1764年8月啟程回國。[116] 雖然他是廣東人，但回來後曾在北京傳道，大概懂得官話，因而被斯當東看中，希望把他聘作使團譯員，帶去北京，只是最終未能如願。不過，其實戴德冠這時候已57歲，大概也不會願意跟隨使團到北京去，要留在澳門當譯員很可能只是一個借口。

另一方面，廣州的官員曾找來兩名行商，指派他們跟隨使團同行，並兼負翻譯工作，但東印度公司拒絕了這建議，對此下文將有詳細討論。此外，東印度公司也在廣州找到一名能說西班牙語及漢語的中國人，送到使團去協助翻譯的工作。[117] 這也是應斯當東的要求，因為斯當東在1793年6月21日在澳門與東印度公司派往廣州的專員們見面時，告訴他們柯宗孝已經在澳門離開，使團翻譯人手不足，請求廣州方面協助。他們為使團找來一名中國人，是在澳門教導公司職員中文的一名通

[114] Dundas to Macartney, Whitehall, 8 September 1792, IOR/G/12/91, p. 354; also in IOR/G/12/20, p. 40.

[115] Giambattista Marchini, Macao, 3 November 1793, APF SOCP, b. 68, f. 485v.

[116] Fatica, *Archivio Storico del Collegio dei cinesi*, pp. 2–3; 戴德冠有一個哥哥叫戴金冠（則明，1735–?），兄弟二人一起到那不勒斯，但看來他沒有完成修道訓練，1761年9月便回國。同上。

[117] Staunton, *An Authentic Account of an Embassy*, vol. 1, p. 222.

事的弟弟。[118] 這名年輕人原來已在5月31日隨同父親到廣州，表示願意「假扮為歐洲人」(“in an European disguise”)，在東印度公司的「嘗試號」(the *Endeavour*)上為普羅克特上尉(Lieutenant Procter)擔任翻譯工作。[119]「嘗試號」不是使團的船隻，只是由於使團到達中國的時間比預期晚，秘密及監督委員會專員以為使團不會到澳門，於是指派「嘗試號」在6月1日北上至浙江沿海舟山水域，等候使團船隻的到來，交付文件。[120] 為了更好取得資訊，同時避免因為「嘗試號」的突然出現會讓一些錯誤的訊息送到北京，專員認為普羅克特必須帶同一名譯員同行，便找來這名年輕人。[121] 因此，這名年輕人原來只打算短暫為東印度公司工作，而不是直接為使團服務的，專員們在收到斯當東的要求後才想到要轉派他加入使團，並告訴馬戛爾尼這名年輕人的個性、熱情和能力都足以勝任，能夠協助解決使團的困難。[122] 專員還說，雖然這名年輕人最初以為只是在「嘗試號」上工作，但他曾表示希望認識特使，且很想去北京，因此他們認為只要使團向他提出新任務，他一定會答應加入使團作譯員。[123]

在英國人的檔案文件裡，這名年輕人的英文名字叫Antonio，[124] 但沒有任何資料顯示他原來的中文名字，只知道他當時只有14歲。[125] 儘管

---

118 “At a Secret Committee,” Macao, 21 June 1793, IOR/G/12/93A, p. 220; “At a Secret Committee,” Macao, 1 June 1793, IOR/G/12/93A, p. 204. 沈艾娣說Antonio是東印度公司一位中文老師的兒子，Harrison, *The Perils of Interpreting*, p. 91，實誤，在上引東印度公司的檔案都可以見到Antonio是東印度公司中文老師的弟弟。另外，使團畫師曾說過他們的父親是廣州一名行商。Alexander, “Journal of a Voyage to Pekin in China,” 22 July 1793.

119 “At a Secret Committee,” Macao, 1 June 1793, IOR/G/12/93A, p. 204.

120 Secret Committee to Lieutenant John Procter, Macao, 1 June 1793, IOR/G/12/93A, pp. 211–212.

121 “At a Secret Committee,” Macao, 1 June 1793, IOR/G/12/93A, p. 204.

122 “At a Secret Committee,” Macao, 21 June 1793, IOR/G/12/93A, p. 220; “Consultations, 21 June 1793,” IOR/G/12/265, pp. 47–48.

123 Secret and Superintending Committee to Macartney, Macao, 22 June 1793, IOR/G/12/93A, p. 228; “To His Excellency George Viscount Macartney KB His Britannic Majesty's Ambassador Extraordinary and Plenipotentiary to the Court of Pekin, Signed by Henry Brown, Irwin, Jackson, 22 June 1793,” IOR/G/12/265, pp. 55–56.

124 就筆者所見，Antonio的名字並不見於馬戛爾尼和斯當東的回憶錄，惟一能見到的是“At a Secret Committee,” Canton, 22 October 1793, IOR/G/12/93A, p. 360。

125 “Narrative of Events of July 21, to July 29, 1793,” *An Important Collection*, vol. 6, doc. 265, CWCCU.

他能說流利的葡萄牙語和西班牙語，[126] 但專員們對他的判斷錯誤了，Antonio最終並沒有完成任務。7月21日晚上，「嘗試號」終於在登州海面遇上使團船隊。[127] 據斯當東說，他們曾把這名年輕人召來協助翻譯，但他在中國官員面前顯得非常害怕不安，只會扮演最低下的角色，更以極其謙卑的言辭來翻譯英國人的說話。這對英國人來說是很不妥當的。他甚至連使團為他提供制服也不肯接受，怕被人認出來，[128] 最後更寧願放棄高薪和到京城的機會，要求離開使團，跟隨普羅克特回澳門去。[129] 另一方面，這名年輕人的父親也很不放心兒子跟隨使團，這是很容易理解的，畢竟在英國船上工作跟到北京去確實很不同。青年的父親請求專員協助，專員為此寫信給馬戛爾尼，提出如果使團不需要這年輕人的服務，請准許他馬上離開；如果馬戛爾尼認為必須把他留下來擔任譯員，他父親還是會同意的，但必須在使團任務完成後把他送回澳門，避免他跟使團人員一起在廣州出現。[130] 最後，Antonio沒有跟隨使團去北京，但繼續在「嘗試號」上提供服務，10月10日返抵澳門，[131] 且得到很不錯的評價，東印度公司秘密及監督委員會還認為他值得鼓勵及給與應有的保護，[132] 即使只跟他短暫相處的額勒桑德也說他是一個討人喜歡的年輕人。[133] 在清廷的檔案裡，這名年輕人以「安頓」的名字出現過一次，那是在時任浙江巡撫長麟在乾隆五十八年五月二十日(1793年6月27日)送呈的奏摺裡，奏報定海鎮總兵馬瑀於五月十四日(6月21日)在定海洋面見到一隻夷船，上有「管兵官名全波羅答帶有通事一名安頓」，這二人

---

126 Alexander, "Journal of a voyage to Pekin in China," 14 July 1793.

127 Macartney, *An Embassy to China*, p. 68; Holmes, *The Journal of Mr. Samuel Holmes*, p. 107.

128 Macartney to Secret and Superintending Committee, Tiensing Road, on board the Lion, 6 August 1793, IOR/G/12/93A, pp. 347–348.

129 Ibid., p. 348; Staunton, *An Authentic Account of an Embassy*, vol. 1, p. 263.

130 Secret and Superintending Committee to Macartney, Canton, 28 September 1793, IOR/G/12/93A, pp. 306–307.

131 Procter to Browne, Macao, 10 October 1793, IOR/G/12/93A, pp. 340–341.

132 "At a Secret Committee," Canton, 22 October 1793, Secret Consultations, Secret and Superintending Committee, IOR/G/12/93A, pp. 360–361.

133 Alexander, "Journal of a Voyage to Pekin in China," 22 July 1793.

分別就是普羅克特和Antonio。顯然，「安頓」並不是Antonio真正的中文名字，不過，他沒有「假扮為歐洲人」，而是告訴馬瑀他是呂宋國人。[134] 這無疑是較聰明的對應辦法，他大概知道自己看來不像歐洲人，而呂宋有華裔國民是很合理的。但無論如何，看來安頓這次為馬瑀跟普羅克特晤面進行的翻譯是成功的，根據長麟的奏摺，這次晤面溝通沒有什麼問題，中國官員知道普羅克特到來的原因，還給他們送了食物，[135] 只是使團畫師額勒桑德在日誌中記下當時他們想通過譯員購買一些日用品，但中國官員卻誤會了，變得很憤怒，且威脅要把他們鎖起來。雖然後來沒有這樣做，但已嚇怕了安頓，因為那些官員特別提到他是中國人，結果，安頓不願意再擔任使團的譯員。[136]

可以順帶一提，安頓那位在澳門教授東印度公司成員中文的通事哥哥，其實也間接為使團服務過。由於8月初東印度公司專員在廣州得到消息，知道法國已正式向英國宣戰，他們認為有必要馬上通知馬戛爾尼。為了與使團聯絡，他們特意在廣州購買一條船，易名為「伊菲革涅亞女神號」(the *Iphigenia*)，由因弗拉里蒂船長(Captain David Inveracity)主管，準備北上找尋使團。但由於他們必須在舟山附近聘請引水員，引領他們到天津附近水域，東印度公司便在澳門找了一名通事給他們當譯員，還在發給因弗拉里蒂船長的指令中稱讚這名通事的性格和行為良好，可以信賴。[137] 從專員寫給馬戛爾尼的信中可以知道，他就是安頓的哥哥。他是秘密及監督委員會在廣州找來的一位中文教員，原來也是一位通事，為方便向東印度公司職員教授中文，搬往澳門居住，但不肯入

---

134 〈浙江巡撫長麟奏為英遣官過浙探聽該國貢使曾否抵京折〉，《英使馬戛爾尼訪華檔案史料匯編》，頁309–310。沈艾娣指Antonio曾在馬尼拉生活，見Harrison, *The Perils of Interpreting*, p. 91。我們不能完全排除這可能性，因為Antinio的外語是西班牙文。但在沈艾娣書中的註釋所列各條均未見有這樣的資料。唯一可能就是長麟在奏摺中說安頓自稱為呂宋人，但這似乎只是安頓編撰出來欺騙長麟的。

135 同上。

136 Alexander, "Journal of a Voyage to Pekin in China," 22 July 1793.

137 Secret Committee, "Orders and Instructions to Captain David Inveracity Commanding the Snow Iphigenia," Canton, 29 September 1793, IOR/G/12/93A, pp. 317–318.

住公司的房子，寧可住在附近。他也不肯直接收取費用，委員會決定負責他在澳門的一切開支，另外在廣州向他父親支付酬勞。[138] 東印度公司為應付這突然出現的需要，專員們好不容易才說服他的父親同意讓這名通事在「伊菲革涅亞女神號」上當譯員，但條件是必須讓他坐這條船回來。換言之，這名父親不希望這次他也像安頓一樣，臨時被派往為使團工作。[139]「伊菲革涅亞女神號」在10月5日從澳門出發，[140] 但由於風向及天氣惡劣，被迫折返，沒有見到使團，11月17日回到澳門後，這名通事把原來所攜帶文件送回秘密及監督委員會。[141] 正因為這緣故，清廷檔案裡完全沒有任何與這名廣州通事相關的記載。[142]

值得多作交代的還有一名在使團到達澳門後才招聘、且真正為使團工作過的譯員。他名叫Lorenzo de Silva，並不見於馬戛爾尼的日誌或斯當東的回憶錄裡。斯當東在回憶錄抄錄馬戛爾尼寫給「獅子號」船長高厄爾的一封信時曾提及到這名譯員，卻沒有把名字徵引出來。[143] 馬戛爾尼這封信寫於1793年7月27日，原是要指派高厄爾帶領「獅子號」到日本去，信中說出這名譯員的名字叫Lorenzo。[144] 在中文檔案裡，他的名

---

138 "At a Secret Committee," Canton, 29 September 1793, IOR/G/12/93A, p. 315; Morse, *The Chronicles of the East India Company*, vol. 2, p. 209.

139 Secret and Superintending Committee to Macartney, Canton, 28 September 1793, IOR/G/12/93A, p. 307.

140 "At a Secret Committee," Canton, 13 October 1793, IOR/G/12/93A, p. 327.

141 "At a Secret Committee," Canton, 9 November 1793, IOR/G/12/93A, pp. 441–443.

142 不過，清廷對於此事並不是完全不知情。東印度公司在購買「伊菲革涅亞女神號」時，曾與原船主議定，辦事完畢後以折扣價賣回船主。參"At a Secret Committee," Macao, 11 September 1793, IOR/G/12/93A, p. 264。不過，香山縣丞在知悉事件後，要求繳納稅項，因為「查澳夷買船頂額，向有成規，自應循例稟請查丈輸鈔」，但澳門葡萄牙方面最初回應是「該二船即係英吉利國帶信前來之船，非有澳夷買受」，更編造謊言說「貢使之說開行，即欲隨同回國」，但這說法不為香山縣丞所接受，要求委黎多「照依事理，即便查明前項英吉利國隨貢來船二隻，是何名號，是否係澳夷買受？如果恃蠻不肯輸鈔，立即驅逐開行回國，毋許停留澳內，滋生事端。」〈署香山縣丞丁為查原英國隨貢來船二隻是否澳蕃買受事行理事官〉，劉芳（輯）、章文欽（校）：《葡萄牙東波塔檔案館藏清代澳門中文檔案彙編》（澳門：澳門基金會，1999），下冊，頁735。

143 Staunton, *An Authentic Account of an Embassy*, vol. 1, p. 251.

144 Macartney to Gower, Tien Sing Road, 27 July 1793, IOR/G/12/92, pp. 140–141.

字主要作「錫拉巴」，[145] 也有叫他作「嗘哩吧」的，[146] 這就是Silva的音譯。原來，英國這次派遣使團，除了要去北京外，還希望同時開拓其他國家地區，馬戛爾尼還因而帶備好幾份國書，包括寫給日本國王的一份。[147] 當船隊到達天津海面後，由於馬戛爾尼預計使團會在北京逗留一段頗長的時間，便指示高厄爾代表使團到日本去。不過，雖然早在使團還沒有從英國出發前，馬戛爾尼便已提出必須儘快找到日語譯員，[148] 而且曾經請求英國駐聖彼德堡大使協助，找尋一名可能充任譯員的日本人，但沒有成功，[149] 馬戛爾尼只好讓錫拉巴為高厄爾當翻譯，因此，錫拉巴最終沒有隨團到北京去。

在給高厄爾爵士的信裡，馬戛爾尼把錫拉巴稱作"servant"，並說他能講中文、法文、拉丁文和葡萄牙語。[150] 但這"servant"的說法不是來自馬戛爾尼，而是來自澳門的法國天主教澳門區總務長克洛德・勒頓達爾(Claude François Letondal, 1753–1812)。由於柯宗孝的離團，斯當東在澳門尋求協助，勒頓達爾給他推薦了自己的servant，條件是使團到了北京後會儘量幫忙那裡的法國傳教士。[151] 錫拉巴很可能是混血兒，在澳門學習傳道。[152]

---

145 《英使馬戛爾尼訪華檔案史料匯編》，頁22、78、165、576、579、772。

146 同上，頁594。

147 關於在日本開拓商貿機會，鄧達斯曾給與馬戛爾尼明確的指示，這會對中國構成競爭，有助於英國爭取較有利的貨品價格，甚至對使團在北京的談判有幫助。Dundas to Macartney, Whitehall, 8 September 1792, IOR/G/12/91, pp. 370–371; also in IOR/G/12/20, p. 53；此外，克萊默－賓指出，英國這次派遣使團到中國及日本，也跟英國與俄羅斯這時期在遠東利益問題上的矛盾有關，馬戛爾尼本身也非常關注俄羅斯的擴展。J. L. Cranmer-Byng, "Russian and British Interests in the Far East, 1791–1793," *Canadian Slavonic Papers* 10, no. 3 (Autumn 1968), pp. 357–375；又可參Hillemann, *Asian Empire and British Knowledge*, p. 36。

148 "Memorandum," Macartney to Dundas, Curzon Street, 10 February 1792, IOR/G/12/91, p. 125.

149 Cranmer-Byng, "Russian and British Interests in the Far East, 1791–1793," pp. 359–360.

150 Macartney to Gower, Tien Sing Road, 27 July 1793, IOR/G/12/92, pp. 140–141.

151 Giambattista Marchini, Macao, 3 November 1793, APF SOCP, b. 68, f. 485v.

152 Harrison, *The Perils of Interpreting*, p. 92.

根據在東印度公司檔案中所見到馬戛爾尼的簡單描述，錫拉巴似乎是一名不可多得的譯員，而且，馬戛爾尼是頗為不情願地讓錫拉巴離開使團的，他這樣說過：

> 由於沒有譯員為他〔高厄爾爵士〕服務，他說服我把錫拉巴讓給他。雖然錫拉巴離開會給我帶來非常嚴重的不便（老實說，沒有他我根本不知可以怎樣做），但為了公眾的利益以及高厄爾爵士的請求，我只好作出這樣的犧牲。[153]

從這報告看來，好像是高厄爾主動提出要求，最終才說服馬戛爾尼把錫拉巴讓與他，但從馬戛爾尼給高厄爾的信看，卻是馬戛爾尼主動提出讓錫拉巴陪高厄爾去日本的。但不管怎樣，看來錫拉巴的確很有能力，讓馬戛爾尼認定他是稱職的譯員，甚至說讓高厄爾把他帶走是自己的犧牲，而高厄爾當時也馬上回信給馬戛爾尼說「錫拉巴會是非常有用的」，[154] 且在幾個月後的另一封信裡，高厄爾更報告說錫拉巴「很好，如果沒有他，我們便會陷入無數的困難」，又說「如果沒有這樣的助手，我們不可能完成我們所要做的。」[155] 不過，學者從這封信讀出一個不太正面的意思：馬戛爾尼對錫拉巴不感信任，擔心他會為澳門的葡萄牙人探聽使團的消息，所以取消原來要把錫拉巴一直帶到北京的念頭，[156] 改派他去為高厄爾工作，離開使團，[157] 大概是因為高厄爾在信中說到錫拉巴「很容易〔處理〕，我們前往澳門或任何地方，他都沒有提出什麼問題。」[158] 然而，這具體究竟是什麼意思？高厄爾沒有再提供其他訊息，

---

153 Macartney to Secret Committee, on board the Lion, 6 August 1793, IOR/G/12/93A, p. 347.

154 Gower to Macartney, off of Tien-Sing, 27 July 1793, IOR/G/12/92, p. 153.

155 Gower to Macartney, Chusan, 16 September 1793, *An Important Collection*, vol. 6, doc. 271, CWCCU.

156 據沈艾娣查閱牛津大學斯當東檔案，斯當東所草擬最後隨團前往北京的成員名單原來是有錫拉巴的名字的。Harrison, *The Perils of Interpreting*, p. 99.

157 Ibid.

158 Gower to Macartney, Chusan, 16 September 1793, *An Important Collection*, vol. 6, doc. 271, CWCCU.

但由於錫拉巴跟隨高厄爾離開，沒有陪同馬戛爾尼到北京，不能為使團作出更多貢獻；而另一方面，因為高厄爾後來沒有去日本，最終錫拉巴根本不能發揮很大的作用。最可惜的是：馬戛爾尼或斯當東都沒有交代錫拉巴在離開使團前曾擔負過什麼翻譯任務，又或是有什麼特別能力或出色表現，讓我們更好地理解為何使團人員認為他是這麼重要。

其實，由於錫拉巴是在使團在6月21日到達澳門後才獲聘用，然後在8月7日便跟隨高厄爾離開，那麼，他為馬戛爾尼服務的時間大概只有一個半月，而且，在這段時間裡，使團船隊大部分時間都是在大海裡航行，直至7月23日才由探船「豺狼號」第一次與中國官員接觸和溝通，這點將於下文馬上討論。但在這之前，如果說錫拉巴在使團裡曾幫忙翻譯工作，那就只能限於文書方面，而不涉及與中國官員的口語傳譯。不過，在這短短的幾十天內，使團並沒有多少文書上的翻譯工作，而且，究竟錫拉巴會不會寫中文？這也是沒有什麼可靠的資料證明的。

至於與中國官員溝通的口譯工作方面，在《匯編》所收清廷檔案裡倒是有所記載的，錫拉巴的名字在書中出現的次數不算少，共有九次，但這並不是說檔案記錄了他參加過九項活動，因為實際所涉及的事件只有兩宗，其一是在使團船隊到達天津外海廟島附近地區時，馬戛爾尼派遣「豺狼號」船長坎貝爾上尉(Lieutenant Campbell)及使團成員惠納帶領「豺狼號」先行探水，由錫拉巴在船上擔任譯員。據負責接待使團的直隸總督梁肯堂在乾隆五十八年六月二十一日(1783年7月28日)的奏摺，天津鎮蘇寧阿、天津道喬人傑及長蘆鹽政徵瑞於六月十六日(7月23日)登上探船查看，取得一些有關使團的訊息，諸如船隊於前一年八月出發，共有五艘船，官役水手七百餘人等，又與他們商議船隊起早前赴北京的路線。在整個過程中，一切溝通都是通過「通事錫拉巴」進行，看來他擔當了重要的溝通角色，因為在這份奏摺中，「錫拉巴」的名字出現了兩次，而坎貝爾上尉及惠納(分別譯為「根門」及「希爾納」）只是在最初介紹探船的情況時被稍為提及。[159]「豺狼號」是在六月十八日（7月25日）離開的，[160] 換言之，使團第一次與中國官員的正面溝通前後有兩天，就是由錫拉巴負責翻譯工作的。[161]

清宮檔案記錄錫拉巴第二項活動，就是高厄爾及其「獅子號」離開使團後不久即在黃海與中國官員相遇，錫拉巴向中國官員簡略解釋：因為特使在天津登岸後，其他船隻不願在洋面停泊，當時是準備開往定海；另外又交出一封寫給馬戛爾尼的信，請求中國官員代為轉達。[162] 看來錫拉巴這趟翻譯任務比較簡單。當然，他們不會告訴中方，高厄爾原來是準備代表馬戛爾尼率領使團到日本去的。

然而，使團在抵達北京前與中國官員還有一次十分重要的見面，錫拉巴卻很可能沒有參加。那就是天津道台喬人傑和副將王文雄（1749–1800）在1793年7月31日登上「獅子號」與馬戛爾尼的見面。儘管喬人傑和王文雄並不是最高級的接待官員，但主要安排事務的工作都是由他們二人負責，而且，這次是馬戛爾尼本人第一次與中國官員見面，更討論過一些重要問題，包括決定使團登岸的安排、禮品和行李的運送等，另外，馬戛爾尼還明確告訴中方不會在見到乾隆之前交出國書，但答應可馬上提供禮品清單等。[163] 在這場重要的首次晤面中，由於參加的人較多，使團感到翻譯人手不足，臨時把小斯當東拉來充當譯員。儘管他們

---

159 〈直隸總督梁肯堂奏報英探水船來津並仍回廟島緣由片〉，《英使馬戛爾尼訪華檔案史料匯編》，頁342–343。除了梁肯堂這份奏片外，《英使馬戛爾尼訪華檔案史料匯編》另外收有七份文檔，都與這次錫拉巴負責的翻譯活動相關。同上，頁22、37、117、348、372、596、602；也有些文件只提到有通事一名，沒有點出名字的，但肯定也是指錫拉巴。同上，頁338。

160 Macartney, *An Embassy to China*, p. 68.

161 馬戛爾尼的日誌有較多的細節，記錄「豺狼號」在遇上中國官員後，先有幾名較低級中國官員登船，然後請船員登岸，跟兩名重要官員見面。Macartney, *An Embassy to China*, pp. 68–69.

162 〈山東巡撫吉慶奏為英貢船三隻先回廟島擬赴定海停泊現經妥為照料折〉，《英使馬戛爾尼訪華檔案史料匯編》，頁372–373。

163 Macartney, *An Embassy to China*, pp. 71–72.

後來認為小斯當東的表現不錯，頗能勝任，[164] 但其實當時小斯當東才學習中文一年左右，也要被迫上場；他們甚至還嘗試讓斯當東協助翻譯，因為斯當東也跟小斯當東一起學習中文，但卻完全無能為力，[165] 由此可見當時缺乏譯員的情況是多麼嚴重。但讓人很疑惑的是：雖然翻譯人手不足，但所有使團成員都沒有提及錫拉巴在這次重要晤面中協助過什麼工作，相關記述中連他的名字也沒有出現。究竟他有沒有協助翻譯工作？馬戛爾尼是在8月7日才離開「獅子號」，讓高厄爾啟程去日本。[166] 這樣，即使錫拉巴不一定在「獅子號」上，也應該在附近的船隻，沒有理由不參與翻譯工作的。不過，在這之前，馬戛爾尼已經決定讓錫拉巴跟隨高厄爾離開，也許因為這個緣故，錫拉巴沒有參與馬戛爾尼跟中國官員的第一次晤面和商討。

不管怎樣，雖然錫拉巴可能的確很有能力，但在8月初跟隨高厄爾離開後，便未能為馬戛爾尼在北京服務，使團最後便只有一名正式譯員李自標。

上文討論過李自標自願跟隨使團到北京的宗教原因，但他真的不用擔心人身安全問題嗎？斯當東的回憶錄說李自標自己提出過兩個解釋：一是他相信假如發生事故，大使一定會盡力營救他；二是他自覺樣貌跟一般漢人不太相像，因此他特意改換英國軍裝，配戴軍刀，改用英國名字。[167] 顯然，在這兩個理由中，後者才是關鍵所在，因為如果柯宗孝在擔任使團譯員期間出現什麼問題，馬戛爾尼肯定也會同樣保護他。那麼，為什麼李自標會說自己不像中國人？斯當東回憶錄裡說李自標「來自被中國吞併的韃靼地區」（"He was a native of a part of Tartary annexed to

---

[164] Staunton, *An Authentic Account of an Embassy*, vol. 1, p. 242.

[165] Ibid., pp. 241–242.

[166] Erasmus Gower, *A Journal of the Proceedings of His Majesty's Ship Lion, Commanded by Sir Erasmus Gower, Knt., Commencing in the Yellow Sea on the 5th of August 1793 and Ending at Whampoa in the River Canton the 9th January 1794*, p. 3; Macartney to Dundas, near Han-chou-fu, 9 November 1793, IOR/G/12/92, p. 42.

[167] Staunton, *An Authentic Account of an Embassy*, vol. 1, pp. 241–242.

China"）。[168] 在當時西方人的論述裡，Tartary的含義很廣泛，簡單而言是指長城以外所有地方，[169] 蒙古和滿洲等都包括在內。馬戛爾尼和斯當東在回憶錄裡都經常以"Tartar"來描述滿洲人，以"Chinese"來指稱漢人，但其實他們對滿洲韃靼和蒙古韃靼又是有所區分的。馬戛爾尼便說有西方的韃靼，那是蒙古韃靼（"the western or Mongol Tartars"），而滿洲則是北方的韃靼（"the northern or Manchu Tartars"）。[170]

原來，斯當東所說李自標來自「被中國吞併的韃靼地區」是指甘肅，這點早在1776年中華書院長老Gennaro Gatigati所寫有關這些中國學員的紀錄中已經指出了：李自標來自甘肅的連城府（Lian Cenfu）；[171] 而現有中華書院的官方紀錄則註明李自標籍貫為甘肅涼州。[172] 因為李自標祖籍寧夏，明末時家族遷入涼州，即甘肅武威，屬少數民族，但到底是什麼民族？我們沒有足夠的資料確定，但顯然不是佩雷菲特指稱的滿洲族。[173] 樊米凱說他很可能是回族，不過也沒有提供明確證據。[174] 但無論如何，從斯當東的回憶錄看，非漢族的李自標的確認為自己樣貌跟一般漢人不相像，也許可以讓人以為他是西方人，擔任使團譯員風險較低。[175] 我們今天在大英圖書館可以找到當時使團畫師額勒桑德所繪嚴寬仁的圖像，[176] 卻沒有李自標的，這是因為在來華航行途中嚴寬仁與畫師坐同一條船「印度斯坦號」，而李自標則與馬戛爾尼和斯當東乘坐「獅子號」。圖像所見嚴寬仁身穿白色的英國軍裝，可以想像李自標也會穿著這樣的服裝。

---

168 Ibid.

169 Henrietta Harrison, *The Missionary's Curse and Other Tales from a Chinese Catholic Village* (Berkeley, Los Angeles and London: University of California Press, 2013), p. 58.

170 Macartney, *An Embassy to China*, p. 222.

171 "Nota degl'Alunni esistenti nel Collegio della S. Famiglia di Gesù Cristo a' 30 novembre 1776," SC Collegi Vari, vol. 10, ff. 442r–442v.

172 Fatica, *Archivio Storico del Collegio dei cinesi*, p. 4.

173 Peyrefitte, *The Collision of Two Civilisations*, p. 48.

174 Fatica, "Gli Alunni Del Collegium Sinicum di Napoli," p. 534.

175 Staunton, *An Authentic Account of an Embassy*, vol. 1, pp. 241–242.

176 William Alexander, "Dominus Nean: Illustration 1792–1794," accessed through Adam Matthew Digital, "China: Trade, Politics and Culture, 1793–1980."

事實上，李自標就說過在決定擔任使團譯員、陪同使團到北京後，便換上了英國軍隊的制服；[177] 而且，前文提過使團也曾為安頓提供制服，只是他不肯接受，怕被人認出而已。[178] 十分有意思的是，嚴寬仁說不用擔心李自標的安危，他聰明靈活，「能夠像演員一樣變成另一個人」。[179]

樣貌以外，還有他的名字。在李自標還沒有回國，甚至在斯當東還沒有到來前，李自標在那不勒斯收到一封署名Camillus Ciao的信。[180] Camillus Ciao在信裡告訴李自標家中遭官府迫害，財物受到嚴重損失，且有一至二名成員被永遠流放伊犁。他告誡李自標，將來回到廣州後必須躲藏起來，或把姓名改掉，以免官員知悉他的天主教徒身份，對家人造成進一步傷害。[181] 斯當東回憶錄裡說，譯員的名字會讓人知道他的中國身份，因此也改了一個「在意義上相同的英文名字」，[182] 把「李」譯成"Plum"。這出現在小斯當東的日記裡，有時候甚至再轉化為"Mr Plumb"。[183] 而李自標自己則曾在一封信中署名"Plume"。[184] 顯然，這就

---

[177] Staunton, *An Authentic Account of an Embassy*, vol. 1, p. 192.

[178] Macartney to Secret and Superintending Committee, Tiensing Road, on board the Lion, 6 August 1793, IOR/G/12/93A, pp. 347–348.

[179] Harrison, *The Perils of Interpreting*, p. 89.

[180] 我們不能完全確定Camillus Ciao的名字和身份。查那不勒斯中華書院舊生檔案，並無完全相同拼寫方式的名字，較為接近的是Cajetanus Siu，中文名字叫徐格達（1748–1801），與柯宗孝、李自標等一行八人在1773年10月抵達那不勒斯，1778年9月回國。他祖籍甘肅甘州，與李自標的祖籍甘肅涼州相距不算太遠，因此有可能知道他家中的消息。不過，這推測也不一定準確，因為在中華書院舊生檔案裡，Ciao拼寫的是「趙」，如早年的趙多明（Dominicus Ciao, 1717–1754）、趙西滿（Simon Ciao, 1722–1778），只是在這段時間裡，檔案中沒有趙姓的中國學生。Fatica, *Archivio Storico del Collegio dei cinesi*, pp. 2–3.

[181] Camillus Ciao to Jacob Ly, undated, ACGOFM, Missioni, 53, f. 75. 這封信沒有註明日期，但在信中Camillus Ciao提及李自標曾在11月23日寫信給他，報告他們全部人已取得聖職的消息，當中只有王英預計這時候也應該可以通過。那這封信便應該是在1785年上半寫的，因為李自標是在1784年11月14日獲委為神父，而王英則是在1785年5月17日獲授聖職的。

[182] Staunton, *An Authentic Account of an Embassy*, vol. 1, p. 192.

[183] Thomas Staunton, "Journal of a Voyage to China, Second Part," 16 September 1793, p. 103, Staunton Papers, Duke University.

[184] Plume [Li Zibiao] to Macartney, Siganfu, Shansi, 10 October 1795.

是使團用來向朝廷匯報使團譯員的名字。在清廷的檔案中，我們見不到李自標這樣的名字，最多時候出現在中國官方文獻中的是「婁門」，[185] 又或是松筠所用的「樓門」，[186] 這就是"Plum"的音譯。

但不管怎樣，李自標的設想似乎並不奏效。李自標在使團離開北京到達廣州後所寫的兩封信，都清楚說到自己的中國人身份早已被識破；[187] 更嚴重的消息來自澳門教區總務長馬爾克尼，他在使團已離開北京，但李自標還身在廣州的時候寫信到羅馬，說要待李自標抵達澳門後他才會稍感放心，因為他曾接過北京的來信，告訴他朝廷肯定知道李自標的中國人身份，只是不想跟英國人有太大的矛盾才故意不提，但廣東總督有一天曾對李自標說：「你是我們的人，你要付出代價的；你的家人也在我手上，他們會為你付出代價。」(“*Tu sei dei nostri. Tu la pagherai. I tuoi parenti da me dipendono, ed essi la pagheranno per Te.*” [“You are ours. You will pay for it. Your relatives depend on me, and they will pay for you.”]) [188] 這來自北京的信應該是由北京的天主教士所寫，而這位「廣東總督」就是兩廣總督福康安(1754–1796)。福康安對使團很不友善，馬戛爾尼曾在熱河時邀請他檢閱自己帶來的衛隊以及新式武器，但福康安的反應非常冷淡，態度傲慢，甚至說這些兵器沒有什麼新穎的地方。[189] 此外，在使團剛到達通州的時候，接待官員便向馬戛爾尼問及英國是否曾出兵協助西藏的叛軍。馬戛爾尼很意外，也極力否認。[190] 這消息來源很可能就是

185 〈賞英貢使帶赴熱河官役清單〉，《英使馬戛爾尼訪華檔案史料匯編》，頁135；〈擬賞總兵官等人清單〉，同上，頁150；〈直隸總督梁肯堂等奏報接見使臣情形折〉，同上，頁360；〈長蘆鹽政徵瑞奏報貢使學習跪拜禮節片〉，同上，頁374。

186 〈欽差松筠奏報恭宣諭旨貢使感激情形及現在行走安靜情形折〉，同上，頁405；〈欽差松筠奏報傳示恩旨英貢使忻感情形及嚴詞拒絕在沿途買物折〉，同上，頁414；〈欽差松筠奏報行至武城貢使至舟中面謝並稟述各情及當面開導情形折〉，同上，頁437。

187 Jacobus Ly, Guangzhou, 25 December 1793, APF SOCP, b. 68, f. 610r; Jacobus Ly, Macao, 20 February 1794, APF SOCP, b. 68, f. 617v.

188 Giambattista Marchini, Macao, 17 October 1793, APF SOCP, b. 68, f. 484r.

189 Macartney, *An Embassy to China*, p. 128.

190 Ibid., pp. 86–87; 所謂「西藏的叛軍」是指入侵西藏的廓爾喀軍隊，相關的討論詳見〈後續篇〉。

福康安，因為就是他負責平定廓爾喀對西藏的入侵。[191] 此外，李自標的哥哥李自昌(?–1795) [192] 是綠營守備，在四川金川打過仗，還屬於福康安部下，[193]《清實錄》中記有他在乾隆四十一年(1776年)二月以寧夏千總身份獲賞戴藍翎，[194] 然後又在乾隆五十二年(1787年)平定台灣「打仗出力」，賞戴花翎。[195] 應該指出，李自昌在朝廷的升遷，李自標在那不勒斯的時候也是知道的，因為前引Camillus Ciao在1785年初寫給李自標的信，除告訴李自標他家人因為宗教問題而受壓迫外，也專門談到李自昌的情況，說他到北京後獲升為守備，後更再擢升為千總，派駐廣東省潮州府(Sciao-Ceu-Fu)。[196] 顯然，李自昌也很想跟這位離開中國近20年的弟弟見面，在李自標到達北京後，他在1793年9月26日專程從廣東趕

191 沈艾娣認為喬人傑和王文雄很可能是通過李自標那裡知悉英國人在印度的擴張。她提出的理由是李自標是唯一懂漢語的人，經常與喬人傑和王文雄談話，而李自標與英國人相處已有一年半，他關心政治，不可能不知道英國人佔領印度的情況，甚至可能擔心英國對中國構成威脅，因此，喬人傑和王文雄很可能通過與李自標的接觸取得有關英國的消息。Harrison, *The Perils of Interpreting*, pp. 107–108. 不過，該書並沒有提出任何實質的證據，並明言這只是出於猜想。然而，當中頗有疑點，最大的問題是當時李自標跟喬人傑和王文雄只算是初相識，見面次數不多，有沒有可能建立一種關係，讓李自標願意跟他們談論英國人在印度的情況？喬人傑和王文雄第一次與馬戛爾尼見面是在7月31日，而他們向馬戛爾尼查詢西藏的情況是在8月16日，相識才不過半個月，更不要說他們有什麼機會可以單獨談話。而且，這時候的李自標對使團的忠誠是毫無疑問的，離開中國十多年，以在中國傳教為己任的李自標，會馬上跟兩位剛認識不久的滿清官員推心置腹地細談英國人侵略外國的情況嗎？此外，我們見到李自標在幾天後的8月24日還跟中方爭論究竟英國人帶來的是禮品還是貢品，而沈艾娣也指出，使團在到達北京後曾因為住宿問題與接待官員爭論，李自標更明言不願意與喬人傑和王文雄商討。同上，頁110–111。最重要的是，馬戛爾尼日誌很清楚說明朝廷懷疑的原因，是福康安在平定廓爾喀遇到很大的抵抗，讓他們懷疑有歐洲人協助廓爾喀。這消息顯然是來自戰場的。Macartney, *An Embassy to China*, pp. 70, 87, 97.

192 1795年10月10日，李自標寫信給馬戛爾尼，說他在廣州的哥哥最近去世。Plume [Li Zibiao] to Macartney, Siganfu, Shansi, 10 October 1795.

193 Harrison, "A Faithful Interpreter," p. 1080.

194 《清高宗純皇帝實錄》，卷1003，第21冊，頁448。

195 《欽定平定台灣紀略(下)》(台北：台灣銀行經濟研究室，1961)，卷42，頁22。

196 Camillus Ciao to Jacob Ly, undated, ACGOFM, Missioni, 53, f. 75.

來相敘，且跟柯宗孝同行。[197] 這樣看來，李自標的中國人身份被福康安及其他人識破是很有可能的。

馬爾克尼信裡的說法以及馬戛爾尼和斯當東的記述，都令人感覺李自標為使團出任譯員會有很大的危險。這是可以理解的。當想到30多年前幫忙洪任輝書寫狀詞的劉亞匾被乾隆以奸民的罪名處死，[198] 便可以明白李自標的處境著實危險。但另一方面，長期住在海外、以外國使節或譯員身份回到中國來的情況，在中國歷史上也很常見。[199] 一個較為人熟知的例子是明末跟隨葡萄牙皮萊資（Tomé Pires, 1465?–1524?）使團來華的通事火者阿三，史家認為這就是「以華人充任大使」的個案。[200] 雖然阿三最終被處死，但那並不是因為他是華人的緣故。[201] 事實上，我們可

---

197 Thomas Staunton, "Journal of a Voyage to China, Second Part," 26 September 1793, p. 117, Staunton Papers, Duke University.

198 本來，劉亞匾所犯的「與夷人勾結」罪，「按律應發邊遠充軍」，但負責審理案件的兩廣總督李侍堯（?–1788）卻要求「從重立斃杖下」。然而，乾隆對此仍不滿意，下旨更重的懲處：「劉亞匾為外夷商謀砌款，情罪確鑿，即當明正刑典，不得以杖斃完結。」〈嚴法紀〉六，《高宗純皇帝聖訓》，卷199，頁4，《大清十朝聖訓》（五）（台北：文海出版社，1965），頁2629。

199 參陳學霖：〈記明代外番入貢中國之華籍使事〉，《大陸雜誌》第24卷第4期（1962年2月），頁16–21；陳學霖：〈「華人夷官」：明代外蕃華籍貢使考述〉，《中國文化研究所學報》第54期（2012年1月），頁29–68；陳尚勝：〈「夷官」與「逃民」：明朝對海外國家華人使節的反應〉，《中國傳統對外關係研究》（北京：中華書局，2015），頁120–137。

200 金國平、吳志良：〈一個以華人充任大使的葡萄牙使團——皮來資和火者亞三新考〉，《行政》第60期（2003年），頁465–483。關於皮萊資使團，可參張維華：〈葡萄牙第一次來華使臣事蹟考〉，《史學年報》第1卷第5期（1933年），頁103–112；T'ien-Tsê Chang, "Malacca and the Failure of the First Portuguese Embassy to Peking," *Journal of Southeast Asian History* 3, no. 2 (September 1962), pp. 45–64。從前一般認為，使團被遣返是因為葡萄牙侵佔滿剌加，滿剌加向北京求救，並揭發使團冒認滿剌加來使，因而被逐。但此說已遭否定，廣東當局和禮部早知使團來自佛郎機，處死通事火者亞三是因為他「詐稱滿剌加國使臣」。金國平、吳志良：〈一個以華人充任大使的葡萄牙使團〉，頁465–483。

201 關於通事火者亞三被誅事，《明史》記「亞三侍帝驕甚。從駕入都，居會同館。見提督主事梁焯，不屈膝。焯怒，撻之。〔江〕彬大詬曰：『彼嘗與天子嬉戲，肯跪汝小官邪？』明年，武宗崩，亞三下吏。自言本華人，為番人所使，乃伏法。絕其朝貢。」張廷玉等：《明史》（北京：中華書局，1974），第28冊，卷325，頁8431。又見《大明世宗肅皇帝實錄》，《明實錄》（台北：中央研究院歷史語言研究所，1966），第76冊，卷106，頁2507。至於火者阿三的身份，上引《明史》記其「自言本華人」；負責接待使團的廣東僉事署海道使顧應祥在《靜虛齋惜陰錄》中更說他是「江西浮梁人」，錄自萬明：《中葡早

以確定，儘管中國官員清楚知道李自標的中國人身份，但李自標為英國人作使團譯員，最終並沒有為他帶來什麼麻煩，剛好相反，李自標跟不少中國官員關係很不錯。事實上，作為使團的正式譯員，李自標在清政府官方接待的場合享有較高的位置，一直被視為使團的第三號人物，也是其中一位領導人物，李自標對此頗感自豪。[202] 在使團離開後，李自標一直留在中國，在山西地區傳教，除經常寫信到羅馬及那不勒斯外，更一直與使團保持聯繫。由此看來，儘管他的中國人身份早已暴露，但卻沒有帶來什麼麻煩。

嚴格來說，李自標出任英國使團譯員的資格是頗成疑問的，最大的問題是他不懂英語。李自標長期在意大利接受傳教訓練，掌握的外語是意大利文和拉丁文，沒法直接作中、英文對譯，每次翻譯都要經由使團內懂拉丁語的團員先把英語譯成拉丁語，然後李自標才能據此翻譯成中文。這當然是不理想。不過，從斯當東跑到那不勒斯尋找譯員開始，英國人對此早已知道和接受，因此他們不會有什麼不滿或投訴，畢竟馬戛爾尼及斯當東都是懂拉丁語的。可是，英國人這樣的安排卻讓乾隆感到不耐煩，在接見馬戛爾尼其間向使團提出有沒有誰能說中文。[203] 此外，斯當東還說翻譯上的繁複程序是造成乾隆沒有多跟馬戛爾尼直接談話的原因。他說，乾隆在圓明園觀賞馬戛爾尼送來的禮品時，對一艘軍艦模型很感興趣，提出不少問題，但由於翻譯人員水準太差，許多技術上的名詞譯不出來，乾隆最終便減少提問。斯當東由此推斷，乾隆跟馬戛爾

期關係史》，頁29。張維華據《元史》「火者其官稱也」，指稱「火者既為回人之官稱，則火者亞三似當為一回回人。」又說「葡人初入中國時，其舌人係回人充當，今自『火者』二字之音義，及上舉各家所言觀之，火者亞三似為葡使舌人之回回人名。」張維華：《明史佛郎機呂宋和蘭意大里亞四傳注釋》（北平：哈佛燕京學社，1934），頁9–10。另外伯希和也持相同的看法，並將火者亞三的名字還原為Hōja Assan (Khoja Hassan)，參Paul Pelliot, "Le Hōja et le Sayyid Husain de l'Historie des Ming," *T'oung Pao*, 2d ser., 38, livr. 2/5 (1948), pp. 81–292。但也有人把他名字還原為Khoja Hussain，見Geoff Wade, "The Portuguese as Represented in Some Chinese Sources of the Ming Dynasty," *Ming Qing Yanjiu* 9 (2000), pp. 89–148。

202 Jacobus Ly, Macao, 20 February 1794, APF SOCP, b. 68, f. 612v.

203 Staunton, *An Authentic Account of an Embassy*, vol. 2, p. 78.

尼直接談話的次數不多，不是由於禮節上的限制，也不是他不關心歐洲事務，而「完全是因為翻譯上的麻煩，無法更好地談話」。[204] 這說法不無道理，反映出問題的嚴重性，也清楚說明，翻譯過程不流暢，雙方難以有效溝通。不過，在這問題上，我們不能完全諉過於使團，因為即使清廷找來的譯員也同樣只懂拉丁文，不懂英語。

除不懂英語，無法直接翻譯外，李自標還有別的不足之處。斯當東在回憶錄兩次明確指出，李自標無論在中文的書寫能力還是對中國官場文化的理解上都有問題。其一是在使團到達北京後，馬戛爾尼要向中方說明覲見乾隆時所用的儀式。由於這問題至關重要，他慎重地要求以書面形式表達，並必須最準確地翻譯成中文。不過，他們顯然對李自標的中文能力有所懷疑。馬戛爾尼在寫給鄧達斯的報告中說，「使團譯員雖然是中國人，但對於朝廷慣用的文書風格全然不識，而且，由於長時間住在那不勒斯，寫的是意大利文和拉丁文，已很久沒有書寫複雜的中國文字的習慣了。」[205] 而日誌裡雖然沒有直接評論李自標的翻譯能力，但說到自己好不容易才說服一名在京的法國傳教士羅廣祥神父（Nicholas Joseph Raux, 1754–1801）去協助翻譯，並答應他的條件，信函裡不會出現羅廣祥以至他助手的字跡，也就是要另外找人抄寫。[206] 由此可見馬戛爾尼其實也對李自標的中文水平沒有信心，認為他沒有足夠能力來翻譯這封重要的書函。[207]

---

204 Ibid., p. 122.

205 Macartney to Dundas, near Han-chou-fu, 9 November 1793, IOR/G/12/92, p. 57; Staunton, *An Authentic Account of an Embassy*, vol. 2, pp. 28–29.

206 Macartney, *An Embassy to China*, p. 99.

207 沈艾娣在其著作中也徵引了馬戛爾尼給鄧達斯的報告，但上引那一段來自馬戛爾尼的話卻變成「李自標肯定地說他『完全不熟悉……』」（"Li said firmly that he 'was utterly unacquainted with … '"）。Harrison, *The Perils of Interpreting*, p. 112. 這傳遞出一個完全不符合馬戛爾尼原來報告的訊息，變成是李自標對自己的中文能力沒有信心。雖然我們不能否定這也是有可能，但馬戛爾尼在報告中所說的是他自己對李自標的中文能力沒有信心。

斯當東回憶錄中第二次對李自標的能力表示懷疑，是在馬戛爾尼已經跟乾隆見面後。當時清廷希望使團儘早離開，只是和珅說得十分委婉得體，好像歡迎使團繼續留下來。不過，具備豐富外交及政治經驗的馬戛爾尼和斯當東很輕易便明白和珅的真正意思，只有李自標還誤以為和珅真的讓使團隨意留下，願意再逗留多久也可以。對此，斯當東的評語是：「我們的譯員雖然是中國人，但對於自己朝廷的狀況及語言是不熟悉的。」[208]

不過，必須強調的是，儘管斯當東等對李自標書寫中文的能力抱有懷疑，但並不是說他們對李自標心存不滿。對於使團來說，李自標作為譯員有一個優點是至為可貴的，就是對使團的忠誠。從各成員的回憶錄看，他們自始至終沒有考慮或擔心李自標的中國人身份會影響他對英國使團的忠誠；剛好相反，在他們的描述裡，李自標一直竭誠盡心地為使團服務，在中國官員面前不但沒有感到為難或退縮，且更緊守崗位，處處維護使團的利益。其中一個最突出的例子是關於叩頭儀式。負責接待使團的王文雄及喬人傑要求馬戛爾尼練習跪叩，在遭拒絕後，他們指令李自標示範，但李自標說他只聽命於馬戛爾尼一人——馬戛爾尼當然不會讓李自標作這叩頭禮的示範。[209] 此外，儘管早已知道在路上會遇到困難，別的人也不肯去，他還是自告奮勇去為馬戛爾尼送信給和珅，結果也的確吃了點苦頭，被一些民眾騷擾侮辱，但他卻絲毫沒有抱怨。[210]

更值得一談的是他主動地跟中國官員爭拗究竟馬戛爾尼帶來送給清廷的是「禮品」還是「貢品」。8月24日，李自標阻止一批中國工匠拆卸使團帶來一些非常精巧的物品，他的理由是在還沒有正式呈送皇帝前，禮品仍歸英國人管理，但負責接待使團的長蘆鹽政徵瑞則認為這是呈獻皇帝的貢物，不再屬於英國人。李自標為此跟徵瑞爭論起來，他堅持那些是禮物，不是貢品。根據馬戛爾尼的說法，這次爭論最後要由內閣大

---

208 Staunton, *An Authentic Account of an Embassy*, vol. 2, p. 125.

209 Macartney, *An Embassy to China*, p. 90.

210 Ibid., p. 141; Staunton, *An Authentic Account of an Embassy*, vol. 2, pp. 87–88.

學士來平息，確定稱為「禮物」也沒有什麼問題。[211] 不過，這事件其實觸及一個敏感的核心問題，就是英使團的定位——它究竟是否來朝貢的？而由此引伸的是英國與清廷的關係，也就是說，中英兩國是否以平等地位交往？這對於一直抱著傳統天朝思想的清朝廷，以及正在積極海外擴張、建立帝國的英政府來說，都是一個既敏感又重要的問題。李自標在這問題上積極爭辯，說明他要極力維護使團以至英國的國家利益；而且，他的態度看來甚至比馬戛爾尼更強硬，因為在早些時候，馬戛爾尼已知悉他們的船車隊伍被插上「英吉利國貢舡」和「英吉利國貢物」的旗子。[212] 這顯然也是李自標告訴他的，可見李自標對這問題十分敏感，只是馬戛爾尼決定暫時不去爭論。[213] 對於馬戛爾尼和斯當東來說，李自標對使團的忠誠是至為重要的，因為他們無須擔心自己的想法會被錯誤傳達。不過，上文已指出，李自標參加使團的動機是宗教方面的，這就跟使團目的有著根本性的差異。我們將會交代他怎樣因為宗教原因而做出可能有損使團利益的事情，而且李自標在後期其實對馬戛爾尼是有所不滿的。換言之，李自標對於使團的所謂忠誠，並不是絕對的。

工作方面，李自標首先要負責的是使團成員與中國官員一般見面時的溝通。從使團成員的回憶錄可以看到，作為使團唯一的譯員，幾乎所有的傳譯工作都是由他擔負，更要負責聯絡及安排行程住宿，[214] 協助使

---

211 Macartney, *An Embassy to China*, p. 97. 關於使團禮品被稱為「貢品」的問題，巴羅曾這樣解釋：「貢」字分成兩個部分，上面的「工」代表藝術、工藝的意思，下面的「貝」字是稀少、珍貴的意思。因此「貢」並不是tribute，那是從前一些傳教士錯誤傳遞的訊息。Barrow, *An Auto-Biographical Memoir of Sir John Barrow*, p. 66.

212 參見黃一農：〈印象與真相〉，頁43。根據馬戛爾尼1793年8月16日的日誌所記，他是理解旗子所寫的意思，只是他決定暫時不去處理。Macartney, *An Embassy to China*, p. 88. 不過，阿美士德在籌劃第二次訪華使團時曾引錄馬戛爾尼的日誌，說馬戛爾尼不知道旗幟上中文字的真正意思。Amherst, "Notes on Policy to Be Pursued by the British Embassy to China," BL IOR MSS EUR F 140/36, quoted from Stevenson, *Britain's Second Embassy to China,* p. 97.

213 Macartney, *An Embassy to China*, p. 88; Staunton, *An Authentic Account of an Embassy*, vol. 2, p. 26.

214 Macartney, *An Embassy to China*, p. 94.

團機械師在頤和園指導裝嵌禮品的工作，[215] 甚至曾經為使團醫師作翻譯，為和珅打脈治診等。[216] 不過，在各個傳譯場合中，最重要的是馬戛爾尼與乾隆的見面。儘管清廷也派來了西洋傳教士協助翻譯，但幾經討論後，中英雙方還是決定在馬戛爾尼面覲皇帝時由李自標負責傳譯，斯當東說這是因為「他講的話是中國味，終究比歐洲人講中國話更好聽些」，[217] 李自標更說這是由和珅決定的。[218] 這固然可以進一步確定李自標的中國人身份早為清廷官員所知悉，而且也證明這並沒有帶來什麼大問題。不過，從英國人的角度看來，他們在最重要的場合裡得到一個完全可以信賴的譯員協助溝通，這是十分理想的安排，他們不用擔心自己的說話在翻譯過程中被扭曲。

傳譯以外，作為使團唯一的譯員，李自標也必須負責筆譯工作。儘管馬戛爾尼不讓他翻譯那封有關覲見儀式的書函，但使團在華期間還呈遞過好幾份中文文書，包括名義上寫給和珅、回應乾隆兩道敕諭的重要書函，還有寫給松筠和長麟的信，都很可能是李自標翻譯的，因為當時使團沒有其他懂中文的人，而且由於已離開北京，無法得到西方傳教士幫忙。就連早在使團抵達中國前已準備好的禮品清單中文譯本，因為後來在澳門及舟山加購禮品，最終的文本很可能也是由李自標負責整理及翻譯的，原因是柯宗孝、王英和嚴寬仁等都已經離團。

在某程度上，小斯當東也算得上是使團的譯員。

小斯當東全名叫喬治・湯馬士・斯當東，是使團副使斯當東的兒子，他16歲前並沒有正式入學，一直跟隨惠納學習，[219] 因為這緣故，斯當東推薦惠納參加使團，職銜為「聽事官」，[220] 而他的另一位家庭老師巴

---

[215] Ibid., pp. 121, 144.

[216] "Gillan on Medicine," ibid., p. 283.

[217] Staunton, *An Authentic Account of an Embassy*, vol. 2, p. 30.

[218] Jacobus Ly, Canton, 25 December 1793, APF SOCP, b. 68, ff. 609r.

[219] Staunton, *Memoirs of the Chief Incidents*, p. 5.

[220] 在中文檔案裡，惠納的名字為伊登勒。〈帶赴熱河人名數目折〉，《英使馬戛爾尼訪華檔案史料匯編》，頁562。

羅也同樣得以參加使團。斯當東獲委任為使團副使後，讓小斯當東以馬戛爾尼見習童子的身份隨團到中國。此外，在與父親前往那不勒斯尋得譯員柯宗孝及李自標後，小斯當東在倫敦已開始跟隨他們學習中文。具備很高語言天份的小斯當東——他當時已學會了六種語言[221]——在很短的時間裡便已取得成績。從馬戛爾尼以及斯當東的記述中，可以知道小斯當東在這次出使中國的行程中扮演了頗為重要的角色，甚至曾經正式為使團提供過翻譯。1793年7月31日，當使團第一次跟北京派來迎接的官員喬人傑及王文雄會面時，由於人數眾多，翻譯人手不足，小斯當東便試著去做翻譯工作，效果很不錯，就是斯當東在回憶錄中也禁不住稱讚自己的兒子雖然學習上不夠勤快，但由於他「感覺敏鋭，器官靈活，這次證明他是頗能勝任的譯員」。[222]儘管他沒有點出小斯當東的名字，但顯然是為兒子的表現感到驕傲的。[223]不過，除這次與中國官員晤面作過口譯外，我們再見不到有人提及小斯當東在其他場合充當譯員，尤其是參與筆譯工作。畢竟，只學習中文約一年光景的小斯當東是沒有足夠能力做筆譯的，但另一方面，他卻在重要的時刻擔負別的任務，就是協助謄寫中文文件，其中有兩項是非常重要的，一是剛提及的禮物清單，就是謄抄修改後的一份。[224]另一則是他謄寫了馬戛爾尼有關覲見乾隆時的儀式的公函。雖然公函的中文本是由北京的外國傳教士協助翻譯，但沒有中國人或朝廷派來的西洋人願意謄寫，害怕被人認出筆跡，馬戛爾尼認為小斯當東能夠寫出工整的中文，就讓小斯當東負責謄寫。[225]除這兩份重要的文書外，斯當東的回憶錄又説小斯當東在熱河時也曾謄寫過一封由馬戛爾尼口述、一名中國人翻譯的寫給和珅的信件。[226]從他所描

---

[221] Anderson, *A Narrative of the British Embassy to China*, p. 148.

[222] Staunton, *An Authentic Account of an Embassy*, vol. 1, p. 242.

[223] 在回憶錄裡，斯當東説自從那不勒斯回來後便有兩人一起跟隨兩名中國傳教士學習中文，但在到達中國後，當需要更多譯員時，其中一人完全沒法明白中國方面派過來的人員説的話。這人其實就是斯當東自己。同上。

[224] Macaratney, *An Embassy to China*, p. 100.

[225] Ibid., p. 99; Staunton, *An Authentic Account of an Embassy*, vol. 2, p. 32.

[226] Staunton, *An Authentic Account of an Embassy*, vol. 2, p. 87.

述信件的內容看，這應該是指馬戛爾尼在10月1日寫給和珅的信，一方面感謝朝廷准許使團成員在浙江購買茶葉，另一方面仍然提出要求批准「印度斯坦號」船長馬庚多斯馬上出發前往舟山，又請求准許代轉信函。[227] 不過，必須強調的是，小斯當東並沒有抄寫過喬治三世給乾隆的國書。[228]

最廣為傳頌的是小斯當東曾經與乾隆直接以漢語交談。使團在熱河獲得乾隆的接見時，由於李自標不懂英語，談話要經過幾回的轉譯，乾隆很不耐煩，詢問使團中有沒有能夠直接講中國話的人，馬戛爾尼便引見小斯當東。我們並不知道談話的具體內容，但據斯當東回憶，「也許因為他的講話，又或是他的外表和儀態得體，讓皇帝感到很滿意」，從腰帶上解下一個檳榔荷包賜給小斯當東。[229] 對此，斯當東有這樣的評論：

> 荷包是中國皇帝經常賜贈和獎賞子民的禮物。根據東方國家的思想，皇帝賜贈自己的荷包卻是非常特殊的恩典，尤其是皇帝身上的物件，更比

---

227 "Note to the First Minister Cho-Chan-Tong, from the British Embassador, Delivered at Yuen-Min-Yuen, 1 October 1793, with Latin translation," IOR/G/12/92, pp. 225–232; Macartney, *An Embassy to China*, p. 146.

228 提出這說法的是沈艾娣，她還說在1793年9月8日斯當東跟和珅見面的時候，把國書中譯本交給和珅，在會議結束時，他們還要求小斯當東在國書中譯本後簽名，確認是他所寫的。Harrison, *The Perils of Interpreting*, pp. 115–116. 但這有嚴重的錯誤。一、她在註釋所開列的幾條資料，其實並無隻字提及小斯當東抄寫國書中譯本，包括小斯當東的日記，全都只記錄了當天（9月8日）斯當東與和珅的一次見面情況。同上，頁295，註6；二、她所列出馬戛爾尼日誌的相關頁碼，清楚記下當天的見面並沒有把國書中譯本交與和珅，而是斯當東在回來後告訴他，和珅希望知道國書的內容，於是馬戛爾尼說答應會送給他（"On Sir George's return I found that the Minister's objects were to know the contents of the King's letter to the Emperor (of which a copy was accordingly promised to be given to him), and to..."），甚至在9月11日與和珅見面時，馬戛爾尼還只是說期待儘快把國書呈遞與乾隆。Macaratney, *An Embassy to China*, pp. 118, 120。沈艾娣在這問題上出錯的原因，在於她誤認國書中譯本是在使團出發後在來華旅途中翻譯出來，因此需要找人謄抄，但國書中譯其實早在使團出發前便在倫敦完成，且已找人謄抄妥當。詳見〈國書篇〉。其實，在這次晤面中，和珅的確接受了一份由小斯當東抄寫的文書，那就是上文剛說到馬戛爾尼所寫，並由傳教士安排翻譯、有關覲見乾隆時儀式的信函。這封信早前曾交與徵瑞，但徵瑞把信退回來，斯當東在這次晤面時才直接交與和珅。相關的討論亦見〈國書篇〉。

229 Staunton, *An Authentic Account of an Embassy*, vol. 2, p. 78.

別的禮物來得珍貴。一個小孩有這樣的幸運，惹來在場所有的中國官員注意和羨慕，有些人甚至還會妒忌起來。[230]

根據斯當東的記述，除直接談話外，乾隆還因為見到小斯當東的中文字寫得不錯而著他繪畫。雖然小斯當東一向不擅繪畫，但也很用心去畫，摹仿乾隆所贈荷包上的圖案畫出一些花葉。乾隆很是高興，又加贈禮物。[231] 此外，小斯當東在參觀萬樹園及其他地方時都得到乾隆的獎賞，包括布疋、茶葉、磁器及荷包等。[232] 後來，在使團快要離開中國前，小斯當東還親手寫了一封感謝信給乾隆。筆跡雖明顯看來很稚嫩，但對於一個年僅13歲、初學中文不久的外國孩童來說，已算寫得很不錯了。[233] 馬戛爾尼曾在使團快要離開中國時的日誌中說，小斯當東很快就學會講和寫中文，在好幾個場合對使團有莫大幫助，並以此推斷學習中文其實不困難。[234]

我們知道，這位因為能說中國話而得到乾隆額外賞賜的小斯當東，回到英國後繼續學習中文，後來加入東印度公司作書記，再次來華，讓東印度公司第一次擁有懂中文的正式僱員，更一度獲委任為公司的譯員，並逐漸升遷為大班及特選委員會主席，長期在廣州與中國官員往來

230 Ibid.

231 Ibid., pp. 93–94；中文檔案中也有「副使之子繪畫呈覽，賞大荷包一對」的記載，〈副貢使之子及總兵官等在含青齋西路等處瞻仰酌擬賞件清單〉，《英使馬戛爾尼訪華檔案史料匯編》，頁106。

232 〈擬於萬樹園賞副貢使之子多馬斯當東〉，同上，頁150；〈副貢使之子等在含青齋等處瞻仰酌擬賞清單〉，同上，頁105。

233 這封感謝信並沒有收在《英使馬戛爾尼訪華檔案史料匯編》內，影印件見〈英使馬戛爾尼謝恩書〉，《掌故叢編》，頁23。斯當東回憶錄中譯本《英使謁見乾隆紀實》重刊這份影印件，見斯當東（著）、葉篤義（譯）：《英使謁見乾隆紀實》（上海：上海書店，2005），頁392。令人大惑不解的是該書對信影所作的題註竟然是「由副使斯當東親筆書寫的致皇帝感謝信」，這明顯是錯誤的，一來副使斯當東不懂中文，二來信影中清楚寫著「此呈係哆嗎嘶噹喥親手寫」。「哆嗎嘶噹喥」就是小斯當東。關於這封感恩信的來龍去脈，詳見〈後續篇〉。

234 Macartney, *An Embassy to China*, p. 210.

交涉。[235] 更有意思的是，他不讓父親專美，1816年（嘉慶二十一年）同樣以副使身份隨同阿美士德（William Lord Amherst, 1773–1857）使團再次到北京。[236] 此外，他也被公認為英國最早的一位漢學家，曾經翻譯出版《大清律例》，[237] 並與Henry Thomas Colebrooke（1765–1837）共同創立大不列顛及愛爾蘭皇家亞洲學會，毫無疑問是中英文化交流史上的一個重要人物，更不用説在政治上他以最資深的「中國通」身份發揮了巨大影響。值得強調的是，他的漢語及對中國的理解，都是最初跟隨父親和馬戛爾尼出使中國時開始學習和掌握的。[238]

關於使團的譯者，不能不提的還有另一人：惠納。惠納原是小斯當東的家庭教師，他獲斯當東推薦參加使團，其中一個任務是在使團中負責翻譯工作，這是因為李自標不懂英語，只懂拉丁語，使團得要找人先作英文和拉丁文的翻譯，好讓李自標能從拉丁文本翻譯中文，使團這第一輪的翻譯任務便落在精通拉丁語的惠納身上，例如使團的禮品清單便是先由惠納把馬戛爾尼所擬定的英文清單翻譯成拉丁文，然後才翻譯成

---

235 參王宏志：〈斯當東與廣州體制中英貿易的翻譯：兼論1814年東印度公司與廣州官員一次涉及翻譯問題的會議〉，《翻譯學研究集刊》第17期（2014年8月），頁55–86。

236 George Thomas Staunton, *Notes of Proceedings and Occurrences, during the British Embassy to Pekin in 1816* (1824, for private circulation), reprinted in Patrick Tuck (selected), *Britain and the China Trade 1635–1842* (London and New York: Routledge, 2000), vol. 10. 不過，其實小斯當東在1810年時原以為自己會被委派為大使的，但結果沒有成功，讓他很失望。參Staunton, *Memoirs of the Chief Incidents*, pp. 42–44。

237 George T. Staunton, *Ta Tsing Leu Lee, Being the Fundamental Laws, and a Selection from the Supplementary Statutes, of the Penal Code of China* (London: T. Cadell and W. Davis, 1810)；有關小斯當東翻譯《大清律例》的討論，可參James St. André, "'But Do They Have a Notion of Justice?' Staunton's 1810 Translation of the Penal Code," *The Translator* 10, no. 1 (April 2004), pp. 1–32; S. P. Ong, "Jurisdiction Politics in Canton and the First English Translation of the Qing Penal Code," *Journal of the Royal Asiatic Society*, Series 3, 20, no. 2 (April 2010), pp. 141–165。

238 關於小斯當東的生平，除他的自傳外，亦可參 Spivey, "Sir George Thomas Staunton: Agent for the British East India Company in China, 1798–1817"；遊博清：〈小斯當東（George Thomas Staunton, 1781–1859）——19世紀的英國茶商、使者與中國通〉（國立清華大學歷史研究所碩士論文，2004）；Jodi Rhea Bartley Eastberg, "West Meets East: British Perception of China Through the Life and Works of Sir George Thomas Staunton, 1781–1859" (Unpublished PhD dissertation, Marquette University, 2009); Harrison, *The Perils of Interpreting*.

中文。[239] 此外，使團的好幾份重要文書的拉丁文本，也是由惠納翻譯的，[240] 當中最重要的是英王喬治三世致乾隆的國書，斯當東説過拉丁文本就是由惠納翻譯出來的。[241] 由此可見，在討論馬戛爾尼使團的翻譯問題時，惠納的重要性是不可忽略的，而他以德文寫成的使團回憶錄《來自英國派遣到中國及部分韃靼地區使團的報告，1792–1794年》更早在1797年出版。[242] 雖然這本小冊子只有190頁，但因為他原來就無意公開出版，只是為自己的一些朋友寫成，所以印量很少；[243] 但在1799年已被譯成荷蘭文及法文版，而法文版更於第二年即再版。[244] 使團回國後，惠納曾一度轉到英國外交部擔任譯員，[245] 從1796年開始大量為德國的報章雜誌撰稿，在德國推廣英國文化，對魏瑪文化(Weimar)以至歌德(Johann Wolfgang von Goethe, 1749–1832)有很大的影響。[246]

此外，在馬戛爾尼使團的譯員問題上，還可以討論的是兩名在使團到達中國後加入的傳教士。他們是法國遣使會傳教士，全名分別叫韓納慶(Robert Hanna, 1762–1797)及南彌德(Louis-François-Marie Lamiot, 1767–1831)，佩雷菲特所開列參與使團禮品清單和國書翻譯工作的譯員名單中便有這二人的名字。[247] 但事實是不是這樣？

---

239 Staunton, *An Authentic Account of an Embassy*, vol. 1, p. 246.

240 Ibid., vol. 2, p. 30.

241 Ibid., vol. 1, p. 246.

242 Hüttner, *Nachricht von der Britischen Gesandtschaftsreisé durch China und einen Teil der Tartarei, 1792–94*.

243 達素彬(Sabine Dabringhaus)(撰)、鞠方安(譯)：〈第三者的觀點：赫脱南關於馬戛爾尼使團的描述〉，張芝聯、成崇德(主編)：《中英通使二百周年學術討論會論文集》，頁333。

244 參宮宏宇：〈中西音樂交流研究中的誤讀、疏漏與誇大——以民歌《茉莉花》在海外的研究為例〉，《音樂研究》2013年第1期(2013年1月)，頁87。該文亦討論了惠納在中西音樂交流史上的貢獻。

245 Staunton, *Memoirs of the Chief Incidents*, p. 5.

246 Catherine W. Proescholdt, "Johann Christian Hüttner (1766–1847): A Link between Weimar and London," in Nicholas Boyle and John Guthrie (eds.), *Goethe and the English-Speaking World: Essays from the Cambridge Symposium for His 250th Anniversary* (Rochester, NY: Camden House, 2002), pp. 99–109.

247 Peyrefitte, *The Collision of Two Civilisations*, p. 76.

其實，這兩名傳教士早已來到澳門——韓納慶在1788年來華，南彌德則在1791年到來，他們一直期待到北京工作，於是利用使團來華的機會，從澳門登船，希望能隨團北上，以數學家和天文學家的身份申請留在北京為朝廷工作。[248]馬戛爾尼在1793年9月18日在熱河曾寫信給和珅，報告這兩名傳教士乘坐使團的便船從澳門到達天津，但因為沒有得到接待，已先回舟山，如果他們獲准進京，便馬上從舟山趕過來。[249]馬戛爾尼在日誌裡對這樣的安排作過解釋：如果這兩名傳教士跟隨他們一起去北京，便會被視為使團的成員，在使團回去時，他們也得要離開北京，但這不是他們原來的意願，因此寧可讓他們先去舟山。[250]

從和珅接到馬戛爾尼的信件開始，韓納慶和南彌德便分別以「安納」和「拉彌額特」的名字出現在相關的上諭和奏摺裡。從馬戛爾尼把他們送回舟山，不讓他們一起去北京的安排看來，説明馬戛爾尼把他們視為使團以外的人，甚至可以説是跟他們劃清界線，避免惹來朝廷的懷疑。然而，諷刺的是，馬戛爾尼沒有料到他給和珅的信反而讓清廷對二人起了戒心，立刻把他們看成是使團的人。這是因為英使團國書曾提出在北京派駐人員管理商務的要求，雖然馬上遭到拒絕，[251]但當朝廷同時又從馬戛爾尼的信中得知有兩名傳教士想留在北京時，便聯想到這可能是英國使團的計劃，兩名傳教士就是英國要派到北京長駐的人員。因此，表面上朝廷態度十分包容地説「自可准行」，但另一方面又明確地説安納等進京「不必用該國人帶領」，要求二人回浙江或廣東申請辦理；[252]更嚴重的是朝廷馬上在內部進行調查，先向在京法國傳教士羅廣祥查詢，然後下諭候任兩廣總督長麟「確切查訪」，「安納拉彌額特二名是否真係佛蘭西人，抑英吉利國人假託混入」，[253]更一直追查到澳門，由澳門同知韋協

[248] Marcartney, *An Embassy to China*, p. 64.

[249] Macartney to Cho-Chan-Tong [He Shen], Gehol, 18 September 1793, IOR/G/12/92, p. 218.

[250] Marcartney, *An Embassy to China*, pp. 77–78.

[251] 〈大清皇帝給英吉利國王敕諭〉，《英使馬戛爾尼訪華檔案史料匯編》，頁165。

[252] 〈奏為英貢使復求請准馬庚多斯回船擬先行回京再駁議〉，同上，頁153。

[253] 〈和珅字寄松筠奉上諭夷船尚在定海告知貢使由浙上船並妥辦購物事宜〉，同上，頁182。

中向澳門葡萄牙人首領委黎多查問，「安納、拉彌額特二人究係何國人氏，於何年月日到澳，現在住居何處」。[254] 本來，葡萄牙人也馬上提供了資料：「安納係生於紅毛國人氏，年三十歲，長成學習於弗郎西國，來住澳門五年。又查得拉彌額特年二十六歲，係弗郎西國人氏，來澳門一年有餘」，但他們「因係外國人氏，今不知何往」的說法即遭到訓斥，「事關具奏，未便含糊，合再諭查」，更又提問「紅毛是否即係英吉利，抑係紅毛所屬之別國人？」[255] 對此，澳門同知韋協中很快又再發出兩份諭令，即在短短的20天內就這事發送四份諭令，都是要求委黎多「逐一詳確切即日稟覆」。[256] 經過多番周折，英使團已經啟程回國，朝廷在澳門當局確定韓納慶和南彌德「係英吉利國未經進貢以前即在澳門居住，並無與英吉利貢使交通情事」後，才在1794年3月4日批准二人從廣州到北京去。[257] 1794年3月1日及5日，韓納慶在廣州寫了兩封信給斯當東，除告知斯當東他們會在兩個星期左右後便出發去北京外，也轉述了一些有關使團的報告和評論。[258]

那麼，究竟這兩名傳教士是否像佩雷菲特所說，參加過使團國書和禮品清單的翻譯工作？要指出的是，佩雷菲特並沒有提出任何佐證，支持自己的說法；相反，在現在所能見到的資料裡，並沒有任何有關這兩名傳教士參加過使團翻譯工作的記錄。既然韓納慶和南彌德在1793年6月下旬使團到達澳門後才加入，然後在8月9日被迫離開，[259] 那實際與使

---

254 〈澳門同知韋協中為飭查安納及拉彌額特係何國人氏事下理事官諭〉，劉芳（輯）、章文欽（校）：《葡萄牙東波塔檔案館藏清代澳門中文檔案彙編》，下冊，頁535。

255 〈澳門同知韋協中為飭查安納及拉彌額特在澳住址事下理事官諭〉，同上，頁535。

256 〈澳門同知韋協中為飭催確查安納及拉彌額特事下理事官諭〉，同上，頁536；〈澳門同知韋協中為飭再確查安納及拉彌額特事下理事官諭〉，同上。

257 〈澳門同知韋協中為飭查安納及拉彌額特進京事行理事官牌〉，同上，頁536–537。韓納慶進京後，供職於欽天監，嘉慶元年（1797年）年底在北京去世；南彌德曾先充當翻譯差使，嘉慶十七年（1812年）接任北堂會長，嘉慶二十四年（1819年）被驅逐下澳，道光二十一年（1831年）卒於澳門，葬聖若瑟教堂。參同上，頁535，註1。

258 Hanna to Staunton, Canton, 2 March 1794, *An Important Collection*, vol. 7 doc. 292, CWCCU; Hanna to Staunton, Canton, 5 March 1794, ibid., vol. 7, doc. 293, CWCCU.

259 Macartney, *An Embassy to China*, pp. 77–78, 142.

團一起的日子大概只有一個半月，這跟錫拉巴的情況是相同的，但錫拉巴參與翻譯工作的報導不但見於馬戛爾尼自己的記述，也出現在中方的檔案裡，但從沒有看到什麼人在什麼地方提及韓納慶和南彌德曾經幫忙過任何翻譯工作。事實上，更準確地說是根本沒有人說過他們做過些什麼，每次提及二人時都只是有關他們前往天津的安排，與使團全無關係。此外，究竟韓納慶和南彌德的中文水平怎樣？是否能書寫和翻譯中文？我們沒有這方面具體的資料，羅廣祥在1794年10月21日所寫的一封信便提到韓納慶和南彌德在到達北京後，非常用功地學習中文，[260] 很可能說明他們即使不是完全不懂中文，但水平也很有限。[261] 因此，我們實在沒法認同佩雷菲特認為韓納慶和南彌德參與翻譯使團國書和禮品清單的說法。

二

英國遣使來華，清廷方面有沒有派出人員負責翻譯的工作？

其實，嚴格來說，在馬戛爾尼使團訪華事件中，最早正式出現在中英雙方晤面溝通場合的譯員是來自中方的，那就是東印度公司專員在廣州當面向中國官員通報英國將會遣使來華的消息的第一次會議。儘管斯當東早在1792年5月已從意大利把李自標、柯宗孝等使團譯員帶到英國，並已經開展實質的翻譯工作，但那只是遠在倫敦單方面進行，中英雙方還沒有在遣使問題上有任何溝通。一直到東印度公司的三名專員在1792年10月10日與署理兩廣總督郭世勳及粵海關監督盛住晤面時，[262]

260 "Letter from Father Raux Written from Pekin," *An Important Collection*, vol. 7, doc. 310, CWCCU.

261 可以一提的是韓納慶在3月1日的一封信裡曾提及過為特使「服務」，但所指的不是翻譯工作，而是他在使團離開後為使團在廣州通報消息及聯繫。Hanna to Staunton, Canton, 1 March 1794, ibid., vol. 7, doc. 292, CWCCU.

262 Secret Consultations, Diary and Observations of Secret and Superintending Committee, 11 October 1792, IOR/G/12/93A, pp. 32–34.

才出現第一次中英雙方跟使團訪華相關的翻譯場合。由於當時東印度公司廣州商館沒有自己的譯員，這次晤面的翻譯工作便只能由來自廣州的行商和通事負責。

關於這次會議的具體翻譯情況和效果，下一章〈預告篇〉會有詳細討論，這裡先交代一下譯員的情況。

在郭世勳上奏朝廷的奏摺裡，陪同英國專員到來通報的是「洋商蔡世文等」，[263] 在英文資料中，一起出席會議的有兩名中國商人Munqua和Puan Khequa，[264] 前者即「文官」，就是萬和行文官蔡世文(1734–1796)，而後者則是「潘啟官」潘有度(1755–1820)，二人都不是通事，而是當時的行商領袖。蔡世文「自乾隆三十年左右已設行承商，中間凡兩易行名」，先為逢源行，後改為萬和行，行商長達三十餘年，1792至1795年(乾隆五十七年至六十年)「係居於總理洋行事務之總商地位」。[265] 潘有度原名致祥，為同文行創辦人潘文巖(振承，1714–1788)第四子。潘文巖為公行領袖，去世前在廣州外貿中佔最重要位置。[266] 潘有度雖然繼承同文行，但不肯接任行商領袖，蔡世文被指派出任。[267] 從東印度公司專

263 〈署理兩廣總督印務廣東巡撫郭世勳等奏為英吉利遣使進貢折〉，同上，頁217、279。

264 "Copy of a Letter from the Secret and Superintending Committee to The Honorable Chairman and Deputy Chairman of the Honorable Court of Directors dated 25th November 1792," IOR/G/12/93A, p. 5.

265 梁嘉彬：《廣東十三行考》(廣州：廣東人民出版社，1999)，頁276–278。

266 關於潘文巖的商業活動，參Paul A. Van Dyke, *Merchants of Canton and Macao: Success and Failure in Eighteenth-Century Chinese Trade* (Hong Kong: Hong Kong University Press, 2016), pp. 61–96；潘剛兒、黃啟臣、陳國棟：《廣州十三行之一：潘同文(孚)行》(廣州：華南理工大學出版社，2006)，頁1–90。潘文巖的英文商名為Poankeequa(有不同拼寫方式，如Puan Khequa)。由於其後繼人也沿用這個英文商名，因此他往往被稱為Poankeequa I，而潘有度則被稱為Poankeequa II。有關潘有度，亦可參《廣州十三行之一：潘同文(孚)行》，頁91–189。

267 Morse, *The Chronicles of the East India Company*, vol. 2, p. 153. 蔡世文早在1778年便曾因為承擔另一行商廣順行陳科官(Tan Coqua)的債務而開始出現經濟危機，1779年更欠下英國商人大筆債務，但翌年即提出還款方案，分三年以年息五厘去清還債務。同上，頁34、45、55。不過，蔡世文最終還是生意失敗，1796年自殺死亡。關於蔡世文的商業活動和債務，可參Van Dyke, *Merchants of Canton and Macao*, pp. 43–57。

員所寫的詳細報告看來，會面時英國人與中國官員的談話應該就是由蔡世文和潘有度負責翻譯的，三名專員認為，蔡世文和潘有度是懂一點英語的。[268]

除這兩名行商外，這次中英就馬戛爾尼使團訪華的會議還有通事參與其中，主要負責文書的翻譯工作，只是無論在中方還是英方的資料裡都沒有註明通事的名字。當時，東印度公司的三名專員帶來東印度公司董事局主席百靈(Francis Baring, 1740–1810)的信函，送呈兩廣總督，報告英國派遣使團的消息，並提出要求，不在廣州入境，而是從海路到天津進京。[269] 由於該信函只有英文原信及拉丁文譯本，必須翻譯成中文。郭世勳在奏摺裡說「隨令通事及認識夷字之人譯出」，[270] 一方面說得十分簡單，另一方面又說出除通事翻譯稟文外，還另外有不是通事、但「認識夷字之人」一起翻譯。這說法有點奇怪，他所指的不應是蔡世文等洋商，因為前面已提及過他們的名字了，沒有必要在此刻意迴避，以這樣累贅的方式表達。其實，這裡所說的「認識夷字之人」，很可能指到來通報消息的東印度公司專員，因為這些專員向公司董事局匯報這次見面時也談到翻譯百靈信函的情況：

> 在他〔巡撫，即署理兩廣總督郭世勳〕的同意下，委員會主席〔波郎〕從秘書手上拿了信件，走到他面前，把信遞到他手上。他見到信件附有拉丁文譯本，便交給了海關監督，海關監督叫來一名懂拉丁文的中國人去作翻譯。巡撫還把原信交還行商，讓我們幫忙翻譯成中文。[271]

268　"At a Secret Committee," 11 October 1792, Secret Consultations, Diary and Observations of Secret and Superintending Committee, IOR/G/12/93A, p. 32.

269　"Letter from the Chairman to the Viceroy of Canton," 27 April 1792, IOR/G/12/91, pp. 333–337; also as "Letter from the Chairman of the East India Company to the Viceroy, 27th April 1792," in Pritchard (ed.), "The Instructions of the East India Company," pp. 375–377.

270　〈署理兩廣總督印務廣東巡撫郭世勳等奏為英吉利遣使進貢折〉，《英使馬戛爾尼訪華檔案史料匯編》，頁217、279。

271　"At a Secret Committee," 11 October 1792, Secret Consultations, Diary and Observations of Secret and Superintending Committee, IOR/G/12/93A, p. 37.

從這段報告可以看到，百靈信函的兩個不同文本是交由不同的兩批人士翻譯的。負責翻譯拉丁文本的應該是一名廣州通事，[272] 而英文本則由東印度公司專員聯同行商蔡世文等翻譯出來；此外，專員的報告還明確地說從拉丁文翻譯的文本能比較準確地把信件內容傳達出來。這便透露一個重要訊息，就是廣州的中國官員身邊有懂拉丁文的通事，能夠很快找過來，並當場把信函譯出，且看來水平不低。這些翻譯拉丁文的通事不一定是廣東人，但都是天主教徒，甚至可能接受過傳教士訓練，跟隨外國傳教士學會拉丁文，輾轉來到廣州當通事。這樣的通事當時在廣州是可以找到的，例如幾年後第一位來華的新教傳教士馬禮遜，他在廣州找到的中文老師嚴本明(Abel Yên Jén Ming)，[273] 便懂官話及拉丁文，是山西太原人、天主教徒；[274] 另外陪同第一個到達西藏拉薩的英國人萬寧(Thomas Manning, 1772–1840)的趙金秀，也同樣是太原人，在北京跟隨

272 沈艾娣說百靈信函的拉丁文本被送往澳門葡萄牙人所設立的官方翻譯機關去翻譯。Harrison, *The Perils of Interpreting*, p. 90. 她所徵引的是李長森的《近代澳門翻譯史稿》及東印度公司檔案，但這說法頗有問題。李長森所討論的是澳門議事會在1627年所制定的《本城通官通事暨番書規例》，並從中發展出來澳門當局的官方翻譯隊伍，當中無疑有一些懂葡萄牙文的中國人充任通事，但該書沒有隻字提及馬戛爾尼使團或百靈的信函。李長森：《近代澳門翻譯史稿》(北京：澳門特別行政區政府文化局、社會科學文獻出版社，2016)，頁69–83。另一方面，東印度公司檔案只說粵海關監督叫來一名懂拉丁文的中國人把信函翻譯出來(“gave it to the Hoppo, who called for a Chinese acquainted with the language, to translate it”)，沒有提到葡萄牙人的翻譯機構。事實上，根據專員們的報告，譯文在當場很快便譯出來，一個小時後郭世勳等便跟他們討論信函的內容。“At a Secret Committee,” 11 October 1792, Secret Consultations, Diary and Observations of Secret and Superintending Committee, IOR/G/12/93A, p. 37.

273 過去人們不能確定他的中文名字，一直沿用蘇精所音譯的「雲官明」，但蘇精說過「本文作者檢視過的馬禮遜文獻中，未發現任何中文教師的中文姓名，為便於行文討論，各教師中文姓名均為音譯。」蘇精：〈馬禮遜和他的中文教師〉，《馬禮遜與中文印刷出版》，頁57。大不列顛及愛爾蘭皇家亞洲學會的「萬寧檔案」(Manning Archive)中藏有一封他寫給萬寧的信，從中可以確定他的名字叫嚴本明。參Abel Yen to Manning, undated, Papers of Thomas Manning, Chinese Scholar, First English Visitor to Lhasa, Tibet, Royal Asiatic Society of Great Britain and Ireland, GB 891 TM/5/13.

274 關於馬禮遜跟隨嚴本明學習中文的情況，參蘇精：《馬禮遜與中文印刷出版》，頁66–68。

傳教士讀書，並學會拉丁文，1807年跑到廣州當通事。[275] 此外，澳門一直也有不少學過拉丁文的中國人，包括上文提過為澳門教區總務長馬爾克尼翻譯和服務的戴德冠和錫拉巴。

但另一方面，儘管英國人自1715年即在廣州建立商館，每年都進行貿易買賣，東印度公司專員這次要把百靈的英文原信翻譯出來卻遇上很大的困難，負責的竟然不是正式的通事，而是兩名公行領袖，以及剛從英國過來的東印度公司專員。這實在很不合理。可以想像，整個翻譯過程都叫這些專員很難受。他們在報告裡説費了很大的力氣才能勉強讓蔡世文等弄清楚信件的內容。對於這種很不理想的狀況，他們更忍不住深深感慨：

> 也許從沒有像這次一樣，讓我們更強烈地感到東印度公司是多麼需要一名稱職的譯員，需要大力鼓勵他們的年輕僱員在重重困難下去學習中文。雖然通過拉丁文本的中譯——那明顯比從原信直接譯出來的中文本優勝——能夠讓巡撫及他的官員明白信件的精神，但我們不能不感到可惜的是：由於沒有自己國家的翻譯人員，我們錯失了在這次前所未有及非常重要的晤面談話中所可能得到的好處。[276]

東印度公司沒有培養自己的譯員，固然足以讓剛到中國的專員感到不滿和無奈，以致他們後來寫信給馬戛爾尼，請他向清廷提出要求，准許中國人公開教導公司成員中文，[277] 但其實整個翻譯過程也正反映出廣州當局自身的翻譯資源是多麼缺乏，問題是多麼嚴重。這次會議的重要性是毫無疑問的，會議一方是廣東最高級的官員署理兩廣總督和粵海關監督，英方出席的也是東印度公司在廣州最高級的管理人員，而涉及的議題足以影響或改變廣州對外貿易局面以至整個中英外交關係，更不要

275　關於趙金秀以及他跟萬寧的交往，參王宏志：〈從西藏拉薩到《大英百科全書》：萬寧（Thomas Manning, 1772–1840）與18–19世紀中英關係〉，《國際漢學》第16期（2018年9月），頁122–147。

276　"At a Secret Committee," 11 October 1792, Secret Consultations, Diary and Observations of Secret and Superintending Committee, IOR/G/12/93A, pp. 38–39.

277　"To His Excellency George Viscount Macartney K.B., signed by the Committee, 28th September 1793," IOR/G/12/265, pp. 131–132.

說乾隆和朝廷肯定對此非常重視，但廣州當局竟然沒法找到足夠水平的譯員，實在令人難以置信，而更嚴重的是：長期以來廣州官員似乎沒有覺得這狀況有什麼不妥。

但上文曾提過，東印度公司婉拒了廣州當局派來的兩名行商作為使團譯員，這究竟是怎麼一回事？這兩名本來有可能成為使團譯員的行商又是誰？他們會是稱職的譯員嗎？

原來，乾隆在接到郭世勳的奏報，知悉英國要派遣使團後，便在1792年12月3日（乾隆五十七年十月二十日）連續下旨要求沿海各省總督及巡撫等做好準備，迎接及護送英使進京。[278] 可以想見，地方官吏對此非常緊張，尤其是廣東地區的官員。他們特別害怕英國使團訪京的目的是跟洪任輝一樣，要投訴廣州的對外貿易，因此，他們很著意地派人跟使團儘早聯絡。他們最初希望英使團能改變計劃，先到廣州，而不是直接去天津；在遭到拒絕後，他們又嘗試委派譯員陪同使團進京。另一方面，朝廷則擔心使團會像其他朝貢使節一樣沿途買賣貨物，恐怕言語不通而沒法進行議價交易，因此下諭福建、浙江及江南三省督撫行文廣東，令郭世勳揀選行商及通事數人作準備；如使團進行貿易，則速調通事等前往幫忙。[279]

根據馬戛爾尼和斯當東的記述，廣東的官員曾經通知東印度公司專員，已經安排好兩名廣東商人隨時候命，待接到使團抵達的消息後，即趕赴口岸迎接，並擔任使團的翻譯。[280] 但專員又告訴馬戛爾尼，他們已代為婉拒這安排，一方面他們不相信這些行商是稱職的譯員；另一方面，這兩名行商一直跟東印度公司有貿易往來，當時已收了一大筆貨款，如果跟隨使團北上，便很可能沒法完成該年的買賣，對廣州的英商造成很大的經濟損失。更嚴重的問題是東印度公司害怕這兩名行商會

---

278 〈諭軍機大臣著傳諭各督撫如遇英貢船到口即速護送進京〉及〈諭軍機大臣著傳諭沿海督撫妥善辦理迎接英貢使事宜〉，《英使馬戛爾尼訪華檔案史料匯編》，頁27–28。

279 〈和珅字寄沿海各督撫奉上諭著妥辦接待英貢使及貿易諸事宜〉，同上，頁93。

280 Staunton, *An Authentic Account of an Embassy*, vol. 1, pp. 194–195.

破壞使團的計劃，因為行商本來就是廣州貿易制度的一部分，而使團訪華的主要目的就是要試圖改善廣州貿易條件與狀況，行商的利益很可能因此受到影響。在這情形下，這兩名廣東商人是不可能忠誠地為使團服務的。

這是我們知道最早從中國方面派出的翻譯人員。不過，上文已指出，這兩名廣東商人最終並沒有跟隨使團北上，除因為東印度公司拒絕這項安排外，這兩名廣東商人自己也不願意擔任使團翻譯工作，他們在廣州的商務利益很大，既不想離開，也害怕捲入中英的外交瓜葛，尤其擔心英國使團會在北京投訴廣州的通商情況，恐怕會被視為同謀。因此，他們極不情願出任使團的翻譯，最後是通過賄賂官員才得以免役。[281] 不過，這並不是説這兩名行商從沒有出現，因為其中一人其實就是蔡世文。1793年5月14日，蔡世文來到澳門，與公司專員見面，訴説被指派與另一名洋商一起前往使團登岸港口為使團服務，另外還帶同兩名通事同行。蔡世文還説，廣州不少行商都向粵海關監督送禮，尋求避免入選，但由於蔡世文是行商領袖，不能豁免。對於這項任命，蔡世文顯得非常不安和苦惱，所以專程跑到澳門與專員見面，尋求他們的意見及幫助。[282] 專員為此寫了一封給馬戛爾尼的信，交給蔡世文，讓他在真的北上時可以轉交馬戛爾尼，請求馬戛爾尼讓蔡世文返回廣東。[283] 此外，他們又直接寫信給馬戛爾尼，表達他們認為蔡世文留在廣州對英國貿易會有好處的看法，但也説最終請馬戛爾尼作決定。[284] 這事情靜止了一陣子，專員還以為問題已得到解決；但在7月14日，他們收到蔡世文及另一位行商喬官(Geowqua)，即源順行的伍國釗(1734–1802)[285] 的來信，説總督

281 Ibid., p. 195.

282 "At a Secret Committee," 15 May 1793, Secret Consultations, Diary and Observations of Secret and Superintending Committee, IOR/G/12/93A, pp. 188–190; Secret Committee to Court of Directors, 26 May 1793, IOR/G/12/93A, pp. 198–199.

283 Secret Committee to Macartney, Macao, 15 May 1793, IOR/G/12/93A, pp. 191–193.

284 Secret Committee to Macartney, Macao, 1 June 1793, IOR/G/12/93A, pp. 208–209.

285 關於伍國釗，可參Van Dyke, *Merchants of Canton and Macao*, pp. 108–116。

及粵海關監督要求他們二人立刻趕往浙江，協助商貿及翻譯。[286] 這也見於清宮檔案。郭世勳這時候確曾上奏朝廷，奏報他和盛住已經「選派行商蔡世文伍國釗，並曉諳夷語之通事林傑李振等數名」，準備北上。[287] 為此，專員們三人又聯名寫信給郭世勳及盛住，以使團船隻除盛載禮品外，並無其他貨品，使團無意在出使期間作商貿活動為由，提出無需行商陪同，另外就是這兩名行商領袖在該年度貿易中至為重要，不適宜離開廣州。[288] 除東印度公司專員外，蔡世文還找過一些荷蘭人幫忙。儘管這時候蔡世文跟荷蘭東印度公司已經沒有生意往來，但這些荷蘭商人還是願意提供協助，以法文寫了兩封信給總督及粵海關，請求准許蔡世文和伍國釗留在廣州，負責與荷蘭人的買賣活動。[289] 結果，蔡世文等得以免役，無須與使團一起到北京去。[290] 不過，蔡世文和潘有度仍繼續在廣州為東印度公司專員與中國官員聯繫，也負責協助翻譯的工作。[291]

不過，當使團的船隊到達舟山時，一些官員來到船上探看情況時，仍帶來一名當地商人作為翻譯。這名翻譯原來是在舟山還允許與外國通商時，通過跟東印度公司人員的往來而學會英文的。據記載，他「還記得幾句英文」，甚至記得從前東印度公司派來做買賣的大班的名字。使團成員也能從這名商人得到一些資訊，包括舟山的經商條件遠比廣州優勝，只是廣州官員從外貿中獲取巨大利益，因而遊說朝廷停止舟山的外貿活動。[292] 儘管這名商人似乎頗能有效地與英國人溝通，但在使團離開

---

286 "At a Secret Committee," 15 May 1793, Secret Consultations, Diary and Observations of Secret and Superintending Committee, IOR/G/12/93A, pp. 240–242.

287 〈署理兩廣總督事務廣東巡撫郭世勳奏報英貢船經澳門外大洋赴津入京折〉，《英使馬戛爾尼訪華檔案史料匯編》，頁308。

288 Secret and Superintending Committee to Fouyuen and Quangpo, Macao, 15 July 1793, IOR/G/12/93A, pp. 242–245.

289 Van Dyke, *Merchants of Canton and Macao*, p. 54.

290 "At a Secret Committee," 8 August 1793, Secret Consultations, Diary and Observations of Secret and Superintending Committee, IOR/G/12/93A, pp. 246–247.

291 "At a Secret Committee," Canton, 13 October 1793, ibid., IOR/G/12/93A, pp. 331–334; "At a Secret Committee," Canton, 15 October 1793, ibid., IOR/G/12/93A, pp. 334–337.

292 Staunton, *An Authentic Account of an Embassy*, vol. 1, pp. 205–206.

舟山後，便沒有再見到他出現，就連名字也沒有被提及；[293] 而他大概就是地方官員所能找到最好的翻譯人員了。

不過，使團到達天津和北京後的情況便很不一樣，相對來說，朝廷在外語資源上便豐富得多。

三

本來，清初沿襲明舊制，設有會同館及四譯館，分別主理朝貢及翻譯事宜，[294] 但由於大部分的朝貢國如朝鮮、琉球、安南等「本用漢字，無須翻譯」，因而「該館並無承辦事務」，1748年（乾隆十三年）四譯館歸併於會同館，稱會同四譯館。[295] 不過，當外交活動涉及的是西方國家時，情況便很不一樣，翻譯工作不可能由四譯館的通事負責，而協助清

---

[293] 沈艾娣説他的名字叫郭極觀。Harrison, *The Perils of Interpreting*, p. 94. 但這是錯誤的，她所據的資料是《匯編》，頁396、65。不過，此兩處並沒有説郭極觀就是被馬瑀帶來做翻譯的商人：頁396長麟的奏摺只是説「臣查從前該國夷人曾經屢來貿易，彼時原有浙江人郭姓，能通夷語，為之交通引進，作為夷人經紀。此時郭姓已經病故，是經紀已屬無人，雖尚有伊子郭極觀，亦能略習夷語。臣已密囑地方官員將其嚴行管住，不能與各夷交通。」頁65上諭則指示「雖現無勾串情弊，然此人留於浙江，究不可信，著即派員伴送，由別路進京備詢。」此外，《匯編》還有吉慶的一份奏摺，引錄郭極觀（應為郭傑官）的供詞，雖然「幼時曾聽見我父親學説話，我也跟著學了幾句，不過如吃煙吃茶等話，此外言語我並不能通曉。」又説：「我父親前在廣東做買賣時，我年紀尚小，不知詳細，到乾隆十九年英吉利夷人來到寧波，我年止十二歲，並未出門，也從不曾見過英吉利夷人，無從認識。」對此，吉慶曾經「反覆嚴切詰問，郭傑官知供如一」，最後吉慶也確定「郭傑官祗係訓蒙窮苦鄉愚，所供尚無狡飾」，請准「將郭傑官仍交原解官帶回交地方官省釋」。〈奏為詢明寧波民人郭端之子郭傑官並無與夷人交通事擬交地方官省釋〉，同上，頁200–201。從這奏摺看來，郭傑官不可能就是馬瑀帶來為使團做翻譯的商人。

[294] 永樂五年（1407年），明成祖下旨成立四夷館，設通事等的職位，負責翻譯。另一方面，會同館原屬設於京師的驛館，是「專以止宿各處夷使及王府公差、內外官員」的接待機構，亦設有通事，負責譯審、伴送外國和少數民族使臣。關於四夷館，可參任萍：《明代四夷館研究》（北京：北京師範大學出版社，2015）；李雲泉：《朝貢制度史論》，頁112–120；Norman Wild, "Materials for the Study of the Ssu I Kuan," *Bulletin of the School of Oriental and African Studies* 11 (1945), pp. 617–640。

[295] 〈禮部．朝貢．象譯〉及〈禮部．朝貢．館舍〉，《清會典事例》（北京：中華書局，1991），第6冊，卷514，頁955。

廷外交翻譯的便是一些西方人——明末以來來華留京的天主教傳教士。[296] 這些傳教士大都通曉多種歐洲語言，且對歐洲國家的情況十分熟悉，因此便成為朝廷與西方國家交往時的重要橋樑，不單只擔任翻譯，且往往起著外事顧問的作用。例如湯若望(Johann Adam Schall von Bell, 1591–1666)便曾在1656年(順治十二年)荷蘭使團訪京活動中擔任翻譯，更向朝廷提出意見，把荷蘭人拒諸門外；南懷仁(Ferdinand Verbiest, 1623–1688)在1676年(康熙十五年)處理俄羅斯使者尼古拉·斯帕法里(Nicolas Spafary)的到訪，以及在1686年(康熙二十五年)荷蘭的另一次使團來訪活動中任翻譯，都得到很高的評價。[297] 耶穌會士在清初外交史上最重要的一次貢獻，是葡萄牙籍的徐日升(Thomas Pereira, 1645–1708)和法國籍的張誠(Jean Francois Gerbillon, 1654–1707)作為中國談判使團的成員，在1689年(康熙二十八年)參加與俄羅斯的談判並簽訂《尼布楚條約》。康熙便曾對耶穌會士說過：「朕知由於爾等之才幹與努力而和約得以締結，爾等為此事曾竭盡全力」；[298] 另外中國使團的首席代表索額圖(1636–1703)也說：「非張誠之智謀，則議和不成，必至兵連禍結，而失其和好矣」。[299] 不過，一場「禮儀之爭」導致康熙在1721年1月18日(康熙五十九年十二月二十一日)下旨禁教，[300] 而1723年登位的雍正(愛

296 由於跟俄羅斯的接觸較多，清廷早在1683年(康熙二十二年)便開設俄羅斯文館來培訓俄語翻譯人才，且一直在運作，但似乎成績不理想，至1862年(同治元年)俄羅斯館遭廢除，翌年在京師同文館內增設俄文館。〈同治二年三月十九日總理各國事務奕訢等奏〉，文慶、賈楨、寶鋆等(纂輯)：《籌辦夷務始末(同治朝)》(上海：上海古籍出版社，2008)，第6冊，卷15，頁155–156。關於俄羅斯文館，可參蔡鴻生：《俄羅斯館紀(增訂本)》(北京：中華書局，2006)。

297 參余三樂：《早期西方傳教士與北京》(北京：北京出版社，2001)，頁14、173–174。

298 約瑟夫·塞比斯(Joseph Sebes)(著)、王立人(譯)：《耶穌會士徐日升關於中俄尼布楚談判的日記》(北京：商務印書館，1973)，頁213。

299 樊國梁：《燕京開教畧》，輔仁大學天主教史料研究中心(編)：《中國天主教史籍匯編》(台北：輔仁大學出版社，2003)，頁371。關於這次談判，可參Joseph Sebes, *The Jesuits and the Sino-Russian Treaty of Nerchinshk (1689): The Diary of Thomas Pereira* (Rome: Institutum Historicum, 1961)；張誠：《張誠日記》(北京：商務印書館，1973)。關於中國與俄羅斯歷史上的外交關係，可參Mark Mancall, *Russia and China: Their Diplomatic Relations to 1728* (Cambridge, MA: Harvard University Press, 1971)。

300 關於這場中國與梵蒂岡教廷間的禮儀之爭，可參D. E. Mungello (ed.), *The Chinese Rites*

新覺羅・胤禛，1679–1735，1723–1735在位）更是厲行禁止傳教。但儘管這樣，在一段頗長的時間裡，清廷本著「重其學，不重其教」的態度，繼續任命耶穌會士在朝廷工作，即使乾隆也願意承認「北京西士功績甚偉，有益於國」。[301]

在馬戛爾尼訪華使團來華的時候，還有為數不少的傳教士在北京為乾隆工作，當時一直專門負責翻譯西方語言的是法國耶穌會教士錢德明神父（Jean-Joseph-Marie Amiot, 1718–1793）。他是一位數學家、物理學家，法國科學院與英國皇家學會的通訊院士，且精通音樂，早在1750年便來到中國，被視為北京傳教士的精神領袖。[302] 毫無疑問，錢德明對使團是極為支持和友善的，但在馬戛爾尼來華時，他已身患重病，不能前來探訪使團成員，只在8月29日寫來一封信，表示願意提供資訊及協助；[303] 不過，錢德明實際上的確給與使團不少幫助。根據馬戛爾尼說，錢德明幾次為使團提供重要的情報，包括最早傳達乾隆已準備好給英國國王敕諭的消息；[304] 而當中最重要的是在10月3日給使團傳來訊息和提供的建議。那時候，馬戛爾尼已在熱河覲見過乾隆，並回到北京，但由於所提的要求沒有得到清廷的回應，他原想再爭取繼續留在北京，等候回覆，但錢德明向使團分析形勢，一方面是清廷一直只以朝貢的理念來

Controversy: Its History and Meaning (Nettetal: Steyler Verlag, 1994); George Minamiki, *The Chinese Rites Controversy from Its Beginnings to Modern Times* (Chicago: Loyola University Press, 1985)；Nicolas Standaert, *Chinese Voices in the Rites Controversy: Travelling Books, Community Networks, Intercultural Arguments* (Rome: Institutum Historicum Societatis Iesu, 2012)；中譯本見鍾鳴旦（著）、陳妍容（譯）：《禮儀之爭中的中國聲音》（上海：上海人民出版社，2021）；李天綱：《中國禮儀之爭：歷史．文獻和意義》（上海：上海古籍出版社，1998）；蘇爾（Donald St. Sure）、諾爾（Ray Robert Noll）（編），沈保義等（譯），《中西禮儀之爭：西文文獻一百篇（1645–1941）》（上海：上海古籍出版社，2001）。

301 錄自費賴之（Louis Pfister, 1833–1891）（著）、馮承鈞（譯）：《在華耶穌會士列傳及書目》（北京：中華書局，1995），頁783。關於耶穌會士在清廷的工作，可參Benjamin A. Elman, "The Jesuit Role as 'Experts' in High Qing Cartography and Technology," *National Taiwan University History Bulletin* 31 (June 2003), pp. 223–250.

302 Peyrefitte, *The Collision of Two Civilisations*, p. 555. 關於錢德明，可參龍雲：《錢德明：18世紀中法間的文化使者》（北京：北京大學出版社，2015）。

303 Macartney, *An Embassy to China*, p. 100.

304 Ibid., p. 151.

處理所有外國使團，過去歐洲國家派遣的所有使團也從不例外，且逗留的時間有限，就是最為禮待的萄葡牙使團也只能停留39天；另一方面，英國人要在短期內改善貿易條件並不可行，只會惹來更大的反感，甚至更嚴厲的監管。他建議使團不要再繼續留在北京，先行回國，寧可由英王在廣州和澳門派駐一名代表，能夠跟兩廣總督經常接觸，在合適的時間提出改善貿易狀況，又或在將來有可能獲邀到北京參加其他慶典時才再提出，也許能夠達到較理想的效果。[305] 對於錢德明的意見，馬戛爾尼十分感激，並完全接受，就在第二天向和珅提出離開北京。[306] 由此我們可以明白為什麼馬戛爾尼明確地說錢德明是使團的「朋友」。[307] 不過，錢德明在使團離開北京後兩天便病逝了。清廷派來參加這次接待使團的傳教士有索德超（Joseph-Bernard d'Almeida, 1728–1805）、安國寧（Andre Rodriguez, 1729–1796）、賀清泰（Louis de Poirot, 1735-1814）、潘廷璋（Joseph Panzi, 1733–1821）、巴茂正（Joseph Pairs, 1738–1804）和德天賜（Peter Adéodat, 1755?–1822）、羅廣祥等；不過，最早和馬戛爾尼接觸的在京傳教士是一位沒有出現在與馬戛爾尼訪華有關的清廷檔案中的法國傳教士梁棟材（Jean Joseph de Grammont, 1736–1812）。

相對於上列當時幾位在京傳教士，梁棟材的知名度較低。[308] 他是法國耶穌會教士，1750年3月入初修院，1768年9月26日以數學家和音樂學家身份派往北京，在北京學習滿文，亦教導拉丁文，1785年因為健

---

305 Ibid.; Macartney to Dundas, near Han-chou-fu, 9 November 1793, IOR/G/12/92, pp. 91–94；何偉亞說錢德明在4月10日晚上與馬戛爾尼見面，實誤。Hevia, *Cherishing Men from Afar*, p. 112.

306 Ibid., pp. 95–96.

307 Ibid., p. 91.

308 事實上，好些有關馬戛爾尼使團的論文或專書都沒有弄清楚梁棟材所用的中文名字。例如有人把他的名字寫成「格拉蒙特」，這包括專門研究中英關係的朱雍和袁墨香。見朱雍：《不願打開的中國大門》，頁219；袁墨香：〈天主教傳教士與馬戛爾尼使團〉，《棗莊學院學報》第23卷第1期（2006年2月），頁71–76。另外，佩雷菲特 *L'Empire Immobile ou Le Choc des Mondes* 的中譯者也把梁棟材譯成「約瑟夫・格拉蒙」。參佩雷菲特（著）、王國卿、毛鳳支等（譯）：《停滯的帝國》，頁134。何偉亞的 *Cherishing Men from Afar* 的中譯本也把梁棟材的名字音譯成「讓—約瑟夫・德・格拉蒙」。何偉亞（著）、鄧常春（譯）：《懷柔遠人》，頁101。

康問題獲准到廣州居住，1787年曾在法國海軍軍官昂特斯特騎士(Chevalier d'Entrecasteaux, Antoine Raymond joseph de Bruni d'Entrecasteaux, 1737–1793)與中國官員的談判中擔任翻譯，[309] 被認為是能夠促進中法交往的橋樑，但在這次事件中梁棟材曾作出一些針對在華英國人的行為，下文對此再作交代。1791年梁棟材回到北京，在馬戛爾尼使團到來時似乎在朝廷沒有擔任什麼重要職務。[310] 不過，他在還沒去廣州前便已經跟英國東印度公司廣州商館的人員聯絡，尤其跟1774年開始便擔任廣州商館管理會成員、並在1777年擔任主席的馬修・瑞柏(Matthew Raper, 1741/1742–1826)熟稔。瑞柏在1780年初回國後在1788年把梁棟材所翻譯的《道德經》送給皇家協會。[311]

根據專門研究早期英中關係的普利查德的說法，瑞柏早在1780年1月便向公司轉送兩封來自北京傳教士的信。雖然這兩封信沒有署名，但普利查德說「幾乎肯定是來自梁棟材」，[312] 第一封寫於1779年前，內容主要討論怎樣改善在華歐洲人的狀況，提出所有歐洲人聯手向北京派送使團；假如這計劃不能實現，則與葡萄牙人商議，把所有商貿業務移到澳門進行。寫於1779年的第二封信則否定由北京傳教士來傳遞不滿的訊息，因為這只會讓中國官員敵視這些傳教士，但該信作者仍然說在華的所有歐洲人應該聯合一起，協力爭取共同的利益。接著，當東印度公司監督委員會主席鄧達斯在1791年6月獲委任為英國政府內政大臣、英國又積極考慮派遣使團到中國去的時候，瑞柏又在1791年12月20日轉來一封由北京傳教士寫來的信，表示那時候並不是派遣使團的最好時機，原因是乾隆的八十壽辰已過，最好是等待新皇帝登位，才以祝賀為名派

309 Macartney, *An Embassy to China*, n. 6, p. 357.

310 榮振華(Joseph Dehergne, 1903–1990)(著)、耿昇(譯)：《在華耶穌會士列傳及書目補編》(北京：中華書局，1995)，頁287–288。

311 孔佩特(Patrick Conner)(撰)、江瀅河(譯)：〈外銷畫中的中國樂器圖〉，廣東省博物館(編)：《異趣同輝：廣東省博物館藏清代外銷藝術精品集》(廣州：嶺南美術出版社，2013)，頁32。

312 Pritchard, *The Crucial Years*, p. 208.

遣使團。[313] 這封信寫於1790年11月12日，沒有署名，以意大利文寫成，[314] 普利查德猜想可能由梁棟材或賀清泰所寫，[315] 但在另一處地方，他又說寫信人很可能是德天賜。[316] 但既然信件用意大利文寫成，看來由賀清泰或德天賜寫的機會較高。

不管這幾封信的作者是誰，在英國決定派遣使團訪華以後，梁棟材便真的直接寫信給馬戛爾尼了。在馬戛爾尼到達天津前的三個月，梁棟材在1793年5月7日便已經寫好第一封信，然後在使團到達前的幾天，在1793年8月6日寫另外一封信，兩封信輾轉在8月11日同一天送到馬戛爾尼手上。[317] 根據馬戛爾尼寫給鄧達斯的報告所說，梁棟材這兩封信是通過馬戛爾尼的一名僕人(servant)轉來的。[318] 但斯當東對這兩封信怎樣被送過來卻有很不同的說法，他說在忙過那天的活動後，馬戛爾尼獲悉一名年輕的中國人一直等著見他，見面時知道他是一名虔誠的新進天主教徒，是傳教士的學徒(student-disciple)，冒著極大的風險給馬戛爾尼送信。[319] 換言之，他其實是梁棟材派過來，而不是馬戛爾尼的僕人。但無論如何，在整個使團訪華期間，梁棟材共給馬戛爾尼寫了五封信。在第一封信裡，梁棟材表示極大的熱情，說早已答應盡力為東印度公司及英國服務，現在更是願意為使團出力，還說自己在使團未到來前便在北京廣為宣傳，為使團爭取更好的接待。他甚至提出使團應該準備一份清單，開列所有帶來的物品，交給他去為使團辦理住宿。在這第一封信裡，他沒有談及翻譯的問題，只提到朝廷已按慣例派遣一名傳教士來照顧使團。[320]

---

313 Pritchard, "Letters from Missionaries at Peking," p. 5; Pritchard, *The Crucial Years*, p. 274.

314 Unsigned, Peking, 12 November 1790, *An Important Collection*, vol. 2, doc. 14, CWCCU.

315 Pritchard, *The Crucial Years*, p. 274.

316 Pritchard, "Letters from Missionaries," p. 4.

317 Macartney, *An Embassy to China*, p. 80.

318 Macartney to Dundas, near Han-chou-fu, 9 November 1793, IOR/G/12/92, pp. 48–49.

319 Staunton, *An Authentic Account of an Embassy*, vol. 1, p. 274.

320 Grammont to Macartney, Peking, 7 May 1793, IOR/G/12/92, pp. 187–190，並附英文譯本，頁193–197；also in *An Important Collection*, vol. 6, doc. 251, CWCCU; Pritchard, "Letters from Missionaries," pp. 8–10，但其中只收錄拉丁文原本。

從第二封信開始，梁棟材便經常談到使團的翻譯工作。在這封信裡，他告訴馬戛爾尼，朝廷已決定委派一名葡萄牙籍的傳教士索德超擔任使團的翻譯，並負責使團在中國的儀式問題（“Director of Ceremonials and usages of this Country”）。不過，根據梁棟材的說法，索德超對英國非常不友善，說過一些對英國政府很不利的話，如朝廷讓他來作翻譯，對使團會造成損害。梁棟材更毛遂自薦，請馬戛爾尼向負責接待的官員提出請求，委派自己隨團到熱河擔任翻譯，還說這是唯一可以抗衡這名葡萄牙傳教士破壞行為的方法。[321] 在隨後的幾封信裡，梁棟材還一直提出相同的要求，[322] 又建議馬戛爾尼不要把自己的譯員帶到熱河，避免被索德超利用。[323] 在使團已到達熱河，等待覲見乾隆的前三天，梁棟材還寫信給馬戛爾尼，請他直接向乾隆要求以梁作第二譯員，並賜藍色頂戴。[324] 這要求就令馬戛爾尼格外謹慎，因為這充分顯示梁棟材出於私利。事實上，馬戛爾尼對梁棟材是不大信任的，他在日誌裡雖然認同梁棟材很聰明，且熟悉中國的情況，但仍然說要對他有所防範。[325] 不過，馬戛爾尼在一封寫給梁棟材的信裡還是說他的意見很寶貴，且希望他能繼續提供消息，又說自己曾經嘗試讓清廷准許他一起去熱河跟乾隆見面。[326] 這只不過是虛假的客套說辭，因為馬戛爾尼在自己的報告及日誌中都完全沒有說過曾經這樣做，最終只是採納了梁棟材的一些建議，例如

---

321 Grammont to Macartney, Peking, 6 August 1793, IOR/G/12/92, pp. 201–204; 英文譯本見頁205–208；*An Important Collection*, vol. 5, doc. 216, CWCCU; also in Pritchard, “Letters from Missionaries,” pp.11–12。

322 Grammont to Macartney, Peking, 16 August 1793, *An Important Collection*, vol. 5, doc. 217, CWCCU; also in Pritchard, “Letters from Missionaries,” pp. 13–14.

323 Grammont to Macartney, Peking, 30 August 1793, ibid., vol. 5, doc. 214, CWCCU.

324 Grammont to Macartney, 11 September 1793, ibid., vol. 5, doc. 215, CWCCU, also in Pritchard, “Letters from Missionaries,” pp. 23–24.

325 Macartney, *An Embassy to China*, p. 104.

326 “Note sent to Father Joseph Grammont at Peking, August, 28, 1793,” *An Important Collection*, vol. 5, doc. 213, CWCCU; also in Pritchard, “Letters from Missionaries,” pp. 15–16.

採購大量禮品，按照他所開列的權貴名單送禮等，[327] 還送了一隻金錶給他作禮物。[328]

毫無疑問，馬戛爾尼訪華使團的翻譯問題亦涉及歐洲的政治和宗教，而參與其中的就是那些在北京不同國籍的傳教士。這點馬戛爾尼是早已知悉及有所準備的，因為東印度公司在發給他的指令中已經提醒過他，必須注意及報告「北京的傳教士對於他們所屬國家是否有幫助，對於我們是否有害」；[329] 斯當東在回憶錄裡也明確記載：這些不同國籍的傳教士，每當「遇到一些涉及自己原來國家利益的事情時，都會在一定程度上充當國家的代理人」，而且，儘管在面對中國人的時候，他們往往因為共同的利益和文化上的接近而較為團結，但也見到不同國家地區的傳教士彼此間存有嫌隙。[330]

本來，從歐洲的政治傳統來說，英國和法國長時間存在矛盾，而葡萄牙和英國則是盟友。不過，當時在北京的法國傳教士對於法國國內政治的發展是不滿意的。斯當東說，沒有人會比這些傳教士更厭惡1789年的法國大革命以及隨之而來的混亂狀態，更不要説新建立的平民政府停止給駐外傳教士匯款。[331] 因此，當時北京的法國傳教士並不見得會支持法國政府。另一方面，歐洲諸國在海外的擴展，特別是在亞洲地區，葡、英長期是競爭的對手。葡萄牙人早在1553年(明朝嘉靖三十二年)就取得澳門的租借權，開埠經營，但當1637年威德爾的船隊在澳門嘗試跟中國貿易而遭遇諸多波折時，英國人把責任推諉於澳門的葡萄牙人，認為他們害怕英國商人會爭奪貿易利益，所以從中作梗，阻撓中國

327 Pritchard, *The Crucial Years*, pp. 335–336.

328 Macartney, *An Embassy to China*, p. 355, n. 1.

329 "Instructions from Mr. Dundas, Secretary of State for the Home department, to Viscount Macartney, on the General Objects of His Lordship's Mission to China," IOR/G/12/91, pp. 341–376; also in "The East Indian Company's Instructions to Lord Macartney, 8th September, 1792," in Pritchard (ed.), "The Instructions of the East India Company," p. 226.

330 Staunton, *An Authentic Account of an Embassy*, vol. 2, p. 41.

331 Ibid., vol. 1, p. 196.

人跟英國人進行貿易。[332] 英葡這種敵對情況在後來一直沒有改變。當使團剛到達澳門外海時，馬戛爾尼曾根據斯當東的匯報說，澳門的葡萄牙人對使團的到來充滿恐懼和嫉妒，[333] 斯當東在他的回憶錄中也說出當時的情況：

> 長期以來，英國人和葡萄牙人都和睦親善，大使本來希望這次訪問能夠得到這裡的葡萄牙人協助，但從可靠的消息知道，葡萄牙人從前要把其他外國人全部排擠出中國，這想法到今天一直還沒有稍減，使團能否順利完成任務，只有依靠大使自己及全體成員的言行表現，改變中國方面的觀感，克服工作中的種種困難。[334]

他還說「歐洲其他各國的商行對使團心存妒忌」，[335] 這種理解是準確的。在馬戛爾尼使團還在航行途中，沒有抵達澳門的時候，葡萄牙澳門總督花露 (Vasco Lufs) 在1792年12月22日向里斯本宮廷報告：

> 英國人再次向中國派遣使節，據説已任命梅卡丁〔馬戛爾尼〕爵乘軍艦直接去北京，並有兩艘巡洋艦護航。不久前剛派遣一支常規艦隊去廣東，那裡已有17艘艦隻，其中一艘船上有三位專員來此常駐，負責有關使團的政治事務，解決這方面的問題。要求允許英國人在廣東上定居是該使團的目的，一旦得逞 (對此我毫不懷疑，因為在那個宮廷內我們沒有人能阻止這項計劃)，對澳門這個鄰居不可小覷，我們必須未雨綢繆。[336]

信中對英國艦隻的活動作詳細報告，清楚顯示出葡萄牙人的憂慮。除葡萄牙人外，其他歐洲人對英國派遣使團也同樣感到受威脅。瑞典的廣州領事也曾嘗試寫信回國，報告英國派遣使團到中國將嚴重損害其他各國在華貿易利益，建議派遣船隻到廣州與中國官員接觸，遊説中國人抵制

---

332 Temple (ed.), *The Travels of Peter Mundy,* Part I, pp. 158–316.

333 Macartney, *An Embassy to China*, p. 63.

334 Staunton, *An Authentic Account of an Embassy,* vol. 1, p. 196.

335 Ibid., p. 194.

336 阿布雷沃：〈北京主教湯士選與馬戛爾尼勛爵使團 (1793)〉，《文化雜誌》第32期 (1997年9月)，頁126。

使團，[337] 但這封信可能最終沒有送抵瑞典，而且也見不到瑞典方面有任何抵制的行動。[338]

此外，還有宗教派系的矛盾。一直以來，為了教權的問題以及要爭取清廷的任用，不同國籍的在華傳教士都在明爭暗鬥，相互排斥，特別是葡、法兩國的磨擦尤其嚴重。[339] 1700年，在華法國耶穌會傳教區取得教廷認可，打破以往僅有一個葡萄牙傳教區的局面；1773年7月21日，羅馬教宗克勉十四世（Clemens PP. XIV, 1705–1774；教宗任期1769–1774）頒布「主及教贖主」（*Dominus ac Redemptor*）詔書，宣佈取締耶穌會，在東方的傳教活動由法國遣使會接手。這對在華葡萄牙傳教士的地位造成沉重打擊。[340] 但另一方面，葡萄牙籍傳教士卻在一段很長的時間裡壟斷欽天監的職位，[341] 受到朝廷的重用，相對來說，法國傳教士頗受冷落。大體而言，葡萄牙的傳教士自成一派，而其他國籍的教士則結成另一集團，相互間存在著嚴重的矛盾。

馬戛爾尼來華期間，法國籍的梁棟材雖也在清廷服務，但除私底下寫過幾封信給馬戛爾尼，並能夠在8月31日跟馬戛爾尼短暫會面外，[342] 他在整個過程中沒有發揮更積極的功能。事實上，從清廷的角度看，梁

---

337 "Letter from Evan Nepean to Lord Macartney, Dated Sept. 13, 1792 Together with Original Wrapper, Enclosing Copy of a Letter, Dated July 26, 1792 Containing Plans for a Swedish Embassy to Thwart the English Embassy," *An Important Collection*, vol. 5, doc. 234, CWCCU.

338 Pritchard, *The Crucial Years*, p. 298.

339 可參閻宗臨：〈清初葡法西士之內訌〉，《中西交通史》（桂林：廣西師範大學出版社，2007），頁137–141。

340 關於羅馬教宗取諦耶穌會的「主及教贖主」詔書對中國天主教的影響，可參Joseph Krahl, *China Missions in Crisis: Bishop Laimbeckhoven and His Times, 1738–1787* (Rome: Gregorian University Press, 1964), pp. 127–137；呂穎：〈從傳教士的來往書信看耶穌會被取締後的北京法國傳教團〉，《清史研究》2016年第2期（2016年5月），頁88–99。

341 他們包括傅作霖（Félix da Rocha, 1713–1781，欽天監任期1774–1781）、高慎思（José de Espinha, 1722–1788，欽天監任期1781–1788）、安國寧（André Rodrigues, 1729–1796，欽天監任期？–1796）、索德超（欽天監任期1796–1805）、湯士選（Alexandre de Gouveia, ?–1808）、李拱辰（José Ribeiro Nunes, 1767–1826，欽天監任期不詳）、福多明我（欽天監任期1808–1823），畢學源（Gaetano Pires-Pereira, 1763–1838，欽天監任期1823–1838），歷時60多年。參余三樂：《早期西方傳教士與北京》，頁223–224。

342 Macartney, *An Embassy to China*, p. 103.

棟材根本沒有參與過這次使團活動，因為在中國方面有關使團的所有文書中，他的名字從沒有出現，更不要説指派他為使團服務。其實，以使團的利益而言，這很可能是理想的安排，因為一直不為人知的是梁棟材過去曾經是法國要在廣州抗衡英國發展勢力的主要人物。根據一篇研究廣州法國商館的文章，[343] 1787年，法國昂特斯特騎士經由海軍部長指示，以確認在澳門的法國人是否能夠跟其他西方人一樣自由出入為理由來到中國，但真正意圖是要向清廷傳遞英國人覬覦中國的訊息。在出發前，他給北京的法國傳教士寫了這樣的一封信：

> 為了國王及傳教事業，也為了中國人，請閣下向北京朝廷申請允許梁棟材 (Jean Joseph de Grammont) 在廣州居住。沒有這位傳教士的幫助，我不能順利地完成所肩負的責任，我還有一項任務沒有完成，需要他繼續予以協助。我已經向海軍部長極力陳情並得到他的同意，希望你們能夠幫忙促成此事。梁棟材性格謹慎，才思敏捷，與英國人在領土以及亞洲海域進行交涉時發揮了極大的作用，故而我們可以預見，他居留廣州必定會維護中國人的利益，也會促進我國與中國共建聯盟，甚至在我們與英國在印度和亞洲市場的競爭都大有裨益。中國政府對外國人不了解，有些事情會對他們的國家安全造成威脅，但其惘然不知；英國人企圖壟斷在中國的貿易，在大幅增加前往中國進行貿易的船隻的同時，想將威脅他們野心的其他國家驅趕離開。從我指揮船隻進入珠江口時看到的情形來判斷，他們已探查了中國所有海岸，尤其是北直隸海灣。那麼一旦形勢有變，他們就可以長驅直入，攻佔北京。梁棟材神父居住在廣州，一則並沒違反（中國）皇帝禁止外國人進入的命令，二則他會設法將英國人沿著中國海岸建造房屋的真實意圖上報（中國）皇帝……[344]

更嚴重的是梁棟材確實去到廣州，且在1787年2月15日寫信給北京朝廷的鐘錶師汪達洪 (Jean-Mathieu de Ventavon, 1733–1787)，報告英國人的意圖，請他在適當時機向朝廷上報。[345] 從這條資料看，梁棟材不

343　解江紅：〈清代廣州貿易中的法國商館〉，《清史研究》2017年第2期（2017年5月），頁99–112。

344　Henri Cordier, *La France en Chine au XVIII siècle*, vol. 2, pp. 122–124，引錄自同上，頁109。

345　同上。

可能是英國人的真正朋友。必須強調，英國政府正是在這一年籌劃及派遣凱思卡特使團到中國的。

不過，也應該指出，當馬戛爾尼使團在六年後來到中國時，情況已有變化。1789年法國大革命後，留在中國的法國傳教士對於新政府極為不滿，這點斯當東在他的回憶錄裡也有報告，[346] 因此，梁棟材和其他法國傳教士應該不會再為法國政府做出針對使團的事。事實上，在使團成員的描述裡，北京的法國傳教士對使團是友善的，當中以錢德明為最，梁棟材也沒有任何破壞的行為，只是他並沒有幫上什麼忙，且最後直言使團完全失敗，並對使團作出非常負面的評價，認定英國人得到非常不好的接待，而其中的一個原因是使團成員對中國的理解膚淺，不熟悉朝廷的禮儀和習慣，而找來的譯員同樣無知。[347] 總而言之，一直希望得到朝廷委派為使團譯員的梁棟材，最後對使團是有諸多批評的。

梁棟材以外的其他傳教士又怎樣？以北京的傳教士作為外交譯員是清廷長期固有的做法，這次英使來華又是否這樣？馬戛爾尼在離開北京前往廣州的途中，在杭州附近曾經給鄧達斯寫過一封長信，報告說清廷在知悉歐洲因為法國大革命而引起動盪後，加強對在華西方傳教士的監控，所有來自歐洲的信件都被扣查；而且，馬戛爾尼還說這次使團並沒有像從前其他歐洲使團一樣，獲安排與歐洲傳教士見面，更不要說派遣他們來當翻譯；[348] 但馬戛爾尼認為自己的譯員李自標的中文書寫能力不足，而且時常生病，因此在到達中國後便向官員提出要求，准許歐洲傳教士來探訪他，並希望其中一些人能協助翻譯工作。[349] 這就是說，北京本來並沒有計劃派遣西方傳教士跟馬戛爾尼見面。這是否屬實？首先，馬戛爾尼自己的日誌便有不同的說法。在日誌裡，馬戛爾尼仍然說他曾經向中國官員提出請求，讓西方傳教士過來，因為朝廷派來的官員一直

[346] Staunton, *An Authentic Account of an Embassy*, vol. 1, p. 196.

[347] Hanna to Staunton, Canton, 2 March 1794, *An Important Collection*, vol. 7 doc. 292, CWCCU.

[348] Macartney to Dundas, near Han-chou-fu, 9 November 1793, IOR/G/12/92, p. 34.

[349] Ibid., p. 59.

沒有提及這問題。可是，有關的請求是出現在8月11日的日誌裡，即是在收到梁棟材寄來的兩封信的當日，而且，馬戛爾尼還刻意記下：在向官員提出請求時，他沒有表現出知道朝廷派來索德超的安排。[350] 顯然，這樣的描述便跟他寫給鄧達斯的報告不同，因為日誌不單記錄了朝廷是有所安排，而且馬戛爾尼也是在知悉朝廷的安排後才提出要求的。應該指出，雖然清廷檔案中指令索德超前往熱河幫忙照料的上諭是在乾隆五十八年七月十三日（1793年8月19日）才發出的，[351] 但梁棟材早在5月7日寫給馬戛爾尼的第一封信中便說朝廷已按照慣例選派一名傳教士過來與使團見面，[352] 然後在8月6日的第二封信中更提及索德超的名字。[353] 由此可知，朝廷是在這日期前已經作好安排，而不是在接到徵瑞等轉來馬戛爾尼8月11日的要求後才臨時徵調索德超為通事帶領的。不過，清廷檔案裡確實存有長蘆鹽政徵瑞代奏馬戛爾尼的請求：「大皇帝在京師西洋人內會說英吉利國之話的賞派一二人幫作通事」，日期為乾隆五十八年七月十二日（1793年8月18日）。[354]

無論如何，清廷的確派來歐洲傳教士跟馬戛爾尼見面，而且是如梁棟材所說，派來的就是索德超。索德超是葡萄牙籍傳教士，早在1759年便來到中國，一直留在北京，1793年馬戛爾尼使團來華時，他任欽天監監副，獲委為這次使團訪華期間的「通事帶領」，也就是今天所謂的「首席翻譯員」，並賞三品頂戴。[355] 但馬戛爾尼的確很不喜歡索德超。他在天津接到梁棟材的第一封來信後，便已經對索德超起了戒心；8月23

---

[350] Macartney, *An Embassy to China*, p. 80.

[351] 〈上諭英使遠來著令監副索德超前來熱河照料〉，《英使馬戛爾尼訪華檔案史料匯編》，頁10。

[352] Grammont to Macartney, Peking, 7 May 1793, IOR/G/12/92, p. 196; also in *An Important Collection*, vol. 6, doc. 251, CWCCU; Pritchard, "Letters from Missionaries at Peking," p. 9.

[353] Grammont to Macartney, Peking, 6 August 1793, IOR/G/12/92, p. 205; also in *An Important Collection*, vol. 5, doc. 216, CWCCU; Pritchard, "Letters from Missionaries at Peking," pp.11–12.

[354] 〈長蘆鹽政徵瑞奏報貢使學習跪拜禮節片〉，頁374。

[355] 〈上諭英使遠來著令監副索德超前來熱河照料〉，《英使馬戛爾尼訪華檔案史料匯編》，頁10。

日跟他第一次見面後，馬戛爾尼在日誌中說他虛偽狡猾，沒有什麼學問；[356] 而在後來向東印度公司的匯報中更說他品性卑劣，且對所有歐洲人都非常嫉妒，對英國人尤其不友善。馬戛爾尼說，他不知道索德超獲派是因為他治好和珅的腳疾，受到和珅賞識，還是因為朝廷要讓使團失敗，所以特意找來一名敵視英國的傳教士作譯員。最後，馬戛爾尼故意以英語和法語跟索德超交談，讓他在中國官員面前沒法完成翻譯工作，甚至通過法籍傳教士當面告訴他，由於他不懂英語，所以不能讓他協助使團的翻譯。[357] 這樣的借口明顯是有問題的，因為使團自己帶來的翻譯員李自標其實也不懂英語和法語，更不要說使團成員沒有理由不能用拉丁文與索德超直接溝通。但大概令馬戛爾尼感到意外的是，這個不可以使用拉丁語的指令，[358] 在使團內部惹來不滿。機械師登維德不無抱怨地說，歐洲所有國家的有識之士，不管是在科學方面還是文學方面的，對拉丁語都非常嫻熟；如果說英國使團成員不懂拉丁語，實在有損尊嚴，更不要說與事實不符了；他還說巴羅就完全不理會這禁止使用拉丁語的指令，[359] 而這禁令也在馬戛爾尼出發去熱河時取消。[360]

同樣地，索德超看來也不喜歡馬戛爾尼，甚至按捺不住，當場以拉丁語向身旁的意大利傳教士談論英國人的缺點。馬戛爾尼對此很不滿，在日誌中說索德超不知道自己懂拉丁語，所以有此失儀行為。[361] 但其實索德超很可能是故意這樣做的，因為他沒有理由以為這位地位顯赫、曾經多次出使外國的英國貴族不懂拉丁語。此外，他更在第一次晤面中公開反對馬戛爾尼提出從宏雅園搬到北京城內的要求，似乎的確有意給使

---

356 Macartney, *An Embassy to China*, p. 103.

357 Macartney to Dundas, near Han-chou-fu, 9 November 1793, IOR/G/12/92, p. 59; Macartney, *An Embassy to China*, pp. 93–94.

358 登維德說嚴格禁止使用拉丁語的規定是由斯當東發出的。Proudfoot, *Biographical Memoir of James Dinwiddie, LL.D.*, p. 45; 26. Proudfoot, *"Barrow's Travels in China,"* p. 26.

359 Proudfoot, *Biographical Memoir of James Dinwiddie, LL.D.*, pp. 45–46.

360 Proudfoot, *"Barrow's Travels in China,"* p. 26.

361 Macartney, *An Embassy to China*, p. 94.

團添麻煩。[362] 不過，看來馬戛爾尼自有一套對應的辦法，他一直保持冷靜，在索德超離開前委托一名法國神父轉告他，因為自己不懂葡萄牙語，沒法得到他出色的翻譯服務，很是遺憾。根據馬戛爾尼的說法，這方法似乎奏效，因為索德超不久便再跑過來，態度明顯地軟化了，還答應盡力為使團提供服務和幫忙。不過，馬戛爾尼對他始終抱有懷疑，認為絕不可以完全相信和依賴他，雖然如果能拉攏和利用一下，那還是有好處的。[363] 然而，索德超跟馬戛爾尼始終沒法建立友誼，一名意大利籍傳教士告訴馬戛爾尼，所有來跟他見面的傳教士都是使團的好朋友，就只有葡萄牙的傳教士是例外，[364] 而在葡萄牙傳教士中，索德超當然是最重要的。

不過，與使團關係非常好的法國傳教士賀清泰，在使團離開中國後曾寫信給馬戛爾尼，請求他不要相信梁棟材對索德超的攻擊。賀清泰指出，梁棟材想像力過於豐富，在外面有任務時，經常為其他傳教士帶來危險，他很希望能跟隨索德超一起為使團做翻譯，但索德超十分清楚他的為人，所以不肯向朝廷建議加入梁棟材。[365] 其實，馬戛爾尼在日誌中也說過類似的話，他說梁棟材為人聰敏，對中國很熟悉，但很不穩定，且有太多古怪新奇的想法，讓人覺得對他要時加提防。[366] 賀清泰還說，梁棟材刻意傳播一個訊息，讓人以為索德超要破壞使團，讓他們失敗而回，但其實索德超為人很怕事，對使團沒有做過什麼負面的事，正好相反，賀清泰說自己在熱河時親眼見到索德超讚賞馬戛爾尼。[367] 我們無法

---

362 Staunton, *An Authentic Account of an Embassy*, vol. 2, pp. 29–30.

363 Macartney, *An Embassy to China*, p. 94.

364 Ibid., p. 103; Macartney to Dundas, near Han-chou-fu, 9 November 1793, IOR/G/12/92, pp. 59–60.

365 "Letter from Louis de Poirot to Lord Macartney, Dated Pekin, September 29, 1794, Together with Translation," *An Important Collection*, vol. 7, doc. 308, CWCCU.

366 Macartney, *An Embassy to China*, pp. 103–104.

367 "Letter from Louis de Poirot to Lord Macartney, Dated Pekin, September 29, 1794, Together with Translation."

判定賀清泰的說法是否屬實，[368] 因為索德超後來確實做了不利英國人的事，但可以確定的是：馬戛爾尼很不喜歡索德超，不願意讓他幫忙翻譯。

客觀來說，索德超跟使團成員關係不融洽，的確不適宜擔任這次外交活動的翻譯，可是，他卻顯然受到乾隆的器重——應該說，索德超是得到乾隆最寵信的和珅的器重，理由就是他曾經治好和珅的腳疾——錢德明不無諷刺地說過：「通過行醫，外科醫生為我們神聖的宗教取得的保護，比其他所有傳教士全部智慧加在一起所能爭取到的還要多。」[369] 和珅當時身為內閣大學士、領班軍機大臣，兼管理藩院，是參與這次英使來華活動中最高級的清廷官員，除多次直接跟馬戛爾尼見面外，還具體負責策劃及安排活動，經常向乾隆匯報，有關這次使團的上諭不少就是經由和珅發出。因為這個緣故，儘管馬戛爾尼反對，而負責接待的大臣也確曾代奏，請求「大皇帝在京師西洋人內會說英吉利國之話的賞派一二人幫作通事」，甚至乾隆曾作朱批「此自然」，[370] 但索德超的地位並沒有動搖。畢竟，當時根本沒有任何英國人住在北京，而在京的傳教士中也沒有人懂得英語。[371] 結果，當馬戛爾尼在熱河跟乾隆見面時，索德超仍然被派往那裡擔任翻譯，甚至負責帶領馬戛爾尼及其他成員等候乾隆的接見；[372] 而且，由於獲委任為這次使團的「通事帶領」，索德超獲賞三品頂戴，[373] 而其他人都只獲賞六品頂戴，因此他在一眾派來的傳教士中享有較高的地位，神氣十足。根據斯當東的觀察，其他傳教士在索德超面前顯得「非常小心謹慎」。[374]

---

368 賀清泰這樣寫很可能是另有苦衷的。關於賀清泰寫這封給馬戛爾尼的原因及背景，詳見〈敕諭篇〉。

369 Amiot to Bertin, 20 September 1774, quoted from Peyrefitte, *The Collision of Two Civilisations*, p. 305.

370 〈長蘆鹽政徵瑞奏報貢使學習跪拜禮節片〉，頁374。

371 〈奏報傳集在京西洋人翻譯英國原稟情形〉，《英使馬戛爾尼訪華檔案史料匯編》，頁91。

372 根據和珅的奏摺：「臣和珅同禮部堂官率欽天監監副索德超帶領英吉利國正副使臣等恭逢」，〈內閣大臣和珅奏英使於熱河覲見皇帝的禮儀單〉，同上，頁600。

373 索德超以外，同時獲賜三品頂戴的還有同是葡萄牙籍的欽天監監正安國寧，而其他的如賀清泰只獲賜六品頂戴。〈上諭英使遠來著令監副索德超前來熱河照料〉，同上，頁10。

374 Staunton, *An Authentic Account of an Embassy*, vol. 2, p. 29.

除在熱河帶領馬戛爾尼謹見乾隆外，索德超的名字還好幾次出現在清廷的檔案裡，包括直接翻譯的工作：例如乾隆五十八年十月十七日（1793年11月20日），軍機處檔案記有馬戛爾尼的信函已交給索德超負責翻譯；[375] 他還負責查核其他人的翻譯是否準確，當中包括馬戛爾尼乾隆五十八年十二月二十四日（1794年1月25日）送來的呈詞，[376] 以及乾隆寫給英國國王敕諭的翻譯，[377] 也專責察看馬戛爾尼贈送的儀器的運作情況，[378] 這些都是重要的任務，可見他的確受到清廷重用。

不過，索德超只是在朝廷方面工作，卻很少跟馬戛爾尼等直接接觸。根據馬戛爾尼的說法，除1793年8月30日第一次見面外，索德超便再沒有走近。更準確地說，8月30日是索德超跟馬戛爾尼唯一一次正面接觸。[379] 在馬戛爾尼要求朝廷委派一名懂得歐洲語言的傳教士來充任翻譯員後，朝廷便派來法國籍的遣使會教士、法國傳教會會長羅廣祥，負責照顧使團的需要。在馬戛爾尼和斯當東的筆下，羅廣祥是一位和藹可親的謙謙君子，健談開朗。除法語和拉丁文外，羅廣祥在1785年（乾隆五十年）來到北京後便很快學會漢語和滿州語；此外，他也很適應和喜歡在北京生活，且消息靈通，馬戛爾尼從他那裡知道很多有關朝廷和乾隆的情況。[380] 顯然，羅廣祥跟使團的關係是非常良好的，馬戛爾尼甚至說在北京等候覲見皇帝期間，由於不能到外面活動，好像坐牢一樣，但羅廣祥來訪的幾天是很愉快的。[381] 不過，羅廣祥與馬戛爾尼及斯當東

---

375 〈奏為英貢使所遞西洋字稟已交索德超譯出呈覽〉，《英使馬戛爾尼訪華檔案史料匯編》，頁198。

376 〈奏報將英使呈詞交索德超閱看諭英法交惡皇帝無分厚薄洋人欽佩情形〉，同上，頁203。

377 乾隆五十八年七月二十六日（1793年9月1日）奏摺記「臣等將譯出西洋字頒給英吉利國王勅諭交索德超等閱看據稱所譯字樣均屬相符謹一併恭呈禦覽」，〈奏為頒給英國王敕諭譯文已交索德超等閱過無誤事〉，同上，頁145。

378 〈為奉旨傳諭選派學習安裝天文地理表並已領會修理方法者來熱河的啟文〉，同上，頁146。

379 Macartney, *An Embassy to China*, p.103.

380 Ibid., pp. 101–103.

381 Macartney to Dundas, near Han-chou-fu, 9 November 1793, IOR/G/12/92, p. 62.

的交談，還有他所能幫忙的翻譯工作，也只能是通過拉丁語。這無可避免地招來登維德的嘲諷。[382]

翻譯方面，羅廣祥曾經參與過翻譯一份很重要的文件——馬戛爾尼所寫有關在熱河覲見乾隆所用儀式的一封信。關於這封信函的譯者和翻譯過程，會在〈國書篇〉詳細交代。不過，值得提出的是翻譯工作完成後，這份書函最終交由小斯當東謄寫，以免被人認出筆跡來，而且，斯當東還進一步說，當小斯當東謄寫完畢，經核對正確後，原來的譯稿便當場銷毀。[383] 由此可見，為朝廷服務的西洋傳教士其實是步步為營，小心翼翼的。這是可以理解。葡萄牙籍的北京主教湯士選(Alexandre de Gouveia, 1751–1808)曾在1786年11月3日寫信回國，向部長兼國務秘書Martinho de Melo e Castro (1716–1795)這樣報告：「那些借為帝國在數學、繪畫與鐘錶方面効力的名義而被這裡接受的歐洲傳教士，經常由於中國人無端懷疑他們有某種布道意圖而處於被驅逐的危險之中。」[384] 就是在這次英使團來華事件中，賀清泰也清楚告訴馬戛爾尼，當使團在北京的時候，朝廷便曾找人對英使送來的文書另行翻譯核證，這讓他們在翻譯時承受壓力，不敢輕易作改動。[385]

此外，羅廣祥等傳教士還負責把朝廷所送出的中文文書翻譯給使團，其中最重要的是在馬戛爾尼要離開北京的時候，乾隆五十八年八月三十日(1793年10月4日)所寫給英王的第二份敕諭。[386] 這份敕諭主要回應馬戛爾尼在10月3日在圓明園致函和珅所提出的要求，[387] 但負責翻譯敕

382 Proudfoot (compiled), *Biographical Memoir of James Dinwiddie, LL.D.*, p. 46.

383 Ibid., p. 32.

384 錄自阿布雷沃：〈北京主教湯士選與馬戛爾尼勛爵使華〉，頁128。

385 "Letter from Louis de Poirot to Lord Macartney, Dated Pekin, September 29, 1794, Together with Translation."

386 〈大清帝國為開口貿易事給英國王的敕諭〉，《英使馬戛爾尼訪華檔案史料匯編》，頁172–175。

387 "Note for Cho-Chan-Tong, First Minister, from the British Embassador, Delivered at Yuen-min Yuen, 3 October 1793," IOR/G/12/92, pp. 259–262; Macartney, *An Embassy to China*, p. 150.

諭的羅廣祥以及賀清泰還是在翻譯過程中刻意對敕諭作了一些改動，「在敕諭中加入對英國國王尊重的說法」。[388] 二人還專誠為敕諭的翻譯寫了一封信給馬戛爾尼，交代當中的一些問題。[389]〈敕諭篇〉對此會再作討論。

索德超和羅廣祥以外，一併在圓明園跟馬戛爾尼見面的其他傳教士也在不同程度上參與翻譯工作，主要任務是學習安裝英國人帶來的機械禮品，並兼任翻譯。對於使團的實際運作，他們並沒有什麼直接的影響。使團機械師登維德曾說，這些到圓明園幫忙的傳教士譯員在最初的階段確實做得很不錯，但不久卻似乎顯得厭棄這工作。[390] 佩雷菲特說這是因為朝廷不准傳教士與英國人見面的緣故。[391] 誠然，清廷後來的確不准在京傳教士與使團人員聯絡，這除了在佩雷菲特所徵引遣使會檔案中羅廣祥在1793年10月28日寫給韓納慶和南彌德的一封信被提到外，[392] 其實梁棟材也有相同的說法，[393] 更重要的是馬戛爾尼自己也早已記下這情況：他在10月1日的日誌裡便說過他們從熱河回到北京後，只有Kosielski神父一人可以來見他們。[394] 不過，禁止傳教士與使團人員見面

388 "Letter from Louis de Poirot to Lord Macartney, Dated Pekin, September 29, 1794, Together with Translation."

389 Ibid.

390 Proudfoot (compiled), *Biographical Memoir of James Dinwiddie, LL.D.*, p. 51.

391 Peyrefitte, *The Collision of Two Civilisations*, p. 271.

392 Father Raux to Fathers Hanna and Lamiot, 28 October 1793, Archives of the Lazarists, ibid., p. 582, n. 14. 這封信的內容也經由韓納慶轉給斯當東，只是他強調不能說出寫信人的名字，而且，他寫信給斯當東時，使團早已離開中國了。Hanna to Staunton, Canton, 5 March 1794, *An Important Collection*, vol. 7 doc. 293, CWCCU.

393 Hanna to Staunton, Canton, 1 March 1794, *An Important Collection*, vol. 7, doc. 292, CWCCU. 此外，東印度公司廣州商館管理會前主席瑞柏也收到賀清泰在1794年5月18日所寫的一封信，說到朝廷突然完全禁止他們與使團有任何聯絡。A Jesuit at Peking to Mr Raper enclosing a letter written by the Missionary Louis de Poirot dated 18 May 1794 on the Ceremony at Macartney's Reception, in BL IOR MSS EUR F 140/36, quoted from Stevenson, *Britain's Second Embassy to China,* p. 99.

394 Macartney, *An Embassy to China*, p. 146; Father Kosielski全名叫Romoaldo Kosielski，波蘭人，天文學家，1783年開始為朝廷服務。Helen H. Robbins, *Our First Ambassador to China*, p. 328, n. 1; 但令人奇怪的是：這裡是整個使團唯一提及Kosielski的地方，馬戛爾尼在其他地方談及在京傳教士與他們見面時，都沒有提過這人的名字，而這次見面的目的是什麼，也是不得而知的。

跟安裝器械無關，而主要是因為朝廷在讀到馬戛爾尼所攜來的國書後，變得特別警惕，所以不准在京傳教士與使團往來。另一方面，一直以來我們都見到一些上諭指示傳教士去協助安裝儀器，最直接說明的是乾隆五十八年七月二十二日(1793年8月26日)的上諭：

> 又據和珅奏欽天監監正安國寧副湯士選及四堂西洋人羅廣祥等十名懇准赴園，於該國匠役安裝貢品時一同觀看學習等語。此亦甚好，多一人即多一人之心思。安國寧等既情願前往，自應聽其隨同觀看學習，尤可盡得其裝卸收拾方法，庶將來該國匠役回國後可以拆動那〔挪〕移，隨時修理，更為妥善。[395]

這說法很有道理，為了將來的裝卸修理，朝廷實在沒有理由不讓西洋傳教士去學習處理器械的方法。負責監督禮品安裝工作的吏部尚書金簡(?–1794)在乾隆五十八年八月十四日(1793年9月18日)的一份奏摺裡也提及，英國匠役自七月二十三日至八月十二日一直在安裝機械，而「派出習學安裝之西洋人及首領太監匠役等僉稱連日留心」。[396] 換言之，最少在9月中以前，北京的傳教士還是在跟隨英國技師在學習安裝器械。更重要的是，上面剛提及馬戛爾尼10月1日的日誌就是說到因為安裝天文儀器的關係，他們使團的技師又回到圓明園與中國的技師和傳教士見面，重新打開聯絡。[397] 由此可見，安裝器械的工作跟朝廷禁止傳教士與使團接觸無關。

這裡還有另外一個問題。即使我們暫且不論他們的語言能力或翻譯技巧，仍然不禁懷疑：究竟這些來自歐洲、但長期為清廷服務的傳教士，在這次英國使團來華事件中被朝廷指派作譯員，會全心全意地為中國服務嗎？還是更願意為同樣來自歐洲的使團提供協助？顯然，我們可

---

395 〈諭留京貢品著一併在正大光明殿安設並准西洋人觀看學習安裝方法〉，《英使馬戛爾尼訪華檔案史料匯編》，頁47。

396 〈吏部尚書金簡等奏報貢品均已安竣派出學習工匠役太監等均能領會片〉，同上，頁566。

397 Macartney, *An Embassy to China*, pp. 145–146.

以見到部分傳教士更傾向於協助來自歐洲的使團。也許我們不能把那位私下多次聯絡馬戛爾尼，並提出很多意見的梁棟材包括在內，畢竟他沒有受到朝廷的正式委派，但羅廣祥的情況便很明顯了。儘管他長期居住於北京，而且由清廷正式委派出任譯員，但一直以來他都為使團提出很多意見，還教導馬戛爾尼等怎樣回應朝廷的要求，甚至願意協助翻譯一些明知會惹來麻煩的文書，寧可把譯文交由其他人抄寫出來。更有意思的是，羅廣祥和賀清泰在翻譯乾隆發給英王的敕諭時刻意作出改動，刪改一些他們認為過於不合歐洲外交禮儀、對英國過於屈辱的字句。[398] 對馬戛爾尼使團來說，這無疑有助維護英國人的國家尊嚴，但從中國的角度看，這把清廷原要明確傳達的天朝大國觀念抹除，甚至嘗試把兩個國家放置於平等的位置，那是極其嚴重、不可寬恕的罪行，既損害國家的利益，亦犯上所謂的欺君之罪。由此可見，中國朝廷找來的一些翻譯人員，根本就算不上是忠實客觀的譯者，更不要說忠誠地為清廷盡心服務了。

那麼，那位被任命為通事帶領的索德超又怎樣？毫無疑問，他是站在馬戛爾尼的對立面的。當然，這也可能是因為索德超與馬戛爾尼一開始便很不投契，甚至相互排斥的緣故，然而，更大的問題仍然是在國家利益方面。我們沒有任何證據證明索德超在使團來訪期間直接破壞馬戛爾尼的訪華行程，唯一比較確定使團成員對索德超的行徑不滿的一次，是所有傳教士都認為使團先移至北京，比住在近郊的宏雅園較方便，但他卻力排眾議，多方阻撓，但畢竟他並沒有成功，[399] 而且這也不過是一樁比較瑣碎的小事，在重大事情上，恐怕他也無法直接影響乾隆的決定。馬戛爾尼對這問題有一個頗為準確的看法：中國一向對外國人抱有不信任甚至猜忌的態度，外國傳教士不可能對中國政治有什麼直接和重

398 "Letter from Louis de Poirot to Lord Macartney, Dated Pekin, September 29, 1794, Together with Translation."

399 Staunton, *An Authentic Account of an Embassy*, vol. 2, pp. 29–30.

大的影響；因此，他認為在出發前的很多猜測，擔心西方傳教士會從中作梗是過於誇張了。[400]

但另一方面，索德超跟和珅關係密切，而和珅又最為乾隆所寵信，那麼索德超也並不是沒有機會向和珅表達對馬戛爾尼使團及英國人的不滿，而和珅對使團的態度自始至終都不能算得上友善。我們最少可以找到兩條資料，足以讓人更了解索德超等對英使團訪華所起的負面作用。

首先，當馬戛爾尼和斯當東等在熱河覲見乾隆時，他們所帶來的機器禮品都留在圓明園裡安裝，同時和珅也委派欽天監監正安國寧、副監正湯士選及其他西洋傳教士共十人前往協助及學習。[401] 據葡萄牙新里斯本大學的阿布雷沃（António Graça de Abreu）所說，在馬戛爾尼等離開中國後兩年，荷蘭駐廣州代辦范罷覽（Van Braam）[402] 得悉，這些傳教士在安裝禮品時發現嚴重的問題：

> 傳教士們（安國寧、湯士選等人）發現宏大的天象儀上有多個機件已經磨損，零件上的銘文是德文。他們把這些情況報告給中堂（和珅），與英使團在多方面發生衝突的和珅又上奏皇帝，告英國人奸詐狡猾。憤怒的皇帝下令讓英國使團在24小時內離開北京。[403]

---

400 Macartney to Dundas, near Han-chou-fu, 9 November 1793, IOR/G/12/92, pp. 33–34.

401 〈諭留京貢品著一併在正大光明殿安裝并准西洋人觀看學習安裝方法〉，《英使馬戛爾尼訪華檔案史料匯編》，頁46–47。

402 范罷覽全名為Andreas Everardus van Braam Houckgeest（1739–1801），阿布雷沃論文中譯本作范．勃朗，明顯是譯者自己的音譯。阿布雷沃：〈北京主教湯士選與馬戛爾尼勛爵使華〉，頁128。范罷覽1758年第一次來到中國，加入荷蘭東印度公司，八年後離開，1790年重回廣州，出任荷蘭商館代辦，1794年致函巴達維亞荷蘭東印度公司總督提出在乾隆登基60周年時派遣使團，為德勝所率領的荷蘭使團主力成員，1795年1月抵達北京。關於范罷覽這次使團行程，見Andre Everard Van Braam, *An Authentic Account of the Embassy of the Dutch East-India Company, to the Court of the Emperor of China, in the Years 1794 and 1795; (Subsequent to that of the Earl of Macartney.) Containing a Description of Several Parts of the Chinese Empire, Unknown to Europeans; Taken from the Journal of Andre Everard Van Braam, Chief of the Direction of that Company, and Second in the Embassy. Translated from the Original of M. L. E. Moreau de Saint-Méry* (London: R. Phillips, 1798).

403 阿布雷沃：〈北京主教湯士選與馬戛爾尼勛爵使華〉，頁128。

阿布雷沃所引用的資料來自佩雷菲特的《停滯的帝國》，[404] 但佩雷菲特自己在該書中卻是否定范罷覽的說法。佩雷菲特指出，軍機處的檔案裡根本沒有這份報告，而且乾隆早已決定遣走使團的時間，跟這些禮品是否損毀沒有任何關係；也就是說，所謂禮品損毀、和珅上奏皇帝等，都只是一些謠言。佩雷菲特的說法很有道理，然而，這正是問題的癥結所在：范罷覽是從葡萄牙傳教士那邊聽到這些謠言，證明他們在使團離開北京後仍然一直散佈謠言，除禮品損毀外，還有使團被逐的說法，可見他們力圖破壞英國人的聲譽，刻意地大力打擊英使團。

但更嚴重的是，索德超、湯士選等葡萄牙傳教士確曾直接向朝廷攻擊英國及英使團。

嘉慶七年八月一日（1802年8月28日），也就是馬戛爾尼離開北京整整九年以後，索德超和湯士選等曾聯合署名上書內務府大臣工部侍郎蘇楞額（1742–1827）。事件的起因是英國的一支艦隊駛至澳門對開海面，澳門議事廳認為對葡萄牙僑民構成威脅，請求在北京的葡萄牙神父幫忙。索德超和湯士選等便寫呈文報告英國調派兵船到澳門，至五月中「更逼近澳門停泊，佔據一島，往來上岸，目可歷覩，澳門人人危懼」，但中國官員似乎沒有戒備之意，因此他們只好直接上書朝廷。在這呈文中，索德超等還特別強調英國人積極擴張和侵略的野心：

> 外洋到廣交易諸國中，有嘆咕唎者，其在西洋素號譎詐。近數十年來常懷蠶食之志，往往外假經商之名，遂其私計。……嘆咕唎之兇狡，在西無人不知，伊前於小西洋假買賣為由，已曾圖滅一大國，名曰蒙告爾，初亦借一小地存駐，後漸人眾船多，於嘉慶三年竟將此國吞噬。[405]

---

[404] Peyrefitte, *The Collision of Two Civilisations*, p. 272.

[405] 〈西洋人索德超湯士選等呈〉，國立故宮博物院（輯）：《清代外交史料（嘉慶朝）》（台北：成文出版社，1968），頁34。相近的一段引文也見於阿布雷沃〈北京主教湯士選與馬戛爾尼勛爵使華〉一文中，但字句不完全同，那是因為該文譯者並未找出原著，自己譯成中文之故。參見阿布雷沃：〈北京主教湯士選與馬戛爾尼勛爵使華〉，頁129。

最有意思的是，他們刻意重提九年前馬戛爾尼出使訪問中國之事，一方面明確指摘該使團來華其實是要侵佔中國領土；另一方面又把這次英艦在澳門水域的出現，說成是要完成馬戛爾尼侵佔中國領土的目的：

> 前於乾隆五十八年曾遣巨船進貢，多所求假，不惟便其通商，且求海嶼一所作久留計。幸蒙高宗純皇帝洞其隱曲，未遂其私，悵悵而去。渠因未得所求之故，終不撒手，每有窺伺之意。……今嘆咭唎於其所佔小西洋地方特發六大戰船，勁兵數千，滿載兵械砲具，藉辭稱預防佛啷哂來搶澳門，其實乃竊窺澳門，欲得高宗純皇帝所不允之事。[406]

這的確是很有力的證據，證明索德超、湯士選等葡萄牙傳教士蓄意對馬戛爾尼使團進行破壞：既然九年後索德超等仍然繼續攻擊英國，且以馬戛爾尼使團作為例證，向清廷指控英國人對中國存在野心，那麼我們實在沒法不懷疑索德超在使團訪問期間也有過煽動中國人對英國不滿情緒的行為，以防葡萄牙的利益受到損害。不過，單從這次呈文的事件看來，索德超的攻擊是不奏效的。在接到蘇楞額的奏摺後，軍機處馬上指示兩廣總督吉慶(?–1802)深入查探，[407] 得到的回報是英國護兵船確曾來過澳門外灣，停泊於零丁洋海面，離澳門甚近，但當他飭令離開後，「英吉利夷人當知畏法，不敢滋事」，並經查明「英吉利各兵船已於四月十一至六月初五等日均已陸續開行護貨回國」，即使在澳門外灣停泊時亦「並無滋事」。[408] 可以肯定，兩廣總督等中國官員並不是要刻意袒護英國人，但關鍵是他們絕對不會承認自己對英國人的軍事行動懵然不知，而朝廷也不會相信如在廣東發生這樣嚴重的挑釁行為，需要由一兩名遠在北京的外國傳教士通報。結果，索德超和湯士選這次對英國人的攻擊可說是無功而還，甚至有報導說他們被押送戶部嚴加斥責，並嚇以死罪，不准他們再干預朝政。[409] 這大概是索德超始料不及的。不過，也

---

406 〈西洋人索德超湯士選等呈〉，《清代外交史料(嘉慶朝)》，頁34–35。

407 〈軍機處寄兩廣總督吉慶等查詢英船來澳情形迅速奏聞上諭〉，同上，頁36。

408 〈兩廣總督吉慶奏英船業經開行回國並無滋事片〉，同上，頁37。

409 這說法來自馬戛爾尼使團總管巴羅。他對整個事件有詳細報導，他說索德超被送刑部後，跪在地下接受申斥，懇求恕罪，他所犯的罪足以判處死刑，最後經警告不得再干

許最令索德超感到沮喪的，應該是他所奏報的其實全是真確的。由於法國在1801年聯同西班牙進攻葡萄牙，英國人以保護澳門、免受法國攻擊為名，派遣兵船到來。1802年3月，英國共有六艘全副武裝的船隻抵達澳門外洋，而且獲得指示，在取得澳門葡萄牙總督的同意後即在澳門登陸，只是因為葡萄牙總督一直沒有正面回應，他們才按兵不動，不久後就接到英法已經議和的消息，兵船才撤走。[410] 這並不是如吉慶所說的英國人「當知畏法，不敢滋事」。[411] 最為諷刺的是，馬戛爾尼使團總管巴羅在詳細報導這事件時加上自己的評語：經過這事件後，廣州當局對英國人大有好感，因為官員們一向都不喜歡葡萄牙人，又懼怕法國人。巴羅認為這是取代葡萄牙人在澳門的位置最好的時機。[412] 由此可見，英國人的確一直覬覦澳門，索德超等的顧慮和投訴不是毫無根據的。但關鍵是既然他在馬戛爾尼使團來華期間被委任為通事帶領，卻大力拒抗和排斥他原來要服務的對象，這便產生嚴重的問題。事實上，即使從清廷的角度看，索德超的表現也是不合格的，因為他所關心的其實是葡萄牙

預中國內政後才獲釋。據巴羅說，這消息是來自1803年的《京報》(*Peking Gazette*)。Barrow, *Travels in China*, p. 20. 不過，《清代外交史料(嘉慶朝)》所收資料並沒有這樣的說法，軍機處在嘉慶七年九月十一日(1802年10月7日)所發上諭只說「所有索德超等具呈之語係屬訛傳，著蘇楞額即傳諭索德超等知悉，並將吉慶原奏抄寄閱看。」〈軍機處寄內務府大臣工部侍郎蘇楞額傳諭西洋人索德超等英船來澳據吉慶查訪該國兵船因護貨到澳已陸續回國前所呈之語係屬訛傳上諭〉，《清代外交史料(嘉慶朝)》，頁38。

410　Morse, *The Chronicles of the East India Company*, vol. 2, pp. 369–371; 關於這次英國兵船來澳門事件英國海軍部及東印度公司往來書函，見同上，附錄N，頁373–387。另外，克萊默－賓曾分析過在這次行動中，英方倚賴了馬戛爾尼使團成員英國皇軍炮兵團中尉Henry William Parish在1794年使團抵達澳門時所繪澳門地圖和有關的報告。J. L. Cranmer-Byng, "The Defences of Macao in 1794: A British Assessment," *Journal of Southeast Asian History* 5, no. 2 (September 1967), pp. 133–149; Parish的報告見 "Military and statistical observations upon Macao, etc., by Henry W. Parish, dated Feb. 28, 1794," *An Important Collection*, vol. 9, doc. 371, CWCCU；亦可參Puga, *The British Presence in Macau, 1635–1793*, pp. 126–127; Shantha Hariharan, "Relations between Macao and Britain during the Napoleonic Wars: Attempt to Land British Troops in Macao, 1802," *South Asia Research* 30, no. 2 (July 2010), pp. 185–196; 施曄、李亦婷：〈嘉慶朝英軍入侵澳門事件再考察——以新見斯當東檔案為中心〉，《史林》2021年第3期(2021年6月)，頁67–73。

411　〈兩廣總督吉慶奏英船業經開行回國並無滋事片〉，頁37。

412　Barrow, *Travels in China*, p. 20.

而不是中國朝廷的利益。如果我們認同一些歷史學家的說法——乾隆沒有以開放的態度來接待英國使團，因而失去了一次與世界接軌、走向國際化和現代化的機會，那麼作為清廷首席翻譯的索德超便應該負上很大的責任，因為他不但沒有為雙方的溝通做好工作，相反，他很可能提供了一些負面訊息，進一步加強乾隆對英國人的戒心。

四

在上文有關使團譯者的討論裡，可以見到一個很有趣的現象：中英雙方其實都沒有任用自己國家的人來充任翻譯，相反，他們都聘用對方的人：英國使團用的譯員是中國人，清廷用的卻是歐洲人。這涉及譯者其中一項最基本的道德操守，就是對所屬組織的忠誠，尤其在外交翻譯方面，譯者是否忠誠足以影響國家的重大利益。顯然，清廷所用的翻譯人員並沒有達到忠誠的要求。儘管這些西洋傳教士不少在中國已住上幾十年，被認為能說流利的漢語，以致有學者把他們描述為「已轉化為中國人的歐洲人」(“Europeans turned Chinese”)，[413] 但他們在骨子裡始終是歐洲人。馬戛爾尼的日記便記載了這些傳教士怎樣享用上等的法國麵包和甜肉，甚至在當地釀製紅酒，[414] 儘可能在中國土地上過著歐洲的生活。因此，他們以自己國家的利益為前提，不能忠誠地為清廷服務或充分完成清廷給與的任務，也是在預期之內了。不過，相對而言，這些在京傳教士在整個馬戛爾尼使團訪華中所扮演的角色十分有限，不致造成什麼重要的影響，但英國使團所帶來的譯員李自標又怎樣？

佩雷菲特說馬戛爾尼在開始時並不怎樣喜歡李自標以及柯宗孝，一方面固然因為他們「不單是中國人，還有是天主教士和那不勒斯人的特點」，對於一名愛爾蘭的新教徒是頗為難以忍受的，但另一方面更因為

---

[413] Peyrefitte, *The Collision of Two Civilisations*, p. 157.

[414] Macartney, *An Embassy to China*, p. 101.

李自標抽煙，牙齒都壞了，更時常離不開那長煙袋，而柯宗孝則最愛嗑瓜子。[415] 意下之言，馬戛爾尼作為英國紳士貴族，對於這兩名帶有中國傳統文化和禮儀標記的譯員頗有微詞（尤其是該書這一章的題目是「中國的氣味」〔"A Whiff of China"〕）。不過，佩雷菲特在這裡並沒有提供任何佐證或資料來源。另一方面，沈艾娣也說李自標抽煙、柯宗孝嗑瓜子，但卻描繪出完全不同的圖像：在來華的長途海上旅程中，馬戛爾尼很喜歡在晚上在甲板來回散步，且時常與抽著煙、嗑著瓜子的李自標、柯宗孝閑聊長談，加上時常一起喝酒，大大增進使團成員的感情，讓他們更團結起來。[416]

其實，在現在所見馬戛爾尼以至他周邊的人所寫的文字中，都沒有見到像佩雷菲特所作非常形象化的負面描寫。正好相反，絕大部分使團成員都對李自標有很高的評價。斯當東最早在那不勒斯找到這些譯員時便已經有很不錯的印象，說柯宗孝和李自標「舉止溫雅，正直誠懇」。[417] 接著，在談到李自標願意跟隨使團去北京，是因為他意志堅定，認定自己已接受任務，便得全力完成。[418] 這都是十分正面的評價。除公開出版的回憶錄外，梵蒂岡傳信部在1795年2月16日所召開的一次樞機特別會議紀錄，徵引了一段由斯當東所寫的文字，高度讚揚李自標，說他品德高尚，對宗教非常虔誠，在使團的表現贏得每一個人的尊重，甚至連中國人對他都非常崇敬。[419]

---

415 Peyrefitte, *The Collision of Two Civilisations*, p. 35.

416 Harrison, *The Perils of Interpreting*, p. 78. 不過，她在註釋中徵引佩雷菲特時也明確說自己找不到他的資料來源。同上，頁289，n. 18。

417 Staunton, *An Authentic Account of an Embassy*, vol. 1, p. 21.

418 Ibid., p. 192.

419 "Congregatio Particularis de Popaganda Fide super rebus Indiarum Orientalium habitu die 16 februarii 1795," ACTA Congregationis Particularis super rebus Sinarum et Indiarum Orientalium, Archivio storico della Sacra Congregazione de Propaganda Fide, hereinafter abbreviated as ACTA CP, vol. 17, f. 380.

斯當東外，馬戛爾尼也説李自標「誠實和能幹」，[420] 是「一個十分理智的人，意志堅定，具有良好的個性」；[421] 非常正面的評價還有來自使團總管巴羅：「對於我們的譯員李的行為，我能提出的任何讚譽都遠遠不足以説明他的優點。儘管他完全明白自己所處的境地十分危險，但卻從沒有絲毫退縮」，[422] 又説他「有用和聰明」。[423] 就是在使團後30多年，小斯當東在有關他父親的回憶錄中提及當年到那不勒斯尋找譯員的經歷時，對李自標還是作出高度的評價：「非常聰穎，和藹可親，具有很好的判斷力，正直誠信，一直忠誠和熱情地為使團服務，提供最重要的服務。」[424] 可以肯定，使團最主要的成員對李自標的評價都很高。

使團成員中唯一對李自標的服務不滿意的是使團機械師登維德，他曾用上非常貶損的字眼去描述李自標：

> 無知而迂腐的神父，身上找不到一粒科學的原子，沒有好奇心、態度毫不開放；不知是出於無知還是偏見，很多時候他所翻譯出來的跟人家原來提出的問題很不同。我們穿越整個國家，就像很多啞巴一樣，沒有機會就一些最普通的事物提問或接收資訊。[425]

這確是非常負面的評價。但要指出的是，細讀登維德的日記，似乎整個使團旅程裡沒有什麼人或事物是可以讓他感到滿意的。關於他對李自標的指摘，大概他並不知道，中國方言繁多，根本不可能有一名譯員能夠讓他們全無語言障礙地穿越整個國家。此外，登維德説在李自標「身上找不到一粒科學的原子」，這也是不能確定的，因為梵蒂岡傳信部檔案提到李自標在他的同伴眼中很聰明，嫻熟於科學。[426]

---

420 Macartney, *An Embassy to China*, p. 221.

421 Macartney to Dundas, near Han-chou-fu, 9 November 1793, IOR/G/12/92, p. 35.

422 Barrow, *Travels in China*, p. 604.

423 Barrow, *An Auto-Biographical Memoir of Sir John Barrow*, p. 50. 另一方面，巴羅對柯宗孝的評價卻十分負面，説他是一個「笨拙、沉悶和固執的人，對使團沒有用處，相信傳教的工作也一樣。」同上。

424 Staunton, *Memoir of the Life & Family*, pp. 49–50.

425 Proudfoot (compiled), *Biographical Memoir of James Dinwiddie, LL.D.*, p. 71.

426 Giambattista Marchini, Macao, 3 November 1793, APF SOCP, b. 68, f. 487r.

但無論怎樣，最少在英國人眼中，李自標對於使團的忠誠是無可置疑的。那麼，我們不禁要問，為什麼身為中國人的李自標會對英國使團忠誠？嚴格來説，這其實等同背叛中國，為什麼會這樣？

首先，應該同意，使團成員——特別是斯當東——對於李自標以至其他同船回到中國的幾名傳教士是非常禮遇的。前面説過，嚴寬仁在航行途中為使團做了不少文書及翻譯工作，但怎樣也不肯接受馬戛爾尼的報酬和禮物，除因為已經得到免費坐船回國外，更因為他感到在航程中得到英國人文明友善的對待，讓他對英國人心懷感激及尊敬。[427] 如果一名短暫坐便船的乘客也能得到禮待，因而產生要向英國人回報的心態，那麼，作為使團正式譯員的李自標，得到的對待和尊重應該更好，對英國人的感激也會更深。使團非常重視解決語言的障礙，從一開始便派遣斯當東踏遍歐洲大陸尋找譯員，並提出連英國派駐那不勒斯公使漢密爾頓也認為是十分優厚的條件，這一切都能説明使團對譯員是非常尊重的。相反，清廷一向輕視甚至敵視譯員，一名總督甚至要求李自標跪在地上為他翻譯，[428] 這樣，李自標忠誠於英國使團，也是很合理的。此外，一個更重要的原因就是使團成員之間的緊密關係。正如沈艾娣所分析，除在倫敦得到很好的接待外，他們在整整一年的漫長海上航行裡，日夕相處，更一起經歷惡劣天氣和驚濤駭浪，還有一起吃飯和喝茶，李自標跟馬戛爾尼、斯當東，以至其他使團成員自然而然地建立起團結和相互信任的關係。[429]

然而，從一些長期未被充分利用的資料卻可以見到，李自標對於使團的忠誠並不是絕對的，這是因為李自標參與使團也有自己明確的動機及日程，以致使團的利益有時會退居次要的位置；而且，李自標對於馬戛爾尼的一些行為頗為不滿，卻跟很多中國官員關係良好，甚至和珅對他也非常友善。這是否可能影響他對使團的忠誠？

427　Staunton, *An Authentic Account of an Embassy*, vol. 1, p. 191.

428　Macartney to Dundas, near Han-chou-fu, 9 November 1793, IOR/G/12/92, p. 97.

429　Harrison, *The Perils of Interpreting*, pp. 63, 72, 84.

梵蒂岡傳信部檔案裡藏有兩封由李自標以拉丁文寫的信，都是寫於使團離開北京以後的，第一封寫於廣州，日期是1793年12月25日，那時馬戛爾尼等還沒有離開中國；而第二封則寫於1794年2月20日，使團已啟程回國，李自標當時身在澳門。在第一封篇幅較短的信裡，李自標主要談到使團到達北京後以及在熱河的情況，強調馬戛爾尼一直以來得到很榮譽的接待。儘管他堅決拒絕向皇帝叩首，導致接待的官員被降級，甚至幾乎把事情弄僵，可能沒法覲見皇帝，但最終還是得到同意，在熱河不用叩頭與皇帝見面，除得到設筵款待外，所有人都獲贈禮品。不過，在離開熱河回到北京後，李自標認為馬戛爾尼大概是因為得到特別的禮遇，態度變得傲慢。但李自標在信中說得很簡單，沒有解釋為什麼他有這種想法，也沒有指出馬戛爾尼有什麼不禮貌或傲慢的地方。[430]

李自標對馬戛爾尼的批評在第二封信變得更嚴厲，且說出一些具體問題。根據李自標的說法，在見到中方以很榮耀的方式接待使團後，馬戛爾尼就覺得自己可以像大皇帝一樣主宰一切。在剛抵達北京後不久，他就要求與在北京所有的天主教士見面，從中挑選譯員。由於他心目中希望以法國的梁棟材來充任使團翻譯，就非常決絕地否定朝廷已選定的索德超；而且，在這些天主教士逐一被帶來與他見面時，他就板起臉像審問他們一樣。這讓接待的中國官員很感不快，但馬戛爾尼卻沉醉於自己崇高的地位，全不把那些官員放在眼內，對很多事情作出投訴。[431] 這看來是應驗了乾隆在使團剛抵達中國時對接待官員所下的提醒：「恐該貢使以天朝多派大員照料伊等，禮節優隆，益足以長其矜傲」。[432] 在這

---

[430] Jacobus Ly, Canton, 25 December 1793, APF SOCP, b. 68, f. 610v.

[431] Jacobus Ly, Macao, 20 February 1794, APF SOCP, b. 68, ff. 611r–620r.

[432] 〈諭軍機大臣著梁肯堂筵宴後仍回河工並飭知委員不得稱貢使為欽差〉，《英使馬戛爾尼訪華檔案史料匯編》，頁39。同樣的說法又見於三天後的另一道上諭：「該貢使見多派大員護送，益足以長其矜傲。」〈諭軍機大臣梁肯堂辦理接見貢使甚好著詢明貢品安裝事宜速奏候旨〉，同上，頁41。

封信裡，李自標談及其中一件很不愉快的事，就是馬戛爾尼及斯當東都提及過的住宿問題。他們不滿意被安排住在北京城外的宏雅園，[433] 中方的接待官員實在沒有辦法，只好請求李自標協助，最後才把問題解決。接著，李自標又說馬戛爾尼堅持不肯向大皇帝行跪叩禮，激怒和珅，和珅在熱河時對使團很不客氣，幸好乾隆對使團倒是十分禮待。不過，李自標又說，馬戛爾尼很不喜歡中國人辦事的方式，對接待的官員沒有展示半點的友善，甚至以惡劣的態度對待他們，因此，這些官員在皇帝面前說了很多壞話，以致皇帝拒絕使團的所有要求，並請他們早日離開。這就好像說使團的失敗與馬戛爾尼的態度有關，是他咎由自取。[434]

李自標對馬戛爾尼的批評是否過於嚴苛，又或是否不真實的？這不容易確定，一方面他所列舉的兩件事——從歐洲天主教士中挑選譯員以及不肯入住宏雅園，都是確有其事，只是無法肯定當時的情況多惡劣；而且，李自標說馬戛爾尼一心要任用梁棟材為譯員，也是不準確的；另外，那些負責接待的官員以至和珅對使團有所不滿也是很可能的，畢竟兩國的外交及政治文化很不同，且相互的理解也很少。但另一方面，從其他已知的史料看，最少在表面上見不到雙方有什麼嚴重的矛盾，李自標所說的問題，不管挑選譯員還是住宿方面，看來都能輕易解決。更重要的是，乾隆拒絕英國人的要求，也不應該跟馬戛爾尼的態度扯上什麼關係，除涉及「天朝體制」外，很大程度上是乾隆看到英國人擴張的野心。那麼，李自標對馬戛爾尼所作的批評，便有可能是出於他個人的觀察和感受，實際情況並不一定是這樣惡劣。然而，即使這真的只是李自標的個人想法，情況也很不理想。作為使團所信賴和倚重的譯員，原來對大使心存不滿，那所謂的忠誠便很成疑問了，尤其是馬戛爾尼和斯當東都非常信任他，除了中文能力外，對他沒有半點懷疑。

---

433 Staunton, *An Authentic Account of an Embassy*, vol. 2, pp. 29–30.

434 Jacobus Ly, Macao, 20 February 1794, APF SOCP, b. 68, ff. 611r–620r.

此外，同樣是在這兩封信裡，李自標還自言中國官員跟他也建立了良好的關係。在第一封信裡，他談到使團在離開熱河後，乾隆對使團很不滿，除拒絕他們所有的請求外，還要求他們儘快離開中國。在這情況下，李自標所處的境地是很危險的，因為他要跟每一個人溝通，且負責處理一切事務，但李自標接著說：

> 但不知道是什麼原因，所有的中國官員（包括閣老），雖然知道我是中國人，但對我所做的事全都十分讚賞；就是大皇帝也一樣，除了給我比使團其他人更多的禮物外，還親手送我一個荷包。和中堂〔和珅〕見到我有時候看來不很愉快，也通過他的助手對我多加鼓勵，囑我放開懷抱，我還到過他家裡去接受他送的禮物。[435]

在第二封信裡，李自標再一次說他得到中國官員以至皇帝的賞識，還特別提到大皇帝親手賜他荷包時，所有官員都面面相覷，羡慕不已。這次李自標除提到和珅的名字外，還有陪同他們從天津到廣州的兩名大官，這就是松筠和長麟。李自標說，這些最高級的官員一直對他都非常信任，讚賞有加。[436]

同樣地，我們不能確定李自標這些有關自己的說法是否有不真實或誇張的成分，一方面，在現在所能見到中英雙方的材料中，並沒有任何紀錄確定乾隆親手贈送荷包給李自標，又或是他到過和珅家裡接受禮物，但另一方面，就是斯當東也的確說過中國人對他十分尊敬。[437] 誠然，我們不應任意推斷李自標為了與中國官員建立良好的關係而犧牲使團的利益，但在這兩封信的其他部分，我們卻發現李自標的確做了一件很可能嚴重傷害使團的事：以使團的名義向朝廷提出宗教方面的要求。

關於李自標向朝廷提出有關宗教方面的要求，詳細的討論會留在〈敕諭篇〉中開展。簡而言之，李自標在北京的時候，曾在馬戛爾尼和斯

---

435 Jacobus Ly, Canton, 25 December 1793, APF SOCP, b. 68, ff. 610v–610r.

436 Jacobus Ly, Macao, 20 February 1794, APF SOCP, b. 68, ff. 617v.

437 "Congregatio Particularis de Popaganda Fide super rebus Indiarum Orientalium habitu die 16 februarii 1795," ACTA CP, vol. 17, f. 380.

當東毫不知情的情況下，私自以使團的名義向和珅提出請求，希望朝廷善待天主教徒。對於這個要求，乾隆在敕諭中斷言拒絕，強調「華夷之辨甚嚴。今爾國使臣之意，欲任聽夷人傳教，尤屬不可。」[438] 馬戛爾尼在收到敕諭後，大惑不解，馬上向陪同使團離京南下的閣老松筠呼冤，表示自己從沒有提出過傳教的要求。[439]

平情而論，李自標在使團成員全不知情下，私自以使團名義向朝廷提出有關改善中國天主教徒狀況的要求，嚴重來説是背叛英國使團，很可能進一步把使團推向失敗。從這角度看來，李自標的譯員工作是不合格的，甚至應該是受到譴責的。

但問題是，英國人可有履行他們對李自標的承諾？難道英國人沒有背叛李自標嗎？上文已分析過，從那不勒斯中華書院以及梵蒂岡傳信部的檔案可以確定，李自標最初並不是要跟隨使團到北京去的，只是在來華行程期間被説服，違反那不勒斯中華書院長老的指令，跟使團一起去北京，其中的條件是英國人答應協助爭取改善中國天主教徒的待遇。不過，從馬戛爾尼的日誌及斯當東的回憶錄看來，英國人不但沒有嘗試向乾隆提出這要求，甚至連任何有關天主教的其他問題也沒有觸碰，這何嘗不是違反他們對李自標的承諾，背叛李自標對他們的信任？

其實，問題的核心在於李自標與使團有著不同的目標。英國派遣使團謁見乾隆，完全出於商業的考慮，希望能改善在華貿易環境，爭取更大的經濟利益。正如馬戛爾尼自己所説，宗教並不在他們的日程之內。[440] 另一方面，在海外接受過19年漫長的傳道訓練，剛獲授聖職不久，準備回到中國推動教務的李自標，心中就只有宗教的訴求。對他來説，能夠到北京謁見皇帝以及其他高級官員，是一個普通中國人千載難逢的機會。他必須緊抓這個難得的機會去嘗試為天主教徒爭取較好的待

438　〈大清帝國為開口貿易事給英國王的敕諭〉，頁174。

439　Macartney, *An Embassy to China*, pp. 166–167; Macartney to Dundas, near Han-chou-fu, 9 November 1793, IOR/G/12/92, pp. 102–103.

440　Ibid.

遇。這就是他願意擔任譯員，跟隨使團到北京，然後以使團名義提出宗教上的請求的原因。他不是要妨礙使團爭取商貿利益，但更關心的是他有沒有機會達到自己的宗教目的。

然而，在乾隆第二道敕諭拒絕傳教的要求後，李自標沒有取得他想要的東西，而且，他最後可能真的如澳門教區總務長馬爾克尼所説，沒有拿取英國人什麼，甚至連原來所預算的150鎊工資也沒有。英國新教牧師莫斯理（William Willis Moseley）與曾協助準備英王國書中文本的意大利漢學家孟督及很熟稔，且十分關注使團國書中譯問題，他便曾經説過李自標和柯宗孝沒有收取任何報酬，所得的只不過是免費回國而已。[441] 此外，在東印度公司的檔案中有一份「中國使團支出費用表」（"Disbursements on account of current expenses for China Embassy, 1792–1793"），當中只有一項提及為李自標支付的費用："Paid for buttons for Mr. Plumb the Interpreter"，價值只是六鎊。[442] 在使團快從廣州回國前，英國人曾建議李自標跟隨使團到英國，他們可以安排政府給他一份俸金，並讓他留在英國擔當天主教的職務。李自標自言對於在英國宣揚天主教的建議確曾有點動心，但最終還是婉拒了，[443] 他只向斯當東提出，請求指示東印度公司在華成員繼續支持他們的傳教活動，另外就是讓斯當東支付兩名年輕中國人到那不勒斯中華書院的旅費。[444] 根據中華書院

---

441 William W. Moseley, *The Origin of the First Protestant Mission to China, and History of the Events Which Included the Attempt, and Succeeded in the Accomplishment of a Translation of the Holy Scriptures into the Chinese Language* (London: Simpkin and Marshall, 1842), pp. 15, 108–109, n. 22.

442 "Disbursements on Account of Current Expenses for China Embassy, 1792–1793," *An Important Collection*, vol. 10, doc. 411, CWCCU.

443 Jacobus Ly, Macao, 20 February 1794, APF SOCP, b. 68, f. 620r.

444 Giambattista Marchini, Macao, 2 March 1794, APF SOCP, b. 68, f. 636. 那不勒斯修道院在一封寫於1795年2月2日到梵蒂岡主教的信裡也提到這兩名中國學生，名字分別為Luca Pan及Domenico Nien。修道院説，早從一年前（1794）2月22日李自標便寫信回來，匯報二人已乘坐英國船隻啟程，但整整一年還沒有消息，所以請求主教寫信給斯當東詢問一下情況。從這封信我們還知道，斯當東答應的只是支付這兩名中國人從廣州到倫敦的費用，倫敦到那不勒斯的則須由中華書院負責。Naples, 2 February 1795, SC Collegi Vari, vol. 12, f. 154r. 我們不知道主教後來有沒有寫信給斯當東，二人最終也到達那不勒斯。另外，據知嚴甘霖與嚴寬仁有親屬關係。Harrison, *The Perils of Interpreting*, p. 141.

所藏學生檔案，這兩名年輕人是廣東樂昌人潘路加（1772–?）及福建漳州人嚴甘霖（1774–1832），他們都是1795年7月23日才抵達那不勒斯的，大概在十年後的1806年獲授聖職，但二人留在那不勒斯的時間比較長，前者待到1817年離開，而後者更在1823年才回國。但看來潘路加在其後並沒有執行神父職務，嚴甘霖則在山西及湖廣傳教。[445] 至於李自標，在離開使團到達澳門後寫給那不勒斯中華書院長老的信中有以下說話，可以視為他對自己參與使團的總結以及未來的規劃：

> 我自己唯一的目標，就是要明白即使面對人生的逆境，怎樣可以滿足我所宣誓要完成的使命；也要明白因為這樣的宗教上的原因，我不用去管自己參與了多少的世俗事務，即使不必要地耗去時間和力量。對於過去的活動，我沒有一刻感到後悔，儘管這些活動就是最愚笨的人也不會冒險嘗試。最後，我誠心禱告，我願意接受您們所安排的任何任務，蒙上主恩寵，我希望能遵從馬爾克尼總務長的指示，以傳教士的身份前往甘肅省，我會更努力工作，做出更多的成績來。[446]

最後，這位馬戛爾尼使團最重要的譯員在完成使團的任務，且取得使團成員的肯定後，便在1794年5月底離開澳門，按照教會的安排，改變回去甘肅的計劃，9月初到達山西傳教，終其一生為當地的教務作出貢獻，堅守著傳教的初心。[447] 另一方面，就正如巴羅所說，在其後一段頗長的時間裡，李自標還跟馬戛爾尼和斯當東保持通信，[448] 延續著這個中英第一次最高層次官方外交活動的傳奇故事。[449]

---

[445] Fatica, *Archivio Storico del Collegio dei cinesi*, pp. 4–5.

[446] Jacobus Ly, Macao, 20 February 1794, APF SOCP, b. 68, f. 620r.

[447] Plume [Li Zibiao] to Macartney, Siganfu, Shansi, 10 October 1795.

[448] Barrow, *Travels in China*, p. 604.

[449] 李自標離開使團後在中國傳教的情況，見Harrison, *The Perils of Interpreting*, pp. 141–151, 223–232。

第3章

預告篇

我們要求您能把這訊息轉達到北京，相信朝廷會發出命令及指示，當大英國國王的船隻和船上的大使及隨行人員在天津或附近水域出現時，儘快以合適的方式接待。

——東印度公司董事會主席百靈致兩廣總督，1792年4月27日[1]

閱其情詞極為恭順懇摯，自應准其所請，以遂其航海嚮化之誠。

——上諭，乾隆五十七年十月二十日[2]

一

當英國決定派遣馬戛爾尼使團訪華，且準備工作及相關安排也差不多完成的時候，接下來要做的就是通知清政府，預告使團的到來。對於馬戛爾尼來說，通報的方式十分重要，他認為必須充分說明出使的原因，如果找不到一個冠冕堂皇的說法，讓人以為英國人要來申訴，那只會惹來猜疑和厭惡。[3]

---

1 "Letter from the Chairman to the Viceroy of Canton," 27 April 1792, IOR/G/12/91, pp. 335–336.

2 〈諭軍機大臣著傳諭各督撫如遇英貢船到口即速護送進京〉，《英使馬戛爾尼訪華檔案史料匯編》，頁27。

3 Macartney to Dundas, 4 January 1792, IOR/G/12/91, pp. 37–38.

現存清宮檔案中有關東印度公司向中國官員通報英國派遣使團來華的資料很少，直接相關的就只有署理兩廣總督郭世勳聯同粵海關監督盛住在乾隆五十七年九月初七(1792年10月22日)的一份奏摺。郭世勳報告在九月初三(10月18日)接到洋商蔡世文來稟，「有暎夷啵嘲啞哩晚噴 啞具稟事件」，當天馬上接見及譯出他們所呈「該國事字稟二紙」後，知悉英國以兩年前未及祝賀乾隆八十萬壽，遣使過來「進貢」。由於他們要求由天津進京，「該國王又無副表貢單照會」，而遞呈稟文的又只不過是「該國管理買賣頭目」，且經過郭世勳等再三查詢「表文貢物及果否已經起程」等問題後，還是「不得確切真情」，唯有立即奏明朝廷，「並將該頭目原稟及譯出底稿一併進呈御覽」。[4] 現在見到軍機處檔案中有〈譯出英吉利國字樣原稟〉及〈譯出英吉利國西洋字樣原稟〉兩份譯文，[5] 而所謂的「原稟」也是一直藏於宮中。[6]

另一方面，東印度公司檔案所存相關資料較多，讓我們更清楚知道通報的整體情況，甚至能夠證明郭世勳的奏摺有不準確的地方。

郭世勳奏摺中所說的「暎夷啵嘲啞哩晚噴 啞」，其實是三個人的名字：「啵嘲」是Henry Browne，「啞哩晚」是Eyles Irwin，而「噴 啞」則是William Jackson，他們都是東印度公司秘密及監督委員會的成員。這委員會由倫敦東印度公司董事局成立，權力在廣州商館的特選委員會之上，目的是改革廣州商館的管理，監督商館業務及開支委員會，同時也協助籌劃這次使團訪華事宜。[7] 他們作為公司派往廣州的專員，從倫敦

---

4 〈署理兩廣總督印務廣東巡撫郭世勳等奏為英吉利遣使進貢折〉，《英使馬戛爾尼訪華檔案史料匯編》，頁217–218、279–280。

5 〈譯出英吉利國字樣原稟〉，同上，頁216；〈譯出英吉利國西洋字樣原稟〉，同上，頁217。

6 《掌故叢編》收有「巴靈原文一」及「巴靈原文二」的圖片。《掌故叢編》，頁51–52。

7 Board of Directors to Dundas, 10 February 1792, IOR/G/12/91, pp. 103-114; "At a superintending Committee," Canton, 24 September 1792, IOR/G/12/264, pp. 1–2; 有關倫敦東印度公司董事局要成立秘密及監督委員會，改革廣州商館管理和監督商館業務的決定及實施，可參 Pritchard, *The Crucial Years*, pp. 284–286; Morse, *The Chronicles of the East India Company*, vol. 2, pp. 192–204; Hoh-cheung Mui and L. H. Mui, *The Management of Monopoly: A Study of the English East India Company's Conduct of Its Tea Trade, 1784–1833* (Vancouver: University of British Columbia Press, 1984), note 56, p. 164。

出發後，1792年9月20日到達廣州。[8] 在與使團相關的文獻裡，包括馬戛爾尼跟公司董事局的往來書信，以及馬戛爾尼、斯當東等人的出使日誌和回憶錄，不斷出現的「專員」("Commissioners")，就是指這三人。公司董事局就訪華使團發送給這些專員的政治指令，原來就是由馬戛爾尼草擬的，[9] 收在他1792年3月17日寫給鄧達斯的信中，[10] 同時收錄的還有一份由公司董事呈送兩廣總督書函的草稿，也是馬戛爾尼寫的。[11] 這兩份文件經過一些討論和修改後，在4月24日得到鄧達斯的正式批准。由於百靈在4月11日已獲委任為公司董事局主席，呈送兩廣總督的書函便由他署名簽發。4月19日，馬戛爾尼與百靈見面，提出這封書函應備有拉丁文本；[12] 就在第二天，百靈寫信給鄧達斯，告訴他馬戛爾尼的要求，並同時轉給一位King先生，讓他交去政府相關部門找人翻譯。[13] 大約在一個星期後的4月27日，拉丁譯文也完成，[14] 一併由該三名專員帶到廣州來。上文提到郭世勳報告朝廷的奏摺中附有「該國事字稟二紙」，其實是內容相同的一份文件，也就是這封由馬戛爾尼草擬、以百靈名義寫給兩廣總督信函的英文及拉丁文兩個文本。[15]

---

8 The Secret and Superintending Committee to the Court of Directors, Canton, 25 November 1792, IOR/G/12/93A, p. 5.

9 "Sketch of Instructions for the New Commissioners to Canton Relative to the Communication of the Projected Embassy from His Majesty to the Emperor of China," IOR/G/12/91, pp. 167–169.

10 Macartney to Dundas, Curzon Street, 17 March 1792, IOR/G/12/91, pp. 155–163.

11 "Draft of the Letter Proposed to be Written by the Chairman of the East India Company to the Tson-tock or Viceroy of Guantong and Kiang-si," IOR/G/12/91, pp. 171–172.

12 Pritchard, *The Crucial Years*, p. 289.

13 Baring to Dundas, Devonshire Square, 20 April 1792, IOR/G/12/91, pp. 233–234.

14 Pritchard, *The Crucial Years*, p. 289.

15 英文原信見"Letter from the Chairman to the Viceroy of Canton," 27 April 1792, IOR/G/12/91, pp. 333–337; also as "Letter from the Chairman of the East India Company to the Viceroy, 27th April 1792," in Pritchard (ed.), "The Instructions of the East India Company to Lord Macartney on His Embassy to China and His Reports to the Company, 1792-4. Part II: Letter to the Viceroy and First Report," in Tuck (selected), *Britain and the China Trade, 1635–1842*, vol. 7, pp. 375–377。

根據秘密及監督委員會三名成員的報告，他們到達廣州後便馬上與行商領袖蔡世文及潘有度見面，日期是9月24日，當時這些行商並沒有顯得特別驚訝，因為他們早已聽到英國派遣使團的傳言，甚至連一些官員也有所聽聞；但當專員把百靈的信拿出來時，他們變得十分興奮，表示願意積極幫忙，也相信廣州的官員會樂於協助。[16] 通過他們的安排，三名專員在10月10日與署理兩廣總督及粵海關監督見面。關於這次會面過程，專員們寫了一份頗為詳細的報告，[17] 但他們所匯報的會面日期跟郭世勳上奏朝廷的說法——乾隆五十七年九月初三，即1792年10月18日——不一樣，前後相差八天，大概是因為郭世勳的奏摺是在10月22日才寫成，他不願讓朝廷認為他延誤上報，所以故意把晤面日期寫後八天。

這次會議的過程算不上順利，因為這些廣東官員害怕英國派遣使團的目的是要向北京作出投訴，因而以各種各樣的理由去推搪阻撓，包括質疑公司專員以至百靈都不是政府官員，「只不過是公司的代表」，更以此為理由，不准專員們在晤面時坐著談話。[18] 在廣州官員中，郭世勳是較為正面的，接待專員時態度友善平和，但粵海關監督盛住「與撫院完全相反」，立場格外強硬，態度負面，經常批評東印度公司的做法與其他使團不同，既沒法提供貢品清單，又要求讓使團直接取道天津到北京，盛住對此很不滿意。專員們認為他最不願意見到外國人與朝廷有聯繫，因此諸多刁難，千方百計要阻礙使團的進程。[19]

但總的來說，東印度公司的專員對於晤面的結果以及隨後的發展，看來是頗為滿意的。雖然他們往往不能回答官員的問題，有時候甚至刻意迴避，「以對事件一無所知來應付中國人的不斷追問」。[20] 事實上，他們的確既沒法提供使團所帶禮品的資料，也不能準確地回答使團出發的

---

16 "At a Secret Committee," Canton, 24 September 1792, IOR/G/12/93A, pp. 26–28.

17 "At a Secret Committee," Canton, 11 October 1792, IOR/G/12/93A, pp. 29–48.

18 Ibid., pp. 32–34.

19 Secret and Superintending Committee to Court of Directors, 25 November 1792, IOR/G/12/93A, p. 8; "At a Secret Committee," Canton, 11 October 1792, IOR/G/12/93A, p. 43.

20 Special Committee to Macartney, Canton, 6 January 1793, IOR/G/12/93A, pp. 121–122.

日期和抵達天津的時間，[21] 以致一度讓會議的氣氛變得十分尷尬。[22] 粵海關監督甚至要在10月14日另外派遣一名下屬官員，連同蔡世文及潘有度向公司秘密及監督委員會查詢，但始終得不到具體的答覆。[23] 最後，郭世勳等只好把專員所提出的要求全部向朝廷呈奏，包括使團請求直接前往天津，無須停留廣州。專員的報告說潘有度曾經看過郭世勳在10月20日上呈的奏摺，準確及充分地把使團來訪的訊息呈報朝廷，奏摺還同時附呈百靈原來的信函。[24] 更重要的是，專員們很快便從行商那邊聽到朝廷的反應很積極，他們一直向倫敦董事局以及馬戛爾尼匯報說乾隆對於英國遣使來華非常高興，下旨以高規格接待；專員甚至說，儘管朝廷正式的諭旨還沒有下達，但由於使團即將到訪，廣州官員對英國商人的態度已跟從前不同，停止徵收不少無理的稅金。[25] 3月12日，專員向董事會匯報剛收到蔡世文轉來的確切消息，朝廷上諭已送抵署理兩廣總督，批准使團在任何港口登岸，並安排300人的衛隊，護送使團到北京；[26] 最後，在乾隆的諭旨正式到來時，專員們更認為這次使團來訪預告十分成功，取得清廷最正面的回應。[27]

然而，實際的情況是怎樣的？他們的理解準確嗎？對於這三名不懂中文、初到中國不久的東印度公司專員，他們的消息來源是什麼？他們是通過什麼渠道去理解朝廷的回應？

應該同意，乾隆在接到郭世勳等的奏摺，知悉英國派遣使團到來時，最初的反應的確是正面的，也就是說，專員在這方面的理解大抵是

---

21 "At a Secret Committee," Canton, 11 October 1792, IOR/G/12/93A, pp. 40–41.

22 Ibid., pp. 43–44.

23 "At a Secret Committee," Canton, 14 October 1792, IOR/G/12/93A, pp. 49–50.

24 Secret and Superintending Committee to Court of Directors, Canton, 25 November 1792, IOR/G/12/93A, p.16.

25 Secret and Superintending Committee to Macartney, Canton, 13 January 1793, IOR/G/12/93A, pp. 129–130; Macartney to Dundas, near Han-chou-fu, 9 November 1793, IOR/G/12/92, pp. 31–32.

26 Secret and Superintending Committee to Court of Directors, Canton, 12 March 1793, IOR/G/12/93A, pp. 157–159.

27 "At a Secret Committee," Canton, 13 January 1793, IOR/G/12/93A, pp. 145-147.

準確的。簡單來說，百靈在信件中所提出有關使團的安排，乾隆全都批准；其中最關鍵的、也是英國人一直最擔心的就是使團能否繞過廣州，直接取道天津到北京去。從清廷過往接待外國使團的情況來看，這原是不大可能的，因為他們早有按照使團國家的地理位置來規定不同的入境及進京路線，即所謂的「貢道」。《大清會典》規定自「康熙六年議准：西洋貢道由廣東」，[28] 甚至早從順治十三年(1656年)即已確定「貢道由廣東」。[29] 此外，在英國派遣使團過來前，其他歐洲國家的使團都毫無例外地先從廣州入境，例如乾隆十八年(1753年)到訪的葡萄牙巴哲格(Francisco de Assis Pacheco e Sampaio Melo)使團，便是從廣州北上的。[30] 但英國人從一開始便決定要避開廣州，免受當地官員的干擾。早在馬戛爾尼以前的凱思卡特使團已經計劃這樣做，[31] 凱思卡特在最初構思使團時已提出要儘可能直接北上。[32] 從東印度公司專員的報告可以看到，他們這次甚至不惜欺騙郭世勳等説使團從倫敦出發後便沒法再聯絡，因此不能要求他們改變計劃，先來廣州。這在廣州官員看來是一個很合理的解釋，郭世勳在奏摺中也以此作為向朝廷申請恩准的原因：「此時已由洋海逕赴天津，夷人等無從查探」。[33] 不過，身在廣州的專員有時候其實是能夠跟使團互通訊息的，其中十分重要的一次是把大量材料等送往巴達維亞(Batavia)，包括朝廷就使團來訪的諭令，[34] 而且，馬戛爾尼早前也曾經要求專員為他們尋找引水人員，送到巴達維亞去；更重要的是

---

28 〈禮部・朝貢・敕封・貢期・貢道〉，《清會典事例》，(北京：中華書局，1991)，第6冊，卷502，頁817。

29 同上。

30 關於巴哲格使團，清廷史料見《史料旬刊》第14期，頁510；第22期，頁5。巴哲格的報告中譯，見金國平(譯)：〈巴哲格大使敬呈唐・若澤一世國王報告1752年出使京廷記〉，《中葡關係史地考證》(澳門：澳門基金會，2000)，頁212–240。

31 "To the Honorable Lieutenant Colonel Cathcart," 30 November 1787, IOR/G/12/90, p. 113.

32 "Paper Addressed to the Right Honorable Henry Dundas by Lieutenant Colonel Cathcart," 20 June 1787, IOR/G/12/90, p. 5.

33 〈署理兩廣總督印務廣東巡撫郭世勳等奏為英吉利遣使進貢折〉，《英使馬戛爾尼訪華檔案史料匯編》，頁218。

34 Secret Committee to Macartney, Canton, 6 January 1793, IOR/G/12/93A, pp. 118–144.

使團船隻在6月21日到達澳門外海，[35] 斯當東還在6月22日下午登岸，跟幾位專員見面，[36] 並作了很長時間的交談，[37] 除取得有關廣州方面最新的消息外，更購置一台望遠鏡，討論有關賬目的安排，[38] 然後在23日離開。[39] 因此，當時的情況絕對不是因為使團「由洋海逕赴天津，夷人等無從查探」。不過，使團到達澳門的消息後來還是傳到廣州當局去，粵海關監督曾指派一名官員專程趕去澳門，在6月25日與秘密及監督委員會成員見面，查問使團到來的情況。[40] 原來，使團到達澳門的消息是由當地一名引水人布兆龍在斯當東到來的第二天向澳門當局報告的，稟稱「本〔五〕月十四日〔6月21日〕，有嘆咭唎國夷人自駕三板，由外海埋澳，購買食物」，並經詢問「伊國大班」，知悉「有貢船二隻，在老萬山洋外寄泊，今放三板埋澳，買些食物，十五日開行往天津」。澳門同知和香山縣丞兩度下諭指令澳門「夷目唩嚟哆」查明此事，[41] 難怪廣州的粵海關監督也聽到消息，但最終粵海關監督還是遲來一步，使團已經離開澳門了。

無論如何，在使團希望打破清廷的規定、直接從天津進港的問題上，乾隆的確是寬大處理的。乾隆五十七年十月二十日（1792年12月3

35　Secret and Superintending Committee to Council of Directors, 22 December 1793, IOR/G/12/93A, p. 525.

36　"Consultations, Orders, &c of the Select Committee of Resident Supra Cargoes Appointed by the Honorable the Court of Directors of the United East India Company for Managing Their Affairs in China, Together with All Letters Recorded and Written by the Said Committee, 22nd June 1793 to 30th June 1793," IOR/G/12/105, p. 16.

37　"At a Secret Committee," Macao, 21 June 1793, IOR/G/12/93A, pp. 213, 230.

38　"Consultations, 21 June 1793," IOR/G/12/265, pp. 46–47.

39　"Consultations, Orders, &c of the Select Committee of Resident Supra Cargoes Appointed by the Honorable the Court of Directors of the United East India Company for Managing Their Affairs in China, Together with All Letters Recorded and Written by the Said Committee, 22nd June 1793 to 30th June 1793," IOR/G/12/105, p. 17.

40　"At a Secret Committee," Macao, 26 June 1793, IOR/G/12/93A, p. 233.

41　〈澳門同知韋協中為飭查英人三板至澳是否為貢船購買食物事行理事官牌〉，劉芳（輯）、章文欽（校）：《葡萄牙東波塔檔案館藏清代澳門中文檔案彙編》（澳門：澳門基金會，1999），下冊，頁734–735；〈香山縣丞朱鳴和為飭查英人三板至澳事下理事官諭〉，同上，頁735。

日）的上諭批示，對於英國人「由海道至天津赴京」的要求，「准其所請」，甚至考慮到「海洋風帆無定，或於浙閩江蘇山東等處近海口岸收泊亦未可知」，要求各督撫注意，如遇上使團船隻，務必「派委妥員迅速護送進京」；[42] 而且，乾隆要求的不是簡單的護送，而是要「派委大員，多帶員弁兵丁列營站隊，務須旗幟鮮明，甲仗精淬」，「辦理務須經理得宜，固不可意存苟簡，草率從事，亦不可迹涉張皇」。[43] 事實上，當使團已抵達天津後，乾隆甚至曾多次批評負責接待的鹽政大臣徵瑞「自居尊大，與遠人斤斤計量」、「殊非懷柔遠人之道」。[44] 為什麼會這樣？客觀來說，乾隆五十八年六月十七日（1793年7月24日）上諭中說使團「航海遠來，初次觀光上國，非緬甸安南等處頻年入貢者可比」是合理的，作為英國第一次來華使團，馬戛爾尼使團得到乾隆的重視是可以理解的。[45] 但另一方面，其他同樣「航海遠來」，派遣使團訪華的歐洲國家可有得到這樣的優待？對比之下，英國在乾隆心中的地位看來的確跟歐洲其他國家不同，畢竟那時候英國人早已在廣州外貿佔主導位置，而35年前的洪任輝事件也許讓乾隆對英國人留有深刻的印象。不過，最關鍵的還是乾隆怎樣看待使團的性質。

關於使團的性質，以乾隆的世界觀來說，他無可避免地會把馬戛爾尼使團定位為從遠方到來朝貢的使團，就跟其他從歐洲到來的使團一樣。因此，上諭中不斷出現「進貢」、「貢使」、「貢品」、「貢船」等詞句，是在預期之內的。但除乾隆自身的世界觀外，可還有別的外在因素影響乾隆對待英國使團的態度、確立他對英國使團的定位？其實，應該關注的是乾隆究竟接收了什麼訊息。因為即使乾隆主觀上會把所有外國使節

---

42 〈和珅字寄沿海督撫奉上諭英使即在天津進口著遇貢船到口即派員護送〉，《英使馬戛爾尼訪華檔案史料匯編》，頁91。

43 〈和珅等字寄沿海各督撫奉上諭遇英貢船進口著派員整隊迎接並認真稽察〉，同上，頁92–93。

44 〈諭軍機大臣接見英使禮節不必拘泥著梁肯堂等先行筵宴貢物送熱河〉，同上，頁38。

45 〈和珅字寄梁肯堂奉上諭接待貢使禮節豐儉適中將貢使及隨從名單奏聞〉，同上，頁111。

都看成遠方來朝的貢使，但如果對方明確否定，又或是乾隆接收到不同的訊息，也許他的態度便會不一樣，甚至可能拒絕批准使團前來。但顯然，馬戛爾尼使團的情況並不是這樣。在這最初的預告階段，扮演著關鍵角色的是百靈的書函，也就是郭世勳所說的「該國事字稟二紙」。這份文件的重要性在於：從乾隆的角度而言，這是朝廷收到有關使團來訪的第一份正式文書，而且，這份文書是直接來自英國方面的。因此，乾隆會很自然地把文書的內容視作英國人所要表達的訊息。

不過，乾隆所讀到的只能是中文譯本，因此，問題的核心就在中文譯本的翻譯上。不過，必須強調的是英國人送過來百靈的信件只有原件英文本以及一份拉丁文譯本，並沒有提供中文譯本。在〈譯員篇〉裡我們提到，東印度公司專員在與郭世勳及盛住見面的過程中，粵海關監督即場找來通事把拉丁文本譯成中文，然後公司這三名不懂中文的專員又與僅略懂英文的行商蔡世文及潘有度合力根據英文原本譯出另一個中文本。因此，嚴格來說，這兩份中文譯本都是由中方人員負責翻譯出來的，也就是說，乾隆從這所謂的「該國事字稟二紙」讀到的訊息，並不是由英國人所直接提供，而是通過中方人員翻譯出來的文本取得，那麼，這譯本是否準確可靠？是否能夠正確地傳達英國人的原意？要理解乾隆在最初階段對待使團的態度，便有必要仔細分析百靈信函的中文譯本，檢視譯本所提供的主要訊息，然後對照英國人原來書函的訊息，察看二者的分別，從而確定中文譯本有沒有誤導的地方，怎樣影響乾隆對使團性質的理解。

二

根據東印度公司專員的報告，在廣州翻譯百靈信函的兩個文本中，譯自拉丁文的遠勝譯自英文的。[46] 不過，對於這幾名完全不懂中文的專員

46 "At a Secret Committee," Canton, 11 October 1792, IOR/G/12/93A, p. 39.

來說，他們怎麼能夠判定兩個譯本的優劣？他們的標準是什麼？他們在向東印度公司董事局的報告裡沒有作進一步解釋，也沒有說明究竟對他們自己從英文原信翻譯出來的版本有什麼不滿的地方。

其實，現存於清宮檔案內百靈這封信函的中譯本共有三份，除上述的兩份外，第三個譯本是朝廷在收到郭世勳的奏摺以及所附的「該國事字稟二紙」後，另找「在京西洋人」，即〈譯員篇〉中討論過的留京歐洲傳教士翻譯出來的。據軍機處的一份奏摺，這些「在京西洋人」對「西洋字一件」「俱能認識」，但「嘆咭唎字稟一件，伊等不能認識」，所以最終只能根據拉丁文本翻譯出一個中文本來。此外，從這份奏摺又可以見到朝廷這次在北京另外再找人翻譯的原因，是要「核對郭世勳等奏到譯出原稟」。[47] 這是很重要的，讓我們知道朝廷以至乾隆本人對英國人的來函非常慎重地處理，更看出他們並不是沒有懷疑廣州送來譯本有出錯的可能，所以要在北京找來他們較為信任的人去另作翻譯，經核對確定與郭世勳所提供的譯本「大概相同」後才放心接受。[48] 不過，他們沒有考慮到的是儘管幾篇譯文出自不同譯者之手，但無論是廣州的通事或洋商，還是在北京的歐洲傳教士，他們在翻譯英國書函時所處的位置，以至所採取的立場其實是相同的，就是從中國方面出發，為朝廷服務，所以，這幾篇譯文「大概相同」的結論是在預料之內的，可是，這樣的譯文真的能準確地傳遞英國人原來信函的訊息嗎？

儘管奏摺說在京傳教士翻譯出來的版本跟廣州通事所翻譯的「大概相同」，但三個中文譯本其實詳略不一，篇幅也大不相同。最長的是〈譯出英吉利國字樣原稟〉，即由蔡世文與專員等合作從英文原信譯出的一份，有308字；最簡短的是在京歐洲傳教士所翻譯的版本，只有162字，篇幅幾乎減半；而由廣州通事根據拉丁文本翻譯的〈譯出英吉利國西洋字樣原稟〉則有259字。[49] 應該同意，百靈函件有關使團來訪的基

---

47 〈奏報傳集在京西洋人翻譯英國原稟情形〉，《英使馬戛爾尼訪華檔案史料匯編》，頁91。

48 同上。

49 下文有關百靈信函三個中譯本的討論，除特別原因須另行註明外，均錄自〈譯出英吉利

本訊息在每一個譯本中都翻譯出來了，包括英國長期在廣州與中國有貿易往來、這次派遣使團過來是為了補祝乾隆八十壽辰、使團帶備大量禮品；而且，由於禮品貴重，經廣州從陸路運送到京會造成損壞，所以請求准許從天津海口入港等。不過，信函中較為隱晦含蓄、但實際上更重要的一些訊息，諸如使團的性質以及中英兩國的地位等，三篇譯文是怎樣處理的？與英文原函是否相同？

可以先從原信入手。這封寫給兩廣總督的信雖然由百靈署名，但是由馬戛爾尼草擬。[50] 總體而言，馬戛爾尼在來到中國後的態度可以說是比較平和，最少在表面上對於朝廷以及一些中國官員採取一種合作的態度，且願意作遷就甚至讓步。這點下文會進一步討論。但這封在出發前即已經草擬好的第一封信函又是否這樣？有學者認為這封公函積極嘗試作出最好的平衡，一方面不要在中國皇帝面前顯得太謙卑，但也同時展示足夠的尊重。[51] 不過，這評價不太準確，因為馬戛爾尼在信中其實清楚表現英國是處於非常優越的位置。英國人刻意告訴中方，他們是世界上的強國。在信的開首，馬戛爾尼是這樣介紹和描述國王喬治三世的：

> 我們最高貴的國王、統治大英、法蘭西、愛爾蘭等等最至尊無上的喬治三世，威名遠播全世界的每一個角落……
> Our most Gracious Sovereign, His most excellent Majesty George the Third, King of Great Britain, France, and Ireland, &ca. &ca. whose fame extends to all parts of the World...[52]

這裡所用的全是最高級描述形式的形容詞（superlative form of adjectives），這不能說是「平衡」的表述方式；而且，這樣的表述方式不

國字樣原稟〉，同上，頁216；〈譯出英吉利國西洋字樣原稟〉，同上，頁217；〈英國總頭目官百靈為派馬戛爾尼進貢請賞收的稟文譯稿〉，同上，頁92。

50 "Draft of the Letter Proposed to be Written by the Chairman of the East India Company to the Tson-tock or Viceroy of Guantong and Kiang-si," IOR/G/12/91, pp. 171–172.

51 Cranmer-Byng, "Lord Macartney's Embassy to Peking in 1793," p. 119.

52 "Letter from the Chairman to the Viceroy of Canton," 27 April 1792, IOR/G/12/91, p. 333, also in Pritchard (ed.), "The Instructions of the East India Company," p. 375.

單出現在英國國王上，就是有關馬戛爾尼的描述也出現一連串的「最」（“the most”）：

> 〔英國國王〕決定派遣他親愛的表兄弟和尊貴的參事喬治·馬戛爾尼勳爵，作為他的特定全權大使拜訪中國大皇帝。馬戛爾尼爵士是利森諾爾男爵、愛爾蘭樞密院最尊貴的成員、最尊貴的巴斯勳章騎士、最古老的皇家白鷹勳章騎士，具備崇高品德、智慧、能力和官階的貴族，曾為國家擔負多個重要職務及工作。
>
> ... resolved to send his well-beloved Cousin and Counsellor the Right Honorable George Lord Macartney, Baron of Lissanoure, one of his most honorable Privy Council of Ireland and Knight of the most honorable Order of the Bath, and of the most ancient and royal Order of the White Eagle, a nobleman of high rank, and quality, of great virtue, wisdom and ability, who has already filled many important offices and employments in the State, as his Ambassador Extraordinary and Plenipotentiary to the Emperor of China ...[53]

關於馬戛爾尼作為英國特使的條件和職銜，〈國書篇〉會有更詳細的討論。簡單來說，當時英國人認為要讓清廷重視這次使團的到訪，必須謹慎選擇「職位高及經驗豐富」的特使，才能勝任英國國王的代表。[54] 因此，寫給兩廣總督的信件對馬戛爾尼詳加介紹是理所當然的，而且這種誇張的描述也是西方外交文書上一種頗為慣常的修辭模式，但總而言之，我們沒有在原信中看到任何「謙卑」的痕跡，而更關鍵的是：原信又怎樣去描述中國、中國官員，以至乾隆？百靈信函中所用的都是一些十分普通、平鋪直敘的中性字眼：「中華帝國」（“the Chinese Empire”）、「北京朝廷」（“the Court of Pekin”）、「皇帝」（“the Emperor”）、「中國皇帝」（“the Emperor of China”），沒有加上任何比較正面的形容，甚至客套恭維的說法也不多見。如果說誇張表述是西方外交慣常修辭模式，那麼對中國的描述不單沒有符合這模式，甚至跟有關英王喬治三世和馬戛爾尼的誇張描述造成異常強烈的對比，在整體效果上就把中國置於英國之下。

53　Ibid., p. 334; p. 376.

54　Dundas to Macartney, Whitehall, 8 September 1792, IOR/G/12/20, p. 41.

平情而論，英國人或馬戛爾尼看來又不至於要把中國放置在英國之下。除人物的稱謂和描述體現出比較強烈的對比外，其他部分的確是較為平等的。百靈信函中談到使團此行的目的是要「開展跟中國皇帝的友誼，加強倫敦與北京朝廷間的聯繫、密切溝通和往來，促進兩國子民間的商貿」(“being desirous of cultivating the Friendship of the Emperor of China, and of improving the connection, intercourse and good correspondence between the Courts of London and Pekin, and of increasing and extending the Commerce between their respective subjects”)，期望最終能夠「提高大英和中國兩國的利益，並為兩國建立永久的和諧關係及聯繫」(“to promote the advantage and interest of the two Nations of Great Britain and China, and to establish a perpetual harmony and alliance between them”)。[55] 應該同意，這是一種雙向互利的立場，沒有刻意營造高低上下的位置，基於這種立場，百靈以非常直接、正式甚至略帶官方的口吻，要求兩廣總督向北京匯報使團到訪的消息，並提出英方的計劃，相信朝廷能夠配合，作出指示，當使團船隻在天津或附近海域出現時，「儘快」得到「恰當的接待」(“We request therefore that you will please to convey this information to the court of Pekin, trusting that the Imperial Orders and Directions will be issued for the proper reception of the King of Great Britain's Ships, with his Ambassador and his Attendants on board them, as soon as they shall appear at Tien-sing, or on the neighbouring Coasts”)。[56] 可以說，整個表述的背後是一個明確的政治立場：中英兩國處於平等的位置，並沒有高低之分，這次遣使只是一項正常對等的外交活動；從中引申出來的，就是中國並不是什麼天朝大國。

我們無意評價這種兩國對等的理念本身是對還是錯，只想強調這就是馬戛爾尼所草擬百靈預告使團來華的信函所要傳遞的重要訊息。不

---

[55] “Letter from the Chairman to the Viceroy of Canton,” 27 April 1792, IOR/G/12/91, p. 334, also in Pritchard (ed.), “The Instructions of the East India Company,” p. 376.

[56] Ibid., pp. 335–336, 376–377.

過，同樣要強調的是：這種視不同國家具有獨立主權、地位平等的思想，並以商業和外交為兩國平等交往的活動，以期互惠互利的觀念，以至在這種觀念下運作的對等遣使外交模式，在當時只通行於西方國家，甚至在西方也只是在形成的階段，[57] 但對於18世紀末的中國來說是沒有意義的。長久以來，清廷對於與外國通商及交往有自己的一套理念，那就是人們所熟知的朝貢制度，[58] 也是乾隆後來頒與英使團的敕諭中再三強調的「天朝體制」，[59] 跟當時英國及西方的理念和制度迥然不同。在人

---

[57] 西方史學界普遍認為，這種主權國家享有平等獨立地位的外交理念，來自「三十年戰爭」(The Thirty Years War)結束後在1648年所簽訂的《威斯特伐利亞和約》(Peace of Westphalia)發展而來的威斯特伐利亞體系(Westphalia System)。參Stevenson所引Timothy Hampton, *Fictions of Embassy* (Ithaca, NY: Cornell University Press, 2009)；又可參Steven Patton, "The Peace of Westphalia and It Affects on International Relations, Diplomacy and Foreign Policy," *The Histories* 10, no. 1 (2019), pp. 91–99。Stevenson以此外交觀念開展有關阿美士德使團訪華的討論。Stevenson, *Britain's Second Embassy to China*, pp. 22–23。另外，羅志田指出，據英國外交家和外交學家尼科爾森(Harold Nicolson)的研究，「直到馬嘎爾尼訪華後的1796年，與馬嘎爾尼同屬『文學俱樂部』的思想家柏克才成為英國第一個用『外交』(diplomacy)這一詞匯來指謂『管理或處理國際關係』事宜之人。」Harold Nicolson, *Diplomacy* (New York: Oxford University Press, 1963), pp. 11–12；羅志田：〈譯序〉，《懷柔遠人》，頁25。

[58] 什麼叫做朝貢制度？中國朝貢制度什麼時候開始建立？朝貢制度的模式是什麼？清初以來是否執行著朝貢制度？這些都是很複雜和爭議性很大的課題，我們不打算在這裡詳細討論。這裡只採用一種最廣義的、一般的說法，就是周邊國家或部族向清廷遣使攜禮入貢。關於朝貢制度，英語學術圈中最早及最具代表性的是John K. Fairbank (ed.), *The Chinese World Order: Traditional China's Foreign Relations* (Cambridge, MA: Harvard University Press, 1968)；中譯本見費正清(編)、杜繼東(譯)：《中國的世界秩序：傳統中國的對外關係》(北京：中國社會科學出版社，2010)。但這是一部五十多年前的的舊作，較近期在這課題上較值得注意的有Richard J. Smith, "Mapping China and the Question of a China-Centered Tributary System," *The Asia-Pacific Journal* 11, no. 3 (January 2013), pp. 1–18; Richard J. Smith, *Mapping China and Managing the World: Culture, Cartography and Cosmology in Late Imperial Times* (Abingdon, Oxon; New York: Routledge, 2013); Zhijun Rewen, "Tributary System, Global Capitalism and the Meaning of Asia in Late Qing China" (MA thesis, University of Ottawa, 2012)。中文方面有李雲泉：《朝貢制度史論：中國古代對外關係體制研究》(北京：新華出版社，2004)；李雲泉：《萬邦來朝：朝貢制度史論》(修訂版)(北京：新華出版社，2014)；何新華：《威儀天下：清代外交禮儀及其變革》(上海：上海社會科學院出版社，2011)；何新華：《最後的天朝：清代朝貢制度研究》(北京：人民出版社，2012)；陳尚勝(編)：《中國傳統對外關係的思想與政策》(濟南：山東大學出版社，2007)。

[59] 〈大清皇帝給英吉利國王勅諭〉，《英使馬戛爾尼訪華檔案史料匯編》，頁165–167。

們慣於指摘乾隆以自己的天朝思想觀照天下、接待馬戛爾尼使團，沒有理會西方世界的外交思想、理念和模式的同時，我們又是否看到英國人其實同樣沒有把中國思想和模式考慮在內，只以自己的方式行事，單方面提出方便自己行事的各種要求，把自己的外交模式加諸中國？從這角度看，那又可是真正的平等？還是何偉亞所指的「自然化了霸權話語」(“a naturalized hegemonic discourse”)？[60]

無論如何，這就是百靈原來的信函所傳達的訊息，那麼，乾隆所看到的幾個中譯本有沒有把這訊息保留下來？

毫無疑問，三篇譯文都是站在中國的立場來書寫的，這顯然跟英文原信不一致，當中最明確的訊息是中國作為天朝大國，高高在上，英國是遠方蠻夷小國，這次特意派遣使團朝貢。

首先，三篇譯文全以百靈向兩廣總督「稟」或「呈」的形式來書寫：兩篇從拉丁文譯出的都是用「百靈謹稟」，而從英文本譯出的則用「百靈謹呈」，這就把英國人置於下屬的位置。這是原信完全沒有的意思，甚至是英國人最不願意見到的情況。必須指出，當後來更多英國人學會中文，尤其東印度公司在華貿易壟斷權結束、英國派來商務監督處理在中國的商貿活動的時候，這「呈」、「稟」的問題就成為中英外交其中一個反覆糾纏的問題。先後出任英國駐華商務監督處譯員的馬禮遜父子都先後說過「稟」是下級人員向上級人員請求或匯報所用的，[61] 而在1834年的「律勞卑事件」中，中英雙方在「稟」、「呈」的問題上各不退讓，最終導

---

60 Hevia, *Cherishing Men from Afar*, p. 27.

61 馬禮遜在他所編的《字典》(*Dictionary of the Chinese Language*) 有「稟」字的條文：“PIN, … Now read Pin, and commonly used to denote A clear statement of any affair made to a superior. Pin, is to state to a superior, whether verbally or by writing; whether *petitioning* something, or to give *information* of; whether from the people to an officer of government, or *from* an inferior officer to a superior several degrees higher.” Robert Morrison, *A Dictionary of the Chinese Language, in Three* Parts (Macao: The Honorable East India Company's Press, 1822), vol. 2, part 1, p. 791。至於馬儒翰則是應義律的要求以備忘錄的形式去解釋「稟」的意義，但基本只引錄馬禮遜《字典》的條文。“Memorandum by Mr. Morrison,” Macao, 13 January 1837, FO 17/19, p. 57; also in *Correspondence Relating to China, Presented to Both Houses of Parliament, by Command of Her Majesty* (London: T. R. Harrison, 1840), p. 148.

致封艙停止買賣，直至兩年多後，義律（Charles Elliot, 1801–1875）在道光十六年十一月二十一日（1836年12月28日）接任商務監督，為了重建溝通，即以「稟」的形式向兩廣總督鄧廷楨（1776–1845）發出公函，說明他接任的消息。[62] 不過，英國外相巴麥尊（Henry John Temple, Lord Palmerston, 1784–1865）知悉事件後，立刻訓斥義律，並下達指令，禁止商務監督使用「呈」、「稟」等字眼來跟中國官員溝通。[63] 這足以證明百靈致兩廣總督書函的中譯本以「稟」或「呈」的形式來書寫，其實是違背了英國要與中國建立平等外交的意願。但另一方面，清廷從來都堅持「夷人」以至「夷目」必須以呈稟的形式與中國官員溝通，這不單出現在1834年的「律勞卑事件」，就在馬戛爾尼訪華前不久，香山縣令即曾在這問題上向澳門西洋人「夷目嘍嚟哆」頒諭，可以見到中國官員並不是特別針對英國使團：

> 至於該夷目凡有陳情事件，向來俱用呈稟，其詞句亦皆恭順。邇日番書不諳事務，措詞多未妥協，或且混用書啟，體制攸關，不容輕忽，該夷目更宜申飭番書，嗣後小心檢點，毋致錯謬。[64]

不能否認，無論從事實還是從廣東官員的角度看，這幾名東印度公司專員以至百靈都確實「只不過是公司的代表」，[65] 沒有官方身份，兩廣總督和粵海關監督在這方面的理解是準確的。以平民身份寫信給兩廣總督，用「稟」或「呈」之類的用語，本來就是理所當然的，因此，由中方處理百靈信函的翻譯，以「呈」和「稟」寫出來，便是在預期之內了。但另一方面，初到中國的東印度公司專員根本不知道當中的意思，不理解這在中國官員眼中原來是一個「體制攸關」的嚴重問題。不過，他們是否理

62 義律致鄧廷楨，道光十六年十一月二十一日（1836年12月28日），FO 633/46，頁50；又見《鴉片戰爭前中英交涉文書》，頁86。

63 Palmerston to Elliot, Foreign Office, 12 June 1837, FO 17/18, pp. 22–25; also in *Correspondence Relating to China*, p. 149.

64 〈香山知縣許敦元為蕃書混用書啟有違體制等事下理事官諭〉，《葡萄牙東波塔檔案館藏清代澳門中文檔案彙編》，下冊，頁357。

65 "At a Secret Committee," Canton, 11 October 1792, IOR/G/12/93A, pp. 32–34.

解並不重要，他們不懂中文，根本不可能知道自己送來的公函是以「稟」和「呈」的形式寫出，也不知道其中的政治意義，因而不會有任何不妥或不滿的感覺。

第二，譯文出現的稱謂方式與原信完全不同。有關中國的稱呼，全都變成「天朝」：「天朝大人」（兩廣總督）、「天朝大皇帝」、「天朝國人」，而英國方面則只自稱為「本國」、「我國王」、「暎咭唎國人」。喬治三世被譯作「本國王」或「我國王」（最多簡略地加上「兼管三處地方」），相對於乾隆的「天朝大皇帝」或「大皇帝」，可說是高下立見；馬戛爾尼被介紹為「輔國大臣」、「親信大臣」或「宰相」，雖然也看得出是一名重要官員（儘管很大程度上與事實不符），但原信各種各樣的頭銜和所有誇張的描述都不見了。應該同意，原信中複雜的頭銜和描述，以當時兩國的政治文化差距，要準確流暢地以中文翻譯出來，的確很不容易，但中譯本不單沒有嘗試把英國放置在較高的位置，正好相反，其中的一個譯本（北京傳教士據拉丁文譯出的文本）還實實在在地自稱「小國」；而更嚴重的是廣州通事從拉丁文譯出的版本中以「遠夷」來指稱英國：先說「向有夷商來廣貿易」、又說「大皇帝恩施遠夷」、「中國百姓與外國遠夷同沾樂利」。我們知道，清廷把西方人稱為「夷」，後來成為中外關係上一個棘手的難題，英國人對此極為不滿，1814年曾正式向中國官員提出抗議，而主導其事的就是當年13歲以侍童身份參加馬戛爾尼使團的小斯當東。[66] 此後，這問題繼續糾纏多年，最終要在差不多半個世紀後的1858

[66] 1814年10月，東印度公司廣州商館特選委員會下令，所有英國船隻不得進入廣州，全部在廣州的英國人必須離開。我們不在這裡詳細交代廣州商館下令封艙的原因以及經過，簡而言之，這既涉及廣州官員拘捕一名與英商關係十分密切的通事李懷遠（又名李耀，阿耀），又跟當時英美戰爭、雙方兵船商船互相攻擊及扣查對方船隻有關，更因為1813年廣州粵海關監督奏准朝廷，整頓廣州行商制度，設立洋行總商，以致英人利益貿易大受損害，不得不採取應急的措施。1814年10月下旬，小斯當東代表東印度公司特選委員會與廣東的官員召開會議，最終取得英人十分滿意的結果，包括中國官兵進入商館前先行通知、商館僱用挑夫等人可以照常僱用、已領牌貨船不可阻止等，為東印度公司以後在華貿易活動提供了較大的方便。在會議過程中，小斯當東批評中方官員在「諭內用彎〔蠻〕夷等輕慢之詞，欺負遠人哉。此因懇求示下各地方官，斷不可用此非禮之詞也。」小斯當東稟文，1814年11月19日，FO 1048/14/96。這次會議在中英

年第二次鴉片戰爭後所簽訂的《天津條約》作出明文規定，「嗣後各式公文，無論京外，內敘大英國官民，自不得提書夷字。」[67] 由此可以確定，英國人是不可能接受這「遠夷」的稱謂在自己所發出的文書裡出現的。

第三，各譯文中的遣詞用句以至通篇的語調，都把英國置於謙遜卑下的位置。除「天朝皇帝」以及「天朝大人」全以移行抬頭格（三抬或雙抬）來書寫，以表示最高的尊敬外，在談及英國派遣使團時，還有很多謙卑的措詞，例如從英文版本翻譯出來的譯本裡便有「我國王說稱懇想求天朝大皇帝施恩通好」、「倘邀天朝大皇帝賞見此人」、「總求大人先代我國王奏明天朝大皇帝施恩」等字句。[68] 而從拉丁文翻譯出來的文本，情況就更嚴重，說到從前未能在天朝大皇帝八旬萬壽時遣使「進京叩祝」，「我國王心中惶恐不安」，所以這次派遣馬戛爾尼過來，「帶有貴重貢物

近代交往史上是至為重要的，筆者曾就當中的一些問題寫過兩篇文章。參王宏志：〈1814年的「阿耀事件」：近代中英交往中通事〉，頁203-232；王宏志：〈斯當東與廣州體制中英貿易的翻譯〉，頁55–86；吳義雄：〈國際戰爭、商業秩序與「通夷」事件——通事阿耀案的透視〉，《史學月刊》2018年第3期（2018年3月），頁66–78。

67 王鐵崖（編）：《中外舊約章匯編》（北京：三聯書店，1957），第1冊，頁102。最早認真討論「夷」字在近代中英關係上所出現的問題、且引起廣泛注意的是劉禾。她認為在18至19世紀的中國論述裡，當「夷」字用於來華的外國人身上時，本來並不帶有任何貶損的含義，在中外交往上也不構成難題，因為在中英雙方的共同理解裡，夷人只不過是遠人的意思。「夷」與「蠻」跟"barbarian"掛鉤，是英國人後來（1834年以後）所製造的一個「超級符號」（"a Super-sign"），目的是要在中國爭取更大利益，也是英帝國主義者在殖民擴張時慣用的技倆。Lydia H. Liu, *The Clash of Empires: The Invention of China in Modern World Making* (Cambridge, MA and London: Harvard University Press, 2004), in particular Chapters 3 and 4, pp. 31–107；該書的中文譯本見劉禾（著）、楊立華（譯）：《帝國的話語政治：從代中西衝突看現代世界秩序的形成》（北京：三聯書店，2009）。筆者不能同意她的見解，詳見王宏志：〈說「夷」：十八至十九世紀中英交往中的政治話語〉，《文學》2016年春/夏（2017年3月），頁209–307；Lawrence Wang-chi Wong, "Barbarians or Not Barbarians: Translating *Yi* in the Context of Sino-British Relations in the 18th and 19th Century," in Lawrence Wang-chi Wong (ed.), *Towards a History of Translating: In Celebration of the Fortieth Anniversary of the Research Centre for Translation* (Hong Kong: Research Centre for Translation, The Chinese University of Hong Kong, 2013), vol. 3, pp. 293–388。另外，陳松全在其專著中也有一章討論在1828及1832至1833年出現在《廣州紀事報》(*Canton Register*) 上有關「夷」字的翻譯問題。Chen Song-chuan, *Merchants of War and Peace: British Knowledge of China in the Making of the Opium War* (Hong Kong: Hong Kong University Press, 2017), pp. 82–102.

68 〈譯出英吉利國字樣原稟〉，《英使馬戛爾尼訪華檔案史料匯編》，頁216。

進呈天朝大皇帝，以表其恭順之心，惟願大皇帝恩施遠夷」，「懇祈」大皇帝「恩准」使團從天津進港。[69] 就是相對來說最為溫和的「在京西洋人」譯本在結尾處也有「求轉奏大皇帝恩准賞收，俯鑒微忱，准令永遠通好，加恩保護小國貿易人等，感激不盡矣」。[70] 通過這樣的書寫，英國在三個譯本中都變成恭順弱小的國家，遣使過來是要乞求恩惠和賜福，絲毫沒有對等外交的意思。

然而，最關鍵而且最敏感的還是朝貢的問題。毫無疑問，英國人絕對不會把自己視為前來朝貢的附庸小國，因此，百靈的原信不可能有帶備貢品、遣使朝貢的訊息。在原信裡，馬戛爾尼是以喬治三世的「特定全權大使」身份被派遣去見中國皇帝（"his Ambassador Extraordinary and Plenipotentiary to the Emperor of China"）。有關馬戛爾尼頭銜的翻譯，我們留待〈禮品篇〉作詳細討論，馬戛爾尼在禮品清單中所使用的頭銜惹得乾隆很不滿並下旨更正，但在這裡須先指出的是，在百靈書函的三個中譯本中，從廣州送過來的兩篇都出現了「進貢」、「貢物」等字詞，其中由拉丁文本翻譯出的一份更直接把馬戛爾尼稱為「貢使」，這就是明確地把馬戛爾尼使團定位為遠方到來朝貢的使團；唯一例外的是由北京西洋傳教士翻譯出來的文本，裡面不見有「進貢」或「貢物」等用語，只說派遣馬戛爾尼「恭賚禮物進京」。[71]

在這裡，我們大概已經可以見到，相對而言，北京的歐洲天主教士在翻譯上較為謹慎，語調比較溫和，也故意迴避「朝貢」、「貢物」等字眼，較願意照顧英國人的面子，這跟我們在〈譯員篇〉中所討論這些在京歐洲天主教士的情況複雜，處境微妙有關。但另一方面，從廣州送呈到朝廷的譯本全都明確地把使團定位為朝貢使團，包括專員們認為翻譯得較好、以拉丁文為原文翻譯的版本。當然，這樣的定位不能說完全來自通事或行商，更重要的是廣州當局的官員，我們甚至不能確定這兩篇

69　〈譯出英吉利國西洋字樣原稟〉，同上，頁217。
70　〈英國總頭目官百靈為派馬戛爾尼進貢請准賞收的稟文譯稿〉，同上，頁92。
71　同上。

譯文在送往北京前有沒有經過廣州官員的修改和潤飾。署理兩廣總督郭世勳等在上奏朝廷的奏摺裡便清楚確立使團的朝貢定位，除説這是英吉利國王「遣使臣嗎嘎爾呢進貢」，還有「貢單」、「貢物」、「貢品」等説法，並把「英吉利國王」放置於「邊塞夷王酋長」之列，在「外夷各國進貢俱由例准進口省分先將副表貢單呈明督撫」的規例下討論使團的行程。[72]

從郭世勳的政治立場和知識體系看，他把馬戛爾尼使團視作朝貢使團是合理的，因為在乾隆時期成書的《大清會典》裡，「西洋」是其中一個「四夷朝貢之國」，[73] 而在乾隆朝的《職貢圖》裡，「英吉利國」就屬西洋的範疇。[74] 儘管英國在這之前並沒有派遣使團到中國來，但其他被統稱為「西洋」的歐洲國家確是有以朝貢形式派遣使團過來的，其中順治十三年（1656年）荷蘭東印度公司的使團以三跪九叩禮覲見順治，學者認為其「最大成果」是清廷自此將荷蘭納入中國傳統朝貢體制中；[75] 而在康熙朝，荷蘭及葡萄牙幾次遣使來華，結果都一樣，毫無例外地被視作朝貢使節。[76] 因此，郭世勳以至清廷上下都把馬戛爾尼使團視為另一個來自西洋的朝貢使團是很可以理解的，這是當時中國外交思想實際情況的反映。

不管怎樣，百靈來函中譯本所傳遞的訊息的確是這樣：馬戛爾尼使團是從一個謙卑恭順的遠夷小國來到天朝賀壽朝貢，希望從中得到一些好處的使團，這就是乾隆從郭世勳等的奏摺和附件中所讀到的訊息。儘管我們見到乾隆對於英使團始終抱著審慎的態度，諭旨中經常提到要

---

72 〈署理兩廣總督印務廣東巡撫郭世勳等奏為英吉利遣使進貢折〉，同上，頁218。

73 「凡四夷朝貢之國，東曰朝鮮，東南曰琉球、蘇祿，南曰安南、暹羅，西南曰西洋、緬甸、南掌，西北番夷見理藩院，皆遣陪臣為使，奉表納貢來朝。」《大清會典》，卷56，頁1，《四庫全書》（上海：上海古籍出版社，1987），第619冊，頁499。

74 關於乾隆朝《職貢圖》中的「西洋」，可參賴毓芝：〈圖像帝國：乾隆朝《職貢圖》的製作與帝都呈現〉，《中央研究院近代史研究所集刊》第75期（2012年3月），頁1–76；尤其頁32–76。

75 何新華：《最後的天朝》，頁401–402。

76 John E. Wills, *Embassies and Illusions: Dutch and Portuguese Envoy to K'ang-hsi, 1667–1786* (Cambridge, MA.: Council on East Asia Studies, Harvard University, 1984).

小心提防，但對於信函所傳遞的訊息，乾隆是樂於接受的，因為那很符合他的世界觀和朝貢思想，也能接上從前其他「西洋」諸國來朝的經驗。這樣我們就明白為什麼乾隆在收到百靈的來信後會有「閱其情詞，極為恭順懇摯」的感覺。[77] 正是由於這個緣故，他馬上發出上諭，「俯允所請，以遂其航海向化之忱」，具體指示沿海督撫怎樣去護送「貢使」和「貢物」進京，[78] 既特別恩准使團直接由海道至天津，無須經過廣州，還處處為使團設想，避免他們在路上過於勞累，包括安排「所有正副貢使品級較大酌與肩輿，其隨從員役止須與車乘」，[79] 又提出在款待上雖然不應「踵事增華」，但也「不可過於簡略，致為遠人所輕」。[80] 他甚至曾多次批評負責接待的徵瑞「自居尊大，與遠人斤斤計量」、「殊非懷柔遠人之道」，畢竟「該使臣航海遠來，至一年之久始抵天津，亦當格外加之體恤」。[81] 總而言之，乾隆在最初階段對於使團是十分寬大的，「大皇帝念爾等航海遠來，情殷祝嘏，是以曲加體恤」，[82] 這都是因為他從東印度公司百靈的來信譯文裡讀出了這位從英國遠道而來的貢使有「航海嚮化之誠」，[83] 所以願意以懷柔的態度來接待。事實上，從一段上諭可以看到，乾隆在最初階段願意特別善待馬戛爾尼，原因就在於他把英使團看成是具表納貢的使節，跟洪任輝那些私自到中國「滋事」的西方人不一樣：

> 外洋各國如至海口滋事，私自遣人前來窺伺，即應拏究。今英吉利國差人進京，具表納貢，係屬好事。[84]

---

77 〈上諭英使馬戛爾尼進貢著各沿海督撫派大員列隊彈壓稽察以昭體制〉，《英使馬戛爾尼訪華檔案史料匯編》，頁5。

78 〈和珅等字寄沿海各督撫奉上諭遇英貢船進口著派員整隊迎接並認真稽察〉，同上，頁92–93。

79 〈諭軍機大臣英貢船天津不能泊岸可於登州起旱著吉慶辦理接待護送〉，同上，頁34。

80 〈諭軍機大臣著徵瑞梁肯堂妥為照料英貢使不可過於簡略並開具名單〉，同上，頁32。

81 〈諭軍機大臣接見英使禮節不必拘泥著梁肯堂等先行筵宴貢物送熱河〉，同上，頁38。

82 〈諭軍機大臣著應接英貢使時務宜留心不卑不亢以符體制而示懷柔〉，同上，頁36。

83 〈諭軍機大臣著傳諭各督撫如遇英貢船到口即速護送進京〉，同上，頁27。

84 〈和珅字寄沿海督撫奉上諭長麟奏參馬瑀過當照前旨辦理英探貢船事宜〉，同上，頁107。

不過，在對比過原信和譯文後，我們便可以確定這些所謂「情詞恭順懇摯」的納貢表文，只不過是出自中國方面的洋商通事以及長期在北京居住的西洋傳教士之手，他們從中國的角度出發去重寫百靈的信函，除一些資料性的基本內容外，傳遞的訊息其實與英國人原來的相差很遠。

然而，百靈這封信函在當時其實還有第四個譯本，那就是收入在《乾隆五十八年英吉利入貢始末》內的〈譯出弗蘭西巴靈來稟〉。[85]

〈背景篇〉指出過，《乾隆五十八年英吉利入貢始末》是天津鎮總兵蘇寧阿所編纂，當中收錄了一些沒有藏於清宮檔案內的原始資料，百靈來信的第四個譯本〈譯出弗蘭西巴靈來稟〉就不見於《匯編》正文，也就是說，它現在不見於清宮檔案內；而且，它跟郭世勳所提交的兩個譯本和北京傳教士所譯的譯本很不同，因此有深入討論的必要。[86]

這個譯本主要以口語寫成，但語言運用毫不地道，表述古怪，例如「我百姓在中國生理數載」、「我紅毛國同中國，大家相信相好，買賣愈做愈大」、「有些貢物到來，係我國王一點的心事」、「今見皇上有甜言甜語說，心亦極甜」，實在有點不倫不類。不過，撇開這些技術性的語言運用問題，第四個譯本卻有它「忠實」的地方，就是清晰地把兩國地位平等的訊息表達出來。首先，這封信在開首說到寫信給兩廣總督時，用的是「我寫此字告訴爾知」，這樣，即便百靈不比郭世勳高級，那也最少是地位平等，更不要說什麼「稟」、「呈」等；接著，譯本馬上確認英國國王是「三處之王，名聲通天下」，而在談到英國國王與乾隆的關係時，它用的是一種平等的態度，「大皇帝」並不是高不可攀的孤家寡人，信裡直接說「我國王極同中國大皇帝做朋友」、「皇上喜歡，即兩國之好朋友」。這跟乾隆所看到三個版本的譯文都很不一樣。此外，使團的定位也很值得注意。這份譯文用「貢物」和「進貢之物」來形容馬戛爾尼帶來

85 〈譯出弗蘭西巴靈來稟〉，《乾隆五十八年英吉利入貢始末》，同上，頁592–593。

86 很可惜的是這譯本一直沒有受到注意，就是一篇專門討論百靈給兩廣總督信件翻譯問題的論文都沒有提及這譯本。劉黎：〈中英首次正式外交中百靈致兩廣總督信件的翻譯問題〉，頁133–138。

的物品，就似乎說這是到來朝貢的使團。不過，對於馬戛爾尼的職銜，卻見不到「貢差」、「貢使」這樣的說法，而是連續用上三個「欽差」。關於「欽差」，〈禮品篇〉會有詳細的討論，但簡單來說，「欽差」就不是「貢差」，傳達的是與中國地位平等的訊息，乾隆對這個詞十分敏感，從禮品清單中見到英國人使用「欽差」，馬上連續批評，要求改正。[87] 由此可見，這第四個譯本所提供的內容，就跟另外兩個譯本很不相同了。另一個頗為有趣的地方是他們對於使團禮品的描述，這個譯本用「貴重奇巧」來形容禮品。這是很值得注意的，我們在〈禮品篇〉將會見到百靈這封信的中譯本有關禮品的描述怎樣影響朝廷對使團的期待。在這方面，這第四個譯本比其餘三個更為誇張，那三個譯本用的是「貴重物件」、[88]「貴重貢物」、和「貢物極大極好」，[89] 但這第四個譯本還加上「奇巧」，這是原文所沒有的，而要特別指出的是，乾隆後來在看到正式的禮品清單時，馬上下諭批評「貢使張大其詞，以自炫其奇巧」。[90] 乾隆上諭和這第四個譯本都出現「奇巧」，看來只屬巧合，只是這巧合有點不幸——百靈信函中譯的奇巧是正面的讚揚，但乾隆上諭卻是嚴厲的批評。

然而，我們並不知道這第四個譯本的背景和來歷。本來，百靈這封信是在廣州送與署理兩廣總督郭世勳的，為什麼在天津的蘇寧阿會拿到一個中文譯本？較合理的解釋是他在天津外海接待使團的時候從使團那邊取得的。我們知道，百靈這份呈送兩廣總督的書函是由馬戛爾尼草擬的，[91] 因此，他手上很可能持有原信，而這個譯文就應該是使團內部翻譯出來的；也由於這個原因，它跟在廣州翻譯的版本很不一樣。我們沒法確定這份譯本的譯者是誰，從譯本的中文水平所見，那不應該出自曾經

87 〈和珅字寄梁肯堂奉上諭著筵宴後仍回河工並飭稱英使為貢使及賞給米石〉，《英使馬戛爾尼訪華檔案史料匯編》，頁120。

88 〈英國總頭目官百靈為派馬戛爾尼進貢請准賞收的稟文譯稿〉，同上，頁92；〈譯出英吉利國字樣原稟〉，頁216；〈奏報傳集在京西洋人翻譯英國原稟情形〉，頁91。

89 〈譯出英吉利國西洋字樣原稟〉，頁217。

90 〈和珅字寄梁肯堂等奉上諭著徵瑞詢明大件貢物安裝情形具奏候旨遵行〉，頁125。

91 “Draft of the Letter Proposed to be Written by the Chairman of the East India Company to the Tson-tock or Viceroy of Guantong and Kiang-si,” IOR/G/12/91, pp. 171–172.

翻譯英王國書的柯宗孝和李自標之手，因為由他們翻譯出來的國書中譯本文理通順，用的是簡易文言，跟現在所見的口語譯本完全不同。一個可能的譯者是錫拉巴。〈譯員篇〉曾指出，錫拉巴在澳門加入使團，在使團船隊到達天津外海時，他被派往負責探水的「豺狼號」上充當翻譯，並在乾隆五十八年六月十六日(1793年7月23日)遇上蘇寧阿，[92]很可能就是錫拉巴把百靈的信件翻譯出來，交與蘇寧阿，只是我們沒有資料確定錫拉巴是否會寫中文，而在現在所見到蘇寧阿編纂的《乾隆五十八年英吉利入貢始末》中，包括他給梁肯堂的幾封匯報，並沒有任何有關百靈這封信的紀錄，也沒有説他在什麼時候接收了這封信。[93]但無論如何，百靈來函的第四個譯本肯定沒有送到朝廷去，一方面梁肯堂以及徵瑞等人的奏摺裡都沒有提及這個譯本，但更明確的原因在於裡面所出現的「欽差」一詞，既然是乾隆所不能接受的，那麼，如果這份譯文早讓乾隆看到，他肯定會馬上指出，不會等待收到禮品清單後才下諭更正。

三

在廣州進行的「預告」過程中還有其他相關的文書，包括公司秘密及監督委員會在1793年3月17日及7月15日寫給兩廣總督的信函，內容方面，前者是向郭世勳回覆，使團大約在1792年8月左右從英國出發，無法準確知道他們的路線和位置，只能估計他們在台灣以東水域北上，大概很快會到達浙江一帶；[94]後者主要是要求免除行商蔡世文充任使團翻譯的工作，並強調使團沒有帶來任何貨品，無須通事協助買賣工

---

92 〈直隸總督梁肯堂奏報英探水船來津並仍回廟島緣由片〉，頁342–343。

93 不過，現在能見到的《乾隆五十八年英吉利入貢始末》並不完整，原來有上、中、下三冊，但現存只有上、下冊，因此我們不能確定蘇寧阿是否真的從來沒有提及這譯本。參秦國經、高換婷：《乾隆皇帝與馬戛爾尼》，頁189。

94 Secret and Superintending Committee to the Fouyuen of Quangtong (Guangdong), Macao, 17 March 1793, IOR/G/12/93A, pp. 178–179.

作。[95] 這兩封信的英文本可以在東印度公司的檔案中見到，但中文本卻不知所終，沒法知悉當中翻譯的情況，無從判斷是否能夠忠實傳達委員會的意思。同樣不見於《匯編》、但收錄在《乾隆五十八年英吉利入貢始末》的還有一封沒有註明日期的信，匯報秘密及監督委員會三位成員「稟稱」他們在「本年五月初五日」自英國啟程，八月二十日到廣東，帶來「總頭目官弗蘭西氏百靈」的信，交代英國國王因為在「天朝大皇帝八旬萬壽本國未有入京叩祝，心中不安」，所以特派輔國大臣馬戛爾尼求見，並帶來貢物，唯恐有損壞，所以會直接從天津進京，預計翌年二、三月可到達；最後又說明由於「英吉利國字有兩樣，內地少有認識」，因而準備了兩份「呈稟」，「一寫英吉利字，一寫西洋字，以便認識。」[96] 表面看來，這封信似是以秘密及監督委員會三位成員名義所寫，預告使團的到來，以致《匯編》編者為它加上的標題是〈英國波朗亞里〔免〕質臣稟報〉，但其實不然，這封信是以第三人稱寫成的，開首「暎咭唎國洋人波朗啞哩嗎嚊咟稟稱」，最後一句「以便認識等語」，都是由別人轉述他們三人的話。[97] 從東印度公司檔案，我們知道這份稟文原來是潘有度寫的，日期是1792年10月11日，也就是他們跟兩廣總督見面的隔天，郭世勳等要求更多的資料，潘有度就草擬這份回覆。[98] 因此，《乾隆五十八年英吉利入貢始末》所見到的中文本是原文，東印度公司檔案內的英文本才是譯文，大概是公司委員經由潘有度解說後把內容用英文寫出來，向公司董事匯報，所以有些地方頗為簡化了，而當中那些「稟稱」、「貢物」、「叩祝」等語句也不會出現。不過，從郭世勳等向朝廷的匯報看，潘有度所寫的這篇稟文似乎沒有呈送到北京去。

95　Secret and Superintending Committee to Fouyuen and Quangop, Macao, 15 July 1793, ibid., pp. 243–245.

96　〈英國波朗亞里〔免〕質臣稟報〉，《乾隆五十八年英吉利入貢始末》，《英使馬戛爾尼訪華檔案史料彙編》，頁592。

97　同上。

98　“At a Secret Committee,” Canton, 11 October 1792, IOR/G/12/93A, p. 45.

這樣，使團的「預告」只能通過郭世勳的奏摺和傳教士的百靈來信譯本來完成。但我們已指出，這三個譯本很大程度上是一種改寫。在這情形下，東印度公司這次有關使團來訪的預告是否真的能達到原來的目的？最終他們究竟算是成功還是失敗？

負責向廣州當局通報使團來訪消息的三名東印度公司專員，都毫無保留地認為這次預報工作是成功的，他們認為這次通報取得朝廷方面積極的回應，准許使團繞過廣州，直接從天津登岸，使團更將得到很好的接待。不過，這些專員有所不知的是，清廷這些正面的回應，是以他們原來想要傳達的訊息遭到嚴重扭曲為代價所換來的；而最為諷刺的是，他們認為翻譯得較好的一個文本：廣州通事根據拉丁文本翻譯的，其實在內容上最為扭曲，行文措詞最為謙卑，但這是他們完全無從知道、因而也沒法判斷的。

那麼，專員們又怎麼知道朝廷會對使團多加禮待？顯然，這也是來自廣州的行商，也就是蔡世文和潘有度。在郭世勳等上奏朝廷後不久，東印度公司專員便不斷從洋商那裡聽到好消息，預計使團會得到朝廷的禮待，但一直要待到1793年1月13日才收到官員送來正式的諭令。根據公司秘密及監督委員會的會議紀錄，1月13日，蔡世文及潘有度陪同南海縣憲把諭令送到東印度公司廣州商館，雖然這份諭令是由郭世勳及盛住指令布政使司交由廣州府名義發出，但在形式上諭令是通過行商交給委員會成員的，所以先由行商讀出諭令內容，然後再作傳譯，最後把諭令交與委員會主席。[99]

毫無疑問，郭世勳等這份諭令是至為重要的，因為這是中方第一次就使團來訪對英方作出正式的、官方的回應。但可惜，迄今為止，我們從沒有見到任何相關的介紹或討論，究其原因，那是因為過去從不知道這份諭令可以在哪裡找到。由於這份諭令是由廣州地方官員發送與英國東印度公司廣州專員，很可能從沒有送到北京去，因而不見收藏在故宮

99 "At a Secret Committee," Canton, 13 January 1793, IOR/G/12/93A, p. 145.

檔案內，以致《掌故叢編》和《匯編》也沒有能夠收錄，一直沒有人知道它的存在或下落。不過，其實英國外交部檔案所藏有關東印度公司的中文文書裡就有這諭令的完整抄本。[100] 另一方面，東印度公司檔案秘密及監督委員會的記錄裡面則附有諭令的英譯。[101] 原諭令和譯文的存在，有助於我們理解當時中英雙方怎樣通過翻譯來進行溝通。不過，在對比諭令的原文和譯文後，我們再一次見到中英雙方在訊息上的錯誤傳遞。

這份諭令所署日期為乾隆五十七年十一月二十八日，即1793年1月10日，換言之，廣州地方官員是在諭令發出三天後才送交東印度公司專員。諭令前部分的內容都是重複乾隆五十七年十月二十日(1792年12月3日)軍機處發送沿海督撫的上諭，[102] 表面看來沒有什麼特別的地方。不過，不難想像，郭世勳這份發給東印度公司專員的諭令就像軍機處上諭一樣，明確地把使團定位為到來朝貢的使團，裡面有英國國王「派遣使臣嗎嘎爾呢進貢」、「諭旨准令嘆咭唎國進貢」，還有「貢使」、「貢物」、「貢船」，以至「閱其情詞，極為恭順懇摯」等字句。換言之，從一開始他們就已經通過這份諭令清楚告訴英國人，朝廷是把英國使團視作遠方到來朝貢的使團。

可是，這重要的內容並沒有準確地傳達給英國人。在秘密及監督委員會會議記錄中所收的譯文裡並沒有朝貢的訊息，關於英國國王「派遣使臣嗎嘎嘰呢進貢由天津赴京」的一句，譯文變成「派遣嗎嘎嘰呢爵士帶同禮物，從水路取道天津到北京」("sent Lord Macartney with Presents, by Sea to Tiensing on his way to Pekin")；原諭令中說到乾隆認為英國人來稟「情詞極為恭順懇摯，自應准其所請，以遂其航海嚮化之誠，即在天津進口赴京」的一整句全給刪掉了，變成「皇帝看過他們的信件的譯文，認

100　"Order from Canton prefect to Select Committee communicating imperial approval for Lord Macartney's tribute mission," FO 233/189/26.

101　"Translation of the Chop," in "At a Secret Committee," Canton, 13 January 1793, IOR/G/12/93A, pp. 147–151.

102　〈和珅字寄沿海督撫奉上諭英使即在天津進口著遇貢船到口即派員護送〉，《英使馬戛爾尼訪華檔案史料匯編》，頁91。

可其內容，批准使團前往天津和北京」("The Emperor having seen the translation of their letter, had approved its Contents, and granted his permission for the Ambassador's proceeding to Tiensing and Pekin.")。當然，裡面也沒有「貢使」、「貢物」、「貢船」的說法，都變成「使臣」(Ambassador)、「禮物」(Presents)和「船隻」(Boats)，更不要說什麼「恭順懇摯」了。[103] 由此可以見到，郭世勳這份諭令的譯文，在很大程度上跟百靈信的中譯情況是相同的，就是只把基本的內容翻譯出來，確定朝廷批准使團的要求，但其實所傳遞的關鍵訊息並不一樣，涉及中英兩國地位的使團定位問題，並沒有忠實地交代出來。換言之，一些重要的內容給改動或刪除了。

那麼，這諭令英文本是由誰翻譯的？會議記錄沒有說明，但由於他們沒有提及有別的通事出席，以當時在場人士看來，諭令也應該是由蔡世文、潘有度聯同東印度公司專員翻譯的。但當時的洋商和通事一般「但知夷語，並不認識夷字」，[104] 根本沒有能力獨自完成書面翻譯。合理的猜想是兩名洋商以廣州英語把諭令內容口述出來，然後由專員以通順的英文寫出來。事實上，現在所見諭令英文本是以流暢和標準的英語翻譯出來的，這是當時一般的廣州通事不可能做到的。至於諭令內容的刪改，那相信是由洋商所作的，一來他們早已習慣於調和中國官員與英國商人矛盾，二來是在秘密及監督委員會的整份會議記錄裡，我們找不到片言隻字顯示或暗示諭令中有朝貢的訊息，又或是在整個溝通過程中有什麼地方讓在場的秘密及監督委員會成員感到不滿，出現過什麼爭論；相反，專員們「表達了完全的滿意」，還興高采烈地告訴東印度公司董事局，他們的預告十分成功，使團會得到良好的接待。[105] 總言之，英國人從這譯文得到的訊息是完全正面的。[106]

---

103 "Translation of the Chop," IOR/G/12/93A, p. 148.

104 〈欽差大臣耆英等奏為諮調洋商伍敦元來蘇以備差委片〉，中國第一歷史檔案館(編)：《鴉片戰爭檔案史料》(天津：天津古籍出版社，1992)，第5冊，頁599。

105 "At a Secret Committee," Canton, 13 January 1793, IOR/G/12/93A, p. 145.

106 〈上諭英使馬戛爾尼進貢著各沿海督撫派大員列隊彈壓稽察以昭體制〉，《英使馬戛爾尼訪華檔案史料匯編》，頁5。

此外，值得特別提出的是：東印度公司專員也知道乾隆願意以高規格接待英國使團，是跟他們寫給兩廣總督的信件有關的。在一封寫給倫敦董事會主席及副主席的信裡，他們明確地說中國皇帝以喜悅的心情接收英國使團來訪的消息，因為「他認可主席寫給廣州總督書函的風格」。[107] 應該同意，這理解是準確的，但也深具諷刺性，因為這些專員根本不知道乾隆所認可的並不是他們自己原信中所展現的風格，而是呈現在給乾隆的書函中譯本中那「極其恭順懇摯」的風格。

無論是郭世勳在廣東找來的通事，還是在北京的西洋傳教士譯者，他們都毫無疑問是為清廷服務的。從這角度看，對於這次百靈來信中譯上出現的誤差，中方應負上較大的責任，因為是他們找來的翻譯人員歪曲了英國人的原意，對英國人的信件作大規模的改寫。但另一方面，東印度公司其實早已知悉廣州貿易所運用的文書往來和翻譯模式，而長期以來他們對於當地的通事所提供的翻譯是很不滿意的，但這次卻仍然只提供英文和拉丁文的版本，那就等同於默許廣東的官員去找不合格的通事來翻譯這封信。從這角度看，對於原信內容被扭曲，英方本身也應該負上一定的責任，最少他們要做好準備，面對這翻譯模式所可能引起的後果。當然，以當時實際的情況看來，英國人也只能無可奈何地接受，因為專員們從倫敦出發時，馬戛爾尼還沒有找來李自標等使團譯員，倫敦沒有人能夠進行中文翻譯，所以只能拿著英文本和拉丁文本過來，只是在廣州又沒有找到可堪信賴的譯者，更不要說自己陣營內完全沒有懂中文的人。

對於全權負責在廣州統籌使團事務的秘密及監督委員會成員來說，這種無可奈何以至忍耐究竟可以到達什麼程度？在〈譯員篇〉裡，我們看過他們在第一次與署理兩廣總督等中國官員見面後有很多感慨，對於自己的陣營缺乏合格譯員的狀況感到不滿，因而在寫給董事局的報告裡

---

107 Secret and Superintending Committee to Chairman and Deputy Chairman of Board of Directors, Canton, 29 December 1792, IOR/G/12/93A, p. 66.

要求公司將來儘量鼓勵職員去學習中文。[108] 不過，這只是他們剛到廣州不久、跟郭世勳見面後的直接感受，過了半年後又怎樣？看來他們對蔡世文等行商通事的信心明顯比從前增加了。就在郭世勳送來諭令的1793年1月13日，委員會成員在接過諭令後，覺得禮貌上要寫一封回信，感謝一眾官員的幫忙，這事就交給蔡世文和潘有度處理。過了不久，這兩名洋商帶來一些簿帖，上面的內容已經用中文寫好了，三名專員只須按照洋商的指示在各簿帖上簽名，他們根本不知道內容寫了什麼。可是，在他們自己的會議記錄裡，沒有顯示他們在整個過程中表現半點猶豫、懷疑或不滿，就連在簽署的時候也沒有，甚至從沒有要求蔡世文等給他們說明和翻譯，就好像一切都是理所當然的。[109] 但我們可以想像，這封感謝信一定寫得十分謙遜甚至卑屈。只可惜今天沒法找到這些簿帖，不然便可以更進一步確定，即使在最初階段，而且遠在廣州，馬戛爾尼使團在與中國官員溝通上便出現嚴重的問題，所涉及的更是核心的、關乎使團的性質以及中英兩國的地位等問題，而且，這問題將在使團來華期間反覆出現，自始至終都是雙方溝通的重大障礙。

---

108 "To His Excellency George Viscount Macartney K.B., Signed by the Committee, 28th September 1793," IOR/G/12/265, pp. 131–132.

109 "At a Secret Committee," Canton, 13 January 1793, IOR/G/12/93A, pp. 146–147.

第4章
禮品篇

英國人對於自己的科學知識一定很是自豪，帶了這麼多精美的機械到中國來展示。

——登維德[1]

又閱譯出單內所載物件，俱不免張大其詞，此蓋由夷性見小自為獨得之秘，以誇炫其製造之精奇。

——上諭，乾隆五十八年六月三十日[2]

一

在籌備派遣使團的過程中，英國人非常著意選擇帶什麼禮品到中國來，在東印度公司的檔案裡，我們見到當時有過很多的討論，且涉及到東印度公司以至英國以外的人。不過，這並不是因為他們特別重視乾隆的誕辰，希望能帶來合適的祝賀禮品，而是另有目的，要讓帶來的物品展示英國的實力和先進的一面，從而提升國家的形象，甚至可以抬高談判的本錢。這跟派遣使團的目的是配合的，鄧達斯在寫給馬戛爾尼的指示中便說過：使團必須讓中國皇帝對「英國國王的智慧和仁政」(“the

1 Proudfoot (compiled), *Biographical Memoir of James Dinwiddie*, p. 46.

2 〈和珅字寄梁肯堂奉上諭著筵宴後仍回河工並飭稱英使為貢使及賞給米石〉，《英使馬戛爾尼訪華檔案史料匯編》，頁120。

wisdom and justice of the King")以及「英國的財富和力量」("the wealth and power of Britain")留下深刻的印象。[3]

這也正是馬戛爾尼本人的意思。1792年1月4日，馬戛爾尼在還沒有被正式委任為大使時，便在寫給鄧達斯的一封信裡提出，使團攜帶的禮品要能夠引起中國人的注意，增加他們對英國人的尊重，因此，他建議帶去最新發明的物品，例如改良過的蒸汽機、棉花機等。在這封信裡，馬戛爾尼還提出一個很特別而重要的觀點：攜帶的物品不應重在價錢，而應以新奇為主，尤其要從前未曾帶到中國作商品販賣的("attention ought to be paid to fix upon such articles of curiosity rather than of cost, as have not been hitherto sent to China for the purposes of sale")。[4] 幾天後，他在另一封信裡又一次談到這問題，重申必須攜帶「最新最奇特」("the newest and most curious")的東西，並較為詳細地列出應該選備的禮物，除蒸汽機和棉花機外，還有鏈泵、氣球、望遠鏡、野戰炮等新式槍械、彈射火器，以及油畫、版畫等；[5] 再過大約三個星期，他在1月28日的信裡開列更多的禮品，其中包括三輛馬車，兩輛較精美的送給乾隆，一輛是馬戛爾尼自用。[6] 當使團到達中國後，負責接待使團的徵瑞在8月15日的晤面中，問及馬戛爾尼個人有沒有帶備禮物呈送皇帝。雖然馬戛爾尼還沒有作這樣的準備，但馬上提出要送馬車給乾隆，這就是馬戛爾尼原擬自用的一輛，他還說這輛馬車雖然價值不如英王所贈的兩輛，但卻頗不相同，十分優雅。[7] 不過，最終這輛馬車並沒有送出去，只以使團的名義送呈原來準備的兩輛。

然而，馬戛爾尼等刻意搜羅選購的物品，最終並沒有讓乾隆感到滿意，更不要說對「英國國王的智慧和仁政，以及英國的財富和力量」留

---

3 Dundas to Macartney, Whitehall, 8 September 1792, IOR/G/12/20, p. 50.
4 Macartney to Dundas, Curzon Street, 4 January 1792, IOR/G/12/91, p. 46.
5 Macartney to Dundas, Curzon Street, 7 January 1792, IOR/G/12/91, p. 61.
6 Macartney to Dundas, Curzon Street, 28 January 1792, IOR/G/12/91, p. 90.
7 Macartney, *An Embassy to China*, p. 85.

下什麼深刻的印象。這並不是說乾隆不在意使團帶來的禮品，正好相反，他對禮品非常關注，只是反應不正面。[8] 在使團抵達天津不久，乾隆看到使團送來的禮品清單後，上諭便連續出現「所載物件，俱不免張大其詞，此蓋由夷性見小，自為獨得之秘，以誇炫其製造之精奇」，[9]「貢使張大其詞，以自炫其奇巧」的說法，[10] 顯然不覺得禮品有什麼值得炫耀的地方。接著，在見過部分禮品，使團快要離開北京時，乾隆向使團頒下敕諭，説「天朝撫有四海，惟勵精圖治，辦理政務，奇珍異寶，並不貴重。爾國王此次齎進各物，念其誠心遠獻，特諭該管衙門收納」，[11] 更是沒有半點珍視感激的意思。為什麼會這樣？這固然可能是乾隆故意貶損或打擊使團，維持天朝崇高的地位，也可能是像過去一些中外歷史學家所説，這是因為乾隆和清廷的愚昧無知，沒有認識到禮品的功用和含義，但也有人認為清廷自康熙年間以來所搜集到的西方器物也的確不比馬戛爾尼帶來的物品遜色，甚至有過之而無不及，難怪乾隆不覺得珍貴。這都是很可能的理由。不過，一直被忽略的是禮品清單的翻譯問題，這也是非常重要的，因為乾隆在閱讀過禮品清單後，對待使團的態度明顯改變，由開始時非常熱切的期待變成後來明顯的冷待。在禮品的評價上，這可以説是一個轉捩點，也就是説，禮品清單的譯文扮演了重要的角色，因為乾隆這時候還沒有看到禮品實物。必須強調，這次譯文是由英方譯員負責翻譯和提供的，也是英方直接送來的第一份重要中文文本。這跟署理兩廣總督郭世勳上奏朝廷時所附呈由廣州當局安排翻譯百靈信函的中譯不同。

8　賀清泰在使團離開北京時，曾對使團的禮品作出批評，認為贈送貴重的機械是不合適的，他認為英國人應事先徵詢一些北京傳教士的意見，購買更合適的禮品。A Jesuit at Peking to Mr Raper enclosing a letter written by the Missionary Louis de Poirot dated 18 May 1794 on the Ceremony at Macartney's Reception, in BL IOR MSS EUR F 140/36, quoted from Stevenson, *Britain's Second Embassy to China,* p. 100.

9　〈諭軍機大臣著梁肯堂筵宴後仍回河工並飭知委員不得稱貢使為欽差〉，《英使馬戛爾尼訪華檔案史料匯編》，頁39–40。

10　〈和珅字寄梁肯堂等奉上諭著徵瑞詢明大件貢物安裝情形具奏候旨遵行〉，同上，頁125。

11　〈大清皇帝給英吉利國王敕諭〉，同上，頁166。

長期以來，學界討論的使團禮品清單中譯本就是中國第一歷史檔案館整理軍機處檔案上諭檔內的〈紅毛英吉利國王謹進天朝大皇帝貢件清單〉，[12] 但那只是經由軍機處人員在入檔時重新抄寫的一份。必須強調的是，在這抄寫和入檔過程中，中方作出一些關鍵性的改動。但另一方面，使團自己所準備的禮品清單中譯本，由於只見藏於小斯當東後來捐贈與英國亞洲學會的中文資料集內，[13] 長期沒有被發現和利用，這是十分可惜的，也是馬戛爾尼使團研究方面一個較大的缺失，因為通過認真分析使團清單的英文原本以及使團禮品清單的中文本，除能夠顯示馬戛爾尼怎樣嘗試通過禮品來展示英國的國力，還可以確定中譯本能否傳達相同的訊息——這是非常重要的，讓我們知道乾隆究竟接收到什麼訊息，以致對使團的態度立刻產生變化。不過，更有意思的可能是認真對比中方在入檔時對清單所做的改動，這不單說明清廷對清單有不滿意的地方，更可顯示他們對使團禮品以至整個遣使活動的關注所在。確定他們認為不妥當的地方，對於全面理解馬戛爾尼使團訪華的歷史意義會有很大的幫助。

二

從一開始，清廷對馬戛爾尼帶來的「貢品」便十分關注，甚至可以說是有所期待的。最先在廣州方面，當波郎等東印度公司專員在1792年10月10日向郭世勳報告使團來訪的消息時，中方便馬上提出要檢視禮品清單，這是符合清廷的慣常做法的；他們也清楚告訴專員，如果沒有禮品清單，他們便無法向朝廷匯報使團來訪的消息。[14] 但由於專員們

---

12 〈紅毛英吉利國王謹進天朝大皇帝貢件清單〉，《英使馬戛爾尼訪華檔案史料匯編》，頁121–124。

13 "George Thomas Staunton Chinese Letters and Documents," vol. 1, doc. 2, Royal Asiatic Society of Great Britain and Ireland.

14 "At a Secret Committee," Canton, 11 October 1792, IOR/G/12/93A, p. 40.

在離開倫敦時使團的禮物還沒有準備好，因而沒法提供一份禮物清單，粵海關監督對此深感不快，郭世勳也強調使團來訪時先把貢品清單交與總督，是必須遵從、不可改變的規則，[15] 並表示沒有貢單便無法上奏朝廷。[16] 這不能說是空言恫嚇，因為後來郭世勳在奏摺裡的確說到「該國王又無副表貢單」，以致他們「未便冒昧遽行具奏」，[17] 最後在15日晚行商又一次傳來中國官員的訊息，要求盡可能提供一些資料後，專員們才透露禮品中包括一座天體儀（"a Planetarium"）及一輛馬車，[18] 但始終沒有提供完整的清單。[19]

北京方面，在1793年6月19日（乾隆五十八年五月十二日），即馬戛爾尼的船隊還沒有到達中國水域時，軍機處便已經開始討論貢品的問題，強調「暎咭唎國係初次進貢，且貢物甚多，非緬甸之常年入貢土儀者可比」，[20] 更按照一直以來「薄來厚往」的原則，立刻擬定長長的清單，開列賞賜給英吉利國王、貢使及使團其他成員的禮物。[21] 值得注意的是：由於同時到來祝賀乾隆壽辰的還有緬甸使臣，所得賞的禮品不如英國人，軍機處特別指示在「頒賞時兩國陪臣彼此各不相見」，避免有所比較，[22] 顯然對待兩個使團的態度很不相同。不過，清廷在這個階段對英

15　Ibid., p. 43.

16　Staunton, *An Authentic Account of an Embassy*, vol. 1, pp. 195–196.

17　〈署理兩廣總督印務廣東巡撫郭世勳等奏為英吉利遣使進貢折〉，《英使馬戛爾尼訪華檔案史料匯編》，頁218。

18　"At a Secret Committee," Canton, 16 October 1792, IOR/G/12/93A, p. 52.

19　佩雷菲特說專員們創作一份初步但內容大部分是虛構的禮物清單。Peyrefitte, *The Collison of Two Civilisations*, p. 47. 這說法是不正確的，因為郭世勳在上奏朝廷時並沒有附上任何禮品清單，連天體儀和馬車也沒有隻字提及。

20　〈奏為謹擬頒賞英貢使物件清單呈覽事〉，《英使馬戛爾尼訪華檔案史料匯編》，頁95。

21　〈擬賞英王物件清單〉、〈酌擬加賞英國王物件清單〉、〈擬隨敕書賞英國王物件單〉、〈酌擬賞英吉利國正使清單〉、〈酌擬加賞英吉利國正使清單〉、〈酌擬賞英吉利國副使清單〉、〈酌擬加賞英吉利國副使清單〉、〈英吉利國貢使在如意洲東路等處瞻仰酌擬賞單〉、〈英吉利國貢使在含青齋西路等處瞻仰酌擬賞單〉、〈副貢使之子及總兵官等在如意洲瞻仰擬賞件事〉、〈副貢使之子等在含青齋西路等處瞻仰酌擬賞件清單〉，同上，頁96–106。

22　〈奏為謹擬頒賞英貢使物件清單呈覽事〉，同上，頁95。

使團禮品的關注，其實很大程度上與翻譯有關，那就是〈預告篇〉討論過的東印度公司董事百靈寫給兩廣總督通報使團來訪的信函的中譯。

百靈的原信確實提到使團會帶來禮物，因為他們以陸路運送禮物困難為理由，要求准許繞過廣州，從海路北上，直接從天津登岸。但我們知道，使團在還沒有出發前便商議並決定使團必須繞過廣州，在北部地方登岸，以避免廣州官員為使團帶來麻煩，因此，禮品笨重並不是繞過廣州進京的真正理由。但另一方面，英方以此為由要求從水路北上看來也不牽強，因為他們帶來的物品確實不適合以陸路運送——使團後來從天津登岸改走陸路後，朝廷要調動近90部馬車、40部手推車、200匹馬，以及差不多3,000名工人來搬運禮品。[23]

大體而言，百靈的原信對於使團禮物的描述還算是較平實的，沒有誇張的口吻：「我們為英國國王帶給中國皇帝幾件禮物，因為它們的體積、精細的機械以及價值，不能冒著嚴重損壞的風險，從廣州經內陸運送至北京這麼遠的距離」，[24] 先說禮物的體積大小，然後是機械，最後才是價值，而且在價值方面沒有加上誇大的形容，只是平舖直敘的描述，沒有半點刻意吹噓的感覺。但經過翻譯後又怎樣？除〈預告篇〉提到使團禮品被譯為「貢品」外，在具體描述上，三篇譯文的效果並不一樣。在廣州從英文原信翻譯過來，以及北京傳教士翻譯的版本，都用「貴重」來形容「貢物」，雖然有點空泛，但仍展示了禮品的價值；[25] 另一方面，在廣州從拉丁文譯本譯出的一篇卻譯成「貢物極大極好」，[26] 這便可能讓人覺得禮品非常名貴。相對來說，倒是署理兩廣總督郭世勳自己的奏摺更平實，只說「貢品繁重，由廣東水陸路程到京紆遠，恐有損壞」。[27] 這

---

23 Staunton, *An Authentic Account of an Embassy*, vol. 2, p. 17.

24 "Letter from the Chairman to the Viceroy of Canton," 27 April 1792, IOR/G/12/91, p. 335; also in Pritchard (ed.), "The Instructions of the East India Company," pp. 376–377.

25 〈英國總頭目官百靈為派馬戛爾尼進貢請准賞收的稟文譯稿〉，《英使馬戛爾尼訪華檔案史料匯編》，頁92；〈譯出英吉利國字樣原稟〉，同上，頁216。

26 〈譯出英吉利國西洋字樣原稟〉，同上，頁217。

27 〈署理兩廣總督印務廣東巡撫郭世勳等奏為英吉利遣使進貢折〉，同上，頁218。

種簡單直接的描述是可以理解的，郭世勳作為中方大員，不可能對英國人的「貢品」過度誇獎，尤其他一直苦惱於未能見到禮品清單。假若最終送來的禮品並不貴重，對他來説後果會很嚴重。但無論怎樣，由於幾個中文本都在不同程度上強調英國人的禮品很貴重，這就讓朝廷有所期待，而自此清廷的文書中便不斷提到英國人的貢品「甚大又極細巧」，[28] 但其實在這時候中國官員還沒有看到禮品清單，更不要説見到這些禮品了。馬戛爾尼在剛到達天津時便馬上明白，中國人對他們所攜帶的禮品有很高的期望，而這期望也的確跟他們通報中國政府時提到禮品有關，[29] 只是他不知道朝廷接到的通報是經過中方通事的誇大修飾。

關於禮品的價值，馬戛爾尼説已盡力減省開支，但看來卻不怎麼成功，[30] 使團最終所攜帶的禮品總價值為15,610英鎊。[31] 一個過去幾乎沒有人注意到的事實是：在馬戛爾尼使團以前，英國人嘗試派遣的凱思卡特使團在多番商議後，認為什麼禮物也不會為乾隆所珍視，所以決定不向皇帝贈送禮物，只會以一個裝飾富麗的金盒子放置國書，但那只是用以顯示他們的尊敬和隆重，並不視之為禮物。為此，他們更修改原來已擬寫好的國書，[32] 只準備4,000鎊的預算來購買禮品，贈送給中國官員及相關人士，[33] 最後他們在洪任輝的協助下購買了共值4,045.10鎊的禮物，準備送與官員。[34] 另一方面，馬戛爾尼使團從一開始便決定購買大量禮品

---

28 〈和珅字寄梁肯堂奉上諭英船天津不能收泊擬廟島起著吉慶親往照料〉，同上，頁112；〈和珅等為請將貢品尺寸開單寄送熱河軍機處給吉慶的啟文〉，同上，頁113；〈軍機大臣為傳諭徵瑞與英貢使面商貢品運輸事宜給梁肯堂徵瑞的札〉，同上，頁114。

29 Macartney, *An Embassy to China*, p. 69; Macartney to Dundas, near Han-chou-fu, 9 November 1793, IOR/G/12/92, p. 44.

30 Macartney to the Chairs of EIC, Portsmouth, 13 September 1792, IOR/G/12/92, pp. 2–3.

31 Pritchard, *The Crucial Years*, p. 306.

32 現在所見到凱思卡特攜帶的國書是隻字不提禮品的。“His Majesty to the Emperor of China,” IOR/G/12/90, pp. 125–127.

33 Cathcart to Dundas, 31 August 1787, IOR/G/12/90, p. 19.

34 “List of presents carried by Colonel Cathcart to the Emperor of China, 1787–undated,” *An Important Collection*, vol. 8, doc. 343, CWCCU. 普利查德則説這次購買禮品用上4,050鎊。Pritchard, *The Crucial Years*, pp. 243–247.

贈送給乾隆，最後禮品的總價值是凱思卡特使團的四倍，而且在到達中國以後還擔心禮品不夠豐盛，臨時又增購物品，包括在澳門從東印度公司秘密及監督委員會成員波郎那裡購買一台望遠鏡，[35] 以及在天津外海從「印度斯坦號」船長馬庚多斯手上買來大透鏡。[36] 這固然是跟他們原來以補祝乾隆八十歲壽辰為遣使的借口有關，不過從他們在準備禮品時的討論以及後來所帶的禮品看來，自始至終，馬戛爾尼都希望能通過贈送一些足以代表當時英國以至歐洲科技最新成果的物品，以配合他們遣使的真正動機，向清廷展示英國的國家實力及其商品的優越。在好幾封寫給鄧達斯的信中，馬戛爾尼都談及選購禮品的問題，例如在1792年1月28日的一封信裡，除開列一些他認為應該準備的禮品外，還特別提到與皇家學會（Royal Society）主席討論過「一些最新和最精巧的發明」。[37] 儘管有學者認為由於各種各樣的原因，使團最終所帶來的禮品其實並未能完全呈現當時英國最新的科技成果，也不能代表最高的生產水平，[38] 也有學者認為使團重視禮品的新奇性和美觀性，高於其科學性，[39] 但這起碼是他們本來的目的，且更反映在馬戛爾尼精心撰寫的禮品清單上。我們不打算在這裡詳細討論馬戛爾尼怎樣搜購禮品，也不會逐一深入分析禮品的價值，[40] 只會把焦點放在禮品清單的翻譯上，看看清單譯文跟原文的差異怎樣造成不同的效果，帶給乾隆什麼訊息。

---

35 "At a Secret Committee," Macao, 21 June 1793, IOR/G/12/93A, p, 219.

36 Macartney, *An Embassy to China*, p. 69.

37 Macartney to Dundas, Curzon Street, 28 January 1792, IOR/G/12/91, p. 90. 關於馬戛爾尼使團在選購禮品時的考慮，可參Cranmer-Byng and Levere, "A Case Study of Cultural Collision," pp. 503–525；關於當時西方國家如何相信科技力量代表了國家實力，可參Michael Adas, *Machines as the Measure of Men: Science, Technology, and Ideologies of Western Dominance* (Ithaca, N.Y.: Cornell University Press, 1989)。

38 Berg, "Britain, Industry and Perception of China," pp. 269–288.

39 常修銘：〈馬戛爾尼使節團的科學任務〉，頁67。

40 關於使團在購置禮品上所花費的價錢，見"List of the scientific apparatus purchased by the East India Company for the Macartney embassy," *An Important Collection*, vol. 5, doc. 225, CWCCU；有關禮品的描述和討論，可參Cranmer-Byng and Levere, "A Case Study of Cultural Collision," pp. 503–525; Harrison, "Chinese and British Diplomatic Gifts," pp. 65–97。最完整和深入的分析來自常修銘：〈馬戛爾尼使節團的科學任務〉。

根據馬戛爾尼的日誌，在使團快要抵達天津時，長蘆鹽政徵瑞委派天津道喬人傑及通州副將王文雄在1793年7月31日(乾隆五十八年六月二十四日)登上馬戛爾尼所乘坐的「獅子號」，要求使團提供禮物清單，馬戛爾尼當場答應。[41] 另一方面，清廷檔案中有上諭記載徵瑞在乾隆五十八年「六月二十三日〔7月30日〕親赴英吉利貢船內查看表文貢單」。[42] 這是錯誤的，因為徵瑞只不過在六月二十二日(7月29日)上奏「與夷人說明於二十三日親赴該船查看表文貢單」，[43] 朝廷便假定他在二十三日登船，但其實最終他並沒有在二十三日登上「獅子號」，而是在六月二十四日(7月31日)差遣喬人傑和王文雄登船，要求查看「表文貢單」，然後馬戛爾尼在三天後的六月二十六日(8月2日)，在「獅子號」上把禮品清單交與二人，當時一併交出的是三個版本的禮物清單：除英文原本外，還有拉丁文以及中文譯本。[44]

在討論禮品清單的譯本前，可以先簡單討論一下清單的原文。一直以來，較容易看到和較多人徵引的所謂「禮物清單」都是斯當東在回憶錄中引錄的內容。[45] 不過，斯當東並不是以清單的形式把各項禮品逐條開列，他的說法是「部分物品以下面的方式描述出來」，[46] 這不是完整的禮物清單，更不可能是馬戛爾尼呈送清廷的文本。

斯當東的回憶錄以外，曾經整理並註釋出版馬戛爾尼出使日誌的歷史學者克萊默–賓在1981年與科學史專家勒韋爾(Trevor H. Levere)發表過一篇有關使團禮品的文章，[47] 後面有兩個附錄，附錄A是〈東印度公司為馬戛爾尼使團購買科學儀器清單〉("List of the Scientific Apparatus

---

41　Macartney, *An Embassy to China*, p. 72.

42　〈和珅字寄梁肯堂等奉上諭著奏接見英貢使行禮情形並定赴熱河日期〉，《英使馬戛爾尼訪華檔案史料匯編》，頁118。

43　〈長蘆鹽政徵瑞奏報英貢船仍來天津外洋現已妥辦停泊折〉，同上，頁344。

44　"Catalogue of Presents," IOR/G/12/92, p. 155.

45　Staunton, *An Authentic Account of an Embassy*, vol. 1, pp. 243–246.

46　Ibid., p. 243.

47　Cranmer-Byng and Levere, "A Case Study of Cultural Collision," pp. 503–525；關於勒韋爾的學術履歷，可參http://acshist.scs.illinois.edu/awards/Edelstein%20Papers/LevereEdelsteinBioJJB.pdf。

Purchased by the East India Company for the Macartney Embassy"），[48] 而附錄B則是〈英王贈送中國皇帝禮品目錄〉("Catalogue of Presents Sent by His Britannic Majesty to the Emperor of China")。[49] 根據該文的備註，這附錄B的禮品清單是來自康奈爾大學圖書館所藏的Wason Collection on China and the Chinese，即〈背景篇〉所說的「查爾斯・沃森典藏」，並註明是第8卷第350號文檔（Volume 8, Document 350）。[50] 但這裡有嚴重的問題，因為附錄B這份所謂的〈英王贈送中國皇帝禮品目錄〉並不完整，只開列第1至第9件禮品，但原來「查爾斯・沃森典藏」中的禮品目錄並不是這樣的。克萊默－賓和Levere所說的第8卷，指的是「查爾斯・沃森典藏」裡標題為「馬戛爾尼爵士出使北京及廣州手稿、文件及書信珍藏原件，1792–1794年」（*An Important Collection of Original Manuscripts, Papers, and Letters relating to Lord Macartney's Mission to Pekin and Canton 1792–1794*）中的第8卷，「查爾斯・沃森典藏」中在這個標題下的資料集共有10卷，共收文檔448份，當中第350號文件題目是"Catalogue of Presents Sent by His Britannic Majesty to the Emperor of China, Aug. 1793, Together with Latin translation"。[51] 嚴格而言，該文檔有兩部分，前面是禮品清單的英文本，後面是拉丁文譯本。克萊默－賓和勒韋爾沒有把拉丁文本附錄列出，這沒有什麼問題，但問題是他所提供的英文禮品清單，與第350號文檔的英文本清單不一致。原清單在第9件禮品後面還有頗長的部分，總共開列出60件禮品；換言之，克萊默－賓和勒韋爾在文章裡抄錄出來的禮品清單並不完整，只是原來清單的前面部分，沒有列出後面的禮品，但他沒有註明只錄出部分目錄，容易讓人以為這就是全份清單。

至於該文附錄A〈東印度公司為馬戛爾尼使團購買科學儀器清單〉，克萊默－賓和勒韋爾註明來自「查爾斯・沃森典藏」「馬戛爾尼爵士出使北

[48] Cranmer-Byng and Levere, "A Case Study of Cultural Collision," pp. 520–523.

[49] Ibid., pp. 523–525.

[50] Ibid., p. 525.

[51] "Catalogue of Presents sent by His Britannic Majesty to the Emperor of China, Aug. 1793, together with Latin translation," *An Important Collection*, vol. 8, doc. 350, CWCCU.

京及廣州手稿、文件及書信珍藏原件，1792–1794年」的第5卷第225號文檔，但這次他們註明有所刪減，刪去的是對科技器材的詳細描述及不屬於科技器材的部分，因此，附錄A只是一份科學儀器的清單。[52] 其實，「查爾斯‧沃森典藏」的「馬戛爾尼爵士出使北京及廣州手稿、文件及書信珍藏原件，1792–1794年」第5卷第225號文檔原來的題目是「交與馬戛爾尼爵士處理的禮品清單，日期1792年9月8日」(“List of presents, etc. consigned to the care of His Excellency Lord Macartney, dated Sept. 8, 1792”)，[53] 這就是使團在英國出發時所準備好的禮品的清單，清單的署名人是東印度公司的百靈，裡面並不只是科學儀器，而是全部的禮品。而且，清單除開列禮品名稱外，還有對部分禮品的一些描述，但跟馬戛爾尼所寫的清單裡的禮品描述不同，更附有購買禮品的價錢——可見這也不是馬戛爾尼提供給清廷的禮品清單，而是在較早時準備好的一份屬於英國人內部的清單。通過對比二者，可以見到馬戛爾尼後來增添了什麼禮品送給乾隆。

毫無疑問，「查爾斯‧沃森典藏」「馬戛爾尼爵士出使北京及廣州手稿、文件及書信珍藏原件，1792–1794年」所藏的這兩份禮品清單都是真確的原始資料。事實上，該檔案中還另外藏有八份與馬戛爾尼使團禮品相關的文檔，包括送到熱河的禮品清單以及留在圓明園的禮品清單等，也就是說，「查爾斯‧沃森典藏」中的幾份清單分別開列了不同場合所用的禮品。[54] 其中，我們最關注的是馬戛爾尼交與喬人傑呈遞到朝廷去的一份。

---

52 Cranmer-Byng and Levere, “A Case Study of Cultural Collision,” pp. 520–523.

53 “List of presents, etc. consigned to the care of His Excellency Lord Macartney, dated Sept. 8, 1792,” *An Important Collection*, vol. 5, doc. 225, CWCCU.

54 “List of Articles Bought by Lord Macartney, undated,” *An Important Collection*, vol. 8, doc. 345; “List of Presents, Undated,” ibid., doc 346, CWCCU; “List of Presents and Accounts, undated,” ibid., doc. 347; “List of Presents for China, Undated,” ibid., doc. 348, CWCCU; “List of Presents Delivered by Lord Macartney, Undated,” doc. 349, CWCCU; “Catalogue of Presents Sent by His Britannic Majesty to the Emperor of China, Aug. 1793, Together with Latin Translation,” ibid., doc. 350, CWCCU; “List of Such Presents as Were Carried to Gehol, Aug. 29, 1793 and Were Presented to the Emperor September 14, 1793,” ibid., doc. 351, CWCCU; “Catalogue of Presents Presented to the Emperor on Sept. 14, 1793,” ibid., doc 352,

其實，東印度公司的檔案就收藏有一份由馬戛爾尼自己向英國政府匯報提交的禮品清單。1793年11月11日，馬戛爾尼在離開北京、到達杭州附近時曾寫過一封長信給鄧達斯，詳細報告使團的情況，並附有20份相關文書及資料，其中就包括「禮物清單」(“Catalogue of Presents”)，註明日期為1793年8月2日，[55] 也就是馬戛爾尼把禮品清單交與中國官員喬人傑的那一天，顯然，這就是馬戛爾尼所寫、並呈遞清廷的禮物清單。在文字和內容上，「查爾斯 · 沃森典藏」「馬戛爾尼爵士出使北京及廣州手稿、文件及書信珍藏原件，1792–1794年」第8卷第350號文檔與東印度公司檔案中這份禮物清單是完全相同的，這說明「查爾斯 · 沃森典藏」的文檔是從馬戛爾尼的報告抄錄出來。另一方面，斯當東回憶錄所提供的在內容上與這兩份文檔是接近的，描述的禮品數目也一樣，但文字上並不完全相同。在下文的討論裡，我們會直接徵引東印度公司檔案中的禮物清單。

在現時所見資料裡，包括馬戛爾尼及斯當東的回憶錄和書信，都沒有提及使團是在什麼時候開始準備、什麼時候完成這份禮品清單。如果馬戛爾尼是在1793年7月31日答應喬人傑和王文雄的要求後才開始準備清單，那就是在三天內完成英文、拉丁文和中文三個版本，雖然不是完全不可能，但也未免過於匆忙。不過，新發現使團所準備禮品清單中譯本能夠解答很多疑問，包括準備譯本的時間。在對比使團最後呈送的英文清單後，可以見到在這譯本中有兩件禮品沒有被列出：馬戛爾尼到達澳門後從東印度公司秘密及監督委員會成員波郎購買的一台望遠鏡，以及在7月25日在天津外海從「印度斯坦號」船長馬庚多斯手上買來的大透鏡。[56] 有關馬戛爾尼臨時購入這兩件禮品的問題，下文再作交代，

CWCCU; “Two Copies of the Catalogue of Presents to Be Presented to Emperor at Yun Min Yuen, Sept. 30, 1793,” ibid., doc. 353, CWCCU; “Account of the Articles Consigned to the Care of Lord Macartney with an Account of the Manner in Which They Have Been Disposed of by Him, Undated,” ibid., doc. 354, CWCCU.

55 “Catalogue of Presents,” IOR/G/12/92, pp. 155–186.

56 Macartney, *An Embassy to China*, p. 69.

但這兩件禮品都確實被送贈到朝廷去，這可以說明兩點：第一，這份中譯本並不是最終呈送清廷的文本；第二，使團在還沒有購買望遠鏡和大透鏡前便已準備好禮品清單和譯本，那就是在使團到達澳門之前。不過，由於在澳門和天津外海增購了禮品，馬戛爾尼需要修改清單，最終定稿是在7月25日以後，才可能把大透鏡也收入在清單裡。

譯本方面，東印度公司所藏馬戛爾尼寫給鄧達斯的匯報中附有一份拉丁文本，[57] 這也就是「查爾斯．沃森典藏」第8卷第350號文檔的後半部分，[58] 那是由小斯當東的老師惠納翻譯出來的。[59] 這點沒有疑問，因為使團拉丁文翻譯的工作，一直以來主要都是由惠納負責的。但中文譯本的譯者又是誰？何偉亞這樣說：

> 朝廷收到清單後，由為朝廷服務的傳教士，大概從拉丁文本把它翻譯成中文。
> After the court received the list, it was translated into Chinese, probably from the Latin version, by missionaries in the emperor's service (ZGCB, 22a–24b).[60]

他所註明的資料來源"ZGCB, 22a–24b"，就是《掌故叢編》頁22a至24b，但這這幾頁的《掌故叢編》只是軍機處所抄錄的清單中譯本，當中沒有片言隻字提及該譯本是「由為朝廷服務的傳教士，大概從拉丁文本把它翻譯成中文」。不知道何偉亞的說法從何而來，但這明顯是錯誤的。既然禮品清單的三個文本都是由馬戛爾尼在同一時間直接交給徵瑞的，那麼，這中文版本就只可能是由使團而不會是「為朝廷服務的傳教士」翻譯的。而且，斯當東曾經非常明確地說他們自己提供中譯本，同時為了讓北京的傳教士可以校正中譯本，所以也提供拉丁文譯本。[61] 更為關鍵的是，我們也可以肯定乾隆讀到的就是英國人送呈的中譯本，因為馬戛

57 "Latin Translation," IOR/G/12/92, pp. 171–186.

58 "Catalogue of Presents sent by His Britannic Majesty to the Emperor of China, Aug. 1793, Together with Translation," *An Important Collection*, vol. 8, doc. 350, CWCCU.

59 Staunton, *An Authentic Account of an Embassy*, vol. 1, p. 246.

60 Hevia, *Cherishing Men from Afar*, p. 148.

61 Staunton, *An Authentic Account of an Embassy*, vol. 1, p. 246.

爾尼是在乾隆五十八年六月二十六日（1793年8月2日）才在天津口外海交出清單譯本，而直隸總督梁肯堂則是在六月二十八日（8月4日）把禮物清單呈奏朝廷，更明確說明經由徵瑞要求該貢使「將貢單譯出漢字」，又說這份譯文「字跡又不能完整」，因此「未敢照繕清單，特將該貢使自寫原單三紙恭呈御覽」。[62] 此外，在六月二十九日（8月5日）的上諭中還有指示徵瑞「至該國貢單譯出漢文後即迅速先行具奏」，[63] 也就是說在8月5日當天乾隆還沒有看到禮品清單，要到第二天（六月三十日，8月6日），軍機處隨手檔才見有朱批梁肯堂為馬戛爾尼禮品清單中譯本所寫的奏摺：「英吉利貢單已經貢使譯出漢字先行進呈」。[64] 這是最明確的訊息：禮品清單在8月6日才送抵乾隆手上，而且所進呈的就是「貢使譯出漢字」版本；而就在同一天，朝廷已發出上諭討論清單的內容，[65] 當中根本不可能有足夠時間安排在京西洋傳教士另行翻譯，乾隆當時讀到的「貢單」，就是由使團提供的中譯本，不可能是何偉亞所說由在京西方傳教士所譯。[66]

另一方面，佩雷菲特則明確指出清單的中譯本是由使團翻譯和提供的，他這樣說：

> Zhou神父、An神父及Wang神父，以及Hanna和Lamiot兩位神父，以至小斯當東，都很努力地把原來的禮品清單和國書翻譯出來。[67]

---

62 〈直隸總督梁肯堂等奏為英貢單已譯出漢字先呈覽折〉，《英使馬戛爾尼訪華檔案史料匯編》，頁356。

63 〈和珅字寄梁肯堂奉上諭接見英使不必拘泥遵前旨先行筵宴貢物送熱河〉，同上，頁119。

64 〈朱批梁肯堂奏為英貢單經貢使譯出漢字先行進呈折〉，同上，頁255。

65 〈諭軍機大臣著梁肯堂筵宴後仍回河工並飭之委員不得稱貢使為欽差〉，同上，頁120–121。

66 應該指出，犯這錯誤的不只何偉亞一人，一篇討論負責拉丁文翻譯的使團成員惠納的文章，也說「正是他〔惠納〕把英王進奉乾隆皇帝的各種禮物的繁雜名目譯成拉丁文，再由那些耶穌會士譯成漢文。」達素彬（Sabine Dabringhaus）：〈第三者的觀點：赫脫南關於馬戛爾尼使團的描述〉，張芝聯（主編）：《中英通使二百周年學術討論會論文集》，頁344；另外還有Harrison, "Chinese and British Diplomatic Gifts," p. 82。

67 Peyrefitte, *The Collision of Two Civilisations*, p. 76.

在這裡，佩雷菲特不只談論禮品清單的翻譯，還有國書的翻譯，因此他實際上開列了使團內大部分有能力進行中文翻譯的人的名字。應該同意，這裡所提及的人，部分的確曾在不同階段協助過使團的翻譯工作，但如果具體地指國書和禮品清單的翻譯，那便很有問題。在他所開列的譯員中，只有一人是肯定參與過國書和禮品清單翻譯的，那就是佩雷菲特所說的「Zhou神父」柯宗孝。其餘的人都沒有參與，為什麼呢？因為我們非常肯定國書是在使團還沒有出發前便在倫敦完成全部準備工作，包括翻譯和抄寫，這點在〈國書篇〉會有詳細交代。至於禮品清單，雖然我們沒有明確的證據，確定是在什麼時候完成，但上文剛指出，那應是在使團到達澳門以前便完成的。按常理說，禮品清單應該是與國書一起，在使團出發前便準備妥當，尤其使團對禮品這麼重視，不可能不提早做好準備。事實上，從國書和禮品清單中譯本的行文看來，二者有極其相似的特點，應該是出於相同譯者之手，那就是從一開始在那不勒斯招聘來的柯宗孝和李自標。至於在使團出發前一刻才在樸茨茅斯加入使團的「An神父」嚴寬仁和「Wang神父」王英，雖然肯定在航程中提供過不少幫助（尤其嚴寬仁），但一定沒有參加過國書和禮品清單的翻譯。至於佩雷菲特所說的Hanna（Robert Hanna，韓納慶）和Lamiot（Louis-François-Marie Lamiot，南彌德）兩位神父，更完全沒有可能，因為他們是在澳門才登船，希望能跟隨使團北上，留在北京為朝廷工作，[68] 況且，我們已指出，從沒有人提及這兩名傳教士曾經幫忙任何翻譯工作，甚至根本沒有人說他們做過什麼，每次提及二人都只是關於他們前往天津的安排，基本上與使團全無關係。

小斯當東也參與了使團準備禮品清單中譯本的工作，但他並不是像佩雷菲特所說直接負責翻譯工作，學習中文才一年左右的小斯當東，不可能參與文書上的翻譯任務。根據馬戛爾尼的說法，小斯當東負責謄抄

[68] Marcartney, *An Embassy to China*, p. 64.

清單，[69] 這是準確的。雖然使團從倫敦出發前便應該完成所有文書的準備工作，但由於他們在澳門臨時添加物品，便得修改禮品清單，也就有重新謄抄的必要，這任務就交由小斯當東負責了。

但佩雷菲特沒有提及兩名正式受聘的使團譯員。可以肯定，馬戛爾尼重用而且在信函中強調對使團很重要的錫拉巴，[70] 同樣不可能參加禮品清單的翻譯工作，因為他是在使團在6月21日到達澳門後才聘任的，然後在8月7日跟隨高厄爾船長離開。但李自標呢？作為斯當東在那不勒斯招聘的正式譯員，李自標的表現可以說幾乎得到所有使團成員的一致讚譽，即使同伴柯宗孝在澳門離團，他仍然堅持下去，一直跟隨著馬戛爾尼和斯當東，負責使團大部分的翻譯工作，直至使團離開中國。那麼，他與柯宗孝一起在倫敦住在斯當東家裡，等候使團出發前，怎可能不參加翻譯及其他工作？我們相信，禮品清單中譯本就是由柯宗孝和李自標翻譯的，而李自標更可能是馬戛爾尼加購兩份禮品、改寫清單後中譯本的最終定稿者。

除譯者問題以外，更重要的是文本。克萊默－賓説英文本對於那些禮品的描述讀來很滑稽（"comic"）。[71] 為什麼會這樣？這肯定不是因為馬戛爾尼書寫英文的能力有問題，而是另有原因。根據斯當東解釋，馬戛爾尼在撰寫禮品清單時，自認為要特別迎合以至遷就清廷和乾隆。他明確指出，為了讓中國人能夠接受這份清單，馬戛爾尼不打算只開列禮品的名稱，而是要逐一描述各件禮品的性質，且要以「東方的風格」（"the Oriental style"）書寫出來。[72] 克萊默－賓認為，這所謂「東方的風格」就是這份英文清單讓西方人讀來感到滑稽的原因。[73] 不過，這點也許不重要，因為畢竟清單本來就不是給今天的西方讀者閱讀的。但這所謂「東

69 Macartney, *An Embassy to China*, p. 100.

70 Macartney to Secret Committee, on board the Lion, 6 August 1793, IOR/G/12/93A, p. 347.

71 Ibid., p. 361, n. 12.

72 Staunton, *An Authentic Account of an Embassy*, vol. 1, p. 243.

73 Macartney, *An Embassy to China*, p. 361, n. 12.

方的風格」究竟是怎樣的？這種風格以及滑稽的效果又是否體現在中譯本裡？

馬戛爾尼在寫給鄧達斯的報告裡，曾解釋過為什麼要在清單中特別交代部分禮品的細節：

> 一份只開列出物品名稱的普通清單，並不能提供足夠的訊息來說明它們的內在價值，無論怎樣去翻譯也不可能讓人明白。因此，我們另行向中國官員提供一份清單，就是附件五的一份，嘗試把幾件物品的性質描述出來，以它們的實用性來衡量其價值，甚至把那些顯示禮品的精緻細節略去。[74]

這段文字中沒有提到什麼「東方的風格」。不過，斯當東回憶錄中有關禮品清單的論述，其實就是來自馬戛爾尼這份報告，上引文字幾乎一字不漏地出現在斯當東的回憶錄裡，只是斯當東在後面馬上加上要以「東方的風格」書寫禮品清單。我們沒法肯定這是斯當東自創的，還是從馬戛爾尼那邊借用過來的，因為馬戛爾尼在報告本身沒有提及「東方的風格」，但在別的地方卻確實曾經說過，只要有合適的機會，他便一定會留心「東方的習俗和思想」。[75]

誠然，相對於英國當時絕大部分的外交官員來說，馬戛爾尼也許確實是較為熟悉「東方」的——他曾經出使俄羅斯，在聖彼德堡住上三年（1764–1767），另外在1780年又被委任為印度馬特拉斯（Madras）的總督，任期長達五年之久。[76] 在出發以前，他曾大量閱讀有關中國的著述，以致學者們認為他是出使中國最合適的人選。[77] 然而，無論俄羅斯還是印度，其實都跟中國很不一樣，而他和使團其他成員來到中國後，大都認為早期傳教士們對中國的書寫及描述不太準確，倒是東印度公司成員James Cobb在1792年所撰寫的〈略述中國及過去之遣華使團〉

---

74 Macartney to Dundas, near Han-chou-fou, 9 November 1793, IOR/G/12/92, p. 45.

75 Macartney, *An Embassy to China*, p. 122.

76 關於馬戛爾尼的生平及公職，可參John Barrow, *Some Account of the Public Life and a Selection from the Unpublished Writings of the Earl of Macartney*, 2 vols.

77 Cranmer-Byng, "Introduction," in Macartney, *An Embassy to China*, p. 21.

(“Sketches Respecting China and the Embassies Sent Thither”)最為相關。[78] 那麼，馬戛爾尼對「東方」的認知是從何而來？當中的理解可有問題？另一方面，如果我們從他的日誌後面所附的「有關中國的觀察」看，他的不少觀察頗為準確，但那些都是在他來過中國後才寫成的。作為一位學識淵博、經驗豐富的外交家，他在華期間能夠敏銳地作出不少準確的觀察，這是很有可能的；然而禮品清單是在較早前他還沒有踏上中國土地時寫成的，而他對中國的理解還是來自西方世界，所謂的「東方的風格」或「東方的習俗和思想」，也很可能是有問題的。

何偉亞曾對馬戛爾尼當時的「東方的習俗和思想」有過這樣的解說：

> 這種看法是基於一種普遍的信念，即亞洲朝廷和「東方的酒色之徒」(康德的離奇用語)喜愛華麗、壯觀和煞費苦心的炫耀，以及中國的東方朝廷正是基於「外在的」表象來判斷人們的。[79]

他還以馬戛爾尼在承德覲見乾隆時刻意打扮的衣飾，以及禮品中最昂貴的天體儀的精心裝飾，來說明這種炫耀外在表象的思想。[80] 這論點是準確的，因為英國人的確很著重外在表象的炫耀。無論是馬戛爾尼自己還是斯當東，他們都曾經在回憶錄裡詳細描述在謁見乾隆時怎樣悉心考量服飾，更把服飾細節一一記下，例如馬戛爾尼不單記下自己當天穿了天鵝絨官服，外面罩上綴有鑽石寶星及徽章的巴茨騎士外衣，還記錄了副使斯當東也穿上天鵝絨服，外加絲質的牛津大學法學博士袍，還在日誌裡解釋要詳細記錄服飾的原因：那是因為他要顯示他時常留心「東方的風俗和思想」。[81] 同樣地，斯當東在回憶錄裡也細緻地描寫他們二人在覲見乾隆時所穿的服飾，而且也提出相近的理由。他明確地指出，由於

---

78 “Sketches Respecting China and the Embassies Sent Thither, Drawn up by Mr. Cobb of the East India House, Secretary's Officer 1792,” IOR/G/12/20, pp. 75–185.

79 何偉亞：〈從東方的習俗與觀念的角度看：英國首次赴華使團的計劃與執行〉，張芝聯(主編)：《中英通使二百周年學術討論會論文集》，頁85。

80 同上。

81 Macartney, *An Embassy to China*, p. 122.

中國是一個講求外表的國度，因此，「關注中國的思想和儀態，讓我們審慎地選擇衣著。」[82]應該同意，炫耀外表服飾也的確符合「中國的思想」，漢代賈誼(公元前200–168)即有「貴賤有級，服位有等，…… 天下見其服而知貴賤」的說法。[83]值得一提，在使團離開北京後，賀清泰曾向英國人提出，這次使團成員服飾太樸素，讓中國人對英國留下不好的印象，因為在中國人眼裡，樸素的衣服代表貧窮或不尊重。不過，賀清泰所指的大概是使團成員平日的服飾，因為賀清泰並沒有到承德參與馬戛爾尼覲見乾隆的儀式，不知道馬戛爾尼與斯當東在這場合刻意穿上了隆重的服飾。[84]

然而，著重外表修飾，與向別人炫耀送出的禮品大不相同。佩雷菲特正確地指出，在中國人的送禮文化裡，送禮者在談到自己的禮品時，必須以謙遜的態度去貶低禮品的價值，以免受禮人感到尷尬甚至羞辱。但馬戛爾尼的做法剛好相反，他用上一種「自吹自擂」的手法。[85]佩雷菲特的說法有一定道理。馬戛爾尼特別提出不能只開列禮品的名稱，要仔細詳盡地逐項介紹禮品，以為這樣才可以顯示禮品的真正價值，這背後的理念就跟他注重外表、刻意打扮一樣，造成一種誇張以至炫耀的效果。但跟炫耀衣飾不一樣，馬戛爾尼誇耀送出的禮品，在中國人眼中就顯得傲慢不遜，彷彿在刻意炫耀財富，不但並非真誠地送禮賀壽，甚至是要羞辱朝廷。從這角度看來，馬戛爾尼所做的正好與真正的「東方的風格」相反，是不理解中國送禮文化的表現。相反，儘管清朝一向以「薄來厚往」的原則對待到來朝貢的使團，但對於回贈禮品的描述卻極其簡略。這次馬戛爾尼使團也沒有例外，長長的賞禮清單對物品沒有加上片

82　Staunton, *An Authentic Account of an Embassy*, vol. 2, p. 76.

83　賈誼：〈服疑〉，《新書》(上海：中華書局，1936)，第1冊，卷1，頁14。

84　A Jesuit at Peking to Mr Raper enclosing a letter written by the Missionary Louis de Poirot dated 18 May 1794 on the Ceremony at Macartney's Reception, in BL IOR MSS EUR F 140/36, quoted from Stevenson, *Britain's Second Embassy to China,* p. 100.

85　Peyrefitte, *The Collision of Two Civilisations*, p. 73.

言隻字的描述。[86] 二者相比之下，便更顯得馬戛爾尼的做法是多麼不同，甚至很不恰當，很可能會刺痛高傲的乾隆。

但另一方面，英國人原來又的確希望通過這些禮品向清廷及乾隆展現英國的實力和地位。馬戛爾尼在清單上對各禮品逐一詳細描述，目的就是要更好地說明這些物品的功能和價值，從而展示英國的實力，毫無疑問包含刻意炫耀的成分。換言之，禮品清單裡炫耀的效果，正是馬戛爾尼所追求和刻意營造的，跟是不是「東方的風格」無關，甚至跟他們對中國送禮文化有多少理解也沒有很大的關係，因為即使他們知道中國人不喜歡別人炫耀送贈的禮品，也不一定多加理會，否則他們便無法達到原來的目的。事實上，使團成員對於中國的送禮文化不能說是全不知曉，最少他們是關注的。例如斯當東在回憶錄中便向讀者解釋過，在中國上下級官員之間是會互送禮品的，但上級送下級的禮物是屬於「賜予」(donations)，下級官員送禮品給上級則會叫作「呈獻」(offerings)；他也清楚地知道當時中國是以上級向下級賜送禮物的方式來跟其他國家往來的。[87]

上文已指出過，清廷通過百靈來信的中譯，認定英國人已表明這次送呈的「貢物極大極好」，[88] 以致對他們的禮品抱有很高的期待。不過，這並沒有馬上造成嚴重的問題，因為那時候朝廷還沒有見到禮品或禮品清單，不可能有什麼判斷。事實上，乾隆最初是十分願意配合甚至遷就的，除准許他們從天津登岸外，即使在使團抵達天津後仍然發出上諭，指示天津鹽政徵瑞「自應順其所請」，[89] 又責成款待遠人之道，要加倍留

---

86 〈擬賞英國王物件清單〉、〈酌擬加賞英國王物件清單〉、〈擬隨敕書賞英國王物件單〉、〈酌擬賞英吉利國正使清單〉、〈酌擬加賞英吉利國正使清單〉、〈酌擬賞英吉利國副使清單〉、〈酌擬加賞英吉利國副使清單〉等，《英使馬戛爾尼訪華檔案史料匯編》，頁96–105。當然，這比較也不一定恰當，因為這些賞賜清單是供清廷內部使用，並不是要向使團說明什麼內容的，因此沒有需要作任何解說。

87 Staunton, *An Authentic Account of an Embassy*, vol. 2, p. 80.

88 〈譯出英吉利國字樣原稟〉，《英使馬戛爾尼訪華檔案史料匯編》，頁217。

89 〈和珅等字寄梁肯堂等奉上諭指示接待英貢使機宜〉，同上，頁117。

心，不亢不卑。[90] 不過，就在發出這樣的一道上諭後的第二天(1793年8月6日，乾隆五十八年六月三十日)，乾隆接到徵瑞送來「英吉利貢單」後，態度完全改變，並馬上向直隸總督梁肯堂及徵瑞發出新的上諭，對英國人作出措詞相當強硬的批評：

> 又閱譯出單內所載物件，俱不免張大其詞，此蓋由夷性見小，自為獨得之秘，以誇炫其製造之精奇。[91]

上諭更指令梁肯堂等在閒談中向使團表示所貢物品「天朝原亦有之」，好讓他們「不致居奇自炫」。[92] 三天後，乾隆又發上諭，再一次說「貢使張大其詞，以自炫其奇巧」。[93] 這可以說是馬戛爾尼使團訪華事件的轉捩點，馬戛爾尼所呈上的禮品清單正是關鍵所在，因為乾隆就是在讀到禮品清單後產生很大的不滿。然而，諷刺的是，馬戛爾尼並不知道這份禮品清單已經開罪乾隆，相反，不知道從哪裡得來錯誤的訊息，還是自己一廂情願的想像、甚至故意偽造，他在向鄧達斯提交報告時，竟然說這份清單給皇帝「留下我們所能期望最滿意的印象」，[94] 這是絕對不準確的。

不過，與其說馬戛爾尼的禮品清單觸怒乾隆，更準確的說法是清單的中譯本觸怒了他，因為他所讀到的毫無疑問只能是清單的中譯本，馬戛爾尼自己所撰的禮品清單，乾隆是不可能閱讀的。那麼，究竟清單中譯本的描述出了什麼問題，惹來乾隆的不滿，認為英國人「張大其詞」?這是來自翻譯的問題、還是原清單已經是這樣，翻譯只是準確地把這些訊息傳遞出來？要回答這個問題，我們就要對清單的英文原本和中文譯本作仔細的文本閱讀和對比。

---

90 〈和珅字寄梁肯堂等奉上諭著奏接見英貢使行禮情形並定赴熱河日期〉，同上，頁118。

91 〈和珅字寄梁肯堂奉上諭著筵宴後仍回河工並飭稱英使為貢使及賞給米石〉，同上，頁120。

92 同上。

93 〈和珅字寄梁肯堂等奉上諭著徵瑞詢明大件貢物安裝情形具奏候旨遵行〉，同上，頁125。

94 Macartney to Dundas, near Han-chou-fu, 9 November 1793, IOR/G/12/92, p. 45.

三

從內容上看，使團原來的禮品清單由三個部分構成，前面是引言，接著是各項禮品的介紹，最後是提出要求，希望朝廷能提供足夠的運輸器材及場地。不過，在《匯編》所見清宮檔案的譯文，馬戛爾尼原來的禮品清單被分拆成為兩份文書：前面的引言和後面提出要求的部分被合併成為一道獨立的稟文，[95] 羅列各件禮品的清單的正文部分，另外以「清單譯稿」為題入檔。[96] 這分拆是出自中方官員之手，因為無論拉丁文譯本還是使團原來的中譯本都沒有這樣處理，而是完全依照英文本，由三部分組成。為什麼中國官員要這樣處理？從效果來說，把前言和要求部分以獨立稟文形式處理，能讓人覺得使團處於較低下的位置，從下呈上，謙遜地向朝廷提出請求，希望得到恩賜批准，獲得一些額外的好處。但在原來的譯本裡，使團的要求緊接著禮品的描述，顯示了截然不同的態度：我們送來這許多貴重的禮品，你們要好好重視和珍惜，提供足夠的地方，做好接待的工作。由此可見，中國官員的改動呈現出一種政治的態度和訊息。事實上，在入檔的清單中譯本裡還有其他關鍵性的改動，著意改變原來使團的定位及原文所表達兩國的高下位置，具備非常重大的政治意義。

應該說，馬戛爾尼原來的英文禮品清單寫得很有技巧，一方面對乾隆及中國推崇備至，另一方面又沒有自貶身份，更經常在字裡行間流露大英帝國尊崇的優越感。

先看引言部分。馬戛爾尼在原來的清單上先來一段十分客套的開場白，表明這次英國特意挑選最出色的使者，遠道到中國來，是因為英國國王要對中國皇帝表達崇高的敬意及尊重（"to testify his high esteem and veneration for His Imperial Majesty of China"）。至於這位使者所帶來的禮物，

---

95 〈英貢使為奉差遣進貢請賞寬大房屋安裝貢品並賞居住房屋的稟文譯稿〉，《英使馬戛爾尼訪華檔案史料匯編》，頁121。

96 〈紅毛英吉利國王謹進天朝大皇帝貢件清單〉，同上，頁121–124。

他一方面說那是一些可以讓一名睿智及獨具慧眼的帝王感到值得接受的禮物（[the presents] "should be worthy the acceptance of such a wise and discerning Monarch"），另一方面又說在擁有無數財富珍寶的皇帝面前，這些禮品無論在數量及價值方面都顯得微不足道（"Neither their Number nor their cost could be of any consideration before the Imperial Throne abounding with wealth and Treasures of every kind"）。[97] 這的確寫得客氣而得體，對乾隆的讚譽大概會讓乾隆感到高興，但同時又能清楚說明禮品是很有份量，配得上乾隆崇高的地位。即使從中國傳統的送禮文化來看，也不應該會觸怒乾隆。不過，在談到選擇禮品時，馬戛爾尼卻帶出另外的一個問題：

> 因此，英國國王謹慎地選擇一些足以表明歐洲在科學以及藝術上的發展，能夠向尊貴的中國皇帝提供一些資訊的禮品，又或是一些實際有用的東西；我們的用心，而不是禮品本身，才是君主之間〔交往〕的價值所在。[98]
>
> His Britannic Majesty has been therefore careful to select only such articles as may denote the progress of Science and of the Arts in Europe and which may convey some kind of information to the exalted mind of His Imperial Majesty or such others as may be practically useful. The intent not the presents themselves is of value between Sovereigns.[99]

從英文寫作的角度看來，這段文字風格堂皇，展露居高臨下的優越感。雖然不能排除這是國書體裁特有的風格，但如果直接傳遞到中文譯本去，以乾隆的世界觀和政治文化觀來說，肯定是無法接受的。更敏感的

---

97 "Catalogue of Presents," IOR/G/12/92, p. 155.

98 這是筆者的翻譯。較多人讀到的中譯本來自葉篤義翻譯斯當東《英使謁見乾隆紀實》中所徵引的部分：「英王陛下為了向中國皇帝陛下表達其崇高的敬意，特從他的最優秀卓異的臣屬中遴選出一位特使萬里迢迢前來覲見。禮品的選擇自不能不力求鄭重以使其適應於這樣一個崇高的使命。貴國地大物博，無所不有，任何貴重禮品在貴國看來自都不足稱為珍奇。一切華而不實的奇巧物品更不應拿來充當這樣隆重使命的禮物。英王陛下經過慎重考慮之後，只精選一些能夠代表歐洲現代科學技術進展情況及確有實用價值的物品作為向中國皇帝呈獻的禮物。兩個國家皇帝之間的交往，禮物所代表的意義遠比禮物本身更足珍貴。」斯當東（著），葉篤義（譯）：《英使謁見乾隆紀實》，頁210–211。這譯文比較「通順」，但意義上的歧異很不小。

99 "Catalogue of Presents," IOR/G/12/92, pp. 155-156.

是這段文字的潛台詞，強烈地暗示乾隆不知曉歐洲國家在科學和藝術上的發展，需要由英國人通過贈送禮物把新的資訊傳達給他。另外，最後的「君主之間」(between Sovereigns) 的問題可能更大，因為這就是把英國國王跟乾隆皇帝置於平等交往的位置，而這點是乾隆完全無法接受的。

那麼，使團準備的中譯本有沒有準確傳遞相同的訊息？這段開場白是譯成這樣的：

> 紅毛暎咭唎國王欲顯明他的誠心貴重及尊敬
> 中國大皇帝無窮之仁德自其遠邦遣欽差來朝拜叩祝
> 萬歲金安猶如特選極貴之王親為其欽差大臣以辦理此務亦然願欲寄來奉上以最好至妙之禮物方可仰望
> 萬歲大國明君歡喜收之蓋思及　天朝中外一統富有四海內地物產蒲被各類寶藏若獻以金銀寶石等項無足為奇是故紅毛國王專心用工簡〔揀〕選數樣于本國出名之器具，其能顯明大西洋人之格物窮理及其本事今也何如亦能與　天朝有用處並有利益也王奉獻此禮者虔祈
> 大皇帝勿厭其物輕惟視其意重是幸[100]

客觀來說，如果先撇開當中乾隆所不能接受的兩個詞語——「欽差」和「禮物」，整段文字算是寫得十分客套，甚至近於謙卑，「天朝」、「大皇帝」、「萬歲」，以至「無窮之仁德」、「中外一統富有四海」等稱謂和用語，都應該可以讓乾隆感到滿意，而「誠心貴重及尊敬」、「朝拜叩祝」、「仰望」、「奉上」、「奉獻」、「祈虔」等就是把自己置於下方，原文所要表達的平等地位也消失了，中英兩國地位明顯有所區別。就是上文提過敏感的部分——可能暗示乾隆對西方科學及文藝發展全不知曉——這裡也輕輕帶過，只說這些禮品可以「顯明大西洋人之格物窮理及其本事今也何如」，並可能對天朝有些用處（「亦能與　天朝有用處並有利益也」），卻沒有直接指向「大皇帝」。譯文中也有稍為自誇的說法，例如「極貴之

---

100 "George Thomas Staunton Chinese Letters and Documents," vol. 1, doc. 2, Royal Asiatic Society of Great Britain and Ireland.

王親」、「最好至妙之禮物」、「顯明大西洋人之格物窮理及其本事」等，但不算很過分或突兀。整體而言，乾隆應該是可以接受這段文字的，因此，現在所見清宮檔案中的修改本很大程度上只作文字上的修飾，沒有什麼嚴重的改動。不過，從馬戛爾尼的角度來看，這樣的譯文便很有問題，因為它既不能展現中英地位平等的理念，也無法讓使團炫耀他們帶來的禮品是何等優越。

更關鍵的是在這份禮品清單中所見到「欽差」和「禮物」。在上引使團清單中譯本的一段開場白裡，我們見到「欽差」和「欽差大臣」，也有「禮物」和「禮」。

上文説過，乾隆接到徵瑞送來「英吉利貢單」後，當天(乾隆五十八年六月三十日)即馬上向梁肯堂及徵瑞發出上諭，批評英國人「自炫其奇巧」。不過，在這份禮物清單裡，乾隆還看出另一個問題，在同一份上諭中提出並要求更正：

> 又閱單內有遣欽差來朝等語。該國遣使入貢，安得謂之欽差，此不過該通事仿效天朝稱呼，自尊其使臣之詞，原不必與之計較，但恐照料委員人等識見卑鄙，不知輕重，亦稱該使為欽差，此大不可。著徵瑞預為飭知，無論該國正副使臣總稱為貢使，以符體制。[101]

這裡透露一個重要訊息：原來使團送來的禮品清單中有「欽差」的説法，乾隆對此非常不滿，明確指令更改；[102] 因此，在清宮檔案中的使團稟文和禮品清單都不見有「欽差」一詞，就是因為乾隆正式下旨，明令要把馬戛爾尼及斯當東稱為「貢使」。然而，在小斯當東所藏使團自己提供的禮品清單中文本裡，「欽差」不只出現在開場白，通篇共出現十次，但在清宮檔案裡被改為「貢差」或「貢使」，前者出現八次，後者出現一

---

101 〈和珅字寄梁肯堂奉上諭著筵宴後仍回河工並飭稱英使為貢使及賞給米石〉，《英使馬戛爾尼訪華檔案史料匯編》，頁120。

102 另外，「隨手檔」中的〈劄徵瑞一件〉也有指示：「該國貢單內記有欽差字樣，俱改為貢差敬差等由」。同上，頁256。

次，另外一處被刪掉。徵瑞的另一道奏摺明確承認他們對禮品清單進行修改：

> 再該貢使自海口進來，內地官民無不指為紅毛貢使，並無稱為欽差者，其貢單抄存底稿亦俱改正，外間並未流傳。[103]

這裡是說禮品清單中譯本的底稿也改了，就是要徹底地刪除「欽差」，難怪現在只能在一份較早的奏摺見到轉引原來禮品清單「欽差」的說法，[104] 清宮檔案的其他地方都再沒有出現。

對於乾隆來說，這改動是重要和必須的。在發出上引上諭的同一天，軍機處又發上諭，除重申必須把「欽差」改為「貢使」外，更清楚地解釋其中的原因：

> 此項貢單稱使臣為欽差，自係該國通事或僱覓指引海道人等，見中國所派出差大臣俱稱欽差，因而仿效稱謂。此時原不值與之計較，但流傳日久，幾以嘆咭唎與天朝均敵，於體制殊有關係，徵瑞等不可不知也。[105]

在這兩道上諭中，乾隆強調的是體制問題。在乾隆認知的體制裡，英國不可以「與天朝均敵」，就是不能讓英國人以平等地位跟中國建立外交關係。乾隆要確立和維持的就是中國作為天朝大國，高於其他國家的地位，中國所派的出差大臣可以稱為「欽差」，其他國家則不可以。我們不在這裡討論這種思想是否「正確」，但這已充分顯示乾隆具備非常敏鋭的政治觸角，他的取態有重大的政治意義，要求嚴防英國人達到「與天朝均敵」的目的。[106]

---

[103] 〈長蘆鹽政徵瑞覆奏遵旨詢明英貢使各件緣由折〉，同上，頁368。

[104] 〈奏為查英使並非王親實為該國親信之臣並貢物擬水路運通州再行起旱〉，同上，頁124。該奏摺有「查英吉利國通事譯出貢單內稱自其遠邦遣欽差來朝，猶如特選極貴之王親為其欽差大臣等語」。

[105] 〈六月三十日軍機處給徵瑞劄〉，《掌故叢編》，頁62。

[106] 沈艾娣説乾隆清楚認定馬戛爾尼是貢使，但當他見到使團沒有用上這説法時，認為是譯者的責任，決定不加追究（“chose not to make an issue of it.”）。Harrison, *The Perils of Interpreting*, p. 106. 這明顯是錯誤的。乾隆的確認為這是出於通事的翻譯（「不過該通事仿效天朝稱呼，自尊其使臣之詞」），不過，他接著説的是「原不必與之計較」，也就是

我們不能確定負責翻譯禮品清單的使團譯員怎樣去理解「欽差」一詞。對於兩名在十餘歲便離開中國，一直在意大利學習天主教宣道的傳教士來說，「欽差」是否隱含兩國地位平等，這也許是太複雜了。但另一方面，「欽差」的確是這次英國使團所送來的中文文書中的表述方式。在另一份重要的文書——英王喬治三世致乾隆國書英方帶來的中譯本，馬戛爾尼的身份是「一等欽差」，而副使斯當東就是「二等欽差」，且附上尊貴的描述：「我國王親大學士二等伯利撒諾爾世襲一等子大紅帶子玻羅尼亞國紅衣大夫英吉利國丞相依伯而尼亞國丞相特授一等欽差馬該爾尼德」和「我朝內臣世襲男閣學士前已在阿墨利陔掌過兵權理過按察事及在小西洋第玻蘇爾當王前辦過欽差事今立為二等欽差斯當東」。[107] 此外，收入天津鎮總兵蘇寧阿所編纂《乾隆五十八年英吉利入貢始末》的一道〈英使臣道謝名帖〉也是以「欽差」和「副欽差」來指稱馬戛爾尼及斯當東的。[108] 不過，儘管我們無法肯定使團譯員柯宗孝和李自標遠在倫敦翻譯國書時會否像乾隆那樣，認定使用「欽差」就足以「與天朝均敵」，但英國這次遣使來華本來就是要以平等地位來建立兩國的外交關係，這在使團國書表現得最為清楚明確。因此，乾隆要求把禮品清單裡的「欽差」刪除，就是要及早遏止英國人的行動。

同樣指向這目標的還有把原來清單中的「禮物」改為「貢物」。在上諭中，乾隆提出「該國遣使入貢，安得謂之欽差」的說法，這除了禁止馬戛爾尼使用「欽差」的身份外，更確定他們的性質為朝貢使團。這問題也出現在禮品清單的翻譯上。對英國人來說，這次所帶來送與乾隆的都是「禮物」(presents)，因此在英國人所準備的清單中譯本自然而然用的就是「禮物」，而且出現次數頻繁，共24次，但在軍機處入檔的兩份

要與之計較，而且也馬上明確下旨全面禁止使團使用「欽差」，「該國正副使臣總稱為貢使」。〈和珅字寄梁肯堂奉上諭著筵宴後仍回河工並飭稱英使為貢使及賞給米石〉，《英使馬戛爾尼訪華檔案史料匯編》，頁120。

107　FO 1048/1. 詳細的討論見〈國書篇〉。

108　〈英使臣道謝名帖〉，《乾隆五十八年英吉利入貢始末》，《英使馬戛爾尼訪華檔案史料匯編》，頁597。

文書中，大部分的「禮物」都被刪除，只保留了兩處，而其餘兩處改為「貢物」或「貢件」。

然而，即使我們説使團譯員使用「欽差」一詞，也許不一定理解當中的政治意義，但「禮物」的情況便很不一樣，使團譯員是清楚知道使用「貢物」的政治意義，且刻意迴避的。馬戛爾尼的日誌裡記有李自標主動地跟中國官員爭拗究竟馬戛爾尼帶來送給清廷的是「禮品」還是貢品的事件。1793年8月24日，李自標阻止中國工匠拆卸使團帶來一些非常精巧的物品，他的理由是在還沒有正式呈送皇帝前，禮品仍歸英國人管理，但負責接待使團的長蘆鹽政徵瑞則認為這是呈獻皇帝的貢物，不再屬於英國人。李自標為此跟徵瑞爭論起來，他堅持那些是禮物，不是貢品。[109]此外，馬戛爾尼和斯當東都知道所有載運使團人員和貨品的船隻和禮物上都插上寫著「噗咭唎國貢舡」和「噗咭唎國貢物」的旗子。[110]顯然，這消息的來源一定是譯員李自標，因為他們二人都不懂中文。李自標能夠跟中國官員爭論，且著意告訴馬戛爾尼，足以顯示他對朝貢的意義是理解的，且在意識上是要迴避與朝貢相關的字詞。這樣，使團送來的禮品清單中譯本用「禮物」而不用「貢物」，就是刻意地告訴清廷，英國使團不是來朝貢的；而中國官員所作的刪改，便有很強的針對性了。

從這個角度去入手，我們可以看到乾隆對英國人的批評的另一層意義。在乾隆眼裡，「紅毛英吉利」只不過是一個遠方蕞爾小國，這次派遣使臣過來朝貢賀壽，卻在禮品清單出言不遜，以「欽差」自稱，並避用「朝貢」、「貢品」等説法，就是嘗試要「與天朝均敵」，那可不是「夷性見小」、「張大其詞」的一種表現嗎？

---

109 Macartney, *An Embassy to China*, p. 97.

110 Ibid. Staunton, *An Authentic Account of an Embassy*, vol. 2, pp. 25–26.

四

除了「欽差」和「禮品」這兩個關鍵詞外，兩份禮品清單的中譯本又有什麼其他不同？原來中譯本的其他部分又怎樣惹來乾隆的不滿，讓他覺得英國人「張大其詞」？

首先，一個很容易注意到的現象，是禮品清單中英文本開列的禮品數目並不相同。在東印度公司檔案禮品清單的英文本中，使團準備好送呈共60件禮品，可是，使團中文清單最後一項是「第拾玖樣的禮物」，數目看來相差很遠，譯文似乎很不完整。為什麼會這樣？是刪減了禮品嗎？什麼被刪掉？其實，譯文並沒有做大刀闊斧的刪減，以致只餘下19件禮品，而只是把一些禮品組合起來，例如譯本「第拾玖樣的禮物」的介紹是「包含一總雜貨紅毛本國之物產及各樣手工就是哆囉呢羽紗及別樣毛貨各等細洋布及樣樣鋼鐵器具共獻於大皇帝盡收」，所指的並不是一件物品。這樣的組合方法不能說很不妥當，因為原來英文版的禮品清單，有時候也會把好幾種禮品歸納在一起介紹。事實上，仔細點算，中譯本的所謂19件禮品，其實是能夠跟英文本的組合對應起來的，因為馬戛爾尼在介紹禮品時也把它們分成19組。換言之，譯文並沒有刪減禮品的數目，只是把19組的禮品寫成19件。不過，在整體效果方面，二者就有很大的差別。最重要的分別是英文清單雖然也作組合，但在把禮品組合在一起時，它還是說明了禮品的數目，例如其中的一組是第19至39項人物及風景畫像，而最後一組則是49至60項。也就是說，儘管原來的清單也沒有對60件禮品逐一介紹，甚至沒有把全部禮品的名稱逐一開列出來，但明確說明使團共帶來60件禮品，數目不算很少。這樣的表述方式也見於拉丁文本，同樣表明使團帶來60份禮品。但中譯本卻把原來的禮品組合翻譯成為一件禮品，例如：原清單中第19至39項共21件禮品，被譯成「第十件雜樣印畫圖像」；而譯文最後的一項列作「第十九件」，本來是要對應原清單的49至60共12件禮品，中譯本卻讓人以為只有一件。譯者試圖加入額外的訊息，在一些組合數目後加上「等」，例如「第五樣等禮物」、「第九件等禮物」、「第十等禮物」，除顯得很生硬外，最主要的問題是沒有說明禮品的總數。結果，雖然英國人原來帶來60件禮品，但乾隆看來便只有19件。這樣的改動效果很不理想，讓中譯本的禮品清單顯得十分寒酸，這顯然是使團譯者思慮不周的地方。相比之下，清宮檔案版本問題更嚴重：在抄寫過程中，「等」字全部被刪掉，就變成英國人只送來19件禮品，雖然裡面的描述仍顯示所謂一件禮品實際包含多件禮品。[111] 此外，在一份以和珅名義奏報馬戛爾尼在熱河覲見乾隆的禮儀單裡，也同樣寫著「英吉利國恭進貢品十九件」，[112] 就是確定使團只帶來19件禮品而已。[113]

既然數目不多，為什麼乾隆覺得英國人在張大其詞？這主要在有關這19件禮品的描述方面了。上文多次強調，馬戛爾尼在挑選禮品時一個明確的考慮因素是要借助禮品來展示英國的實力，好讓乾隆留下深刻的印象，那麼，禮品清單便不可避免地包含了刻意炫耀的成分，甚至更準確地說，馬戛爾尼的目的就是要通過對部分禮品的詳細描述，強調它們的優點和功用，從而炫耀英國的國力。

在眾多領域中，馬戛爾尼最急切想要炫耀的是西方的科學知識，尤以天文學為甚。這是不難理解的，自明末天主教傳教士來華以後，人們普遍認同西方的天文學水平高於中國。馬戛爾尼在日誌後面所附的〈對中國的觀察〉中〈藝術與科學〉一節裡，便斬釘截鐵地說「在科學方面，中國人肯定遠遠落後於歐洲」，更說中國天文方面的知識極其有限，他們觀測星象只不過是為了安排祭祀儀式的日期，祈求國泰民安，但實際上連月蝕的日期也不懂得測算。此外，他也清楚知道自明末以來，西方

111 〈紅毛英吉利國王謹進天朝大皇帝貢件清單〉，《英使馬戛爾尼訪華檔案史料匯編》，頁121–124。

112 "George Thomas Staunton Chinese Letters and Documents," Royal Asiatic Society of Great Britain and Ireland, vol. 1, doc. 5.

113 不過，收在清宮「外務部檔案」的「覲事備查」中卻有〈乾隆五十八年英遣使馬戛爾尼入貢計二十九種〉，數目與中英文禮品清單都不同。《英使馬戛爾尼訪華檔案史料匯編》，頁579。

天主教士一直憑藉天文知識得為朝廷所用，甚至壟斷欽天監的職位，只是今天擔任這些職位的葡萄牙傳教士並不高明，中國朝廷的天文知識就更顯落後。[114] 就是在這樣的理解下，馬戛爾尼特別挑選貴重的天文物品，並在禮品清單上詳加描述，專門以獨立的段落明確提出關注天文學科的重要性：

> 由於天文研究不只對完善地理及航海的準確性至為有用，且跟一些重大的事物相關，因此它能提升心智，值得各國君主深入思考，也一直為中國皇帝所關注。
>
> As the Study of Astronomy is not only essentially useful towards the perfection of Geography and Navigation, but from the greatness of the objects to which it relates, it elevates the mind and thus is worthy of the contemplation of Sovereigns, and has always attracted the notice of His Imperial Majesty.[115]

馬戛爾尼在這裡輕輕地帶出中國皇帝也關注天文學，但整體而言，這段文字寫得很直率，帶著指導的口氣來解說天文知識的重要性，且強調其他國家君主的重視。這也很可能引起乾隆的不滿。不過，這整段文字在現存兩份禮品清單中譯本都是不存在的。很可能是馬戛爾尼在使團出發後、購入望遠鏡時臨時加進去的，但後來在整理中譯時沒有補譯，這樣，馬戛爾尼刻意向乾隆闡述天文知識重要性的一片苦心便完全白費。

禮品清單中譯本所共開列的19件禮品中，六件與天文有關，[116] 每件的描述詳略不一。對馬戛爾尼來說，最重要的是禮品清單上的第一件禮品："Planetarium"，拉丁文本作 "Plantarum"，今天一般的中譯是「天體儀」或「天體運行儀」。顯然，在馬戛爾尼所呈贈的禮物中，這座天體儀是最為貴重的。據考證，使團所攜帶的天體儀，是由符騰堡（Württemberg）

---

[114] Macartney, *An Embassy to China*, pp. 264–266.

[115] "Catalogue of Presents," IOR/G/12/92, p. 159.

[116] 具體數目是超過六件的，因為在清宮檔案的禮品清單在描述完第一件禮品之後，還有另一「同此單相連別的一樣稀見架子，名曰來複來柯督爾」，一座反射式望遠鏡；另外第五件實為十一件用作「測定時候及指引月色之變，可先知將來天氣如何」的十一盒「雜樣器具」。

著名儀器工匠Philipp Matthäus Hahn（1739–1790）花上30年時間製造，又被稱為「Hahn氏天體儀」（the Hahn Weltmaschine），[117] 東印度公司以600英鎊購下，然後再交英國鐘錶匠François-Justin Vulliamy加上華麗的裝飾，單是這加工費用便高達656.13英鎊，另外又從Henry Labbart購入價值6.06鎊的新旋盤（“a new dial”），使這件禮品總值增至1,262.19英鎊。[118] 這的確是一個很高的價錢，甚至比盛載英王國書的鑲鑽石金盒子貴一倍。[119] 因此，馬戛爾尼對這件禮品極為重視，在清單中以超過350字來作介紹，另外再加上一段約150字的註腳，頗為詳細地說明天體儀的構造和功能，還刻意補入一些科學知識，例如以精密的數學計算標明地球在天際的幾個運行位置、月球以非正圓和不規則的軌跡環繞地球運行，甚至還有木星由四個月球環繞、土星有一個光環和五個月球等訊息。必須強調，這樣的描寫應該是馬戛爾尼自己加進去的，因為在東印度公司原來的物品清單中有關天體儀的說明都沒有這些天文知識；而且，如果從一般介紹禮品的角度來說，這些具體的天文知識是沒有必要的。

至於天體儀本身，馬戛爾尼更用上非常誇張的言語來加以描述，說那是「歐洲從未有過的天文科學及機械藝術的最高結合」（“the utmost effort of astronomical science and mechanic art combined together, that was ever made in Europe” ），又說在整個歐洲也再找不到這樣的器械（“No such Machine remains behind in Europe”），這的確難免讓人有「誇大其辭」

117 參Cranmer-Byng and Levere, “A Case Study of Cultural Collision,” p. 511；常修銘：〈馬戛爾尼使節團的科學任務〉，頁36。

118 “List of Presents, etc., Consigned to the Care of His Excellency Lord Macartney, Dated September 8, 1792,” *An Important Collection*, vol. 5, doc. 225, CWCCU。克萊默－賓和勒韋爾說其總價值為1,256.13鎊，是沒有把新旋盤的價值算在內。Cranmer-Byng and Levere, “A Case Study of Cultural Collision,” p. 512. 另外還有一說法指該天體儀總共用去1,438英鎊。Pritchard, *The Crucial Years*, p. 306.

119 金盒子由113盎士、共值461.10鎊的黃金製成，鑲有374顆共22克拉（carat）的鑽石，價值184.18鎊，加上196鎊的製作費及其他雜項，整個金盒子的價值為885.2鎊。“List of Presents Carried by Colonel Charles Cathcart to the Emperor of China, 1787,” *An Important Collection,* vol. 8, doc. 343, CWCCU.

的感覺。不過，裡面也有對乾隆奉承的說法：「在今後的一千多年裡，它將是標誌大皇帝德行遠照世界最偏遠地區的一座紀念碑」（"for above a thousand years it will be a monument of the respect in which the virtues of His Imperial Majesty are held in the remotest parts of the World"），[120] 說來頗為得體。

然而，禮品清單中譯本對這件他們標為「頭件禮物」的天文器材，是怎樣描述的？

> 壹座大架仔西音布蠟尼大利翁，乃天上日月星辰及地袠〔球〕之全圖，其上之地袠〔球〕照其分量是小小的，其日月星辰仝地袠〔球〕之像自能行動，效法天地之轉運十分相似。依天文地理之規矩幾時該遇著日失月失及星辰之失，俱顯現于架上，亦有年月日期之指引及時鐘可觀。[121]

首先在譯名方面已出現嚴重的問題。「大架仔」是什麼意思？會讓人覺得這是一件有價值的禮品嗎？從這名字看，就連它是一座天文器材的最基本訊息也未能傳遞出來；接著配以拉丁文的音譯「布蠟尼大利翁」，更讓人摸不著頭腦，乾隆和中國官員只能通過後面一些描述才能大約理解這件禮品與天文有關，但最多只會理解為一種刻畫星體位置的天文星宿圖或儀架，而它本來最可能引起關注的功能——顯示日食、月食，卻被寫成「日失月失及星辰之失」，便變得不容易理解，也讓人懷疑其真實性。此外，整段描述都沒有展示什麼天文知識和科學思想，原文的月球、土星、木星全不見了，簡化為「日月星辰同地球」；整段描述中的讚美語句：「斯大架因聰明天文生年久用心推想而造成，從古迄今尚沒有如是，其巧妙甚大，其利益甚多，故於普大西洋為上頂貴器，理當獻於大皇帝收用」，寫得頗為誇張，但整個描述顯得空泛和浮誇，未能具體或明確地說出它的好處在哪裡，究竟它是怎樣巧妙、又能帶來什麼利益？雖然當中仍然表達了向乾隆送呈好東西的意思，但略去原文有關大皇帝

120　"Catalogue of Presents," IOR/G/12/92, pp. 156–157.

121　"George Thomas Staunton Chinese Letters and Documents," vol. 1, doc. 2, Royal Asiatic Society of Great Britain and Ireland.

德行的奉承言詞，重點還是在誇耀西方的優點，惹來乾隆的不滿也是很可能了。

軍機處的改寫本首先便把「大架仔」刪掉，以「西洋語布蠟尼大利翁」的音譯作為禮品的名稱，這當然是不理想的，但最少不會讓人覺得這是一件毫無價值的「大架仔」；接著是把「日失月失及星辰之失」改為「何時應遇日食月食及星辰之愆，俱顯著於架上」，它的功能便較清晰了。不過，其餘部分也只能從文字上稍作修飾，「聰明天文生」改為「通曉天文生」、「從古迄今尚沒有如是」改為「從古迄今所未有」、「巧妙甚大」改為「巧妙獨絕」、「上頂貴器」改為「上等器物」等，但整段解說仍然是內容空洞，未能展示什麼天文知識和科學思想。這是因為送過來的清單本身的訊息太少，根本無從補充。[122]

作為禮品清單上開列的第一件物品，布蠟尼大利翁肯定會引起乾隆的注意，尤其是在其後的奏摺中不斷出現怎樣去裝配這龐大而複雜的儀器的討論，更讓它成為焦點，但禮品清單中文本對這項最重要禮品所作的描述只會造成負面的效果。有一點值得注意：在其後的相關文書檔案裡（除了乾隆以略帶戲謔的語調將這古怪名字入詩外，下詳），我們再見不到「大架仔」或「布蠟尼大利翁」的名稱，取而代之的是「天文地理音樂表」、[123]「天文地理音樂大表」、[124]「天文地理表」[125]或「天文地理大表」。[126]佩雷菲特說這是清廷內天主教士所作的改動，[127]這說法並不正確，理由是把布蠟尼大利翁大架改稱為「天文地理音樂表」，幾乎是在朝廷接到禮

122 常修銘說從禮品清單的描述可知「天體儀主要是用來闡釋牛頓學說中的宇宙運動方式，並可利用機械力自行運轉的科學儀。」這應該是指以今天的天文知識去理解清單中的描述，認為這部天體儀可用來闡釋牛頓學說，但乾隆本人以至朝廷上下實在難以通過禮品清單中譯本的描述就能明白天體儀的運作原理，更不要說理解牛頓學說。常修銘：〈馬戛爾尼使節團的科學任務〉，頁36。

123 〈和珅字寄梁肯堂等奉上諭著徵瑞詢明大件貢物安裝情形具奏候旨遵行〉，《英使馬戛爾尼訪華檔案史料匯編》，頁125。

124 〈乾隆五十八年英遣使馬戛爾尼入貢計二十九種〉，同上，頁579。

125 〈和珅為給英國使臣觀看解馬技藝選擇上好數項遣來即可給北京的信函〉，同上，頁131。

126 〈奏為查明徵瑞接奉傳諭安裝貢表諭旨及覆奏時間〉，同上，頁139。

127 Peyrefitte, *The Collision of Two Civilisations*, p. 76.

品清單後便馬上出現的。馬戛爾尼是在1793年8月2日(乾隆五十八年六月二十六日)在天津外洋「獅子號」上把清單交給徵瑞的，而直隸總督梁肯堂更是在8月4日(六月二十八日)才把禮物清單呈奏，[128] 但「天文地理音樂表」一詞在第二天的8月5日(六月二十九日)的上諭裡便已經出現——這是現在所見到清廷在收到禮品清單後發出的第一道上諭。在這短短的一兩天時間裡，天主教士不可能核正清單，更不要說在那幾天所有的奏摺或上諭裡都不見有提及天主教士的地方。相反，該份上諭特別提到「又據徵瑞奏該國貢物內詢有見方一丈多者名為天文地理音樂表」，[129] 由此可見，「天文地理音樂表」是徵瑞在上奏時所用的名稱，很可能是他在見到清單上有名叫「布蠟尼大利翁大架」的物品，難以理解，經查詢後在上奏時作出改動的。

相較於布蠟尼大利翁大架，中國官員奏摺上這些新的名字應該比較好懂，但同樣很有問題。雖然這天體儀確實能奏出音樂，[130] 但馬戛爾尼的整段描述中都沒有提及音樂，因為這明顯跟他所要強調的天文知識沒有關係，「天文地理音樂表」甚至可能讓人誤以為是玩樂的器具，即所謂的「音樂鐘表」(sing-song)，反而貶低它的價值。即使後來改用「天文地理表」，其實也是極其空泛、不知所指的。但無論如何，對於「布蠟尼大利翁大架」這樣的譯法，我們不應對譯者過於苛責，因為這樣的儀器的確從沒有在中國出現過，在翻譯時沒有可供參照的對象，只能用一種非常簡單化(「大架仔」)以及音譯(「布蠟尼大利翁」)的手法處理。然而，即使責任不在譯者，但從效果上說，這件本來是英使團最貴重、且寄予厚望，以為一定可以打動乾隆的禮品，卻因為翻譯的問題而無法有效地傳達重要訊息，從馬戛爾尼的角度看來，這是很不理想的。

---

128 〈直隸總督梁肯堂等奏為英貢單已譯出漢字先呈覽折〉，《英使馬戛爾尼訪華檔案史料匯編》，頁356。

129 〈和珅字寄梁肯堂等奉上諭著奏接見英貢使不必拘泥遵前旨先行筵宴貢物送熱河〉，同上，頁119。

130 常修銘：〈馬戛爾尼使節團的科學任務〉，頁37。

不過，這件天體儀在當時也確實引起了朝廷特別的注意。使團總管巴羅在他們剛抵達圓明園，還沒有把器材安裝起來時便清楚說到它在中國惹來很多聲音。[131] 那是不足為奇的，因為英國人在全部有關禮品的往來書函裡都特別強調這座天體儀，自然會引起中國人的好奇心。不過，由於禮品清單的中譯本未能說清這件物品的真正價值及作用，因此乾隆一直都在追問，後來更派遣時任吏部尚書、曾任工部尚書兼內務府主事的金簡 (?–1794) 到圓明園親自查察、作出報告，可惜的是金簡的報告只著重外表，功能方面的描述卻是很簡單的：

> 此項大表內共分四件，均安于地平木板之上，地平系前圓後方形式，似類楸木成做，地平上中間安設一件，長方形，上安大錶盤三堂，系驗候年月日時節氣分數儀器，左右並列各一件，圓形，系分看日月星辰度數儀器；前面一件圓形系天球儀器。四件內惟中間長方一件，計高九尺八寸，其餘各高四五尺不等，地平上四件所占地方周圍不過數尺，若連地平一併計算，通高不及一丈，進深面寬亦不過一丈有餘，並不甚顯高大。[132]

整體來說，相較於禮品清單中譯本，金簡的報告的確比較詳細清晰。不過，當他把描述集中在禮品的外形及大小的時候（金簡有他的理由，因為英國人一直強調這件禮品體積很大，要求有足夠的空間來安裝及展放），它的功能和價值便沒有被具體地表述出來；而且，由於乾隆很早便認定馬戛爾尼「張大其詞，以自炫其奇巧」，金簡也只能順從主上的意思，多次說「該國使臣自詡奇巧，矜大其詞」，「所言原不足信」，後來更說「連日留心，看得大表內輪齒樞紐動轉之法並無奇巧，與京師現有鐘表做法相同，均早已領會」，[133] 連用詞也與上諭一致，這無疑進一步加強乾隆對英使團禮品的看法，以為這座天體運行儀沒有什麼特別之處，以

---

131 Barrow, *Travels in China*, p. 110.

132 〈吏部尚書金簡等欽奉諭旨覆奏英貢使進貢物品安裝情況折〉，《英使馬戛爾尼訪華檔案史料匯編》，頁 559–560。

133 〈吏部尚書金簡等奏報大表輪齒收拾完竣派出學習匠役太監均能領會片〉，同上，頁 566–567。

致它的價值和效用得不到重視，英國人耗費不菲、花盡心思來購置的第一件物品便完全白費了。

同樣地，禮品清單上的第二件物品，譯者也未能準確譯出它的名稱，但這反映的是另外的問題。清單原文中，馬戛爾尼本來就沒有點出禮品的名字，只說是「另一件有特別用途的天文器械」（"another Astronomical instrument of peculiar use"），[134] 讓人難以理解，因為在他出發前東印度公司交與他處理的物品清單中，明確把這件禮品開列出來：Orrery，William Fraser所製造，以52.10英鎊售與東印度公司，再加以修飾，總共花費94.14英鎊，[135] 不知為什麼馬戛爾尼不把名字照錄，尤其他在日誌中是有提及orrery的，[136] 但無論如何，這增加了翻譯的困難。使團清單中譯本把這件禮品寫成「壹座中架」，不能夠從名字上提供任何提示，而且，相較於第一件禮品「大架仔」，這「中架」顯然較細或價值較小。至於後面的簡略描述——「亦是天文理之器具也，以斯架容異〔易〕顯明解說清白及指引如何地裘與天上日月星宿一起運動，為學習天文地理者甚有要益矣」，雖然讓我們知道它跟天文地理有關，但具體的功能是什麼？這段文字是沒有說明的。軍機處版本把它改寫為「坐鐘一座」，[137] 也有嚴重的問題，大概中國官員以為使團把「鐘」字錯寫成「中」字，但改成「坐鐘一座」後，很容易讓人以為只是一座普通的計時器，不但沒法知道它的功能和價值，甚至跟馬戛爾尼所要炫耀的天文知識扯不上關係。因此，儘管這「坐鐘」在禮品中排列第二，卻沒有受到注意，幾乎沒有引起什麼評論。

可是，跟planetarium不同，清廷其實早在乾隆朝初期便已經藏有orrery。乾隆十七年十一月十二日（1752年12月17日）記有收錄西洋物品如下：

---

[134] "Catalogue of Presents," IOR/G/12/92, p. 159.

[135] "List of presents, etc. consigned to the care of His Excellency Lord Macartney, dated Sept. 8, 1792," *An Important Collection*, vol. 5, doc. 225, CWCCU.

[136] Macartney, *An Embassy to China*, p. 144.

[137] 〈紅毛英吉利國王謹進天朝大皇帝貢件清單〉，《英使馬戛爾尼訪華檔案史料匯編》，頁122。

羅鏡三件、西洋銀油燈一分(計三件)、顯微鏡一分、砂漏子八件、天體儀一件、渾天儀一件、表儀一件、西洋蠟三盤、西洋蠟十支、交食儀一件、七政儀一件[138]

此外,由允祿(1695–1767)等奉旨編纂,乾隆三十一年(1766年)武英殿刻本出版的《皇朝禮器圖式》便記錄朝廷藏有兩座orrery,它們當時所採用的正式中文名稱分別為「渾天合七政儀」及「七政儀」,《皇朝禮器圖式》除有手繪圖式外,還各有約二百餘字按語,講解結構及功能。[139]所謂「七政」,其實是指太陽系中金、木、水、火、土、地球、太陽七星;而更關鍵的一點是:七政儀把太陽置於中心,與康熙朝南懷仁(Ferdinard Verbiest, 1623–1688)所製渾天儀將地球放在儀器中心截然不同,是哥白尼(Nicolaus Copernicus, 1473–1543)「日心說」理論傳入中國的明證,也說明當時中國對西方天文學的理解。[140]顯然,禮品清單的譯者並不知道馬戛爾尼在清單中所描述的物品就是七政儀,只能根據馬戛爾尼對該物品的描述,含混地說「地球與天上日月星宿一起運動」,更不要說採用當時清廷的譯法,把這件重要的天文器械譯成「七政儀」,最後只寫成「坐鐘一座」,使團就沒法借助這件禮品來展現西方天文學的水準。

不能否認,使團的禮品清單譯者的確缺乏足夠的天文知識,以致無法準確詳細地解說七政儀的功能,然而,從斯當東千辛萬苦才能從意大利找來譯員的過程看來,譯員不具備天文知識,大概也是不能深責的。

---

138 〈交西洋器傳旨交水法殿著郎世寧看將應用的留用無用的交進〉,中國第一歷史檔案館(編):《清中前期西洋天主教在華活動檔案史料》(北京:中華書局,2003),下編,卷207,頁184。

139 《皇朝禮器圖式》,卷3,收王雲五(主編):《四庫全書珍本六集》(台北:台灣商務印書館,1976),頁32–35。另外,這兩座七政儀的照片,見劉潞(主編):《清宮西洋儀器》(香港:商務印書館,1998),頁11–13。參自常修銘:〈馬戛爾尼使節團的科學任務〉,頁39。關於乾隆朝所藏七政儀,可參劉炳森、馬玉良、薄樹人、劉金沂:〈略談故宮博物院所藏「七政儀」和「渾天合七政儀」〉,《文物》1973年第9期(1973年9月),頁40–44;楊登傑:〈七政儀考〉,收方勵之(主編):《科學史論集》(合肥:中國科學技術大學出版社,1987),頁127–155。

140 哥白尼的日心說最早是由天主教士蔣友仁(Michel Benoist, 1715–1774)在乾隆五十大壽慶典上向乾隆介紹的。參 Nathan Sivin, "Copernicus in China," *Studia Copernicana* 6 (1973), pp. 63–122.

另一方面，清廷對此同樣沒有弄清楚，未能在登記禮品時將「坐鐘一座」更正為「七政儀」，卻改成「地理轉運全架」，[141] 這顯示他們雖然看出「坐鐘」的翻譯不妥，但這所謂「地理轉運全架」也不能說明物品的真正功能和價值，更把「天文」器材變為「地理」機械，令問題變得更複雜、更難以理解。不過，這並不是說清廷上下全不認識這件物品，因為金簡在見到使團帶來的七政儀後，便向乾隆報告景福宮藏有相同的器材，甚至比使團帶來的更勝一籌，只是他沒有用上它的正確名字，用的就是「地理運轉架」。[142] 這其實沒有道理，因為金簡在1750年（乾隆十五年）已出任內務府主事，翌年更升為內務府員外郎，實在不應該不熟悉《皇朝禮器圖式》的內容，以致在見到七政儀的實物後只能認出物件，卻不記得它的名字。然而，假如乾隆更早知道這件禮品叫七政儀，又同時知道宮內早就收藏有兩座七政儀，他又是否會珍而重之，還是更覺使團貢品平平無奇，毫不珍貴？

除這兩件貴重的天文儀器外，馬戛爾尼還帶來一個天球儀和一個地球儀，分別列作為清單第三及第四件禮品。應該說，在東印度公司心目中，這兩件科學物品是頗為貴重的，因為它們在公司原來的禮品單中排名第二，僅在天體儀之後，總價值為970.16英鎊，是七政儀的十倍，且以一對組合的形式介紹。[143] 但似乎馬戛爾尼本人卻不十分珍重，把它們分拆成兩件禮品，第三件是天球儀，馬戛爾尼強調的是它作為天文器材對於星體位置能作全面準確描述，他大概認為七政儀作為天文儀器理應更吸引，所以不以購置物品的價格為考慮因素，把天球儀排在七政儀的後面。不過，如果說馬戛爾尼原清單對天球儀的介紹不能充分體現它昂貴的價格，那麼中文譯本更是連它的天文價值也不能顯現出來：

---

141 〈乾隆五十八年英遣使馬戛爾尼入貢計二十九種〉，《英使馬戛爾尼訪華檔案史料匯編》，頁579；而在另一處紀錄則寫成「地理運轉全架」，〈英吉利國恭進貢物安設地點〉，同上，頁204。

142 〈吏部尚書金簡等欽奉諭旨覆奏英貢使進貢物品安裝情況折〉，同上，頁559–560。

143 "List of presents, etc. consigned to the care of His Excellency Lord Macartney, dated Sept. 8, 1792," *An Important Collection*, vol. 5, doc. 225, CWCCU.

> 壹個天裘全圖，效法空中之藍色，各定星畫在于本所有金銀做的星辰，顏色及大小不同，猶如我等仰天視之一般，更有銀絲分別天上各處。[144]

重點放在顏色和金銀絲，看來更像一件藝術品。當然，馬戛爾尼也說到天球儀是歐洲當代科學和藝術最完美的結合，但要借助這段中譯本的描述來炫耀英國人的天文知識，看來是無法達到目的了。

至於地球儀，那描述就更簡單了：

> 壹個地球全圖，天下萬國四州洋海山河及各海島都畫在其所，亦有記上行過船之路程及畫出許多紅毛船之様。[145]

這段描述過於簡單，只說明球上畫下四州山川海島，對乾隆來說，會有什麼吸引力？作為從遠方而來、大肆渲染的禮品，怎能不讓乾隆感到失望，更不要說得到重視了。另一方面，馬戛爾尼在這裡刻意加入的一句，隱約賣弄英國的航海實力，卻沒有被翻譯出來：

> 〔地球儀上〕展示由英王陛下指令到世界不同角落進行探索的航海旅程所獲得最新的發現，同時還有不同船隻在這些旅程上行走的路線。
> [It] comprehends all the Discoveries in different parts of the World made in the Voyages undertaken for that purpose by order of His Britannic Majesty, together with the Routes of the different Ships sent on those Expeditions.[146]

馬戛爾尼在這裡強調英王陛下明確下達指令，派遣船隻到世界各地探索，跟他馬上要介紹使團帶來的英國戰船模型，借此頌揚英國作為海上王國、遠征世界各地的地位和成就是互相配應的，然而中譯本沒有把這部分翻譯出來，只說地球儀上「畫出許多紅毛船之様」，變成一種平面的敘述，未能把英國人那種派遣船隊遠航探索、縱橫四海的氣勢翻譯出來。這樣一個畫有四州山川海島和紅毛船隻的地球儀，對乾隆來說會有

---

144 "George Thomas Staunton Chinese Letters and Documents," vol. 1, doc. 2, Royal Asiatic Society of Great Britain and Ireland.

145 同上。

146 "Catalogue of Presents," IOR/G/12/92, pp. 160–161.

什麼吸引力？更不要說得到重視了。軍機處在抄錄清單入檔時，對天球儀和地球儀也只作最簡單的文字修飾，說明一方面原來的清單沒有提供足夠的訊息引起他們的特別重視，另一方面也可見中方的確沒有關注過這兩件禮品。其實，使團帶來的這四件天文器材都是價格不菲的貴重禮品，但在通過翻譯的禮品清單裡，由於沒法具體地描繪出它們的價值或功能，結果只顯得平淡無奇，加上清單中又見到英國人用力誇讚，更形成很大的落差，尤其是這些誇讚本身也譯得很空泛，最終就落得「夷性見小」、「張大其詞」的觀感。這在「第五樣等禮物」的描述中更容易看得到：

> 拾壹盒雜樣的器具，為看定時候及天氣變換之期，其一分為指引月亮之變，其二為先知將來之天氣何如。斯等器俱由精通匠人用心作成，故各甚是好工夫也。[147]

合併為一件禮品的11項「雜樣的器具」能有什麼價值，卻要由精通匠人用心製作？什麼是「指引月亮之變」、怎樣可以「先知將來之天氣如何」，都沒有半點說明，甚至顯得玄幻，而最後的誇讚更有點不倫不類——軍機處在入檔時就索性把這句「故各甚是好工夫也」刪掉。

不過，假如說在禮品清單中譯本中要充分展示英國人的天文水平很不容易，那要說明西方最新科學成果便更困難了。清單中第七、八件物品都是嶄新的科學產品，但對物品的描述根本沒法讓人認識它們的科學價值，甚至有點像玩戲法的道具或玩具：

> 第七件禮物
> 壹個巧益之架子，為顯現何能相助及加增人之力量。
> 第捌樣禮物
> 壹對奇巧椅子，使人坐在其上，自能隨意轉動並能為出其本力量之行為也。[148]

---

147 "George Thomas Staunton Chinese Letters and Documents," vol. 1, doc. 2, Royal Asiatic Society of Great Britain and Ireland.

148 同上。

除文字累贅生硬讓人難以明白這兩件物品的功能或作用外，更因為當中沒有説明怎樣可以做到「加增人之力量」或「隨意轉動並能為出其本力量」，這本來就不是介紹科學產品的合適方法。軍機處入檔進一步刪減其中一些不通順的句子或表述方式，有關禮品內容的介紹就變得更少，更難説明它們的功能和價值。另外值得注意的是在這裡出現的一個形容詞「奇巧」，這就是乾隆對禮品批評的關鍵詞：「貢使張大其詞，以自炫其奇巧」，[149] 那是否有可能就是來自這「第捌樣禮物」的描述？

科學禮品中特別有意思的是在清宮檔案的清單中所開列的第九件：

> …… 又有火具，能燒玻璃磁器，猛烈無比，是一塊大玻璃用大工大造成的火鏡，緊對日光不但能燒草木，並能焚金眼〔銀〕銅鐵及一樣白金，名曰跛剌的納，世上無火可能燒煉，惟此火能顯功效。[150]

很明顯，譯者在這裡刻意嘗試表現這物品很不尋常，但整段文字究竟描述的是什麼東西？最明確的描寫是它是一種「火具」，但又説是「火鏡」，「功效」是它「不但能燒草木」，且能燃燒各種金屬，特別是一種叫「跛剌的納」的金屬。但這對中國或乾隆有什麼意義，有什麼「火具」不能燒草木？「跛剌的納」是什麼？能「燒煉」又怎樣？最終它的價值是什麼？乾隆能理解或被它吸引嗎？

其實，這第九件禮品就是馬戛爾尼在1793年7月25日在天津外海才從「印度斯坦號」船長馬庚多斯手上買來的大透鏡。由於這個緣故，使團在出發前便預備好的禮品清單便沒有這「火具」，「第九件等禮物」只是「許多家用器具之樣模」，上引有關大透鏡的描述，是臨時加進去的，負責翻譯的很可能就是李自標一人，因為當時使團中也沒有多少懂中文的人了。對於這塊大透鏡，馬戛爾尼給與很高的評價，説它是一件很有價值、很不尋常的物品（“so valuable and so uncommon an article”），

---

149 〈和珅字寄梁肯堂等奉上諭著徵瑞詢明大件貢物安裝情形具奏候旨遵行〉，同上，頁125。

150 〈紅毛英吉利國王謹進天朝大皇帝貢件清單〉，同上，頁123。

原是馬庚多斯從英國William Parker購置帶到中國來，準備在訪華期間賣出去圖利的。馬戛爾尼認為如果大透鏡被賣給廣州的商人，輾轉送到朝廷，會把他們帶來的禮物比下去，對使團帶來很不好的影響，所以在最後階段把它購下來，作為送呈乾隆的禮物。[151] 至於它的功能，馬戛爾尼在原來的禮品清單中指出，由於透鏡能產生很高的熱力，足以熔化或切割任何金屬或石塊之類的物品，因此會對藝術品生產有很大幫助。禮品清單中所謂的「皷剌的納」，其實就是白金，它的熔點是攝氏1,768度，的確不容易「燒煉」。不過，姑且不要說乾隆對於具備這樣功能的物品是否會感興趣，更重要的是中譯本禮品清單的描述根本未能讓人感到透鏡具備什麼功能。即使最終見到實物，甚至做過演示後，中國人對它仍然絲毫不感興趣，更不要說認識它的價值。據報，乾隆看了不足兩分鐘，[152] 和珅更只用它來燃點手上的煙筒。[153] 但話說回來，原來和珅在參觀後也提出過一些問題，且看來不是沒有道理：「怎樣利用火鏡去燒燬敵人的城市？」、「陰天怎樣使用火鏡？」[154]

科學知識外，馬戛爾尼在禮品清單中頗為著意炫耀的是英國的軍事力量。無疑，英國這次派遣使團來華，當中沒有包含任何軍事任務，這點在英國政府以及東印度公司給使團發出的指令中得以證明，所有議題都只是圍繞商業活動方面的，[155] 而且，無論在華英商還是英國方面的輿論，一直以來都從沒有提及要對清廷採取任何軍事行動。不過，由於英國正值積極海外擴張的時期，正如英王喬治三世致乾隆的國書中所言，他們大量製造船隻，把最有學問的英國人送到世界各地，開發偏遠未知的世界（"We have taken various opportunities of fitting out Ships and sending

---

151 Macartney, *An Embassy to China*, p. 69. 沈艾娣指出，由於馬戛爾尼禁止使團成員在中國買賣貨物，馬庚多斯船長很不滿，因為他來華的目的就是希望能進行貿易盈利。為了平息他的不滿，馬戛爾尼以高價買下透鏡，作為使團的禮物。Harrison, *The Perils of Interpreting*, p. 98.

152 Proudfoot, *Biographical Memoir of James Dinwiddie, LL.D.*, p. 53.

153 Ibid.; Barrow, *Travels in China*, p. 342.

154 Proudfoot, *Biographical Memoir of James Dinwiddie, LL.D.*, p. 53.

155 Pritchard (ed.), "The Instructions of the East India Company," pp. 201–509.

in them some of the most wise and learned of Our Own People, for the discovery of distant and unknown regions.”)，[156] 馬戛爾尼實在難以抗拒對中國人炫耀自己國家軍事實力的誘惑，尤其是他在途上看到清兵的模樣，對中國的軍事力量作出十分負面的評價，說到清兵沒有配備槍械，只用弓箭和刀劍，又說中國的城牆抵擋不了炮彈的轟擊。[157] 雖然表面上是客觀陳述，但實際上卻明確地質疑中國的軍力。讓人感到十分諷刺的是，乾隆其實曾經多番下諭沿海督撫，「務先期派委大員，多帶員弁兵丁，列營站隊，務須旗幟鮮明，甲仗精淬」。[158]

馬戛爾尼在他帶來的禮品中包括不少軍械，諸如銅炮(brass ordinance)、榴彈炮(howitzer mortars)、毛瑟槍(muskets)、連珠槍(pistols)以及刀劍(sword blades)等，而在清單介紹中，他也頗費心神地強調這些軍械不單有漂亮的裝飾，且具備強大的威力，諸如一些槍械能準繩發射，銅炮以弧型發射炮彈，殺傷敵人等，足以代表軍事裝備的最新發展，讓乾隆了解歐洲戰爭科學的狀況。在使團準備的清單中譯本裡，譯者也嘗試作一點交代，例如「第十六樣禮物」就是要供「大皇帝萬歲私用」，「長短自來火鎗刀劍等」幾枝軍器，「實是上等好的」，那些刀劍還能「劖斷銅鐵而無受傷」。對於這段文字，軍機處入檔時就把「實是上等好的」幾個字刪去，顯示他們很不喜歡這種吹噓的說法。同樣不能為清廷接受的是清單把馬戛爾尼所帶來的“body guards”譯成「保駕兵」。雖然「保駕」、「護駕」等可以作一般用途，泛指護衛、保護的意思，但更多用在古時對皇帝的保護。在「欽差」也不准使用的時候，以「保駕兵」來指稱馬戛爾尼的親兵，被刪掉是在意料之中。此外，禮品清單原來也提到這些「若是天朝大皇帝喜歡看大西洋燒炮之方法」，這些「保駕兵」

---

[156] “Letter from His Majesty to the Emperor of China on the occasion of deputing Lord Macartney on an Embassy,” IOR/G/12/91, p. 326.

[157] “Lord Macartney’s Observations on China,” *An Embassy to China*, pp. 251–256.

[158] 〈諭軍機大臣著傳諭沿海督撫妥善辦理迎接英貢使來華事宜〉，《英使馬戛爾尼訪華檔案史料匯編》，頁28。

「亦能顯之於御前」。事實上，使團後來也安排一次演練，以展示他們禮品中的小銅炮連環發射的威力，但清朝官員的反應令使團成員很感失望，因為他們滿不在乎地說中國軍隊裡也有這樣的武器，[159] 這當然不可能是事實，因為馬戛爾尼這次帶來的軍械不少確是英國人當時較新穎厲害的武器。不過，應該注意的倒是朝廷在把禮品入檔時卻頗為詳細地描述了使團帶來的武器，除清單中譯本上也有的「西瓜砲」、「銅砲」外，還另外開列出「大小鎗紅毛刀共七箱」、「無柄紅毛刀」、「自來火新法金鑲鎗」、「自來火新法銀鑲鎗」、「新法自來火小鎗」、「成對相聯火鎗」以及「小火鎗」、「大火鎗」等。[160] 這讓人很奇怪，因為它們都不見於英方所提送的禮品清單中譯本內。

然而，如果馬戛爾尼懂得中文，並親自讀到清單中譯本，也許令他最失望的會是清單對英國戰船模型的描述。顯然，對於當時的英國人來說，他們最感驕傲的是縱橫七海、雄霸全球的海軍艦艇，鄧達斯甚至在給馬戛爾尼的指示中說到英國海軍可能對中國提供幫助，雙方藉此建立更好的關係，[161] 還特別調配英國皇家海軍「獅子號」供馬戛爾尼乘坐，以贏得最大的尊重（"to give the greatest dignity"）。[162]「獅子號」是一艘裝備64門大炮的戰船，1777年9月下水，屬於英國皇家海軍的第三級艦艇，在實用性及威力上被視為當時最理想級別的戰船。[163] 另外隨行的還有一艘重達1,248噸的東印度公司商船「印度斯坦號」。毫無疑問，這兩艘艦艇是遠勝於中國當時的船隻的，足夠展示英國龐大的海軍和船隊力量，但馬戛爾尼還是覺得不足夠。在選擇禮品的時候，他特別帶來一艘更巨

159 Staunton, *An Authentic Account of an Embassy*, vol. 2, p. 33.

160 〈英吉利國恭進貢物安設地點〉，《英使馬戛爾尼訪華檔案史料匯編》，頁205。

161 Dundas to Macartney, Whitehall, 8 September 1792, IOR/G/12/20, p. 50.

162 Ibid., p. 43.

163 英國皇室艦艇的分類規格首先在1620年代開始，第三級艦艇裝備的大炮為60門以上，而第二及第一級則分別為90–98及100門以上。參Rif Winfield, *British Warships in the Age of Sail, 1714–1792: Design, Construction, Careers and Fates* (Barnsley: Seaforth Publishing, 2007)。儘管第三級艦艇在大小及威力上比不上第二級和第一級，但在速度及靈活性上則較為優勝。

型的英國戰船「皇家君主號」(*Royal Sovereign*)的模型。「皇家君主號」是一艘裝備110門大口徑大炮，耗資67,458英鎊建成，在1786年9月才下水的第一級巨型軍艦，重2,175噸，長達56米，是當時全世界最大型的艦隻，後來在1805年的特拉法加戰役(Battle of Trafalgar)上發揮很大的作用。關於這禮品的描述，馬戛爾尼在原來的清單中只簡單地說了兩句：它是英國最大型的戰船，裝有100門巨型銅炮，這模型把戰船裝備的各個細節都複製出來。不過，關鍵在於他繼續解釋為什麼要把這模型帶來贈送給中國的說法。馬戛爾尼說，由於黃海水域較淺，且英國船員又不太熟悉水道環境，所以只能派遣較小型的「獅子號」到來，然而這並不足以展示英國海軍的強大實力，因此有必要送來英國最大戰艦的模型。跟著，馬戛爾尼還十分巧妙地插入一段自我吹捧的說話：

> 英國在歐洲被公認為第一海軍強國，是真正的海上之王。為顯示他對貴國皇帝的重視，英國國王這次遣使原想派遣最大的船隻到來。
> His Britannic Majesty who is confessed by the rest of Europe to be the first Maritime Power, and is truly Sovereign of the Seas wished as a particular mark of attention to His Imperial Majesty to send some of his Largest Ships with the present Embassy.[164]

這裡要傳遞的訊息是最清楚不過的：英國是世界上第一海軍強國，是海上霸主；而且，這句寫在這禮品介紹的開首，重點十分明確。這一訊息在中譯本也被傳遞出來：「紅毛國王，洋海之王者，有大船甚多」。可以預期，這一定會被刪除。現在所見清宮檔案的文本變成「紅毛國在西洋國中為最大，有大船甚多」。此外，中譯本在解說為什麼不能派遣更大的船隻過來時，也似乎要把責任推在中方：

> 原欲選更大之船以送欽差來　貴朝，但因黃海水淺，大船難以進口，故發來中等暨小船，以便進口赴京。[165]

[164] "Catalogue of Presents," IOR/G/12/92, pp. 166–167.

[165] "George Thomas Staunton Chinese Letters and Documents," vol. 1, doc. 2, Royal Asiatic Society of Great Britain and Ireland.

雖然馬戛爾尼原來也說到黃海水淺，但也說明歐洲人不熟悉水道情況，但中譯本中沒有把後面的部分譯出來，效果便很不一樣了。但無論如何，中國官員對這戰船模型並不留心，在登錄「皇家君主號」模型時只極其輕描淡寫地記下「西洋船樣一隻」，[166] 馬戛爾尼的一番心血可說是完全白費了。不過，據說倒是乾隆本人對於這戰船模型似乎頗感興趣，在參觀時專門提出問題。[167] 這本來應該會讓馬戛爾尼感到高興的，因為模型確能引起乾隆的注意，但其實也反映出禮品清單的翻譯問題。假如清單中譯本能對戰船模型作出更詳細準確的描述，乾隆的關注可能會更大。

其實，馬戛爾尼除帶來有關科學知識和軍事力量等禮品，強調它們的實用性外，還非常重視禮品的藝術性。在他原來的禮品清單中，與藝術相關的字眼(如art, arts, artist等)共出現10次，並多次強調實用性與藝術性的結合，例如他指出天體儀是「天文科學及機械藝術的最高結合」(the utmost effort of Astronomical Science and Mechanic Art combined together)、[168] 天球儀是「科學與藝術的完美結合」(as perfect as Science and Art in Europe could render it)、[169] 各種軍械槍炮有著「非常漂亮的裝飾等」(ornamented)。[170] 這是跟馬戛爾尼所肩負的商業任務有關。學者指出，「馬戛爾尼與英格蘭北部新興工業家們過從甚密，導致他在人員安排以及禮品選擇上皆以這些工業家的利益為前提」，結果，使團「偏重於人員在實用的工藝技術方面的才華」，[171] 這是原來禮品清單非常強調禮品具備藝術性的主要原因。

166　〈乾隆五十八年英遣使馬戛爾尼入貢計二十九種〉，《英使馬戛爾尼訪華檔案史料匯編》，頁579；〈英吉利國恭進貢物安設地點〉，同上，頁204。

167　Staunton, *An Authentic Account of an Embassy*, vol. 2, p. 122.

168　"Catalogue of Presents," IOR/G/12/92, p. 156.

169　Ibid., p. 160.

170　Ibid., p. 166.

171　常修銘：〈馬戛爾尼使節團的科學任務〉，頁27。

然而，禮品清單中譯本同樣未能把禮品的工藝性展示出來。上文提及原清單中好幾處說到禮品是「科學與藝術完美結合」的地方，在譯本裡全都給刪去了，軍械槍炮的描述也隻字不提它們的裝飾。這種翻譯方式更是明確體現在一對馬鞍和馬車的描述上。畢竟，馬鞍和馬車的實用性，本來就沒有必要向善騎的滿洲人多作介紹。因此，馬戛爾尼在原來的清單中強調「由於這〔馬鞍〕是供大皇帝使用的，因此，匠工們得到指示要造一對超越所有已製成的馬鞍來，主要以黃色皮革製成，並以貴重金屬來作裝飾」("These being intended for the personal use of His Imperial Majesty, the Artificers had strict directions to surpass whatever had been prepared before. They are chiefly of Yellow Leather ornamented with the precious Metals.")。[172] 其實，馬戛爾尼對於英國人所用的馬具是很自豪的，在日誌中曾刻意記下英國人的馬具所展現的華麗氣派和精巧手工，一定讓滿洲官員感到意外，相信有些官員會學習模仿。[173] 但譯文把這部分刪除，只譯成「壹對齊全馬鞍由頭等匠人用心做成，特為大皇帝萬歲私用，故其鞍之顏色是金黃的，其裱緻〔裝置〕十分合適」，[174] 大大削弱禮品的貴重性。不過，這刪改的嚴重性還不及馬車的部分。在禮品清單中文本裡，使團送來的兩輛馬車只有十數字的簡略描述：「車二輛敬送大皇帝御座，一輛為熱天使用，一輛為冷天使用」，真的是再簡單不過了，但原文可是這樣的：

> 第45件禮品：兩輛馬車供貴國皇帝使用，其中一輛設計為夏天需要涼快時使用，另一輛則為冬天使用，較為溫暖。兩輛馬車主要為貴國御用的黃色，鑲嵌的飾物超過英國國王自己所用的馬車。
> Article 45. Consists of two chariots or light Carriages for His Imperial Majesty, one constructed for the purpose of being most conveniently used in the Summer when Coolness is desired, the other for warmth in the Winter. The main Color

[172] "Catalogue of Presents," IOR/G/12/92, p. 165.

[173] Macartney, *An Embassy to China*, p. 225.

[174] "George Thomas Staunton Chinese Letters and Documents," vol. 1, doc. 2, Royal Asiatic Society of Great Britain and Ireland.

of those Carriages with the Harness is Yellow or Imperial and the Ornaments such as exceed what His Britannic Majesty had ordered for his own use.[175]

中文本的解說只簡單交代最基本的資料，就是兩輛馬車可分別供夏天和冬天使用，但有關馬車的修飾卻沒有翻譯出來。也許馬車所用的黃色是御用的顏色，這點對中國人來說不算什麼重要或新奇的訊息，刪走也沒有什麼問題，但當譯文刪掉馬戛爾尼所說上面鑲嵌的飾物比英國國王的馬車還要多的時候，那便失去一個取悅乾隆的機會，因為這原來可以讓乾隆感覺自己比英國國王更尊貴，地位更高。不過，應該指出，馬戛爾尼原來的描述也忽略介紹這兩輪馬車的特別價值，就是附有懸浮彈簧設計，可減低路上的顛簸，[176]禮品清單中英文本都沒有說明。另一方面，斯當東在回憶錄中卻三番四次強調英國的馬車在這方面的優越性，[177]甚至說乾隆的馬車一定給比下去——他把乾隆的馬車形容為「沒有彈簧、簡陋的兩輪馬車」，又說中國人的偏見也不能抗拒使團帶來的馬車的舒適和方便，英國馬車很可能會成為入口的貨品。[178]但由於馬戛爾尼過於重視禮品的外表裝飾，在禮品清單的描述中沒有說明它的實用價值，而更不理想的是，中譯本連原來有關外表裝飾的描述也沒有翻譯出來。在這情形下，馬戛爾尼從一開始便要求帶來的馬車，在清廷受到冷落便在預期之內了。不過，從政治文化的角度考慮，馬戛爾尼選擇以英國的馬車來獻送給乾隆其實還犯了一個很大的錯誤，充分反映出當時英國人對中國的情況以至中國文化的理解都很不足夠。當時一名大太監在看過馬車後，輕描淡寫、自然而然地作出反應，便一語道破所有問題的癥結所在：英國人是否會認為大皇帝竟會讓其他人坐得比他還要高，且以背向著他嗎？("if I supposed the *Ta-whang-tee* would suffer any man to fit higher

---

175 "Catalogue of Presents," IOR/G/12/92, p. 165.

176 常修銘：〈馬戛爾尼使節團的科學任務〉，頁42。

177 Staunton, *An Authentic Account of an Embassy*, vol. 1, p. 294; vol. 2, p. 17; p. 43; p. 45.

178 Ibid., vol. 2, p. 121.

than himself, and to turn his back towards him?")。[179] 顯然，這問題是英國人從來沒有考慮過的，也正好說明了中英政治文化的巨大鴻溝以及英國人對中國宮廷文化的隔閡——他們後來便吸取了教訓，1816年派遣阿美士德使團時，巴羅便特別強調不要向中國皇帝贈送馬車。[180] 然而，馬戛爾尼使團花費4,412.32英鎊購買的兩輛馬車，[181] 就一直被閒置在圓明園內，從來沒有使用過，直到第二次鴉片戰爭英法聯軍攻入北京，佔領圓明園的時候，馬車還是簇新的放在那裡。[182]

五

除禮品本身的描述外，禮品清單中還有兩點惹來乾隆的不滿，讓他感到「夷性見小」，「誇大其詞」：第一是馬戛爾尼要求房舍安置使團成員及禮品；第二是有關禮品組裝問題。

上文說過，在禮品清單裡，馬戛爾尼在對各樣禮品逐一描述後，加上一個要求，請撥出地方以便重新裝嵌禮品，另外又提出在北京要為使團成員提供足夠住所。也許從西方的角度，這種直截了當地提出要求的做法頗為普遍和合理，但對於已有慣常方式接待來訪貢使的天朝來說，這要求明顯不合禮儀，有違體制。事實上，清單的整體表述也確實造成自尊自大的感覺，例如這要求是以「懇大皇帝令備一座寬大高房以便安置好各品禮物」開始的，雖然是說「懇大皇帝」，但要求備好一座寬大高

---

[179] Barrow, *Travels in China*, p. 113；Barrow, *An Auto-Biographical Memoir of Sir John Barrow*, pp. 79–80。相同的記載也見於斯當東的回憶錄，不過他說這是一些官員的反應，不是來自大太監的說法。Staunton, *An Authentic Account of an Embassy*, vol. 2, p. 43.

[180] "Minute of Conference Between the Chairs, & Mr. Barrow Respecting Presents for China," IOR/G/12/196, p. 47.

[181] 夏天所用馬車價值2,233.15鎊，冬天用馬車價值2,179.17鎊。"List of the scientific apparatus purchased by the East India Company for the Macartney embassy," *An Important Collection,* vol. 5, doc. 225, CWCCU.

[182] Robert Swinhoe, *Narrative of the North China Campaign of 1860: Containing Personal Experiences of Chinese Character, and of the Moral and Social Condition of the Country; together with a Description of the Interior of Pekin* (London: Smith, Elder and Co., 1861), p. 331.

房，便像處於高上的位置，向下屬傳達指示，乾隆一定無法接受，難怪軍機處入檔時把它改寫為「敬懇大皇帝另賞一座寬大房屋」。同樣地，有關使團成員住宿的問題，儘管譯文也有「伏祈大皇帝寬賜」、「則感天恩無窮矣」的說法，但當中說到使團成員時的「自紅毛本國隨欽差來天朝者文武官員體面同伴及其家人共有一百餘人」，也顯得自抬身價，「體面同伴」難逃刪改的命運，被改成「工匠跟役」，相差實在很遠。這些改動可以說明他們的要求方式被視為不合中國傳統禮儀；另外還如上文所說，中國官員把這些要求從禮品清單分拆出來，另以稟文形式提出，也就是要回到傳統的朝貢框架，不能因為送來貢品就可以妄自提出要求。

另一個問題是有關禮品的安裝。可以理解，為方便運送，部分體積較大的物品是拆散包裝，待到達北京後才重新整合安裝的。由於其中一些器材在當時來說算是十分精密，安裝涉及專門技能，所以使團也帶來機械師和專門的工匠，負責重新裝嵌工作。對馬戛爾尼來說，這代表對禮品的重視，也顯示這些物件的確具備很高的科學水平，因此，他在禮品清單中便強調重新裝嵌的問題。例如「大架仔」「布蠟尼大利翁大架」，馬戛爾尼便特別談到運送和安裝的問題，例如怎樣由一些嫻熟科學知識的人員把它拆開，以16個由木和鉛製成的雙層箱子盛載運送，然後這些人員也跟隨使團到來重新組合，估計需要較多時間。清單中譯本作這樣的表述：

> 緣此天地圖架甚寬大，洋船不能上載整個，故此拆散分開，莊〔裝〕入十五箱而發之，[183] 又令其原匠跟隨欽差進京，以復措起安排置好如前，並囑咐伊等慢慢小心修拾其架，勿因急惶錯手損壞之，是故求望大皇帝容於其匠人多費一點時候，以便置好，自然無錯。[184]

183　禮品清單原文是說把天體儀分裝成16箱，但中譯本卻說15箱，為什麼會這樣？原來，這第16箱就是馬戛爾尼在廣州向東印度公司秘密及監督委員會成員波郎購買的一台望遠鏡。馬戛爾尼在購入這望遠鏡後修改禮品清單，在第一件天體儀的介紹後面加上一段附錄說明，並把15箱改為16箱。但現在所見到使團自己準備的中譯本是在出發前完成，因此既沒有附錄說明的文字，也只見到原來的15箱。不過，清宮入檔的中譯本則加入了這段附錄文字，證明使團在正式提送清單前曾作補譯，但卻沒有把15改回16箱。

184　"George Thomas Staunton Chinese Letters and Documents," vol. 1, doc. 2, Royal Asiatic Society of Great Britain and Ireland.

「布蠟尼大利翁大架」以外，第二件禮品七政儀也有「為能更便益載來，其原匠亦跟隨欽差進京，以復安排之」、第十五件禮品兩輛馬車則有「其兩大車如今分散十六包，但有精通車匠跟隨欽差進京，以復安排之」，都強調要派遣專門的工匠隨團過來。乾隆在讀到清單，加上徵瑞的匯報後，反應很大，認為是浮誇不可相信，就「布蠟尼大利翁大架」的安裝發送上諭：

> 至該使臣向徵瑞告稱貢品內天文地理音樂表〔天體運行儀〕極為細巧，帶來工匠必須一月之久方能安裝完整等語。此必係該貢使張大其詞，以自炫其奇巧。安裝尚須一月，則製造豈不更需年歲？[185]

客觀來說，製造這樣複雜的天文儀器，在當時「更需年歲」是毫不出奇的，上文已指出，這座天體儀是由德國儀器工匠 Philipp Matthäus Hahn 花 30 年才製成的，但乾隆顯然不相信，上諭在這裡批評英國人「張大其詞」，就直接地指向禮品清單有關安裝時間的說法。其實，對於中國官員來說，還有一個現實的問題：如果安裝時間太長，那便的確會如上諭所說「早過萬壽之期」。[186] 梁肯堂等在收到這樣的上諭後，就只能要求使團加快安裝，他們甚至表示不明白為什麼不能很快地完成安裝禮品，因為他們可以加派大量人手來幫忙。[187]

除裝置需時外，乾隆在另一份上諭中又駁斥英使指天文地理表「安裝後即不能復行拆卸」的說法，認為「其言實不足信」，因為「該國製造此件大表時，製畢之後自必裝飾成件，轉旋如法，方可以之入貢。若裝成後即不能拆卸，何又零星分裝箱內，載入海船？」他的結論是：「所有安裝不能拆卸之說，朕意必無其事」。[188] 這進一步說明乾隆不相信英人

---

185 〈和珅字寄梁肯堂等奉上諭著徵瑞詢明大件貢物安裝情形具奏候旨遵行〉，《英使馬戛爾尼訪華檔案史料匯編》，頁 125。

186 同上。

187 Macartney, *An Embassy to China*, pp. 145–146.

188 〈和珅字寄金簡等奉上諭著徵瑞等帶西洋人及京內修表之好手學習安裝〉，《英使馬戛爾尼訪華檔案史料匯編》，頁 137–138。

的話，認為他們誇張失實，是「夷性見小」的表現。為此，乾隆指令工部尚書兼內務府主事金簡「帶同在京通曉天文地理之西洋人及修理鐘表之好手，首領太監匠役等」，除在使團匠師安裝天體儀時留心學習體會，「盡得其裝卸收拾方法」，以備將來之需外，[189] 還有另外的目的：

> 今貢使見天朝亦有通曉天文地理及修理鐘表之人在旁幫同裝設，不能自矜獨得之秘，其從前誇大語言想已逐漸收斂。[190]

這很有意思，因為即使乾隆知道宮內沒有使團這次帶來的天體運行儀，但也要從技術上打破英國人「自矜獨得之秘」。金簡後來的報告説「連日留心，看得大表內輪齒樞紐動轉之法並無奇巧，與京師現有鐘表做法相同」，[191] 大概能讓乾隆舒一口氣，因為這也可以視為「天朝原亦有之」的體現。事實上，斯當東和馬戛爾尼也確曾談及「兩名普通的中國人」怎樣在完全沒有指導或幫忙的情況下，在不足半小時內把一對由好幾千塊零件組裝成的大玻璃燈拆下，移到另一處地方重新安裝；另外，天體運行儀一小片玻璃在運送過程中破了，使團技師嘗試以金剛石來切割另一塊玻璃來填補，但卻不成功，束手無策，但一名中國工匠「以粗糙的工具」直接從一塊彎曲的玻璃板割下一小塊來修補，準確無誤，更讓他們佩服和驚訝；[192] 就是一直以非常負面尖酸的筆觸來描寫中國人和中國科技成就的機械師登維德，也忍不住對此事記下一筆，説這是顯示中國人能力的一宗怪事。[193] 可惜這事件看來沒有上報朝廷，不然乾隆一

---

189 〈和珅字寄金簡等奉上諭著徵瑞等帶西洋人及京內修表之好手學習安裝〉，同上，頁138。

190 〈和珅字寄金簡等奉上諭〉，同上，頁140。

191 〈吏部尚書金簡等奏報大表輪齒收拾完竣派出學習匠役太監均能領會片〉，同上，頁566–567。

192 Staunton, *An Authentic Account of an Embassy*, vol. 2, pp. 104–105; Macartney, *An Embassy to China*, p. 264.

193 Proudfoot (compiled), *Biographical Memoir of James Dinwiddie*, p. 51. 英國人對中國工匠修復玻璃的技巧感到驚訝，是他們以為中國沒有玻璃工業。據常修銘論文分析，「清宮自康熙設蒙養齋算學館、如意館、蠶池口玻璃工坊以來，也頗培養了一些技藝人才。內務府的工藝水準代表了當時中國工藝的最高水平，英國人顯然忽略與低估了內務府工匠

定會十分高興，可以證明天朝的優勝，從而進一步批評英國人不要以為自己有什麼「獨得之秘」，可以自矜誇耀了。

六

乾隆的確認為使團所帶來的禮品沒有什麼珍奇稀見。上文說過，在收到禮品清單當天，乾隆即發下上諭，批評英國人「夷性見小」、「張大其詞」。這段上諭很重要，因為這是乾隆在看到清單後馬上所作的反應：

> 著徵瑞~~即先傳知該貢使等~~於無意之中向彼閒談，以大皇帝因爾等航海來朝涉萬里之遙，閱一年之久，情殷祝嘏，是以加恩體恤，~~准爾進獻~~。至爾國所貢之物天朝~~無不具備~~原亦有之，~~且大皇帝不寶異物，即使爾國所進物件十分精巧，亦無足珍貴~~。如此明白諭知，庶該使臣等不敢致居奇自炫，是亦駕馭遠人之一道。[194]

乾隆以硃筆所刪去「即使爾國所進物件十分精巧」，其實很有意思，正好說明他根本就不認為或不願意承認英國人所帶來的物品精巧。此外，這道上諭還提出另一重要觀點，就是英國人帶來的禮品，天朝早已擁有，沒有什麼值得大驚小怪。

不過，可以確定，英國人花上最多金錢來購置的天體運行儀，清廷確實從沒擁有，「天朝原亦有之」的說法並不成立。天體運行儀以外，其他禮品又是否真的「天朝原亦有之」？第二件禮品七政儀便是一個例子，因為自乾隆朝中期宮內已擁有最少兩座七政儀，且記在《皇朝禮器圖式》中。不過，由於馬戛爾尼原清單中沒有把儀器的名字orrery寫出來，中

的能力。此外說中國『沒有製造玻璃工業』也不十分正確，事實上在康熙三十五年(1696)時曾命傳教士紀理安(Kilian Stumpf, 1655–1720)在蠶池口設立了玻璃作坊，且隸屬於內務府，這裡的玻璃生產一直持續至乾隆二十三年(1758)紀理安逝世才逐漸衰退。在這個玻璃作坊經歷了六十年左右的運作後，內務府工匠中有人繼續保有玻璃製作與修復的技術是完全有可能的。」常修銘：〈馬戛爾尼使節團的科學任務〉，頁50。

194 〈和珅字寄梁肯堂奉上諭著筵宴後仍回河工並飭稱英使為貢使及賞給米石〉，同上，頁120。

譯本只能空泛地說「坐鐘一座」，乾隆沒有覺察自己已擁有相類的物品，因而沒有特別提問。不過，清單上緊接在七政儀後面出現的天球儀和地球儀，乾隆便十分熟悉了，因為內務府曾在乾隆朝數次奉旨製造天球儀、地球儀，其中一次是在1760年（乾隆二十五年）蔣友仁（Michel Benoist, 1715–1774）繪製完成新坤輿全圖後，乾隆下旨根據新圖製造天球儀和地球儀，據稱是「當時世界上最完備的地球儀」；[195] 另外又分別在1777年（乾隆三十六年）及1778年（乾隆三十七年）又再兩次製造天球儀、地球儀，可見乾隆的偏愛和對儀器的熟悉，甚至不只限於玩賞之用，更從中取得天文地理資料及知識。[196] 因此，乾隆在看到禮品清單中有天球儀和地球儀後，不但特別注意，更直接提出要與宮內藏品相比較：

> 再貢品內天球地球二種，現在乾清宮寧壽宮奉三無私等處俱有，陳設之天球地球較該國所進作法是否相仿，抑或有高低不同之處。[197]

對於這樣的提問，金簡給乾隆提供的答案是「與寧壽宮樂壽堂現安之天地球無別」，[198] 而且，善於揣摩上意的金簡也就順勢報告其他貢品的情況，包括原清單中文本第二件只寫作「座鐘」的七政儀，雖然他不能準確地說出禮品的名稱，只把它稱為「地理運轉架」，但也馬上報告說「天朝原亦有之」，且比馬戛爾尼的貢品優勝：

> 地理運轉架一件，圓形連架座高四尺六寸，徑二尺五寸，與景福宮現安之儀器相同，而座架上裝飾花文，尚不及景福宮儀器精好。[199]

還有清單上第十一件可以「掛在殿上光明照耀」的「玻璃鑲金彩燈一對」，這其實也是很名貴的禮物，使團以840鎊從製造商William Parker & Son

[195] 常修銘：〈馬戛爾尼使節團的科學任務〉，頁53。

[196] 同上，頁53–54。

[197] 〈和珅字寄金簡奉上諭為徵瑞辦理貢船事糊塗並未會銜具奏傳旨申飭〉，《英使馬戛爾尼訪華檔案史料匯編》，頁143。

[198] 〈吏部尚書金簡等欽奉諭旨覆奏英貢使進貢物品安裝情況折〉，同上，頁560。

[199] 同上。

直接購買過來，[200] 馬戛爾尼也十分重視，在原來禮品清單中費上筆墨介紹，只是像其他物品一樣，中譯本的描述不足以顯示它的特點，但又以很誇張的說法來讚頌，難以叫人信服。結果，在入檔的時候，後面整段的誇讚之詞被刪去，變成十分簡短的「玻璃鑲金彩燈一對，此燈掛在殿上，光明照耀」。[201] 金簡在乾隆沒有指定查詢的情況下匯報說「又玻璃燈二件，各高六尺五寸四分，徑四尺，與長春園水法殿內現懸之鵝項玻璃燈無異」[202]，無疑會令乾隆很滿意，可以讓他進一步確定英國人的禮品沒有什麼特別奇巧，不值得「張大其詞」。

必須強調，乾隆這些評論和問題都是在他親身見到部分禮品前所提出的，也就是說，評論提問的基礎就是禮品清單中譯本。這清楚地說明翻譯在這次英國使團來華中所起的關鍵性作用。那麼，在見過部分禮品後，乾隆的看法可有沒有改變？這也是重要的，因為如果乾隆在態度上起了很大的變化，那便很可能說明清單譯文提供了錯誤的訊息，讓他以為禮品平平無奇，不值得炫耀，而實際上卻是很具特色，真的值得英國人自豪的物品。

乾隆在1793年9月30日（乾隆五十八年八月二十六日）及10月3日（八月二十九日）在圓明園正大光明殿兩次觀賞使團帶來的部分禮品。第一次主要參觀安置在那裡的幾件大型物品，包括天文地理大表（天體運行儀）、地理運轉全架（七政儀）、天球儀、地球儀、指引月光盈虧及測看天氣陰晴各一件，另外還有玻璃燈二件；[203] 而第二次主要去觀看氣泵等在9月30日那天還沒有完全安裝妥當的物品以及一些實驗示範。必須

---

[200] "List of the scientific apparatus purchased by the East India Company for the Macartney embassy," *An Important Collection,* vol. 5, doc. 225, CWCCU.

[201] 使團原來中譯本的介紹是這樣的：「壹對玻璃相〔鑲〕金的彩燈，折〔拆〕散收在十四盒內。此燈掛在大廳中照耀，滿堂甚妙，雖然于大西洋玻璃彩燈之樣無數，但此彩燈乃新樣，其光亮勝數，其工夫無比，故特選之。」"George Thomas Staunton Chinese Letters and Documents," vol. 1, doc. 2, Royal Asiatic Society of Great Britain and Ireland.

[202] 〈吏部尚書金簡等欽奉諭旨覆奏英貢使進貢物品安裝情況折〉，《英使馬戛爾尼訪華檔案史料匯編》，頁560。

[203] 〈正大光明殿安設天文地理表等件尺寸數目〉，同上，頁563。

指出，在這兩次觀賞活動以後，乾隆頒給大臣的上諭中再見不到討論禮品的地方。更廣為後人所注意的是乾隆發給使團的敕諭，其中一段談及使團帶來的禮品：

> 天朝撫有四海，惟勵精圖治，辦理政務，奇珍異寶，並不貴重。爾國王此次齎進各物，念其誠心遠獻，特諭該管衙門收納。其實天朝德威遠被，萬國來王，種種貴重之物，梯航畢集，無所不有，爾之正使等所親見，然從不貴奇巧，並無更需爾國制辦物件。[204]

作為寫給英王的敕諭，不能排除乾隆文詞中有誇張的成分，以期達到震懾的效果，這也就是他曾在上諭中所說「庶該使臣等不致居奇自炫，是亦駕馭遠人之一道」。[205] 但顯然，這段敕諭與乾隆在收到禮品清單後當天所發給徵瑞的上諭很相似，[206] 其核心思想是一致的，就是英使帶來的禮品並不怎麼珍貴，天朝「無所不有」，只是「張大其詞」、「夷性見小，自為獨得之秘以誇炫其製造之精奇」等批評性較強的句子不見了（但其實「並無更需爾國制辦物件」的語氣也是很重的）。此外，即使不是在正式的官方場合，情況也一樣。乾隆在同年（1793年）曾寫誌記馬戛爾尼「奉表貢至」的一首詩，裡面自撰按語便提到使團帶來禮品中最名貴的天體運行儀：

> 此次使臣稱，該國通曉天文者多年推想所成測量天文地圖形象之器，其至大者名布蠟尼大喇翁一座，效法天地轉運測量日月星辰度數，在西洋為上等器物，要亦不過張大其詞而已。[207]

在這段文字裡，乾隆不但用了「布蠟尼大喇翁」，而不像在正式上諭裡用「天文地理音樂表」，更直接引用禮品清單中譯本裡的字句，例如「通曉

204　〈大清皇帝給英吉利國王敕諭〉，同上，頁166。

205　同上。

206　〈和珅字寄梁肯堂奉上諭著筵宴後仍回河工並飭稱英使為貢使及賞給米石〉，同上，頁120。

207　〈紅毛英吉利國王差使臣馬戛爾尼等奉表貢至詩以誌事〉，同上，頁555。在後面的一段按語裡，乾隆重複了這個看法：「遠夷自誇精巧，所見者小，亦無足怪。」

天文生多年用心推想而成」、「西洋各國為上等器物」等，都是出現在原來禮物清單中譯本內的，可見乾隆是非常仔細地閱讀過這份譯本的。不過，乾隆在詩中所表現的態度，與他還沒有見過禮品前所說的是一致的，他始終堅持英使只不過是「張大其詞」而已。他接著還解釋說「內府所制儀器精巧高大者盡有此類」，所以「其所稱奇異之物，只覺視等平常耳」，這就跟他寫給英王的敕諭是相同的。

由此看來，乾隆在看完部分禮品後並沒有改變他原來的態度，也就是說，他從禮品清單讀到的訊息，跟他實際看到禮品後的感受是相同的。有學者認為「經由金簡報告以及親身觀察的結果，他對於使團禮品的態度與評價乃急轉直下」，[208] 這並不正確，因為乾隆在看過禮品清單後，雖然還沒有見到禮品，也沒有指示金簡去檢視前，便已經認定英國人「張大其詞」，並多次作出批示，不要讓英人居奇自炫。應該說，乾隆是在見到禮品清單中譯本後就對使團禮品的態度急轉直下，而在讀到金簡的報告和看到禮品後只是進一步確認他的看法。這很有意思，說明對乾隆來說，禮品清單中譯本提供的訊息是準確的，也就是英國人帶來的禮品並不怎樣名貴，只是「夷性見小」，誇大炫耀而已。

毫無疑問，馬戛爾尼在選擇禮品時的確很希望能準備代表英國以至歐洲科學和工藝最新發展的物品，但由於要平衡商業利益，最終並沒有能夠帶來真正最先進的科技產品。[209] 此外，使團在選擇禮品時，雖然也說過不要帶來清廷已擁有的東西，但顯然他們的認知不足，以為乾隆所擁有的只不過是一些音樂鐘表之類的玩樂物品，根本不知道清廷其實在天文等方面也有很多先進的產品。以馬戛爾尼到達澳門後從東印度公司秘密及監督委員會成員波郎手上購買的望遠鏡為例，他在日誌裡記下買

208 常修銘：〈馬戛爾尼使節團的科學任務〉，頁59。事實上，常修銘在其論文另一處地方也說乾隆在看過禮品清單當天（乾隆五十八年六月三十日，1793年8月6日）所發出的諭旨「就是說在禮儀之爭或貢品問題等等衝突爭端發生之前，乾隆帝心中早已寫下『天朝撫有四海……奇珍異寶，並不貴重……從不貴奇巧，並無更需爾國制辦物件』這些話的初稿了。」同上，頁67。

209 Berg, “Britain, Industry and Perception of China,” pp. 269–288.

到這台望遠鏡及大透鏡（火鏡）後，很滿意地說：「我們在北京將不會遇上任何對手，會有什麼相近的器材出現」。[210] 但真的是這樣？雖然乾隆在讀完禮品清單後沒有對望遠鏡提出什麼問題，金簡在其後的報告中也沒有說到宮內藏有相似的物品，但事實上，在使團到來的20年前（1773年，乾隆三十八年），天主教士潘廷璋（Giuseppe Panzi, 1733–1812）與李俊賢（Hubert de Mericourt, 1729–1774）曾向朝廷進獻望遠鏡，負責引見的蔣友仁稱之為「新法遠鏡」。據考證，蔣友仁獻給乾隆，並作示範及解說的望遠鏡應為法國科學家Laurent Cassegrain (1629–1693) 所製造的反射式望遠鏡（Cassegrain reflector），與使團帶來的是同一類型，且在當時確實引起乾隆的注意，並曾與蔣友仁討論過反射望遠鏡的原理。[211] 因此，馬戛爾尼說他帶來的望遠鏡在北京沒有對手顯然是錯誤的，反映英國人對清廷收藏品的情況毫不了解。雖然馬戛爾尼說自己從早期傳教士的記述中知道清廷對一些西洋物品的興趣，所以決定帶來昂貴的科技器材，[212] 但他從一開始就認定中國的科技在元代發展到高峰之後就停滯不前，尤其是在清代的150年裡更見退步，以致科學知識嚴重落後於蒸蒸日上的西方，[213] 因而以為自己帶來的物品一定遠勝清廷的藏品。在這問題上，斯當東的想法似乎不完全相同，他在回憶錄開首談到他們這些官方送呈的禮物，無論在工藝和價值上，要超越民間渠道運送到中國的物品都是枉費力氣的；他只希望民間送呈那些競尚新奇的物品太多，會讓乾隆失去新鮮感，而更欣賞在科學與藝術方面有真正實用意義的禮品。[214] 不過，必須注意的是斯當東的回憶錄是在使團結束回國後才寫成的，很可能是在他見到清廷的藏品後才產生的想法。

---

210 Macartney, *An Embassy to China*, p. 69; "To His Excellency George Viscount Macartney K.B, signed by the Committee, 28th September 1793," IOR/G/12/265, p. 174.

211 〈西洋人李俊賢潘廷璋所進貢物清單〉，中國第一歷史檔案館（編）：《清中前期西洋天主教在華活動檔案史料》，第四三八卷，頁355–356；參自常修銘：〈馬戛爾尼使節團的科學任務〉，頁55–56。

212 Macartney, *An Embassy to China*, p. 266.

213 Ibid., p. 222.

214 Staunton, *An Authentic Account of an Embassy*, vol. 1, p. 22.

相反，乾隆在這問題上的理解其實更為準確。上文已指出，在讀過禮品清單後，他已馬上指示徵瑞等在閒談中告訴馬戛爾尼，他們早已擁有使團帶來的物品，而且，我們也確認除天體運行儀外，清廷的確早已藏有使團所帶來主要的天文和科技物品，包括七政儀、天地球儀、望遠鏡、氣泵、玻璃燈等。乾隆對於自己的藏品很自信，刻意安排馬戛爾尼在參觀熱河時看見清廷部分的藏品，這就是乾隆在給喬治三世敕諭中所說「爾之正使等所親見」的意思。[215] 馬戛爾尼在日誌裡誠實地記下見到這些物品後的感想：

> 這些〔宮殿和庭閣〕全都以最豪華的方式來裝飾……有著各種各樣歐洲的玩意和器材，球儀、七政儀、鐘表和音樂自動儀器，工藝是這樣的精巧，數量是這麼多，我們的禮物馬上會被比下去，面目無光了。
> These [palaces and pavilions] are all furnished in the richest manner, ... and with every kind of European toys and sing-songs; with spheres, orreries, clocks and musical automations of such exquisite workmanship, and in such profusion, that our presents must shrink from the comparison and "hide their diminished heads."[216]

在另一處地方馬戛爾尼又說：他相信乾隆最少擁有價值二百萬英鎊「各色玩具、珠寶、玻璃製品、音樂盒，不同種類的器材，顯微鏡、鐘錶等，全部都是在倫敦製造的」。[217] 斯當東甚至說在熱河有一個「Cox Museum」——指的是清廷所收藏英國著名鐘錶匠 James Cox (1723?–1800) 及其家族所製造大量名貴的鐘錶。[218] 在這情形下，我們也很難期望乾隆在參觀使團禮品時表現很大興趣。登維德的回憶錄說乾隆在觀看氣泵等

215 〈大清皇帝給英吉利國王敕諭〉，《英使馬戛爾尼訪華檔案史料匯編》，頁 166。

216 Macartney, *An Embassy to China*, p. 125; "hide their diminished heads" 來自約翰・彌爾頓 (John Milton, 1608–1674) 在 1667 年出版的《失樂園》(*Paradise Lost*)："at whose sight all the stars / Hide their diminished heads." John Milton, *Paradise Lost* (London: John Bumpus, Holborn-Bars, 1821), Book 4, p. 100.

217 Macartney, *An Embassy to China*, p. 261.

218 Staunton, *An Authentic Account of an Embassy*, vol. 2, p. 84；有關清廷所藏英國鐘錶情況，可參 Catherine Pagani, *"Eastern Magnificence and European Ingenuity": Clocks of Late Imperial China* (Ann Arbor: The University of Michigan Press, 2001)。

禮品時，把它們說成「只配供兒童玩樂之用」，[219] 這確會讓使團的人感到氣餒甚至憤怒。巴羅在看到和珅以他們所帶來極為珍視的大透鏡燃點煙槍後憤憤不平地說：「他們〔中國人〕完全沒有能力欣賞藝術和科學上任何偉大或最好的東西。」[220] 不過，乾隆其實並不是說全部禮品都只配供兒童玩樂之用，因為登維德也說乾隆所指的只是「氣泵等」物件，[221] 其他人更明確地指出乾隆談及的只是其中一些禮品，例如畫師額勒桑德從德天賜那裡轉述乾隆的說法：「一些物品只配供兒童玩樂」。[222]

但另一方面，斯當東卻力排眾議，非常明確地說乾隆在觀看使團的禮品時展示出很大的興趣。他首先強調乾隆從熱河返回北京時並不馬上回紫禁城，而是直接跑去圓明園觀看禮品，接著又說乾隆看得十分仔細，且對大部分的物品都很感滿意，尤其認真觀看一些儀器的示範。[223] 這的確跟其他人的說法不同。他還提出一個很有意思的具體事例，就是乾隆對使團所帶來的英國戰船「皇家君主號」的模型很感興趣，向在場的使團人員具體地詢問戰船的不同部分，也問到英國航海事業的一般情況。雖然斯當東說由於譯員的水平所限，很多技術方面的問題沒法翻譯出來，讓乾隆不願意再多提問，[224] 但值得思考的是：為什麼使團帶來這許多價值不菲的禮品都不為乾隆所重視，倒是一條戰船的模型卻得到很大的關注？當然，並不是說戰船模型沒有價值，正好相反，使團帶來模型的用意是很清晰的，雖然他們不是要以武力威嚇中國，但確實想炫耀

---

219 Proudfoot (compiled), *Biographical Memoir of James Dinwiddie*, p. 53.

220 "They are totally incapable of appreciating anything great or excellent in the arts and the sciences." Barrow, *Travels in China*, p. 343.

221 常修銘說「在登維德的語氣脈落中乾隆所言指的是『所有』禮品」。常修銘：〈馬戛爾尼使節團的科學任務〉，頁59。這可商榷，因為登維德的原文是"When viewing the air-pump, &c., he said, *These things are good enough to amuse children*"，說的是乾隆在觀看氣泵等禮品時作的評論，沒有指全部禮品，因為乾隆在第一天已經看了主要的禮品，如天體儀等，第二天看氣泵時才作出這樣的評論。

222 Alexander, "Journal of a voyage to Pekin in China, on board the 'Hindostan' E. I. M.," p. 27.

223 Staunton, *An Authentic Account of an Embassy*, vol. 2, p. 122.

224 Ibid.

英國的海軍實力，展示海上霸主的地位。從斯當東的記載看來，他們可以說是達到目的，因為這戰船模型成功吸引乾隆的注意，讓乾隆知道英國的海上力量。這也正好顯示乾隆的敏鋭，能從禮品中讀出重要的訊息來。不過，這是否一定能為英國帶來正面的效果？英國人也許過於天真，想得過於理想，以為乾隆在看到英國人先進的軍事設施和工業力量後會產生尊敬之情，從而認同英國地位崇高。我們沒有任何資料，確定乾隆在看過戰船模型後的反應和想法，但值得注意的是乾隆在使團離開北京、南下廣州時給與陪同使團大臣的指示：

> 前因暎咭唎表文內懇求留人在京居住，未准所請，恐其有勾結煽惑之事，且慮及該使臣等，回抵澳門，捏辭煽惑別國夷商，壟斷謀利，諭令粵省督撫等，禁止勾串，嚴密稽查。昨又據該使臣等向軍機大臣呈稟，欲於直隸天津浙江寧波等處海口貿易，並懇賞給附近珠山小海島一處，及附近廣東省城地方一處，居住夷商，收存貨物。種種越例干瀆，斷不可行。已發給敕諭，逐條指駮，飭令使臣等，迅速回國矣。外夷貪狡好利，心性無常，暎咭唎在西洋諸國中，較為強悍。今既未遂所欲，或致稍滋事端。[225]

毫無疑問，乾隆在後期對英國人起了很大的戒心，這是因為細讀使團帶來的國書，加上馬戛爾尼在離開北京前通過和珅向清廷提出一連串要求，諸如在北京派駐人員、要求賞給小島等，令乾隆看出使團真正的意圖，因此兩度頒送敕諭，斷然拒絕全部要求，[226] 並指令官員對他心目中最為強悍的英國人提高警覺，這是很可以理解的。不過，既然斯當東報告乾隆在參觀禮品時特別關注戰船模型，我們便不能排除這也是引起乾隆戒心的部分原因。值得注意的是乾隆在上諭中特別提到英國人「諳悉水道，善於駕駛」，而在指示方面，也具體地說「各省海疆，最關緊

---

[225] 〈諭軍機大臣著沿海督撫嚴查海疆防範夷船擅行貿易及漢奸勾結洋人〉，《英使馬戛爾尼訪華檔案史料匯編》，頁62–63。

[226] 〈大清皇帝給英吉利國王敕諭〉，同上，頁165–166；〈大清皇帝為開口貿易事給英國王的敕諭〉，同上，頁172–174。

要」,「海疆一帶營汛,不特整飭軍容,併宜豫籌防備」。[227] 我們不能確定這是否跟使團所帶來的戰船模型有直接關係,畢竟乾隆對於英國的海上實力應該早有所聞,但既然斯當東説乾隆特別關注戰船模型,這道上諭就顯得重要。然而,斯當東説由於譯員水平不足,以致乾隆不願意多提問,便正好進一步説明翻譯在馬戛爾尼使團訪華的重要性。沒有稱職的譯員,雙方的溝通受到嚴重的限制。

七

平情而論,馬戛爾尼使團這次帶來的禮品不可謂不豐厚,上文指出過,使團最終所攜帶的禮品總價值為15,610英鎊,但最終落得「夷性見小」、「張大其詞」的評價,實在有欠公允,而且,其實乾隆並非完全不知道英國人帶來禮品的價值,因為在英使團離去回國後不久,荷蘭派遣德勝使團訪京後,清廷便比較過二者所送的禮物:

> 遵將此次荷蘭國呈准貢單與上次英吉利國所進單開各件詳細比較,查英吉利國所進大儀器共有六件,此次荷蘭國止有樂鐘一對、金表四對,其餘羽緞大呢等項為數均不及英吉利國所進十之一二。至荷蘭國貢單內所開檀香油丁香油等物,並非貴重之物,亦併以湊數呈進,較之英吉利國所進物件,實屬懸殊。[228]

因此,問題的核心不在數量,甚至不在於價值,而是在於怎樣做出更準確和更有效的溝通。然而,當時有關禮品的溝通的確存在問題。

首先,由於最早的溝通完全由中國官員主導,讓乾隆對使團禮品形成了一種不太準確的理解和過高的期待。這指的是東印度公司主席百靈送到廣州通報英國派遣使團的信件。〈預告篇〉曾指出,原信對禮品的描述頗為簡單直接,並沒有刻意誇大它們的價值,不應該造成自我吹嘘的

---

[227] 〈諭軍機大臣著沿海督撫嚴查海疆防範夷船擅行貿易及漢奸勾結洋人〉,同上,頁63。

[228] 〈奏為將荷蘭呈進貢單與英進單對比實屬懸殊事〉,同上,頁202。

效果，但經過廣州通事的翻譯後，這封信的中譯本卻呈現不同的狀況，變成英國人帶來「貴重物品」，甚至有「貢物極大極好」的說法，[229] 讓人覺得禮品非常名貴。自此，清廷的文書中便不斷提到英國人的貢品「甚大又極細巧」，[230] 朝廷上下對使團所攜帶的禮品抱有很高的期望，特別是英國過去從沒有派遣使團到來，更讓人浮想聯翩。這就是軍機處上諭所說「英吉利國系初次進貢，且貢物甚多，非緬甸之常年入貢土儀者可比」的原因。[231] 但當乾隆讀到使團送來的一份平平無奇的禮品清單，只羅列十九件禮品，且其中不少是「雜貨」、「家用器具」、「雜樣印畫圖像」等，不可能覺得當中有什麼寶貴的價值，對禮品的理解出現嚴重的落差，自然會認為原來的說法過於誇張。

但另一方面，馬戛爾尼自始至終都是要通過送呈禮品來展示甚至炫耀英國在國力、科技以至藝術方面的高超成就，從而提升英國在乾隆心目中的地位，爭取較佳的在華貿易條件和待遇。此外，他也清楚說過要著意撰寫禮品清單，詳細開列一些細節，才能展示禮品的價值和送禮的用心。事實上，禮品清單原文確有誇張炫耀的地方，甚至有不少可能會讓乾隆感到不快的表述，尤其一些政治上敏感的表述，諸如對英國海軍力量的讚揚、英國勢力普及全球，以至西方天文、科學和軍事知識的宣揚和頌讚等。這樣，如果譯文要準確傳遞馬戛爾尼的意思，便不可能是謙遜平實的文本。但問題是：譯者既受制於中英文化的差異，而語文能力也嚴重影響其表達，最後便不一定能夠把馬戛爾尼要傳達的訊息準確地翻譯過來。

〈譯員篇〉曾分析過使團兩名譯員柯宗孝和李自標，都是從小離開中國，在那不勒斯接受傳道訓練，他們的中文水平不高，現在所見的翻譯

---

229 〈譯出英吉利國字樣原稟〉，同上，頁217。

230 〈和珅字寄梁肯堂奉上諭英船天津不能收泊擬廟島起旱著吉慶親往照料〉，同上，頁112；〈和珅等為請將貢品尺寸開單寄送熱河軍機處給吉慶的啟文〉，同上，頁113；〈軍機大臣為傳諭徵瑞與英貢使面商貢品運輸事宜給梁肯堂徵瑞的劄〉，同上，頁114。

231 〈奏為謹擬頒賞英貢使物件清單呈覽事〉，同上，頁95。

文本時常出現詞不達意、晦澀生硬，以至口語化的情況，他們沒法掌握或重現馬戛爾尼清單原文那種既誇張又含蓄的文體和風格。中文水平以外，還有專業知識的問題，究竟使團譯員對於西方科技知識有多少理解？從譯文看來，他們對於西方科技及工業發展的知識十分匱乏，對天文儀器、科技或工業產品也很陌生。機械師登維德曾批評李自標，「在他的身上找不到一粒科學的原子」。[232] 另一方面，梵蒂岡傳信部檔案卻說李自標「嫻熟於科學」，[233] 但即使真的是這樣，這些譯員的科學知識也顯然是在意大利那不勒斯中華書院學來的，不可能知道先進的西方科技產品的中文翻譯和表述方式。此外，由於馬戛爾尼帶來的部分禮品涉及西方最新的科技和工藝，漢語本來就沒有合適的名稱或表述。在這情形下，譯者既沒法譯出正確的名稱，也不能準確解說，最終往往只能以簡單化的方式來進行翻譯，刪減一些他沒法理解或表達的細節，結果就隱埋了這些禮品的價值和功能。當使團所費不菲的第一件禮品被翻譯成「壹座大架仔西音布蠟尼大利翁」、七政儀被翻成「中架」、還有什麼「巧益之架子」、「奇巧椅子」的時候，清單的內容便變得很單薄，禮品的價值及功能都沒法呈現，然而，譯文卻保留了一些空洞的、誇張的讚美語句，乾隆讀下來，怎能不產生「張大其詞」的感覺？

232　Proudfoot, *Biographical Memoir of James Dinwiddie, LL.D.*, p. 71

233　Giambattista Marchini, Macao, 3 November 1793, APF SOCP, vol. 68, f. 487r.

第5章

國書篇

我們認為最起碼要待到大使到達首都後才把英王陛下的信函呈遞出去，這樣會較為鄭重而得體。因此，我們回答說，信件原文以及其譯文都鎖在一個金盒子裡，將會直接呈遞到皇帝的手中。

——斯當東[1]

朕披閱表文，詞意肫懇，具見爾國王恭順之誠，深為嘉許。

——乾隆致喬治三世敕諭，乾隆五十八年九月初三日[2]

一

在呈送過禮品清單後，馬戛爾尼使團一行在1793年8月5日在大沽登岸，正式踏上中國的土地，向北京進發，同時開始著手處理一個十分棘手的問題：大使覲見乾隆時的儀式。在這問題上，馬戛爾尼寫給和珅的一封信扮演重要的角色，而信函的翻譯更觸碰非常敏感的政治問題。

從清廷的角度，到來朝貢賀壽的外國使節，理所當然地應該向乾隆行三跪九叩大禮，西洋諸國也不例外，在馬戛爾尼之前的俄羅斯、荷蘭、葡萄牙等使團大使，都向清朝大皇帝行叩拜禮。對於英國使團，清廷有著相同的期望，是完全可以理解的。乾隆曾經傳諭負責接待使團的

1 Staunton, *An Authentic Account of an Embassy*, vol. 1, p. 242.
2 〈大清皇帝給英吉利國王敕諭〉，《英使馬戛爾尼訪華檔案史料匯編》，頁165。

梁肯堂和徵瑞，「於無意閒談時婉詞告知，以各處藩封到天朝進貢觀光者，不特陪臣俱行三跪九叩首之禮，即國王親自來朝者，亦同此禮。今爾國王遣爾等前來祝嘏，自應遵天朝法度。」[3] 馬戛爾尼方面，出發前得到的指示是為避免談判失敗，他可以遵行中國的禮節和儀式，「只要不損害英王的榮譽或你自己的尊嚴」。[4] 這有點含糊，究竟怎樣才算不損害英王的榮譽和大使的尊嚴？看來只能讓馬戛爾尼自己判斷。

我們不在這裡討論馬戛爾尼最終有沒有向乾隆行叩禮，[5] 只集中分析馬戛爾尼在熱河覲見乾隆呈遞國書前，所寫給和珅的一封信的翻譯問題。這封信是馬戛爾尼在1793年8月28日在北京寫給和珅的，提出解決叩拜禮儀問題的方案。有關這封信的內容，由於馬戛爾尼的日誌和斯當東的回憶錄都有報導，[6] 後者甚至把信函的主要內容抄錄，而整封信函亦見於東印度公司的檔案，[7] 因此，馬戛爾尼所提的方案較為人知，但一直不為人知道的是：送到中方手上的信函中譯本是怎樣表述其中的訊息？這才是最關鍵的問題，因為清廷官員能看到的就只有這份譯本，一切訊息也由此文本而來。

根據馬戛爾尼的日誌，他在8月28日完成草擬信函，第二天由法國遣使會教士羅廣祥協助翻譯出來。但信函不是羅廣祥自己翻譯的。馬戛爾尼在日誌裡說羅廣祥很不情願地參與這項翻譯工作，原因是他不想牽涉入這個至關重要和敏感的國事問題上，幾經馬戛爾尼的勸說才肯把文書翻譯出來，並以適當的外交形式表述（“I had a good deal of difficulty in persuading Father Raux to get it translated into Chinese and to put it into the proper diplomatic form”）。[8] 但馬戛爾尼這裡的說法很含糊，只是說羅廣

[3] 〈和珅字寄梁肯堂奉上諭大件貢品留京其餘送熱河曉諭貢使覲見行跪叩禮〉，同上，頁129。

[4] “Instruction to Lord Macartney, Sept. 8, 1792,” in Morse, *The Chronicles of the East India Company*, vol. 2, p. 236.

[5] 〈背景篇〉已列出一些相關的論文，其中以黃一農的〈印象與真相〉最為人信服。

[6] Macartney, *An Embassy to China*, p. 100; Staunton, *An Authentic Account of an Embassy*, vol. 2, p. 32.

[7] “Note for Cho-Chan-Tong, First Minister, Pekin, 28 August 1793, English original, with Latin and French Translations,” IOR/G/12/92, pp. 209–216.

[8] Macartney, *An Embassy to China*, p. 99.

祥最終提供中譯本，不能由此確定是否由羅廣祥自己翻譯的。日誌以外，馬戛爾尼在寫給鄧達斯的報告裡說羅廣祥「提供一位我需要的譯者」，[9] 那就是指由另一位譯者負責翻譯。另一方面，斯當東的說法又不完全相同：羅廣祥為他們找來一位經常為他做翻譯的中國教徒來幫忙，但中間經過一個很繁複的翻譯過程：先由使團成員惠納把英文原稿譯成拉丁文，然後交由李自標以漢語口述內容，最終由這名中國教徒把內容按照中國官方文書的格式寫成中文。[10] 這樣看來，這名譯員似乎不懂拉丁文，只負責筆錄，實際上是由使團自己的譯員李自標做口述翻譯的工作。本來，弄清楚誰是這封書函譯者是關鍵的，因為譯文出現一個非常敏感和重要的問題，只可惜馬戛爾尼和斯當東不同的說法讓我們沒法確定誰是信函的譯者。

馬戛爾尼的原信寫得很圓滑得體，他首先強調英國派遣使團是要以最明確的方式向中國大皇帝表示特別的尊重和崇敬，[11] 然後表明他自己是願意在覲見乾隆時遵行任何儀式的，原因不是害怕打破舊例，而是自己作為世界上其中一個最偉大、而且距離最遙遠國度的代表，遵行中國的覲見儀式，是對普世認同中國大皇帝的尊嚴和德行致以最高的敬意，自己對此毫無猶豫或困難。這都說得十分冠冕堂皇，應該可以讓乾隆感到滿意。可是，馬戛爾尼馬上筆鋒一轉，提出請求大皇帝答應一個條件，要求讓一名職階與他相若的官員，向英國國王的畫像奉行自己在北京覲見中國大皇帝時所用的儀式。這內容在日誌裡都記錄了，目的也非常明顯，就是要表明中英兩國地位平等，不過，馬戛爾尼在信函中還解說提出這要求的原因：那是為了避免自己因為向乾隆行中國禮儀而在回國後受到嚴厲的懲罰。為什麼會受到懲處？馬戛爾尼用上一種跡近造作的委婉表述方式：

9 Macartney to Dundas, near Han-chou-fu, 9 November 1793, IOR/G/12/92, p. 62.

10 Staunton, *An Authentic Account of an Embassy*, vol. 2, pp. 31–32.

11 "Note for Cho-Chan-Tong, First Minister, Pekin, 28 August 1793," p. 209.

> 假如大使在這場合的行為，被視為不符合其代表的國王在世界其他獨立君主中所享有偉大而尊貴的地位，使臣肯定將受重罰。
> The Embassador should certainly Suffer heavily, if his conduct on this occasion could be construed as in any wise unbecoming the great and exalted rank, which his master, whom he represents, holds among the Independent Sovereigns of the World.[12]

這裡不但傳遞英國是獨立主權國家的訊息，更強調英國國王在世界上獨立自主國家中享有崇高的地位，但必須注意的是：馬戛爾尼在這裡沒有特別點明英國與中國的關係，但他的意思也非常清晰：大使向乾隆行跪叩儀式，有損英國國王作為獨立自主主權國君主的尊貴地位和身份，因此清廷必須派遣職階相同的官員向英王奉行相同的儀式，兩國的地位才算相等。這樣的要求其實是要清廷承認中英兩國地位平等，都是獨立自主的國家。

但是，假如行跪叩儀式有損英國人的地位，那麼，要求中國官員向英王畫像叩拜，清廷的地位和身份不受損害嗎？很明顯，馬戛爾尼提出這樣的條件，只是一種以退為進的策略，因為他預想清廷肯定不會同意，這樣，中國官員便不可能再來要求他行跪叩禮。[13]

那麼，使團所提供的中譯本是怎樣表達這敏感的訊息？由於馬戛爾尼這封信函的中譯本只見於大不列顛及愛爾蘭皇家亞洲學會檔案館的「小斯當東中文書信及文件」，[14] 一直沒有學者提及，其實，上引相關一句的譯文是至關緊要的：

---

12 Ibid., p. 210.

13 Hillemann指出，馬戛爾尼提出這樣的要求，是借助俄國的經驗。俄羅斯彼得一世(Peter I, Pyotr Alekseyevich, 1672–1725, r. 1682–1725)在1719至1721年派遣伊茲瑪伊洛夫(Lev Vasilevich Izmailov)到北京，最初伊茲瑪伊洛夫拒絕行叩拜禮，但後來終於向康熙叩首，原因是他得到答應中國官員到俄羅斯時會向沙皇遵行相同的叩首儀式。John Bell (1691–1780), *Travels from St. Petersburg in Russia, to Diverse Parts of Asia* (Glasgow: R. and A. Foulis, 1763), vol. 2, pp. 3–4; Hillemann, *Asian Empire and British Knowledge*, p. 42. 有關伊茲瑪伊洛夫使團，可參Mancall, *Russia and China*, pp. 217–224。

14 "George Thomas Staunton Chinese Letters and Documents," vol. 2, doc. 16, Royal Asiatic Society of Great Britain and Ireland.

> 使臣回國恐受大不是了，若是使臣所行的事情不明證使臣本國不是中國屬國，免不了得大不是。[15]

撇開行文的口語化表述與馬戛爾尼的風格迥異外，譯文其實還作了嚴重的改寫，最突兀的地方是明確地針對英國與中國的關係，不是委婉地說出英國在世界其他國家中的位置，而是直接提出英國不是中國的屬國，更要求朝廷通過接受馬戛爾尼的條件來確定。這有點匪夷所思，比馬戛爾尼原信強硬得多，因為這次的潛台詞不只是叩首有損國家地位或尊嚴，而是會被視為屬國。我們能想像和珅或乾隆會答應馬戛爾尼這樣深具政治意義的條件，讓自己的官員向英國國王圖像叩首，中國成為英國的屬國嗎？

馬戛爾尼大概不知道中譯本以「中國屬國」來表達叩首的嚴重政治意義，因為拉丁文和法文譯本都沒有這樣的說法，因此，這改動就只能來自中文本的譯者。儘管我們沒法確定這份譯本是由李自標口述翻譯還是羅廣祥的中國助手自己翻譯的，但中譯本最終稿出自中國人之手，那是毫無疑問的，而在二人之間，似乎羅廣祥的中國助手扮演的角色更大，因為即使是經由李自標口述，但由於他們認為李自標不熟悉中國官場文化和表述，所以讓這名中國助手過來，借用斯當東的說法，「把內容轉為官方文書慣用的風格」，[16] 這樣看來，最終的書寫的確是由這名中國助手完成。由於沒有這名中國助手的任何資料，除了知道他是天主教信徒外，我們對於他的文化和政治背景一無所知，因而無從確定究竟改動譯文的原因以至動機是什麼。但從整篇譯文看來，這樣的改動看來不像是出於政治性的考慮，而是出於簡化的翻譯策略，直截了當地用最簡單的說話來翻譯，對於語文能力不強的譯者來說，是最便捷和容易的方法，尤其面對馬戛爾尼那種花巧婉轉以至賣弄的風格，信函譯者看來是無法充分掌握和應對的，在好幾處都出現簡略化的情況。畢竟，一個臨

15 Ibid.

16 Staunton, *An Authentic Account of an Embassy*, vol. 2, pp. 31–32.

時召喚來幫忙的譯者不應有什麼涉及中英關係的政治動機，而且，從整篇翻譯的行文判斷，這位中國教徒的中文書寫能力的確不見得高明。

然而，不管動機怎樣，後果卻是嚴重的。根據馬戛爾尼日誌的記載，徵瑞在使團到達熱河後的9月8日把信函交回馬戛爾尼，他的說法是：如果馬戛爾尼自己交給和珅，應該會得到他的回覆。[17] 斯當東的回憶錄更強調了一個重要的訊息：馬戛爾尼的信函原來是密封的，但送回來時已開過了，而且，徵瑞還告訴他們，信函一直留在自己身邊，沒有送出去。[18] 斯當東接著說，本來徵瑞認為馬戛爾尼的要求是可以接受的，但他們突然改變主意，很可能是因為剛從西藏來到熱河的福康安——這人是眾所周知的「英國的敵人」("a declared enemy of the English")，提出負面的意見，致令和珅改變主意。[19] 但這猜想是不準確的。既然信函一直留在徵瑞手上，那就不應該對覲見儀式有過什麼討論。儘管馬戛爾尼說徵瑞在把信函還給他前曾把信交給和珅省閱，[20] 但事實是徵瑞在讀過信函後，不敢向上呈遞，因為就連斯當東自己也說過，當他跟和珅見面並把信函拿出來時，和珅表現得全不知情。[21] 正如黃一農所分析，在9月8日（八月初四日）當天，軍機處還奏進「英國瞻覲儀注二單」，「若清廷早已見馬戛爾尼有關覲見儀禮的說帖，當知此事相當棘手，應不至在雙方還未談妥之前，即訂下呈遞國書的時間和儀注。」[22] 但更值得注意的是朝廷對使團的態度在9月9日出現一個至為重要的轉變。在9日及10日兩天內，上諭、和珅和軍機處連續頒下指令，因為英使「於禮節多未諳悉」，以致皇帝「心深為不愜」，因此，使團回程所經沿途地方官員在款接時只須「照例預備，不可過於豐厚」，[23] 甚至

---

17 Macartney, *An Embassy to China*, p. 117.

18 Staunton, *An Authentic Account of an Embassy*, vol. 2, p. 65.

19 同上。

20 但這只是他自己的猜想。Macartney, *An Embassy to China*, p. 117.

21 Staunton, *An Authentic Account of an Embassy*, vol. 2, p. 67.

22 黃一農：〈印象與真相〉，頁47，註43。

23 〈諭軍機大臣英使不諳禮節著諭沿途接待不可過於優厚〉，《英使馬戛爾尼訪華檔案史料匯編》，頁50；相類的指令還見於同上，頁147、148、261、533等。

有供應「再為減半」的指示，[24] 而沿途兵弁更要「一律嚴肅，以壯觀瞻而昭威重」，[25]「貢使等經過各省地方，各該督撫祇須派令道將護送，不必親自接見」，[26] 而且措詞非常嚴厲，有「此等無知外夷」、「妄自驕矜」、「不值加以優禮」等，更指令軍機處在傳見使團時，軍機大臣「不必起立，止須預備杌櫈，令其旁坐」。[27] 為什麼有這麼重大的轉變？關鍵就在馬戛爾尼這封信函。

根據馬戛爾尼的日誌，喬人傑和王文雄在9月8日到來，解說和珅不來相見的原因，一是使團的處所較小，二是和珅弄傷膝蓋，不便過來，轉而邀請馬戛爾尼前往面見。這很可能只是借口，更主要的還是體制問題，和珅不願意自己首先過訪。另一方面，馬戛爾尼也從體制考慮，婉拒邀請，提出副使斯當東可作代表。當天下午，斯當東應邀面見和珅，回來向馬戛爾尼匯報，除與和珅談及國書的內容外，還有討論覲見的儀式，試圖找出中方無須向英王回叩禮的方法，更重要的是，斯當東正式把馬戛爾尼原來的信函交與和珅。[28] 當然，這次討論讓和珅知道馬戛爾尼不肯輕易就範，向乾隆行跪叩禮，會議的氣氛看來十分惡劣，小斯當東和李自標都特別提到和珅態度不友善。[29] 然而，最核心的還是信函的內容，因為第二天和珅即字寄北京王大臣等，痛斥使團，裡面就直接談及這封信：

> 昨令軍機大臣傳見來使，該正使揑病不到，止令副使前來，並呈出字一紙，語涉無知，當經和珅等面加駁斥，詞嚴義正，深得大臣之體。[30]

---

[24] 〈和珅字寄沿途督撫上諭英貢使經過只須令道將護送不必親自接見〉，同上，頁535。

[25] 〈上諭軍機大臣英使不諳禮節著於回程時沿途兵弁一律嚴肅以壯觀瞻〉，同上，頁13。

[26] 〈和珅字寄沿途督撫上諭英貢使經過只須令道將護送不必親自接見〉，頁535。

[27] 〈和珅字寄留京王大臣奉上諭英使不知禮節回京傳旨賞物後即照料回國〉，同上，頁534。

[28] Macartney, *An Embassy to China*, p. 118.

[29] Thomas Staunton, "Journal of a Voyage to China, Second Part," 8 September, 1793, p. 103, Staunton Papers, Duke University; Jacobus Ly, Macao, 20 February 1793, APF SOCP, b. 68, f. 613v.

[30] 〈和珅字寄留京王大臣奉上諭英使不知禮節回京傳旨賞物後即照料回國〉，頁534。

和珅這段重要的文字，直接涉及一封信函，但一直沒有得到重視，究其原因，是人們沒有看到這書函的文本，不知道當中有什麼地方「語涉無知」，又怎樣激怒乾隆。但當我們知道馬戛爾尼信函中譯本原來赫然出現英國「不是中國屬國」的說法，就能明白箇中原因，只是這種清廷無法接受的觀念，很大程度上是來自譯員自己的表述。

二

在與馬戛爾尼使團相關的大量文書中，最重要的毫無疑問是馬戛爾尼所帶來英王喬治三世寫給乾隆的國書，這除了因為國書在使團活動中本來就具有高度的政治意義外，在馬戛爾尼使團這特別的個案中，國書的角色和作用更為關鍵，這不僅是中英兩國第一次正式的官方交往，更由於兩國政府在18世紀末初次接觸的時候，無論政治、文化、思想和語言上都存有巨大的差異，英國慣常的國書書寫模式能否有效地傳達英國人的政治訴求？而另一方面，一向奉行朝貢制度的清廷，又怎樣去理解和接受這份來自西方國家的國書的內容和精神？這都是使團成敗的關鍵。對於乾隆來說，英王國書是從英國最高層傳送過來最直接的資訊，也是他獲取有關英國方面訊息最重要的來源。

在現在所見到有關馬戛爾尼使團的原始資料裡，直接交代國書準備情況的地方很少，我們甚至不知道國書是由誰擬寫、什麼時候寫成的。東印度公司檔案裡藏有這份國書的英文原版以及拉丁文譯本，[31] 但並不見中文譯本。值得一提的是原來這份國書還有「後備版本」。馬戛爾尼在使團最初的籌備階段時曾寫信給鄧達斯，提出要制訂國書後備版本，

---

31 “Letter from His Majesty to the Emperor of China on the Occasion of Deputing Lord Macartney on an Embassy,” IOR/G/12/91, pp. 325–332; “Copy of a Letter Together with Latin Translation from King George the Third to the Emperor of China, Undated,” *An Important Collection*, vol. 8, doc. 330, CWCCU; Morse, *The Chronicles of the East India Company*, vol. 2, pp. 244–247.

他認為使團必須考慮乾隆已屆高齡，萬一在使團赴華途中突然去世，他們也不應取消行程，但必須呈遞另外的國書，因此有準備另外一個版本，把皇帝名字預留空白。[32] 這看來是十分周詳的考慮。不過，馬戛爾尼之前的凱思卡特早已提出過相同的問題，他也曾經寫信給鄧達斯，要求準備一封預留空白位置的國書，如使團在抵達中國前老皇帝去世，便可以填上新皇帝的名字，[33] 只是當時東印度公司似乎沒有回應，而這次馬戛爾尼的建議則馬上得到公司董事局批准。[34] 後備國書並不見於東印度公司的檔案，幸而馬戛爾尼所擔心的情況沒有出現，因為如果真的改用另一份國書，使團要在途中臨時完成翻譯以至抄寫，將會遇上莫大的困難。我們在下文將會見到，抄寫國書中文本其實也是極具挑戰性的工作。

國書原英文文本除見於東印度公司的檔案外，更容易見到、且時常被徵引的文本是馬士以附錄形式收錄在其《東印度公司對華貿易編年史》第二卷內的一份。[35] 另一方面，1928年北平故宮博物館所編輯《掌故叢編》中的〈英使馬戛爾尼來聘案〉，收錄了〈譯出英吉利國表文〉；[36] 相同的文本後來也收入1999年中國第一歷史檔案館所編輯的《匯編》。[37] 一直以來，我們認定這就是喬治三世國書的中文譯本。這樣看來，國書的中英文本問題似乎早已得到解決，要閱讀和參考都沒有多大困難。

我們暫且把文本的問題擱下，先討論另一個重要問題：喬治三世給乾隆的國書是由誰翻譯成中文的？

在〈譯員篇〉裡，我們討論過當時中英雙方直接或間接為使團服務過的翻譯人員，前後總共有十餘人，毫無疑問，國書中譯本的譯者就在

---

32 Macartney to Dundas, Curzon Street, 4 January 1792, IOR/G/12/91, p. 49.

33 Cathcart to Dundas, 19 July 1787, IOR/G/12/90, pp. 7–8.

34 Dundas to Macartney, Whitehall, 8 September 1792, IOR/G/12/91, p. 370; also in IOR/G/12/20, p. 52.

35 Morse, *The Chronicles of the East India Company*, vol. 2, pp. 244–247.

36 〈譯出英吉利國表文〉，《掌故叢編》，頁76–78。

37 〈譯出英吉利國表文〉，《英使馬戛爾尼訪華檔案史料匯編》，頁162–164。

他們之中。但在這十數名涉及使團翻譯活動的人員中，究竟是哪一位或哪幾位譯者負責翻譯國書的？對於這一重要問題，學者有不同的說法。秦國經在兩處不同地方這樣說過：

> 英國王向乾隆帝遣使祝壽的表文，由索德超全文譯出後，於乾隆五十八年八月十九日（一七九三年九月二十三日）進呈乾隆帝閱覽。[38]
>
> 當英使團離開熱河之後，八月十九日，乾隆皇帝接到了由欽天監監副索德超翻譯的英國國王表文。[39]

秦國經曾任中國第一歷史檔案館副館長，專責整理故宮有關馬戛爾尼使團來華的檔案資料，主編《匯編》，他的說法自有其權威性。不過，儘管秦國經說得很確鑿，但其實在這兩處他都沒有提出任何佐證或添加註釋，說明資料來源，不能滿足嚴謹的學術要求。此外，英王國書由索德超翻譯的說法，除秦國經外，未見其他人提出過。[40] 事實上，在我們所能見到的原始資料，包括整部《匯編》，都沒有述及索德超翻譯英國國書的事；另一方面，英國方面的原始資料卻充分證明，英國人在呈遞國書前，自己便早已準備好中文譯本。換言之，國書並不是在使團抵達北京以後才由一直住在那裡的索德超把它翻譯出來。

根據馬戛爾尼和斯當東的日誌和回憶錄，從使團剛抵中國開始，派來迎接他們的中國官員喬人傑和王文雄便再三要求拿取國書，卻一直遭馬戛爾尼拒絕，堅持要直接把國書呈交皇帝。[41] 斯當東的回憶錄這樣說：

> 我們認為最起碼要待到大使到達首都後才把英王陛下的信函呈遞出去，這樣會較為鄭重而得體。因此，我們回答說，信件原文和譯文都鎖在一個金盒子裡，將會直接呈遞到皇帝的手中。
>
> It was, however, thought more prudent, and perhaps more decent, to reserve the communication of his Majesty's letter, at least until the arrival of the Embassador

---

38 秦國經：〈從清宮檔案，看英使馬戛尼訪華的歷史事實〉，同上，頁75。

39 秦國經、高換婷：《乾隆皇帝與馬戛爾尼》，頁142。

40 沈艾娣也用上這說法，所指的是藏於故宮的〈譯出英吉利國表文〉。不過，她同樣也沒有說明資料來源，相信是借用秦國經的說法。Harrison, *The Perils of Interpreting*, p. 116.

41 Macartney, *An Embassy to China*, p. 120.

> at the capital; and therefore an answer was given, that the original, with the translations of it, were locked up together to a golden box, to be delivered into the Emperor's hands.[42]

這裡說得非常明白，使團自己早就準備好國書的中文譯本，一直放在金盒子裡。此外，斯當東在說到「譯文」時是以複數形式（plural form）來表達的，也就是說盒子內放有不只一份譯文。這說法是準確的，因為他們還同時準備了國書的拉丁文譯本，一併放在金盒子裡。證諸清宮檔案，徵瑞在乾隆五十八年六月二十七日（1793年8月3日）上奏，曾派遣喬人傑和王文雄出海「查看表文貢單」，但結果英方只答應譯出貢單，「表文未經呈出」，徵瑞這樣回報：

> 該貢使堅稱並無副表，本國王親自封鎖匣內，必須面呈大帝，方見其誠，此時不敢擅開。[43]

這裡雖然沒有直接提及譯文的問題，但內容與斯當東的記述是相同的。不過，斯當東在回憶錄較後部分又說，1793年9月8日（八月初四日）第一次與和珅見面時，和珅詢問使團來訪的目的，斯當東以英王的國書內容作答，並立即把中文本的國書交給和珅，和珅看過後還顯得相當滿意。[44] 這一方面與他自己之前的說法不同，另一方面也跟馬戛爾尼的說法有分歧。據馬戛爾尼說，他是在9月14日（八月初十日）覲見乾隆時親自把放在一個鑲有鑽石的黃金盒子裡的國書直接送到乾隆手上的。[45] 至於9月8日（八月初四日），馬戛爾尼在當天的日誌裡記下，斯當東回來後向他報告和珅很想知道信件的內容，因此答應送給他一個副本；[46] 兩天後，馬戛爾尼與和珅見面時還說期待能夠儘快把英王的信直接交給

42　Staunton, *An Authentic Account of an Embassy*, vol. 1, p. 242.

43　〈長蘆鹽政徵瑞奏報在海口辦理接待英貢使情形折〉，《英使馬戛爾尼訪華檔案史料匯編》，頁351–352。

44　Staunton, *An Authentic Account of an Embassy*, vol. 2, p. 67.

45　Macartney, *An Embassy to China*, p. 122.

46　Ibid., p. 118.

乾隆。[47] 換言之，自始至終使團都沒有把國書交給和珅。事實上，在現在所能見到的清宮檔案中，確實沒有任何記載和珅在馬戛爾尼覲見乾隆前已收到國書中文本的記錄。但無論如何，正、副使的描述都足以說明，國書的中文版本是早已由使團準備的。

那麼，英王國書究竟是經由英使團裡什麼人翻譯出來的？戴廷傑 (Pierre-Henri Durand) 曾作過這樣的推想：

> 這篇譯文可能出自安神甫之手，他是與英國人同舟來華的四位中國人之一；譯文大概完成於航行途中。「特善寫漢字」的安神甫，為翻譯大使抵華所需文件提供了幫助後，在澳門離船上岸。[48]

戴廷傑這裡所說安神甫「特善寫漢字」，其實是來自斯當東的回憶錄。斯當東在回憶錄中提到有四名中國人隨團回到中國來，除使團聘用的兩名譯員外，還有譯員的兩位朋友。斯當東沒有點出這二人的姓名，但提到其中一位特別擅長於書寫漢字 ("uncommonly expert in writing the Chinese characters")，且在旅途上經常協助使團的翻譯工作。[49]〈譯員篇〉已交代過這四名隨團回國的傳教士大致的情況，這位所謂「特善寫漢字」的「安神甫」就是嚴寬仁。關於嚴寬仁翻譯國書的說法，戴廷傑沒有提出任何證據，且從行文看來，他也只不過是從「特善寫漢字」這線索去猜想，既說「可能」，又說「大概」。除了戴廷傑外，沈艾娣也多次說到喬治三世給乾隆的國書是由嚴寬仁翻譯成中文的。[50] 同樣地，她也是出於猜想，她的說法是「幾乎可以肯定，在英國檔案保留下來馬戛爾尼的國書中譯的草稿，是由嚴寬仁完成的」("It was almost certainly Yan who produced a draft Chinese translation of Macartney's letter of credentials that survives in the British archives.")。[51] 然而，這猜想是錯誤的，我們很難想

---

47 Ibid., p. 120.

48 戴廷傑：〈兼聽則明〉，頁 131。

49 Staunton, *An Authentic Account of an Embassy*, vol. 1, p. 191.

50 Harrison, *The Perils of Interpreting*, pp. 86, 115–116.

51 Ibid., p. 86.

像使團沒有完成最重要的準備工作便倉促出發，然後在航海途中才把國書匆忙翻譯出來。事實上，我們掌握確切的證據，足以證明英王喬治三世寫給乾隆的國書中譯本並不是在旅途中才開始翻譯，而是早在使團還沒有出發前在英國便已經翻譯出來了，主要負責這任務的就是斯當東專門從意大利那不勒斯聘來的兩位使團譯者柯宗孝和李自標。〈譯員篇〉已指出，嚴寬仁是在使團在樸茨茅斯即將出發時才加入的，不可能在倫敦參與國書的翻譯；不過，他確實翻譯過以喬治三世名義發出的另一封信——送遞交趾支那國王的一封國書，[52] 那是在航行途中翻譯出來的。

提供明確線索，讓我們知道使團所攜喬治三世致乾隆國書中譯本是由柯宗孝和李自標翻譯的，是直接參與過國書中譯本準備工作的意大利籍漢學家孟督及。

現在所見到最早公開談到國書譯者身份的，是英國新教牧師莫斯理，時間是1798年，距離馬戛爾尼使團訪華才不過五年。在一本1842年倫敦出版有關新教在華傳教的簡史《新教來華傳道源流》裡，莫斯理在開首即全文抄錄自己在1798年所寫的一封「通告」（"circular"），說明他當時已經開始在英國組織人手，希望能把《聖經》翻譯成中文，莫斯理認為這份通告是新教中譯《聖經》的源頭。在通告裡，他談到當時很多人認為學習中文太困難，且缺乏資金和人才把《聖經》翻譯成中文，但他接著便援引馬戛爾尼使團國書的翻譯來說明把英文材料翻譯成中文是很有可能的。他這樣說：

> 英王陛下寫給中國皇帝的諭旨，就是孟督及博士在斯當東爵士從那不勒斯傳道會延聘來做使團譯員的中國羅馬天主教士協助下，在這個國家翻譯成中文的。
> The memorial of his Britannic Majesty to the Emperor of China was translated into the Chinese Language in this country, by Dr. Montucci, assisted by native

52 "Credentials in Latin given by George the Third to Lord Macartney," *An Important Collection*, vol. 8, doc. 329, CWCCU.

Roman Catholic Priests, who had been engaged by Sir George Staunton at the Propaganda Fide, in Naples, to accompany the embassy as interpreters.[53]

該書的另一處再次提到孟督及，只是這次並不是説他把國書翻譯出來，而是説他曾經協助英王國書的翻譯工作。[54] 儘管二者説法不完全相同，但莫斯理明確地説過孟督及便是英王國書的中譯者，至少曾經積極參與過國書的翻譯任務。然而，這説法準確嗎？莫斯理的權威性在哪裡？

莫斯理是來自英國北安普頓郡的一位公理會牧師，曾經編寫過一本有關拉丁文發音的字典。[55] 從上面提到的那本《新教來華傳道源流》看，我們知道他的確很早就積極推動基督教來華，且作出過一些具體的貢獻。首先，他在1798年把這封「通告」寄送給一些熱心的基督徒，然後又輾轉傳發出去，引起廣大的注意，收到大量來信。儘管有些意見較消極負面——包括來自東印度公司董事查爾斯·格蘭（Charles Grant, 1746–1823），但莫斯理並沒有放棄，繼續四處向人借閱書籍來認識中國及學習中文，更獲介紹認識一些略懂中文的歐洲人，其中一人便是孟督及。他又提到，在整個學習中文的過程裡，他經常拜訪孟督及。[56] 此外，他又在大英博物館裡找到一本《新約》的中文節譯本。我們知道，這份名為《四史攸編耶穌基利斯督福音之會編》的譯本，最早是在1737年由一名任職東印度公司的英國人約翰·霍奇森（John Hodgson, 1672–1755）在廣州發現的，他找人謄抄一份後帶回英國，然後在1739年9月贈送給英國皇家學會（The Royal Society）會長漢斯·斯隆爵士（Sir Hans Sloane, 1660–1753），譯稿後來連同斯隆的其他手稿一併收入在大英博物館的「斯隆典藏手稿」（Sloane Manuscripts）裡。[57] 關於這份譯稿的譯者，經學

53 Moseley, *The Origin of the First Protestant Mission to China,* pp. 14–15.

54 Ibid., p. 24.

55 William W. Moseley, *A Dictionary of Latin Quantities: Or Prosodian's Guide to the Different Quantities of Every Syllable in the Latin Language, Alphabetically Arranged* (London: Blackwood, 1827).

56 Moseley, *The Origin of the First Protestant Mission to China*, p. 24.

57 Ibid., pp. 41–42. 關於漢斯·斯隆和大英博物館，可參James Delbourgo, *Collecting the World: The Life and Curiosity of Hans Sloane* (London: Penguin, 2017); James Delbourgo,

者考據後，今天普遍認同的看法是法國巴黎外方教會(Missions Etrangères de Paris)傳教士白日昇(Jean Basset M. E. P., 1662–1707)，他在1689年到達廣州，然後輾轉經過廣西，從1702年開始在四川傳教，《四史攸編耶穌基利斯督福音之會編》就是他在四川的時候翻譯出來的，因此，這份藏於大英博物館的《新約》中文節譯稿本，一般稱為白日昇譯本。[58] 該譯本一直放在大英博物館裡，然後在1800年由莫斯理重新發現。他在同年寫了一篇題為〈譯印中文《聖經》之重要性與可行性研究〉(*A Memoir on the Importance and Practicability of Translating and Printing the Holy Scriptures in the Chinese Language; and of Circulating Them in That Vast Empire*)的報告，[59] 向英國的宗教人士尋求協助，要求印製該譯本，送到中國去。儘管最終

Collecting the World: Hans Sloane and the Origins of the British Museum (Cambridge, MA: Belknap Press, 2019); G. R. de Beer (1899–1972), "Sir Hans Sloane and the British Museum," *The British Museum Quarterly* 18, no. 1 (March 1953), pp. 2–4。

58　最早提出這說法的是Bernward H. Willeke，參Bernward H. Willeke, "The Chinese Bible Manuscript in the British Museum," *Catholic Biblical Quarterly* 7, no. 4 (October 1945), pp. 450–453。關於白日昇和他的《聖經》譯本，可參曾陽晴：〈白日昇「四史攸編耶穌基利斯督福音之合編」之編輯原則研究〉，《成大宗教與文化學報》第11期(2008年12月)，頁156–188；內田慶市：〈白日昇漢譯聖經攷〉，《東アジア文化交渉研究》第5號(2012)，頁191–198。

59　William W. Moseley, *A Memoir on the Importance and Practicability of Translating and Printing the Holy Scriptures in the Chinese Language; and of Circulating Them in That Vast Empire* (London: N. Merridew, 1800)，根據蘇精的說法，這最早的版本已亡佚。參蘇精：〈來華之路：倫敦傳教會的決定與馬禮遜的準備〉，《中國，開門！馬禮遜及相關人物研究》，頁8，註15。另外，從孟督及的一篇文章裡，我們知道在1801年，莫斯理這小冊子已重印了第二版。Antonio Montucci, "An Account of an Evangelical Chinese Manuscript in the British Museum, together with a specimen of it, and Some Hints on the Proper Mode of Publishing it in London," *Gentleman's Magazine*, Oct-Nov 1801, p. 883, n. b.〈譯印中文《聖經》之重要性與可行性研究〉後來以附錄形式收入 *The Origin of the First Protestant Mission to China*, pp. 95–116。另外，由於莫斯理沒有具體說出發現白日昇稿本的日期，以致有學者認為莫斯理是在1801年發現手稿的。見趙曉陽：〈二馬聖經本與白日昇聖經譯本關係考辨〉，《近代史研究》2009年第4期(2009年7月)，頁43。但這是錯誤的，因為上文剛提過那篇在1800年出版的報告，莫斯理已經明確提到在大英博物館找到一份《聖經》中譯稿，且在1800年11月12日他已經收到一些就這份報告的內容引起的討論。Moseley, *A Memoir on the Importance and Practicability*, p. 109 and p. 26；而另外一封由Rev. David Bogue在1800年12月2日寫給莫斯理的信裡提到，莫斯理的報告留在倫敦好幾個月才輾轉送到他手上。同上，頁30。由此看來，莫斯理最遲在1800年10月以前，甚至8、9月間已經發現這份手稿。

這計劃被否決(而後來決定性的意見就是來自馬戛爾尼使團的童子小斯當東,他認為該中文譯本存在問題),[60] 但這最早的《新約》中譯本後來成為英國新教第一位來華傳教士馬禮遜翻譯《聖經》的藍本。此外,馬禮遜出發前曾在倫敦學習中文,他的中文老師容三德(Yong Sam-tak)也是莫斯理找來,[61] 馬禮遜跟容三德的第一次見面更是經由莫斯理引薦的。

根據莫斯理的說法,他最先是在《每月雜誌》(*Monthly Magazine*)上讀到一條訊息,知道一名年輕的中國人在倫敦,徵求教導英文和科學知識。莫斯理沒有詳細交代《每月雜誌》這條訊息的具體情況,其實這是由一位署名「長期讀者」(A Constant Reader)寫給雜誌的一封信,發表於1805年3月1日的《每月雜誌》上,大致內容說威爾遜船長(Captain Henry Wilson)把一名希望學習歐洲文化的中國青年帶到倫敦。這名中國人的名字叫Young Saam Tak,年約25歲,和善有禮,熟悉中國習俗,穿著中國服飾,非常樂意回答人們有關中國的提問;當時他正在倫敦南部克拉珀姆(Clapham)的塞拉利昂學校(Sierra Leone School)學習英文,但由於沒有雙語字典,也沒有懂漢語的英文老師,進度很緩慢。最後,這位長期讀者提出有沒有人能夠提供什麼較為有效的方法,又或是有沒有什麼書籍,讓容三德可以更好地學習英文。[62] 莫斯理在讀到這份報導

60 Moseley, *The Origin of the First Protestant Mission to China*, pp. 61–63.

61 蘇精:〈馬禮遜和他的中文教師〉,《馬禮遜與中文印刷出版》,頁57。莫斯理則把他的名字拼寫為Saam Tack。Moseley, *The Origin of the First Protestant Mission to China*, pp. 83–87. 一直以來,人們都不知道這位教導馬禮遜中文的中國人的名字,只根據其英文名字Yong Sam Tak寫法音譯為「容三德」,這音譯出自蘇精:「本文作者檢視過的馬禮遜文獻中,未發現任何中文教師的中文姓名,為便於行文討論,各教師中文姓名均為音譯。」「容三德」很快便變成定譯,人們直接把「容三德」看成是Yong Sam Tak原來的中文名字。另一方面,張西平據淨雨〈清代印刷史小記〉所記,Yong Sam Tak的中文名字為「楊善達」。淨雨:〈清代印刷史小記〉,張靜廬(輯注):《中國近代出版史料二編》(北京:中華書局,1957),頁353;張西平:〈明清之際《聖經》中譯溯源研究〉,收陳春聲(編):《海陸交通與世界文明》(北京:商務印書館,2013),頁341。蘇精告訴筆者,這「楊善達」也只是淨雨自己音譯出來的。因此,我們始終無法確定Yong Sam Tak的中文名字。這裡仍採用較流行的譯法容三德。

62 A Constant Reader, "To the Editor of the *Monthly Magazine*," *Monthly Magazine or British Register* 19, no. 2 (1 March 1805), p. 139.

後，馬上趕去倫敦，然後在第二或第三天後偶然在路上碰到一名老邁的中國人，這位年老的中國人說是應容三德的要求，安排他乘坐威爾遜船長的船來到倫敦。接著，莫斯理和這位老人吃了一頓晚飯，第二天便向倫敦傳道會的司庫Joseph Hardcastle及Joseph Reyner報告，他們要求他儘快去探望容三德，並同時告訴他有一位叫馬禮遜的人正準備踐行翻譯《聖經》的使命，他們請求莫斯理帶上馬禮遜。就是這樣，第二天馬禮遜便在莫斯理的帶領下去克拉珀姆跟容三德見面，他們還把見面的情況向傳道會報告，傳道會馬上安排，讓馬禮遜跟容三德住在一起，學習中文，並在容三德協助下抄寫大英博物館的《聖經》譯本，把它帶到中國去。[63] 馬禮遜後來在中國將這鈔本略加修正，以木刻印刷出版，改名為《耶穌救世使徒傳真本》。[64]

從上面的簡單描述，我們可以見到從1790年代開始，莫斯理便積極推動和參與《聖經》中譯的工作，他與當時在英國極少數懂中文的歐洲人時有往來，尤其是他多次提到孟督及願意協助抄寫和刻版印製大英博物館的《新約》譯本。[65] 由此可見，他的確與孟督及相熟，那麼，上文引述莫斯理所說英王國書是由孟督及譯成中文的說法，便有可能是來自孟督及本人，這好像可以增加它的可信性。不過，既然他的消息可能來自孟督及，我們便應該看看孟督及本人的說法。

63　Moseley, *The Origin of the First Protestant Mission to China*, pp. 83–87；關於馬禮遜怎樣跟隨容三德學習中文，亦可參蘇精：〈馬禮遜和他的中文教師〉，《馬禮遜與中文印刷出版》，頁57–64。根據倫敦傳道會的檔案（London Missionary Society Archive），蘇精指出容三德是經由威爾遜船長帶到英國來的，到達倫敦後獲安置於非洲青年學校住宿和學習英文，倫敦傳道會知悉後，即引介和安排馬禮遜跟容三德見面。

64　蘇精：〈百萬新約送中國：十九世紀的一項出版大計劃〉，《上帝的人馬：十九世紀在華傳教士的作為》（香港：基督教中國宗教文化研究社，2002），頁208。關於馬禮遜與這《聖經》譯本的關係，可參趙曉陽：〈二馬聖經本與白日昇聖經譯本關係考辨〉，頁41–59。該文除考察馬禮遜的譯本外，亦討論了馬士曼（Joshua Marshman, 1768–1837）在印度塞蘭坡（Serampore）的《聖經》譯本。

65　莫斯理曾提到有人願意負責抄寫該譯本，但沒有說出這人的名字。Moseley, *The Origin of the First Protestant Mission to China*, p. 109, n. 2. 不過，收錄在該書裡小斯當東一封寫給莫斯理的信中，便提到他們要求小斯當東評定孟督及在抄寫以及印製大英博物館《新約》中譯本方面的能力。同上，頁68–69。

孟督及出生於意大利錫耶納(Sienna),精通多種語言,1785年在College Mancini(今天的錫耶納大學,University of Siena)取得法律博士學位,同年開始在托羅梅大學(Tolomei College)任英文教授,並在1789年2月離開意大利到英國前曾短暫擔任新任英國大使Lord Harvey的私人秘書。[66] 接著,他受聘到倫敦為瓷器商韋奇伍德(Wedgwood)家庭擔任意大利文老師。根據他自己的說法,他在1791年在倫敦的一次拍賣活動中買到一本中文字典。這字典收有11,100個中文字,以葡萄牙語標音;孟督及還特別提到,使團譯員柯宗孝告訴他,這是在歐洲唯一的藏本。[67] 從那時候開始,中文便成為他喜愛學習的語言,[68] 1801年,他便自稱是一名中國文學的「狂熱和積極的愛好者」,[69] 並發表一篇有關大英博物館所藏《新約》節譯本的文章。[70] 上文已指出,在大英博物館找到這譯本手稿的是莫斯理,他請孟督及幫忙,孟督及非常願意協助抄寫、重印譯本;[71] 而也就差不多從這個時候開始,他以漢學家身份為大眾所知,原因在於他發表了一份編寫中文字典的計劃。[72] 眾所周知,歷史上第一本漢英字典是由馬禮遜在1823年出版的《華英字典》(*A Dictionary of the Chinese Language*)。[73] 不過,早在1801年,也就是馬禮遜還沒有出發去

---

66 Henry McAnally, "Antonio Montucci," *Modern Language Quarterly* 7, no. 1 (1946), p. 65.

67 Antonio Montucci, *The Title-Page Reviewed, The Characteristic Merits of the Chinese Language, Illustrated by an Investigation of its Singular Mechanism and Peculiar Properties; Containing Analytical Strictures on Dr. Hager's Explanation of the Elementary Characters of the Chinese* (London: W. and C. Spilsbury, 1801), p. 8.

68 同上,頁2;上引Henry McAnally的文章提到孟督及早在College Mancini唸書時就已對「活語言」非常重視,但不能確定這時候他是否已開始學中文。McAnally, "Antonio Montucci," p. 67.

69 Antonio Montucci, *Urh-Chh-Tsze-Ten-Se-Yn-Pe-Keou; Being A Parallel Drawn Between the Two Intended Chinese Dictionaries; By the Rev. Robert Morrison and Antonio Montucci, LL.D.* (London: T. Cadell and W. Davis and T. Boosey, 1817), p. 5.

70 Montucci, "An Account of an Evangelical Chinese Manuscript," pp. 882–887.

71 關於孟督及與這《聖經》中譯本的關係,可參王宏志:〈蒙突奇與白日昇聖經譯本〉,《東方翻譯》第25期(2013年10月),頁36–42。

72 McAnally, "Antonio Montucci," p. 67.

73 Robert Morrison, *A Dictionary of the Chinese Language, in Three Parts* (Macao: The Honorable East India Company's Press, 1815), vol. 1, part 1, p. 201. Robert Morrison, *A Dictionary of the*

中國前，孟督及已經非常認真地思考和討論怎樣去編寫一本英漢字典，甚至指出最少需耗費多少金錢和時間才可能把這字典編印出來。[74] 這些想法大概跟他在倫敦買到第一本的中文書就是一本字典有關。[75] 從此，出版漢英字典就成為孟督及的終身事業，為籌集研究和出版經費，他不斷寫信給歐洲的皇室貴族和學院去尋求資助，更走遍歐洲，最後靠教授英文和意大利文來維持生計。很有意思的是，儘管這部字典始終沒有出版，但他對於構思字典的概念已感到十分自豪。他甚至在馬禮遜《英華字典》只出版了第一冊時，便馬上寫了一篇長長的文章〈二帙字典西譯比較〉，把兩本還沒有出版、被他稱為「兩部構思中的中文字典」("two intended Chinese dictionaries")作比較，甚至把二人編寫中文字典視為一種「文學競賽」("literary contest")，更邀請小斯當東作評判，又把這本小冊子獻給小斯當東。[76] 當然，我們知道馬禮遜很輕易地成為勝利者，因為孟督及終其一生也沒有能夠把他的漢英字典編纂出來，而馬禮遜則在短短兩三年間便完成出版字典的第二、三卷，且在多年後就孟督及對字典的批評作了回應。[77]

不過，在這次單方面提出與馬禮遜作所謂的「文學競賽」的十多年前，孟督及便已捲入一場十分激烈的論爭，而編寫及出版中文字典也是其中一條導火線。孟督及這次的對手是德裔漢學家哈蓋爾(Joseph Hager, 1757–1819)。1801年2月，哈蓋爾在倫敦出版《基礎漢字解說及中國古代符號和圖形文字分析》(*An Explanation of the Elementary Characters of Chinese; with an Analysis of Their Ancient Symbols and Hieroglyphics*)，裡面提及正在準備編寫一部中文字典。[78] 同年8月，孟督及專門出版一本小冊子，

Chinese Language, in Three Parts (Macao: The Honorable East India Company's Press, 1819), vol. 1, part 2, p. 1047.

74 Montucci, *The Title-Page Reviewed*, p. 9.

75 McAnally, "Antonio Montucci," p. 67.

76 Montucci, *Urh-Chh-Tsze-Ten-Se-Yn-Pe-Keou*.

77 Robert Morrison, "To the Editor of the *Asiatic Journal*," *The Asiatic Journal and Monthly Register for British India and Its Dependencies* 15, no. 89 (May 1823), pp. 459–461.

78 Joseph Hager, *An Explanation of the Elementary Characters of Chinese; with an Analysis of Their*

批評哈蓋爾的中文能力及其著作中的錯誤，[79] 掀起了一場持續幾年、後來被稱為「東方的爭論」(“oriental dispute”)的筆戰，[80] 且把一些雜誌也牽連在內。我們不在這裡詳細介紹這場論爭，[81] 但這事件卻間接地提供了有關馬戛爾尼使團國書翻譯的資料。在這本小冊子裡，孟督及為展示自己的中文能力和作為漢學家的資歷，詳細交代自己學習中文的經過。小冊子以一封信開始，下署日期為1801年6月24日，裡面有這樣的說法：

> 1792年，我很榮幸地得到今已離世的斯當東爵士的委任，作為英王陛下寫給中國皇帝的中文文書*謄抄員*；今天我仍擁有這文書的正本和副本。In 1792, I had the honour of being appointed by the late Sir George Staunton, as *Transcriber* of the Chinese Address of his Britannic Majesty to the Emperor of China; the original and a copy of which are still in my possession.[82]〔斜體為原信所有〕

此外，在小冊子的後面，他又自編一份年表，開列他接觸中文的經歷，其中1792年的一項是這樣寫的：

> 1792 – John Reeves, Esq. Cecil-Street, Strand, introduced Dr. Montucci to the late SIR GEORGE STAUNTON and the Chinese Missionaries. – Dr. Montucci became acquainted with *Paul-Ko*. – Introduced to the British Museum by the same Missionaries, who proposed him as Transcriber of this *Majesty's Address* to

---

Ancient Symbols and Hieroglyphics (London: Richard Phillips, 1801). 除這部作品外，哈蓋爾在1806年又以法文出版一本有關中國宗教信仰跟古希臘比較的著作。Joseph Hager, *Pathèon Chinois, ou parallele entre le culte religieux des Grecs et celui des Chinois* (Paris: De L'Imprimerie de P. Didot L'ainé, 1806).

79 Montucci, *The Title-Page Reviewed*.

80 McAnally, “Antonio Montucci,” p. 71.

81 除*The Title-Page Reviewed*外，孟督及還寫了一系列文章，發表在*The Universal Magazine*上，稍後還輯錄出版。Antonio Montucci, *Letters to the Editor of The Universal Magazine, on Chinese Literature; including Strictures on Dr. Hager's two Works and the Reviewers' Opinions Concerning them* (London: Knight and Compton, 1804)；哈蓋爾反駁的文章有J. Hager, “P. S. in Answer to Mr. Montucci's Last Publication,” in “For the *Monthly Magazine. Observations on the Name and Origin of the Pyramids of Egypt*,” *Monthly Magazine* 12, no. 1 (1 August 1801), p. 6; “Reply to Dr. Montucci,” *The Critical Review, Or, Annals of Literature* 34 (February 1802), pp. 206–217。

82 Montucci, *The Title-Page Reviewed*, p. 2.

the Emperor of China. – The Rev. Mr. Harper grants him free admittance to the Reading Room.[83]

這裡透露好幾個重要資訊：第一，孟督及在1792年經由李富士(John Reeves, 1774–1856)介紹，認識馬戛爾尼使團的副使斯當東及使團的兩位傳教士譯者；第二，兩位譯者把孟督及介紹到大英博物館；第三，兩位譯者推薦孟督及負責謄抄英王給乾隆的信；第四，在兩位譯者中，孟督及特別提及柯宗孝的名字。綜合上引來自孟督及編寫的小冊子的這兩段文字，我們可以確定孟督及就是在1792年經由斯當東正式委任謄鈔國書的中譯本。

關於孟督及與使團譯員的相識，魏漢茂(Hartmut Walravens)在一本有關孟督及和哈蓋爾的著作中有所描述。他說，孟督及在1792年在倫敦住下來後，聽說有四名懂拉丁文的中國傳教士學員從那不勒斯被帶到倫敦，準備在馬戛爾尼使團中擔任譯員；孟督及用中文寫信給他們，聯絡上後，曾為他們「提供一些服務」("ihnen einige Dienste zu erweisen")，而這些中國人則贈送《正字通》給他，孟督及通過跟他們經常交談來練習官話口語。[84] 魏漢茂這本約100頁的作品中收有一些十分重要的材料，包括一份孟督及的著作表、[85] 他所寫的28封信，[86] 還有孟督及自撰的一份收藏漢籍和手稿目錄。[87] 不過，在上引孟督及與柯宗孝等認識的過程問題上，魏漢茂沒有提供訊息的來源，結論與我們所見到的資料頗為不同。[88] 孟督及是在1792年認識斯當東及兩名中國傳教士，這

---

83 Ibid., p. 8.

84 Hartmut Walravens, *Antonio Montucci (1762–1829) Lektor der italienischen Sprache, Jurist und gelehrter Sinologe; Joseph Hager (1757–1819) Orientalist und Chinakundiger* (Belin: C. Bell Verlag, 1992), p. 1.

85 "Veröffentlichungen von Antonio Montucci," ibid., pp. 8–16.

86 "Der bisher ermittelte Briefwechsel Montuccis," ibid., pp. 18–48.

87 "Catalogue des manuscrits et livre chinois," ibid., pp. 49–68.

88 龍伯格(Knud Lundbæk, 1912–1995)在一篇討論歐洲漢學源流的文章採取相同的說法：「1792年，他〔孟督及〕聽到有四名中國傳教士從那不勒斯獲聘參加馬戛爾尼使團，他用中文給他們寫了一封信，後來和他們變得十分友好，他們送了一本《正字通》給他，自此，他對中文的熱情從沒有消滅。」Knud Lundbæk, "The Establishment of European Sinology 1801–1815," p. 23. 但龍伯格在這裡沒有明確地提供資料的來源，但幾乎可以肯

是無庸置疑的。不過，在上引孟督及自擬年表中，他說是經由李富士介紹，與斯當東和中國教士認識的。事實上，今天在斯當東所藏信件中，也找到李富士寫給斯當東的一封介紹信，日期是1792年7月4日。在東印度公司在華貿易史中，李富士也算得上是重要的人物。他自1812年來華後便在公司任助理茶葉檢查員，及後又任茶葉檢查員（tea instructor，又稱茶師），[89] 長達19年，直至1831年才回國；此外，他也積極搜集中國動植物的資料，經常向英國皇家學會及其主席班克斯（Joseph Banks, 1743–1820）匯報，[90] 逐漸被視為重要的自然學家。[91] 1793年，雖

定是來自魏漢茂的，因為他在後文緊接談到孟督及的藏書目錄時便注明資料是來自魏漢茂。不過，龍伯格在另一條註釋中說那不勒斯這四名傳教士最終沒有回到中國，在果亞棄船逃走（"They never arrived in China, deserting the ships in Goa."）。同上，頁52，註11，這說法不是來自魏漢茂，而且明顯是錯誤的。

89 游博清：《經營管理與商業競爭力：1786–1816年間英國東印度公司對華貿易》（台北：元華文創股份有限公司，2017），頁53。

90 班克斯是英國歷史上其中一位最具影響力的博物學家及植物學家，從1778年年僅35歲開始，他便一直擔任皇家學會主席，長達41年，就科學發展方面向英國皇室提供意見。他積極派遣科研人員到世界各地採集動植物標本，又向喬治三世提議建造皇家植物園（Royal Botanic Gardens, Kew），大量栽種從世界各處殖民地搜集回來的植物，還大力倡議並推動英國的殖民地擴展，尤其是澳洲新南威爾斯的殖民，班克斯更是主催者。關於班克斯，可參Edward Smith, *The Life of Sir Joseph Banks: President of the Royal Society, With Some Notices of His Friends and Contemporaries* (London: John Lane, 1911)。有關班克斯與英帝國海外擴張的知識領域，可參John Gascoigne, *Joseph Banks and the English Enlightenment: Useful Knowledge and Polite Culture* (Cambridge: Cambridge University Press, 1994); John Gascoigne, *Science in the Service of Empire: Joseph Banks, the British State and the Uses of Science in the Age of Revolution* (Cambridge: Cambridge University Press, 1998); Patricia Fara, *Sex, Botany and Empire: The Story of Carl Linnaeus and Joseph Banks* (Cambridge: Icon Books, 2003)。不過，與本書更相關的是班克斯其實間接地參與了馬戛爾尼使團，因為使團成員中兩名植物學家便是由他推薦指派的，他更清楚指示應該為皇家植物園採集什麼植物；他也跟馬戛爾尼及副使斯當東早已認識，斯當東回國後出版使團回憶錄時，班克斯還負責審定插圖，並積極協助出版。專門研究班克斯與馬戛爾尼使團的學者是Jordan Goodman，2014年3月5日他在英國倫敦大學院科技研究系（Department of Science and Technology Studies, University College of London）作過一場報告，題目為"Science and Diplomacy: Joseph Banks and the Macartney Embassy to China, 1792–1794"。參https://www.ucl.ac.uk/sts/sts-publication-events/calendar_archive/2014_03_05_Seminar，檢索日期：2015年7月20日。又可參其有關班克斯的專著，Jordan Goodman, *Planting the World: Botany, Adventures and Enlightenment Across the Globe with Joseph Banks* (New York: HarperCollins Publishers, 2019).

91 關於李富士在華的科學活動，參Fa-ti Fan, *British Naturalists in Qing China: Science, Empire, and Cultural Encounter* (Cambridge, MA: Harvard University Press, 2004), pp. 43–45。

然他還沒有去中國，但顯然已跟斯當東認識，可以充當介紹人。在給斯當東的信裡，李富士開宗明義地說他把一名「意大利人孟督及博士」的名片留在斯當東那裡，這名片是寫給當時與斯當東一起的兩名中國人的。信中提出孟督及極為熱愛中國文化，希望能有機會與這兩名中國人見面，但因為當天造訪不遇，孟督及會在第二天直接寫信給斯當東。[92] 由此可見，孟督及最早在7月5日見到斯當東，而且也應該馬上認識了柯宗孝和李自標，因為當時他們就住在斯當東家裡。[93] 不過，孟督及在小冊子中自言有長達六個月的時間每天跟這些中國傳教士談話卻是誇大了，[94] 他只是想藉此提高自己漢學家的地位，畢竟那時候歐洲的漢學家只能通過書本來自學中文，直接與中國人交流的機會很難得，是漢學家資歷的重要元素，因此，孟督及在這裡對柯宗孝和李自標還特別加上「博學」(“the learned Missionaries”) 的形容。[95] 不過，斯當東、柯宗孝一行在9月15日便離開倫敦，距離最初的見面實際不足兩個半月，孟督及不可能有超過六個月的時間每天跟中國傳教士談話。至於傳教士贈送《正字通》，孟督及自己也有記述此事。在他自編的年表裡，這套16卷的辭典是由東印度公司特選委員會前主席湯馬士・菲茨休在1792年送給柯宗孝的，柯宗孝轉贈與孟督及。[96]

把孟督及這份自編年表跟莫斯理的說法對照後，我們可以見到有一處很明顯、但卻非常關鍵的差異，那就是孟督及只自稱負責抄寫國書的中譯本，並沒有表明參與翻譯的工作。相對於莫斯理，作為當事人的孟督及的說法，應該是較可信的；而且，假如孟督及真的翻譯過國書，實在沒有理由不在這場漢學家地位爭奪戰中大書特書的。畢竟，儘管孟督及對於自己抄寫員的身份十分自豪，在小冊子封面上的自我介紹也特別

---

92 John Reeves to Sir George Staunton, London, 4 July 1792, Staunton Papers, Duke University.

93 Paulus Cho and Jacobus Ly to Massei, London, 22 May 1792.

94 Montucci, *The Title-Page Reviewed*, p. 2.

95 Ibid.

96 Ibid, p. 8.

註明這經歷：「曾擔任英國國王陛下及東印度公司的中文謄抄員」（"Occasional Chinese transcriber to His Majesty and to the Honourable the East India Company"），[97] 但謄抄者地位始終不如翻譯者，這點也曾遭對手嘲諷。[98] 但無論怎樣，由此而產生的問題是：為什麼要有這抄寫的過程？

除這份自編年表外，孟督及還在1809年在德國柏林出版《小德金中國之旅的語言學筆記》（*Remarques Philologiques sur les voyages en Chine de M. de Guignes*），[99] 他在該書開首徵引《倫敦先驅晨報》（*London Morning Herald*）1802年9月17日的一則有關英使團的報導，可以見到有關抄寫國書問題更清楚的說法和解釋：由於中國法律不容許國人牽涉在中國與歐洲的任何政治事務，違反者會被處死，因此，兩名陪同使團到中國去的華人傳教士不敢自己抄寫譯文，以免在呈獻給皇帝時被認出字跡而惹來麻煩。這給使團帶來難題，後來才有解決方法，就是找來「居住在這個城市的語言學家孟督及博士」幫忙，他「熟悉漢字的結構和組合」，最後把國書中譯本清晰地謄抄出來。這就清楚解釋了為什麼有孟督及抄寫國書中文本的安排。不過，這腳註最重要而明確的訊息是：「原來的信件是由傳教士們所書寫的」（"the original letter, which had been previously composed by the Missionaries"）。[100] 這就完全解決了國書中譯者身份之謎：英王給乾隆

---

97 Ibid.

98 Hager, "P. S. in Answer to Mr. Montucci's Last Publication," p. 6.

99 小德金（Chrétien-Louis-Joseph de Guignes,1759–1845，又作小德經），法國漢學家，最先從其東方學家父親德經（Joseph de Guignes, 1721–1800）學習中文，1783年去中國，住上17年。1794年，以譯員身份加入荷蘭德勝使團到北京，後來出版遊記式的回憶錄。Chrétien-Louis-Joseph de Guignes, *Voyages à Péking, Manille et L'Île de France, faits dans L'intervalle des années 1784 à 1801* (Paris: L'Imprimerie Impériale, 1808). 小德金在1813年出版的中文、法文、拉丁文字典，被孟督及及另一位法國漢學家雷慕沙（Jean-Pierre Abel-Rémusat, 1788–1832）猛烈批評，前者指出其中的大量謬誤，後者則批評他抄襲葉尊孝（Basilio Brollo, 1648–1704，又名葉宗賢）一部中文拉丁文字典（*Dictionarium Sinico-Latinum*）。關於葉尊孝的字典，可參Isabelle Landry-Deron, "Le Dictionnaire chinois, français et latin de 1813," *T'oung Pao* 101, Fasc 4–5 (2015), pp. 407–440；關於早期歐洲漢學，尤其上面提及幾名漢學家的相互攻訐，參 Lundbæk, "The Establishment of European Sinology 1801–1815," pp. 15–54。

100 Sinologus Berolinensis [Antonio Montucci], *Remarques Philologiques sur les voyages en Chine de M. de Guignes* (Berlin: Aux Frais De L'Auteur, 1809), p. 1, note；關於孟督及在這裡所用「柏林漢學家」（Sinologus Berolinensis）的筆名，可參Georg Lehner, "From Enlightenment to

國書的中譯本是由柯宗孝和李自標所翻譯出來的。

其實，即使沒有孟督及作為當事人的解說，客觀看來，英王喬治三世致乾隆的國書也不可能由孟督及翻譯。從上文有關孟督及生平的簡單介紹，我們見到他自述是在1789年2月到達英國以後才開始對學習中文產生興趣的，但我們知道，使團在1792年9月便正式出發，而國書的中譯本是在出發前就完成，那麼，在短短的兩三年裡，尤其是在沒有合格的老師和教材的情況下，孟督及就學會中文，以至能夠翻譯一份這樣重要、這樣困難的文本嗎？這是不可能的。此外，既然孟督及最早要在1792年7月5日才跟斯當東初次見面，斯當東會在剛認識他時便把這樣重要的任務交給他嗎？而且，斯當東在1792年5月便和兩名中國教士回到倫敦，他為何不馬上把翻譯工作交付給他們，讓這兩名專門作使團翻譯的中國譯者開展工作，卻要待孟督及突然出現才找他來翻譯？這完全不合理。還有語言能力的問題，即使在十多年以後，孟督及能否勝任翻譯，也還是可疑的。上文說過，莫斯理曾建議重印大英博物館所藏《新約》節譯本，倫敦教會方面邀請小斯當東作為評審，確定這文本的準確性以及重印的可行性。小斯當東在1804年5月5日給莫斯理的回信裡，一方面確認孟督及在刻印漢字方面的能力突出，甚至比同時期歐洲所見到的刻印還要優勝，因此，如果只是按照原來譯本重新印製，孟督及負責謄抄，他是勝任的；但另一方面，對於孟督及是否可以對該譯本做出修正，小斯當東便說得十分含糊，表示很難確定，又說在努力和專注程度上，孟督及是沒有問題的，而在碰到翻譯上的困難時，他大可以向其他人請教。[101] 雖然說得委婉，但顯然是對孟督及的中文能力有所保留，不認為他有能力修訂原有的譯本。在這情形下，孟督及又怎可能在十多

Sinology: Early European Suggestions on How to Learn Chinese, 1770–1840," in Phillip F. Williams ed., *Asian Literary Voices: From Marginal to Mainstream* (Amsterdam: Amsterdam University Press, 2010), p. 84。

101 "Letter from Sir George Staunton, Bart., in Reply to the Rev. W. Moseley's Inquiries, on the Subject of Dr. Montucci's Chinese Attainments," in Moseley, *The Origin of the First Protestant Mission to China*, pp. 68–69.

年前、剛開始學中文不久便能夠自行翻譯英王國書？從小斯當東的評說看來，就是在1804年，孟督及最多也只能夠做抄寫譯文的工作，沒有能力做正式的翻譯。但話說回來，孟督及自己也從沒有提及在國書翻譯過程中扮演過什麼角色，自始至終都只說自己是謄抄人。

此外，孟督及在談到國書中譯時，大部分時間都以「中國人傳教士」("the Chinese missionaries")來指稱國書譯者，那麼，另外兩名從那不勒斯一起回到中國的傳教士嚴寬仁和王英可曾參與國書的翻譯工作？答案是否定的，〈譯員篇〉已指出，嚴寬仁和王英並不是跟隨柯宗孝和李自標一起離開那不勒斯的，而是在柯宗孝等出發後七天才啟程，而且，在離開意大利後，他們也不是馬上跟隨斯當東去倫敦，而是在使團出發到中國的前一刻，才趕到樸茨茅斯加入的。1792年9月16日星期日，也就是使團已到了樸茨茅斯的第二天，小斯當東在日記上記下：「在這裡，我們的中國人與他們的朋友會合（另外的中國人）王先生和嚴先生。」[102] 既然國書中譯本早在使團出發前已翻譯妥當、且經由孟督及謄抄好，那王英和嚴寬仁便不可能參與了。

那麼，在柯宗孝和李自標二人中，究竟翻譯工作主要是誰負責的？從現有資料看，應該是柯宗孝的角色較重，其中最主要的原因是柯宗孝的中文水平比李自標高。應該同意，他們的中文水平不能跟當時中國一般讀書人相比：二人很年輕時便離開中國，且由於他們都信奉天主教，一心要去意大利學習修道和傳教，在出國前所接受的傳統中國教育便不一定足夠，更不要說二人在意大利居住生活20年，儘管那不勒斯的中華書院繼續提供中文的訓練，但顯然水平不會很高。[103] 在二人中，看來李自標的問題較嚴重。〈譯員篇〉已指出，斯當東曾在回憶錄中兩次批評

---

[102] "Sunday, the 16th ... here our chinese met their friends, (the other chinese) Mr. Wang and Nien." Thomas Staunton, "Journey to China 1792," p. 3.

[103] 現在知道他們當時用的中文讀本是林雲銘編的《古文析義》及呂芸莊編的《考卷精銳》。Harrison, *The Perils of Interpreting*, p. 284, n. 17.

李自標的中文有問題，[104] 連說話一向得體含蓄的馬戛爾尼也忍不住說李自標算不上是一位那麼合格的讀書人（"not so complete a scholar"），[105] 而且，這評語是在評論柯宗孝離團的問題時說出的，當中顯然隱含柯宗孝在這方面較為優勝的意思。其實，這也是在預料之內的。二人在1774年離開中國時，柯宗孝已有16歲，李自標還不足14歲，更不要說李自標不是漢族人，而是一直在偏遠的甘肅武威長大的少數民族，他接受的傳統中文訓練，肯定不如在京城長大的柯宗孝。[106]

我們還有另一條重要線索，足以證明柯宗孝在翻譯國書的過程中的確是佔主導的位置。這線索也同樣來自孟督及，且也就在他那本1801年出版、批評哈蓋爾漢語能力的小冊子。這小冊子的封面上刻印了孟督及所寫的一些漢字，這些字詞跟書本內容無關，並沒有什麼特別的含義，例如被指從錢德明的回憶錄抄錄過來《周易．繫辭》的「書不盡言，言不盡意」，[107] 放在封面只不過是為了炫耀自己書寫漢字的能力。不過，小冊子封面左右兩邊卻寫有相同的文字：「熱阿爾卓第三位大紅毛國王」。為什麼會出現兩句相同的句子？孟督及告訴我們：左邊的一句是從柯宗孝所寫的原稿中刻印出來，而右邊的則是他自己所寫的。他還特別強調柯宗孝所寫的原底本還在他手上，並頗為自豪地說沒有用透明紙或鉛筆去摹印，目的也同樣是炫耀自己書寫中文的能力。[108] 我們在這裡不評論它的效果，[109] 要指出的是現在所見到柯宗孝他們所翻譯的國書

104　Staunton, *An Authentic Account of an Embassy*, vol. 2, p. 29 and p. 125.

105　Macartney, *An Embassy to China*, p. 62.

106　馬戛爾尼1793年10月2日的日誌記有柯宗孝回到北京與家人團聚的消息。同上，頁148.

107　哈蓋爾說孟督及是從錢德明的*Memoirs of the Missionaries of Peking*第一卷抄過來的。Hager, "P. S. in Answer to Mr. Montucci's Last Publication," p. 6. 這裡所指的應該是*Mémoires concernant l'Histoire, les Sciences, les Arts, les Mœurs, les Usages, &c. Des Chinois Par les Missionnaires de Pekin*, Tome premier (Paris: Nyon, 1776), p. 323.

108　Montucci, *The Title-Page Reviewed*, p. 6.

109　孟督及的對手便對此大加撻伐，認為孟督及自己所寫的遠遠不及原來柯宗孝的文字：柯宗孝的字是「輕鬆和流暢的」，而孟督及的則是「萎曲和變形的」。"The Title-Pager Reviewed," *The Critical Review* 34 (January 1802), p. 211.

中文本，也同樣以「熱亞卓爾第三位」來翻譯“George the Third”，雖然英國外交部檔案中所見到的版本沒有「大紅毛國王」的說法，但經由孟督及所抄寫保留的一份，當中便用上「大紅毛國王」。由此看來，負責寫出中譯本、供孟督及謄抄的便是柯宗孝而不是李自標。而且，在現在所見到孟督及的文字中，談到馬戛爾尼使團的譯員時，雖然也確定不只一人，但卻從沒有直接提到李自標的名字，相反，柯宗孝的名字就經常出現，除一口氣在1801年的小冊子出現三次外，[110] 在1804年寫信給《每月雜誌》的編輯，談及《百家姓》的問題時，也特別在腳註中提到「我的中國朋友柯宗孝」(“My Chinese friend, Paul-ko”)。[111] 這大概也能說明在柯宗孝和李自標二人中，較為主導的應該是柯宗孝了。

那麼，柯、李二人合作譯出的國書是怎樣的？下面就要回到譯文文本的問題。

三

在一段很長的時間裡，我們所見到有關馬戛爾尼使團國書中文本的討論，幾乎毫無例外地依據《掌故叢編》以及《匯編》內的〈譯出英吉利國表文〉，二者是同一個文本，來源是清廷軍機處上諭檔。[112] 但事實上，這〈譯出英吉利國表文〉並不是柯宗孝和李自標所翻譯的文本，也就是說，這並不是英國人自己提供的、「遠道帶來」的文本。

只要粗略一看，就會注意到〈譯出英吉利國表文〉所使用的是十分突兀的文體，那是一種非常淺易俚俗的白話文，甚至出現不少口語化的表述，例如一開始時說他們「知道中國地方甚大，管的百姓甚多」，大皇

---

110 Ibid., pp. 6, 8.

111 Antonio Montucci, “To the Editor of the *Monthly Magazine*, 12 March 1804,” *Monthly Magazine* 17, no. 3 (1 April 1804), p. 211.

112 〈譯出英吉利國表文〉，《掌故叢編》，頁76–78；又見《英使馬戛爾尼訪華檔案史料匯編》，頁162–164。

帝「都照管他們，叫他們盡心出力，又能長進」，又有「別國的好處，我們能得著；我們的好處，別國也能得著」、「從前本國的許多人到中國海口來做買賣，兩下的人都能得好處」、「要得一個妥當明白的人，又有才學，又有權柄，又要得到大皇帝跟前對答上來的」等等，都是粗俗的日常口語，跟當時慣用的文言書面語有很大的差異。此外，問題不單在使用語體文還是文言文，因為譯文也不見得是純粹和合格的語體文，很多時候還生吞活剝地加插一些淺白的文言，甚至朝廷公文常見的濫調套語，造成半文不白、古怪生硬的語句，例如「如今本國與各處全都平安了」、「越發想念著來向化輸誠」等，通篇文理不通、不妥當的地方很多。再舉一些例子：

> 恐各處地方我們有知道不全的，也有全不知道的，從前的想頭要知道，如今蒙天主的恩可辦成了，要把各處的禽獸、草木、土物各件都要知道，要把四方十界的物件，各國互相交易，大家都得便宜。[113]
>
> 至所差的人，如大皇帝用他的學問巧思，要他辦些事，做些精巧技藝，只管委他。或在內地辦不出來，還好寄信來，在大西洋各地方採辦得出來的。[114]

簡而言之，從文體來説，〈譯出英吉利國表文〉是一篇文筆拙劣、半文不白的譯文，可見譯者的中文書寫水準很低，就連一般的書寫規範也不能掌握，更不要説朝廷公文慣常的書寫用語。難怪有論者認為這樣的文字對於那些「嫻於筆墨、深諳官場之道的大員們，忍俊不禁而又驚詫不已」，[115] 很難想像是一份放在鑲有鑽石的黃金盒子、要呈送給乾隆的國書。

更嚴重的是內容的表述，究竟這樣一封文筆拙劣的國書向乾隆傳遞了什麼訊息？從內容上看來，那是一份由下邦呈送天朝、極其卑躬屈膝、地地道道的貢書。

113　〈譯出英吉利國表文〉，《英使馬戛爾尼訪華檔案史料匯編》，頁163。

114　同上，頁164。

115　戴廷傑：〈兼聽則明〉，頁131。

首先是事件的兩位中心人物——乾隆和英王的稱謂和描述。〈譯出英吉利國表文〉是這樣開始的：

> 嘆咭唎國王熱沃爾日敬奏
> 　　中國
> 大皇帝萬萬歲，熱沃爾日第三世，蒙天主恩，嘆咭唎國大紅毛及佛郎西依拜爾呢雅國王海主，恭惟
> 大皇帝萬萬歲，應該坐殿萬萬年。[116]

喬治三世是一名「國王海主」，這只是一個簡單而普通的中性描述，並非什麼至高無上、偉大權威的領袖地位；相反，中國的卻是「大皇帝」，跟「國王」是很不一樣的，更不要說「海主」了，這就是承認中國高於英國的政治格局。可以見到，整份國書都十分敬畏地以「大皇帝」稱呼乾隆，前後共出現18次，自己只自稱「我」或「我們」，相較於乾隆在後來頒給英王的敕諭裡自稱「朕」、直接稱呼對方為「爾」，[117] 高下立見。此外，這位「大皇帝」是「萬萬歲」的。在上引譯文短短的一段50幾個字裡，「大皇帝」出現了兩次，「萬萬歲」和「萬萬歲年」共出現了三次，完全是一種君臨天下的姿態，而面對著這位大皇帝，英國君主只好「敬奏」、「恭惟」，變成臣伏的狀態了。

但原來喬治三世的信是怎樣寫的？

> His Most Sacred Majesty George the Third, by the Grace of God King of Great Britain, France and Ireland, Sovereign of the Seas, Defender of the Faith and so forth, to the Supreme Emperor of China Kian-long worthy to live tens of thousands and tens of thousands thousand Years, sendeth Greeting.[118]

---

[116] 〈譯出英吉利國表文〉，頁162。

[117] 〈大清皇帝給英吉利國王敕諭〉，頁165–166；〈大清皇帝為開口貿易事給英國王的敕諭〉，同上，頁172–175。

[118] "Letter from His Majesty to the Emperor of China on the Occasion of Deputing Lord Macartney on an Embassy," p. 325.

這裡共徵引了51個字，但其中直接關於喬治三世的描述就佔去30個字，他以極為尊貴的言詞自稱，是最神聖的陛下，除身為大不列顛、愛爾蘭和法蘭西的統治者外，更是海上的霸主、基督思想的守護者。正如論者所說，「在形式上竭力模仿皇帝治下『成千上萬』的臣民的口氣」。[119]另一方面，他只是把乾隆平面地描述為「中國至高無上的乾隆皇帝，萬歲萬萬歲」，沒有什麼特別的地方，當中刻意傳達的，就是他的地位與乾隆是平等的，甚至比乾隆更高。

皇帝以外，對於使臣馬戛爾尼的描述情況又怎樣？應該同意，馬戛爾尼作為英國大使的資歷是出色的。早在1764年，他27歲即以特使(envoy-extraordinary)身份被派往聖彼得堡，並在出發前即獲授騎士銜；兩年後，他婉拒出任俄羅斯大使，回到英國；[120]1768年，獲選為愛爾蘭議會議員，擔任愛爾蘭首席大臣(Chief Secretary for Ireland)；1774年，馬戛爾尼以蘇格蘭選區選入不列顛國會，不久更被任命為格林達總督(Governor of Grenada)，賜愛爾蘭利森諾爾男爵銜(Baron Macartney of Lissanoure)；1780至1785年間出任馬德拉斯維聖喬治總督(President of Fort St. George)，而在獲任命出使中國時，更在1792年6月28日獲授子爵銜(Viscount Macartney of Dervock)。[121]作為使團國書，內文詳細交代大使馬戛爾尼的資歷是很合理的。不過，原文的描述很特別，用上一整段接近170個字的長句子來大加書寫，並且誇大其詞，出現的形容詞都是最高級形式(superlative adjectival form)，目的是要讓乾隆感覺得到他的地位重要，願意接受他的要求：

> We have fixed upon Our right trusty and well-beloved Cousin and Counsellor, the Right Honorable George Lord Viscount Macartney, Baron of Lissanoure and one

---

119 Hevia, *Cherishing Men from Afar*, p. 60.

120 關於馬戛爾尼在俄羅斯的情況，可參F. W. Reddaway. "Macartney in Russia, 1765–1767," *Cambridge Historical Journal* 3 (1931), pp. 260–294。

121 Morse, *The Chronicle of the East India Company*, vol. 2, p. 213; Cranmer-Byng, "Introduction," in Macartney, *An Embassy to China*, pp. 17–23.

> of Our most honorable Privy Council of Our Kingdom of Great Britain, Knight of the most honorable order of the Bath and of the most ancient and royal order of the White Eagle, and Fellow of Our Royal Society of London for the promotion of natural knowledge, a Nobleman of high rank and quality, of great virtue, wisdom and ability, who has filled many important offices in the State of trust and honor, has already worthily represented Our Person in an Embassy to the Court of Russia, and has governed with mildness, justice and success, several of Our most considerable possessions in the Eastern and Western Parts of the World, and appointed to the Government General of Bengal, to be Our Embassador Extraordinary and Plenipotentiary to Your Imperial Majesty with credentials under Our Great Seal of Our Kingdoms and Our Sign Manual, ...[122]

這段文字一部分曾在東印度公司主席百靈寫給署理兩廣總督郭世勳的信中出現過，只是現在寫得更詳細、更誇張，就連西方的學者也認同是非常花巧華麗、過於恭維的寫法（“in much more flowery and complimentary language”）。[123] 誠然，要把這樣極其冗長、複雜、濃艷、浮誇的句子直接準確地用中文翻譯出來很不容易，實在不能期待當時的譯者能做出所謂準確流暢的譯文；而且，即使譯者把那些國家、地方以至職銜和組織全都翻譯出來，乾隆和他的大臣們又真的能理解嗎？這當中包含巨大的政治體制和文化上的差異，在翻譯或理解上都很困難。但無論如何，原文以單一句子作這樣鋪天蓋地的羅列，的確能夠造成一種氣勢磅礴的效果，讓人感到使者的威武，很符合國書應有的莊嚴性質。但〈譯出英吉利國表文〉又怎樣？一方面，它把一大串隆重而誇張的描述全部刪除，又以十分軟弱的語調來表述馬戛爾尼的經歷。這顯然很有問題，令馬戛爾尼變得地位低微，根本不是什麼值得重視和尊敬的重要人物：

> 本國王的親戚，忠信良善，議國事的大臣，身上帶的兩個恩典的憑據，從許多博學人裡挑出來一個大博學的人。他從前辦過多少大事，又到俄

---

[122] “Letter from His Majesty to the Emperor of China on the Occasion of Deputing Lord Macartney on an Embassy,” pp. 328–329.

[123] Pritchard, *The Crucial Years*, p. 301.

> 羅斯國出過差，又管過多少地方辦事，又到過小西洋本噶拉等處屬國地方料理過事情。[124]

除讚揚他「博學」這點也許能稍為贏得中國人的尊重外，其他所有關於他的活動經歷，如「辦事」、「出差」、「料理過事情」等，都是非常普通的描述，把馬戛爾尼寫成一個只供四處差遣、處理雜務的跑腿角色，絕對不像一位處理過國際外交大事、地位顯赫的重要人物。

相類的情況也出現在副使斯當東的描述上。原信同樣以相當的篇幅和誇張的手法來介紹斯當東的資歷：

> We have appointed Our trusty and well beloved Sir George Staunton, Bart., honorary doctor of Laws of Our University of Oxford, and Fellow of Our Royal Society of London for the promotion of natural knowledge, whom We have appointed Our Secretary of Embassy under the direction of Our Embassador as a Gentleman of wisdom and knowledge who hath already served us with fidelity and zeal as a Member of Our Dominions in the West Indies, and appointed by Us Our Attorney General in the same, and hath since exercised with ability and success the Office of Commissioner for treating and making Peace with Tippoo Sultaun, one of the most considerable Princes of Hindostan, to be also Minister Plenipotentiary to Your August Person, ...[125]

但〈譯出英吉利國表文〉的表述也同樣把這些重要資歷刪除，讓人覺得他只是稍具辦事能力、能夠做些雜事的人：

> 他的博學會辦事與正貢使一樣的，故此從前派他在海島平服過許多的事情，又到小西洋痕都斯坦國，與那第博蘇渥爾噹王講和過事，因他能辦這些事能出力，故此派他同去預備著好替正貢使辦事。[126]

什麼「平服過許多的事情」、「講和」、辦事「能出力」，所以派他「預備」去「替正貢使辦事」，都把他描寫成無關重要，只是打理雜事的小人物。

124　〈譯出英吉利國表文〉，頁163。

125　"Letter from His Majesty to the Emperor of China on the Occasion of Deputing Lord Macartney on an Embassy," p. 330.

126　〈譯出英吉利國表文〉，頁164。

就是這樣，英國使團正、副使的資歷和地位都被大大貶低，以致使團的價值也被削弱，跟原來國書的訊息有很大的分別。

人物描寫以外，還有一個可說是核心的問題：朝貢問題。毫無疑問，原來的國書絲毫沒有英國要遣使到中國朝貢的意思，而是兩國之間平等交往的正常外交行為。因此，原文中馬戛爾尼正式的職銜是「我國派往貴國的特命全權大使」(“Our Embassador Extraordinary and Plenipotentiary to Your Imperial Majesty”)，而斯當東則是「全權公使」(“Minister Plenipotentiary”)。但〈譯出英吉利國表文〉卻將 “Embassador” 全譯成「貢使」，「正貢使」或「貢使」在全文共出現了六次，還有「副貢使」的出現，更有這樣一句：

> 如今本國與各處全平安了，所以趁此時候，得與中國大皇帝進獻表貢，盼望得些好處。[127]

這就是明確地把他們定位為到來進貢的使團，跟原信有很大的歧異，原文其實是這樣寫的：

> We have the happiness of being at peace with all the World, no time can be so propitious for extending the bounds of friendship and benevolence, and for proposing to communicate and receive those benefits which must result from an unreserved and amicable intercourse, between such great and civilized Nations as China and Great Britain.[128]

原信得體地解釋為什麼這時是遣使的最合適時機，並沒有進獻表貢、求取好處的意思，而是為了擴展友情和仁愛的疆域，最後的部分——「像中國和大英國這樣偉大和文明的國家之間友好的交往」——更明確地傳達了中英兩國地位平等、同樣是偉大文明的國家的訊息。但中譯本卻明顯不同，不但刪去原文所表達兩國地位平等的部分，更完全地把使團的

---

[127] 同上，頁163。

[128] “Letter from His Majesty to the Emperor of China on the Occasion of Deputing Lord Macartney on an Embassy,” p. 327.

到訪納入朝貢制度的框架內，以一種極其謙順卑屈的筆調寫成，好幾次出現了英王「求」大皇帝的地方：「求與中國永遠平安和好」、「如今求大皇帝見他」、「再求大皇帝也與正貢使一樣恩待他」。這無疑就是把英國置於藩屬附庸的位置，違悖原來國書的內容和精神。英王國書中結尾的一段是很重要的：

> ... and it will give Us the utmost satisfaction to learn that Our wishes in that respect have been amply complied with and that We are Brethren in Sovereignty, so may a Brotherly affection ever subsist between Us.[129]

在這裡，喬治三世清楚地跟乾隆以兄弟相稱，是「各有主權的兄弟」，並祝願兄弟之間的愛能夠長存。誠然，這是當時歐洲國家君主間慣常的做法，[130]當中的意義是明確的，就是各個君主之間的地位平等，無分高低。喬治三世以這樣的方式來跟乾隆確立關係，不單從西方那種列國平等的概念出發，而且更重要的訊息是表明中國與英國地位相同。〈譯出英吉利國表文〉沒有把這重要訊息翻譯出來，卻換上一段阿諛奉承的話作結：

> 貢使起身，已詳細囑咐他在大皇帝前小心敬慎，方顯得一片誠心，能得大皇帝喜歡下懷，亦得喜歡。[131]

類似的奉承語句更是充斥全篇譯文，說「中國地方甚大，管的百姓甚多」，中國大皇帝「聖功威德，公正仁愛」，保護著「中國地方連外國地方」，因此，這些地方的人民得到大皇帝的恩典，都「心裡悅服，內外安寧」；大皇帝管治的地方「一切風俗禮法比別處更高，至精至妙，實在是頭一處，各處也都贊美心服」，所以英國人「早有心要差人來」，甚至派遣使臣來中國也是為了能夠「在北京城切近觀光，沐浴教化，以便回國時奉揚德政，化道本國眾人」。另外，還有「與中國大皇帝進獻表貢」、

---

129 Ibid., p. 332.

130 戴廷傑：〈兼聽則明〉，頁131。

131 〈譯出英吉利國表文〉，頁164。

「向化輸誠」、「將表文呈進」、「求大皇帝加恩」、「常受大皇帝恩典」等，除文詞稍嫌拙劣別扭外，這些都是典型的朝貢表文慣用的語言，但卻不是喬治三世原來國書的內容。我們不是說原信沒有頌讚乾隆的地方，裡面也出現 "a great and benevolent Sovereign such as is Your Imperial Majesty"（「像陛下這樣一位偉大仁愛的國君」）、"Your Majesty's populous and extensive Empire"（「陛下人口眾多、幅員廣闊的帝國」）、"Your Imperial Majesty's wisdom and justice and general benevolence"（「陛下的智慧、公正和仁慈」）一類的字句，但這些客套的官方外交用語並不能掩飾國書中「高傲的語調，傲慢的要求」，[132] 然而，英國人的高傲卻在〈譯出英吉利國表文〉被消解得無影無蹤，最後使團國書只落得成為一篇附庸小國嚮化來朝的恭順貢文了。〈預告篇〉討論過由百靈所署名有關英國遣使消息的信件，經廣州的行商通事翻譯後被扭曲成情詞恭順懇摯的納貢表文，而這次國書的翻譯，更可說是有過之而無不及了。

應該強調，這已經超出譯者的語言表達能力或國書文體的問題，而是國書書寫的定位問題：究竟譯者從什麼位置和立場出發，以什麼態度去表述國書的內容？從上面的文本分析可以見到，〈譯出英吉利國表文〉絕對不是從英國政府的立場出發，嘗試準確傳遞英國人原來想要表達的訊息。譯者絲毫沒有考慮英國國家的利益或榮耀，輕易地把英國放置在附庸小國的位置，一切榮耀都歸於天朝大國的大皇帝乾隆。很明顯，這不可能是英國人自己帶來的譯本。

四

長久以來，人們都忽略了另一份馬戛爾尼使團國書中譯本的存在，它一直藏在英國外交部檔案裡，屬於東印度公司所有的中文資料。[133] 毫

[132] Morse, *The Chronicles of the East India Company*, vol. 2, p. 219.

[133] 英國國家檔案館外交部資料 FO 1048/1。根據英國國家檔案館目錄，FO 1048的標題是：「東印度公司：特選委員會，中文秘書處：中文往來書信及文件」(East India

無疑問，這是與馬戛爾尼使團相關的重要文件，彌足珍貴。不過，英國國家檔案館所藏的並不是現存的唯一藏本。上文引述過孟督及在1801年的説法：他當時擁有使團國書中譯本的原本和副本，[134]然後，他在1828年把自己的藏書、手稿，連同27,000個刻製漢字，以1,000金幣的價格賣給梵蒂岡，[135]當中就包括馬戛爾尼使團國書中譯本的一份抄本，現藏於梵蒂岡宗座圖書館。[136]當時他以法文手寫了一個書目，排在第73項的就是這份中譯本。孟督及對中譯本作了這樣的介紹：

> 英國國王喬治三世給中國皇帝乾隆的中文信函，1793年由馬戛爾尼爵士送呈。
>
> 我的中國人朋友不想觸犯他們國家的法律，拒絕親手抄寫這份由拉丁文翻譯過來的信件，成為它的作者，我獲任命為謄抄人。我保留了這封信三種形式的副本。一、中國人在一本小筆記簿上的草稿，附有一封拉丁文信件，是他們寫給我的；二、他們零碎地寫在不同紙上的抄本；三、我根據中國人的草稿抄寫出來的一份抄本，交給了斯當東爵士，我自己的抄本就是根據這抄本整理出來的。
>
> 它們全都封裝在一個馬口鐵文件筒裡。[137]

很可能，孟督及在1801年所説保留原信的正本，所指的就是「中國人在一本小筆記簿上的草稿」，而他所保留的副本則是他根據抄本自己再另外抄寫整理出來的抄本。不過，直到今天筆者仍然沒法從梵蒂岡宗座圖書館找到孟督及所説的「中國人在一本小筆記簿上的草稿」，只能見到他重抄的抄本，編號作Borg.cin.394。這跟伯希和(Paul Pelliot, 1878–1945)在1922年編纂《梵蒂岡圖書館所藏漢文寫本和印本書籍簡明目錄》時所記的國書中譯本抄本情況一樣。[138]

Company: Select Committee of Supercargoes, Chinese Secretary's Office: Chinese-language Correspondence and Papers)。

134　Montucci, *The Title-Page Reviewed*, p. 2.

135　Lundbæk, "The Establishment of European Sinology 1801–1815," p. 23.

136　Borg.cin.394, Biblioteca Apostolica Vaticana.

137　"Catalogue des manuscrits et livere chinois," Walravens, *Antonio Montucci*, p. 65.

138　「394　孟督及收藏的卷軸。1793年英王寫中國皇帝的信。抄本出自中國人之手，斯當東爵士核對。——某氏注記」，伯希和(編)、高田時雄(校訂、補編)、郭可(譯)：《梵蒂岡圖書館所藏漢籍目錄》(北京：中華書局，2006)，頁63。

在梵蒂岡宗座圖書館這份抄本檔案的開首，先有一段相信是孟督及用英文所寫的簡短介紹，提供一些基本的訊息：

> 經由題為「英吉利國王給皇帝的信 —— 1793年送遞」的原稿整理出來。
> 斯當東爵士所送贈。
> 共有992個字
> 本日1804年2月29日，
> 本人孟督及，二者的書寫人。
> Collated
> With the Original thus entitled
> "King of England's Letter to the Emperor – Delivered in 1793."
> A favour of Sir George Staunton Bart.
> Containing 992 characters
> this Day 29th February 1804,
> by me, the writer of both. Antonio Montucci.

這兩個文本以外，現在還可以見到第三個文本，就是在〈背景篇〉交代過小斯當東捐贈與皇家亞洲學會的資料集，當中第一冊第一號文件也是使團國書中譯本，與國家檔案館外交部檔案中的譯本完全相同，相信是斯當東在使團結束後保留的中文本，交與一直在努力學習中文的兒子。

在這三個文本中，外交部檔案跟皇家亞洲學會的文本幾乎完全相同，只有為數極少的手民之誤，但梵蒂岡宗座圖書館孟督及的抄本則存在一些輕微的差異。應該同意，其中大部分的差異來自抄寫者孟督及的問題，當中不少明顯是手民之誤，且反映孟督及的中文水平頗有問題，例如英國外交部底本的「我國王親」被寫成「我國皇親」、「二等伯利撒諾爾」被寫成「二等伯利檄諾爾」等；也有漏抄的情況，例如「皇上至大之德至高之聽以允我兩個欽差」抄成「皇上至大之德至高之允我兩個欽差」；也有明顯是大意抄錯的地方，例如在「禽獸」中間加入了「詳知」，變成「禽詳知獸」、「總管」連續出現成「總管總管」等。

不過，除了上列一些很大可能是因為孟督及的漢語水平以及疏忽等原因出現的手民之誤外，還有一些不同的地方，應該是出自故意的改動，當中有些影響輕微，例如英國外交部檔案中把「二等欽差」斯當東的名字也寫出來，但梵蒂岡方面的版本並沒有；另外在梵蒂岡文本中有請求「中國皇上」准許兩名欽差「遊中國各省各方」，這不單不見於英國外交部版本，就是原信也沒有，刪去看來很合理，只是不明白為什麼會出現在這文本。然而，一個十分突兀而重要的差異是國家的名字：究竟當時國書中譯本怎樣翻譯Great Britain？英國外交部文本用的是「英吉利國」，而梵蒂岡孟督及的文本用的卻是「大紅毛國」；特別值得提出的是，小斯當東所藏的國書中譯本，除明顯的手民之誤外，可以說是跟外交部檔案文本完全一樣的，但唯一的分別在於它也用「大紅毛國」。作為遣使國的名字，這值得稍作討論。

我們知道，自明代西方人到華貿易後，「紅毛」一詞即已出現，一般理解為荷蘭。明人張燮(1574–1640)所著《東西洋考》(1617年成書)中有「紅毛番自稱和蘭國」的說法，[139] 清人趙翼(1727–1814)《簷曝雜記》亦記「又有紅夷一種，面白而眉髮皆赤，故謂之『紅毛夷』，其國乃荷蘭云。」[140] 成書於乾隆年間的《明史．和蘭傳》開首即說「和蘭又名紅毛番」，但當中又誤把英國人威德爾來華貿易誤記在〈和蘭傳〉內。[141] 但其實較早時已有不同的認識，把「紅毛」看成是「一種」，而英國屬於其中的一員，例如廣東省碣石鎮總兵陳昂在康熙五十六年(1717年)一份奏摺中有「惟紅毛一種，奸宄莫測，中有英圭黎諸國，種族雖分，聲氣則

---

[139] 張燮：《東西洋考》(上海：商務印書館，1937)，卷6，頁84。

[140] 趙翼：《簷曝雜記》(北京：中華書局，1997)，頁64–65。

[141] 張廷玉等：《明史》(北京：中華書局，1974)，第28冊，卷325，頁8437。最早指出《明史》所載有誤的是夏燮：「《明史》所謂紅毛『駕四舶，由虎跳門薄廣州』者，乃英吉利，非荷蘭也。明人但聞紅毛之名，即以為荷蘭，遂並其非荷蘭者，亦闌入焉。是則英吉利之名，雖不著於《明史》，而終明之世，不得謂其未至中國焉」。《中西紀事》(長沙：嶽麓書社，1988)，頁13–14。另外，對於《明史》中〈和蘭傳〉的校正，可參張維華：《明史歐洲四國傳註釋》(上海：上海古籍出版社，1982)，頁85–124。

一」、[142] 康熙年間台灣知縣藍鼎元則在《粵夷論》中記「紅毛乃西島番總名，中有荷蘭，佛蘭西、大西洋、小西洋、英圭黎、干絲臘諸國，皆凶狡異常」。[143] 不過，當英國人在廣州外貿日趨蓬勃，並佔主導地位後，「英吉利」便取代了荷蘭而成為紅毛國，且這樣的叫法一直沿用到鴉片戰爭以後，汪文泰（1796–1844）在1842年（道光二十二年）即撰有《紅毛番英吉利考略》。[144] 儘管這樣，在《匯編》所收錄的全部往來文書和諭令中，「紅毛」一詞的出現不算很多，總共才有十餘次。最早出現的軍機處檔案有乾隆五十七年十月二十日（1792年12月3日）一份奏報，郭世勳所奏呈「英吉利國原稟二紙」已交在京西洋人辨認翻譯，西洋人除作翻譯外，還對英國作了這樣的介紹：

> 該國即係紅毛國，在西洋之北，在天朝之西，該國與西洋不同教，亦無往來。[145]

這很有意思，可以說是在京的西方天主教傳教士為朝廷提供或確認一項資訊：這次遣使來華的就是紅毛國。很值得注意的是乾隆所寫的一首御製詩裡用上了「紅毛」，除題為〈紅毛英吉利國王差使臣馬戛爾尼等奉表貢至詩以誌事〉外，還有為詩句「嘆咭唎今效藎誠」所作註：「去歲據廣東撫臣郭世勳奏紅毛嘆咭唎國遣正副貢使嗎嘎噸呢嘶噹喃等奉表進貢」；[146] 由此可見，乾隆自己在這次馬戛爾尼訪華事件中，就是以「紅毛」來指稱英吉利。

---

142 陳昂：〈四裔考六〉，清高宗（敕撰）：《清朝文獻通考》（上海：商務印書館，1936），卷298，頁7471；參馬廉頗：《晚清帝國視野下的英國——以嘉慶道光兩朝為中心》（北京：人民出版社，2003），頁22。

143 楊光榮（修）、陳澧（纂）：《香山縣志》（中山：本衙藏版，1879），卷8，頁22–23；錄自同上，頁24。

144 汪文泰：《紅毛番英吉利考略》，收阿英（編）：《鴉片戰爭文學集》（北京：古籍出版社，1957），下冊，頁755–763。

145 〈奏報傳集在京西洋人翻譯英國原稟情形〉，《英使馬戛爾尼訪華檔案史料匯編》，頁91。

146 〈紅毛英吉利國王差使臣馬戛爾尼等奉表貢至詩以誌事〉，同上，頁555。

既然從梵蒂岡國書中譯本出現「紅毛國」，與英國外交部檔案的不同，那一個必然要處理的問題是：究竟最終送到中國來、乾隆所見到的國書用的是「紅毛國」還是「英吉利國」？由於今天沒有找到當時存放在黃金盒子裡的英國國書，我們對這問題只能作推測，但似乎要解答這問題也不困難，較大可能是用「紅毛國」，理由有三。第一，既然柯宗孝和李自標害怕筆跡被認出來，不敢自己抄寫國書中譯本，那麼他們就不可能在孟督及抄寫完後再做改動，然後帶到北京去，因此，最終版本肯定是來自孟督及的；第二，以孟督及的中文水平以及作為「謄抄者」的立場，沒有理由會自作主張把原來的「英吉利國」改為「紅毛國」；第三，從時間上看，孟督及應該是在完成全部抄寫工作之後才會自己重抄和留下一份文本。

事實上，使團確實是用「紅毛國」的。在使團自己準備的禮品清單中譯本中，我們見到「紅毛」以幾種形式出現，有「紅毛英吉利國王」(兩次)、「英吉利紅毛國王」、「紅毛王」、「紅毛國王」、「紅毛國」(兩次)、「紅毛本國」(兩次)以及「紅毛船」。[147] 禮品清單以外，我們還有另一條資料，讓我們知道使團所提供的文書中還另有使用「紅毛」的地方。這條資料不見於清宮檔案，而是收入在天津鎮總兵蘇寧阿所編纂《乾隆五十八年英吉利入貢始末》的一道〈英使臣道謝名帖〉。我們知道，直隸總督梁肯堂派遣蘇寧阿、喬人傑等在天津外海等候使團，先在乾隆五十八年六月十六日(1793年7月23日)遇上探船「豺狼號」，又在六月二十日(7月27日)接到使團的船隊，並在二十一日(7月28日)向使團贈送米、麵、牲口、茶葉等禮品。接著，使團在六月二十三日(7月30日)送來名帖道謝。在這份不足200字的名帖裡，「紅毛」一詞出現了三次，馬戛爾尼是「紅毛國之極貴世襲男大學士及本國王大欽差」，斯當東則是「世襲男紅毛國的內閣學士及副欽差」。[148] 還有一個有趣的資料，孟督及在

---

147 "List of Presents," "George Thomas Staunton Chinese Letters and Documents," Royal Asiatic Society of Great Britain and Ireland, vol. 1.

148 〈英使臣道謝名帖〉，《乾隆五十八年英吉利入貢始末》，頁597。這份名帖以音譯的方式把馬戛爾尼和斯當東的爵位職銜翻譯出來，讓人摸不著頭腦，就是馬戛爾尼的名字也

1801年出版過一本小冊子，批評哈蓋爾的中文能力及其著作中的錯誤。為了炫耀自己書寫中文的能力，他在小冊子封面印上一些中文字，其中「熱阿爾卓第三位大紅毛國王」出現兩次，[149] 指的是英國國王喬治三世，也就是馬戛爾尼使團國書的簽署人。孟督及告訴我們，他所出版的小冊子封面右邊的一句「熱阿爾卓第三位大紅毛國王」是出自柯宗孝手筆。[150] 綜合上面的資料，可以確定使團譯員在當時是用「紅毛國」來指稱英國的。

不過，英國人看來並不喜歡這「紅毛」的稱謂。使團總管巴羅記載他們到達定海後曾短暫登岸，遇到這樣的情況：「為了滿足自己的好奇心，每一個人都從窗門把頭探進來，咧嘴笑著說：紅毛！就是英國人，或更直接的說法，紅色的頭髮！」但巴羅說：「我們沒有感到欣慰，倒是很失望，然後很高興在一天的勞累後能夠回到自己的『克拉倫斯號』〔*Clarence*〕去。」[151] 此外，值得強調的是：在今天能見到的材料中，使團在到達北京以後所呈送的中文文件，主要是馬戛爾尼致和珅的信件，已見不到「紅毛」或「紅毛國」的出現，用的都是「英吉利」。[152]

但無論如何，英國外交部檔案、皇家亞洲學會，以及梵蒂岡宗座圖書館所藏的國書中譯本確屬同一譯本，而從現在所見到的資料看，這譯本不見藏於故宮檔案內，《匯編》未見收入，而負責主編該資料匯編的副館長秦國經，無論是在該書的長文〈從清宮檔案，看英使馬戛尼訪華的歷史事實〉，[153] 還是後來所出版的專著《乾隆皇帝與馬戛爾尼》中都未有隻字提及這一個譯本，看來他們的確沒有能夠見到使團自己準備的國書

給翻譯成「熱阿爾日烏斯瑪加爾搦」。在現在所能見到的文獻檔案裡，除這名帖外，再見不到這樣的譯法。這說明這份名帖應該不是李自標翻譯的。

149 Montucci, *The Title-Page Reviewed,* p. 1.

150 Ibid., p. 6.

151 Barrow, *Travels in China,* p. 57.

152 "George Thomas Staunton Chinese Letters and Documents," Royal Asiatic Society of Great Britain and Ireland, vols. 1 and 2.

153 秦國經：〈從清宮檔案，看英使馬戛尼訪華的歷史事實〉，頁23–88。

中譯本。毫無疑問，這一直塵封在浩翰的歷史檔案中的中譯本，作為英國第一次派遣使團到中國來英國人所攜帶的國書，價值可說非比尋常。只要粗略一看，即可見到無論在行文和內容上，它跟〈譯出英吉利國表文〉都是大異其趣的。[154]

首先，上文已指出過，軍機處所藏譯文是以生硬和口語化的白話文翻譯出來的，通篇文理不通，筆觸拙劣，充分反映譯者的中文水平低下；另一方面，英國外交部檔案裡的譯文則基本上是以簡易文言寫成，且整體風格較為一致，例如正文開首的第一段是這樣的：

> 造制天地人物真主安於茲尊位為益眾民之福保國家之太平而興萬民之才德斯大仁心非只儘與本國尚寬散與外國遠人[155]

不能否認，這段文字也有生硬別扭的地方，而這樣的情況在全文也相當普遍，甚至有些地方不容易理解，例如「緣因智之制度，及古今德君之表，香散遠方，更因國之寬大，民多勝數而皆享斯等太平遐福」、「若設我國一員智之官，永居貴國，管理一總事務，以除兩國不和之基，而定我等永遠之相與及才明巧物之相通，所以議之，當差一員忠信大臣，大智大權，以代國位於御前」；另外，把 "and so forth" 譯為「及餘」、"extended" 譯為「寬散」、"since" 譯為「意緣」、"cemented" 譯為「相與」、"gracious reception" 譯作「溫容」等，也都不能算是通順流暢的文字，甚至可說是生硬晦澀，難以理解。但整體來說，在當時慣用的文言書寫語境裡，這篇譯文比〈譯出英吉利國表文〉在行文上確實優勝得多。

然而，更重要的還是在原文訊息的傳遞上，它比軍機處的譯文要準確得多。軍機處所藏國書中譯文本大大貶低英王喬治三世的地位，馬戛爾尼和斯當東更被描繪成只供四處差遣、處理雜務的跑腿小角色，但英國外交部檔案的中譯本便很不一樣。也許譯文內有關喬治三世的描述過

154 由於梵蒂岡宗座圖書館所藏的版本是孟督及自己另行重抄的抄本，錯別字較多，因此，下文討論柯宗孝和李自標的譯本時，除另外註明外，以英國外交部所藏文本為主。

155 FO 1048/1.

於詳細，且大部分是以音譯方式處理，以致生硬難懂(「天主恩佑英吉利國及福郎質耶又依伯爾尼耶諸國王主保信德者及餘」)，但有關馬戛爾尼的一大段書寫，便肯定能夠給人一種非常顯赫重要的感覺：

> 我國王親大學士二等伯利撒諾爾世襲一等子大紅帶子玻羅尼亞國紅衣大夫英吉利國丞相依伯而尼亞國丞相特授一等欽差馬該爾尼德[156]

然後又說他「前在阿羅素作過欽差理事通並於多省多方受過大任無不清好已定於班陔利耶總管今立為特使一等欽差大臣」。有關副使斯當東的描述也十分詳細，充分表現出副使的尊貴：

> 我朝內臣世襲男閣學士前已在阿墨利陔掌過兵權理過按察事及在小西洋第玻蘇爾當王前辦過欽差事今立為二等欽差斯當東[157]

誠然，這一大堆的英國爵位和官職頭銜只能以音譯方式來表達，對於乾隆和清廷大臣來說是不好理解的，但另一方面，譯文又同時用上一些中國官銜，諸如「丞相」、「我朝內臣」、「世襲男閣學士」、「按察事」等，都是中國人熟悉的說法，把這些難懂的音譯新詞跟中國傳統官銜夾雜放在一起，排比鋪陳，便能營造一種氣勢迫人、不容小覷的效果。不過，最關鍵的是，在這兩段有關馬戛爾尼和斯當東的介紹裡出現一個中國人最熟悉、但在這裡可說是極為敏感的職銜：「欽差」。

藏於軍機處檔案的〈譯出英吉利國表文〉把馬戛爾尼和斯當東分別稱為「貢使」和「副貢使」，裡面沒有「欽差」的說法，這顯然是配合清廷和乾隆為使團所作的定位：一個遠方來朝的貢團。但這就跟原國書相差很遠，因為馬戛爾尼是作為英王的「特命全權大使」，斯當東為「全權公使」，攜有正式的確認文書——國書中譯為「印書」(“Credentials”)，這樣，使團準備的中譯本以「一等欽差」作為馬戛爾尼的職銜，把斯當東稱為「二等欽差」，儘管在概念上不一定完全等同出使大臣，而且中國的

[156] 同上。
[157] 同上。

欽差也沒有一等二等之分，但作為皇帝或國王的全權代表的基本意思卻是接近的。

不過，〈禮品篇〉已提到，乾隆對於禮品清單中出現「欽差」的稱謂極為不滿，因為乾隆認為「該國遣使入貢，安得謂之欽差」；而且，對他而言，禁止使團使用「欽差」，目的是要防止「遣使入貢」的英國借此造成「與天朝均敵」的效果，[158] 這一舉動意味深長，具有非常明確的政治含義。在乾隆正式下旨「無論該國正副使臣，總稱為貢使」後，[159] 我們便再見不到「欽差」一詞在與使團相關的中文文書裡出現，因為清廷上下馬上開始對「欽差」一詞進行清洗，就是連「其貢單抄存底稿亦俱改正，外間並未流傳」。[160]

但另一方面，由於藏於英國和梵蒂岡的國書中文本沒有經過中國官員謄抄修改，且在使團出發前便已準備好，可以清楚及準確地展示英使團原來的意思。在這譯本中，「一等欽差」、「二等欽差」便連番出現。我們不能肯定馬戛爾尼或斯當東在出發前是否完全清楚中國朝貢制度的含義，但也有理由相信他們有相當的理解。馬戛爾尼說過他在出發前把能夠找來有關中國的材料都仔細閱讀，其中包括一份超過100頁的《略述中國及過去之使華使團》；[161] 而且，他們在面對自己的禮品被標籤為「貢品」時所作的考慮，也顯示他們對朝貢的概念是有所認識的。[162] 他們當時選擇不作抗辯，那是因為明白假如不肯接受這身份，便會被拒絕進京，根本沒法完成出使的任務。[163] 不過，無論如何，絕對不可能認同

---

158 〈六月三十日軍機處給徵瑞劄〉，《掌故叢編》，頁62。

159 〈諭軍機大臣著梁肯堂筵宴後仍回河工並飭知委員不得稱貢使為欽差〉，《英使馬戛爾尼訪華檔案史料匯編》，頁40；又見〈和珅字寄梁肯堂奉上諭著筵宴後仍回河工並飭稱英使為貢使及賞給米石〉，同上，頁120。

160 〈長蘆鹽政徵瑞覆奏遵旨詢明英貢使各件緣由折〉，同上，頁368。

161 "Sketches respecting China and the Embassies sent thither, drawn up by Mr. Cobb of the East India House, Secretary's Officer 1792," IOR/G/12/20, pp. 75–185.

162 馬戛爾尼說要等待適當時機才作抗議；而斯當東則為馬戛爾尼解釋，說他「時常警惕著，不使自己的任何言行有失體統，讓英王陛下蒙羞」。Macartney, *An Embassy to China*, p. 88; Staunton, *An Authentic Account of an Embassy*, vol. 2, p. 26.

163 Macartney to Dundas, near Han-chou-fu, 19 November 1793, IOR/G/12/92, p. 55. 也有論

英國是中國的朝貢附庸，而堅持是跟中國一樣的獨立主權國。馬戛爾尼跟喬人傑及王文雄爭辯為什麼在覲見乾隆時不會用跪叩的方式，所持的理由就是一個偉大而獨立的國家所使用的禮節跟朝貢國主所用的是不一樣的，[164] 這表明英國就是一個偉大而獨立的國家，而不是朝貢國或附庸國。此外，他願意以覲見英王的儀式來覲見乾隆，又提出如果朝廷派遣一名與他自己官階相若的官員向英王肖像叩頭，他也可以向乾隆行叩拜禮，[165] 也就更明確地表示兩國君主以至中英兩國的地位是對等的。這點可說是原來英王國書的中心思想，也就是乾隆所擔心和極力排斥的「以英吉利與天朝均敵」。[166] 很明顯，這問題對中英雙方同樣重要，且馬戛爾尼與乾隆的理解看來是一致的，只是前者要爭取表達兩國平等的思想，而後者則要極力遏止。由此可以見到，「欽差」與「貢使」一詞之差，卻在兩國地位的問題上扮演舉足輕重的角色。

從英國人的角度看來，國書的譯本必須準確傳遞兩國平等的中心思想。整體說來，使團所準備的中譯本大抵相當準確和忠實地傳達了原國書的內容和精神。除對馬戛爾尼和斯當東的介紹，以及以「一等欽差」和「二等欽差」作為他們的職銜外，更重要的是清晰地說明英國與中國是兩個地位對等的國家。譯文中多次出現「兩國」二字：「兩國常遠之交往」、「相助兩國庶民之福」、「以除兩國不和之基」、「方與兩遠國最有要益」，以及「兩國遙隔」等。同時，英人國書中在談及自己國家時用「我國」、「吾國」，指稱中國則用「貴國」，通篇不見「天朝」、「大皇帝」等字眼。這樣的論述方式在今天好像很正常，但放置在中國傳統天朝思想下便很有問題，根本不是慣常的做法。在馬戛爾尼使團離開中國差不多50年後的1839年鴉片戰爭前夕，就是那位被後世學者譽為「開眼看世界

者說：「按朝貢制度行事，是各國派遣使臣來華的先決條件，英國人哪怕做做樣子，也必須邁過這道門坎。」李雲泉：《朝貢制度史論》，頁253。

164 Macartney, *An Embassy to China*, p. 119.

165 Ibid., p. 100.

166 〈六月三十日軍機處給徵瑞劄〉，《掌故叢編》，頁62。

的第一人」的林則徐，[167] 也曾對英方送來的照會中用「兩國」一詞表示不滿：「至稟內之理，多不可曉，即如『兩國』二字，不知何解。」[168] 就是說以「兩國」指稱中英是不可曉之理，他還說「英吉利米利堅合稱兩國」才可以。其實，那就是因為這樣的表述把中英置於平等的位置，沒有所謂高低之分。當50年後的林則徐仍然不能接受這樣的話語，乾隆能視而不見嗎？

此外，使團準備的國書中譯本還對英國的成就表現得十分自豪：儘管在開國之初時常與四周鄰國開戰，但在把全部敵人打敗，「國家頗享安然」後，他們立刻「以公律正法，制立一切福安，利益百姓者也」，並派遣「許多才士窮理之人以往多處遠方，以探巡所未見未聞之地」，目的並不是要「占他國之地方或圖別人之財帛，又非為助商人之利益」，因為「我國亦大，民亦有財，富亦足矣」，實則是「欲知悉地上人居之處及欲和伊等相交」，然後不論遠近，也願意將自己「所有之精物巧法於人倫福生等項」發送過去。即使這次派遣使團來華，也是要將自己的「巧物〔精〕法送來，以定兩國常遠之交往，非為貪圖財利等意緣，為相助兩國庶民之福。」國書甚至強調，英人在華尋求貿易並不是要在中國取得什麼特別的好處，而是互通有無，「因大國之內多有缺少等件，各亦有所奇才巧物，若是相交，則可相助相送」、「相與」和「相通」，這對中英兩國都有利。顯然，這樣的通商貿易觀跟當時清廷上下的理念大相逕庭。乾隆在發給英國喬治三世的敕諭中便有「天朝物產豐盈，無所不有，原不藉外夷貨物以通有無。特因天朝所產茶磁器絲觔，為西洋各國及爾國必需之物，是以加恩體恤，在嶴門開設洋行，俾得日用有資，並沾餘潤」這樣的說法；[169] 由此可見，中西方貿易觀念上的矛盾在這份國書中譯本中

167　范文瀾：《中國近代史》（北京：人民出版社，1947），上冊，頁21。

168　林則徐諭義律，道光十九年二月十一日（1839年3月25日），FO 663/46，頁97；又見佐佐木正哉（編）：《鴉片戰爭前中英交涉文書》，頁176。

169　〈大清皇帝為開口貿易事給英國王的敕諭〉，《英使馬戛爾尼訪華檔案史料匯編》，頁172。

也充分展現出來，並進一步確認在英國人眼中，兩國地位應該平等。

除提出貿易往來是互通有無、相互得益的對等思想外，更有意思的是英國人在國書中竟然要求在北京長期派駐官員，而且在解釋這要求的原因時，一方面說是為了「嚴禁我國之人莫在國外為非犯法」，但另一方面也說要保護好自己的國民，「勿受外人之欺」。這其實就是說英國人在中國可能受到欺負，他們要求在北京長期派駐官員，就是要為在中國的英國人爭取合理的權益。證諸英國人對於廣州的商貿條件的不滿以及他們派遣使團的動機，國書的要求以至解說便很確鑿了。但問題是乾隆並不會認同這樣的觀點，在正面回答國書這樣的要求時，一點也不含糊地說「此則與天朝體制不合，斷不可行」。[170] 有趣的是，藏於軍機處檔案的〈譯出英吉利國表文〉，雖然也表達了派駐人員留在北京的要求，但措詞和立場便很不一樣：

> 兩下往來，各處都有規矩，自然各守法度，惟願我的人到各處去，安分守規矩，不叫他們生事。但人心不一樣，如沒有一個人嚴嚴管束他們，就恐不能保其不生事。故此求與中國永遠平安和好，必得派一我國的人，帶我的權柄，住在中國地方，以便彈壓我們來的人，有不是罰他們，有委曲亦可護他們。[171]

雖然最後一句也說會保護受委屈的人，但也就只有短短幾個字，而整段文字重點都放在要管好英國的商人，不要在中國生事，破壞規矩。

此外，基於兩國地位平等的思想，英國人派遣使團過來就不是要向中國大皇帝請求些什麼。上文指出過，清宮所藏〈譯出英吉利國表文〉多番懇求大皇帝加恩，但使團的譯本裡，全篇中「求」字只出現了一次，那就是「伏求至上至善真主庇祐皇上萬歲萬福萬安」，他們求的是上帝，而不是乾隆，因為在國書原信和外交部所藏譯本中，兩國君主的地位是平等的，沒有要賜求恩惠的道理。還有原信末出現歐洲各國君主間交往

---

170 〈大清皇帝給英吉利國王敕諭〉，頁165。

171 〈譯出英吉利國表文〉，頁163。

經常見到的「兄弟」關係，這次也給翻譯出來了：「極願合萬歲相親，似乎同昆一般。」下署「眷弟」熱阿而卓。

總而言之，使團所準備喬治三世給乾隆國書的中譯本所傳達的訊息，絕對不是說他們前來朝貢，也不是要向中國求取什麼，而是要展示英國是世界上的強國，要以兩國平等的地位交往，相互得益。在文本對比和分析後，可以清楚知道英王國書的兩份中譯本存有很大的差異，行文和風格以外，最重要的是在內容和資訊的表達上，二者都迥然不同。客觀看來，軍機處的譯文（除了文筆拙劣外），就是一篇地道的貢文；而英國國家檔案館所藏外交部檔案的一篇則更貼近於原信，能夠清楚表達英國人派遣使團的意圖。

五

上面的討論，讓我們對喬治三世給乾隆國書的中譯本問題有了進一步理解，知道英國人原來早已準備好一份相當忠實的中文譯本，清楚表達遣使的目的和要求，更申明中英兩國地位平等的理念。嚴格來說，英國人自己準備好中譯本，並在覲見乾隆時才呈遞，不能說是嚴格遵守清朝的朝貢規定。清代對貢期、貢道，以至入貢人數等，都有嚴格規定。表文方面，他們的規定是，如果表文是以外國文字寫成，便應該在使臣還沒有進入中國國境前，又或是在規定貢道進入中國後，先交由邊省督撫安排譯出中文版本。[172] 但如貢使已抵達京師，則會先把朝貢表文呈送禮部，翻譯成滿、漢文字後，進呈皇帝御覽。[173] 在屬於後者的情況裡，實際擔任翻譯工作的，是禮部下的會同四譯館的譯字生或通事負責。但由於英國人早就清楚表明自己已準備好中文本的國書，無須處理翻譯的問題，便沒有必要交與會同四譯館。不過，使團堅決拒絕事先呈送國

[172] 參見方豪：《中國近代外交史（一）》（台北：中華文化事業出版委員會，1955），頁3–4；何新華：《最後的天朝：清代朝貢制度研究》，頁225–226。

[173] 李雲泉：《朝貢制度史論》，頁149。

書，的確是與清廷規定不相符。儘管他們所說的理由是這樣做顯得更誠懇，[174] 但看來是他們更希望讓乾隆看到自己所提供的譯本，不用擔心國書被改動。

但這卻又帶來更多新的疑問：為什麼今天會見到兩個截然不同的中譯本？二者的關係是怎樣的？我們能夠確定使團自己的譯本是在倫敦由兩名來自意大利的中國傳教士所譯，那麼軍機處的譯本又是誰翻譯的？它是什麼時候翻譯出來的？既然英國人自己已帶來一個譯本，為什麼還會有另一個譯本？而更關鍵的問題是：乾隆究竟看了哪一個版本？

首先，上文已指出，使團在出發前先由柯宗孝和李自標把國書譯成中文，然後交與孟督及謄抄。今天在英國外交部檔案所見到的國書中譯本就是這個版本，所見到的實物很可能就是由柯宗孝所抄寫，供孟督及謄抄的底稿，當中還有修改的痕跡，它一直留在英國，沒有帶到中國來。此外，藏於梵蒂岡宗座圖書館的文本是孟督及另行抄寫的本子，當然也是沒有帶到北京去，帶到北京的應該是孟督及在倫敦抄寫的一份。

撇開實物不論，以文本來說，這份英國外交部檔案的版本是否就是馬戛爾尼在謁見乾隆時所呈送的譯本？從常理看，答案應該是肯定的。英國人花了這麼大的力氣在倫敦把國書翻譯出來，然後找人認真謄寫，在旅途上一直小心翼翼地把它鎖在一個金盒子裡，那自然應該就是呈送乾隆的文本。此外，我們在所有的使團成員回憶錄裡都看不到有片言隻字說過或暗示曾在旅途中改譯或改寫過國書中文版本，尤其是他們一直便只有這幾位譯員，實在沒有理由在旅途中臨時重新翻譯國書。

不過，由此衍生的問題是：為什麼使團中譯版本的國書不見於清宮的檔案裡？《匯編》確定已「包含了中國第一歷史檔案館所收藏的清朝政府接待英國使團的全部檔案文件的影印本，以及在中國目前可能搜集到的全部文獻資料。」[175] 這樣看來，這份英國官方的國書譯本便很可能不

174 〈長蘆鹽政徵瑞奏報在海口辦理接待英貢使情形折〉，頁351–352。

175 徐藝圃：〈序言〉，《英使馬戛爾尼訪華檔案史料匯編》，頁8。

存在於故宮以至中國了。早在1928年故宮博物館編輯《掌故叢編》的〈英使馬戛爾尼來聘案〉時，編輯許寶蘅（1875–1961）便記道：「惟英皇之國書原本未知庋藏宮內何處」，[176] 而他們當時找到的中譯本也就是《匯編》的〈譯出英吉利國表文〉。

那麼，現在所見收藏於軍機處檔案裡的〈譯出英吉利國表文〉又是怎麼一回事？為什麼會有這樣一個譯本藏在清宮檔案裡？它的譯者是誰？很可惜，現在所見到的全部原始史料都沒能直接回答這些問題。我們在這裡只能對相關問題稍作探討。

先從日期説起。《匯編》標示這份〈譯出英吉利國表文〉的日期為1793年9月23日（乾隆五十八年八月十九日）。[177] 如果這日期是準確的，那就説明〈譯出英吉利國表文〉很可能是中國方面另行再做的譯本。根據馬戛爾尼的日誌，他是在1793年9月14日（乾隆五十八年八月十日）在謁見乾隆時親手送呈國書的，[178] 換言之，朝廷在拿到國書正本後還有九天的時間去把國書翻譯出來。應該指出，儘管馬戛爾尼呈遞國書時一併把中文譯本（還有拉丁文譯本）呈上，但即使原來便有中譯本，朝廷另外再找人重新翻譯一遍也是很可能的。〈預告篇〉曾討論過與使團相關的另一份文書：東印度公司董事會主席百靈寫給兩廣總督的信，通告英國派遣使團來華的消息。署理兩廣總督郭世勳在奏明朝廷時曾附呈英國人所送來該信的英文和拉丁文本，同時呈送的還有他們在廣東找人根據這兩個版本翻譯出來的中文譯文。不過，朝廷在接到這些文件後，還是另外找北京的西洋傳教士來重新翻譯，只是這些西洋傳教士不諳英文，只能譯出拉丁文本。由此可見，清廷在收到英王國書後，即使同時收到中譯本，仍然很可能找人重新翻譯一遍的。

176　〈英使馬戛爾尼來聘案〉，《掌故叢編》，頁46。

177　〈檔案文獻目錄〉，《英使馬戛爾尼訪華檔案史料匯編》，頁17。另一方面，《掌故叢編》所收表文，並沒有註明日期，但從其他文件看來，它的排列都是順時序的，而這篇表文是收在一份八月十四日的軍機處奏片前。《掌故叢編》，頁78。

178　Macartney, *An Embassy to China*, p. 122.

此外，無論從內容或形式上來說，這譯本都是以一種謙卑恭順的筆調和語氣來書寫，馬戛爾尼變成遠方來朝的貢使，向中國大皇帝求取好處。從這角度看，該中譯本確實很可能出自為朝廷服務的譯員手筆，所以完全從中國的利益立場出發。事實上，既然譯文不是英國人所提供，那便只可能是由清廷安排翻譯出來。

〈譯員篇〉曾指出，當時為清廷當外交譯員、且被指派為使團訪華服務的是一批以其專業知識留在北京的西方天主教士，其中以索德超的地位最高，賞以三品頂戴出任通事帶領。[179] 那麼，會不會就是如秦國經所說，〈譯出英吉利國表文〉是在乾隆接到馬戛爾尼送來的國書正本後，交由索德超翻譯出來？[180] 從現在見到的資料看，如果〈譯出英吉利國表文〉是由天主教士翻譯的，那譯者的確很可能就是索德超——因為〈譯出英吉利國表文〉是在乾隆還在熱河時翻譯出來的，而當時朝廷曾下旨索德超等跟隨乾隆到熱河。不過，令人疑惑的是：在現在所見到的材料裡，都見不到有任何的紀錄，證明清廷指派索德超或其他譯員去把國書重新翻譯一遍。這跟百靈來信的情況很不一樣，今天仍然可見當時所頒指令，要找在京西洋人重譯和核對送來的譯文。[181] 此外，在馬戛爾尼使團訪華期間，朝廷曾經好幾次明確地發出指令，徵召索德超來翻譯或核對翻譯。[182] 如果要他或其他傳教士完成翻譯國書這樣重大的任務，似乎不應該見不到有任何工作或匯報的指令；[183] 而且，如果譯文是由中國方面的人員翻譯出來的，文筆不應該這樣拙劣，因為即使那些西洋傳教士的

---

179 〈上諭英使遠來著令監副索德超前來熱河照料〉，《英使馬戛爾尼訪華檔案史料匯編》，頁10。除索德超外，只有安國寧也是賞給三品頂戴，其餘的只賞六品頂戴。同上。

180 秦國經：〈從清宮檔案，看英使馬戛尼訪華的歷史事實〉，頁75。

181 〈奏報傳集在京西洋人翻譯英國原稟情形〉，頁91。

182 〈奏為頒給英國王敕諭譯文已交索德超等閱過無誤事〉，同上，頁145；〈奏為英貢使所遞西洋字稟已交索德超譯出呈覽〉，同上，頁198；〈奏報將英使呈詞交索德超閱看諭英法交惡皇帝無分厚薄洋人欽佩情形〉，同上，頁203。

183 當然，這也不是絕對的，例如乾隆給英國王第二道敕諭的翻譯，也見不到任何指令的記錄，傳教士賀清泰和羅廣祥好像是臨時找來匆匆完成工作的。"Letter from Louis de Poirot to Lord Macartney, dated Pekin, September 29, 1794, together with translation," *An Important Collection*, vol. 7, doc. 308, CWCCU. 詳見本書〈敕諭篇〉。

中文書寫水準不高，周圍也一定有中國人可以幫忙修飾，[184] 不可能向皇帝呈遞這樣生硬晦澀的文本。又以百靈來信為例，朝廷找北京西洋人譯出來的文本是非常通順工整的書面文字，一點也不像國書中譯本那種生澀的口語文體。對此，唯一可能的解釋是時間倉促，且當時他們都在熱河，不一定能像在北京一樣找到別人幫忙潤飾。

還應該指出的是：朝廷在收到馬戛爾尼送來的國書後，不單只安排重譯一個中文版本。除了〈譯出英吉利國表文〉外，中國第一歷史檔案館現在還藏有兩個譯本：法文本和滿文本。[185] 有學者認為滿文本和中文本〈譯出英吉利國表文〉一樣，是後來朝廷指令翻譯的，但法文本則是英國使團自己帶過來的。[186] 滿文本為朝廷所安排翻譯，這是毫無疑問的，但法文本是否真的由英國人帶來？這點頗可懷疑。[187] 無疑，使團送出的文書有時候的確附有法文譯本，例如1793年8月28日馬戛爾尼給和珅的信札便附有法文譯本。[188] 然而，總體來説，同時提供法文譯本的情況不多，尤其是在到達北京前的文書，幾乎沒有見到任何的法文版本。國書方面，我們從沒有見到任何的資料記錄使團預備和帶來了法文譯本，而且，假如使團真的自己準備了法文譯本，這樣一份重要的文件實在沒有理由不在他們的檔案中留下來。從照片看來，清宮檔案所藏國書法文譯本無論在紙張和書寫方式上都跟英國人的國書很不同，倒跟滿文本一樣，只是横直排寫不同而已。因此，現存故宮內喬治三世國書的法文本，應該也只是後來在北京翻譯出來的譯本。

---

[184] 就是斯當東也知道這些歐洲傳教士有中國人的助手，協助修飾中文。Staunton, *An Authentic Account of an Embassy*, vol. 2, p. 29.

[185] 石文蘊：〈中西方文明的碰撞——一份特殊的《英國國王喬治三世致乾隆皇帝信》賀禮〉，《中國檔案報》第3495期（2020年3月6日），第4版。該文作者石文蘊工作單位為中國第一歷史檔案館滿文處。

[186] 同上。

[187] 據石文蘊2021年3月29日與筆者的通信，《英國國王喬治三世致乾隆皇帝信》法文譯本的資料是參照《中國檔案遺產名錄》的介紹，由於檔案沒有公開，所以無法查收到相關的資料。

[188] "Note for Cho-Chan-Tong, First Minister, Pekin, 28 August 1793, English original, with Latin and French translations," IOR/G/12/92, pp. 209–216.

餘下最後一個要解決的問題是：究竟乾隆看到的是哪一個譯本？首先，由朝廷安排翻譯且收入軍機處上諭檔的文本，乾隆是應該看過的，但這並不能排除乾隆也看過使團所帶來國書中譯本的可能；照常理看，乾隆沒有道理不在馬戛爾尼呈遞國書後馬上仔細閱讀，尤其朝廷上下一直都對使團國書十分關注。事實上，我們的確有充分的理由相信乾隆首先看到的便是英國外交部所藏的版本，證據就來自乾隆給英吉利國的敕諭。

關於乾隆發給英王的幾道敕諭，〈敕諭篇〉會有詳細的交代。在這裡要指出的是，乾隆在9月23日（八月十九日）正式頒出的第一道敕諭，裡面清楚提到英王的「表文」：

> 至爾國王表內，懇請派一爾國之人住居天朝，照管爾國買賣一節，此則與天朝體制不合，斷不可行。[189]

顯然，在頒下給馬戛爾尼的這份敕諭前，乾隆已經看過英國王的國書，並因應國書的內容而撰寫敕諭，因而有更明確的內容，甚至可以說具有針對性，裡面有大量篇幅用來解說為什麼不能接受英人所提出派遣代表長駐北京的要求。這樣，我們便可以否定朝廷（也包括乾隆）只看到〈譯出英吉利國表文〉，因為根據《匯編》標示，軍機處所藏的〈譯出英吉利國表文〉是在乾隆五十八年八月十九日（9月23日）譯出來，[190] 但敕諭也是在9月23日同一天發出的，既然裡面已包含針對國書要求的內容，相關的訊息便不可能來自〈譯出英吉利國表文〉，而是馬戛爾尼在較早前的9月14日送呈的一份——由柯宗孝和李自標在倫敦翻譯的文本。由此可以證明，乾隆最早見到的國書中文版本，就是這份使團自己準備的版本，儘管不能排除他後來再看了軍機處所藏的譯本。換言之，英國人想

---

[189] 〈大清皇帝給英吉利國王敕諭〉，頁165。

[190] 〈檔案文獻目錄〉，頁17。《掌故叢編》所收表文並沒有註明日期，但從其他文件看來，它的排列都是順時序的，而這篇表文是收在一份八月十四日的軍機處奏片前。《掌故叢編》，頁78。

要表達的訊息，諸如英國是強大的國家、與中國對等、商貿買賣是對雙方都有裨益的正常活動、而這次遣使更是要爭取更好的貿易條件等，全都能夠通過英國使團所準備的國書中譯本傳遞給乾隆。正由於接收到這樣的訊息，乾隆才會在後期對使團採取更謹慎以至懷疑和防範的態度。

第6章

敕諭篇

按照慣常的做法，我們在這裡那裡改動了一些表述。

——賀清泰[1]

我想要説的是：除非這份文書再不被視為荒謬，否則還是沒有人理解中國。

——羅素(Bertrand Russell)[2]

一

在朝貢制度下，朝廷在接待來訪使團時，除接見使節、收受國書和貢物、賞賜禮品外，也會在使團離開前向來貢國家的統治者頒發敕諭，讓使者帶回去，以宣示天朝的威望。可以説，頒發敕諭是傳統朝貢制度的重要環節。

馬戛爾尼訪華使團也不例外。對於乾隆來説，遠在重洋的英國第一次派遣的使團就是來貢使節，自然也要向英國國王喬治三世頒送敕諭。不過，馬戛爾尼使團比較特別的地方，在於乾隆不只向使團發出一道敕諭，而是發了兩道敕諭，且二者相距的時間很短。就現在所見到的檔

1 "Letter from Louis de Poirot to Lord Macartney, Dated Pekin, September 29, 1794, Together with Translation," *An Important Collection*, vol. 7, doc. 308, CWCCU.

2 Bertrand Russell, *The Problem of China* (London: George Allen & Unwin, 1922), p. 51.

案，乾隆是在1793年9月23日（乾隆五十八年八月十九日）發出第一道敕諭，[3] 10月3日（八月二十九日）送到使團住處；[4] 第二次則是在1793年10月4日（乾隆五十八年八月三十日）向喬治三世發出第一次敕諭，[5] 在10月7日（九月三日）使團正要離開北京時送與馬戛爾尼。[6]

此外，在使團回國後，乾隆因應英國國王送來的一封書函，在讓位與嘉慶的前夕，又向英國發送敕諭，內容幾乎全與馬戛爾尼使團相關。[7] 因此，嚴格來説，乾隆就這次使團來訪先後發出三道敕諭，儘管最後的一道不是直接交與馬戛爾尼。

二

在清宮檔案中，最早提及乾隆頒送馬戛爾尼使團敕諭的是軍機處在1793年8月3日（乾隆五十八年六月二十七日）的一份奏片。這份奏片很簡短，主要是呈上敕諭的擬稿，等待批准，然後會以「清字西洋字」來翻譯及繕寫，「俟該貢使回國時照例頒發」。[8] 毫無疑問，這的確是「照例」的操作，因為這時候使團才剛抵達天津外海，甚至還沒有登岸，在一天前（8月2日，六月二十六日）才交出使團禮品清單，乾隆還沒有看到，更不要説國書或使團成員了。此外，這份初擬的敕諭看來也「照例」獲得通過，因為在差不多一個月後，軍機處又在9月1日（七月二十六日）上奏，譯出西洋字的敕諭已交「索德超等閱看」，「據稱所譯字樣，均屬相符」；[9] 也就是説，在這一個月裡，敕諭已被翻譯出來，且經由索德超等檢查和認可。

---

3 〈大清皇帝給英吉利國王敕諭〉，《英使馬戛爾尼訪華檔案史料匯編》，頁165–166。

4 Macartney, *An Embassy to China*, p. 150.

5 〈大清皇帝為開口貿易事給英國王的敕諭〉，《英使馬戛爾尼訪華檔案史料匯編》，頁172–175。

6 Macartney, *An Embassy to China*, p. 155.

7 〈敕諭〉，《文獻叢編》，上冊，頁158–159。

8 〈軍機大臣等奏為呈覽給英國敕諭事〉，《英使馬戛爾尼訪華檔案史料匯編》，頁117。

9 〈奏為頒給英國王敕諭譯文已交索德超等閱過無誤事〉，同上，頁145。

好幾位學者都以為這份8月3日已準備好的敕諭就是乾隆正式頒送使團的敕諭，[10] 當中佩雷菲特更質疑為什麼這麼久之前乾隆便已經準備敕諭，甚至由此推論他對使團的立場早已決定，因此使團是註定失敗的，而這失敗跟使團的表現(包括禮品、馬戛爾尼的態度、拒絕叩頭的行為等)無關。[11] 克萊默－賓的觀點也十分接近，他說假如馬戛爾尼知道清廷在他們還沒有登岸前已準備好敕諭，要他在呈送完禮品後便馬上離開，也許他對使團便不會這麼積極熱心。[12] 不過，這些論點完全是錯誤的，原因很簡單，因為這份早在8月3日已經準備就緒的敕諭，最終並沒有頒送馬戛爾尼，現在所見到乾隆給英國國王的第一道敕諭，並不是這份早已準備好的敕諭。

其實，最早犯上這嚴重錯誤的是《掌故叢編》的編輯。他們首先輯錄了這份〈六月二十七日軍機處奏片〉，然後馬上收錄乾隆正式發給英國國王的第一道敕諭，並加上這樣的按語：「按此敕諭係六月二十七日擬進八月十九日頒給」。[13] 這是不應該出現的錯誤，因為六月二十七日(8月3日)所擬好的敕諭一直都保留在清宮檔案內：《匯編》的「上諭檔」內即有〈給英吉利國王敕諭〉，[14] 就是《掌故叢編》本身也收錄了這份敕諭。[15] 可以見到，這份敕諭內容很簡單，篇幅很短，只有300字左右，完全是冠冕堂皇的官樣文章，沒有任何具體內容，除裡面出現「英吉利」三字外，甚至可能看不出這道敕諭是要發給馬戛爾尼的，這就是我們所說這道敕諭只是「照例」擬寫的意思，同時也是軍機處能夠在使團還沒有到達、朝廷沒有見過禮品清單和國書前也可以擬好敕諭的原因。不過，這份敕諭最終沒有送到英國人手上，原因是乾隆在見過使團所帶來的國書

---

[10] 除馬上討論的佩雷菲特和克萊默－賓外，還有李雲泉：《朝貢制度史論》，頁269；Singer, *The Lion and the Dragon*, illustration 17。

[11] Peyrefitte, *The Collision of Two Civilisations*, p. 288.

[12] Cranmer-Byng, "Lord Macartney's Embassy to Peking in 1793," p. 138.

[13] 〈敕諭〉，《掌故叢編》，頁58。

[14] 〈給英吉利國王敕諭〉，《英使馬戛爾尼訪華檔案史料滙編》，頁126–127。

[15] 〈敕諭〉，《掌故叢編》，頁58。

後，要作直接回應，結果最終沒有向使團頒發這道很早就預備好、只不過「照例」擬寫的敕諭。上述學者大概沒有仔細看過這道敕諭，只是理所當然地接受《掌故叢編》的說法，以為正式發送給英國人的就是8月3日所擬好的一份，並由此得出各種結論。然而，這都是不正確的。

此外，即使沒有看到8月3日那道敕諭，也不應該以為9月23日（八月十九日）正式發出的第一道敕諭早在8月3日已經擬寫好。〈國書篇〉已指出，乾隆是在9月23日正式發出的第一道敕諭，具體地回應喬治三世使團國書的內容。這點十分重要。由於國書是馬戛爾尼於9月14日（八月初十）在熱河萬樹園親自呈遞給乾隆的，[16] 那麼，乾隆這第一道正式敕諭最早也得在9月14日以後才定稿，不可能是8月初已經擬好的一道。事實上，只要細讀兩道敕諭，便可以見到二者分別很大，根本不是同一份敕諭。

乾隆這道正式送與英王的第一道敕諭，現藏於英國皇家檔案館，在文本上除個別文字與《匯編》的〈大清皇帝給英吉利國王敕諭〉有一些非常細微的差異外，[17] 較值得注意的是敕諭的日期。〈大清皇帝給英吉利國王敕諭〉並沒有顯示日期，根據《匯編》編者所擬目錄，敕諭的日期為乾隆五十八年八月十九日（1793年9月23日），這應該是準確的；而且，根據現在所有見到的資料，包括馬戛爾尼的日誌，這份敕諭是在乾隆五十八年八月二十九日（1793年10月3日）送到使團住處的。[18] 不過，英

---

16 Macartney, *An Embassy to China*, pp. 121–122; Staunton, *An Authentic Account of an Embassy*, vol. 2, pp. 73–77.

17 前後共有九處不同的地方：(1) 英國皇家檔案館的版本「傾心嚮化」，《匯編》寫成「傾心向化」；(2) 前者有「亦豈能因國王一時之請」，後者是「豈能因爾國王一時之請」；(3)「爾國在嶴門貿易」變成「爾國人在嶴門貿易」；(4)「屢經遣使來朝」變成「屢次遣使來朝」；(5)「前歲廣東商人」變成「前次廣東商人」；(6)「有拖欠洋船價值銀兩者，俱飭令該管總督」變成「有拖欠洋船價值銀兩之事，即飭令該管總督」；(7)「萬里來王」變成「萬國來王」；(8)「爾之正使等皆所親見」變成「爾之正使等所親見」；(9)「安穩回國」變成「安程回國」。另外，英國皇家檔案館的版本內所有「國王」，在《匯編》內都作「爾國王」，共11處。

18 Macartney, *An Embassy to China*, p. 150.

國皇家檔案館所藏敕諭所署的日期是乾隆五十八年九月初三日(1793年10月7日),[19] 比馬戛爾尼收到敕諭的日期還要晚,清廷刻意在敕諭署下較晚的日期。但無論如何,這的確是馬戛爾尼所收到的敕諭所署的日期,除因為今天還能看到這敕諭本身外,更因為馬戛爾尼在收到敕諭後馬上讓使團成員根據拉丁文本把它翻譯成英文,在南下廣州途中送回英國,那份譯文所譯出的日期也是乾隆五十八年九月初三日。[20]

關於這份使團真正收到的敕諭的內容和翻譯,下文會詳細討論。

至於第二道敕諭,《匯編》分別在兩處收錄,一是在「內閣檔案」中的「外交專案」內,另一是在「軍機處檔案」的「上諭檔」內,二者內容完全相同,但該書目錄所記的日期不同,前者記為乾隆五十八年八月二十八日(1793年10月2日),後者則是乾隆五十八年八月二十九日(1793年10月3日)完成的,[21] 但這兩個日期都有問題。

本來,乾隆第一道敕諭是在乾隆五十八年八月十九日(1793年9月23日)才完成,更要待到八月二十九日(10月3日)才送到使團住處,為什麼朝廷又要馬上準備另外一份敕諭?我們知道,馬戛爾尼在熱河覲見乾隆、呈遞國書後回到北京,卻一直沒有機會向乾隆或和珅商談過使團的要求。根據馬戛爾尼的報告及日誌,他原想藉著10月3日上午與和珅的一次見面來提出要求,但當天他身體不適,且十分疲倦,只好把任務交與斯當東,讓斯當東跟和珅繼續討論,但和珅說可以用書面形式提出,馬戛爾尼就趕緊在當天下午給和珅寫信,具體提出要求。[22] 從第二道敕諭的內容可見,這敕諭就是為了回應馬戛爾尼10月3日這封寫給和珅的信,逐一詳細駁斥使團的各項要求。這樣,這道敕諭又怎可能在馬戛爾尼草擬要求的同一天發出?馬戛爾尼除要寫出要求外,還要翻譯成

19　RA GEO/ADD/31/21/A.

20　"The Emperor's Letter to the King," IOR/G/12/92, p. 255.

21　〈檔案文獻目錄〉,《英使馬戛爾尼訪華檔案史料匯編》,頁5、17。

22　"Note for Cho-Chan-Tong, First Minister, from the British Embassador, Delivered at Yuen-min Yuen, 3 October 1793," IOR/G/12/92, pp. 259–262; Macartney, *An Embassy to China*, pp. 149–150.

拉丁文、再轉譯成中文和謄抄，才可以送給和珅，和珅無論如何也不可能在當天就已經擬寫好敕諭。

其實，乾隆第二道敕諭是在10月4日才完成的，在中文檔案中見到的證據有二。第一，軍機處「隨手檔」八月三十日，也就是10月4日，錄有一條「駁飭英吉利國使臣所請各條，飭諭該國王等由」；[23] 第二，第二道敕諭除開首幾句官式的開場白後，馬上進入主旨，帶出英國人的要求，敕諭是這樣寫的：

> 昨據爾使臣以爾國貿易之事，稟請大臣等轉奏。[24]

這明確説明，乾隆的敕諭是在收到使臣稟請後的第二天才擬寫的，既然稟請是在10月3日才呈遞，那敕諭就不可能是10月3日寫好了。

更有力的證據來自東印度公司檔案。英國人曾把乾隆這第二道敕諭翻譯成英文，東印度公司檔案所藏第二道敕諭的譯本開首處，便註明這敕諭是回應馬戛爾尼在1793年10月3日晚上送給和珅的要求。[25] 這譯本附在馬戛爾尼在1793年11月9日寫給鄧達斯的信內，離馬戛爾尼送呈要求才一個月左右，它的準確性毋庸置疑。既然明確知道使團是在10月3日晚上送出「稟請」，朝廷在第二天擬寫好敕諭，那就是説，乾隆的第二道敕諭是在10月4日完成的。[26]

清宮「內閣檔案」中還有一份文書，可以説是乾隆第二道敕諭的底稿。這份文書在《匯編》的〈檔案文獻目錄〉的記錄如下：

---

23 〈為駁飭英使臣所請各條飭諭該國王〉，《英使馬戛爾尼訪華檔案史料匯編》，頁264。

24 〈大清皇帝為開口貿易事給英國王的敕諭〉，頁172。

25 "Answer of the Emperor of China to the King of England," IOR/G/12/92, p. 283.

26 佩雷菲特十分肯定地說李自標和小斯當東在10月4日處理這份信函，前者負責翻譯，後者負責抄寫。Peyrefitte, *The Collision of Two Civilisations*, p. 293. 在這裡，佩雷菲特所下的註釋是"IOCM, 92, pp. 259–261"，同上，頁583，也就是東印度公司檔案IOR/G/12/92, pp. 259–261，標題是"Note from the British Ambassador to the First Minister, Cho-chan-tang, Oct 3 1793"，內容是馬戛爾尼向和珅提出要求的全文，但當中沒有顯示李自標和小斯當東在10月4日還在處理信件。但既然敕諭譯文中明確記錄馬戛爾尼的信函10月3日晚已送給和珅，那麼，李自標和小斯當東就不可能在10月4日還在翻譯和抄寫。

為請於浙江等口通商貿易斷不可行事給英國王的敕諭　乾隆五十八年八月十九日　一七九三年九月二十三日　卷一四三　〔頁五十七〕[27]

單從條目就可以看到，該書編者把時間搞錯了。馬戛爾尼「請於浙江等口通商貿易」的要求並不是出現於馬戛爾尼在熱河所呈的國書內，而是在10月3日離開北京前才提出的，因此，這道敕諭不可能在這之前的9月23日就擬好；而且，在這道敕諭裡，乾隆不單拒絕於浙江等口岸通商貿易的請求，馬戛爾尼所提的其他五項要求也遭逐一駁斥，更可證明敕諭是在10月3日以後才寫成的。

其實，就跟正式的第二道敕諭一樣，它的正確日期應為10月4日，因為這道敕諭中也同樣有「昨據爾使臣以爾國貿易之事，稟請大臣等轉奏」的一句；[28] 事實上，兩份敕諭絕大部分的內容是相同的。那麼，為什麼《匯編》的編者會把日期弄錯了？那是因為他們把這第二道敕諭的底稿與早前的第一道敕諭〈為派人留京斷不可行事給英國王敕諭〉底稿連在一起，同時放在這前面的還有另一道上諭〈諭軍機大臣英王請派人留京已頒敕書著長麟等妥辦貿易綏靖海洋〉。在《匯編》的〈檔案文獻目錄〉中，這三道諭令的日期同被列為乾隆五十八年八月十九日（1793年9月23日）。這日期是有根據的，那是來自給軍機大臣的上諭，註明的便是「己卯」，也就是八月十九日。但是，這日期所指僅僅是給軍機大臣的上諭，不應包括〈為請於浙江等口通商貿易斷不可行事給英國王的敕諭〉，大概編者見到它是緊隨給軍機大臣的上諭和〈為派人留京斷不可行事給英國王敕諭〉，也一併收在卷一四三，便以為三者是同一天發出的。但從內容上看，這份〈為請於浙江等口通商貿易斷不可行事給英國王的敕諭〉只可能是在10月3日晚上接到馬戛爾尼的要求後，才在10月4日寫好，根本不可能早在9月23日便已經完成。

27　〈檔案文獻目錄〉，頁9。

28　〈為請於浙江等口通商貿易斷不可行事給英國王的敕諭〉，《英使馬戛爾尼訪華檔案史料匯編》，頁57。

此外，軍機處還藏有幾份奏片，也同樣能協助解答上面的問題。首先是八月二十八日（10月2日）的一份：

> 謹將頒給嘆咭唎國敕書呈覽，俟發下後填寫九月初三吉日，遵旨於明日頒發，其賞單內開列各件字數較多，現在趕緊翻譯繕寫，隨後再行補給。謹奏。八月二十八日。[29]

從這份奏片可以見到，10月2日已擬好一道敕諭，準備發送給使團。敕諭的具體內容是什麼？由於沒有見到這道敕諭，我們沒法知道。不過，有意思的是在兩天後（10月4日）又有一份內容和文字完全相同的奏片，只是日期改了：

> 謹將頒給嘆咭唎國敕書呈覽，俟發下後填寫九月初三吉日，遵旨於明日頒發，其賞單內開列各件字數較多，現在趕緊翻譯繕寫，隨後再行補給。謹奏。八月三十日。[30]

為什麼會有兩份內容相同的奏片？關鍵很可能就是馬戛爾尼在10月3日給和珅的信。在見到馬戛爾尼的要求後，和珅要迅速回應，改動原來已擬寫好的敕諭，因而要重新呈覽，所以才有八月三十日（10月4日）這份奏片。值得注意的是同一天還有另一份有關敕諭的奏片：

> 臣等謹擬寫敕諭進呈，發下後即翻譯清文，遵旨不再呈覽，以便趕緊繕寫。謹奏。八月三十日。[31]

由此可見，這道敕諭是在八月三十日（10月4日）完成，也就是上文所討論第二道敕諭的撰寫日期。經過翻譯和謄抄後，敕諭在10月7日送到馬戛爾尼手上的——從這幾份奏片可以見到，這日期是原來已經選定好的吉日，而在發送一天前（九月初二日），還有另一份奏片說明已完

---

29 〈奏為頒給英國敕書擬呈覽後明日頒發其賞單隨後補給事〉，同上，頁171；又見〈八月二十八日軍機處奏片〉，《掌故叢編》，頁86。

30 〈八月三十日軍機處奏片〉，《掌故叢編》，頁86。

31 同上。

成書繕，準備第二天早上在城內頒給使團。[32] 今天在英國皇家檔案館所見到的第二道敕諭，上署日期就跟第一道一樣：乾隆五十八年九月初三日，也就是1793年10月7日。[33]

三

關於乾隆給英國國王喬治三世的第一道敕諭，儘管有學者認為「它可能是研究1700至1860年間中西關係最重要的一份文件」，[34] 但在西方世界，它並沒有在馬戛爾尼回國後馬上引起關注，而是在一個多世紀後被重新翻譯，並向大眾公開出來之後，才引來很多的評論。

不過，在離開北京南下廣州途中，到了杭州附近，馬戛爾尼已經把這份敕諭的拉丁文本及英文本，[35] 還有第二道敕諭的拉丁文本和英文本，連同一份有關使團頗為詳細的報告送給鄧達斯，[36] 也就是說，英國官方及東印度公司早已知悉這份敕諭的內容，但在現存的資料裡卻見不到鄧達斯和其他人有什麼反應。事實上，在隨後很長的時間裡，幾乎完全沒有人再提及這份敕諭，更不要說評論。

1896年，漢學家莊延齡（Edward Harper Parker, 1849–1926）以《東華錄》所收乾隆敕諭為底本，翻譯成英文後，用一個十分直接的題目：〈中國皇帝致喬治三世〉（“From the Emperor of China to King George the Third”），發表在倫敦的《十九世紀：每月評論》（*The Nineteen Century: A*

---

32 〈奏為頒英敕書俟發下後交內閣用寶並明早在城內頒給〉，《英使馬戛爾尼訪華檔案史料匯編》，頁178。

33 RA GEO/ADD/31/21/B.

34 Cranmer-Byng, “Appendix C: An Edict from the Emperor Ch’ien-Lung to King George the Third of England,” in Macartney, *An Embassy to China*, p. 341.

35 “The Emperor’s Letter to the King,” IOR/G/12/92, pp. 233–242 (Latin version), pp. 243–258 (English version).

36 “Emperor’s Answer to Requests Dated the 3rd October 1793 but Not Received till the Day of Departure, 7th October 1793,” IOR/G/12/92, pp. 271–281 (Latin version), pp. 282–298 (English version). 馬戛爾尼的信見Macartney to Dundas, near Han-chou-fu, 9 November 1793, IOR/G/12/92, pp. 31–116。

Monthly Review）雜誌上。[37] 莊延齡早年在倫敦跟隨佐麻須（James Summers, 1828–1891，又譯作「薩默斯」）學習一年中文後，[38] 1869年以學生譯員身份到北京英國領事館工作，除在1875–1877及1882年在英國和加拿大修讀和實習法律外，一直在中國居住，直到1895年退休後才回到英國，先在利物浦大學院（University College, Liverpool）任教，後轉曼徹斯特維多利亞大學（Victoria University, Manchester）出任中文教授。他興趣十分廣泛，著作豐富，涵蓋語言學（尤精於客家方言研究）、文學、歷史等方面，與翟理斯（Herbert Giles, 1845–1935）同被視為當時把中國文化引入英語世界最具影響力的作者。[39] 清朝歷史方面，他曾把魏源（1794–1857）《聖武記》的最後兩卷翻譯成英文，題為《中國人的鴉片戰爭故事》（*Chinese Account of the Opium War*），[40] 雖然是在上海出版，但在西方頗受重視。然而，他所翻譯的乾隆給喬治三世敕諭英譯本並沒有引起什麼關注。不過，要指出的是莊延齡所翻譯的並不只是乾隆的第一道敕諭，他還同時翻譯並發表了乾隆給喬治三世的另外兩道敕諭，這點在下文會再有交代。

真正在英國引發社會迴響的是白克浩斯（Edmund Backhouse, 1873–1944）和濮蘭德（John Otway Percy Bland, 1863–1945）發表在1914年出版的*Annals and Memoirs of the Court of Peking*內的譯本。[41] 白克浩斯和濮蘭德

---

37 E. H. Parker, "From the Emperor of China to King George the Third: Translated from the Tung-Hwa Luh, or Published Court Records of the Now Reigning Dynasty," *The Nineteenth Century: A Monthly Review* 40 (July 1896), pp. 45–55.

38 關於佐麻須，可參關詩珮：〈翻譯與帝國官僚：英國漢學教授佐麻須（James Summers; 1828–91）與十九世紀東亞（中日）知識的產生〉，《翻譯學研究集刊》第17期（2014），頁23–58；Uganda Sze Pui Kwan, "Transferring Sinosphere Knowledge to the Public: James Summers (1828–91) as Printer, Editor and Cataloguer," *East Asian Publishing and Society* 8, no. 1 (2018), pp. 56–84.

39 David Prager Branner, "The Linguistic Ideas of Edward Harper Parker," *Journal of American Oriental Society* 119, no. 1 (1999), pp. 12–34. 本段文字有關莊延齡的介紹，均來自這篇文章。

40 E. H. Parker, *Chinese Account of the Opium War* (Shanghai: Kelly and Walsh, 1888).

41 E. Backhouse and J. O. P. Bland, *Annals and Memoirs of the Court of Peking (From the 16th to the 20th Century)* (Boston: Houghton Mifflin, 1914), pp. 322–325.

二人合作最具爭議的作品是《慈禧外傳》(*China under the Empress Dowager: Being the History of the Life and Times of Tzŭ Hsi*),[42] 裡面出現的《景善日記》已被判定為白克浩斯所偽造,[43] 而白克浩斯後來出版的傳記更是充滿各種匪夷所思的內容。[44] 畢可思為《牛津國家人物傳記大辭典》(*Oxford Dictionary of National Biography*)所寫白克浩斯的一條,明言他是一個「偽造者」(fraudster),「他的自傳沒有一個字是可以相信的」。[45] 但不能否認的事實是他們的作品很受歡迎,流行很廣,乾隆給英國國王的敕諭就是因為他們的譯本而在英語世界引起很大的注意,帶出各種各樣的評說,最廣為徵引的是羅素(Bertrand Russell, 1872–1970)的一句:

> 我想要說的是:除非這份文件再不被視為荒謬,否則還是沒有人理解中國。
> What I want to suggest is that no one understands China until this document has ceased to seem absurd.[46]

1920年10月,羅素應梁啟超(1873–1929)、張東蓀(1886–1973)等邀請到中國訪問,在北京、上海等地講學長達九個月,回國後發表一系列討論中國的文章,並出版《中國問題》。上引的名言,就是出自《中國問題》。[47] 不過,羅素本人其實並不認為自己怎樣了解中國。[48]

---

42 J. O. P. Bland and E. Backhouse, *China under the Empress Dowager: Being the History of the Life and Times of Tzŭ Hsi, comp. from the State Papers of the Comptroller of Her Household* (Boston: Houghton Mifflin, 1914).

43 丁名楠:〈景善日記是白克浩司偽造的〉,《近代史研究》1983年第4期(1983年10月),頁202–211;Hui-min Lo, "The Ching-shan Diary: A Clue to Its Forgery," *East Asian History* 1 (1991), pp. 98–124; 孔慧怡:〈「源於中國」的偽譯:《景善日記》揭示的文化現象〉,《翻譯 · 文學 · 文化》(北京:北京大學出版社,1999),頁181–206。

44 Hugh Trevor-Roper, *Hermit of Peking, The Hidden Life of Sir Edmund Backhouse* (New York: Knopf, 1977).

45 Robert Bickers, "Backhouse, Sir Edmund Trelawny, Second Baronet (1873–1944)," *Oxford Dictionary of National Biography* (Oxford: Oxford University Press, 2004), vol. 3, pp. 104–105.

46 Bertrand Russell, *The Problem of China* (London: George Allen & Unwin, 1922), p. 51.

47 Ibid.

48 Charles Argon, "*The Problem of China*: Orientalism, 'Young China,' and Russell's Western Audience," *Russell: The Journal of Bertrand Russell Studies* 35, no. 2 (Winter 2015–16), pp. 159–

除這兩個19世紀末至20世紀初的譯本外，一個較為學術界重視的譯本來自克萊默一賓，他先在1958年把乾隆給英國第一道敕諭的英譯發表在期刊上，然後在1962年整理出版的馬戛爾尼日誌時，又以附錄形式收在書中。[49] 佩雷菲特《停滯的帝國》英文版便將這譯本全文收錄，作為權威的文本。[50] 另外，鄧嗣禹和費正清在1954年出版的《中國對西方的回應》也曾節譯了敕諭的一部分，約佔全文四分之一的篇幅。[51]

乾隆這份敕諭，為20世紀初英國讀者所訕笑，以及後來不少學者所關注和批評，是他們認為其中展現出乾隆的高傲、封閉以至無知的一面，以其落伍的天朝思想審視正在崛起的大英帝國的使團，對西方科技發展漠不關心，斷送了及早自強、與西方接軌的機會。這樣的態度自然離不開鴉片戰爭以後、以至20世紀初中英兩國的歷史背景。不過，正如前文所言，這些後見之明的詮釋近年已受到強力的挑戰，一些學者認為乾隆在讀過喬治三世送來的國書後，已清楚認識到英國的擴張意圖，且起了戒心，除對接待大臣多加指示外，又諭旨沿海官員小心提防，因此，敕諭不單沒有侵略性，反而包含很強的防衛性。

我們在這裡不是要分析乾隆的思想或敕諭的內容，但要強調的是：無論是1793年在北京的馬戛爾尼、1794年在倫敦的鄧達斯，還是20世

---

161. 一個很流行的說法是孫中山(1866–1925)因為《中國問題》而形容羅素為「唯一真正理解中國的西方人。」但這是錯誤的，孫中山並沒有這樣說過。孫中山只是在1924年3月2日所做的〈民族主義第六講〉中提及羅素。孫中山是這樣說的：「外國人對於中國的印象，除非是在中國住過了二三十年的外國人，或者是極大的哲學家像羅素那一樣的人，有很大的眼光，一到中國來，便可以看出中國的文化超過於歐美，才讚美中國」。《國父全集》編輯委員會編：《國父全集》(臺北：近代中國出版社，1989)，第1冊，頁49–50。關於羅素與中國，可參Argon, "*The Problem of China*," pp. 97–192；馮崇義：《羅素與中國：西方思想在中國的一次經歷》(北京：三聯書店，1994)。

[49] J. L. Cranmer-Byng, "Lord Macartney's Embassy to Peking in 1793," pp. 134–137; Cranmer-Byng (trans.), "An Edict from the Emperor Ch'ien-Lung to King George the Third of England," Appendix C, Macartney, *An Embassy to China*, pp. 336–341.

[50] Peyrefitte, *The Collision of Two Civilisations*, pp. 289–292；不過，原來法文版當然不會引錄克萊默一賓的英文譯本，查看該書的註腳，法文譯本是根據《掌故叢編》所收的敕諭翻譯出來的。Peyrefitte, *L'Empire Immobile*, pp. 246–249, 521.

[51] Ssu-yü Teng and John K. Fairbank, *China's Response to the West: A Documentary Survey, 1839–1923* (Cambridge, MA: Harvard University Press, 1954), p. 19.

紀初的英國讀者，包括羅素，他們所讀到的所謂乾隆敕諭，其實都只是譯本，儘管是不同的譯本。對於乾隆第一道敕諭的翻譯，佩雷菲特曾經這樣評論：

> 原文是用中文古文寫成，語氣展示高人一等的傲慢，甚至接近具有侮辱性。把原文翻譯成拉丁文的傳教士很小心地更改最傲慢無禮的部分，還公然宣稱要刪走「任何侮辱性的詞句」。
>
> 可是，使團的領導仍然是不願意讓這份潔淨過的文本在他們有生之年公諸大眾（一份簡寫本在他們全都去世後很久才發表出來）。因此，他們根據拉丁文本擬寫了一份英文摘要，而這份摘要後來就被視作官方文本，儘管這實際上只是一份偽造出來的文書。馬戛爾尼和斯當東把傳教士所準備的美化文本中任何可能傷害英國人尊嚴的東西刪走。他們給英國大眾的是一份刪改本的刪改本。[52]

佩雷菲特在這裡討論了好幾個問題，從拉丁文本的譯者及翻譯過程，到英文文本的產生以至流播，他的結論是一般英國人所讀到的文本等同偽造，是經過多重刪改的文本。這說法是否正確呢？

首先是譯者問題。佩雷菲特說敕諭是由北京的天主教傳教士翻譯的，這是正確的，畢竟除了這些傳教士外，當時北京朝廷還有什麼人有能力把中文敕諭翻譯成拉丁文？佩雷菲特雖然沒有明確說出譯者姓名，但他所徵引的一句話「任何侮辱性的詞句」，就似乎說這道敕諭是由羅廣祥翻譯的，因為這引文的註釋是「見CUMC，羅廣祥神父給馬戛爾尼信，1794年9月29日，310號」。[53] 不過，這註釋有誤，因為CUMC代表的是Cornell University Macartney's Correspondence，查證這份檔案，310號文檔的確是由羅廣祥寫給馬戛爾尼的信。不過，羅廣祥這封信的內容跟第一道敕諭全無關係，是匯報兩名法國傳教士韓納慶和南彌德在到達北京後的情況；[54] 而且，佩雷菲特所記的日期也不準確，310號文

---

[52] Peyrefitte, *The Collision of Two Civilisations*, pp. 288–289.

[53] Ibid., p. 582.

[54] "Letter from Father Raux Written from Pekin," *An Important Collection*, vol. 7, doc. 310, p. 149, CWCCU.

檔中信件的日期不是1794年9月29日，而是1794年10月21日。其實，佩雷菲特所要徵引的確是1794年9月29日那一封，內容談及敕諭的翻譯，但發信人不是羅廣祥，而是賀清泰，檔案編號是308。[55] 佩雷菲特把兩封信混淆了。

而且，必須強調，即使1794年9月29日編號308的信，也與第一道敕諭無關，因為賀清泰在這封信中向馬戛爾尼報告的是第二道敕諭的翻譯過程，我們現在還沒有見到任何有關第一道敕諭翻譯過程的資料，也沒法肯定譯者是誰。不過，賀清泰除了說第二道敕諭是由他和羅廣祥二人合譯出來外，信中還有「按照慣常的做法，我們在這裡那裡改動了一些表述」(“*Nous selon notre coutume modifiammes de part et d'autre les expressions*”)一句，[56] 這的確能說明他們經常負責翻譯，也往往會作出改動，因此不能完全排除佩雷菲特所說第一道敕諭是由他們二人翻譯的可能性，但把賀清泰有關第二道敕諭翻譯的交代直接套用在第一道敕諭上，顯然是不妥當的，也不能以這封信來確定第一道敕諭的譯者就是賀清泰和羅廣祥，更不能證明第一道敕諭翻譯成拉丁文時被刻意刪改。其實，當時經常被點名翻譯和核對譯本的在京傳教士是索德超。第二道敕諭不是由他翻譯，很可能是因為第二道敕諭是在很緊迫的情況下寫成的，而有充分時間準備的第一道敕諭，交由「通事帶領」索德超翻譯，卻是很有可能的。

最關鍵的是文本問題。佩雷菲特說拉丁文本是一個「潔淨過的」、「美化了」的版本，不過，他其實沒有在文本上作過什麼分析，也沒有提出什麼證據來證明這觀點，只是在腳註裡加了兩三處簡略的評語。必須承認，筆者沒有足夠的語文能力對拉丁文本進行仔細分析，所以不會對拉丁文本妄下判斷，但既然英文本來自拉丁文本，而英國讀者所讀到的

---

55 “Letter from Louis de Poirot to Lord Macartney, dated Pekin, September 29, 1794, together with translation,” ibid., vol. 7, doc. 308, CWCCU.

56 Ibid.

是英文本，那麼，我們只需要分析英文譯本，而在有特別需要時才以拉丁文本為參照就足夠了。

首先，佩雷菲特說使團成員根據傳教士所翻譯的拉丁文本「擬寫了一份英文摘要」(“*de résumer en anglais le texte latin* / drafted an English summary”)，這份摘要一直沒有公開，直至使團成員全都去世後很久才公佈出來。[57] 不過，究竟佩雷菲特所說的這份英文摘要是指哪一份？他在書中沒有任何說明。上文指出，現存由使團提供的英文譯本只有一個，就是由馬戛爾尼向鄧達斯呈報的一份。就現在所見到的情況，這份譯文從沒有向公眾讀者公開發表，甚至馬士著名的《東印度公司對華貿易編年史》也沒有收錄這第一道敕諭的譯文，該書所收的「中國皇帝給英國國王的回答」(“Answer of the Emperor of China to the King of England”)，其實是東印度公司檔案中第二道敕諭的譯本。[58] 另外，最早在英語世界公開發表第一道敕諭的兩份譯文分別為莊延齡1896年的譯本，以及白克浩斯和濮蘭德1914年的譯本。這兩個譯本都不可能來自東印度公司，前者表明譯自《東華錄》，而白克浩斯和濮蘭德在發表敕諭譯文時身在中國，不可能看到東印度公司的內部資料。事實上，莊延齡與白克浩斯等的譯本根本就與東印度公司所藏的官方譯本很不相同。

更重要的是，馬戛爾尼所提交的譯本絕對不是什麼「簡寫本」或「摘要」。單從字數看，東印度公司譯本有1,510字，另一方面，佩雷菲特《停滯的帝國》英譯本所引錄並描述為「足本英譯」(“a complete English rendering”)、「沒有經過傳教士的整容手術」(“free of the cosmetic surgery performed by the missionaries”)，[59] 由克萊默—賓所翻譯的敕諭譯本卻只有1,248字，長度只是東印度公司譯本的80%；而莊延齡的譯本也同樣只有1,200字左右，白克浩斯的更少至950字，所以，除非佩雷菲特所說

---

[57] Peyrefitte, *L'Empire Immobile*, p. 245; Peyrefitte, *The Collision of Two Civilisations*, p. 288.

[58] Morse, *The Chronicles of the East India Company*, vol. 2, pp. 247–252.

[59] Peyrefitte, *The Collision of Two Civilisations*, pp. 289–292.

馬戛爾尼等提供的譯本是另有所指，否則他所謂「摘要」或「簡寫本」的說法是不能成立的。

其實，東印度公司的譯本的確見不到刪除了什麼實質的部分。佩雷菲特說拉丁文譯本「巧妙地」把開首的部分刪去，[60] 所指的是敕諭的第一句「奉天承運皇帝敕諭英吉利國王知悉」。誠然，傳教士的拉丁文譯本和東印度公司的譯本確實沒有把這一句翻出來，但這是否代表譯者刻意「巧妙地」地刪去這部分，以達到某些目的？熟悉中國文書的人都會認同，這樣一句開場白只是公式化的表述，對任何來貢國家發出的敕諭都會這樣開始，雖然不能說完全沒有意義，因為就像敕諭本身，它也可以視為天朝思想的體現，但絕對不是針對英國。事實上，沒有必要刪改譯文的莊延齡和白克浩斯也同樣沒有把這句子翻譯出來。因此，刪掉「奉天承運」一句並不代表什麼，佩雷菲特以此證明譯本有刪改，有嚴重的誤導性。

不過，沒有明顯的刪除，不等同內容沒有改動。仔細對比原文和後來出現的幾個英譯本後，便不能不同意馬戛爾尼送回來的英譯本所傳遞的訊息並不完整，當中最明顯的地方是把原來敕諭中的天朝思想大大地淡化了，且觸及一個中心思想問題，就是整個使團文書翻譯中不斷出現的兩國地位是否平等的問題，這樣的改動是絕對重要的。

毫無疑問，原來的敕諭充滿了清廷高高在上的天朝思想，這本來就應該是在預期之內的，畢竟向遣使來朝的國家頒發敕諭這理念和動作本身就是天朝思想標誌性的體現。但另一方面，在天朝思想的表述上，乾隆這第一道給英王的敕諭其實算不上特別嚴重，內容重點在於說明為什麼不能批准英國在北京派駐使者，且從不同角度以一種頗為溫和的態度重複解說，強調的是雙方體制不同，不能遷就改變。有學者便認為「以天朝的標準而言，敕諭是明顯地溫和的」。[61] 然而，必須強調，這是從

---

[60] Peyrefitte, *L'Empire Immobile*, p. 246; Peyrefitte, *The Collision of Two Civilisations*, p. 289.

[61] Coates, *Macao and the British*, p. 89.

「天朝的標準」出發的，不能否認整份敕諭仍然充斥天朝話語，效果上呈現一幅兩國地位完全不平等的圖像，中國遠遠高於英國。這跟當時西方國家的外交理念很不一樣，不容易為英國人所接受。

正由於這個緣故，東印度公司所藏英文譯本在很大程度上淡化了這種表述。原敕諭中頻繁出現的「天朝」一詞，本來是跟「爾國」相對，展示兩國的高低位置，但在英譯本中二者全都用一個中性的「國家」(“country”)來表述：以「這個國家」(“this Country”)相對於「你的國家」(“your Country”)，還有以「他們的國家」(“their Countries”)來翻譯「西洋各國」，真的高下一致，無分彼此，是國際間的平等交往。對比一下其他的譯本，莊延齡、白克浩斯和克萊默－賓都毫無例外地把「天朝」譯成“Celestial Court”和“Celestial Dynasty”，莊延齡還加註腳說明，「天朝」一詞是中國皇帝指定要用的表述，目的就是讓夷人知所敬服。[62] 由此可見，東印度公司譯本不把「天朝」譯出來，很大程度上把一個重要的訊息淡化甚至消解了。

「天朝」以外，原敕諭的一個中心思想是英國非常誠懇恭順地到來朝拜進貢，裡面出現的「傾心向化」、「叩祝萬壽」、「齎到表貢」、「詞意肫懇」、「恭順之誠」、「仰慕天朝」、「永矢恭順」等字句，還有「天朝撫有四海」、「天朝所管地方至為廣遠」、「普沾恩惠」等，都是英國臣服的表述。但馬戛爾尼呈送東印度公司的譯文中並沒有傳達這樣的訊息，甚至有所扭曲。最明顯的例子是敕諭開首有關英國為什麼派遣使團過來的說法。原敕諭是這樣寫的：

> 咨爾國王，遠在重洋，傾心向化，特遣使恭齎表章，航海來庭，叩祝萬壽。[63]

但馬戛爾尼的英譯本卻是這樣的：

---

62 Parker, “From the Emperor of China,” p. 46, n. 3.

63 〈大清皇帝給英吉利國王敕諭〉，頁165。

> Notwithstanding you reside, O King, beyond many Tracts of Seas, prompted by the urbanity of your Disposition, you have vouchsafed to send me an Ambassador, to congratulate me upon my Birthday.[64]

在譯本裡，派遣使團是出於英國國王溫文優雅、擅於社交的性格，而不是因為他對天朝歸順服從，而更有趣的是對於派遣使者的動作的描述，譯文用了"vouchsafed"，這是在高位者向下賜與的意思。但問題是，這句子的主語是"you"，是英國國王，這就變成英國國王位處上位，紆尊降貴地向乾隆派遣一名使者過來。作為對比，儘管程度有異，但其他譯本全都是說英國人出於對中國文化的仰慕而派遣使團——莊延齡和克萊默－賓的譯法很接近，分別譯為"inclined thine heart towards civilisation"和"inclining your heart towards civilisation"(「你的心傾向於文化」)，從字面上直譯「傾心向化」，而白克浩斯更走遠一步，譯成"impelled by your humble desire to partake of the benefits of our civilisation"(「出於謙卑的請求，要從我們的文化中分享一些好處」)。不過，這三個譯法都有問題，因為「向化」並不應理解為向往於某一個文化，而是歸化、順服，[65] 也就是敕諭裡出現過兩次的「恭順」的意思。換言之，在「傾心向化」的翻譯上，即使後來出現的三個譯本，也不能準確地把敕諭原來那種朝貢國要歸順天朝的意思翻譯出來。

可以說，「恭順」是這道敕諭的關鍵詞，是對兩國最明確的定位，也最清晰地體現清廷的天朝思想。那麼，「恭順」又是怎樣翻譯的？可以預期，馬戛爾尼的譯本會作出較大的改動。在敕諭裡，「恭順」第一次出現在開首，是有關英國送來的國書的：「朕披閱表文，詞意肫懇，具見爾國王恭順之誠，深為嘉許」。在馬戛爾尼的譯本裡，「恭順之誠」被譯成"your good Will and Regard for me"，這裡最多只能說是表現一種友善的態度和對乾隆的關心，沒有半點臣服歸順的意思；而表現乾隆優越感的

---

64 "The Emperor's Letter to the King," IOR/G/12/92, p. 243.

65 參羅竹風(主編)，漢語大詞典編輯委員會、漢語大詞典編纂處(編纂)：《漢語大詞典》，第3卷(上海：漢語大詞典出版社，1989)，頁137。

「深為嘉許」，更被譯為“return you my thankful acknowledgements”，變成是乾隆心懷感激，表示回報。這不單淡化效果，更把原文的意思扭曲了。對比下來，另外的三個譯本更能傳達原敕諭的訊息：

> We have opened and perused the address, the language of which is sufficiently honest and earnest to bear witness, O King, to the genuineness of thy respectful submission, and is hereby right well commended and approved.（莊延齡）[66]
>
> I have perused your memorial: the earnest terms in which it is couched reveal a respectful humility on your part, which is highly praiseworthy.（白克浩斯）[67]
>
> We have perused the text of your state message and the wording expresses your earnestness. From it your sincere humility and obedience can clearly be seen. It is admirable and we fully approve.（克萊默－賓）[68]

在這三個譯本裡，“respectful”、“submission”、“humility”、“obedience”等字詞，還有“approve(d)”，都表現兩國不同的位置，清廷在上位，英國則是卑下的、順從的，其中莊延齡所用“submission”更是歸順、臣服的意思。

同樣的情況也見於敕諭結尾處，乾隆向英國王作出「指示」：

> 爾國王惟當善體朕意，益勵欵誠，永矢恭順，以保乂爾有邦共享太平之福。[69]

這裡頗有點好自為之的味道：英國要永遠臣服，才可能享有太平。馬戛爾尼英譯本不可能傳達這樣的訊息，「當善體朕意」變成“I now intreat you, O King, to make your Intentions correspond with mine”，當中“intreat”是懇求、請求的意思，整句變成乾隆懇求英王採取一種與他自己一致的態度；「恭順」完全消失了，用的是「以慎重和溫和的方式行事」（“act with all Prudence and Benignity”），而更嚴重的是在緊接於懇求英王與他態度一致後出現了“Adher[e] to Truth and equity”，這就是要向英國人傳遞

66 Parker, “From the Emperor of China to King George the Third,” p. 45.

67 Backhouse and Bland, *Annals and Memoirs of the Court of Peking*, p. 322.

68 Cranmer-Byng (trans.), “An Edict from the Emperor Ch’ien-Lung,” Macartney, *An Embassy to China*, p. 336.

69 〈大清皇帝給英吉利國王敕諭〉，頁166。

一個訊息：乾隆會以真誠和公平的原則來處事，這當然會在英國受到歡迎，但卻正正違背了天朝思想的核心概念。白克浩斯的譯本就很不同：

> It behoves you, O King, to respect my sentiments and to display even greater devotion and loyalty in future, so that, by perpetual submission to our Throne, you may secure peace and prosperity for your country hereafter.

"devotion"、"loyalty"、"submission" 等都充分確立英國人臣服的位置，而且這臣服是永久 (perpetual) 的。另外，"so that" 更清楚說明因果關係——英國人想得到和平，就必須永遠地恭順。這不是大英帝國的讀者所可能接受的，難怪白克浩斯的譯本在20世紀初引起這麼大的反應。

除給人一種兩國地位平等、乾隆以公平態度處事的感覺外，馬戛爾尼所提交的敕諭譯本還刻意營造兩國關係十分和諧友好的氣氛。在譯文中，"friendly" 出現了兩次，用來表示乾隆對待使團的態度，但其實所翻譯的都是「恩」(「恩惠」、「恩視」)，原指乾隆向英國人施恩、英國人得到中國的恩惠，這跟友好、友善是很不相同的訊息；此外，譯文中還另有一處用上 "friendliness"，那是指英國國書所呈現英國政府的態度，但原文是「詞意肫懇」，就是行文表現很誠懇，接近謙卑的態度，沒有相互友好的意思。一個性質很接近的翻譯是 "affection" 和 "affectionate"，在譯文中共出現三次，其中兩次跟使團帶來禮品相關，且譯法十分接近："as a token of your Sincere Affection"、"as Tokens of your affectionate Regard for me"，都是說使團所帶來的禮品代表英國對中國的友好態度。不過，原敕諭中這兩處強調的是英國人在呈送禮品時表現很大的誠意：「備進方物，用將忱悃」、「齎進各物，念其誠心遠獻」，與強調友好、愛慕的 "affection" 不完全相同。倒是第三次出現的 "affection" 頗能準確表達原來的意思，那是出現在敕諭最後的部分，乾隆向英王及使團贈送禮品，敕諭說他們應該受到皇帝的「睠懷」，這就的確有睠顧、關懷的意思，與 "affection" 相差不遠。不過，跟前面兩個 "affection" 連在一起，還有三個 "friendly"，譯文整體營造的，就是一種非常和諧、友好的效果，這是原敕諭所沒有的，但卻完全配合以至回應派遣使團來「開展跟中國皇帝的友誼」、「為兩國建立永久的和諧關係及聯繫」的目的。[70]

乾隆給英王敕諭中還有一個很值得注意的詞語：「叩祝」。這應該怎樣翻譯？「叩」是否就是叩頭？不難想像，馬戛爾尼所提供的英譯本中不會有"kowtow"的出現，當中「叩祝」簡單譯成「祝賀」("to congratulate me upon my Birthday")，但克萊默－賓則用"to kowtow and to present congratulations"來翻譯，[71] 並刻意加上註腳解釋，強調「叩」和「祝」應該分開來理解，就是叩頭和禮賀的意思，因此，單單譯成"congratulations"是不夠的。[72] 佩雷菲特更因為這一句再走遠一步，譯成「九叩」("les neuf prosternements du *kotow*")，更說乾隆以此確定英國人的確叩了頭：

> 因此，在以書寫文件為依據的歷史裡，英國人是叩了頭的，因為皇帝就是這樣寫的。[73]

但問題是：皇帝在這裡真的是說英國人叩了頭嗎？馬戛爾尼所提送的譯本不使用"kowtow"這個詞，這是否使團淡化甚至竄改原文的另一個表現？其實，無論從漢語習慣用法還是敕諭行文來說，這裡的「叩祝」也不應被分拆理解為叩頭和祝賀。更合理的理解是作為一種形象化的描述，表示以非常尊敬的態度來祝賀。在漢語中，除了叩首和叩頭外，大部分與「叩」字相關的詞都不是指向身體上的跪地叩首動作，如叩問、叩安、叩擊、叩診、叩關、叩門、叩請等，另外一些成語如叩心瀝血、叩源推委、呼天叩地、叩閽無路等，也與叩頭無關。此外，「叩祝」一詞在當時與使團相關的文獻早已出現，例如〈預告篇〉提到的一份由潘有度代寫，以東印度公司秘密及監督委員會主席波郎名義所發的稟文，裡

70　"Letter from the Chairman to the Viceroy of Canton," 27 April 1792, IOR/G/12/91, pp. 333–335.

71　Cranmer-Byng, "Lord Macartney's Embassy to Peking in 1793," p. 134; Cranmer-Byng, "Appendix C: An Edict from the Emperor Ch'ien-Lung," in Macartney, *An Embassy to China*, p. 337.

72　Cranmer-Byng, "Lord Macartney's Embassy to Peking in 1793," p. 122, n. 12.

73　Peyrefitte, *The Collision of Two Civilisations*, p. 289.

面便有「國王聞得天朝大皇帝八旬大萬壽，本國未有人進京叩祝，國王心中不安」的說法，[74] 這是在馬戛爾尼覲見乾隆之前，與他有沒有向乾隆叩頭扯不上關係。因此，敕諭中用上「叩祝萬壽」並不是說叩著頭來祝壽，更不能由此推想乾隆以這表述來告訴英方馬戛爾尼曾向他叩頭。此外，不管馬戛爾尼有沒有叩首，乾隆也實在沒有必要通過這樣隱晦的方式來告訴喬治三世。克萊默－賓和佩雷菲特的翻譯是出於一種過度詮釋，是錯誤的，即便莊延齡和白克浩斯也沒有用上"kowtow"。

從上面有關乾隆第一道敕諭幾個重要翻譯問題的討論，可以見到雖然使團自己提供的譯文整體上沒有什麼刪改，主要的內容——拒絕英國人提出在北京派駐人員的要求，大體上也能傳達出來，但實際上最重要的訊息卻被扭曲，淡化了原敕諭中清廷高高在上的天朝思想，把兩國置於平等的位置，而乾隆和喬治三世更因為這次使團而建立了深厚的友誼。這裡所反映的其實是整個使團來華過程中不斷出現的核心問題：翻譯如何體現中英兩國的關係。

不過，始終要強調的是：馬戛爾尼呈送回東印度公司的這份敕諭譯文，一直都沒有引起過什麼注意，就是今天也沒有出現在學者的討論裡。

四

如前所述，乾隆的第二道敕諭是明確地針對馬戛爾尼在離開北京前向和珅提出的具體要求。相較於第一道敕諭，乾隆的態度更堅決，語氣更嚴厲，有學者形容乾隆對喬治三世的說話是「威嚴的、雷鳴般的、不留情面的、終極的」。[75] 顯然，乾隆自己也意識到這道敕諭的對抗性力量，甚至對此顯得有點緊張，採取的對策變得十分謹慎，在發送群臣的

[74] 〈英國波朗亞里〔免〕質臣稟報〉，《乾隆五十八年英吉利入貢始末》，《英使馬戛爾尼訪華檔案史料匯編》，頁592。

[75] Coates, *Macao and the British,* p. 89.

諭旨中明確説明「不准其所請，未免心懷觖望」，[76] 甚至説「外夷貪狡好利，心性無常，嘆咭唎在西洋諸國中較為強悍，今既未遂所欲，或致稍滋事端」，因此「不可不留心籌計，豫為之防」，除要求沿海督撫在使團過境時要「鎧使鮮明，隊伍整肅」，讓英國人有所畏忌外，要他們「認真巡哨，嚴防海口」。[77] 不過，儘管馬戛爾尼在接到敕諭後的確曾經向陪同使團南下的欽差大臣松筠提出過一些問題，但態度卻十分平和，沒有流露不滿的情緒。第二道敕諭的拉丁文和英文譯本送回英國後，也同樣沒有引起什麼激烈的反應。

乾隆第二道敕諭的英文譯本，也是馬戛爾尼在離開北京南下途中，在杭州附近跟第一道敕諭及其他文書一起送回英國去的。[78] 不過，使團英譯本並沒有馬上向一般民眾公開，直至馬士《東印度公司對華貿易編年史》中才見收錄，那已是1926年的事情了。[79] 不過，長期以來人們的注意力大都放在第一道敕諭上，第二道敕諭並沒有引起很多討論。

第二道敕諭的拉丁文本是由賀清泰和羅廣祥所合譯的，這在賀清泰寫給馬戛爾尼的一封信中得到確認。[80] 二人跟使團關係一直很好，賀清泰後來還特意寫信給馬戛爾尼，解釋翻譯的問題。這就讓我們知道翻譯敕諭的整個過程，且更明白其中的癥結所在。

根據賀清泰所説，當天他們在北京城裡吃晚飯的時候，臨時被徵召，趕回住所。一名官員手上拿著一份寫得很潦草的敕諭草稿，只有他才能讀懂。官員一句一句把敕諭讀出來，羅廣祥和賀清泰一句一句地翻譯。在翻譯過程中，他們發現一個他們認為頗嚴重的問題，提出異議，

---

[76] 〈和珅字寄沿途督撫奉上諭英貢使起程回國著沿途營汛預備整肅備檄調〉，《英使馬戛爾尼訪華檔案史料匯編》，頁175。

[77] 〈諭軍機大臣著沿海各省督撫嚴查海疆防範夷船擅行貿易及漢奸勾結洋人〉，同上，頁63。

[78] "Answer of the Emperor of China to the King of England," IOR/G/12/92, pp. 282–298. 下文有關使團送回第二道敕諭英譯本的討論，都是根據這個文本，不另作註。

[79] Morse, *The Chronicles of the East India Company*, vol. 2, pp. 247–252.

[80] "Letter from Louis de Poirot to Lord Macartney, Dated Pekin, September 29, 1794, Together with Translation."

但那名官員非常固執，要求他們照實翻譯。賀清泰説他們只好「按照慣常的做法，我們在這裡那裡改動了一些表述」，但卻不敢把整段刪掉，因為朝廷會派遣其他傳教士來核對翻譯。那麼，他們做了什麼改動？賀清泰也説得很清楚：他們加進一些對英王表示尊敬的説法，因為中國人把外國的國王看作小小的頭目，都是大皇帝的奴隸。[81]

不過，仔細對比原敕諭與譯本，最後的英文本其實並沒有加入很多對英王表示尊敬的説話，更準確的説法是把一些英國人可能覺得冒犯的話大大地淡化或更改了。例如「朕鑒爾國王恭順之誠」譯成 “convinced of the rectitude of your intentions”，意義上明顯不同，只是説認同英國國王派遣使團目的是正確的；「今爾國使臣於定例之外，多有陳乞，大乖仰體天朝加惠遠人，撫育四夷之道，且天朝統馭萬國，一視同仁」則變成 “this new Methods would be very inconsistent with the good will which we profess for all foreign Nations. It being our constant Maxim to treat them all equally well, without any Partiality”，只説明中國對所有國家一視同仁，無所偏私，但天朝高高在上，包括英國人和英國在內的四夷萬國盡受天朝統馭，過來陳乞等説法全刪掉了。當然，刪去這些所謂冒犯性的説話，很大程度上會改變敕諭的精神，淡化敕諭原來的天朝思想，就跟第一道敕諭一樣，變成英國讀者較容易接受的版本。事實上，這篇譯文讀來就是一篇十分平實直接的回應，這大概也是馬戛爾尼原來的意思，因為譯文標題寫成「中國皇帝給英國國王的回答」（“Answer of the Emperor of China to the King of England”），顯示馬戛爾尼把它視為對使團提出要求的普通回應，不是朝貢體制下體現「天朝」思想的敕諭。

但其實，第二道敕諭的英譯本除刪去一些可能冒犯英國人的表述外，還有一些別的改動。誠然，部分修正純粹是技術性的，例如把乾隆的逐條回應加上「第一」、「第二」等，在內容上沒有任何改動，只是讓人更覺清晰。但也有些是值得特別注意的。

---

[81] Ibid.

首先，原敕諭每次提及英國人在華貿易和居住的地點，絕大部分情況都是用「澳門」的，包括在敕諭開首的地方說到「向來西洋各國及爾國夷商赴天朝貿易，悉於嶴門互市」，後文又有「加以體恤，在嶴門開設洋行」、「向來西洋各國前走天朝地方貿易，俱在嶴門設有洋行」、「爾國向在嶴門交易」、「即與爾國在嶴門交易相似」、「向來西洋各國夷商居住貿易貿易，畫定住址地界」、「已非西洋夷商歷來在嶴門定例」、「理自應仍照定例在嶴門居住方為妥善」、「嗣後爾國夷商販貨赴嶴門仍當隨時照料」。相比之下，「廣東」出現得很少，只有兩處：「在廣東貿易者亦不僅爾英吉利一國」、「西洋各國在廣東貿易多年」。[82] 但譯文卻把11處原來的「澳門」全改譯為 "Canton"，結果，「澳門」在原敕諭中出現14次，"Macao" 在譯文裡只出現了4次，都是不能改為 "Canton" 的地方，因為其中3次是澳門和廣州（廣東）一起出現，而另一次就是說西方人一直住在澳門（"all European Merchants should reside at Macao"）。應該指出，在現時所見到的拉丁文譯本中，澳門也是被改為 "Canton"。這樣看來，英譯本的改動很可能是源自拉丁文本，也就是賀清泰和羅廣祥所做的。但為什麼他們要這樣做呢？賀清泰和羅廣祥肯定很熟悉澳門，不可能不知道澳門跟 "Canton" 不一樣。此外，這樣的改動對他們來說沒有任何好處，根本沒有必要，更不涉及英國國王尊嚴。但另一方面，如果這改動是來自英國人的，那就很容易理解。從清廷的角度看，以澳門作為英國人生活、貿易和活動的主要基地是最合適的，因此，他們在敕諭裡不用廣東或廣州，可以視為不肯認同英國人在廣州有任何活動權利可能的一種表態。但英國人要爭取的並不是澳門的活動空間，一向以來，西方人在澳門的生活沒有什麼大問題，馬戛爾尼這次所爭取的活動地點是廣州，不是澳門。在這情形下，他們很有理由把敕諭中的澳門改為廣州，甚至可以視為中英雙方在中英貿易一個重要問題上已作了一場交鋒。如果真的是這樣，東印度公司檔案中的拉丁文譯本便是經過英國人改動

82　〈大清皇帝為開口貿易事給英國王的敕諭〉，頁172–175。

了，畢竟今天所見到的只是一份抄寫本，開首還有一段英文的介紹，這段介紹肯定是英國人加上的。

雖然無法確定把澳門改為廣州是否出自英國人之手，但另一個改動卻是肯定的。在英文譯本中，一個非常明顯的情況是把敕諭分成四部分，分別註明是「寫給英國王的」(“To the King”) 和「寫給大使的」(“To the Ambassador”)，各佔兩部分。這在原來的敕諭是沒有的，就是拉丁文譯本也不是這樣，所以這改動肯定是來自使團自己的。嚴格來說，這改動是錯誤的，因為敕諭本來是直接寫給英國國王的。事實上，現在所見到譯文所標明「寫給大使的」只是兩小段，對應原教諭只是這兩句：

> 爾國王遠慕聲教，嚮化維殷，遣使恭賫表貢，航海祝釐。
> 念爾國僻居荒遠，間隔重瀛，於天朝體制未諳悉。[83]

無論從什麼角度看，也沒法看出為什麼特別把這兩段文字標為「寫給大使的」，英文譯文這個改動不知要達到什麼效果。但無論如何，這確是來自英國人的改動。馬士在徵引這道敕諭的英譯時說敕諭很古怪地以不同段落分別寫給喬治三世及大使，[84] 這只是他沒有讀過原來敕諭的緣故。

五

在第二道敕諭的翻譯上，還有一個很重要的問題值得深入處理。

我們知道，乾隆第二道敕諭是回答馬戛爾尼的具體要求，這些要求是馬戛爾尼得到和珅同意後在10月3日給和珅寫信、以書面形式提出的。[85]

馬戛爾尼這封信的中文文本不見於現存清宮檔案。根據收藏於東印度公司檔案中馬戛爾尼寫給和珅的原信，[86] 還有馬戛爾尼的日誌，他當天

---

83 同上，頁172–173。

84 Morse, *The Chronicles of the East India Company*, vol. 2, p. 226.

85 Macartney, *An Embassy to China*, pp. 149–150.

86 “Note to the First Minister Cho-Chan-Tong, from the British Embassador, Delivered at Yuen-Min-Yuen, 3 October 1793,” IOR/G/12/92, pp. 259–262。

向朝廷提出六項要求，包括：一、准許英國商人在舟山、寧波和天津進行貿易；二、容許他們在北京設置商館，出售貨物；三、在舟山鄰近地區給與他們一個小島居住及存放貨物；四、在廣州給與他們一些特權；五、取消澳門和廣州之間的轉運關稅，或最少回到1782年的水平；六、禁止額外徵收朝廷規定以外的稅項。[87] 這些要求全都跟英國人來華貿易有關，沒有別的要求。我們不在這裡分析這些商業操作上的要求內容或意義，只討論與翻譯，或者更具體地說是與譯員有關的問題。

乾隆在收到馬戛爾尼的要求後，迅速作出反應，在第二天即完成敕諭，逐一駁斥英國人的要求，但其中一項卻與商業貿易無關，而是關於宗教方面的。敕諭說：

> 至於爾國所奉之天主教，原係西洋各國向奉之教，天朝自開闢以來，聖帝明王，垂教創法，四方億兆，率由有素，不敢惑於異說。即在京當差之西洋人等，居住在堂，亦不准與中國人民交結，妄行傳教。華夷之辨甚嚴。今爾國使臣之意，欲任聽夷人傳教，尤屬不可。[88]

不過，馬戛爾尼在知悉這項內容後，馬上向陪同使團離京南下的松筠呼冤，表示自己從沒有提出過傳教的要求。[89] 為什麼會這樣？究竟使團有沒有向乾隆提出要在中國自由傳教？這是一個過去沒有能夠找到確切答案的問題，[90] 直到1996年才由意大利那不勒斯東方大學的樊米凱解答。

---

[87] Ibid.; Macartney, *An Embassy to China*, p. 150.

[88] 〈大清帝國為開口貿易事給英國王的敕諭〉，《英使馬戛爾尼訪華檔案史料匯編》，頁174。

[89] Macartney, *An Embassy to China*, pp. 166–167; Macartney to Dundas, near Han-chou-fu, 9 November 1793, IOR/G/12/92, p. 102.

[90] 中文世界方面，除筆者在2020年發表的一篇（王宏志：〈「今爾國使臣之意，欲任聽夷人傳教」？馬戛爾尼使團乾隆致英國王第二道敕諭中的傳教問題〉，《中國文化研究所學報》第71期〔2020年7月〕，頁47–70）外，黃興濤的〈馬戛爾尼使華與傳教士及傳教問題〉是現在所能見到最直接及深入嘗試解答這問題的文章。該文辨析乾隆駁回使團並未提出過的傳教要求的三種可能性：一是「乾隆帝從以往的經驗出發，做此種意〔臆〕測，提出駁回以防患於未然」；二是使團曾帶兩名澳門傳教士隨行北上，推薦他們入京當差，且在北京經常與當地的各國傳教士見面，以致引起乾隆對傳教問題的聯想；三是馬戛爾尼自己所提的解釋，就是在京葡萄牙傳教士從中挑撥，在皇帝面前說英國人要到來傳教，以致乾隆在敕諭裡加以駁斥。在三者中，黃興濤認為是前兩種因素共同導致英

在題為〈那不勒斯中華書院學生、出使乾隆皇帝之馬戛爾尼使團以及中國天主教徒自由崇拜的要求〉的文章中，樊米凱通過利用一直藏於意大利的原始資料，證明使團譯員李自標在北京時的確曾向朝廷提出與天主教在華情況相關的要求。[91] 這肯定是一篇非常重要的文章，不過，由於該文並沒有使用一些關鍵性的中文及英文原始資料，[92] 有關的闡述還有可以補充的地方。

首先可以肯定：馬戛爾尼本人的確從來沒有向清廷提出准許在中國傳教的要求。馬戛爾尼在離開北京前曾向中方遞交過幾份文書，當中最為人熟知的是在1793年8月2日（乾隆五十八年六月二十六日）在天津交與負責接待使團的喬人傑和王文雄的禮品清單，[93] 以及1793年9月14日（乾隆五十八年八月十日）由馬戛爾尼在熱河親手呈遞給乾隆的英王喬治

使沒有提出傳教要求，乾隆卻在敕諭中駁回的矛盾現象。不過，在分析過這三種可能性後，黃興濤說「也許還有其它的可能。這需要進一步發掘材料。」黃興濤：〈馬戛爾尼使華與傳教士及傳教問題〉，《中英通使二百周年學術討論會論文集》，頁358–375。另外，袁墨香也簡略討論過這問題，她的說法是：「這是乾隆對英使來華目的的一個猜測，未雨綢繆。」不過，這純然是一種猜想，沒有資料上的佐證。袁墨香：〈馬戛爾尼使華與天主教傳教士〉（山東大學碩士學位論文，2005），頁33。英語世界方面，直接討論這問題的文章有Piero Corradini, "Concerning the Ban on Preaching Christianity Contained in Ch'ien-lung's Reply to the Requests Advanced by the British Ambassador, Lord Macartney," *East and West* 15, no. 3/4 (September–December 1965), pp. 89–91。不過，這篇文章有很嚴重的問題，作者錯誤徵引普利查德的文章，以為馬戛爾尼提出要求的信件是由羅廣祥所翻譯，然後就提出結論說傳教要求是由羅廣祥自己加插入去的。同上，頁91。從文章看來，Piero Corradini當時對馬戛爾尼使團的研究很不深入，一些比較為人熟知的情況都弄錯了，例如他說使團的兩位譯員中，其中一位在1793年6月23日使團離開舟山時提早離團，同上，頁90。

91 Fatica, "Gli Alunni Del Collegium Sinicum di Napoli, La Missione Macartney Presso L'Imperatore Qianlong e La Richiesta di Liberta di Culto per I Cristiani Cinesi [1792–1793]," pp. 525–565.

92 例如該文並沒有怎樣參考或引用中文資料，就是敕諭的中文本也沒有，亦沒有徵引由北京天主教士所翻譯的敕諭拉丁文本，在討論敕諭文本時，只是引錄一篇轉譯自白克浩斯及濮蘭德英譯敕諭的法文本。Fatica, "Gli Alunni Del Collegium Sinicum di Napoli," p. 562；另外，樊米凱整篇文章基本沒有直接引用東印度公司的檔案資料。

93 〈英貢使為奉差遣進貢請賞寬大房屋安裝貢品並賞居住房屋的稟文譯稿〉，《英使馬戛爾尼訪華檔案史料匯編》，頁121；〈英國王謹進天朝大皇帝貢件清單譯稿〉，同上，頁121–124。

三世的國書。這兩份文書（無論是原文或譯文）都沒有隻字提及要在中國傳教。除此之外，馬戛爾尼在使團離開北京前曾向和珅遞送幾封信，其中他在8月28日剛到北京後不久送呈的一封，主要討論覲見乾隆的儀式問題，提出清廷派遣一名職位相若的大臣以相同儀式向英王畫像行禮的要求，他才可以向乾隆行叩頭大禮。[94] 但負責接收的徵瑞和長麟並沒有把書函轉呈和珅，只是在9月8日使團到達承德時交還給馬戛爾尼。[95] 接著，在熱河兩次見過乾隆後，馬戛爾尼在9月18日向和珅寫了一封信，提出要求准許陪同馬戛爾尼到天津的「印度斯坦號」船長馬庚多斯先回舟山，照顧先前留在外海的船員，並准許他們在舟山寧波等地購買茶葉，又同時傳達了兩名天主教士安納和拉彌額特願意到京服務的消息，請准從舟山去北京。[96] 馬戛爾尼這封信函獲送到軍機處，但除購買茶葉一項外，其餘所有請求全被駁回。[97] 在接到徵瑞轉達的消息後，馬戛爾尼又在10月1日向和珅寫了另一封信，一方面感謝朝廷准許使團成員在浙江購買茶葉，另一方面仍然提出要求批准馬庚多斯馬上出發前往舟山，又請求准許代轉信函。[98]

可以說，這三封信函都是實務性的，馬戛爾尼提出的只是使團當時一些具體事務的安排，與出使的任務或要求沒有關係。真正就英國派遣使團來華目的而提出要求的，是馬戛爾尼在10月3日在圓明園寫給和珅的信。根據馬戛爾尼的日誌，他們這時候已聽聞朝廷希望使團儘早離開的消息，而在早一天和珅也向馬戛爾尼表達這個意思。然而，在10月2

94 "Note for Cho-Chan-Tong, First Minister. Pekin, 28 August 1793: with Latin and French translations," IOR/G/12/92, pp. 209–216.

95 Macartney, *An Embassy to China*, p. 117.

96 "Note for Cho-Chan-Tong, First Minister. Gehol, 18 September 1793: with Latin translation," IOR/G/12/92, pp. 217–224.

97 〈軍機大臣為貢使請令馬庚多斯回珠山管船及求買茶葉給徵瑞的堂諭〉，《英使馬戛爾尼訪華檔案史料匯編》，頁152–153；〈奏為英貢使復求請准為馬庚多斯回船擬先行回京再駁議〉，同上，頁153–154。

98 "Note to the First Minister Cho-Chan-Tong, from the British Embassador, Delivered at Yuen-Min-Yuen, 1 October 1793, with Latin translation," IOR/G/12/92, pp. 225–232; Macartney, *An Embassy to China*, p. 146.

日的交談裡，馬戛爾尼只能口頭上很簡略地向和珅提到使團的要求，但和珅刻意迴避，改變話題，不作回答，馬戛爾尼根本沒有辦法和他作進一步商討。第二天馬戛爾尼再嘗試跟和珅談論這問題，但因為身體疲憊不適，請求轉派斯當東前往討論，和珅說可以用書面提出要求，馬戛爾尼便匆忙寫下信函，開列六項要求，並希望得到書面的答覆。[99] 在送出這封信的第二天，馬戛爾尼又再寫信給和珅，提出在得到朝廷對他前一天的要求書面回覆後，便會啟程回國。這是馬戛爾尼在離開北京前寫給和珅最後的一封信。[100]

可以見到，馬戛爾尼唯一一次向清廷提出英國政府的要求，就是在10月3日的一封信。[101] 不過，無論是從馬戛爾尼寫給和珅的原信所見，還是馬戛爾尼的日誌所說，在馬戛爾尼所提的要求中，的確沒有提及任何有關在中國傳教的問題。那麼，為什麼乾隆第二道敕諭會忽然說到「今爾國使臣之意，欲任聽夷人傳教」？問題的癥結在於乾隆到底接收到什麼訊息。

一直以來，我們都是通過馬戛爾尼的日誌以及東印度公司所藏他寫給和珅的信的抄本，來知悉他向和珅提出什麼要求。但清廷方面呢？顯然，和珅和乾隆所讀到馬戛爾尼10月3日所提出英國政府的要求，不可能來自英文原信，而只能是來自中譯本。那麼，問題是否可能出現在翻

---

99 "Note to the First Minister Cho-Chan-Tong, from the British Embassador, Delivered at Yuen-Min-Yuen, 3 October 1793," IOR/G/12/92, pp. 259–262; Macartney, *An Embassy to China*, pp. 146–150.

100 "Note to the First Minister Cho-Chan-Tong, from the British Embassador, delivered at Yuen-Min-Yuen, 4 October 1793," IOR/G/12/92, pp. 263–266; Macartney, *An Embassy to China*, p. 154.

101 沈艾娣說馬戛爾尼在熱河時曾口頭向松筠提出使團的六點要求，然後在回到北京後才以書面提出。Harrison, *The Perils of Interpreting*, pp. 126–127. 這頗有問題。她並沒有提出資料證明這說法，註釋所開列的就是馬戛爾尼在1793年10月3日給和珅的信件，但裡面完全沒有提及在熱河曾有過任何相關的討論。同上，頁296–297，註45及46。上文相關的討論證明馬戛爾尼在熱河沒有跟中方具體談到使團這幾項要求。其實，假如馬戛爾尼在熱河時已向松筠提出要求，松筠不可能不奏報朝廷。如果朝廷早知道這些要求，乾隆的第一道敕諭便應該有所回應，不會在匆忙間再頒送第二道敕諭，駁斥馬戛爾尼的要求。

譯上？由於現在所見到的所有檔案資料中都沒有收錄馬戛爾尼這封信的中文本，我們沒法從譯文入手，確定乾隆和珅讀到的是什麼內容，裡面有沒有提出傳教的要求。但譯者呢？

馬戛爾尼在10月21日的日誌裡記錄他在知悉乾隆第二道敕諭禁止傳教的內容後對松筠的申辯，其中很有意思的，就是馬戛爾尼為了說明他們沒有任何傳教的意圖，刻意強調英國與其他天主教國家不一樣，他們十分尊重不同的宗教，但不會積極傳教，就是在廣州的英國商人也沒有自己的牧師。至於這次使團，「我帶來整個隊伍裡都沒有任何牧師一類的人。」[102] 這看來是很有力的反駁。不過，馬戛爾尼忘記了一個人——使團的譯員李自標，一位早已獲得羅馬教廷正式頒授聖職的天主教神父。

〈譯員篇〉已分析過李自標願意跟隨使團到北京是出於「宗教上的原因」，只是沒有確定具體所指是什麼。梵蒂岡傳信部檔案藏有好幾份重要文書，透露事件的真相。

首先是一份梵蒂岡傳信部在1795年2月16日所召開的一次樞機特別會議的紀錄，[103] 以意大利文寫成，紀錄所署日期是1795年2月26日，開始即說「根據東印度地區送來的信件，這一年最值得報告的第一件事就是英國派去謁見中國皇帝的使團」，可見報告使團的情況是會議的其中一個重點。值得注意的是紀錄最後附有一段說明，註明這份報告是李自標撰寫的。這應該被理解為以李自標的書信作底本而寫成的紀錄。此外，會議紀錄在最後又加插了一段文字，註明由斯當東所寫。我們不能確定為什麼斯當東這段文字會出現在這次會議紀錄裡，但由於參加會議的包括安東內里樞機，斯當東曾在羅馬跟他見過面，很可能這段文字是來自他寫給安東內里的信。在這段文字裡，斯當東告訴我們一個很重要的訊息：為什麼李自標願意跟隨使團到北京去？斯當東這樣說：

---

102 Macartney, *An Embassy to China*, p. 167.

103 "Congregatio Particularis de Popaganda Fide super rebus Indiarum Orientalium habitu die 16 februarii 1795," ACTA CP, vol. 17, ff. 375–380.

> 李〔自標〕先生是一位品德高尚，對宗教非常虔誠的人。他被說服跟隨使團到北京，條件是我們運用我們一切的能力去改善受迫害的天主教徒的命運。對此，我們毫無疑問是願意去做的。[104]

這除進一步確認李自標願意跟隨使團到北京是因為斯當東的積極游說外，也說出一個較為具體的「宗教原因」，就是英國人曾答應盡力爭取改善天主教徒的命運。可是，究竟英國人有沒有向李自標具體承諾會做些什麼改善天主教徒的命運？這是指馬戛爾尼會以特使身份向朝廷提出要求嗎？樊米凱指出：教宗曾向英王提出要求，請他協助保護在中國的天主教徒。他的論據來自一封梵蒂岡安東內里樞機寫給中華書院長老弗蘭柯斯克．馬賽的信裡的一句話："per parte di Sua Santità si è validamente pregato il Re d'Inghilterra di prendere sotto la sua protezione tutti i nostri Missionari della Cina"（「以教皇的名義，請求英國國王保護我們所有在中國的傳教士」）。[105] 樊米凱認為這要求是以口頭形式提出的，因為教宗不可能正式向另一個國家的領袖提出這樣的書面要求——尤其這國家（英國）當時奉行另一宗教，且對天主教時加壓迫。[106]這樣的推想是合理的，雖然他沒有提出其他佐證，只有上引安東內里信中的一句話。不過，要強調的是：從這句話看來，教宗請求英國國王幫助的，是保護他們在中國的天主教傳教士，而不是在中國的天主教徒，也不是要在中國推動傳教。在下文裡，我們會比較一下這要求和李自標實際向乾隆所提出的有沒有不同。

顯然，如果英王要保護在華的天主教傳教士，也的確只能通過使團來提出要求，其中的關鍵人物理所當然是馬戛爾尼和斯當東。但當中的過程是怎樣的？

---

104 Ibid., f. 380.

105 Antonelli to Massei, Rome, 3 April 1792, SC Lettere, vol. 262, f. 181r；這封信又見藏於 Archivio Storico dell'Università degli Studi di Napoli l'Orientale, Fondo Collegio dei Cinesi, Busta n.5, fascicolo 2。

106 Fatica, "Gli Alunni Del Collegium Sinicum di Napoli," p. 533.

〈譯員篇〉提到，由於那不勒斯中華書院主管的反對，斯當東先告訴他們李自標和柯宗孝不會跟隨使團到北京，在到達澳門後便會離船。但這只是緩兵之計，根據沈艾娣的說法，斯當東在帶著李自標等離開那不勒斯後便開始游説工作，在羅馬與一名樞機主教見面——那應該是安東內里，安排他們與教宗私下見面，教宗親自批准他們參與使團。[107] 估計這就是安東內里告訴馬賽，「以教皇的名義，請求英國國王保護我們所有在中國的傳教士」。[108] 不過，看來李自標並沒有馬上答應，只是「開始認為，擔任使團的譯員，可能是一項有益於教會的任務。」[109]

接著，當馬戛爾尼見過他們、並在航程中觀察後，選定李自標作為使團譯員，便對他進行游説，甚至答應以教宗使者的身份，為天主教傳教事業向中國皇帝爭取利益。李自標告訴他的意大利友人Giovanni Borgia，馬戛爾尼向他施加的壓力很大。[110]

應該同意，斯當東本人對於天主教不一定十分抗拒，因為他母親是天主教徒。[111] 另外，他也答應過澳門的法國教區主管，他會盡力協助在北京的法國教士。[112] 但馬戛爾尼呢？李自標的觀察是馬戛爾尼對任何宗教都不感興趣，更不要說天主教了。[113] 事實上，我們已看過使團在北京期間始終沒有提出過任何與天主教有關的要求，這顯然讓李自標感到失望。不過，上引梵蒂岡傳信部在1795年2月16日所召開的樞機特別會議紀錄在交代使團在北京正式提出要求後，有這樣的一段文字：

> 這些是書面的要求，當時還加上一個口頭上的要求：應該容許中國各地的天主教徒在和平下生活，信奉自己的宗教，不會受到無理的迫害。[114]

---

107 Harrison, *The Perils of Interpreting*, p. 63.

108 Antonelli to Massei, Rome, 3 April 1792, SC Lettere, vol. 262, f. 181r.

109 Harrison, *The Perils of Interpreting*, p. 63.

110 Ibid., p. 88; Factica, "Gli Alunni Del Collegium Sinicum di Napoli," p. 548.

111 Giacomo Ly (Jacobus Ly) to Francesco Massei, Bruxelles, 14 May 1792.

112 Giambattista Marchini, Macao, 3 November 1793, APF SOCP, b. 68, f. 485v.

113 Jacobus Ly, Macao, 20 February 1794, APF SOCP, b. 68, f. 614v.

114 "Congregatio Particularis de Popaganda Fide super rebus Indiarum Orientalium habitu die 16 februarii 1795," ACTA CP, vol. 17, f. 378.

我們剛指出過，這段會議紀錄是以李自標的報告為基礎寫成的，但他在這裡只是說使團向清廷提出了善待中國天主教徒的要求，但這口頭要求是由誰提出的？紀錄沒有明確地說出來。然而，傳信部檔案內另外藏有兩封由李自標署名的信，讓我們知道提出這要求的就是李自標。

李自標這兩封信以拉丁文寫成，都是寫於使團離開北京以後的，第一封寫於廣州，日期是1793年12月25日，馬戛爾尼等還沒有離開中國；而第二封則寫於1794年2月20日，使團已啟程回國，李自標當時身在澳門。在第一封篇幅較短的信裡，李自標主要談到使團到達北京後以及在熱河的情況，但在信末的部分，李自標說了這樣的話：

> 當我們在北京的時候，使團看來沒有什麼希望，我就向皇帝提出請求，懇請他准許中國的天主教徒能夠在安全的環境下信奉自己的宗教，不會遭受不公平的迫害。[115]

1794年2月20日的第二封信裡，李自標提供了多一點細節：

> 以書面作出這些要求〔馬戛爾尼所提出使團的六項要求〕外，又以口頭方式加上這要求：天主教的規條不會損害或違反中國的政治法律，更不要說信奉天主教的人會變得更好，更會聽政府的話。因此，現謹向天朝皇帝請求：容許住在中國各地的天主教徒安全地過生活，信奉他們的宗教，不會受到迫害。[116]

李自標這幾段文字很重要，尤其1793年12月25日那一封信，明確地說到是他自己向朝廷提出有關中國天主教徒的問題，時間就在馬戛爾尼以書面提出英國政府六項要求的同時。這進一步說明馬戛爾尼在熱河期間並沒有提出使團的要求，李自標只是在使團要離京前最後的機會以口頭加上傳教的要求。由於這三項記述同是出自李自標之手，所以說法較為一致，都是請求清廷善待在華天主教徒，免受迫害。相比於安東內里樞機信中所說希望英王幫助保護他們在中國的天主教傳教士，二者又大不

115 Jacobus Ly, Guangzhou, 25 December 1793, APF SOCP, b. 68, f. 611.

116 Jacobus Ly, Macao, 20 February 1794, APF SOCP, b. 68, f. 614v.

相同，因為李自標所考慮的是中國的天主教徒，絕大部分是中國人，而安東內里則只針對他們在中國的天主教傳教士，大都是歐洲人，數量也少得多。怎樣理解這二者的差異？其實，這當中並不一定存在誰對誰錯的問題，只是因為安東內里跟李自標所處的位置和關注不同。安東內里作為代表教廷的樞機，向英王提出要求，以西方傳教士為保護對象是很合理的；但本身是中國人、正要開始在中國擔負傳道工作的李自標，更關心中國信眾的狀況，看來又是理所當然。此外還有一個時間的問題。安東內里是在斯當東還在羅馬的時候提出要求的，李自標作為剛畢業要回國傳道的神父，雖然據稱獲安排與斯當東一起跟教宗見面，但不可能在教宗、樞機和斯當東有關教宗和英王的討論中有什麼發言權；而且，這時候李自標以為自己將在澳門離團，不會想到自己要向清廷提出什麼請求，只是在離開意大利後，在返回中國途中被馬戛爾尼和斯當東所說服，願意跟隨使團到北京去。必須強調的是：李自標與上引羅馬樞機會議紀錄中所記斯當東的說法是一致的，都是希望中國的天主教徒，能得到公平的對待，免受無理的迫害。[117] 由此可見，這的確是李自標跟代表使團的斯當東所達成的協議。誠然，英國使團究竟應該怎樣做才能改善中國天主教徒的境況，又或是怎樣才能滿足李自標的要求，暫時沒有更多的資料可作進一步說明，但從上引李自標信中所說他是「在北京的時候，使團看來沒有什麼希望」後提出要求，看來他認為使團在來華期間是應該有所作為的，最起碼能向清廷提出一些要求，可是一直待到使團快要離開，還不見到他們有什麼行動或計劃，所以才自行提出要求。

儘管馬戛爾尼對李自標作出過承諾，但看來卻沒有履行。李自標在他的信件中對馬戛爾尼作出不少批評，[118] 只是沒有正面觸及宗教方面(其實，馬戛爾尼對什麼宗教都不熱衷，在李自標的描述下也能算是批

117 ACTA CP, vol. 17, f. 380.

118 Jacobus Ly, Canton, 25 December 1793, APF SOCP, b. 68, f. 610v; Jacobus Ly, Macao, 20 February 1794, ibid., ff. 611r–620r.

評）。無論如何，即使馬戛爾尼曾對李自標作出過一些承諾，但對於李自標竟然自己向朝廷提出不要迫害天主教徒的要求，他應該是不知情的，否則他也不會在接到乾隆第二道敕諭後有這麼驚訝的反應。

但另一方面，讓人感到奇怪的是斯當東的回憶錄裡對這事幾乎隻字不提。在回憶錄中，斯當東並沒有怎麼交代使團對朝廷提出的要求，但其實他是全部知悉，且參與其中的。根據馬戛爾尼的日誌，馬戛爾尼在10月3日曾把口頭與和珅討論使團要求的任務交與斯當東，只是和珅說可以用書面形式提出，馬戛爾尼趕緊在當天下午給和珅寫信，結果，斯當東並沒有跟和珅開展口頭討論，[119] 但由此可見斯當東一直知情，且是積極參與的。不過，斯當東回憶錄對此事的報導卻十分簡略，當中就只有一句「因此大使便趕緊送上一份開列我們的要求的陳述」，甚至連各項要求也沒有清晰記錄下來。[120] 這很令人費解，因為就是馬戛爾尼的日誌也把六項要求一一開列出來。[121]

斯當東在回憶錄中提到，松筠在前往杭州的途中曾向他們解說乾隆拒絕使團要求的原因。斯當東說，松筠經常轉述皇帝的體貼問候，甚至送來一些乾果蜜餞之類的禮物。不過，雖然回憶錄沒有正面談到乾隆頒送第二道敕諭給英國國王，卻說在乾隆與松筠的往來信札中，乾隆說儘管使團的要求全被拒絕，並不意味這些要求本身有什麼不妥當的地方，那只是因為自己年事已高，不適宜在這個時候引入任何嶄新的轉變。[122] 值得注意的是，雖然斯當東在回憶錄中用上複數來描述使團的要求，讓人知道使團提出了好幾個要求，但接下來所說的只限於廣州的商務活動，完全沒有觸及傳教的問題。這是很不合理的，因為馬戛爾尼對於乾隆第二道敕諭指斥英國人提出傳教的要求有這麼強烈的反應，除多番跟松筠解釋外，還在日誌以及向倫敦的報告中詳細記錄下來，斯當東一直

[119] Macartney, *An Embassy to China*, pp. 149–150.

[120] Staunton, *An Authentic Account of an Embassy*, vol. 2, p. 126.

[121] Macartney, *An Embassy to China*, p. 150.

[122] Staunton, *An Authentic Account of an Embassy*, vol. 2, p. 166.

跟隨在馬戛爾尼身邊，不可能不知道他的反應以及他跟松筠的談話，更不要說他撰寫回憶錄時參考了馬戛爾尼的日誌及其他報告，那為什麼他會選擇隻字不提？整體而言，斯當東回憶錄的內容比馬戛爾尼的日誌詳盡得多，回憶錄對一些無關宏旨的事物諸如天氣、景色、風俗，甚至普通人等都作出非常詳細的描寫，且時常引錄馬戛爾尼的日誌、信函和報告，唯獨對於使團提出要求這樣重要的事件卻輕描淡寫地簡略帶過，而傳教問題更在回憶錄中完全消失，這是極不合理的，除了斯當東是在故意迴避外，實在找不出別的理由。

其實，綜合現在所能見到的材料，李自標跟斯當東的關係自始至終都非常良好，二人相互信任和尊重，斯當東十分滿意李自標的表現，甚至寫信給梵蒂岡傳信部樞機主教作高度讚揚，[123] 而在天主教的問題上，李自標又多番感謝斯當東的支持。這樣看來，合理的推想是李自標曾經把整件事告訴斯當東，斯當東確實知道李自標曾經向清廷提出善待中國天主教徒的要求，但為了保護使團以及李自標的利益，他在回憶錄中便不可能作任何披露，所以才要刻意迴避，尤其他在馬戛爾尼向松筠提出疑問，甚至使團回到英國後也一直沒有告訴馬戛爾尼，那就更不適宜在回憶錄中記下來。

不過，話說回來，在李自標向和珅提出保護中國天主教徒的要求那一刻，斯當東應該是不知情的，理由在於李自標是以口頭形式提出，而且這應該是在使團把書面要求交與和珅時提出的。雖然沒有明確的資料記錄這次交付書面陳述的任務是由李自標負責，也不能確定交付的過程，但此前其他相類的工作都是由李自標負責，包括跟和珅商議覲見乾隆的儀式那一次，馬戛爾尼當時還明確說到沒有其他人可以幫忙，因而特別感激李自標自告奮勇，並圓滿地完成任務，[124] 因此，很可能這次送呈使團要求書函的任務也是交與李自標。這樣，李自標就有機會單獨向

---

[123] ACTA CP, vol. 17, f. 380.

[124] Macartney, *An Embassy to China*, p. 141; Staunton, *An Authentic Account of an Embassy*, vol. 2, pp. 87–88.

和珅以口頭形式提出善待中國天主教徒的要求。正如樊米凱所指出，李自標跟和珅及一些中國官員十分熟稔，足以讓他以口頭形式向他們提出要求。[125] 這點是重要的，因為一直鮮為人知的事實是，李自標從抵達天津並開始跟接待官員接觸後，便與他們建立起良好的關係，而根據李自標的說法，就連和珅也對他非常友善，還送過禮物給他。[126] 因此，李自標很可能直接以口頭形式向和珅提出要求，結果就是一方面馬戛爾尼等人不知道李自標提出了要求，另一方面乾隆及和珅卻以為這是使團提出的要求，因而第二道敕諭中有貶斥英國人「欲任聽夷人傳教」的說法。

在第二道敕諭裡，乾隆所指斥和拒絕的，跟李自標或樞機安東內里所要求的都不同。「今爾國使臣之意，欲任聽夷人傳教」，遠遠超過李自標所希望的中國天主教徒不受迫害，甚至也超過安東內里所說要保護歐洲天主教傳教士，因為二者都是很被動的要求，不涉及主動傳教的問題。為什麼會這樣？我們沒有足夠資料提供確實的答案，估計可能是出於溝通上的誤會，畢竟李自標只是以口頭方式提出，在口述的過程中很可能會造成誤解，變成向朝廷提出公開傳教的要求。

無論如何，乾隆這一道敕諭讓馬戛爾尼很疑惑，這不單指傳教的要求，還有另一個問題，那就是馬戛爾尼在回應乾隆的敕諭時說到他對於乾隆說他要傳播「英國的宗教」(the English religion)很感意外。[127] 這裡所說的「英國的宗教」指的自然是基督新教。但乾隆真的是這個意思嗎？乾隆的敕諭有沒有提到英國的宗教或基督新教？為什麼馬戛爾尼會有這樣的想法？

先看乾隆敕諭的說法，其中有關宗教問題的整段文字是這樣的：

> 至於爾國所奉之天主教，原係西洋各國向奉之教。天朝自開闢以來，聖帝明王，垂教創法，四方億兆，率由有素，不敢惑於異說，即在京當差

---

[125] Fatica, "Gli Alunni Del Collegium Sinicum di Napoli," p. 558.

[126] Jacobus Ly, Canton, 25 December 1793, APF SOCP, b. 68, ff. 610v–610r；相關討論見〈譯員篇〉。

[127] Macartney, *An Embassy to China*, p. 166.

之西洋人等居住在堂，亦不准與中國人民交結，妄行傳教，華夷之辨甚嚴。今爾國使臣之意欲任聽夷人傳教，尤屬不可。[128]

其實，在這段敕諭裡，乾隆並沒有說到什麼基督新教，相反，他一直在說的是天主教。開首「至於爾國所奉之天主教，原係西洋各國向奉之教」一句，表明清廷並沒有分辨出英國與西洋各國所奉的宗教，他們還以為英國人所信奉的也就是西洋各國所信奉的天主教。此外，敕諭以在北京當差的傳教士一向不得妄行傳教為理由，駁斥英國人要「任聽夷人傳教」的要求，這裡的「教」顯然也是指天主教，因為北京的傳教士都是信奉天主教的；而最關鍵的「爾國使臣之意欲任聽夷人傳教」中的「夷人」，無論從文字本身還是從上下行文看，也不局限於英國人，指的是所有外國（西方）人，因為乾隆在兩道敕諭都以「爾國之人」來指稱英國人。可以肯定，乾隆第二道敕諭禁止傳教並不是針對英國的基督新教，而是指清廷所熟悉的西洋各國信奉的天主教。事實上，既然向清廷提出有關宗教問題的是天主教神父李自標，他怎麼可能會希望朝廷容許在中國宣揚基督新教？因此，乾隆的第二道敕諭所指的確是天主教。

那麼，為什麼馬戛爾尼會得到不同的訊息？不懂中文的馬戛爾尼不可能直接閱讀乾隆的敕諭，他有關「英國的宗教」的說法，一定是來自敕諭的譯文。

乾隆第二道給英王的敕諭共送來三個不同語文的版本：漢文、滿文和拉丁文。馬戛爾尼所能讀到的就只能是拉丁文本，那是由羅廣祥和賀清泰所翻譯的，事實上，根據賀清泰的說法，他們也是最早發現敕諭中有貶斥傳教要求的人，同時還馬上向中國官員提出英國使團沒有在中國傳教的意圖。

在寫給馬戛爾尼的信裡，賀清泰談到改變宗教的問題，所指的是英國放棄天主教、改奉基督新教為國教的事。他還說改教在中國早為人知，已超過一個世紀，這是因為英國商人時常把一些鐘錶帶到廣州，上

[128] 〈大清帝國為開口貿易事給英國王的敕諭〉，頁174。

面往往有猥褻粗鄙的微型人像，惹來很多天主教徒的不滿，認為這是英國人放棄了古老宗教的結果。[129] 為什麼賀清泰會在這裡忽然提到英國改教的問題？樊米凱說那是因為他們把敕諭中的天主教改譯為英國國教，所以需要作出解釋。[130]

我們並不否定英國改教的消息在廣州有可能為人所知，畢竟英國人在廣州外貿中非常活躍，與中國人接觸頻繁。但朝廷並沒有對天主教和基督教作什麼區分，而事實上，敕諭根本沒有提及基督新教。因此，對敕諭的準確翻譯是不應出現英國新教的。那麼，敕諭的拉丁文譯本又怎樣？嚴格來說，羅廣祥和賀清泰並沒有直接把敕諭中的天主教改譯為英國國教，因為他們沒有把敕諭唯一出現在第一句「至於爾國所奉之天主教，原係西洋各國向奉之教」中的「天主教」翻譯出來，而是譯成「真正的宗教」（"verae relidionis"）。很明顯，在天主教士羅廣祥和賀清泰心目中，「真正的宗教」就是天主教。另一方面，敕諭最後部分的「任聽夷人傳教」，羅廣祥等把它翻譯成「現在貴使臣希望傳播英國的宗教」（"Nunc vestri legati intentio esset propagare Anglicanam Vestram Religionem"），所有的「夷人」不見了，而所傳的「教」具體地變成英國的宗教。結果，譯文與原來的敕諭剛好相反：原來敕諭說到天主教，但沒有提及基督教；譯文卻看不見天主教的蹤影，反出現了英國人的基督新教。這顯然是不準確的翻譯，在客觀效果來說，這就是把原來敕諭所說的宗教由天主教改為基督新教。

有趣的是，最早指出賀清泰和羅廣祥在這問題上作了錯誤翻譯的竟然是松筠。在馬戛爾尼向他表示對於朝廷知悉英國人信奉的宗教與天主教不同而很感詫異的時候，松筠告訴馬戛爾尼這資訊並不見於漢文和滿文的敕諭裡，更明確地說假如這說法出現在拉丁文本，那一定

---

[129] "Letter from Louis de Poirot to Lord Macartney, dated Pekin, September 29, 1794, together with translation."

[130] Fatica, "Gli Alunni Del Collegium Sinicum di Napoli," p. 561.

是來自譯員的錯誤，甚至是惡意的改動（“from the blunder or malice of the translator”）。[131]

但究竟賀清泰、羅廣祥是明知乾隆的意思，擅自把天主教改為基督教，還是他們真的認為乾隆不准英國人來宣揚基督教？從他們自己所說不敢作太大刪改，害怕朝廷會另外找人核對看來，賀清泰等大概不會故意或隨意地更改這樣重要的訊息，理由在於可能被派來核實翻譯的也只能是天主教傳教士，在宗教問題上他們一定會額外謹慎，不會容許這樣的改動。況且，賀清泰等實在也沒有刻意去作這樣改動的必要，因為他們說過非常清楚知道英國人沒有來華傳教的意圖。

在這情形下，更可能的情況是賀清泰他們作了過度的詮釋。作為天主教傳教士，他們對英國信奉不同國教的做法十分敏感，因此，當他們聽到英國使團可能提出宣揚宗教的要求時，便自然而然地以為英國人要宣揚的是他們自己的宗教，也就是基督新教。這樣，敕諭中的「至於爾國所奉之天主教，原係西洋各國向奉之教」一句，就被錯誤理解為「你們過去信奉的本來是歐洲國家所信奉的天主教」，因而把「今爾國使臣之意欲任聽夷人傳教」理解為改變國教後的英國現在要求在中國傳播自己的宗教。但顯然這不是敕諭的意思，敕諭所說的是「你們一向所信奉的本來是歐洲各國所信奉的天主教」，也就是說他們現在仍信奉天主教，而後面的說法也不是對比古代，而是說這次使團提出任由夷人傳教。由此可見，賀清泰誤會了敕諭的原意，而不是在翻譯過程中故意作改動。不是說敕諭拉丁文譯本沒有刻意改動的地方，正好相反，賀清泰對此是毫不隱瞞的，但所指的改動並不是宗教的部分，而是「在敕諭中加入對英國國王尊重的說法」。[132] 這就是因為他們相信那些檢核譯文的天主教士不一定會反對他們在外交禮儀的寫法上作出調整，以符合西方慣常的做法。

---

[131] Macartney, *An Embassy to China*, p. 167.

[132] “Letter from Louis de Poirot to Lord Macartney, dated Pekin, September 29, 1794, together with translation.”

但無論如何，馬戛爾尼在讀到賀清泰的敕諭譯文後感到很意外，他的日誌記錄他找機會向陪同使團南下的松筠解釋，但這裡還有另一個細節值得關注，那就是松筠向朝廷所匯報的內容。松筠在與馬戛爾尼討論過敕諭中有關傳教的內容的三天後，在乾隆五十八年九月二十日（1793年10月24日）上奏，報告英使對敕諭的反應，他這樣轉述馬戛爾尼的說法：

> 惟敕書內指駁行教一條，我等尚不甚明白。從前我等所請系為西洋人在中國居住的，求大皇帝恩待，仍准他們行教，並不敢說要英吉利國的人在京行教。[133]

在這裡，松筠說馬戛爾尼承認曾提出過有關宗教方面的要求，就是請求朝廷恩准一向在中國居住的外國人繼續「行教」。這當然不可能是真實的，上文已指出，馬戛爾尼的日誌和報告中都沒有這樣的說法，甚至對於被指提出有關傳教的要求很感意外。除此之外，松筠奏摺中說馬戛爾尼自言不是要傳播英國本身的宗教，這就更不合理，不要說馬戛爾尼沒有提出過宗教方面的要求，就是他真的這樣做，那就應該跟「英吉利的教」有關，怎麼反過來為其他西洋人爭取奉行天主教的權利？

那麼，為什麼松筠會有這樣的說法？首先，我們可以相信松筠在這裡並沒有刻意作假，因為他實在沒有在這問題上撒謊的必要。換言之，松筠的確曾經接收這樣的訊息，以為馬戛爾尼承認提出過容許在華西洋人行教，但沒有要求傳播英國基督教，因而據此向乾隆呈報；但另一方面，馬戛爾尼也的確沒有說過這樣的話。那麼，為什麼松筠會收到這樣的訊息？其實，所有問題都出自負責二人溝通的譯者李自標，最大的可能就是他自行向松筠杜撰馬戛爾尼承認提出過容許在華西洋人行教的說法。[134] 以李自標當時的處境，這幾乎是唯一的辦法，原因在於他曾以使

---

133 〈欽差松筠奏報行至武城貢使至舟中面謝並稟述各情形及當面開導情形折〉，《英使馬戛爾尼訪華檔案史料匯編》，頁438。

134 沈艾娣也認為李自標很可能利用馬戛爾尼與松筠言語不通，在翻譯他們的討論時自作修改，達到自己的目的。Harrison, "A Faithful Interpreter?," p. 1087; Harrison, *The Perils of Interpreting*, p. 133.

團的名義，通過口頭方式提出有關在華天主教徒待遇的要求，換來乾隆第二道敕諭的拒斥，也引起馬戛爾尼的疑惑，向松筠查詢。當他要向松筠翻譯馬戛爾尼的辯解和提問時，他不可能否認使團曾向朝廷提出宗教問題。為了不讓松筠懷疑，李自標只能編造故事，說成馬戛爾尼承認自己提出過容許在華西洋人行教。這是李自標自保的手法，同時也是他作為天主教傳教士關心天主教在中國命運的表現。至於基督新教能否在北京推行，根本不在他考慮的範圍以內，所以才會向松筠說馬戛爾尼沒有要讓英吉利人在北京行教的說法。

誠然，李自標原來提出的要求與松筠的說法也不盡相同，因為他最初是希望朝廷准許各地的中國天主教徒繼續行教，而不是單指在華的西方人。但關鍵是這時候乾隆第二道敕諭已經下來，明確不准傳教，李自標很明白不可能再為中國天主教徒爭取什麼了，那最安全的做法就是把問題轉移到在華西洋人方面去，畢竟北京早就住有一批長期為朝廷服務的西方天主教士，他們一直可以「行教」，也就是繼續信奉自己的宗教，只是不可以傳教罷了。因此，李自標借馬戛爾尼之口改稱「所請系為西洋人在中國居住的，求大皇帝恩待，仍准他們行教」，便輕易地把問題化解了，況且敕諭中的確有提及「在京當差」、「居住在堂」的傳教士。另一方面，由於賀清泰所翻譯的敕諭中出現朝廷不許英國人宣揚英國的教，那麼，李自標在翻譯馬戛爾尼的提問時，便可以順理成章地說馬戛爾尼自辯不是要宣揚英國國教，這不算是完全作假，但更真實的情況是馬戛爾尼根本沒有提出過要傳播任何宗教。松筠奏摺內所匯報自己向馬戛爾尼所作的解說，便充分證明這點：

> 若是爾等說要在中國傳英吉利的教，這便是爾等大不是，恐大皇帝尚要加罪，豈肯如此優待爾等。今爾等辨得甚是，如今說明亦不必心裡害怕。至西洋人居住堂內者，向不與民人交結，實在畏法安靜，大皇帝俱加恩待，從無歧視，又何必爾等代為懇求。[135]

---

[135] 〈欽差松筠奏報行至武城貢使至舟中面謝並稟述各情形及當面開導情形折〉，頁438。

但無論如何，李自標所提的要求，命運就跟馬戛爾尼自己提出的六項要求一樣，遭到乾隆拒絕；而李自標私底下提出宗教上的要求，本來是不為使團所知，但沒料到乾隆在敕諭裡作回應，就讓問題暴露出來。

有意思的是：馬戛爾尼並不是沒有懷疑問題的核心來自翻譯，不過，他並沒有懷疑自己的譯員李自標，卻把矛頭指向北京的傳教士，而更嚴重的是，馬戛爾尼直接向乾隆申訴，並藉此對乾隆的敕諭作出正式的回應，甚至提出修改敕諭譯文。

根據馬戛爾尼的日誌，他是在10月21日跟松筠討論乾隆兩道敕諭的內容的，關於這次談話，松筠也有向乾隆匯報。儘管他也稍為提及馬戛爾尼所提的問題，但可以預期，松筠的匯報一面倒地充斥著天朝話語，大致的模式是：馬戛爾尼在收到乾隆敕諭，經松筠的解說後，認識到自己提出要求的不合理，有違天朝體制，由衷地後悔，然後見到大皇帝不加怪責，且賜贈禮物，他們表示莫大的感激。在松筠的匯報裡，這些懊悔和感激的描述都十分誇張，例如在第一份稍為簡短的匯報中，有「今奉到敕諭才知道所請各條不合天朝法制，總是我等荒忙的緣故，心裡甚是慙愧」、「該貢使免冠屈膝，甚為欣感」、「察其詞色，頗能領悉，兼知悔悟」；[136]第二份相關奏折說得更詳細，有「敬聽之餘，甚為感悅」、「該貢使等聽聞之際，意甚領悟忻喜」，「今見大皇帝所辦之事，俱按大理。敕諭各條，我等如今已能解說，實在心裡敬服」、「感激愧悔，發自天良」、「察其詞色，其悔過懼罪之念，實出於畏威懷德之誠」等。[137]

不過，馬戛爾尼的日誌和報告記述了很不同的狀況。他明確向松筠表示，乾隆的第一道敕諭只回應了英國人所提出要在北京派駐人員的要求，但完全沒有處理廣州貿易狀況的問題。對此，松筠的回答是皇帝不可能在敕諭中公開及詳細交代處理辦法，但朝廷已委派新的總督，他是

---

136 〈欽差松筠奏為英貢使稱恭讀敕諭始知所請各條不合緣由片〉，《英使馬戛爾尼訪華檔案史料匯編》，頁406–407。

137 〈欽差松筠奏報行至武城貢使至舟中面謝並稟述各情形及當面開導情形折〉，頁439。

一位十分能幹和對外國人很友善的官員，而且，總督還得到指令，認真調查和處理廣州貿易的問題和投訴。本來，這應該讓馬戛爾尼感到滿意，但事實並不是這樣。在這問題上，他向松筠提出一個要求：乾隆再向喬治三世發一封信，説明朝廷已委派新總督到廣州處理英人的不滿，改善商貿環境。馬戛爾尼的理由是：雖然私底下得到松筠的解説和保證，但回到英國後，人們只會以皇帝正式的信函為依歸，但兩封敕諭只是拒絕使團的請求，沒有提及任何正面的成果，使團難以向大眾交代。可以預期，馬戛爾尼的要求不可能為松筠所答應。根據馬戛爾尼的説法，松筠向他解釋：在使團離開北京後，要求皇帝再發敕諭是不符合體制，不可能做到的。[138]

然而，馬戛爾尼並沒有就此罷休，他不單只在口頭上向松筠提出詢問，還十分正式地向和珅寫信，提出一個具體的要求，請松筠代轉送到朝廷去。

乾隆五十八年十月初十日(1793年11月13日)，松筠呈送奏摺，匯報馬戛爾尼在一天前(十月初九日)「至奴才舟中跪請大皇帝聖躬萬安」，並「陳遞謝恩呈詞」一份。[139] 根據松筠的滙報，這份稟文主要是因為松筠馬上回京，馬戛爾尼請他代奏，向大皇帝表示感戴謝恩。不過，這份「謝恩呈詞」並不見收錄於《匯編》內，那就是説馬戛爾尼這份稟紙是因為某些原因沒有在清宮檔案中保留下來。這是讓人感到奇怪的：為什麼一封謝恩信也沒有能夠保留？此外，必須特別指出：松筠在奏摺中不只呈送一份來自使團的文書，實際上還有另外的一份。松筠是這樣説的：

> 〔馬戛爾尼〕今知大人〔松筠〕就要回京，謹具呈詞，敬求代奏，恭謝鴻恩等語。又向奴才遞譯出漢字稟紙一件，再四懇請。[140]

---

138 Macartney, *An Embassy to China*, pp. 168–169.

139 〈欽差松筠等奏為英貢使陳遞謝恩呈詞據情轉奏折〉，《英使馬戛爾尼訪華檔案史料匯編》，頁478–479。

140 同上，頁479。

然而，就像「謝恩呈詞」一樣，「漢字稟紙一件」也未見收在《匯編》內。此外，上諭檔內五十八年十月十七日（1793年11月20日）有一份奏折：「遵將松筠奏到英吉利貢使所遞西洋字稟文交索德超據實譯出漢文謹抄錄呈覽謹奏」，[141] 這應該就是松筠在十月初十日所呈遞馬戛爾尼的稟文，也就是說，乾隆在收到稟文的中文譯本及原來的拉丁文本後，指派索德超根據拉丁文本來重譯一遍。不過，索德超的譯文同樣不見所蹤。

在東印度公司檔案裡，我們見到一封馬戛爾尼在1793年11月9日寫給和珅的一封信，除英文本外，還有拉丁文本。[142] 從時間和內容的吻合看來，這封寫給和珅的信就是松筠口中的稟文。毫無疑問，這封信是極為重要的，因為它並不只像松筠所說的要向大皇帝表示感戴謝恩，而是馬戛爾尼第一次、並且正面地以書面回應乾隆連續發送給英王喬治三世的兩道敕諭，當中一些說法很值得重視，更直接涉及敕諭的翻譯問題，但很可惜，至今沒有見到任何相關的討論，[143] 這大概是因為馬戛爾尼在日誌裡沒有提及在離京後一個多月給和珅寫過信，以致被人們所忽略了，但其實在11月9日的日誌裡，馬戛爾尼曾記下：「今晚完成給鄧達斯先生的郵件。」[144] 而寫給和珅的英文原信副本便是收藏在給鄧達斯的郵件裡。更重要的是，在寫給鄧達斯的信件裡，馬戛爾尼說明寫信給和珅的目的，就是要「重複——也就是在某程度上記錄下來，皇帝對我所作的承諾，同時也更正皇帝信件〔敕諭〕中一些有關我們的錯誤〔說法〕。」（"repeats and is, a record in some degree of the Emperor's late promises to me, and it also sets to right mistakes committed concerning us in the Emperor's Letter."）[145] 這就充分顯示這封信的重要意義。

---

141 〈奏為英貢使所遞西洋字稟已交索德超譯出呈覽〉，同上，頁198。

142 "Note for Cho-Chan-Tong, 9th November 1793," IOR/G/12/93B, pp. 187–193; 又見 "Note for Cho-Chan-Tong, First Minister, Han-chou-fou, 9 November 1793," IOR/G/12/92, pp. 349–356.

143 就筆者所見，唯一提及東印度公司檔案內這封信的只有沈艾娣，但當中的討論極其簡略。Harrison, "A Faithful Interpreter," p. 1088.

144 Macartney, *An Embassy to China*, p. 177.

145 Macartney to Dundas, near Han-chou-fu, 9 November 1793, IOR/G/12/92, p. 109. 下文有關馬戛爾尼給和珅書函的討論，除另註明外，都來自 "Note for Cho-chan-tong First Minister, Hang-tchou-fou, November 9th 1793," IOR/G/12/93B, pp. 187–193。

馬戛爾尼給和珅的英文原信的確是以表達謝意開始的。他首先感謝乾隆送贈大量貴重的禮品，尤其贈與英國國王的御書「福」字，更是最值得珍重的禮物。接著，他感謝乾隆指派松筠陪同南下，很感榮幸。這些致謝的內容與松筠所匯報的是相同的，而且也不能說是虛假，因為馬戛爾尼對松筠的評價的確很高，二人的交往也很成功愉快，這點在〈後續篇〉會再交代。不過，馬戛爾尼在這裡刻意提及松筠，其實是另有目的，主要作用就是要「重複——也就是在某程度上記錄下來」乾隆的承諾，因為他在信中特別說到松筠已經向他轉達了皇帝的說話，朝廷已委任新的總督，承諾認真及公平地處理英國商人在廣州遇到的問題，這便是確認和記錄乾隆的承諾。

此外，馬戛爾尼又重提10月3日向和珅所提的請求。他強調這些要求是「要加強像大英與中國這樣兩個最能相互尊重的國家的交流，其動機是值得讚賞的」(“the laudable motive of a desire to increase the communication between the two Nations so fit to esteem each other as Great Britain and China.”)。他特別解釋在廣州以外口岸開放貿易，對中英雙方都有好處，例如英國貨物可以直接運送到天津出售，浙江地區出產的茶葉則在寧波買賣，價錢都會便宜很多。[146] 這好像沒有什麼特別，英國人一直以來都很希望能爭取在廣州以外開闢新的通商口岸，但其實當中的用意很明確：馬戛爾尼不單在辯解開放其他通商口岸的功能，更在重申中英兩國地位平等，相互尊重。

還有傳教的問題，馬戛爾尼用上相當的篇幅去解釋英國人無意在中國宣教。這說明馬戛爾尼認為只是向松筠解釋並不足夠，甚至不能倚賴他轉達朝廷，必須直接寫信給和珅，可見這問題對馬戛爾尼來說是重要的。不過，馬戛爾尼說得很有技巧，他說從松筠口中知悉，乾隆給英王信函中有關英國人要在中國宣教的說法，只不過是因為乾隆認定西方人普遍會這樣做，並不是針對英國人。當然這不是事實，因為乾隆敕諭所說的確是使團曾經提出過宣教的要求，只是馬戛爾尼借此重新否認一次

---

146 “Note for Cho-Chan-Tong, 9th November 1793,” IOR/G/12/93B, pp. 187–188.

而已。接著他進一步説，英國人尊重別人的宗教信仰，從來沒有要把自己的宗教強加別人。無論使團還是在廣州的英國商人，都沒有帶來牧師，可以證明他們沒有傳教的意圖。這也是要回應乾隆敕諭對傳教要求的駁斥，也就是説，即使乾隆認定一般外國人到中國要傳教，但英國人不是這樣的。[147]

然而，在表明英國人不傳教的立場後，馬戛爾尼突然筆鋒一轉，以十分嚴肅的語氣這樣説：

> 本使認為有責任告知中堂大人，以轉大皇帝知悉：大皇帝信函拉丁文本流露大皇帝對英國人在幾百年前放棄真正的信仰有所不滿。這不滿顯然不是來自大皇帝，同時也不見於信函的漢文本和滿文本。[148]

這裡所指的就是上面提到松筠向馬戛爾尼解説敕諭漢文和滿文本沒有談及英國人不再信奉天主教的部分，我們也分析過拉丁文本的問題的確來自譯者賀清泰和羅廣祥。但馬戛爾尼在這裡沒有説明是由松筠告訴他的，只是繼續説，在到達廣州後，他會把各文本原件送回給和珅，好讓他能核正。

不過，假如這問題只停留在宗教方面，那便十分簡單，因為對於清廷來説，英國人信奉什麼宗教，的確無關痛癢，更何況上文已確認，敕諭本來就沒有提過英人更改國教的問題。但最關鍵的是：馬戛爾尼接著説，通過檢視這些文本，和珅便會發現，拉丁文本的一些表述改變了乾隆敕諭的意思，把乾隆原要向英國國王表達的友誼之情減低了（“He may find other expressions also altered in such a manner as to diminish the sentiments of the friendship intended to be conveyed by His Imperial Majesty to the King of Great Britain”）。[149] 這就讓事情變得很複雜，因為涉及的是兩國的「友誼」，馬戛爾尼是説乾隆本來對英國國王十分友好，但敕諭拉丁譯文沒有完全

---

147 Ibid., p. 188.
148 Ibid., pp. 188–189.
149 Ibid., p. 189.

把這友誼表達出來。也就是說，由於拉丁文本傳遞錯誤的訊息，兩國的友誼遭到破壞，馬戛爾尼這說法對譯者構成十分嚴重的指控。

馬戛爾尼說過，敕諭拉丁文本有關英國人改變宗教的說法不見於漢文和滿文敕諭，是經由松筠告訴他的，但他所說敕諭拉丁譯文有不見於原來敕諭、對英國國王不友善的表述，究竟是誰告訴他的？馬戛爾尼沒有交代，但他的指控是不準確的。客觀來看，乾隆敕諭本來就沒有表現什麼友誼，卻的確帶有對英王不尊重的表述，充滿天朝思想，這是不能否認的事實。至於拉丁文譯本，上文已指出過，譯者也承認對原來敕諭作了改動，但這些改動不但沒有破壞兩國的友誼，正好相反，拉丁文本就是讓一些太不友善的表述稍為緩和，因此，馬戛爾尼將矛頭指向譯者，把敕諭所表現的天朝思想歸咎於翻譯上的錯誤是完全不對的。那麼，為什麼他會這樣做？是否因為他接收了錯誤的訊息？如果是的話，那就是有人故意誤導，向馬戛爾尼提供錯誤的訊息。這人不會是松筠，一方面馬戛爾尼不可能跟松筠討論這樣敏感的問題，另外松筠也不會這樣說。表面看來，最大的嫌疑人就是使團譯員李自標，因為他是當時使團裡唯一能夠看懂漢文本和拉丁文本敕諭的人。但問題是：為什麼他要這樣做？實在找不出合理的解釋，因為這對他個人以至他希望推動的宗教活動都沒有好處，尤其是他曾提出宗教要求的行為也很可能會被暴露出來。

在這情形下，更大的可能是馬戛爾尼沒有錯誤理解敕諭的訊息，他清楚知道乾隆原來的敕諭對英國有所貶損，也明白譯文沒有作負面的改動，但他故意把這些貶損的言詞說成是來自翻譯的錯誤，以譯文作掩飾，藉此表達對敕諭天朝話語的不滿。首先，馬戛爾尼在這時候剛學會了一種「中國式尊敬」（“a style of Chinese respect”），[150] 就是不會直接指斥在位者的錯誤，而是諉過其下屬。在馬戛爾尼閱讀乾隆第二道敕諭時，

[150] Ibid., p. 188.

發現當中有「爾使臣之妄說，爾國王或未能深悉天朝體制」的說法，[151] 曾立刻向松筠提出抗辯，說明自己作為英國國王的代表，所有請求都是來自英國國王的，但他得到的解釋是這是解決政治難題的方法，中國人的習性相信一個國家的君主不會提出讓其他君主不能接受的要求，所以會說成是臣民的責任。馬戛爾尼對此是不滿的，認為雖然這顯示對英國國王的尊重，但對於作為國王代表的他本人卻不太恭維，不單在日誌裡記下這事，[152] 也在這封給和珅的信中再一次提及。如果馬戛爾尼這次在給和珅的信的確故意諉過於譯者，以譯文作掩飾，從而批評乾隆的敕諭，那就是這種「中國式尊敬」策略的活學活用了。

此外，上文也指出過，馬戛爾尼在寫給鄧達斯的匯報中，明確說他給和珅寫信是要回應敕諭內容，「更正皇帝信件中有關我們的一些錯誤」，[153] 這是針對敕諭本身，與譯文無關。事實上，匯報中沒有隻字提及拉丁譯文傳遞錯誤的訊息，破壞兩國的友誼。

最重要的提示來自馬戛爾尼在給和珅信函中所提出的一個要求。我們看過，在給和珅的信裡，馬戛爾尼指出敕諭拉丁譯本有兩個錯誤，一是有關英國改變宗教，二是對英國王的不尊重。雖然馬戛爾尼說二者都不是來自乾隆，但在處理方法上有明顯的分別。對於前者，他只說會把原件送回和珅，讓他檢查，並沒有要求別的行動；但對於後者，馬戛爾尼卻說他相信和珅「一定樂於作出改動，讓這些表述變得更忠實、更友善」(“the Colao would not doubt be pleased to change them for others more genuine and affectionate”)。[154] 這看來輕描淡寫，但其實是提出具體而且嚴重的要求，就是希望清廷能修正敕諭。當然，馬戛爾尼不可能直接要求乾隆修改敕諭，所以他在這裡只能針對譯文，但如果譯本原來就沒

151 〈大清皇帝為開口貿易事給英國王的敕諭〉，頁 174。

152 Macartney, *An Embassy to China*, p. 166.

153 Macartney to Dundas, near Han-chou-fu, 9 November 1793, IOR/G/12/92, p. 109.

154 “Note for Cho-Chan-Tong, 9th November 1793,” IOR/G/12/93B, p. 189.

有問題，那麼，提出要求修改譯文，實際上不就是要求修改原文？而且，拉丁文本自身也是最重要的，一方面拉丁文是當時歐洲外交的通用語言，因此，雖然那只是譯文，但卻具備官方和權威的性質，另一方面，無論是面對東印度公司還是整個英國，馬戛爾尼需要帶回去交代的就是拉丁文本，那時候根本沒有人會看懂或關心原來的中文敕諭寫的是什麼，因此，即使最終只能修改拉丁文本，那還是能把一個較能接受的文本送回英國去。

現在能見到朝廷最後提及馬戛爾尼這道稟文的，是乾隆五十八年十月十七日（1793年11月20日）的一道奏片，呈送索德超翻譯馬戛爾尼稟文，[155] 但無論是對於馬戛爾尼送上的漢字稟文，還是索德超的譯文，《匯編》都沒有收錄任何相關的資料讓我們知道乾隆的反應，就是東印度公司方面也沒有記錄馬戛爾尼曾收到什麼回覆，相信乾隆並沒有作出指示，回應馬戛爾尼的信件。這似乎不太合理，乾隆因為敕諭駁斥了馬戛爾尼的所有要求，一直要求松筠對使團作嚴密監察，馬戛爾尼這封信函明顯是針對敕諭的，甚至提出修改的要求，乾隆怎麼可能沒有激烈的反應或具體的指示？實在叫人懷疑究竟馬戛爾尼在信函中所提出的要求及相關的訊息有沒有傳遞到朝廷去。

其實，除了東印度公司檔案裡的英文和拉丁文本外，今天還可以見到相信是馬戛爾尼原來送呈的中文譯本——至少是其中的部分。

大不列顛及愛爾蘭皇家亞洲學會「小斯當東中文書信及文件」第一冊第六及第七號文件，從內容看，分別就是松筠所奏呈的「漢字稟紙」及「謝恩呈詞」。「謝恩呈詞」比較簡短，只有123個字，整篇的確都是像松筠所說的「恭謝鴻恩等語」，[156] 而且寫得十分恭順，例如開首即說「英吉利國正使馬戛爾尼叩謝大皇帝恩典」，安排在使團離京後由軍機大臣護送，並賞賜食物、綢緞荷包，其中特別提到御賜「福」字，「更覺感激

[155] 〈奏為英貢使所遞西洋字稟已交索德超譯出呈覽〉，頁198。

[156] 〈欽差松筠等奏為英貢使陳遞謝恩呈詞據情轉奏折〉，頁478–479。

不盡」，然後從江西到廣州又得總督大人護送，「這樣恩典時刻不忘」，最後說回國後會「告訴國王越發感謝」。[157]

更為對應東印度公司檔案內所收馬戛爾尼致和中堂的信函的是第六號文檔。這份文書篇幅較長，有588字，裡面也有感激之詞，「懇祈中堂大人轉達叩謝皇恩」，而且表述上顯得非常感性，甚至呈現一種私誼，例如開首表達對乾隆的感謝時，抒發的是「種種恩寵，刻腑難忘，默忖尊容，至慈至善，戀戀不捨」之情；在感謝乾隆賜惠「最貴之物」「皇上親手所書福字」的時候，譯文接著說的是「此乃重愛之號，思惠之據」，「天高地厚之恩而銘刻於五內不忘也」；就是談到松筠護送離京時，除感謝「陸路款待，無不體面豐光」較為物質一面外，也多番強調他是「一位大德侍臣」、「其人可稱德備君子，仁愛非常」。這的確是較為特別的。

這份中文譯本也傳遞了馬戛爾尼所要刻意表達的部分內容，其一就是記錄了松筠向使團傳達「皇帝所允」的正面訊息，包括「從今以後，我國商賈在於廣東居住貿易絕不禁阻，亦勿傷害」，又有「新任總督大人與前任大人異焉，其乃秉公無私，所行諸事悉體君心，照顧我等」。此外，中譯本也提出在廣州以外開放貿易的要求，說明「彼此有利益」，這跟東印度公司檔案所藏馬戛爾尼致和珅信函英文本所見到的內容是一致的。

然而，上文討論過馬戛爾尼信函最敏感的部分——有關敕諭翻譯把乾隆原要向英國國王表達的友誼之情減低的問題，馬戛爾尼準備稍後在廣州送回敕諭譯文，讓和珅核正修改的部分，卻不見於這份中文文書中。這是什麼緣故？究竟是現存的中譯本不完整，部分內容有所散失，還是當時就沒有把這部分翻譯出來？前者方面，不能說完全沒有可能，因為檔案中確有最少一份文書是不完整的，那就是乾隆發給喬治三世的

157 “George Thomas Staunton Chinese Letters and Documents,” vol. 1, doc. 7, Royal Asiatic Society of Great Britain and Ireland.

第三道敕諭，但另一方面，小斯當東在整理這份檔案時，曾註明「部分散失」(“partly missing”)，這次卻沒有，而且，就行文看來，現在所見的文本沒有突然中斷的現象，最後部分的結尾看來十分完整。

譯文還有另一個不能圓滿解答的疑問。

馬戛爾尼這封稟文是在使團南下廣州，途經杭州時寫的。這時候，使團裡唯一懂中文的人就是李自標。但問題是：這份譯本的書寫者漢語能力很高，全篇用上地道的中文，行文流暢明白，表達清晰，甚至講究修飾，有點賣弄花巧，漢語水平明顯遠高於其他確定由使團自己準備的譯文——如國書和禮品清單的中譯本。我們知道，國書和禮品清單是在使團出發前翻譯好的，那時候負責翻譯工作的，除李自標外，還有相信語文能力較高的柯宗孝。使團在杭州時沒有柯宗孝，李自標能翻出這樣通順的譯文來嗎？

如果作一個大膽的猜想，那就是李自標當時得到一些中國人的幫忙，對譯文進行潤飾；而當中最大可能的就是一直陪伴他們的喬人傑和王文雄，而二人中，又以喬人傑的機會較大，因為他是文官出身，而王文雄則是武將。經過好幾個月的相處，他們跟使團成員建立了很不錯的友誼，願意幫忙李自標潤飾譯文是很可能的。假如真的是這樣，馬戛爾尼原信一段敏感的內容便應該是故意刪去，目的是避免引起矛盾，帶來麻煩。

但還有索德超從拉丁文本翻譯中譯本的問題。上文指出過，朝廷指令使團拉丁文稟文交給索德超翻譯，毫無疑問，索德超是見到馬戛爾尼原信中對翻譯的投訴的，因為一年多後賀清泰曾寫信給斯當東，解釋敕諭翻譯的過程和方法，這說明他們是知道馬戛爾尼曾對敕諭的翻譯作出投訴的。不過，假如松筠所代呈的漢字稟文的確刪掉有關翻譯失誤的一段，而索德超在翻譯拉丁文本前就看到這中譯本，又或是知悉當中的內容，他便很可能也把這段刪去，一來是沒有必要呈交與使團送來很不相同的新譯本，二來這段文字針對的譯者其實就是他們這批在京西洋傳教士，如果朝廷最後怪罪下來，只會為自己添麻煩。因此，很可能索德超也就作相同的刪改。必須承認，這都只是出於猜想，沒有任何確實的佐證，但這猜測可以解答上面提出最重要的問題：乾隆在看到馬戛爾尼對敕諭的回應時，為什麼沒有激烈的反應？

但無論如何，這次是馬戛爾尼對乾隆敕諭的天朝話語所作的一次書面抗議，儘管那是非常富有策略性且婉轉的。

回到譯者的問題。馬戛爾尼對敕諭翻譯提出這樣嚴重的指控，沒有理由不知道這會為譯者帶來很大的麻煩，而且他一定知道敕諭是由北京的西方傳教士翻譯成拉丁文的，他的投訴就是要把譯者置於危險的境地。為什麼他會這樣做？這是因為他估計敕諭是由索德超所翻譯。在〈譯員篇〉裡，我們已經知道馬戛爾尼從一開始就對這位葡萄牙籍傳教士「通事帶領」沒有好感，[158] 甚至發生磨擦，馬戛爾尼深信索德超對英國人非常不友善。馬戛爾尼在給和珅的信件中諉過於譯者，大概就是希望能藉此大大地打擊索德超。

不過，馬戛爾尼這猜想卻是錯誤的，他沒有想到負責翻譯乾隆第二道敕諭的是跟使團十分友好、且提供過不少寶貴意見和幫忙的賀清泰和羅廣祥。事實上，看來賀清泰和羅廣祥是受到一些影響的，起碼他們是知道馬戛爾尼給和珅這封信對敕諭譯者的指控，證據就是上文分析過賀清泰在十個多月後的1794年9月29日所寫給馬戛爾尼的信。早在1934年，普利查德曾經從美國康奈爾大學查爾斯·沃森典藏整理發表一批由在北京的西方天主教士寫給馬戛爾尼的信函，[159] 當中就包括了賀清泰這封信，因此，對於信件的內容，人們並不陌生，但一直沒有人留意或提問為什麼賀清泰會無緣無故寫這封信——只有讀過馬戛爾尼經松筠轉呈的信件後，我們才知道賀清泰寫信的原因，他就是向馬戛爾尼解釋翻譯第二道敕諭的問題，甚至可以說是正面回答馬戛爾尼在信裡所提的指控，包括英國人改奉基督教以及敕諭中含有侮辱性言辭問題。他承認拉

[158] 〈上諭英使遠來著令監副索德超前來熱河照料〉，頁10。

[159] Pritchard, "Letters from Missionaries at Peking Relating to the Macartney Embassy," pp. 1–57.

丁譯文不完全忠實，但他們所作的改動是對英國人有利的。此外，他清楚告訴馬戛爾尼，第二道敕諭是他和羅廣祥翻譯的，就是希望馬戛爾尼不要再批評或攻擊敕諭譯者；他大概也猜想到馬戛爾尼誤以為敕諭是索德超所譯，因為他在信中特別提到索德超，更說自己在熱河時親眼見到索德超讚賞馬戛爾尼。[160] 當然，索德超也知道馬戛爾尼寫信和珅的信的內容，因為松筠在送呈奏摺後，上諭指令把馬爾戛尼的稟文交索德超翻譯。[161] 令人深感可惜的是，索德超的中文譯本不見於故宮檔案內。

---

[160] "Letter from Louis de Poirot to Lord Macartney, Dated Pekin, September 29, 1794, Together with Translation."

[161] 〈奏為英貢使所遞西洋字稟已交索德超譯出呈覽〉，頁198。

第7篇

後續篇

假如使團初抵中國時，即由他處理使團與中國政府之間的溝通，而不是交與欽差大人負責，那使團無論在完成目標方面，還是在華的全部時間裡，很可能可以省去很多難題。

——斯當東[1]

我很高興聽到由我翻譯成中文給中國皇帝的信是成功的。我有點害怕中英文用法上的不同會造成一些我自己都不知道的錯誤。

——小斯當東[2]

一

1793年9月14日，馬戛爾尼在熱河萬樹園覲見乾隆，呈遞國書，並在參加過他的壽辰慶典、稍作參觀後，回到北京只作短暫停留，便在10月7日匆匆離開。由於馬戛爾尼原來乘坐的「獅子號」已離開舟山，使團改用陸路南下廣州。乾隆特別派遣兩名重臣相陪，從北京到杭州的一段由內閣大學士松筠陪同南行，而候任兩廣總督長麟則從杭州開始，一

1 Staunton, *An Authentic Account of an Embassy*, vol. 2, p. 184.

2 George Thomas Staunton to George Staunton, Winterslow, 15 August 1796, Staunton Papers, Duke University.

直陪同使團到廣州。對於馬戛爾尼來說，這是很重要的安排，提供了很多與中方溝通的機會。

相對來說，人們討論得較多的是松筠，這是可以理解的。這不僅因他貴為內閣大學士，賜穿黃馬褂——這固然是重要的，斯當東便強調過這位穿黃馬褂的「閣老」(“Calao”) 地位崇高，使團得到他陪同離開，深感榮耀；[3] 更因為他辦事得力，處理得宜，備受朝廷和使團雙方的讚譽。在同行的過程中，松筠不斷向乾隆奏報使團的動態，得到乾隆的嘉許；[4] 另一方面，馬戛爾尼和斯當東對他的評價也非常正面，馬戛爾尼說他友善有禮，[5] 開放和熱誠；[6] 斯當東則說他開明通達、和藹可親，且文學修養深厚，是唯一在旅途帶上大量書籍 (“travelled with a library”) 的中國官員。[7] 他們甚至相信，「假如使團初抵中國時，即由他處理使團與中國政府之間的溝通，而不是交與欽差大人負責，那使團無論在完成目標方面，還是在華的全部時間裡，很可能可以省去很多難題。」[8] 就是過了好幾年，馬戛爾尼和斯當東在私人通信裡還表示非常關心這位老朋友，[9] 而且，松筠後來在1811年2月16日到11月5日還當過兩廣總督，而在使團中擔任侍童的小斯當東這時候也在廣州，出任東印度公司特選委員會的秘書。[10] 在知悉現任兩廣總督正是松筠後，小斯當東在5月22

---

3 Staunton, *An Authentic Account of an Embassy*, vol. 2, p. 139.

4 〈諭軍機大臣著松筠察看實情酌定英使行走路線〉，《英使馬戛爾尼訪華檔案史料匯編》，頁72。

5 Macartney, *An Embassy to China*, p. 178.

6 Macartney to Dundas, near Han-chou-fu, 9 November 1793, IOR/G/12/92, p. 98.

7 Staunton, *An Authentic Account of an Embassy*, vol. 2, p. 139.

8 Ibid., p. 184.

9 Macartney to Staunton, Verona, 10 January 1796, in Staunton, *Memoir of the Life & Family*, p. 361；不過，在這封信中，除松筠外，馬戛爾尼還提到長麟、王文雄和喬人傑，把他們稱作好朋友。馬戛爾尼在離開廣州那天（1794年1月8日）的日誌裡，記下了他和王文雄和喬人傑分手的情況：「分手時他們都流淚了，表現的是一種感性和關懷，那只能是來自真摯和沒有污染的心靈。如果我有一天會忘記這兩個好人的友誼和交往，還有他們為我們提供過的服務，那我就是犯上了最無情無義的罪行了。」Macartney, *An Embassy to China*, p. 216.

10 Staunton, *Memoirs of the Chief Incidents*, p. 54.

日寫信給他，專門提到「前隨父入覲，蒙大人格外恩待」。[11] 幾十年後，小斯當東在撰寫回憶錄時，還收錄一封1811年7月來自中國的信：

> 現在的總督已證實是松〔筠〕，那位陪同過英國使團並得到馬戛爾尼爵士高度讚賞的中國官員。在聽到〔小〕斯當東爵士正在中國的時候，他馬上表示希望能跟他見面。於是，〔小〕斯當東爵士便從這裡〔澳門〕去廣州，並在到達當天得到隆重的接見。他與松筠共有三次會面，其中一次還得到很特別的邀請，與總督晚宴。後來，總督來到澳門，委員會成員與〔小〕斯當東爵士便去拜會他。令每一個人都感到意外的是：總督很快便親自到商館來回訪，還帶備了點心，更向所有人派送小禮物。[12]

就是在松筠離職回京，出任吏部滿尚書後，小斯當東以及當時東印度公司大班益花臣(John F. Elphinstone, 1778–1854)還繼續向他送信送禮，[13] 可見松筠在東印度公司以至這些與中國有所交往的英國人心中的位置。

關於馬戛爾尼和斯當東跟松筠的友好關係，佩雷菲特認為馬戛爾尼和斯當東都受騙了，松筠其實跟其他中國官員沒有什麼不同，也只知聽命於皇帝，陪同使團南下，目的是要對他們嚴加監控，只是他更會裝虛弄假，所以能取得使團成員的信任。事實上，他在給乾隆的奏摺中所作的報告，對使團並不見得有利。[14] 這說法不能說嚴重偏頗，畢竟作為朝廷重臣，松筠以清朝利益為先，這是最合理不過的，更不要說在中國傳統的官場文化裡，取悅上主是理所當然的。但問題的關鍵是：什麼才算對使團有利？

使團自10月3日離開北京開始，松筠便一直沿路陪同南下，直至使團到達杭州，與長麟交接妥當，使團在11月28日繼續南下後，松筠才

---

11 "Congratulatory Petition from Staunton to Viceroy, with List of Presents. Dated 22 May," FO 1048/11/24.

12 Staunton, *Memoirs of the Chief Incidents*, p. 55.

13 "Petition to Former Viceroy Sung from Elphinstone," FO 1048/12/8; "Report from the young linguist to Elphinestone on movements of provincial officials, and on the receipt by former viceroy Sung of books sent by Elphinstone," FO 1048/12/57.

14 Peyrefitte, *The Collision of Two Civilisations*, pp. 308–315；類似的觀點也見於O'Neill, "Missed Opportunities," p. 346.

在12月1日啟程回北京。[15] 這樣，松筠與馬戛爾尼相處的時間差不多有兩個月。在這幾十天裡，馬戛爾尼和斯當東有很多機會跟松筠談話和溝通。這毫無疑問對使團是有好處的，因為無論在北京還是熱河，馬戛爾尼都沒有什麼機會能夠跟乾隆直接溝通，更不要說和珅是一個難以對話的對手。毫無疑問，松筠在馬戛爾尼訪華中佔很重要的位置，尤其是在使團來華的後期，而現在我們能見到最少有26份由松筠(大部分以個人名義)向朝廷呈送與使團相關的奏折，且部分篇幅頗長，很有必要審視使團和松筠所溝通的是什麼訊息，然後通過他的匯報送抵乾隆的又是什麼訊息，當中涉及什麼翻譯問題。

首先可以肯定的是松筠在向乾隆的匯報中充滿天朝話語，完全把兩國的關係放置在中國傳統朝貢體制裡，英國處於附庸甚至卑下的位置，當中有不少誇張失實的地方。在這些奏折裡，松筠一方面時常吹噓怎樣對馬戛爾尼作出教導甚至訓斥，諸如「反覆向其曉諭」、[16]「面為曉諭，詞嚴義正」、[17]「屢經奴才峻詞駁斥」、[18]「逐層向其明切嚴諭」等；[19] 另一方面，他又經常向乾隆報告，正、副貢使怎樣誠惶誠恐，乞求乾隆原諒或恩賜，又怎樣感恩萬狀。一個很有代表性的例子是馬戛爾尼希望取道內陸到廣州，松筠在奏折裡便「引述」馬戛爾尼的話，有「止求大皇帝恩施，格外予以再生」、「這就是大皇帝天高地厚活命之恩，我等永遠不忘，祇求代奏」等說法，更描述說「屢經奴才峻詞駁斥，該貢使等淚隨言下，甚為焦急。奴才察看情形，其懇求代奏迫切之狀，實屬出於真

---

15 〈欽差松筠等奏為管押夷官等搬運物件歸其原船及催令開洋日期折〉，《英使馬戛爾尼訪華檔案史料匯編》，頁488–489。

16 〈欽差松筠奏報行至武城貢使至舟中面謝並稟述各情及當面開導情形折〉，同上，頁437。

17 〈欽差松筠奏為英貢使等祗領恩賞奶餅感激稟述緣由折〉，同上，頁442。

18 〈欽差松筠奏為英貢使請將粗重物品由定海開船該使仍由粵附便回國折〉，同上，頁449。

19 〈欽差松筠奏為傳知貢使攜隨身行李仍由廣東行走貢使感激凜畏緣由折〉，同上，頁470。

情，尚非托故逗遛。」[20] 然後另一道奏折匯報馬戛爾尼在接到恩准請求時的感激之情：「該貢使免冠屈膝，喜溢於色，據稱我等蒙大皇帝憐憫，從此得活命平安回國，實是天高地厚之恩，感激真情口不能述，惟有回去告知國王，謹遵敕諭，永受皇恩等語。又復免冠屈膝，諄切懇求代奏謝恩，其歡喜感激之意，倍為真切。」[21] 這樣的描述真是誇張失實。事實上，松筠甚至有一些虛報造假的情況。例如原來在浙江水域等待使團的幾艘船隻先行開航，只餘下「印度斯坦號」，乾隆對此大為不滿，下諭批評「夷性反覆靡常」。[22] 針對這事件，松筠在一份奏折裡匯報馬戛爾尼的解釋：「我等外夷如何敢上比天朝體統？但他們管船之人如此不遵教，令我等實在羞愧無地，將來稟知國王，亦必懲治其罪。」[23] 這不可能來自馬戛爾尼，馬戛爾尼也從沒有責備過高厄爾船長。事實上，在松筠上奏後七天，馬戛爾尼還寫信給高厄爾，一方面對於他船上病員眾多表示擔憂，另一方面要求他在澳門等候，使團正在南下廣州的路上。[24] 由此可見松筠向乾隆的匯報當中有不少問題，天朝話語模式幾乎充斥在每一份奏折裡。從英國人的國家尊嚴看，國家派遣的使者被貶損，是非常嚴重的問題，且完全違背英國遣使要求平等交往的初衷。從這角度看，松筠作為溝通的中間人就很有問題，他的匯報對英國人很不利。

然而，在當時的歷史語境裡，這種天朝思想可說是理所當然、無可置疑的，從乾隆開始，清廷上下都不把英國視為地位平等的國家，松筠不可能例外，也不會因為跟馬戛爾尼稍作接觸就有所改變。因此，任何人與清廷的溝通，都一定存在這種天朝話語模式，這跟由誰來接待是沒有關係的。前面各章已分析過，即使是英方送來的文書——包括預告、禮品清單，以至國書，最終都被中方改譯改寫，改寫的方式就是把它們

20 〈欽差松筠奏為英貢使請將粗重物品由定海開船該使仍由粵附便回國折〉，頁449–450。
21 〈欽差松筠奏為傳知貢使攜隨身行李仍由廣東行走貢使感激凜畏緣由折〉，頁469。
22 〈諭軍機大臣著松筠與吉慶長麟公同商辦英貢使回國事宜〉，頁67。
23 〈欽差松筠奏為傳知貢使攜隨身行李仍由廣東行走貢使感激凜畏緣由折〉，頁470。
24 Macartney to Gower, near Han-chou-fu, 11 November 1793, IOR/G/12/92, pp. 361–364.

放置在天朝思想的框架內，任何不合天朝話語的表述都給刪掉重寫。那麼，直接由天朝重臣松筠提呈的奏折怎可能例外？

但是，在很大程度上，松筠這些所謂訓斥、求賜、感恩等話語，在這次溝通過程中所扮演的角色只是屬於形式主義的，也就是說，這是跟乾隆溝通時所用的外在包裝，起不了什麼作用，溝通的內容才是關鍵所在。

其實，儘管馬戛爾尼非常認同松筠，卻也並不是毫無警惕。他的確想過松筠是否虛偽造假，一直欺騙他，但他經過多番觀察，得出的結論是松筠一向以來的真誠坦率以及友善的態度，讓他相信如果自己受松筠所欺騙，那松筠一定是世界上最高明的騙子。[25] 此外，他也不是不知道松筠陪同使團，其實具有監察的任務。[26] 不僅如此，他甚至暗示松筠自己也受到監視，在所有的晤面中總有兩名官員在場。[27] 另一方面，他曾向鄧達斯匯報，明確地說他知道乾隆派遣松筠過來，目的是讓親信的大臣密切觀察使團，作準確的匯報。馬戛爾尼認為這是重要的，且對使團有利，因為原來的欽差徵瑞曾對朝廷回報說使團來意不善，[28] 因此，這幾十天南下路上與松筠的頻繁溝通，實際上提供了糾正一些錯誤訊息的機會。那麼，究竟松筠匯報的具體內容，對使團有沒有幫助？

首先，馬戛爾尼告訴鄧達斯，松筠曾向他表示，他觀察使團多天後，完全相信使團訪華只是為了商業目的，沒有其他企圖，並以此向朝廷匯報。[29] 在現在所見到松筠的匯報裡，雖然找不到這樣明確或直接的說法，但客觀來說的確造成這樣的效果，因為松筠曾說過「夷性貪婪，其非分妄干，祇為牟利起見」；[30] 他還不斷匯報英國人重視買賣，甚至多

---

25 Macartney, *An Embassy to China*, p. 163.

26 Macartney to Dundas, near Han-chou-fu, 9 November 1793, IOR/G/12/92, p. 100.

27 Macartney, *An Embassy to China*, p. 178.

28 Macartney to Dundas, near Han-chou-fu, 9 November 1793, IOR/G/12/92, pp. 99–100.

29 Ibid., p. 100.

30 〈欽差松筠奏為英貢使稱恭讀敕諭始知所請各條不合緣由片〉，《英使馬戛爾尼訪華檔案史料匯編》，頁407。

次要求在舟山購買茶葉，也希望在杭州購買絲綢。在其中一份奏折中，松筠頗為戲劇性地描述馬戛爾尼提出沿途購物的情狀：「該貢使出至艙外，復轉入舟中，向奴才述稱我等意欲沿途經過鎮市買些物件，未審可否」，還加上按語：「是該夷使貪冒性成，仰被恩施，即懇沿途置買物件，誠不出聖明洞照」，博得乾隆朱批「小器，可笑」。[31] 他又在另一份奏折中特別提到使團對於大皇帝免取他們購買物品的稅項而「頗形感激」，讓乾隆再下朱批「小氣未除」，[32] 還在諭旨中嘲諷「該貢使等見小貪利，實為可笑」。[33] 這看來對使團的形象有所損害，但也不能說完全沒有根據，因為馬戛爾尼在給鄧達斯的報告中也的確說過，在舟山購買茶葉遠較廣州便宜，回去出售所得的利潤，能夠大大支付使團的開支。[34] 而且，如果馬戛爾尼希望乾隆確認使團來訪完全是為了商貿，松筠這樣的匯報其實是有利的。

但是，松筠並沒有能夠幫助使團爭取他們的要求。上文說過，馬戛爾尼在離開北京前曾向朝廷提出六項要求，都與商貿有關，但全遭乾隆拒絕，在第二道敕諭中逐一駁斥。根據松筠的奏折，馬戛爾尼曾與他多次談及使團的要求和乾隆的敕諭。這沒有什麼問題，因為乾隆本來就曾向松筠下旨，「遵照敕諭指示各條詳晰反覆向其曉諭」。[35] 在這問題上雙方溝通的結果是怎樣？在日誌和寫給鄧達斯的報告中，馬戛爾尼好幾次提到松筠告訴他廣州貿易環境一定會有改善，因為儘管敕諭拒絕所有要求，但他從松筠那裡知悉，乾隆並不認為這些要求本身有什麼不妥當的地方，只是自己年事已高，不想在這時候作出重大改變。此外，馬戛爾尼還說，松筠告訴他朝廷已委派一位正直不阿、對外國人非常友善的新任兩廣總督，並得到諭旨，到任後會馬上檢視廣州的稅項，處理他們投

31 〈欽差松筠奏報傳示恩旨英貢使忻感情形及嚴詞拒絕在沿途買物折〉，同上，頁415。

32 〈欽差松筠奏為英貢使等祗領恩賞奶餅感激稟述緣由折〉，頁443。

33 〈諭軍機大臣著松筠妥協辦理護送英使及貿易事宜〉，《英使馬戛爾尼訪華檔案史料匯編》，頁66。

34 Macartney to Dundas, near Han-chou-fu, 9 November 1793, IOR/G/12/92, p. 81.

35 〈欽差松筠奏報行至武城貢使至舟中面謝並稟述各情及當面開導情形折〉，頁437。

訴的問題。[36], 這就是說松筠向馬戛爾尼傳達了這樣的訊息：儘管乾隆公開拒絕了使團的商務要求，但其實是採取一種低調的處理辦法，願意改善廣州的外貿狀況。

雖然在乾隆和軍機處發給松筠的上諭裡都見不到曾經傳遞過這樣的指示，但也不能否定松筠曾向馬戛爾尼傳達類似訊息的可能，因為這是安撫馬戛爾尼最有效的方法。對於松筠而言，安撫馬戛爾尼是有必要的。〈敕諭篇〉簡略提過，乾隆在收到使團的國書和六(七)項要求後，對使團以至整個英國起了很大的戒心；尤其連續以兩道敕諭拒絕使團的要求後，乾隆更顯得有點緊張，除要求沿海督撫「認真巡哨，嚴防海口」外，[37] 更重大的指令是「所有經過省分營汛墩臺自應預備整肅，倘松筠等有稍需兵力彈壓之處，即應聽其檄調，俾資應用。」[38] 從這指令可以見到，乾隆甚至做了最壞的打算，在必要時松筠是有可能調動軍隊來彈壓使團的。馬戛爾尼和斯當東永遠不會知道松筠這個特殊任務，以及乾隆已經對使團起了戒心。

不過，松筠完全沒有需要調動軍隊，他只需要告訴馬戛爾尼廣州商貿條件會在新的兩廣總督改革下有所改變，便能把馬戛爾尼安撫下來，畢竟改善貿易條件就是使團來華的主要目的，馬戛爾尼從來沒有動武的念頭。相反，松筠匯報馬戛爾尼曾向他解釋為什麼在離開北京前夕匆忙送呈六項要求，除了希望能取得成果，好向自己國王交代外，馬戛爾尼還提供了這樣的一個理由：

> 我等外夷不識中國體制，所請各條，從前雖有此意，原想到了京師後細細探聽，向堂內西洋人等詢問中國體制。如不可行，我等即不遞稟。因到京後未得與堂內人敘話，祇因就要起程，口裡想著或此稟呈遞，能邀大皇帝允准，是以就遞了稟了。[39]

---

36 Macartney to Dundas, near Han-chou-fu, 9 November 1793, IOR/G/12/92, p. 103–104.

37 〈諭軍機大臣著沿海各省督撫嚴查海疆防範夷船擅行貿易及漢奸勾結洋人〉，《英使馬戛爾尼訪華檔案史料匯編》，頁63。

38 〈和珅字寄沿途督撫奉上諭英貢使起程回國著沿途營汛預備整肅備檄調〉，同上，頁175。

39 〈欽差松筠奏為英貢使稱恭讀敕諭始知所請各條不合緣由片〉，頁406。

應該相信，撇開當中的天朝話語，松筠這匯報是真實的，因為他實在沒有理由無故把這些天主教士拉進來，他甚至可能不知道朝廷曾限制傳教士與使團的往來，換言之，馬戛爾尼是刻意向松筠提出這樣的理由來為自己辯解。平情而論，我們不能說馬戛爾尼在撒謊，又或是編造借口，因為儘管錢德明曾在10月3日、也就是馬戛爾尼提出六項要求的當天傳來訊息，勸告他應該要早點離開，並建議以後以書信形式和清廷發展關係，[40] 但馬戛爾尼在當天身體不適，要到第二天才得悉錢德明的訊息。這樣看來，他在向朝廷提出六項要求前，的確未能諮詢天主教士的意見。但問題是：為什麼馬戛爾尼要刻意作出這樣的解說？這顯示馬戛爾尼對於六項要求全被拒絕是焦慮的，他找來天主教士作盾牌，有點推卸責任的感覺。但不管怎樣，這樣的解釋對使團是有利的，因為這說明使團不是要故意冒犯，提出不合理的要求，只是不熟悉中國體制，又沒有及時得到適當的提示而已。畢竟不准傳教士與使團成員見面的就是乾隆，不能怪罪任何人，而且，乾隆也一直在說使團不知中國體制。這樣，松筠這次匯報客觀上起到為使團開脫的效果，在一定程度上有助於改善乾隆對使團的觀感。

除匯報提出要求的原因外，〈敕諭篇〉已分析松筠怎樣匯報馬戛爾尼對於要求被拒的反應。在松筠筆下，馬戛爾尼「兼知悔悟」、[41]「感激愧悔」、「悔過懼罪」、「畏威懷德」，[42] 營造出英國使團完全臣伏於天朝大皇帝之下的形象，對乾隆沒有半點威脅，足以解除他的戒心。

除使團對敕諭的反應外，松筠描述使團平日的行為，也刻意將其置於下風。上文談過馬戛爾尼請求從內陸到廣州，松筠說他「淚隨言下，甚為焦急」，就是刻意描繪一個弱者的形象。另外，他又經常匯報馬戛爾尼對隨團成員的管束：「該貢使及隨從人等自上船之後，在途行走，

---

[40] Macartney, *An Embassy to China*, p. 151; Macartney to Dundas, near Han-chou-fu, 9 November 1793, IOR/G/12/92, pp. 91–92.

[41] 〈欽差松筠奏為英貢使稱恭讀敕諭始知所請各條不合緣由片〉，頁406–407。

[42] 〈欽差松筠奏報行至武城貢使至舟中面謝並稟述各情及當面開導情形折〉，頁439。

尚遵約束」，[43]「該貢使人等遵守約束」、「該貢使等自上船開行後頗遵約束，其自行管束隨行人等亦甚嚴謹」等，[44] 確能減低乾隆對使團和英國的戒心，營造較友善的氣氛。不過最有意思的是在二人見面和商談的場地上。一方面，松筠大概要顯示自己時常處於上風，接連匯報正副貢使經常請求到他的船來商談，而他自己「准其過舟」，甚至說馬戛爾尼「連日殷勤過舟」，[45] 但從沒有說過自己親往英國人那邊。但另一方面，根據馬戛爾尼的日誌，松筠是有主動看望他們的。例如在南下旅程剛開始時，馬戛爾尼的確先去拜訪他，但離開後不足半小時，松筠便馬上回訪，[46] 然而，松筠向乾隆匯報時卻只說「該正副貢使至奴才船內」，並沒有把自己的回訪告訴乾隆。[47] 不過，同樣地，馬戛爾尼也不一定匯報他拜訪松筠的完整過程。馬戛爾尼說，松筠在快要離開使團回京時曾拜訪過馬戛爾尼，向他辭行，日期是1793年11月13日；[48] 但他沒有說在早一天(11月12日)，他曾到松筠舟中，用松筠的說法：「跪請大皇帝聖躬萬安」。[49]

但無論如何，乾隆對於松筠的匯報非常滿意，在松筠的其中一份奏折上，他以朱筆題字：「命汝去可謂得人，望卿回來面奏耳」、「諸凡皆妥，欣悦覽之」；[50] 在另一份奏折中見到松筠匯報使團對朝廷萬分感恩，「感戴敬服之意較之前此情狀，尤屬出於真誠」，乾隆的朱批是「欣悦覽之，諸凡妥吉，紓心矣」。[51] 松筠對使團的「正面」匯報，對使團是有利

---

43 〈欽差松筠奏為英貢使稱恭讀敕諭始知所請各條不合緣由片〉，頁406。

44 〈欽差松筠覆奏欽覆諭旨隨時妥辦照料貢使並約計抵浙日期折〉，《英使馬戛爾尼訪華檔案史料匯編》，頁432。其實，除松筠外，馬戛爾尼所不喜歡的徵瑞也有相近的匯報。

45 〈欽差松筠奏報行至武城貢使至舟中面謝並稟述各情及當面開導情形折〉，頁437–440；〈欽差松筠奏報恭宣諭旨貢使感激情形及現在行走安靜情形折〉，同上，405。

46 Macartney, *An Embassy to China*, pp. 159–160.

47 〈欽差松筠奏報恭宣諭旨貢使感激情形及現在行走安靜情形折〉，頁405。

48 Macartney, *An Embassy to China*, p. 178.

49 〈欽差松筠等奏為英貢使陳遞謝恩呈詞據情轉奏折〉，《英使馬戛爾尼訪華檔案史料匯編》，頁478。

50 〈欽差松筠覆奏欽覆諭旨隨時妥辦照料貢使並約計抵浙日期折〉，頁433。

51 〈欽差松筠奏為遵旨詳悉諭知英貢使等欣感悦服情形折〉，《英使馬戛爾尼訪華檔案史料匯編》，頁460。

的，使團的請求經由松筠代奏後大都得到批准，包括上面提過乾隆很不滿意使團改變計劃，要從內陸去廣州的安排，但經松筠奏請，確定「其懇求代奏迫切之狀，實屬出於真情，尚非托故逗遛」後，[52] 乾隆還是批准了，且說「不過沿途稍費供支而已」。[53] 更重要的是我們還見到在松筠的連番匯報後，軍機處即下諭長麟，撤去原來招募蛋戶以「制勝夷船之用」的計劃，認為「該國遠隔重洋，即使妄滋事端，尚在二三年之後，況該貢使等目睹天朝法制森嚴，營伍整肅，亦斷不敢遽萌他意。」[54] 這就是因為乾隆的戒心減低，有效地消除可能出現的敵對狀態，對使團和中英關係肯定是有利的。從這角度看，經由松筠作中介的溝通，是有積極作用的。

在松筠的匯報中，好幾次提到譯者樓門(婁門)，也就是李自標。[55] 本來，松筠與馬戛爾尼的溝通須倚賴李自標從旁翻譯是肯定的，但從使團到達中國的第一天開始，所有中國官員與使團成員溝通，不也同樣是需要李自標或其他譯者做翻譯嗎？但在他們的奏折裡，譯者幾乎全然不存在。只有松筠頗能突顯譯者在二人溝通的角色和功用。此外，松筠匯報的另一個特點是大量地以引述方式來報告馬戛爾尼的說話，甚至在其中一兩份奏折中，直接以馬戛爾尼為第一人稱表述的部分構成奏折內容的主體，松筠只是以從旁評註的方式偶爾插入幾句，讓奏折看起來就像是馬戛爾尼自己呈遞一樣。松筠這樣做的意圖明顯，就是要讓他所匯報的內容顯得真實準確，好能取悅或說服乾隆。但客觀來說，即使第一人

---

52 〈欽差松筠奏為英貢使請將粗重物品由定海開船該使仍由粵附便回國折〉，頁450；〈和珅字寄松筠等奉上諭准英使從廣東行走著長麟護送松筠回京覆命〉，同上，頁192–193

53 〈諭軍機大臣著松筠察看實情酌定英使行走路線〉，頁72。

54 〈諭軍機大臣著松筠諭知英使仍從定海乘船回國〉，同上，頁67–68：〈和珅字寄松筠等奉上諭著英貢使仍坐原船回國招募蛋魚人事毋庸辦理〉，同上，頁544。不過，乾隆也有別的考量：「若即招募蛋戶備用，此等於營伍技藝本不諳習，若令伊等舍其本業，入伍食糧，即賞給雙分戰糧，亦恐不副其願；而在營久候，轉致入水生疎，於事尤屬無益。且各省營制向無此等蛋籍，今以之分隸各營，頂補額缺，豈不貽笑營伍。」同上，頁68。

55 〈欽差松筠奏報恭宣諭旨貢使感激情形及現在行走安靜情形折〉，頁405；〈欽差松筠奏報傳示恩旨英貢使忻感情形及嚴詞拒絕在沿途買物折〉，頁414；〈欽差松筠奏報行至武城貢使至舟中面謝並稟述各情及當面開導情形折〉，頁437。

稱的表述也不能確保匯報準確無誤，畢竟這始終不是馬戛爾尼直接傳遞的文書，雖然表面是第一人稱的直述，但實際是轉述。

應該同意，在「引述」馬戛爾尼的話的匯報中，從整體內容上來說，松筠所代為傳遞的訊息大致是準確的。上文已指出過，馬戛爾尼在途中提出的一些請求不但都能馬上送呈乾隆，且幾乎全部獲得批准。從這角度看，這溝通是有效的。但另一方面，這些所謂「引述」的說話，絕對不可能是馬戛爾尼的原話，因為裡面也充斥天朝話語，乾隆高高在上，馬戛爾尼則卑躬屈膝，被置在低下的位置，跟松筠直接呈奏的沒有兩樣，只是從表面看來是出於馬戛爾尼之口。我們不能肯定乾隆會否相信這就是馬戛爾尼的原話，但至少松筠是要製造這樣的效果。這其實也是從使團開始以來經過中方人員進行溝通的一貫模式，即是具體內容雖已傳達，但全被包裝在天朝話語之內。

當然也不是說松筠沒有直接轉呈馬戛爾尼的文書。〈敕諭篇〉討論過馬戛爾尼在1793年11月9日寫給和珅的一封信，[56] 那就是松筠代呈的「漢字稟紙」，內容上是回應乾隆的敕諭，可說是使團離開北京後和朝廷溝通最重要的一份文書，可惜的是我們沒法肯定今天看到的版本是否完整送到北京的文本，這點上文已交代過了。

二

相對松筠而言，原任浙江巡撫、並在使團快要離開時獲任為兩廣總督的長麟，並沒有得到很多的關注，主要原因在於他與馬戛爾尼的交往是在使團來華的後期，馬戛爾尼已經離開北京、南下至杭州以後的時間，因而被視為對使團沒有什麼影響。不過，這看法並不準確。一方面，長麟前期曾以浙江巡撫的身份參與接待使團，多次上奏匯報接待的

---

[56] "Note for Cho-Chan-Tong, First Minister, Han-chou-fou, 9 November 1793," IOR/G/12/92, pp. 349–356；又見IOR/G/12/93B, pp. 187–193.

準備工作；[57] 另一方面，儘管在清宮檔案中沒有保留很多長麟的奏折，但只要細讀馬戛爾尼的日誌以及他寫給東印度公司的報告，便可以見到馬戛爾尼非常重視與長麟的溝通，而他所說使團的成就很大程度上是藉助長麟才得以達成。在這一節裡，我們會分析一下馬戛爾尼跟長麟的溝通，並審視一些涉及翻譯的文本。

首先，馬戛爾尼在1793年11月9日（十月六日）跟長麟第一次見面後，便對他留下很好的印象。本來，在二人見面前，松筠已向馬戛爾尼介紹了長麟，說他為人耿直公正，對外國人很友善。[58] 馬戛爾尼在跟他見面後，馬上覺得長麟的外表高貴，很有教養，態度親切，是一名紳士；而且，在這次交流中，馬戛爾尼得到的訊息非常正面，長麟說皇帝給他明確的指示，要特別關注英國人在廣東的狀況，那裡的英國人可以親身或以書函與他聯絡，又說乾隆對於使團遠道而來很是欣慰。[59] 也許讓馬戛爾尼最為滿意的是在隨後的會談裡，長麟主動提問究竟馬戛爾尼希望他在廣州可以怎樣幫忙，且在聽完馬戛爾尼的陳述後，請他把這些要求寫出來。[60] 馬戛爾尼更說，每一次跟長麟見面，對他的好感都有增加，深信東印度公司在廣州的活動會從他那裡得到好處。[61] 整體來說，馬戛爾尼對長麟的評價，其實並不低於松筠。

《匯編》並沒收入很多長麟有關馬戛爾尼使團的奏折，裡面最長的一份是在乾隆五十八年九月初五日（1793年10月9日）呈送的，主要討論「印度斯坦號」停泊浙江水域等候馬戛爾尼之事；[62] 接著，長麟在九月十

57 諸如〈浙江巡撫長麟奏為遵旨先期妥辦接待英貢使事宜折〉，《英使馬戛爾尼訪華檔案史料匯編》，頁289–290；〈浙江巡撫長麟奏為奉上諭先期預備接待英貢使事宜折〉，同上，頁299–301；〈浙江巡撫長麟覆奏為預備英吉利國貢船到境妥辦折〉，同上，頁227；〈浙江巡撫長麟奏為英遣官過浙探聽該國貢使曾否抵京折〉等，同上，頁309–311。

58 Macartney, *An Embassy to China*, p. 168.

59 Ibid., p. 176.

60 Ibid., pp. 180–181.

61 Ibid., p. 185.

62 〈新授兩廣總督浙江巡撫長麟覆奏遵旨仍令貢船等候並擬起身赴粵折〉，《英使馬戛爾尼訪華檔案史料匯編》，頁402–404。

二日（10月16日）又有一份奏折，向朝廷獻計徵用蛋民對付使團，但其實他在這時候還沒有見到馬戛爾尼。[63] 除這兩份以個人名義呈送的奏折以外，還有一些與松筠聯名匯報的。[64] 讓人奇怪的是《匯編》並沒有收入他正式接替松筠、在杭州開始陪同馬戛爾尼南下後所提的奏折。這不是說長麟沒有向朝廷匯報接待的情況，因為斯當東也說過長麟在路上幾乎每天都向乾隆匯報，[65] 只是不知什麼原因，這些奏折沒有保留在檔案裡，以致《匯編》未能收錄。要知道他向乾隆匯報與馬戛爾尼溝通的內容，只得依賴英國方面的資料。

在馬戛爾尼的日誌裡，長麟在1793年11月17日跟他討論過英國人在廣州貿易和生活的情況後，請馬戛爾尼以書面形式提出他們的要求。三天後，馬戛爾尼向長麟送交了一封短札，裡面開列11條要求。[66] 這封短札的英文本以及拉丁文譯本都可以在東印度公司檔案找到，[67] 但由於《匯編》裡沒有收錄任何相關的文檔，一直以來，我們都沒有見到任何人提及這份短札的中文本，因此，馬戛爾尼向長麟提出的要求，從來沒有得到任何討論。其實，這份短札的中譯本是存在的，只是今天所能見到的一個版本是在另一個場合中出現，當中沒有馬戛爾尼的名字，而且，我們還從中知道長麟對於這些要求的回應。

乾隆六十年三月二十六日（1795年5月14日），也就是馬戛爾尼使團離開中國約兩年後，時英國東印度公司廣州商館主席大班波郎向兩廣總督長麟呈稟，提出11項要求。四天後，也就是四月初一（5月18日），長麟對波郎提出的要求作了回覆。今天英國外交部檔案裡就有長

---

63 〈兩廣總督長麟奏報貢船尚未開行現加緊趲行赴粵並請招募蛋魚人入伍折〉，同上，頁419–421。

64 〈欽差松筠等奏為會同商辦一切及撥令該貢使等分道啟程日期折〉，同上，475–476；〈欽差松筠等奏報將御書福字等件頒賞使臣及其感激歡喜情形片〉，同上，頁477–478；〈欽差松筠等奏為設法開諭但貢使等再三陳懇仍走廣東緣由折〉，同上，頁480–482。

65 Staunton, *An Authentic Account of an Embassy*, vol. 2, p. 195.

66 Macartney, *An Embassy to China*, p. 181 and p. 185.

67 "Note to Chan-ta-gin, Viceroy of Canton," 20 November 1793, IOR/G/12/92, pp. 411–420.

麟的回信。[68] 我們知道，波郎原來是東印度公司秘密及監督委員會主席，1792年9月來到廣州，幫忙協調使團的來訪。長麟出任兩廣總督後，波郎等在1794年1月8日經由馬戛爾尼介紹與長麟認識，[69] 但差不多就在這時候，秘密及監督委員會解散，兩名成員亞里免和質臣乘坐「印度斯坦號」跟使團一起回國，而波郎則留在廣州，並開始擔任特選委員會主席。[70] 不過，他出任這職位的時間也不長，1795年度的貿易季節結束後，波郎在1796年離開廣州回國。[71] 其實，只要仔細地做一下文本對照，就可以確認長麟所引錄波郎提出的11項要求，與馬戛爾尼在1793年11月20日前往廣州途中給長麟短札裡提出的完全一樣，只不過在這份文檔裡，每項要求後面都插入長麟的回答。由此推想，作為公司特選委員會主席的波郎，在使團離開中國一年多後，仍然感到廣州貿易狀況沒有改善，便把馬戛爾尼所提的要求重新提出。

但這裡還有另一個疑問。當馬戛爾尼在1793年11月20日向長麟提交上面提到的短札時，他們一行尚在路上，還沒有熟悉廣州貿易的長麟不可能馬上回應，而且，長麟在12月11日即與使團分手，先行前往廣州安排迎接使團的工作，[72] 因此，在使團到達廣州前，馬戛爾尼的11項要求一直沒有得到長麟的回答。12月19日使團到達廣州後，[73] 馬戛爾尼得悉更多有關廣州貿易的情況，便在1794年1月1日再寫了一份較長的信給長麟，解說英國人在廣州貿易遇到的困難，並提出更多的要求，總

68　"An unidentified official transmits the viceroy's rulings on various complaints and requests contained in a petition presented by H Browne as President of the Select Committee," FO 233/189/29。在文檔上有後來整理者以鉛筆寫的標題："The Viceroy's reply to a statement of grievances under eleven heads – said to be presented by Mr. Browne. Kien Lung 60th Year"。這份文檔又見：〈粵督批英商波郎所稟十一事件〉，收許地山（編）：《達衷集》，頁163–170。不過，《達衷集》所收文本比外交部檔案文本少了第一句：「乾隆六十年三月二十六日」，也就是沒有記下波郎提呈稟文的日期。

69　Macartney, *An Embassy to China*, p. 216.

70　Morse, *The Chronicles of East India Company*, vol. 2, p. 255.

71　Ibid., p. 277.

72　Macartney, *An Embassy to China*, p.195.

73　Ibid., p. 203.

共16項。[74]這封英文原信附在馬戛爾尼在1794年1月7日寫給鄧達斯信中，[75]同時還附有長麟回信以及兩份諭令的英文和拉丁譯文。[76]長麟的回信沒有署明日期，但兩份諭令則分別在乾隆五十八年十二月初一(1794年1月2日)及十二月初四(1月5日)發出，可以見到長麟幾乎馬上就作出回應。[77]但很可惜的是，儘管今天可以在東印度公司檔案裡見到各份文書的英文本，但檔案內並沒有任何中文方面的資料，既沒有長麟向朝廷匯報的奏折，也找不到馬戛爾尼這封信的中譯本，更見不到長麟的回信以及兩份諭令的原文本。但問題是為什麼波郎在1795年5月向長麟提出請求時不用馬戛爾尼新的16項，卻拿出在途中匆忙提出的11項？這的確很難理解，尤其是我們知道馬戛爾尼在廣州是從專員們那邊知悉更多問題，然後才給長麟再寫信補充，以16項要求來代替原來的11項。[78]此外，馬戛爾尼在遞交第二份要求後，還在1月8日跟波郎見過面。唯一可能的解釋是馬戛爾尼直接向倫敦方面傳遞訊息，寫信向董事局主席鄧達斯匯報，卻沒有轉告波郎。

可以預期，馬戛爾尼的要求都是跟商業活動相關的，也就是他所說希望兩廣總督能改善一些不合理的安排，諸如稅項、貨單的問題；另外就是有關英國人在廣州的生活需要，例如容許他們出外散步、專門為海

74 Ibid., p. 209; "Representation to the Viceroy of the grievances under which the English and their Trade labour at Canton," IOR/G/12/92, pp. 451–460。現在所見這第二封給長麟的信並沒有署下日期，但在1794年1月1日的日誌，馬戛爾尼下了一個註腳：「我在這裡向總督遞交了一份有關廣州的問題更具體的報告。」Macartney, *An Embassy to China*, p. 209, n. 1.

75 Macartney to Dundas, Canton, 7 January 1794, IOR/G/12/92, pp. 443–446.

76 ; "The Viceroy's answer to the Representation of grievances," Latin and English translations, IOR/G/12/92, pp. 463–468; "The Viceroy's first edict," Latin and English translations, IOR/G/12/92, pp. 471–478; "The Viceroy's second edict," Latin and English translations, IOR/G/12/92, pp. 479–486.

77 馬戛爾尼在1794年1月1日的日誌中說，長麟在當天告訴他已發出了兩道諭令，禁止對歐洲人作出任何傷害和苛索。這跟今天見到馬戛爾尼送與鄧達斯兩份諭令所署的日期不符，看來馬戛爾尼的是誤記，而且，他在日誌中又說過他是在當天才給長麟提送了一封信，較具體地描述廣州貿易的問題。

78 Staunton, *An Authentic Account of an Embassy*, vol. 2, p. 225.

員設置醫院、貿易季節後可以在廣州多留幾天，不用馬上離開等。而較有趣的是要求廣東官員分辨英國商人和美國商人。對東印度公司和馬戛爾尼使團來說，這些都是十分重要的問題，亟待改善。由於本書的重點不在討論英國在華貿易，這裡不逐一討論。不過，在對比過馬戛爾尼兩份要求後，我們發現其中兩項內容是不同的，都涉及中英的溝通問題。

在11月20日的短札裡，第9項要求有關一個長期困擾在華英國人的問題，就是英國人可以怎樣學習中文。[79] 我們看過東印度公司包括波郎在內的三位專員在跟署理兩廣總督郭世勳開會後，慨歎公司沒有培養自己的翻譯人員，無法跟中國官員有效溝通，特意寫信給馬戛爾尼，請他向清廷提出要求，准許中國人公開為公司成員教導中文。[80] 這就是馬戛爾尼提出第9項要求的原因，要求的原文是這樣寫的：

> 9th. That it may be allowed to any Chinese to instruct the English merchants in the Chinese language, a knowledge of which may enable them to conform more exactly to the laws and customs of China.[81]

使團所提供的中文譯本是：

> 第九件，英吉利國人愛學中國話，若許廣東人教我們的買賣人會說話，就能夠通中國的法律了。[82]

這裡有兩點較值得注意。第一，他們看來認定英國人學中文並不是什麼問題(譯文甚至明確地說英國人愛學中文)，問題在於是否准許中國人教英國人(譯文把「任何中國人」〔any Chinese〕改譯成「廣東人」)。第二，英國人學習中文的動機是什麼？或者說可以取得什麼效果？馬戛爾尼的

79　有關這問題的詳細討論，可參王宏志：〈「不通文移」：近代中英交往的語言問題〉，《翻譯與近代中國》(上海：上海復旦大學出版社，2014)，頁135–193。

80　"To His Excellency George Viscount Macartney K.B., signed by the Committee, 28th September 1793," IOR/G12/265, pp. 131–132.

81　IOR/G/12/92, p. 414.

82　"The Viceroy's reply to a statement of grievances under eleven heads – said to be presented by Mr. Brown. Kien Lung 60th year," FO 233/189/29.

說法是學習中文可以讓英國人更能遵守中國法律和習俗，這好像在說容許中國人向英國人教導中文是有好處的。當然，這只是馬戛爾尼向長麟提供的一個誘因，好讓長麟覺得這更有助於對夷人的管理。

不過，在第二封信裡，由於前面加入了六項有關商貿買賣的問題，所以這第9項變成了第15項，但最關鍵的是重點明顯不一樣：

> 第十五。可以公開宣佈，中國人可以向英國人教導中文，無須害怕受到指責或懲罰，也無須因為這樣做而要向官員付錢或送禮。
> 15. That it may be publicly announced that the natives may teach the Chinese language to the English without danger of blame or punishment or without being obliged to pay money or give presents to the public officers for as doing.[83]

這次馬戛爾尼把重點轉到中國教師去。英國人可以學習中文，這看來已無須討論或要求，而且，馬戛爾尼不再談論英國人學習中文後有什麼好處；而是關注怎樣避免中國教師受到欺壓，被迫付錢或送禮的問題，矛頭直指中國的官員。顯然，修改後的請求有更強的針對性。

上文說過，長麟在接到馬戛爾尼第一封短札時似乎沒有馬上回覆，但在廣州再收到要求的修訂本後幾天便寫了回信，還公布了兩份諭令。不過，無論是回信還是諭令，其實都頗為簡短，沒有直接或具體地回應各項要求，只是強調會充分關注英國人的利益和權利，在中國法律的範圍內給與最大的保障，不會容許任何人包括各級官員對英國人有任何剝削行為。至於究竟是否准許中國人向英國人教授中文？回信及諭令都沒有明確的答案。斯當東在他的回憶錄中說長麟曾向馬戛爾尼保證，以後外國人要學習中文，不會再受中國官員的阻撓，[84] 好像長麟已經正面回應了第二封信的要求，英國人應該感到很滿意。不過，實際情況並不是這樣，長麟看來沒有發出什麼公告諭令，容許中國人向英國人教授中

---

83 "Representation to the Viceroy of the grievances under which the English and their Trade labour at Canton," IOR/G/12/92, p. 460.

84 "The Viceroy promised the Embassador that no obstruction should be given on the part of the government to the acquisition of the Chinese language by Foreigners." Staunton, *An Authentic Account of an Embassy*, vol. 2, p. 251.

文，不受官員阻撓，否則波郎也沒有必要再在一年多後提出相同的要求。此外，長麟後來對這要求的正式回答也有一定的限制：

> 現今通事、買辦，即係內地民人，盡可學話，不必另多僱內地民人教話，致與定例有違。[85]

這裡首先值得注意的是，作為兩廣總督的長麟，明確説明英國人是可以在廣州學中文的，而且，這更是「定例」，不過，唯一的條件是他們必須跟通事和買辦學習，不得另外聘用內地其他中國人做教習。這有助解決英國人這方面的難題，儘管通事買辦的水平不高，不一定是理想的老師，但最少能確定通過他們學習中文沒有問題，而且，東印度公司一直以來都有聘用通事來教中文。〈譯員篇〉便介紹過一名受公司聘為中文教師的通事，但為躲避廣州官員，搬到澳門居住，由父親在廣州支付報酬。[86] 然而，長麟的指示最終能否落實？更關鍵的是，馬戛爾尼在第二封信中有關教習中文的重點是放在中國教員方面，就是這些中文教員會否遇上麻煩。這是有疑問的，因為後來也不見得東印度公司很容易找到教導中文的老師，即使到了鴉片戰爭前夕，英國人還相信中國人向西方人教授中文會有很大麻煩，甚至有被殺頭的可能。[87] 不過，就現在所見到的史料看，我們其實並沒有找到明確的事例，確定曾有商人、通事或別的中國人因為教導洋人中文而被處死——即使在洪任輝事件中被

85　FO 233/189/29;《達衷集》，頁169。

86　"At a Secret Committee," Canton, 29 September 1793, IOR/G/12/93A, p. 315; Morse, *The Chronicles of the East India Company*, vol. 2, p. 209.

87　美國商人亨特説從馬禮遜那裡得知，過去曾有一名中國人因為教導西方人中文而被斬頭。Hunter, *The "Fan Kwae"*, p. 60. 但這並不見於馬禮遜自己的文字，馬禮遜只説過，他剛到澳門不久，一名港腳商人查密斯(Chalmers)便告訴他一個普遍為人知悉的狀況：中國人被禁止教中文，違者會被判死刑。*Memoirs of the Life and Labours of Robert Morrison, DD*, vol. 1, pp. 153. 另外，據説馬禮遜在廣州學習中文時，他其中一位中文老師平日身上一直帶有毒藥，萬一被拘捕寧可吞毒自殺，免受折磨之苦。Marshall Broomhall, *Robert Morrison: A Master-Builder* (London: Church Missionary Society, 1924), p. 55. 不過，必須指出，該書在論及這一點時，並沒有註明資料的出處，而馬禮遜自己的文字中並沒有這樣的記錄。參蘇精：〈馬禮遜和他的中文老師〉，《馬禮遜與中文印刷出版》，頁55–78。

處死的劉亞匾也不是因為教中文而遭判刑的，他的罪名是「代作呈詞」、「為外夷商謀砌款」，[88] 而所有的奏章和上諭都沒有提過教中文須處死的說法。[89]

馬戛爾尼另一個要求其實更重要，不過，這只見於他去到廣州，聽取過公司專員們的意見後所送給長麟的第二封信內：

> 第16項，英國商人可以在任何時候向總督提呈稟文，無須受限於粵海關監督。
>
> 16. That the English merchants may be allowed to present petitions at any time

[88] 《大清十朝聖訓》(台北：文海出版社，1965)，第7冊(高宗純皇帝聖訓)卷199，〈嚴法紀〉卷7，頁4，總頁2629；在調查還沒有開始時，朝廷的指示便提出「如其中有浙省奸牙濳為勾引，代夷商揑砌款蹟，慫恿控告情事，此奸宄之尤，亦當即行正法示眾。」同上，第3冊，卷20，〈聖治〉卷6，頁1，總頁349。

[89] 沈艾娣也討論過馬戛爾尼就要求改善在廣州經商條件交與長麟的短札以及長麟的回應，但當中有好幾處地方是有問題的。首先，她說馬戛爾尼跟長麟在南下廣州途中討論過廣州外貿的情況，但雙方都認為大家對廣州情況不理解，同意在到達廣州後再商議。Harrison, *The Perils of Interpreting*, p. 136. 這是準確的，但她沒有說當時馬戛爾尼已把一份開列要求的信件交與長麟，卻說馬戛爾尼在使團到達廣州後才把一份清單呈送長麟。同上，頁138。正如上文交代，這其實是馬戛爾尼在這問題上所寫的第二封信函。沈艾娣在這裡只參看了IOR/G/12/93，這檔案的確只收有第二封短札，但IOR/G/12/92便同時收有兩封短札，IOR/G/12/92, pp. 411–420; IOR/G/12/92, pp. 451–460. 另外馬戛爾尼的日誌便記下在11月20日在路途上便就廣州貿易的狀況交與長麟一封短札。Macartney, *An Embassy to China*, p. 181 and p. 185. 第二，沈艾娣說在馬戛爾尼在廣州交出短札後，長麟馬上與蘇楞額召開會議，處理問題。Harrison, *The Perils of Interpreting*, p. 138. 但她在註釋所開列的資料都沒有記錄一個商討改善廣州貿易狀況的會議。其中她徵引李自標的信件，記錄的是長麟以盛大隆重的儀式接待使團到達廣州，也以同樣盛大的儀式向使團傳達乾隆的一份上諭，而第三次的會面已是馬戛爾尼要離開廣州，長麟送行的一次；李自標還說馬戛爾尼是私下送去第二封短札的，而長麟在收到短札後，原想先收起來，待適當時候拿出來處理，但不久即發了兩道諭令，斥責對外國商人的剝削，但沒有提及過什麼正式的會議。Jacobus Ly, Macao, 20 February 1794, APF SOCP, b. 68, f. 618v–620v. 第三，她說當時在會議裡解答和解決了其中的一些問題，特別是准許外國人跟隨行商通事學習中文。她所徵引的是許地山《達衷集》頁169。Harrison, *The Perils of Interpreting*, p. 298, n. 43. 但上文已指出過，《達衷集》所抄錄的〈粵督批英商波郎所稟十一事件〉來自英國外交部檔案FO 233/189/29。這份原檔註有日期：「乾隆六十年三月二十六日」，這是兩年多後波郎呈遞相同要求的日期，而即使《達衷集》所收〈粵督批英商波郎所稟十一事件〉中的第一句亦有標明「英吉利大班波朗呈稟件，四月初一奉兩廣總督部堂張大人批」，可見這是回應波郎的稟文，而不是與馬戛爾尼開會的成果。許地山：《達衷集》，頁163。

to the Viceroy and not to be at the mercy of the Hoppo.[90]

這要求顯然是來自包括波郎在內的專員，他們在使團來訪的事情上與郭世勳等商議，都必須經過蔡世文、潘有度等行商，對他們來說不是理想的做法，而且，在這溝通過程中，他們感到粵海關監督最不友善，動輒刁難，所以馬戛爾尼不但提出要直接與官員溝通，更特別要求越過粵海關監督。這關涉中英關係中一個棘手的問題。在當時東印度公司的成員看來，他們只不過是尋求行事方便，也可以避免行商在中間故意或無意地誤傳訊息，但他們忽略了這不單與中國商人地位低下的文化觀念相違背，更嘗試衝擊中國官制，甚至可能觸及中英兩國地位是否平等的敏感課題。可惜，由於長麟沒有逐一回答馬戛爾尼第二封信的16項要求，而波郎後來11項中也不包含這項要求，因此，我們無法知道長麟在這問題上的態度。不過，從後來的情況看，可以確定這問題始終沒有得到解決，因為即使到了1834年東印度公司在華貿易壟斷權結束，英國政府派來商務監督律勞卑，要求直接與兩廣總督溝通，換來的是「凡夷人具稟事件，應一概由洋商代為據情轉稟，不必自具稟詞」的答覆，[91] 更不要說粵海關監督一直都是廣州體制內監管外國商人最重要的官員，怎可能被超越置散？馬戛爾尼第二份信函的第16項要求，是沒有可能得到滿意回應的。

不過，有趣的地方是，在馬戛爾尼與長麟一個月左右的旅途中，提出要求的不只是馬戛爾尼或英國的一方。根據馬戛爾尼的日誌及報告，長麟也向馬戛爾尼提出過非常具體的要求。首先，1793年11月20日，長麟向馬戛爾尼提問是否可以讓他向朝廷匯報，英國國王與中國大皇帝的友誼延續不變，而且，英王還會寫信來表達這種友好關係，並在將來

90　"Representation to the Viceroy of the grievances under which the English and their Trade labour at Canton," IOR/G/12/92, p. 460.

91　〈兩廣總督盧坤、監督中祥疏（道光十五年正月）〉，梁廷枏：《粵海關志》（韶關：廣東人民出版社，2002），卷29（夷商四），頁563。

派遣另一個使團到中國。[92] 雖然嚴格來説這並不是正式的要求，但確實希望從馬戛爾尼那裡取得一些承諾。為什麼會這樣？

上文提過，乾隆在收到馬戛爾尼在離開北京前提出的六項要求後，對使團起了戒心，除全部拒絕外，更下旨小心防範。作為陪同使團南下的候任兩廣總督，長麟甚至曾經上奏提出以蛋民對付使團的船隊，[93] 但經過松筠的第一輪安撫後，乾隆認為沒有什麼即時的問題，指示無須徵召蛋民。[94] 長麟在杭州接替松筠後，便積極進行第二輪安撫，取得不錯的效果，至少是讓馬戛爾尼感到十分滿意。1793年11月17日，長麟就跟馬戛爾尼討論使團在北京時所受到的接待，並詢問他對於要求被拒有什麼想法。事實上，長麟在與馬戛爾尼見面前便接過一份上諭，指示他安撫馬戛爾尼，解説使團的六項要求並非不合理，只是因為體制問題，不能批准。[95] 其實，松筠也曾向馬戛爾尼説過相類的説法，馬戛爾尼和斯當東都曾經有作報告，[96] 但松筠向乾隆匯報説馬戛爾尼在聽到解説後完全明白自己的無知和錯誤，還萬分感謝乾隆寬大處理，這顯然是不真實的，最少有誇大的成份。馬戛爾尼在這問題上的回應，比較具體地見於他給長麟的回答，詳細地在日誌中記錄下來。馬戛爾尼説，使團在北京的遭遇，尤其是和珅的態度、還有全部提出的要求被拒等，的確讓他感到中國對英國是冷淡的，甚至可能是不友善的，他本來打算把這種觀感如實向英國政府匯報。不過，經過松筠和長麟的熱情款待及詳細解釋，並作出一定承諾後，他對中國的

---

92 Macartney, *An Embassy to China*, p. 184; Macartney to Dundas, Canton, 23 December 1793, IOR/G/12/92, p. 400.

93 〈兩廣總督長麟奏報貢船尚未開行現加緊趲行赴粵並請招募蜑魚人入伍折〉，頁419–421。

94 〈諭軍機大臣著松筠諭知英使仍從定海乘船回國〉，頁67–68：〈和珅字寄松筠等奉上諭著英貢使仍坐原船回國招募蛋魚人事毋庸辦理〉，頁544。

95 〈寄信長麟告英使此次進京所請不准格於定例並無怪罪將來進貢必恩准〉，《英使馬戛爾尼訪華檔案史料匯編》，頁272。

96 Macartney to Dundas, near Han-chou-fu, 9 November 1793, IOR/G/12/92, pp. 103–104; Staunton, *An Authentic Account of an Embassy*, vol. 2, p. 166.

態度改變了，認同使團在中國是得到重視的，因而願意向英國政府作出正面的匯報。[97] 當然，我們不能絕對肯定馬戛爾尼日誌所記的全是事實，但據馬戛爾尼說，就是在這樣的背景下，長麟在11月20日告訴馬戛爾尼，要向乾隆匯報，希望能確認英國國王對中國十分友善，並將來可能會給乾隆寫信，表示友誼的鞏固，以後會再派遣使團過來。對於這樣的要求，馬戛爾尼的回答很正面，他重申使團得到非常良好的接待，中國皇帝向英國國王贈送禮品，英王是會寫信道謝的。但至於另派使團的問題，馬戛爾尼說，英國原來是希望在中國派駐大使的，甚至他本來希望自己可以在北京逗留較長的時間，但這個計劃現在不能實現，很難確定之後什麼時候再派遣使團，原因是兩國距離太遙遠，海上旅程也有風險。[98] 長麟向馬戛爾尼提出這樣的要求，當中的政治動機非常明顯，就是確定安撫成功，保證桀驁不馴的英國人不會構成什麼威脅，這樣就更好向乾隆交代；但很可惜的是長麟有關這次與馬戛爾尼談話的奏折沒有保留下來，沒法知道他怎樣向乾隆匯報，也無法對比馬戛爾尼的說法，唯一能確定的是長麟匯報過再派使團的問題，乾隆的回答是不必定期來朝；[99] 但後面我們還是見到經過朱批的長麟奏片，匯報「使臣告稱回國後趕緊辦理表貢」的事。[100]

也許我們可以說長麟這一次談話只是希望能確認英國國王的友好態度，算不上正式提出要求，然而，在同一天(1793年11月20日)，長麟的確向馬戛爾尼提出過一個非常具體的要求。根據馬戛爾尼的記述，在結束上面所提的討論後不久，長麟又再來訪，告訴馬戛爾尼他馬上要寫奏折回北京，希望馬戛爾尼能夠「用中國的風格」(“in the Chinese style”)

---

97 Macartney, *An Embassy to China*, pp. 181–182; Macartney to Dundas, Canton, 23 December 1793, IOR/G/12/92, pp. 399–400.

98 Ibid., pp. 184–185.

99 〈和珅字寄長麟奉上諭著傳知英貢使准其嗣後具表納貢不必拘年限〉，《英使馬戛爾尼訪華檔案史料匯編》，頁198。

100 〈朱批長麟奏為據使臣告稱回國後趕緊辦理表貢事片〉，同上，頁274。

寫幾句讚美的話，感謝朝廷對使團的厚待和關心。[101] 對於這個請求，馬戛爾尼馬上答應，並在三天後（11月23日）向長麟送上一封信。

馬戛爾尼這封信的英文原件全長約260字，收錄在東印度公司檔案內，當時是附在1793年12月23日寫給鄧達斯的信中。[102] 不懂中文的馬戛爾尼，究竟他能否準確理解什麼是「中國的風格」？客觀來說，他的信整體是寫得十分客氣和得體的，也基本上把長麟希望見到的內容包含在內，包括一開始便說使團每天得到中國皇帝的厚待，大使會向英國國王匯報；英國國王派遣使團原是想要鞏固友誼，在未來的日子將會加強雙方友好關係，且會盡可能維持緊密連繫，並祝願中國皇帝健康安泰。這都好像能正面回應長麟的要求。不過，必須強調的是，馬戛爾尼這封信其實並不是直接寫給乾隆，而是寫給長麟的，就好像他向鄧達斯匯報時在這封信上所加的標題一樣，那是「給長大人的短簡」（"Note to Changtagin"），而且，特別要強調的是：在表述過上面所列的內容後，馬戛爾尼接著說：

> 大使希望總督能向大皇帝傳達以上的內容，並得到接受，這將讓大使深感榮幸。這樣，也期望大皇帝能賜示相同的訊息，在使團離開廣州前發送一封信給英國國王，又或是向總督下達聖諭，表明大皇帝給與居住在廣州和澳門的英國子民保護和恩惠。[103]

這讓我們想起在〈敕諭篇〉所說馬戛爾尼曾經向松筠提出希望乾隆能再寫信給喬治三世的請求，儘管松筠說過與體例不符，不能幫忙轉達，但馬戛爾尼在這裡又借機再次向長麟提出來。

不過，如果長麟能直接閱讀這封短箋的原信，他肯定會很不高興。無疑，信件的內容是正面的，但裡面沒有什麼滿懷感恩的說話，而且，馬戛爾尼還倒過來提出要求，請皇帝向英國國王作出承諾，會善待在華的英國人。顯然，這不是長麟心目中的謝恩信。不過，從馬戛爾尼的日

---

101 Macartney, *An Embassy to China*, p. 185.

102 "Note to Changtagin, Viceroy of Canton dated 23 November 1793," IOR/G/12/92, pp. 421–423.

103 Ibid., pp. 422–423.

誌看，當他把信件交給長麟時，長麟一點不快也沒有，且很滿意地拿去。為什麼會這樣？因為他收到的確是一封十分正式的謝恩信。

不知什麼原因，《匯編》沒有收入這封信，但《掌故叢編》以圖片形式錄出一份〈英使馬戛爾尼謝恩書〉，說明在1920年代後期這封信還存在於故宮檔案。就像原信一樣，這份〈謝恩書〉的收件人是長麟，因為最後一句是「求大人替我們奏謝大皇帝恩典」。不過，無論在內容還是表述方式上，中文版跟馬戛爾尼原信很不一樣。這封〈謝恩書〉篇幅不長，全錄如下：

> 英吉利使臣馬戛爾尼謝
> 大皇帝恩典，我們國王敬
> 大皇帝大福大壽，實心恭順。如今蒙
> 大皇帝看出我國王誠心，准我們再具表文進獻，實在是
> 大皇帝大壽萬萬年，我們國王萬萬年聽
> 教訓。這實在是
> 大皇帝的恩典，也是我國的造化。
> 大皇帝又不嗔怪我們，又不限年月。我們感激歡喜，口不能說，我國王也必感激。求
> 大人替我們奏謝
> 大皇帝恩典。
>
> 此呈係哆嗎嘶嘀啤親手寫。[104]

對比於原信，不論從什麼角度來看，這譯文都可以說是名副其實的重寫：內容上作了很大改動，變成一面倒的道謝，馬戛爾尼要求乾隆發信或頒諭的要求不見了，沒有向乾隆提出保護在廣州和澳門的英國人，而更嚴重的改變是道謝時的態度和語氣。顯而易見，在這份謝恩書裡，使團處於一個極為卑下的位置。面對著「大皇帝大福大壽」、「大皇帝大壽萬萬年」、「大皇帝恩典」，英國國王「實心恭順」、「誠心」、「萬萬年聽教訓」。在這不足160個字裡，「大皇帝」一詞出現了七次、「恩典」出現了

---

[104] 《掌故叢編》，頁23。

三次、「感激」出現了兩次、「謝」出現了兩次，還有「敬」、「求」等。設想一下，長麟在收到這封信時，怎不會滿心歡喜地急著送回北京？

感恩書最後署有「此呈係哆嗎嘶嚐唻親手寫」，這就是小斯當東了。事實上，馬戛爾尼也證實這點。在日誌裡，他記下長麟在收到感恩信後便詢問這「非常工整」(“remarkably neat”)的文字是誰寫的，馬戛爾尼回答說是出自小斯當東，長麟還不肯相信，一個只有12歲的小孩能進步神速，寫出這樣的書法來。[105] 但很明顯，小斯當東只是負責抄寫，翻譯的工作不可能由他完成。那麼，謝恩書是由誰翻譯的？這是關鍵的問題，但答案也不難找到。當時使團還在路上，隨行懂中文的只有譯員李自標一人，除他以外，也沒有什麼人能把信件譯成中文，尤其是這份〈謝恩書〉是在前後三天內完成的。事實上，李自標後來在寫給那不勒斯中華書院的一封信裡，便特別提到這封信，也説到長麟很滿意這封謝恩信，馬上送往北京。[106] 耐人尋味的是，為什麼李自標會對馬戛爾尼的原信作出這麼嚴重的改寫？

在上面的各章裡，我們看過李自標所參與翻譯的英王國書和禮品清單，當中不但沒有這種卑躬屈膝的態度，更能夠準確地傳遞英國是世界強國、與中國地位平等的訊息；而且，在其他事件的表現上，讓英國人很感滿意，得到充分信任和讚賞。但是，在使團快要離開北京的時候，他在送呈馬戛爾尼給和珅信函的過程中，私自以使團名義提出傳教的要求，這不是一位忠誠譯員的合理表現。最嚴重的是，如〈敕諭篇〉所分析，他在翻譯馬戛爾尼在杭州附近寫給和珅、回應乾隆敕諭信函時，很可能刪走了當中説到譯文不準確、希望退還給和珅審視的部分，更不要説在使團後期他對馬戛爾尼有所不滿、跟中國官員發展了良好和密切關係。在這樣的背景下，我們便較容易明白為什麼在使團訪華的尾聲會突然出現一份恭順謙卑、意義扭曲的譯文。李自標不一定因為在回國後重

[105] Macartney, *An Embassy to China*, p. 187.

[106] Jacobus Ly, Macao, 20 February 1794, APF SOCP, b. 68, f. 616v.

建了中國人身份認同，因而站在朝廷的角度去翻譯，但中國元素出現在他的翻譯中，卻是很自然的。他甚至可能認為這樣翻譯對使團和中國雙方都有利。畢竟，長麟與馬戛爾尼的談話也是由李自標翻譯，他很清楚知道長麟的期望。為了滿足長麟的要求，他就用上「中國的風格」來寫一封謝恩信，這是很可能的。其實，對比過馬戛爾尼的原信和這份感恩書以後，我們甚至可以説李自標根本不是在翻譯，他只是直截了當地撰寫一封感恩信，交與長麟上奏朝廷。

但無論如何，長麟送到北京去的就是這封感恩書，我們沒法從據稱集齊現存清宮檔案的《匯編》見到長麟怎樣匯報，也不知道乾隆有什麼反應。《匯編》中收有一份乾隆五十八年十二月二十四日（1794年1月25日）的奏片，將長麟所奏英國使臣「呈詞」交索德超等閱看。[107] 但這看來並不是馬戛爾尼在1793年11月23日所交給長麟的所謂〈謝恩書〉，因為儘管馬戛爾尼的短箋的確附有拉丁譯文，[108] 但從內容上與軍機處奏片不符，奏片特別提到「以英吉利國遠來進貢，或因現與佛蘭西人打仗吃虧，希冀天朝救助」，並引述索德超、羅廣祥等回答，「我等赴京當差，離國日久，佛蘭西與英吉利人因何打仗，我實不知詳細」，[109] 可見這其實跟馬戛爾尼寫給長麟的短箋無關，現存檔案中見不到有關這封短箋，尤其是小斯當東手寫中文譯本的任何説法。

不過，《匯編》還收有另一封出自小斯當東手筆的信。

三

乾隆六十年十二月二日（1796年1月11日），也就是使團離開廣州整整兩年後，廣東巡撫兼署理兩廣總督朱珪及粵海關監督舒璽呈奏，報

---

[107] 〈奏為將長麟奏到英使臣呈詞給索德超等閱看片〉，《英使馬戛爾尼訪華檔案史料匯編》，頁203。

[108] Latin translation, "Note to Changtagin, Viceroy of Canton dated 23 November 1793," IOR/G/12/92, pp. 423–425.

[109] 〈奏為將長麟奏到英使臣呈詞給索德超等閱看片〉，頁203。

告收到行商蔡世文等傳來東印度公司大班波郎的訊息：由於兩年前英國國王派遣「貢使」過來，得到厚待和賜賞禮品，於是「備具表文土物呈准」，「以表悃忱」。[110]

英國政府這次送信和禮品到中國，毫無疑問是馬戛爾尼使團訪華的後續，他們在1795年6月就把信件和禮物準備好，這距離馬戛爾尼等回到英國的1794年9月6日才九個月左右。[111] 根據東印度公司檔案資料，1795年12月28日，公司船隻「Cirencester號」把一個箱子帶到廣州，裡面裝有五個小盒，分別放有五封信：英國國王致中國皇帝、鄧達斯、馬戛爾尼、斯當東三人分別致兩廣總督長麟，以及公司主席致粵海關監督。[112] 今天，這幾封信函的英文版及其中兩封的拉丁文譯本都是可以在東印度公司檔案中見到的，[113] 而朱珪在奏折中說有「夷字正副表二件，伊國自書漢字副表一件」，[114] 其實都只是第一封英國國王致中國皇帝信件的原文和譯文，沒有提及其餘的四封信。

在這幾封信中，最重要的當然是英國國王給乾隆的一封，因為它可以被視為英國對乾隆兩道致英國王敕諭的官方回應，更不要說朱珪沒有接收其餘的四封信，英國人把它們原封帶回。上文分析過乾隆的敕諭充滿天朝話語，尤其是第二道拒絕使團所有要求，更是言詞嚴厲，態度堅決，不過，這些很可能有損英國人自尊的話語全給英譯本所消解，馬戛

---

110 〈兵部尚書兼署兩廣總督朱珪等奏為英國呈進表貢請旨折〉，《英使馬戛爾尼訪華檔案史料匯編》，頁493。

111 Staunton, *An Authentic Account of an Embassy*, vol. 2, p. 267.

112 Consultation, 28 December 1795, IOR/G/12/110, pp. 101–102.

113 "English Copy of His Majesty's Letter to the Emperor of China dated 20th June 1795," IOR/G/12/93B, pp. 327–330; "Latin Copy of Ditto," ibid., pp. 337–341; "English Copy of Mr. Dundas's Letter to the Viceroy of Canton, dated June 1795," ibid., pp. 345–348; "Latin Copy of Ditto," ibid., pp. 349–352; "English Copy of Lord Macartney's Letter to the Viceroy of Canton dated June 1795," ibid., pp. 353–355; "Latin Translation of Ditto," ibid., pp. 357–359; "Copy of A Letter from the Chairman to the Viceroy of Canton dated 30th June 1795," ibid., pp. 369–372; "Copy of A Letter from the Chairman to the Hoppo of Canton dated 30th June 1795," ibid., pp. 373–374.

114 〈兵部尚書兼署兩廣總督朱珪等奏為英國呈進表貢請旨折〉，頁493。

爾尼送回去重寫過的版本締造了兩國友好平等的國際關係。喬治三世1795年6月20日的信，就是延續著這種由馬戛爾尼使團建立的「友誼」而寫成的。信件的第二句便直接談到乾隆的敕諭，指出敕諭所表現對他們的關懷，讓他們很感滿意，又強調很高興知道作為友誼的象徵而派遣的使團和帶備的禮物，得到乾隆的認可。比較有趣的地方是乾隆所回贈使團的禮品，喬治三世說這代表中國的美意，英國人欣然接受，就像使團的禮品得到接受一樣，但又馬上筆鋒一轉，說到其實兩個帝國（"two respective empires"）都能為自己提供大部分有用和必須的物品。這頗有點針鋒相對的味道，回應乾隆第一道敕諭天朝「種種貴重之物，梯航畢集，無所不有」，「從不貴奇巧，並無更需爾國製辦物件」，[115] 以及第二道敕諭「天朝物產豐盈，無所不有，原不藉外夷貨物以通有無」的說法。[116] 整體而言，喬治三世在1795年這封信強烈地展現一種對等交往的關係，更刻意打破任何天朝高高在上的思想，最為明顯的是這樣的一句：

> 最可貴的是現在我們友好的感情已為雙方知悉，這正好確認：不管相隔多麼遙遠的國家君主，如要讓國民享受和平幸福的生活，便應該在友誼和相互便利下團結起來。[117]

在收到這些信件後，波郎馬上通過行商蔡世文及潘有度，安排與廣州官員見面，但最初的階段並不順利，一方面是英國政府送來的部分禮品沒有找到，耽誤了一些時間，朱珪等官員明言要集齊所有禮品才可以向北京報告，甚至要知道禮品都安然無恙才肯與波郎見面，接收書信。幸好他們終於在1月8日把所有禮品集齊，[118] 波郎可以正式遞送信件和禮品。另一方面，朱珪等要求必須知道英國國王來函的內容，才肯接收信件並轉呈北京。這讓波郎等感到很為難，因為他們並沒有收到副本，根本不

[115] 〈大清皇帝給英吉利國王敕諭〉，頁166。

[116] 〈大清皇帝為開口貿易事給英國王的敕諭〉，頁172。

[117] "English Copy of His Majesty's Letter to the Emperor of China dated 20th June 1795," IOR/G/12/93B, p. 328.

[118] Consultation, 8 January 1796, IOR/G/12/110, p. 125.

知道信件的內容，也不可能私自開啟國王給乾隆的信件；更不願意把信件交與一些較低級的中國官員，因為他們得到的指令是必須與總督見面，把信件直接交到他手上。[119] 雙方僵持不下，直至波郎很明確地告訴中方，他們沒有這封信的副本，也沒有譯文，不過肯定這封信主要表示感謝和恭維（complimentary），不會引起什麼麻煩的。對於這樣的回答，官員們基本上是滿意的，但又提出另一個問題，儘管信件是向大皇帝表達謝意，但擔心在表述上不符合中國的模式，會惹他生氣。[120] 這裡可以見到中國官員在處理這些問題時十分謹慎，幾乎可以說是步步為營。當我們在前面見過乾隆在禮品清單中讀到「欽差」時的反應，便會明白表述方式的確是關鍵所在。不過，他們的爭持也不能再拖延下去，因為乾隆早已宣佈會讓位與嘉慶（愛新覺羅・顒琰，1760–1820，1796–1820在位），英國人送來的信函和禮品必須趕在他讓位前奏呈。結果，波郎和特選委員會成員皮奇（Samuel Peach）在1796年1月8日（乾隆六十年十一月二十九日）下午4時趕到廣州城內朱珪的官邸呈交信函，到晚上7時才回到商館。[121]

對於朱珪在1月8日的接見，波郎是很感滿意的，「那種盛大的場面遠超過他們所能想像」，他們進場時還得到鳴炮三響，以示歡迎。波郎拿著英王的信，而其他信件則由皮奇帶過來。根據東印度公司當天的日誌，波郎拿出英王的信後，朱珪馬上取出譯文，以頗為粗率的方式撕開封印，讀完後才拿出英文原信，要求波郎把它打開，波郎不同意，朱珪指示潘有度拆信，但由於沒有通事在場，他們只能把英文原信放在枱上，沒有人做解說。這時候，波郎表示還有其他信件，三封是寫給總督的，一封寫給粵海關監督。但朱珪不肯接受，因為信件是寫給原來的總督長麟的，現在粵海關監督也換了人，他們不能代為接收。最後，波郎只好取回那四封信。就是為了這個緣故，朱珪等所呈奏的便只有以英王

119 Consultation, 6 January 1796, IOR/G/12/110, p. 114.

120 Ibid., p. 113.

121 Consultation, 8 January 1796, IOR/G/12/110, p. 126.

名義送來的一封，連送給總督的禮物也沒有收下。[122] 朱珪後來在奏折中也提及這點，「告以長大人蘇大人俱已調任別省，禮物難以轉寄」，又說「天朝大臣官員例不與外國夷官交際」，因此，即使長麟在廣州也不會接收禮物。[123]

不過，今天在清宮檔案中可以見到兩份中文的「副表」，一篇是〈英多馬斯當東手書漢字副本〉，[124] 另一篇是〈譯出英吉利國字副表〉。[125] 為什麼會這樣？朱珪在奏折中解釋：

> 臣等公同閱驗其漢字副表，雖係中華字書，而文理舛錯，難以句讀，隨令通曉該國字書之通事將夷字副本與漢字表核對，另行譯出。[126]

對於這次重譯英國國王信件的過程，東印度公司檔案也有記錄。在交出信件後，波郎和皮奇被接待到另一個房間，稍事休息及享用點心，十分鐘左右後，這些官員向二人表示大抵滿意英王的信函，認為可以呈送乾隆，但譯文的表述有不甚精準的地方，意義有點含糊，所以他們會重新翻譯英文原信，再跟送來的中譯本仔細對照，如果內容重合，便會儘快送到北京，但禮品則先留在廣州，聽候乾隆的指示。因為假如信函與禮品一起運往北京，就會耽誤信件到達的日期，尤其害怕過了乾隆讓位的日子。[127] 接著，潘有度在第二天（1月9日）向東印度公司匯報，兩廣總督已找人譯出英國國王來信，並對照過小斯當東的譯本，認為尚算準確，會在1月10日把原信和譯本送到北京去。[128]

122　Ibid., pp. 128–129.

123　〈署理兩廣總督巡撫朱珪奏報英人送總督及監督禮物及拒收情形片〉，《英使馬戛爾尼訪華檔案史料匯編》，頁234。

124　〈英多馬斯當東手書漢字副本〉，同上，頁230–232。

125　〈譯出英吉利國字副表〉，同上，頁232–234。

126　〈兵部尚書兼署兩廣總督朱珪等奏為英國呈進表貢請旨折〉，頁493。

127　Consultation, 8 January 1796, IOR/G/12/110, p. 129.

128　Consultation, 9 January 1796, IOR/G/12/110, p. 131。根據東印度公司的紀錄，朱珪在1月10日清早便把信函送出。Consultation, 10 January 1796, IOR/G/12/110, p. 131。但朱珪奏折的日期是乾隆六十年十二月二日，即1796年1月11日，比東印度公司所寄晚了一天。

平情而論，朱珪說〈英多馬斯當東手書漢字副本〉「雖係中華字書，而文理舛錯，難以句讀」，已是比較客氣委婉的說法，嚴格來說，譯文幾乎是沒法讀懂的。即以信件開首為例：

> 宅株士的兒燒士馬個你不丹爺國又佛蘭西意國又嘢巴尼意國國王恭　敬
> 大清乾隆皇帝萬歲萬萬歲
> 　　王親宰相嗎咖囉嘛因來了從
> 大皇上面前到我們京裡我們受了從他
> 大皇上的書子及狠喜歡認得
> 中國萬歲好心親愛與
> 　　英吉利亞國國王我們也喜歡知道所我們發的欽差禮物為
> 大皇上中意這一總我們發了如我們愛心及同你們要相連記號我們也狠多謝
> 大皇帝恩典為我們欽差及隨欽差的官[129]

此外還有「雖然你們及我們的國每一個出每一個用的」、「大皇帝不能給我們更好他好心的記號比多暫定了有義及恩惠」等，可以說幾乎每一句都詰屈聱牙，難以卒讀。毫無疑問，這是現在所能見到從英國送來與使團相關的中文文書在行文上最糟糕的一份。

但另一方面，由於這樣別扭的行文，原來信函那種要求對等交往的態度便不一定能展示出來。例如「我們愛心及同你們要相連記」、「但所更貴是所我們知道我們的相愛必定，一總國國皇或國王所喜歡，他們國平安，該當彼此有相合相愛」等，當中確實包含兩國平等、相互敬重友好的意思，但讀下來卻完全沒有力量，更不要說達到抗衡的效果了。因此，儘管譯本中多番出現乾隆最不喜歡的「欽差」，但夾雜在詰屈古怪的行文中，似乎就不是什麼嚴重的問題了。

但為什麼小斯當東這份「手寫漢字副本」會這樣難以卒讀？這其實反映小斯當東當時的中文水平。[130] 在這之前，小斯當東參與準備的中文

129　〈英多馬斯當東手書漢字副表〉，《英使馬戛爾尼訪華檔案史料匯編》，頁230–231。

130　何新華說：「小斯當東當時已算是英國頂級的漢語人才，為英國政府在對華交往時所倚重。」何新華：《清代朝貢文書研究》(廣州：中山大學出版社，2016)，頁638。這說法

文書，包括註明「係吒多嗎嘶噹喃親手寫」的，[131] 其實都不是小斯當東翻譯的，他只負責抄寫，翻譯工作由其他譯員完成。可以同意，小斯當東是勝任抄寫的工作的，即使不懂中文的斯當東也說過小斯當東寫中文比寫英文更為整齊，[132] 就連長麟也稱讚過他寫字很工整，[133] 但顯然只限於抄寫，與自己獨立做翻譯很不同。然而，這封從倫敦發出英王的信件卻是由小斯當東自己翻譯，證據是他在1796年8月15日寫給父親斯當東的信：

> 我很高興聽到由我翻譯成中文給中國皇帝的信是成功的。我有點害怕中英文用法上的不同會造成一些我自己都不知道的錯誤。[134]

不知道斯當東是從哪裡聽來小斯當東譯文很成功的消息，但從上面的討論可以看出，因為中英文的差異，小斯當東的確犯了不少表述上的錯誤，正如小斯當東自己所說，這是他當時的漢語水平所不能分辨的，說明他沒有獨立進行中文筆譯的能力。那麼，一個值得探究的問題是：究竟小斯當東在倫敦翻譯國王信件時，身邊有沒有懂中文的人可以幫忙？

我們知道，當使團離開中國返程時，斯當東曾帶同22歲的潘路加和20歲的嚴甘霖同行，他們都是準備到那不勒斯中華書院學習的。作為對使團譯員李自標服務的回報，斯當東答應由使團支付他們從廣州到倫敦的費用，但從倫敦到意大利的則須由那不勒斯中華書院負責。[135] 按常理

言過其實。儘管當時英國的確沒有什麼漢語人才，但小斯當東還只是一名不足15歲的小孩，不可能為英國政府所倚重。小斯當東這次翻譯英王的信，只是出於父親斯當東的安排。

131 〈英使馬戛爾尼謝恩書〉，《掌故叢編》，頁23。

132 George Thomas Staunton to George Staunton, Hindostan off Ashern Head, Sumatra, 22 October 1799, Staunton Papers, Duke University.

133 Macartney, *An Embassy to China*, p. 187.

134 George Thomas Staunton to George Staunton, Winterslow, 15 August 1796, Staunton Papers, Duke University.

135 Giambattista Marchini, Macao, 2 March 1794, APF SOCP, b. 68, f. 636; Naples, 2 February 1795, SC Collegi Vari, vol. 12, f. 154r.

推想，在回程的旅途上，斯當東會讓潘路加和嚴甘霖向小斯當東教授中文，雖然我們完全不知道這二人的中文水平，也沒有確切的資料證明他們曾教授過小斯當東。但無論如何，潘路加和嚴甘霖是在1795年7月23日抵達那不勒斯的；[136] 換言之，他們最晚是在5、6月間便離開倫敦，啟程前往意大利。這樣，當小斯當東在1795年6月下旬翻譯英國國王信件的中譯本時，潘路加和嚴甘霖應該已經不在倫敦，不可能提供任何幫助。

另一方面，我們可以確定當時還有一些別的中國人跟隨斯當東到英國去。使團總管巴羅在1810年對小斯當東在廣州翻譯的《大清律例》撰寫評論時，記述小斯當東帶同「幾名中國僕人」("several Chinese attendants") 一起回國。[137] 巴羅以外，當小斯當東在1859年去世後，由德格雷暨里彭伯爵 (The Earl de Grey and Ripon) 喬治．羅賓遜 (George Frederick Samuel Robinson, 1827–1909) 在倫敦皇家地理學會 (the Royal Geographical Society of London) 1860年的年會上所宣讀的訃文中，說到在馬戛爾尼使團「離開中國時，斯當東爵士僱用了一名中國僕人陪同他回去倫敦，好讓兒子能夠時常以中文跟僕人溝通，從而保持甚至提高他的漢語能力」。[138] 無論是巴羅還是羅賓遜，他們所指的都不是與使團同行、要往意大利學道的潘路加和嚴甘霖，而是另外專門受聘去英國的中國人。這樣看來，不管是幾名還是一名，小斯當東回到英國後，可能一直有中國人教他中文，也就是說，在小斯當東翻譯英王的信函時，他身邊可能有一個甚至幾個中國人。

今天，倫敦大學亞非學院藏有一幅由約翰．霍普納 (John Hoppner, 1758–1810) 在1794年所繪的油畫，[139] 題為「斯當東夫人與其子小斯當東

---

136 Fatica, *Archivio Storico del Collegio dei cinesi*, pp. 4–5.

137 "*Ta Tsing Leu Lee; Being the Fundamental Laws, and a Selection from the Supplementary Statues of the Penal Code of China,*" *The Quarterly Review* no. 3 (May 1810), p. 277.

138 "Address to the Royal Geographical Society of London; Delivered at the Anniversary Meeting on 28th May 1860, by the Earl de Grey and Ripon, President: Obituary," *Proceedings of the Royal Geographical Society of London* 4, no. 4 (1859–1860), p. 141.

139 有關約翰．霍普納，可參John Human Wilson, "The Life and Work of John Hoppner (1758–1810)" (Unpublished PhD dissertation, Courtauld Institute of Art, University of

及一名中國人」，就是小斯當東回國後與母親見面的場景，站在小斯當東背後的是一名年青的中國人。這名中國人身穿中國的服飾，看來不足20歲，還拿著一個茶葉盒，上面寫上幾行中文字：「冬日偶書仙索翠力」。[140]「仙索翠力」應該是斯當東夫人娘家的所在地Salisbury（今天一般譯作「索爾茲伯里」）的譯名，看來就是斯當東的中國僕人自創的翻譯；而且，儘管這只是一幅由英國人所繪的油畫，但還可以看出這幾個中文字的書法很不錯，寫來頗為雄渾有力。

不過，跟隨斯當東到英國去的中國僕人是否就只有這幅油畫裡的一人？上引巴羅和喬治．羅賓遜的說法並不一樣。從常理看，巴羅是使團中人，且與斯當東一家關係密切，他的說法是較可信的。不過，儘管我們可以確定喬治．羅賓遜是錯的，但也沒有足夠資料證明巴羅的說法，從現在所見到的史料，可以肯定的是當時有兩名中國人跟隨使團到英國，充當斯當東的僕人，主要的任務是教導小斯當東學習中文。通過斯當東父子的通信，以及東印度公司的檔案，我們知道他們的名字叫Assing和Ahiue，但沒法確定他們的中文名字。事實上，我們甚至沒法確定霍普納油畫中的中國僕人究竟是否Assing和Ahiue——除非我們確定茶箱上的中文字是畫中人所寫。[141]

關於小斯當東這兩名中國僕人的資料很少。[142] 沈艾娣猜想Assing很

London, 1992)。

140　"Lady Staunton with her son George Thomas Staunton and a Chinese Servant," https://digital.soas.ac.uk/LOAA005707/00001, accessed 3 April 2020；根據亞非學院網站的介紹，這幅油畫是由香港上海滙豐銀行所捐贈的。另外，負責拍賣該油畫的蘇富比（Sotheby's）有關該油畫的介紹，見https://www.sothebys.com/en/buy/auction/2020/old-master-paintings/john-hoppner-r-a-portrait-of-lady-jane-staunton-d。亦可參Harrison, *The Perils of Interpreting*, pp. 155–157。

141　亞非學院網站提出油畫中的中國僕人是Ahiue，資訊來源是沈艾娣。https://digital.soas.ac.uk/LOAA005707/00001/citation, accessed 3 April 2020。

142　由於這緣故，學術界的關注很少，而且，過去只有有關Ahiue非常簡單的討論，從沒有人提及過Assing，例如專門討論17–18世紀到過英國人的華人的一篇文章，表面看來有一節討論小斯當東的中國僕人和容三德，但實際上幾乎全部篇幅都只寫容三德，有關小斯當東中國僕人的只有一段的討論，只分析了油畫「斯當東夫人與其子小斯當東及一名中國人」。Kitson, "'The Kindness of my Friends in England'," p. 64；高馬可的新作《廣

可能就是後來在廣州出事被捕、最終被發判充軍的吳亞成。[143] 根據當時審訊時的判詞，吳亞成又名「吳士成」，祖籍香山，1773年出生，嘉慶三年九月（1798年10月）開始受僱於東印度公司大班「哈」（Richard Hall）、「得剌們」（多林文，James Drummond, 1767–1851）為幫工，1810年5月被捕下獄，[144] 雖經小斯當東和其他東印度公司廣州成員出面營救和幫忙，最終還是以「交結外國互相買賣借貸誆騙財物」的罪名，發往伊犁，且更因為「屢次違例私受夷人僱用幫工情罪較重」，需先行枷號三個月示眾。[145] 1811年7月25日，吳士成還寫信給當時的大班益花臣請求幫忙，負擔發判期間的開支，[146] 而益花臣後來為此支付3,000元，另加1,000元給他的家人，[147] 可見他跟東印度公司的關係確是非比尋常。不過，現在所能見到的資料中從沒有提及吳亞成曾去過英國居住和生活的紀錄；另外，在一封由他署名的信函中，其筆跡與霍普納油畫的漢字書法也很不相同，不應是出於同一人。[148] 但無論如何，這位Assing在英國的時間也不算長，因為東印度公司董事局1796年7月6日會議紀錄中記有斯當東提出申請，讓一名中國僕人乘坐「皇家夏洛特號」（*Royal Charlotte*）回中國，費用由斯當東自己支付。[149] 雖然這紀錄沒有註明這

州歲月》也有一句提及他。Carroll, *Canton Days*, p. 66；另外，在這些研究裡，小斯當東這名中國僕人的名字都給寫成Ahui。不過，從小斯當東幾封信的手稿看到，他的名字其實是寫成Ahiue的。至於另一位中國僕人，就筆者所見，唯一討論過的是沈艾娣。Harrison, *The Perils of Interpreting*, p. 142.

143 沈艾娣明確地說這是出於「環境」（circumstantial）證據的推想，因為二人的經歷很吻合，而小斯當東後來與吳亞成有非常密切的關係。不過，她也承認Assing這個名字很普通，跟隨斯當東去英國的可能是另有其人。Harrison, *The Perils of Interpreting*, p. 299, n. 3.

144 "Sewn Bundle of Copies of Chinese Official Documents about the Ashing Case," FO 1048/11/87.

145 Ibid.

146 "Ashing to Select Committee, Appealing for Assistance with His Journey Expenses To Ili," FO 1048/11/53.

147 "Elphinstone to Goqua," FO 1048/11/66.

148 同上。不過，令人感到懷疑的是這封信寫得很講究，甚至給人一種咬文嚼字的感覺，書法也十分工整秀麗，完全不像在獄中很困難的境地下寫成的，不能確定是否由別人代書。

149 "Court Minutes, 13 April – 23 September 1796," IOR/B/123, p. 375.

名中國僕人的名字，但他只能是Assing，因為另一位中國僕人一直留在英國，1799年才回國。這樣，Assing大概在英國住上大約只有兩年，這看來是他們原來協議商定的安排，因為我們確實知道另一名中國僕人原來的計劃就是在英國住兩年，[150] 只是他後來繼續留下了。不過，看來Assing在英國的表現並不理想，小斯當東在1800年再到廣州後，曾經在三封信裡告訴父母聘請了Assing為僕人，並解釋其中原因，當中都提及在英國的時候他們不滿意Assing的表現。[151] 但在第一封信裡，小斯當東便告訴父母，Assing在廣州得到很好的評價。[152] 在另外的信中，小斯當東又說Assing比其他中國僕人好得多，優點是誠實可靠，不會有偷竊等行為，而且還得到「買辦」（這指的應該是行商首領）的信任和推薦。小斯當東還特別說明，能得到買辦推薦的僕人確實是很忠誠的，中國商人甚至毫無顧慮地把鎖有50,000元的鐵櫃鎖匙交給僕人，也從來沒有出現問題。不過，最關鍵的是這位Assing具有閱讀和書寫中文的能力，所以把他聘為高級僕人（head servant）。[153] 這三封信最早的日期是1800年1月25日寫的，可以見到小斯當東剛到廣州便幾乎馬上聘用Assing，因為他是在1800年1月12日才到達澳門登岸。而第三封信寫於1801年5月7日，可見最少在這一年半裡，小斯當東一直在聘用Assing為僕人。不過，這三封信就是我們現在見到小斯當東直接談論Assing的全部材料，他究竟為小斯當東做了什麼事？怎樣幫忙小斯當東？這方面的資料都是空白的。不過，斯當東在1794年把Assing帶到英國去，相信就是因為他具有讀寫中文的能力，可以教導小斯當東讀寫中文。

---

150 George Thomas Staunton to George Staunton, Canton, 27 March 1800, Staunton Papers, Duke University.

151 George Thomas Staunton to Parents, Canton, 25 January 1800; George Thomas Staunton to George Staunton, Canton, 27 March 1800; George Thomas Staunton to Jane Staunton, Canton, 7 May 1801, Staunton Papers, Duke University.

152 George Thomas Staunton to Parents, Canton, 25 January 1800, Staunton Papers, Duke University.

153 George Thomas Staunton to Jane Staunton, Canton, 7 May 1801, Staunton Papers, Duke University.

至於Ahiue，這名字第一次出現是在1796年8月5日小斯當東的一封信裡，離開使團返抵英國大約兩年。這年夏天，小斯當東去了索爾茲伯里的威爾特郡(Wiltshire)溫特斯洛(Winterslow)，住在姨丈彼得．布羅迪(Peter Brodie, 1742–1804)家裡。[154]彼得．布羅迪是溫特斯洛的牧師，夫人莎拉．柯林斯(Sarah Collins, 1754–1847)是斯當東夫人珍．柯林斯(Jane Collins, 1753–1823)的妹妹。在小住的幾個月期間，小斯當東寫信給倫敦的父母，報告生活狀況。在8月5日這封信可以見到，Ahiue似乎頗為適應英國的生活，因為小斯當東告訴他父母，Ahiue來到索爾茲伯里，說那是一個很清潔寧靜的小鎮，而且他很喜歡溫特斯洛，小斯當東相信離開時Ahiue肯定會很不開心。[155]從這封信看，Ahiue好像是第一次到索爾茲伯里。這樣看來，霍普納油畫中拿著寫上「冬日偶書仙索翠力」茶盒的便不會是Ahiue。接著，在10月中的另一封信裡，小斯當東告訴父母，Ahiue做了一隻很大的風箏，送給小斯當東的表兄威廉．布羅迪(William Brodie, 1780–1863)，風箏飛得很高，逗得他們很開心。[156]此外，在同年11月他還跟小斯當東去過布萊頓(Brighton)，[157]翌年11月又再去過溫特斯洛一次。[158] 1797年以後，Ahiue這個名字再次出現，已是在1799年小斯當東從英國去廣州的航程途中寫給父母的信裡。由此可見，Ahiue一直住在英國，直至1799年才跟隨小斯當東一起離開。從小斯當東1799年6月21日在海上發出的第一封信，到1800年1月12日到達澳門登岸前最後一封信，Ahiue的名字共在三封信裡出現

---

154 Staunton, *Memoirs of the Chief Incidents*, p. 18.

155 George Thomas Staunton to Parents, Winterslow, 5 August 1796, Staunton Papers, Duke University.

156 George Thomas Staunton to George Staunton, Winterslow, 17 October 1796, Staunton Papers, Duke University. 威廉．布羅迪是彼得．布羅迪的第二個兒子，比小斯當東年長不足一歲。

157 George Thomas Staunton to George Staunton, Brighton, 16 November 1796, Staunton Papers, Duke University.

158 George Thomas Staunton to George Staunton, Salisbury, 11 November 1797, Staunton Papers, Duke University.

四次，其中三次都只是說Ahiue在船上的表現很好：

> 一直以來，Ahiue表現得很好，雖然我自己能輕易處理的，便沒有要他做什麼。（1799年6月21日）[159]
> 我忘了說Ahiue。自從登船後，他整體表現得很好，他實際上沒有什麼要為我做的，但由於沒有其他工作，他很樂意去完成所有要他做的事。（1799年7月28日）[160]
> 我也說幾句關於Ahiue。雖然不可能教導他像一些英國僕人一樣的關心和周到，但整體來說，他的表現還是很好的，對我也很有幫助。至於像剪髮及其他的小服務，我就請米列特船長〔Captain Millett〕的僕人做了。（1799年11月1日）[161]

不過，讓人感到疑惑的是，儘管小斯當東幾乎在每一封寫給父母的信中都說到自己要加緊提升中文的能力，好能在東印度公司發揮所長，但上面三處談到Ahiue的地方都沒有聯繫到他學習中文的方面去，Ahiue所幫忙的只是一些瑣碎雜事，是名副其實的僕人的工作，尤其是小斯當東還把他跟一般的英國僕人比較，又說那些他做不來的事情就請船長的僕人幫忙，完全沒有提及他能怎樣幫忙小斯當東學習中文。對比小斯當東在跟隨使團來華航程中的日記，經常記下跟柯宗孝和李自標上課的情況，這次明顯很不一樣。那麼，在中文學習方面，是否Ahiue幫不上忙？這是不合理的，因為斯當東在使團離開中國時把Ahiue帶到英國，目的就是要幫助小斯當東學習中文。

首先，可以確定Ahiue是不會讀寫中文的文盲。上文剛提過，小斯當東在廣州聘了Assing做高級僕人，為什麼不聘用跟他更長時間在英國的Ahiue？其實，小斯當東在廣州也聘請了Ahiue的，但只是做一般的僕人，不是高級僕人。為什麼這樣？小斯當東向父母解釋說，他聘用高級

159 George Thomas Staunton to George Staunton, At sea, 21 June 1799, Staunton Papers, Duke University.

160 George Thomas Staunton to George Staunton, At sea, 28 July 1799, Staunton Papers, Duke University.

161 George Thomas Staunton to George Staunton, Prince of Wales's Island, 1 November 1799, Staunton Papers, Duke University.

僕人的首要條件是能夠「書寫或閱讀他自己語言的文字」("to write or read the characters of his own language")，Ahiue沒有這樣的能力。[162] 不過，Ahiue能幫忙的是在口語方面提升小斯當東的能力。小斯當東在一封寫於1799年7月28日海上旅程的信裡這樣說：

> 我每天聽到的都讓我深信，認真地去學習中文是正確和重要的，我已決定每天把主要的時間放在閱讀、書寫和翻譯這種語文。我很相信這樣可以讓我的漢語水平在這次旅途中有相當的進步，儘管仍然會是很不完美的。我跟Ahiue只說漢語，也只准他用漢語來跟我說話。不過，我也不能確定這方法一定可以讓我的漢語有很大的進步。事實上，即使我掌握他全部的漢語能力，也不怎麼能夠讓我與中國官員準確地談話和翻譯。[163]

不能否認，小斯當東這裡的說法有點負面，好像Ahiue不怎麼能夠幫忙，但最少確認他在這階段是通過與Ahiue交談來嘗試提升漢語口語的能力。

事實上，就像Assing一樣，小斯當東在廣州工作時繼續聘請Ahiue為僕人，原因就在於Ahiue的官話說得很好，小斯當東說「他官話的口音比我可能遇到的任何人都好」("spoke the Mandarin language with a better accent than any I was likely to meet with")。就是這樣，Ahiue在廣州繼續為小斯當東工作，每月工資六元，[164] 還被認為是整個東印度公司廣州商館內最好的僕人(under-servant)。[165] 更重要的是，在小斯當東接到父親去世的消息，匆忙趕回英國時，也曾想過把Ahiue帶回去，只是Ahiue不太願意，加上母親對Ahiue從前的行為不滿，小斯當東打消這念頭，在離

[162] George Thomas Staunton to Jane Staunton, Canton, 7 May 1801, Staunton Papers, Duke University.

[163] George Thomas Staunton to George Staunton, At sea, 28 July 1799, Staunton Papers, Duke University.

[164] George Thomas Staunton to George Staunton, Canton, 27 March 1800, Staunton Papers, Duke University.

[165] George Thomas Staunton to Jane Staunton, Canton, 7 May 1801, Staunton Papers, Duke University.

開前把他辭了。[166] 但由此可見，對於小斯當東來說，Ahiue是重要的，而從使團在1794年1月離開中國算起，到小斯當東在1801年10月寫信向母親報告時，Ahiue前後為小斯當東工作長達七年半。

在這情形下，當小斯當東1795年在倫敦翻譯英國王的書函時，Assing和Ahiue也在他身邊，Ahiue不能幫忙，這是可以理解的，但Assing呢？上文引用小斯當東的説法，可以見到他對自己的翻譯沒有信心，害怕出錯，為什麼具有讀寫中文能力的Assing不能幫忙？即使他當時剛到英國不久，不一定能夠把英文譯成中文，但在中文書面上修飾文字應該是可能的。不過，今天所見喬治三世信函的譯文詰屈聱牙、晦澀難懂，出現諸多嚴重的表述問題，這是小斯當東獨立翻譯的結果，只是我們實在不明白，為什麼原來聘請到英國教導小斯當東閱讀和書寫中文的Assing竟不能協助修飾。

但無論如何，小斯當東這份譯文在乾隆六十年十二月二十四日（1796年2月2日）送到乾隆手上。很難想像乾隆怎樣讀懂這篇由他曾經交談並讚賞過的外國小孩所完成的譯文，大概得要借助朱珪在廣州另找通事翻譯出來的譯本吧。這篇經由中國通事改寫的譯文，毫無疑問就是一道恭順臣伏、感激萬狀、「呈天朝大皇帝」的表文，例如在談到乾隆的兩道敕諭時，譯文寫作「我心中十分感謝」；在談到使團送呈的禮品時，譯文寫作「多謝大皇帝賞臉與貢使及隨從人等，因貢使恭順誠敬進貢，已沾大皇帝恩典」，還有「這是大皇帝最大的天恩」、「將來或再差使叩見大皇帝，以表遠夷的誠心」、「大皇帝萬壽康寧，並諭稱我將來年壽仰托大皇帝鴻福均同一樣，我心實在歡喜感激」等，而「欽差」則是理所當然地被「貢使」所取替。[167] 這樣，喬治三世的書函除在行文上符合中國人的要求外，傳遞的訊息也能夠讓廣東官員以至乾隆感到滿意，結果，乾隆在收到書函後，趕著在讓位前幾天（乾隆六十年十二月二十五日，1796年2月3日）發下敕諭，並贈送禮品；[168] 而且，在敕諭和禮品送到廣

---

[166] George Thomas Staunton to Jane Staunton, Macao, 5 October 1801, Staunton Papers, Duke University.

[167] 〈譯出英吉利國字副表〉，頁232–234。

[168] 〈奏為擬頒英吉利敕諭片〉，頁275；〈奏為擬頒英吉利賞物清單片〉，同上。另一方面，

州後，朱珪在3月13日在總督府以很高的規格交與東印度公司特選委員會主席波郎，[169] 大概是這個原因，讓斯當東以為譯文很成功吧——他肯定不知道中國官員在廣州另找通事譯出新的譯本。

〈背景篇〉曾經指出，乾隆這第三道敕諭並不見於《匯編》，卻見於《文獻叢編》、《高宗純皇帝實錄》和《東華錄》內。現在所見《文獻叢編》等收錄的第三道敕諭篇幅不長，約350字，除開首常見的開場白，交代一下背景(「爾國遠隔重洋，上年遣使恭賫表貢，航海祝釐，朕鑒爾國王忱悃，令使臣等瞻覲預宴，錫賚駢蕃，頒發敕諭回國，並賜爾國王文綺珍玩，用示懷柔。茲爾國王復備具表文土物，由夷船寄粵呈准，具見恭順之誠」)和天朝話語(「天朝撫有萬國，琛賮來庭，不貴其物，惟重其誠。已飭諭疆臣將貢物進收，俾伸虔誠」)外，其餘整份敕諭都是涉及廓爾喀的問題，這是直接回應英國送來書函的內容的。

乾隆五十三年(1788年)，廓爾喀進擊西藏，乾隆派四川提督成德(1728–1804)清剿，西藏與廓爾喀議和，取得短暫和平。1791年，廓爾喀以西藏沒有履行和約為借口，再次揮軍入襲西藏，乾隆派遣兩廣總督福康安領軍進剿，直逼廓爾喀都城陽布(今加德滿都)，廓爾喀遣使求和歸降，「平定廓爾喀」結束，成為乾隆「十全武功」之一。在事件中，英國東印度公司確曾牽涉其間，在廓爾喀第一次入侵時，西藏七世班禪敦貝尼瑪(Baidan Dainbai Nyima, 1782–1853)曾向東印度公司求助，但印度總督康沃利斯侯爵(Charles Cornwallis, 1738–1805)決定不會出兵，只承諾不會協助廓爾喀；但其後又派威廉·克爾帕特里克(William Kirkpatrick, 1754–1812)率領使團訪廓爾喀。[170]

東印度公司廣州商會則報告說敕諭所署日期為乾隆六十年十二月二十九日，也就是乾隆退位前的一天，不過，他們並不是直接看過敕諭，只是說獲告知而已。Consultation, 21 March 1796, IOR/G/12/110, p. 213.

[169] Consultations, 13 March 1796, IOR/G/12/110, p. 207.

[170] 關於這場戰爭，可參John W. Killigrew, "Some Aspects of the Sino-Nepalese War of 1792," *Journal of Asian History* 13, no. 1 (1979), pp. 42–63；關於克爾帕特里克的尼泊爾之行，可參William Kirkpatrick, *An Account of the Kingdom of Nepaul: Being the Substance of Observations Made During a Mission to That Country, in the Year 1793* (London: W. Miller, 1811)；另外，英

關於英國與這場廓爾喀和西藏事件的關係，馬世嘉已有詳盡精彩的討論，[171] 這裡不詳述。他也討論到事件對馬戛爾尼使團的影響。事實上，儘管馬戛爾尼在出使期間對事件全不知情，但這一事件卻很可能對使團造成負面的影響。馬戛爾尼在日誌中便曾記下使團在還沒有到達北京時，接待的中國官員曾問過他在印度的英國軍隊有沒有協助過尼泊爾（廓爾喀）入侵西藏的行動。馬戛爾尼只能回答對西藏的情況全不知情，但也強調他個人相信英國人不會牽涉其中。[172] 另外，在寫給鄧達斯的報告中，他又提到清廷在平定廓爾喀遇到的反抗比預期更大，傷亡也較重，因而猜想有歐洲人提供協助，而在歐洲人中，只可能是英國人會這樣做，[173] 以致馬戛爾尼後來要找機會向徵瑞及和珅婉轉地辯解。[174] 大概因為這個原因，使團在回國以後，英王1795年的來信便特別提及這事，説明馬戛爾尼「多咱在中國，沒有往來同小西洋，為這個他不能知道或告訴大皇帝」。[175] 對於這樣的解釋，乾隆在敕諭中作出友善的回應，説到知悉英王曾「遣使前赴衛藏投稟，有勸令廓爾喀投順之語」，又説明白「此事在從前貢使起身之後，未及奏明，想未詳悉始末」，不過，敕諭還是充斥天朝話語，説道「爾國王能知大義，恭順天朝，深堪嘉尚」，並要求「爾國王其益勵藎誠，永承恩眷，以副朕綏遠敷仁至意」。[176] 這就是一直以來人們所見到、翻譯和討論的乾隆給喬治三世第三道敕諭中文本全部內容。[177] 不過，這就是乾隆當時發送敕諭的最終版本嗎？這是有疑問的，因為從英國檔案找到的資料顯示當時收到的敕諭在內容上與

國圖書館藏有他有關尼泊爾的回憶錄手稿。“Memoir of Nepal by Captain William Kirkpatrick,” 1795, IOR/H/395。

171 Mosca, *From Frontier Policy to Foreign Policy*, pp. 135–160.

172 Macartney, *An Embassy to China*, p. 86.

173 Macartney to Dundas, near Han-chou-fu, 9 November 1793, IOR/G/12/92, p. 48.

174 Ibid., pp. 50–51.

175 〈英多馬斯當東手書漢字副表〉，頁231。

176 〈敕諭〉，《文獻叢編》，上冊，頁158–159；《高宗純皇帝實錄》，第二十七冊，卷一千四百九十三，頁980–981；王先謙：《東華續錄》，《續收四庫全書》，頁368–369。

177 就筆者所見，把第三道敕諭翻譯和公開發表的只有莊延齡。Parker, “From the Emperor of China to King George the Third,” pp. 53–55.

《文獻叢編》、《高宗純皇帝實錄》和《東華錄》不完全相同。

在小斯當東捐贈給大不列顛及愛爾蘭皇家亞洲學會的中文文書檔案「小斯當東中文書信及文件」收有一份兩頁的文書，沒有上下款，也沒有署明日期。在一段相信是小斯當東捐贈文件時所寫的介紹裡，這份文書是「皇帝在1796年寫給國王的信，部分散佚」(“Emperor’s letter to the King in 1796 – part missing”)。[178] 這說法是準確的，因為它前半部分約一頁多的內容，就跟《文獻叢編》等所收乾隆第三道敕諭完全相同，只是缺了開首的79字。[179] 不過，至為重要的是小斯當東所藏的敕諭文本，較諸《文獻叢編》等所見的多了一段。就筆者所及，這段文字不見於其他地方：

> 再朕於丙辰踐祚時年二十有五即默禱
> 上帝若得御宇六十年當傳位嗣子今仰邀
> 昊眷九旬開秩紀元周甲於明年丙辰傳位皇太子改為嘉慶元年朕稱太上皇帝爾國自丙辰以後凡有呈進表文等件應書嘉慶元年號至朕傳位後軍國大政及交涉外藩事件朕仍訓示嗣皇帝所有恩賚懷柔及爾國人在廣東貿易等事一切如舊特一併諭知以便爾國得以遵循欽哉特諭[180]

這後半部分很有意思，乾隆告訴喬治三世自己讓位與嘉慶的安排，並解說其中原因：他25歲登位時，曾莊嚴承諾，如上天許他在位60年，就會傳位嗣子，現在他已經八十多歲，所以馬上讓位與嘉慶，自己以後當太上皇帝。敕諭還說，如英國再派使團過來，可直接覲見嘉慶。最有意思的是，他強調自己仍然會掌控軍國大政及外交事宜，並會訓示嘉慶，對外國人懷柔施恩，其中最重要的是乾隆特別提及英國人在廣東

---

178 “George Thomas Staunton Chinese Letters and Documents,” Royal Asiatic Society of Great Britain and Ireland, vol. 1. doc. 16.

179 這79個字為「奉天承運皇帝勅諭英吉利國王知悉爾國遠隔重洋上年遣使賫表貢航海祝釐朕鑒爾國王忱悃令使臣等瞻覲預宴錫賚駢蕃頒發勅諭回國並賜爾國王文綺珍用示懷柔茲爾國王復備具」，〈敕諭〉，《文獻叢編》，上冊，頁158–159。

180 “George Thomas Staunton Chinese Letters and Documents,” Royal Asiatic Society of Great Britain and Ireland, vol. 1, doc. 16.

貿易一切如舊，不會因為嘉慶登基而有改變，[181] 這顯然是要讓英國人放心，呈現一種十分友善的態度，對英國來說是非常重要的訊息，只是不明白為什麼《文獻叢編》和《高宗純皇帝實錄》所錄敕諭不見到這部分的內容，看來是故意刪減，不要在檔案中留下這樣非常友好及客氣的態度。至於英國方面，敕諭馬上給譯成英文，送回英國去。東印度公司檔案中就收有全份敕諭的英譯，上面只有一句簡單的描述：「中國皇帝給大不列顛國王的信函譯文，1796年12月在倫敦接收」，[182] 但這份英譯本是由誰翻譯，又是在哪裡翻譯的？現在都沒有肯定的答案，只知道波郎等在3月13日收到禮物和敕諭後，在3月21日一併交與「Cirencester號」林賽船長（Captain Lindsay）帶回英國，[183] 當中沒有提及翻譯的問題。

我們沒法知道這份敕諭的英譯本在送回英國後究竟有沒有什麼人細讀過。現在所見到馬戛爾尼和斯當東後來的書信也沒有提及，就連絕大部分有關馬戛爾尼使團的研究都沒有對敕諭作任何討論。[184] 但無論如何，隨著乾隆的敕諭，還有他在幾天後的退位，馬戛爾尼使團訪華可以說是真正落幕了。

181　我們知道，乾隆在位60年而讓位，是因為他不敢超過其祖父康熙的在位61年。《高宗純皇帝實錄》有聖諭：「朕寅紹丕基，撫綏方夏，踐阼之初，即焚香默禱上天，若蒙眷佑，得在位六十年，即當傳位嗣子，不敢上同皇祖紀元六十一載之數。其時亦未計及壽登八旬有六也。」《高宗純皇帝實錄》十九，第27冊，卷1486，九月上，頁857。

182　"Translation of the Emperor of China's Letter to the King of Great Britain, London, Received December 1796," *Important Collection*, vol. 8, doc. 334, CWCCU.

183　Consultations, 21 March 1796, IOR/G/12/110, p. 212.

184　舉例說，佩雷菲特《停滯的帝國》、何偉亞《懷柔遠人》，沈艾娣《口譯的危險》，以至張芝聯主編《中英通使二百周年學術討論會論文集》、秦國經、高換婷《乾隆皇帝與馬戛爾尼》和朱庸《不願打開的中國大門》等，都沒有隻字提到這第三道敕諭。其中何偉亞曾簡單討論過英國人在1796年初英國送過來的幾封信，沈艾娣談過小斯當東翻譯喬治三世的信，但沒有提及乾隆所回的敕諭。Hevia, *Cherishing Men from Afar*, pp. 218–220; Harrison, *The Perils of Interpreting*, p. 157. 就筆者所見，稍有提及乾隆這道敕諭的只有馬世嘉，但相關的討論也不足100字，集中談廓爾喀事件，沒有提及後半部分的內容。Mosca, *From Frontier Policy to Foreign Policy*, p. 156.

結語

在人類歷史裡，從古至今，國家、地區、種族、社群以至個人的交往，無論是友好和平的交流，還是干戈相見的戰爭，一個最基本的元素就是溝通。當兩個有著不同語言、文化、歷史背景的國家進行外交活動時，有效的溝通必須仗賴翻譯。因此，古代中國很早便設專職翻譯的官員，有所謂「東方曰寄，南方曰象，西方曰狄鞮，北方曰譯」。[1] 中國以外，早在公元前3000年，埃及已出現「譯者」或「口譯」的象形符號，古羅馬時期歷史學家蒂托．李維（Titus Livius, 公元前59–公元17），還有凱撒（Gaius Julius Caesar, 公元前100–44）、西塞羅（Marcus Tullius Cicero, 公元前106–43）、格利烏斯（Aulus Gellius, 125–180）、賀拉斯（Horace, 公元前65–8）等，著作中都有提及譯者。[2] 這是理所當然的，同時也展示了翻譯在外交的重要性，因為只有通過翻譯，交往雙方才能移除語言文化上的障礙，有效地傳遞訊息。但更重要的是，由於這些訊息直接影響雙方對外交事件的理解，繼而決定基於這種理解而作出的反應、採取的外交行動、發放的訊息，以至下一輪的行動，接連相扣，造成深遠的政治

---

1 〈王制〉，《禮記正義》，卷12，李學勤（主編）：《十三經註疏》（北京：北京大學出版社，1999），第6冊第1部，頁399。

2 Jean Delisle and Judith Woodsworth (eds.), *Translators Through* History (Amsterdam: John Benjamins Publishing Company, 2012), p. 248.

後果。因此，表面看來平平無奇、理所當然的翻譯活動，卻很可能起到關鍵性的作用。可以肯定，翻譯是外交一個重要的組成部分。

長期以來，人們都強調翻譯必須忠實，確保原來的訊息能準確無誤地傳達，以期達到有效的溝通。然而，不同國家、民族的語言和文化存在巨大差異，要求所謂絕對忠實準確的翻譯，只不過是不切實際的主觀願望。當我們理解到翻譯不是在真空裡進行的時候，就會明白在翻譯的過程中，各種各樣內在和外在的因素都影響和制約著翻譯活動，譯者會在有意或無意的情況下譯出一個所謂「不忠實」的譯本，而這些所謂「忠實」或「不忠實」的譯本在不同的受眾中會引起不同的反應，造成不同的影響。[3] 因此，即使在足以影響國家政治的重大外交事件中，最用心的翻譯也不一定保證能準確無誤地傳遞所有訊息。結果，人們期待借助翻譯去做有效的溝通，卻是增加誤解，製造更多新的問題。在中西歷史上，固然存在所謂「忠實」的翻譯，讓雙方得以滿意地溝通，但另一方面，多少的外交進程又確實曾經受到所謂「不忠實」的翻譯所影響。這不是要否定翻譯的效用，正好相反，這清楚説明翻譯的重要性，因為無論是忠實或不忠實、準確或不準確的翻譯，它們都必然存在，更有力地左右外交進程。

作為中英官方最高層的第一次正式接觸，1793年的馬戛爾尼訪華使團，對中英兩國的歷史發展有重大且深遠的影響。對於這樣重要的課題，中西方學者著力關注是在預期之內的。在〈背景篇〉裡，我們已簡略介紹過相關著作，大概勾劃出現有研究的狀況，但同時也指出，在現有的研究中，翻譯在整個使團活動中所扮演的角色是大大地被忽略了。這既不合理，也導致嚴重的誤解。可以説，忽略翻譯在使團訪華過程中的角色，根本不可能準確及全面地理解這一樁重大外交事件。

---

3 這是1970年代中後期以來出現的翻譯研究文化轉向的主要觀點。綜合的介紹和討論，可參王宏志：〈緒論：關於20世紀中國翻譯研究〉，《重釋「信達雅」：二十世紀中國翻譯研究》（上海：東方出版中心，1999），頁1–78。

在以上章節裡，我們看到馬戛爾尼使團來華時所遇到的種種溝通問題，怎樣給翻譯帶來巨大的挑戰。首先，無論英國還是清廷，對於這次的外交對手幾乎可說是一無所知。一直以來，英國人只能夠在廣州進行貿易，且受到諸多限制，不可能有什麼機會熟知中國的情況，馬戛爾尼只能在出使前匆忙找來一些相關資料，臨時惡補一下；北京方面的問題更大，在接到來使通知後，才由北京的西方傳教士告訴他們「該國即係紅毛國」。[4] 更嚴重的是中英兩國在語言和文化的巨大差異，讓當時的溝通極其困難。一方面，絕大部分的西方人來到中國只是為了商業利益，沒有興趣學習中文或認識中國文化，更不要說清政府的限制讓他們很難有學習中文的機會；另一方面，中國人也沒有動力去學習「夷語」，廣州體制下的商業活動只是依靠行商和通事勉強以古怪的廣州英語來作簡單溝通。因此，無論是使團，還是廣東當局，以至北京朝廷，都沒法找到合適的譯員。結果，不管是使團帶來的李自標，或是為朝廷服務的天主教士，其實都算不上合格的譯者，因為他們都不懂出使國家的語言，只能夠轉折地以拉丁語作為溝通的媒介，更不要說他們的中文水平能否讓人感到滿意。而更關鍵的是，這些為使團或朝廷服務的譯員，在執行翻譯任務時，既受制於客觀環境，更有個人主觀因素，甚至有自己的日程，例如北京天主教士之間的矛盾和所屬國家的政治，還有朝廷的監控與操縱；李自標作為中國少數民族和天主教士的身份，以及他的中文教育背景，都在自覺或不自覺的情況下影響這些譯者的翻譯。此外，當時中英兩國迥異的政治思想和制度，還有雙方對自身國力的認知以至國際形勢的判斷，也左右他們的溝通模式和內容。

1793年馬戛爾尼使團訪華所引發出的這場歷時一年多的「龍與獅的對話」，就是在這種錯綜複雜的背景下開展的。可以肯定，沒有人能夠完整地還原這次對話的全部內容和翻譯過程，因為所有口頭上的交流，儘管其重要性絕對不能忽視，但卻是無法掌握的。本書各章節所處理

---

4 〈奏報傳集在京西洋人翻譯英國原稟情形〉，《英使馬戛爾尼訪華檔案史料匯編》，頁91。

的，就只限於幾篇主要的往來文書，包括使團抵達前東印度公司送過來預告使團來訪的通知、使團送來禮品的清單、英王給乾隆的國書以及乾隆給英王的敕諭。儘管我們所處理的文書數目不多，但全都是極為重要的，因為雙方希望傳遞的主要訊息都由這幾份文書交代出來。但另一方面，雙方都只能通過閱讀文書的譯本來獲取訊息。這就是翻譯在馬戛爾尼使團訪華事件中扮演重要角色的原因。

在不同章節裡，我們分析了乾隆最初讀到由東印度公司主席百靈署名、有關馬戛爾尼使團來訪消息的兩篇譯文時，對於使團的態度是正面的，認為使團是誠心來朝，所以下旨好好接待使團。乾隆無疑已經非常謹慎，專門找北京的傳教士把來信重新翻譯一遍，以防來自廣州的譯文出錯，但他沒有考慮的是，無論是廣州的通事還是北京的天主教士，原來都有大體一致的定位，就是從清廷的角度出發，在翻譯的過程中對百靈的來信作了改寫。結果，幾篇譯文傳達的訊息是一致的，讓乾隆相信馬戛爾尼是遠方小國派來朝貢的使團，帶著大量貴重禮品來補祝乾隆的八十壽辰。

可是，當乾隆讀到直接由使團譯者提供的兩篇重要譯文——禮品清單和國書的中譯，他就對使團有了新的認識，更清楚知道英國派遣使團的動機。跟百靈的來信不一樣，在禮品清單中，他找不到「貢使」、「貢品」的說法，卻第一次見到遠夷自稱「欽差」，讓他猛然覺醒，原來桀驁不馴的英吉利意圖「與天朝均敵」，要打破天朝體制。於是，他匆忙下旨對禮品清單的中譯本進行改寫，把所有「欽差」換成「貢使」，加入「進貢」、「貢品」的字眼，連「貢單抄存底稿亦俱作更正」。[5] 至於清單中對禮品的介紹和描述，最終就讓乾隆認為「貢使張大其詞，以自炫其奇巧」，[6] 而由此我們開始見到越來越多對使團表達不滿的上諭。

---

5 〈長蘆鹽政徵瑞奏遵旨詢明貢使各件緣由折〉，同上，頁368。

6 〈和珅字寄梁肯堂等奉上諭著徵瑞詢明大件貢物安裝情形具奏候旨遵行〉，同上，頁125。

真正讓乾隆不滿、甚至可以説頓起戒心的是英國國王的國書。通過分析一直藏於英國外交部檔案、由使團預備和帶過來的國書中譯本，我們見到乾隆已清楚地閱讀出英國派遣使團的真正動機，不但明確呈現一個縱橫四海的世界強國形象，更要求在北京派駐官員、管理商務、保護英國人免受欺負。國書中一個重要訊息，也是乾隆最難以接受的，就是英國要求與清廷以平等地位交往，並強調兩國建立友誼，進行商貿活動對雙方均有裨益；不但馬戛爾尼用上「一等欽差」、斯當東「二等欽差」的頭銜，英國國王更與乾隆以兄弟相稱。這些與乾隆所相信的天朝思想大相逕庭的內容，就是經由使團早就準備好的中文譯本相對準確地傳遞出來。

然而，這樣的一份國書中譯本顯然不是乾隆所樂意看到的，於是，另一個改寫動作出現了。清宮檔案一直以來所收藏的另一份國書中譯本，就跟英使帶來的中譯本完全不同，撇開文筆生硬拙劣不論，新譯文對一些關鍵的內容作重大的改寫，中英兩國地位平等的思想消失了，使團來華是要「進表獻貢」，「向化輸誠」，祈求大皇帝賜恩，讓他們從貿易中得一些好處；就連英國人希望能在京派駐人員，也是為了更好管束自己的國人，「欽差」、「兄弟」的説法也順理成章地全都不見了，馬戛爾尼變成「貢使」、斯當東是「副貢使」，帶來的是「表文」和「貢品」。毫無疑問，這是清廷在北京讓天主教士重新翻譯的中文本，是對英國人國書大幅度的重寫，而這重寫是以清廷為中心，以中國傳統天朝觀為指導思想，跟廣州的通事翻譯遣使通知時沒有兩樣。而我們在上文已多次指出過，迄今唯一能在清宮中找到的國書中譯本就是這個新譯的版本，英國人帶來的「官方」文本在清宮檔案中卻消失了。

讓人最感遺憾的是，另一份極其重要的文書也同樣消失了，那就是馬戛爾尼在1793年10月3日向和珅送呈有關使團六項要求的信函中譯本。在〈敕諭篇〉裡，我們看到提出要求的文書是在什麼背景下寫成的，也簡略談過乾隆怎樣在收到這些要求後幾乎馬上作出強烈反應，在很短的時間裡向英國王發送第二道敕諭，駁斥英國人提出的所有要求，且在發出敕諭後下旨沿海督撫「認真巡哨，嚴防海口」。[7] 可以說，馬戛爾尼的信件不單讓乾隆對英國人起了戒心，而且是真正地在行動上戒備起來。顯然，乾隆不能接受英國人所提出的各項要求，不斷強調這些要求是「有違體制」。但當中關鍵的問題是：馬戛爾尼這些要求是怎樣表達出來？我們現在只看到信函的英文原本，但中譯本卻不知所終，無法判斷乾隆的反應是否跟翻譯有關。畢竟，乾隆所能讀到的就只是中譯本，而這次中譯本是由使團自己的譯員所提供的。這封信函中文本最終不見於清宮檔案，看來它的命運就像英國人送來的國書中譯本一樣，最終是被消失，以免流傳下來，對天朝產生不好的影響。

除了對英王國書的改寫外，乾隆還在使團離開北京前，連續兩番向英方下達敕諭，嚴正拒絕使團提出的所有要求，尤其是第二道敕諭，措詞十分嚴厲，充塞大量的天朝話語，要把中英兩國關係拉回清廷的朝貢體制上。不過，這些敕諭被在京歐洲傳教士譯成拉丁文、使團成員再轉譯成英文後，又重寫成另一個文本，乾隆不但感激使團的到來，更向英國人伸出友誼之手，儘管使團所提出的要求全被駁回。

不能否認，馬戛爾尼使華所出現的翻譯問題有其獨特性。即以譯員而言，很難想像在別的外交活動中，雙方選用的譯員都是來自對方國家或地區的人，這是在一個非常特殊的歷史時空才可能出現的情況。此外，當領導有清一代最後盛世的乾隆遇上積極海外擴張的英吉利帝國時，政治文化上的猛烈碰撞也帶來很多特殊的溝通問題。因此，馬戛爾尼訪華使團的翻譯問題是深具學術價值的。通過對相關翻譯活動的深入探研，我們可以更好地解釋一些歷史現象，回答一些長久以來難以解決的問題，例如為什麼乾隆在最初的階段對使團的來訪採取肯定和友善的態度，又為什麼在接到禮品清單後在態度上突然轉變，以至在接見馬戛爾尼和收到國書後對使團頓起更大的戒心，在使團離開時更下旨戒備

---

[7] 〈諭軍機大臣著沿海各省督撫嚴查海疆防範夷船擅行貿易及漢奸勾結洋人〉，同上，頁63。

等。可以說，馬戛爾尼使華的個案非常清晰地展示翻譯在外交活動的重要角色，從而證明翻譯對於國家的政治、文化和歷史產生重大的影響。

其實，翻譯本來就是中國近代史重要的構成部分，中國近代史研究是絕對不應該忽視翻譯的角色的。本書所處理的馬戛爾尼使團，只是中英外交最早的個案，在中國近代史其後的發展歷程裡，仍有很多重要的課題亟待開發。[8] 我們期待更多翻譯研究和歷史研究的學者能夠拋開所

---

8 筆者近年較關注翻譯在近代中英關係所扮演的角色，除本書所關注的馬戛爾尼使團外，鴉片戰爭是另一個重點探研的課題，已發表相關文章包括："Translators and Interpreters During the Opium War Between Britain and China (1839–1842)", in Myriam Salama-Carr (ed.), *Translating and Interpreting Conflict* (Amsterdam & New York: Rodopi, 2007), pp. 41–57；〈第一次鴉片戰爭中的譯者：上篇：中方的譯者〉，《翻譯史研究(2011)》(上海：復旦大學出版社，2011)，頁82–113；〈第一次鴉片戰爭中的譯者：下編：英方的譯者〉，《翻譯史研究(2012)》(上海：復旦大學出版社，2012)，頁1–58；〈「給予」還是「割讓」？鴉片戰爭中琦善與義律有關香港談判的翻譯問題〉，《翻譯史研究(2014)》(上海：復旦大學出版社，2014)，頁26–76；〈從「紅江」到「香港」：19世紀上半英國人對Hong Kong的翻譯〉，《東方翻譯》2015年第3期(2015年6月)，頁40–46；〈《南京條約》「領事」翻譯的歷史探析〉，《中國翻譯》2015年第3期(2015年6月)，頁26–36；〈英國外相巴麥尊的「昭雪伸冤」：鴉片戰爭初期一條影響道光皇帝對英策略的翻譯〉，《外國語文研究》2015年第4期(2015年8月)，頁49–59；〈「豈有城內城外之分？」：「廣州入城事件」與《南京條約》的翻譯問題〉，《翻譯史研究(2016)》(上海：復旦大學出版社，2016)，頁153–189；〈「與天朝均敵」：第一次鴉片戰爭前後英國派華最高官員職銜的翻譯問題〉，《翻譯學研究集刊》第20期(2017年8月)，頁1–25；〈「不得辯論」？1849年香港第三任總督文翰一道有關「廣州入城」問題照會的翻譯〉，《翻譯史研究(2017)》)(上海：復旦大學出版社，2018年)，頁125–148；〈「著名的十三條」之謎：圍繞1843年中英〈善後事宜清冊附粘和約〉的爭議〉，《中央研究院近代史研究集刊》第103期(2019年5月)，頁1–46；〈羅伯聃與《虎門條約》的翻譯〉，沈國威(編)：《西士與近代中國：羅伯聃研究論集》(大阪：關西大學出版社，2020)，頁57–138；〈生榮死哀：英國第一任寧波領事羅伯聃(Robert Thom, 1807–1846)的去世及有關其撫卹安排的討論〉，《或問》第37期(2020年8月)，頁1–16；"Sinologists as Diplomatic Translators: Robert Thom (1807–1846) in the First Opium War and His Translation of the Supplementary Treaty (Treaty of the Bogue), 1843," in T. H. Barrett and Lawrence Wang-chi Wong (eds.), *Crossing Borders: Sinology in Translation Studies* (Hong Kong: The Chinese University of Hong Kong Press, 2022), pp. 181–212。另外與中國近代史相關的論文有：〈「我會穿上綴有英國皇家領扣的副領事服」：馬禮遜的政治翻譯活動〉，《編譯論叢》第3期第1期(2010年3月)，頁1–40；〈馬禮遜與「蠻夷的眼睛」〉，《東方翻譯》第22期(2013年4月)，頁28–35；〈律勞卑與無比：人名翻譯與近代中英外交紛爭〉，《中國翻譯》2013年第5期(2013年11月)，頁23–28；〈「這簡直就是一份外交贗品」：蒲安臣使團國書的英譯〉，《僑易》創刊號(2014年10月)，頁85–119；〈1816年阿美士德使團的翻譯問題〉，《翻譯史研究(2015)》(上海：上海復旦大學出版社，2015)，頁52–98；〈「夷服太覺不類」：近代中

謂學科的限制，共同努力，去探視翻譯的角色和作用，更完整、更準確地描述近代中國的歷史進程。

英交往中的服飾與蠻夷論述〉，《僑易》第3期（2016年10月），頁87–101；"'Entrance into the Family of Nations': Translation and the First Diplomatic Missions to the West, 1860s–1870s," in Lawrence Wang-chi Wong (ed.), *Translation and Modernization in East Asia in the 19–20th Centuries* (Hong Kong: The Chinese University Press, 2017), pp. 165–217；〈從西藏拉薩到《大英百科全書》：萬寧（Thomas Manning, 1772–1840）與18–19世紀中英關係〉，《國際漢學》2018年第3期（2018年9月），頁122–147。

附錄

本附錄收錄未見於中國第一歷史檔案館編《英使馬戛爾尼訪華檔案史料匯編》與使團相關的原始中文史料，分別來自英國國家檔案館、大不列顛及愛爾蘭皇家亞洲學會、梵蒂岡宗座圖書館、梵蒂岡傳信部檔案館。各文件儘量以書寫或發送時間先後排序。

附錄1 喬治三世致乾隆皇帝國書中譯
（英國國家檔案館外交部檔案，FO 1048/1）

熱阿爾卓第三位

天主恩祐英吉利國及福郎質耶又依伯爾尼耶諸國王海主保信德者及餘遙候

中國皇上乾隆萬歲萬福萬安

大邦之君必然大德正如

當今皇上是也迺

造制天地人物真主安於茲尊位為益眾民之福保國家之太平而興萬民之才德斯大仁心非只盡與本國尚寬散與外國遠人更如有所大智奇才者也我國之初四圍恒戰但今平勝諸仇敵之後國家頗享安然趁時即以公律正法制立一切福安利益百姓者也此工不止為本國之益更修許多洋船上載許多才士窮理之人以往多處遠方以探巡所未見未聞之地設此法非為占他國之地方或圖別人之財帛又非為助商人之利益我國亦大民亦有才富亦足矣所為者是欲知悉地上人居之處及欲和伊等相交吾國所有之精物巧法於人倫福生等項若伊地未有不論遠近屬方與否即於伊等發去如禽獸各類各樣草木物等與其地方大有利益至於貴邦之奇法臣民之才巧物件之精齊吾等久欲詳知緣因智之制度及古今德君之表香散遠方更因國之寬大民多勝數而皆享斯等太平遐福以致鄰國遠邦俱都稱美奇之今賴諸將之智勇國享太平百凡事情亦無要經心看此時正是幾以表久懷遠情即將巧物〔細〕法送來以定兩國常遠之交往非為貪圖財利等意緣為相助兩國庶民之福我國之益斯等巧物相送之方與兩遠國最有要益因大國之內多有缺少等件各亦有所奇才巧物若是相交則可相助相送然我自嚴禁我國之人莫在國外為非犯法亦當顧勿受外人之欺斯故我想最有要益若設我國一員智之官永居

貴國管理一總事務以除兩國不和之基而定我等永遠之相與及才明巧物之相通所以議之當差一員忠信之臣大智大權以代國位於

御前親自講之是以即選我國王親大學士二等伯利撒諾爾世襲一等子大紅
帶子玻羅尼亞國紅衣大夫英吉利國丞相依伯而尼亞國丞相特授
一等欽差馬該爾尼德而萬客伊前在阿羅素作過欽差理事通並於多省
多方受過大任無不清好已定於班陔利耶總管今立為特使一等欽差大
臣附整個權衡遣來

御前亦交印書為憑以望
溫容待之並所送來多樣巧物
盡收是幸更因兩國遙隔船海多險之故又將我朝內臣世襲男閣學士前
已在阿墨利陔掌過兵權理過按察事及在小西洋第玻蘇爾當王前辦過
欽差事今立為二等欽差斯當東兼能接一等欽差之缺亦附大權並有印
書憑據亦望欣顏視之更望

皇上至大之德至高之聰以
允我兩個欽差能觀大德之表奇智之法庶回國之期以能效法而教道我
國之民所關屬我國才能巧物等項如是皇上喜知我已命欽差全然顯明
又托中國者我國之人千望
垂憫愛護庶勿受虧遭殃我亦命欽差察看我國之人在國無犯國法若果
犯者必當受罰特又囑咐我之欽差細解一切相與之情極願合
萬歲相親似乎同昆一般若我欽差作之如斯知時必欣悅之至餘不盡書
伏求
至上至善真主庇祐
皇上萬歲萬福萬安

眷弟熱阿而卓王再候

自英吉利京城王朝近聖亞各伯堂我國三十二年寄

附錄2 孟督及手抄喬治三世致乾隆皇帝國書中譯
（羅馬梵蒂岡傳信部檔案館，Borg.cin.394）

熱阿爾卓第三位

天主恩祐大紅毛國及福郎質耶又衣伯爾尼耶諸國王海主保信德者及餘遙候

中國皇上乾隆萬歲萬福萬安大邦之君必然大德正如當今皇上是也迺造制天地人物真主安於茲尊位為益眾民之福保國家之太平而興萬民之才德斯大仁心非只盡與本國尚寬散與外國遠人更如有所大智奇才者也我國之初四圍恒戰但今平勝諸仇敵之後國家頗享安然趁時即以公律正法制立一切福安利益百姓者也此工不止為本國之益更修造許多洋船上載許多才士窮理之人以往多處遠方以探巡所未見未聞之地設此法非為占他國之地方或圖別人之財帛又非為助商人之利益我國亦大民亦有才富亦足矣所為者是欲知悉地上人居之處及欲和伊等相交吾國所有之精物巧法於人倫福生等項若伊地未有者不論遠近屬方與否即於伊等發去如禽詳知獸各類各樣草木物等與其地方大有利益興與至於貴邦之奇法臣大邦德君民之才巧物件之精齊吾等久欲緣因大智之制度及古今德君之表香散遠方更因國之寬大民多勝數而皆享斯等太平遐福以致臨國遠邦俱都稱美奇之今賴諸將之智勇國享太平百凡事情亦無要經心看此時正是好幾以表久懷遠情即將巧物細法送來以定兩國常遠之交往非為貪財圖利等意緣為相助兩國庶民之福益斯等巧物相送之方與兩遠國最有要益因大國之內多有缺少等件各亦有所奇才巧物若是相交則可相助相送然我自當嚴禁我國之人莫在國外為非犯法亦當顧理勿受外人之欺斯故我想最有要益若設我國一員有智之官永居令〔貴〕國管理一總事務以除兩國不和之基而定我等永遠之相與及才明巧物之相通所以議之當差一員忠信之臣大智大權以代國位於

御前親自講之是以即選我國皇親內閣大學士二等伯利檄諾爾世襲一等子
大紅帶子玻羅尼亞國紅衣大夫大紅毛國丞相依伯而尼亞國丞相特授
一等欽差馬該爾尼德而萬客伊前在阿羅素作過欽差理事甚通並於多
省多方受過大任無不清好已定於班陔利耶總管總管今立為特使一等
欽差大臣附整個權衡遣來

御前亦交印書為憑以望

温容待之並所送來多様巧物

盡收是幸更因兩國遙隔船海多險之故又將我朝內臣世襲男內閣學士前已
在阿墨利陔掌過兵權理過按察事及在小西洋第玻蘇爾當王前辦過欽
差事今立為二等欽差兼能接一等欽差之缺亦附大權並有印書憑據亦
望

欣顏視之聽以更望

皇上至大之德至高之允我兩個欽差能遊中國各省各方以奇

萬歲布散通門觀大德之表奇智之法庶回國之期以能效法而教道我國之民
所關屬我國才能巧物等項如是皇上喜知我已命欽差全然顯明又托在
中國者我國之人千望垂憫愛護庶勿受虧遭殃我亦命欽差察看我國之
人在中國毋犯國法若果犯者必當受罰特又囑咐我之欽差細解一切相
與之情極願合

萬歲相親似乎同昆一般若我欽差作之如斯知時必欣悅之至餘不盡書伏求

至上至善真主庇祐

皇上萬歲萬福萬安

眷弟熱阿而卓王再候自紅毛京城王朝近聖亞各伯堂我國三十二年寄

附錄3 喬治三世致乾隆皇帝國書中譯
(大不列顛及愛爾蘭皇家亞洲學會「小斯當東中文書信及文件」,第1冊第1號文件)

熱阿爾卓第三位

天主恩佑大紅毛國及福郎質耶又衣伯爾尼耶諸

國王海主保信德者及餘

遙候

中國皇上乾隆萬歲萬福萬安

大邦之君必然大德正如

當今皇上是也迺

造制天地人物真主安於玆尊位為益眾民之福保國家之太平而興萬民之才德斯大仁心非只盡與本國尚寬散與外國遠人更如有所大智奇才者也我國之初四圍恒戰但今平勝諸仇敵之後國家頗亨〔享〕安時趁時即以公律正法制立一切福安利益百姓者也此工不止為本國之益更修許多洋船上載許多才士窮理之人以往多處遠方以探巡所未見未聞之地設此法非為點〔佔〕他國之地方或圖別人之財帛又非為助商人之利益我國亦大民亦有才富亦足矣所為者是欲知悉地上人居之處及欲和伊等相交吾國所有之精物巧法於人倫福生等項若伊他〔地〕未有者不論遠近屬方與否即於伊等發去如禽獸各類各樣草木物等與其地方大有利益至於貴邦之奇法臣民之才巧物件之精齊吾等久欲詳知緣因智之制度及古今德君之表香散遠方更因國之寬大民多勝數而皆亨〔享〕斯等太平遐福以致鄰國遠邦俱都稱美奇之今賴諸將之智勇國亨〔享〕太平百凡事情亦無要經心看此時正是幾以表久懷遠情即將巧物細法送來以定兩國常遠之交往非為貪圖財利等意緣為相助兩國庶民之福我國之益斯等巧物相送之方與兩遠國最有要益因大國之內多有缺少等件各亦有所寄才巧物若是相交則可相助相送然我自嚴禁我國之人莫在國外為非犯法亦當顧勿受外人之欺斯故我想最有要益若設我國一員智之官永居

令國管理一總事務以除兩國不和之基而定我等永遠之相與及才明巧
物之相通所以議之當差一員忠信之臣大智大權以代〔缺「國」〕位於
御前親自講之是以即選我國王親大學士二等伯利撒諾爾世襲一等子大紅
帶子玻羅尼亞國紅衣大夫大紅毛國丞相依伯而尼亞國丞相特授一等
欽差馬該爾尼德而蔑客伊前在阿羅素作過欽差理事通並於多省多方
受過大任無不清好已定於班陔利耶總管今立為特使一等欽差大臣附
整個權衡遺〔遣〕來
御前亦交印書為憑以望
溫容待之並所送來多樣巧物
盡取是幸更因兩國遙隔船海多險之故又將我朝內臣世襲男內閣學士
前已在阿墨利陔掌過兵權理過按察事及在小西洋第玻蘇爾當王前辦
過欽差事今立為二等欽差斯當東兼能接一等欽差之缺亦附大權並有
印書憑據亦望
欣顏視之更望
皇上至大之德至高之聰以允我兩個欽差能觀大德之表奇智之法庶回國之
期以能效法而教道〔導〕我國之民所關屬我國才能巧物等項如是
皇上喜知我已命欽差全然顯明又托在　中國者我國之人千望
重憫愛護庶勿受虧遭殃我亦命欽差察看我國之人在國毋犯國法若果犯者
必當受罰特又囑咐我之欽差細解一切相與之情極願合
萬歲相親似乎同昆一般若我欽差作之如斯知時必欣悅之至餘不盡書伏求
至上至善真主庇佑
皇上萬歲萬福萬安

眷弟熱阿而卓王再候

自紅毛京城王朝近聖亞伯堂我國三十二年

附錄4 使團禮品清單中譯
（大不列顛及愛爾蘭皇家亞洲學會「小斯當東中文書信及文件」，第1冊第2號文件）

紅毛嘆咭唎國王欲顯明他的誠心貴重及尊敬

中國大皇帝無窮之仁德自其遠邦遣欽差來朝拜叩祝

萬歲金安猶如特選極貴之王親為其欽差大臣以辦理此務亦然願欲寄來奉

上以最好至妙之禮物方可仰望

萬歲大國明君歡喜收之蓋思及　天朝中外一統富有四海內地物產蒲被各類寶藏若獻以金銀寶石等項無足為奇是故紅毛國王專心用工簡〔揀〕選數樣于本國出名之器具其能顯明大西洋人之格物窮理及其本事今也何如亦能與　天朝有用處並有利益也王奉獻此禮者虔祈

大皇帝勿厭其物輕惟視其意重是幸

紅毛嘆咭唎國王寄來奉

中國大皇帝禮物單

頭件禮物

壹座大架仔[西音布蠟尼大利翁]乃天上日月星辰及地裘之全圖其上之地裘照其分量是小小的其日月星辰仝地裘之像自能行動效法天地之轉運十分相似依天文地理之規矩幾時該遇着日失月失及星辰之失俱顯現于架上亦有年月日期之指引及時鐘可觀斯大架因聰明天文生年久用心推想而造成從古迄今尚沒有如是其巧妙甚大其利益甚多故於普大西洋為上頂貴器理當獻於

大皇帝收用緣此天地圖架甚寬大洋船不能上載整個故此拆散分開莊〔裝〕入十五箱而發之又令其原匠跟隨欽差進　京以復措起安排置好如前並囑咐伊等慢慢小心修拾其架勿因急惶錯手損壞之是故求望

大皇帝容於其匠人多費一點時候以便置好自然無錯

第弍件禮物

壹座中架亦是天文理之器具也以斯架容易顯明解說清白及指引如何地毬與天上日月星宿一起運動為學習天文地理者甚有要益矣此架亦是折散分在三盒為能更便益載來其原匠亦跟隨欽差進京以復安排之

第三件禮物

壹個天毬全圖效法空中之藍色各定星畫在于本所有金銀做的星辰顏色及大小不同猶如我等仰天視之一般更有銀絲分別天上各處

第四件禮物

壹個地毬全圖天下萬國四州洋海山河及各海島都畫在其所亦有記上行過船之路程及畫出許多紅毛船之樣

第伍樣等禮物

拾壹盒雜樣的器具為看定時候及天氣變換之期其一分為指引月亮之變其二為先知將來之天氣何如斯等器俱由精通匠人用心作成故各甚是好工夫也

第六件禮物

壹個奇妙撯探氣之架仔由此可觀氣為有靈命者實是十分要緊並有大效驗於各物之身上

第七件禮物

壹個巧益之架子為顯現何能相助及加增人之力量

第捌樣禮物

壹對奇巧椅子使人坐在其上自能隨意轉動並能為出其本力量之行為也

第九件等禮物

許多家用器具之樣模或從泥而造之或由石頭而刻出來或以別樣紅毛國所有之財料而做成的內有古新雜樣確瓶等項為家中可用或為擺下好看

第拾等禮物

許多雜樣印畫圖像內有嘆咭唎紅毛國王全家人像有紅毛國京城炮臺長橋大堂花園及鄉村之圖〔像〕有交戰之圖像有洋船並別樣許多圖像可觀

第拾壹件禮物

壹對玻璃相〔鑲〕金的彩燈折〔拆〕散收在十四盒內此燈掛在大廳中照耀滿堂甚妙雖然于大西洋玻璃彩燈之樣無數但此彩燈乃新樣其光亮勝數其工夫無比故特選之

第拾弍樣禮物

數疋絲毛金線毯為裝緻〔裝置？〕房間用

第拾叁樣禮物

數張大氈絨為鋪在大廳中用

第拾肆件禮物

壹對齊全馬鞍由頭等匠人用心做成特為

大皇帝萬歲私用故其鞍之顏色是金黃的其裝緻〔裝置？〕十分合晢〔適〕

第拾伍件禮物

兩輬牛裝緻十分好特為

大皇帝萬歲親坐壹輬為熱天合時壹輬為冷天便用其兩大車如今分散十六包但有精通車匠跟隨欽差進京以復安排之即時可用

第十六樣禮物

數枝軍器為

大皇帝萬歲私用就是長短自來火鎗刀劍等項斯數枝軍器實是上等好的其刀劍能割斷銅鐵而無受傷

第拾柒樣禮物

數箇銅炮及西瓜炮戰上所用的軍器為抄兵可用有小分紅毛國保駕兵跟隨王親欽差進京若是

天朝大皇帝喜歡看大西洋燒炮之方法其兵亦能顯之於

御前

第拾八件樣禮物

一隻小小的金銀船乃紅毛王大戰船之表樣雖大小不對十分相似在其大戰船上有一百大銅炮猶於小金銀船之中可觀矣紅毛國王洋海之主者有大船甚多原欲選更大之船以送欽差來　貴朝但因黃海水淺大船難以進口故發來中等暨小船以便進口赴京更因欲顯其誠心相愛至意即將其大船之表樣獻於

大皇帝萬歲觀明其實意

第拾玖樣的禮物

包含一總雜貨紅毛本國之物產及各樣手工就是哆囉呢羽紗及別樣毛貨各等細洋布及樣樣鋼鐵器具共獻於

大皇帝盡收是幸

外懇

大皇帝令備一座寬大高房以便安排置好各品禮物因為各樣禮物到京即宜欽差使其原匠從新安排置下齊整方可交獻於

萬歲

更緣自紅毛本國隨欽差來　天朝者文武官員體面同伴及其家人共有一百餘人伏祈

大皇帝寬賜幾座大房幸得便益安靖寄跡於京城以敘事畢則感

天恩無窮矣

餘者稟　知凡在行李及衣箱所有之物件全是欽差為自已及其同伴要用之物全無一點貨物可賣並無一點在京作生意之心惟是辦理公務

附錄5 越南大越國西山朝皇帝阮光纘頒與馬庚多斯船長諭令，景盛元年四月二十日（1793年5月29日）

（大英圖書館，Or 14817/B，“Emperor Canh Thinh’s Scroll”）

詔嘆咭唎紅毛國將軍瑪金多大學士義蘭御史馬斯益代筆史布斯厄及亞彌耳當世襲按察司把囉尼等欽知朕聞自古通國有贐遺之義卿等奉貴國王命入貢

天朝被風乏食現泊境內廣南處鎮臣具事題達朕惟貴國有水程千萬里之遙而能慕德遣使途中為風所阻漂泊至此　貴國之臣子亦我國之臣子卿等贒勞朕心嘉焉特詔放下鎮臣放送諸食品用孚好意式慰遠情卿等其忠信一腔喜看風帆之得力舟車大地處將國命以觀光指日功成仰承國寵以副　貴國王懸望卿等之心可也欽哉特

詔

景盛〔元年四〕月二十日

附錄6 越南大越國西山朝皇帝阮光纘頒與馬戛爾尼諭令，景盛元年五月初壹日（1793年6月8日）

（大英圖書館，Or 14817/A，"Emperor Canh Thinh's Scroll"）

嘆咭唎紅毛國王親大丞相頭等欽差嗎嘎爾呢等為風濤所阻泊我境界

上表備陳乏食願買情由并進好好物件鎮臣轉為提達且本朝囊括南海

凡諸國商艚遠涉海程願藏於市或為風波漂泊而求安飽者朕咸推胞與

之仁並生並有矧卿等奉

貴國王命往使

天朝途中匱乏朕之情為何如哉特放賜粟子叁千斛以供途程需足安用貿易

為也並加賞

貴國王親大丞相象牙壹對胡椒五担用孚好意式慰遠情欽此特

詔

景盛元年五月初壹日

附錄7 署理兩廣總督郭世勳及粵海關監督盛住向沿海督撫咨送公函

(大不列顛及愛爾蘭皇家亞洲學會「小斯當東中文書信及文件」，第1冊第3號文件)

署總督部堂郭粵海關部　盛為飭行遵照咨會事竊照本年九月初三日據洋商蔡世文等稟有嘆咭唎國夷人啵啷啞哩喚噴哐等來廣求赴　總督暨海關衙門具稟該國王因前年

大皇帝八旬萬壽未及叩祝今遣使臣嗎嘎噸呢進貢由天津赴京懇求先為奏明等情經本年部院關部于九月初七日會同恭摺具

奏在案兹于十一月初八日准　兵部火票遞到

廷寄乾隆五十七年十月二十日奉

上諭　郭　等據洋商蔡世文等稟有嘆咭唎國夷人啵啷啞哩咟噴哐等來廣稟稱該國王因前年

大皇帝八旬萬壽未及叩祝今遣使臣嗎嘎噸呢進貢由海道至天津赴京等語並譯出原稟進呈閱其情詞極為恭順懇摯自應准其所請以遂其航海嚮化之誠即在天津進口赴京但海洋風帆無或於浙閩江蘇山東等處近海口岸收泊亦未可知該督撫等如遇該國貢船到口即將該貢使及貢物等項派委妥員迅速護送進京毋得稍有遲悞至該國貢使船雖據該夷人稟稱約于明年二三月可到天津但洋船行走風信靡常或遲到數月或早到數月難以愈定該督撫等應飭屬隨時稟報遵照妥辦再該貢船到天津時若大船難於進口着穆騰額預備小船即將貢船物撥送起岸派員同貢使先行進京不可因大船難以進口守候需時致有耽延也將此傳諭各督撫等並諭　郭　盛知之欽此遵

旨寄信前來等因到本部院關部承准此除移咨各省督撫部院暨長蘆鹽院轉行欽遵查照外合就檄行為此牌仰該司官吏員即便會同按察布政司欽遵查照並即檄飭南海縣將奏奉

諭旨准令嘆咭唎國進貢緣由傳諭該國夷人啵啷啞哩喚噴哐等欽遵查照毋違

一行布按二司

准此除行布按二司欽遵查照並即檄飭云云查照外相應咨為此合咨總督部堂衙門貴部堂院查照欽遵辦理施行

一咨　總督衙門　閩浙總督　福建巡撫　直隸總督　浙江巡撫　江蘇巡撫　山東巡撫　長蘆鹽院

俱填四百里排單飛遞

附錄8 署理兩廣總督郭世勳向粵海關監督咨送會稿公函（大不列顛及愛爾蘭皇家亞洲學會「小斯當東中文書信及文件」，第1冊第4號文件）

為咨送會稿事照得本部院于乾隆五十七年九月初七日會同

貴關部恭摺具

奏暎咭唎國遣使進

貢由天津赴京請據情代

奏一案今于乾隆五十七年十一月初八日承准

廷寄欽奉

上諭所有移行欽遵辦理緣由相應會列

鼎銜移咨各省及行布按二司轉飭欽遵查照所有會稿及繕成咨文牌文

合就咨送為此合咨

貴關部請煩查照希將送來會稿分別存案判咨判行蓋印見覆施行

計咨送會稿一案　咨文八件　牌文二件

附錄9 廣州府頒蔡世文等行商諭令，1793年1月10日
（英國國家檔案館外交部檔案，FO 233/189/26）

廣州府正堂加十級紀錄十次徐　諭洋商蔡世文等知悉乾隆五十七年十一月十九日奉

布政使司許　憲牌乾隆五十七年十一月十二日奉

巡撫廣東部院郭　粵海關監督盛　憲牌竊照本年九月初三日據洋商蔡世文等稟有嘆咭唎國夷人啵朗啞哩晚嗊哐等來廣求赴總督暨粵海關衙門具稟該國王因前年

大皇帝八旬萬壽未及叩祝今遣使臣嗎嘎𡁻呢進貢由天津赴京懇求先為

奏明等情經本部院關部于九月初七日會同恭摺具

奏在案茲于十一月初八日准

兵部火票遞到

廷寄乾隆五十七年十月二十日奉

上諭郭　等奏據洋商蔡世文等稟有嘆咭唎國夷人啵朗啞哩晚嗊哐等來廣稟稱該國王因前年　大皇帝八旬萬壽未及祝賀今遣使臣嗎嘎𡁻呢進貢由海道至天津赴京等語並譯出原稟進呈閱其情詞極為恭順懇摯自應准其所請以遂其航海嚮化之誠即在天津進口赴京但海洋風帆無定或於浙閩江蘇山東等處近海口岸收泊亦未可知該督撫等如遇該國貢船到口即將該貢使及貢物等項派委妥員迅速護送進京毋得稍有遲悞至該國貢船雖據該夷人稟稱約于明年二三月可到天津但洋船行走風信靡常或遲到數月或早到數月難以預定該督撫等應飭屬隨時稟報遵照妥辦再該貢船到天津時若大船難于進口著穆騰額預備小船即將貢物撥送起岸派員同貢使先行進京不可因大船難以進口守候需時致有耽延也將此傳諭各督撫等並諭　郭　盛知之欽此遵

旨寄信前來等因到本部院關部承准此除移咨

各省督撫部院暨

長蘆鹽院轉行欽遵查照外合就檄行備牌仰司即便會同按察司欽遵查照即檄飭南海縣將

奏奉

諭旨准令嘆咭唎國進貢緣由傳諭該國夷人啵朗啞哩晚噴咂等欽遵查照毋違等因奉此合就檄行備牌仰府照依事理即速轉飭南海縣將

奏奉

諭旨准令嘆咭唎國進貢緣由傳諭該國夷人啵朗啞哩晚噴咂等查照毋違等因奉此除行南海縣遵照外合就恭錄

諭旨給發該商等即傳諭該國夷人啵朗啞哩晚噴咂等祇領欽遵查照毋違此諭

乾隆五十七年十一月二十八日諭

附錄10　和珅奏報馬戛爾尼熱河覲見乾隆禮儀及禮品單
（大不列顛及愛爾蘭皇家亞洲學會「小斯當東中文書信及文件」，第1冊第5號文件）

大學士和　等謹

奏切照嘆咭唎國貢使到時是日寅刻　麗正門內陳設

鹵簿大駕王公大臣九卿俱穿蟒袍補褂齊集其應行入座之王公

大臣等各帶本人坐褥至　澹泊敬誠殿鋪設畢仍退出夘初請

皇上

御龍袍

升寶座

御前大臣蒙古額駙侍衛仍照例在殿內兩翼侍立

乾清門行走蒙古王公侍衛亦照例在殿外分兩翼侍立領侍衛內大臣帶

領豹尾鎗長靶刀侍衛亦分兩班站立其隨從之王大臣九卿講官等于院

內站班臣和　同禮部堂官率領欽天監監副索德超帶領嘆咭唎國正副

使臣等恭捧　表文由

避暑山莊宮門右邊進至　殿前堦下向上跪捧恭遞

御前大臣福長安恭接轉　呈

御覽臣等即令該貢使等向上行三跪九叩頭禮畢其應入座之王公大臣以次

入座即帶領該貢使于西邊二排之末令其隨同叩領入座俟

皇上進茶時均于坐次行一叩禮隨令侍衛照例

賜茶畢各於本坐站立恭候

皇上出殿升輿臣等將該貢使領出于　清音閣外邊伺候所有初次應行例

賞該國王及貢使各物件預先設列于　清音閣前院內候

皇上傳膳畢臣等帶領該貢使再行瞻

覲頒賞後令其向上行謝

恩禮畢再令隨班人坐謹　奉奉

旨知道了欽此

嘆咭唎國　恭

進貢品十九件

西洋布臘尼大利翁大架一座

係天上日月星宿及地球全圖

星宿自能轉動如遇日食月食及星辰差忒俱顯然架于架上並指引月日

時又打辰鐘為天文地理表

坐鐘一架

有天文器具指引知係地球如何與天上日月星宿一體運動與學習天

文者有益

天球全圖

做空中藍色有金銀做成星辰大小顏色不同更有銀絲分別天上各處

度數

地球全圖

天下萬國四州山河海島都畫在球內亦有海洋道路及畫出各樣西洋

船隻

雜貨器具十一套

係推測時候乃指引月色之變可先知天氣如何

試探氣候架一座

能測看氣候盈虛

銅砲西衣砲

為操兵之用並有小分紅毛國兵現隨貢使前來可以試演砲法

奇巧椅子一對

人坐在上面自能隨意轉動

家用器具並自然火一架

內盛新舊雜樣瓶罐等項其火具能燒玻璃磁器金銀銅鉄是一塊火玻

璃造成

雜樣印畫圖像

係紅毛嘆咭唎國王家人像並城池炮台堂室花園鄉村船隻各圖

影燈一對

　係玻璃鏡做成掛在殿上光彩四面

金線毯

　精緻房鋪用

火絨毯

　大殿上鋪用

馬鞍一對

　金黃顏色十分精

車二輛

　熱天用一輛冷天用一輛俱有機棲可以轉動

軍器十件

　長短向來火鎗刀等其刀劍能削銅鐵

益力架子一座

　人扯動時能增益氣力陡長精神

大小金銀船

　係紅毛國戰船式樣上有一百小銅砲

什貨壹包

　係紅毛國物產即哆囉呢羽沙洋布銅鉄器具等物

附錄11 札鎮海縣令奉上諭英使船隻回寧波灣泊賞撥口分米石，1793年8月20日

(大不列顛及愛爾蘭皇家亞洲學會「小斯當東中文書信及文件」，第1冊第17號文件)

札鎮海縣知悉本年七月十三日奉　巡撫部院長　憲札飭本年七月初十日接准　兵部火票遞到　大學士伯和　字寄　浙江巡撫長　乾隆五十八年六月二十九日奉

上諭徵瑞奏嘆咭唎國船五只天津外洋難于久泊庙島離岸較遠不通貨販該使之意欲將原船回至寧波一帶灣泊俾得便於採買物件等語該國進貢此次始來即欲在浙江地方採買物件相屬無多俟該使臣到來詢問明確再降論旨其船只先回浙江寧波灣泊亦可聽其自便着長飭知地方官妥為照料將此論令知之欽此又六月三十日奉

上諭前因嘆咭唎貢使回國時口食缺乏令梁肯堂傳旨賞給來使一年口分米石即於北倉動給今思北倉即有餘存恐不敷用該國船只于起卸貢物後即欲回至浙江寧波莫如即于浙省就近倉貯米石內給與更為省便並着梁肯堂即論明該使臣由天津回至寧波需米若干先行賞給外其餘米石仍遵照前　旨按其等級核明數目飛咨長　俟該船回抵寧波後照數撥給較為省便欽此合亟札知札到該府即便轉飭該縣欽遵

諭旨妥為預備其沿海各處某縣現存倉穀若干可碾米若干石如有不敷先行議定在於就近之某縣撥給一俟直隸省咨會即可動碾至來使停泊起岸採買物件有需時日何處可以安頓必須預設寬廠處所妥為安置其通曉西洋言語者亦須多覓數人以作通事查該船由洋而來頗極迅速其一切應行預備事宜務即赶緊妥辦先由六百里馬遞馳稟毋稍遲延致有貽悞火速等因奉此合亟由六百里飛遞札到該縣查照奉即欽遵

諭旨事理妥為預備即將該縣現存倉穀若干可碾米若干石星馳稟覆如有不敷再行詳請撥給至來使停泊起岸採買物件有需時日何處可以安頓必須預備寬廠處所妥為安頓其能通曉西洋之語者亦須多覓數人以作通

事查該船由西洋而來頗極迅速務即趕緊妥辦先由六百里馳稟以憑轉
稟毋稍遲延致有貽悮大干未便火速轉札
乾隆五十八年七月十四日奉到此文係六百里馬遞

附錄12　馬戛爾尼致和珅信，1793年8月28日
(大不列顛及愛爾蘭皇家亞洲學會「小斯當東中文書信及文件」，第2冊第16號文件)

嘆咭唎亞國使臣歷陳來朝蹇情以伸鄙意事緣嘆咭唎亞國國王定了主意令使臣到中國所為者是要明明顯揚嘆咭唎亞國王遠來朝賀中國

大皇帝嘆咭唎亞國王揀了使臣使臣恨喜遵命盡心這個差使願意十分用心恭敬

大皇上更情願行中國大禮與別國使臣來中國行禮一樣如中國王大臣行禮使臣願行中國大禮不是止為避失禮的名聲實在為令眾人看一個大西洋很遠國王的使臣表樣令人知道普天下各國皆知恭敬中國

大皇上至大的德行無比的盛名使臣願行中國大禮實在歡心樂意以上係來朝蹇情使臣但有一件事求

大皇上格外大恩典使臣叩望准求不然使臣回國恐受大不是了若是使臣所行的事情不明証使臣本國不是中國屬國免不了得大不是使臣恐受不是故使臣說明白是那一件事求

大皇上的恩典就是求

大皇上命一個與使臣同品大臣穿本品衣服在中國京中使臣館內使臣本國王喜容跟前行大禮如此使臣不得不是使臣感謝

大皇上的恩而使臣國王慕

大皇上大德念念不忘也為此陳明

附錄13 馬戛爾尼致和珅信，1793年11月9日
（大不列顛及愛爾蘭皇家亞洲學會「小斯當東中文書信及文件」，第1冊第6號文件）

西洋嘆咭唎啞遠國使臣嗎嘎嘛呢啞為懇祈

中堂大人轉達叩謝

皇恩洪仁厚愛種種恩寵刻腑難忘默忖尊容至慈至善戀戀不捨又蒙重惠所遣一位大德侍臣　松大人其人可稱德備君子仁愛非常護送吾儕陸路款待無不體面豐光且也亦承其重愛將

皇上所允件件言傳從今以後我國商賈在于廣東居住貿易絕不禁阻亦勿傷害並〔空格，疑有缺字〕狡擾伊等然所允者要與國律相宜若與國律相反者而嚴禁不許也況且又沾大〔空格，疑有缺字〕來新任總督大人與前任大人大異焉其乃秉公無私所行諸事悉體君心照顧我等　如命由此觀之則知

皇恩浩大淵深岳重我等所求之事視之非輕矣不惟如此且也所貺之惠最貴之物然中　有勝者

皇上親手所書福字而賜賞我等此乃重愛之號恩惠之據矣使臣偕我國王之名謝此天高地厚之恩而銘刻于五內不忘也再有一事托付　中堂大人代我轉達使臣之意因兩國相通不惟厚交且也彼此有利益矣何也因我國之貨物在于北京果然相宜我等洋船亦能直至天津蓋此貨物京城何以價高因為越省客商所買我等之貨運移北京路途盤繳水脚課稅費多銀兩方得至京所以價貴若我等洋船載此貨物而來天津可減價賣豈不兩全彼此有利焉至論茶葉寧波甚廣其價比廣東更賤使臣與吾國眾商所望所願者特為己國之客貿易便益不為列國客商所求也而列國商賈亦未求之若我為列國而求豈不額外生端不惟與

天朝無益且與使臣官職不宜也夫列國船貨甚少而吾國之船貨超越列國六七倍也然有慮焉使臣所求毫無重允幸從松大人所言

皇王恩典從緩而求不能速允所欲矣據此喜報可以解悶寬胸變苦為飴亦慰渴慕耳

附錄14　馬戛爾尼謝恩信，1793年11月9日
（大不列顛及愛爾蘭皇家亞洲學會「小斯當東中文書信及文件」，第1冊第7號文件）

　　嘆咭唎國正使嗎嘎𡁷呢叩謝
大皇帝恩典我們出京起身蒙
　　軍機大臣們護送一路都安穩蒙
大皇帝常常計念賞賜食物到浙江地面又賞綢緞荷包並國王許多綢緞蟒袍
福字更覺感激不盡如今到杭州又准由江西到廣東回國派總督大人護送這
　　樣
恩典時刻不忘待回國告訴國王越發感謝先求
　　大人轉奏

附錄15　馬戛爾尼致和珅信，未署日期，約為1793年11月初（大不列顛及愛爾蘭皇家亞洲學會「小斯當東中文書信及文件」，第2冊第1號文件）

　　嘆咭唎國使臣嗎嘎嘯呢求

大人轉奏叩謝

大皇帝恩典我們求再來進献恐國王不信今又蒙

大皇帝恩典給我們憑據我們即起身回去奏知國王必定信服打發人快來如能

大皇帝六十年大萬壽趕到方合心願但佛蘭西近來打戰我們的人必從那裡走恐有阻隔萬一來遲也保不定先來奏明不是我們的人失信求

大人轉奏我們叩謝

大皇帝恩典

　　此呈係哆嗎嘶噹嗽親手寫

附錄16　長麟抄錄上諭，1794年1月1日
(大不列顛及愛爾蘭皇家亞洲學會「小斯當東中文書信及文件」，第1冊第8號文件)

天朝太子少保兵部尚書兼都察院右都御史總督廣東廣西提督軍務兼理糧
　　餉覺羅長為牌行事照得本部堂據呈代
　　奏嘆咭唎國使臣懇
恩准令該國王另表進獻一摺欽奉
聖旨一道相應恭錄行知該使臣等欽遵可也須至牌行者恭錄
聖旨
　　乾隆五十八年十一月初六日奉
上諭長麟奏管帶嘆咭唎使臣趲出浙境日期及該夷等悦服恭順情形一摺覽
　　奏俱悉又據奏該使臣向護送之道將等稱該國王此次進獻寔是至誠我
　　們未來之前國王曾向我們商議此次回去隔幾年年還要再來進獻是早
　　經議定的惟道路太遠不敢定准年月將來另具表文再來進獻若蒙恩准
　　辦理即將表章物件呈送總督衙門轉奏就是恩典等語此尚可行著長麟
　　傳知該使臣以爾國王此次差爾航海遠來抒誠納賮大皇帝深為嘉許賞
　　賚優加祠因爾等所請之事與例不符是以未准大皇帝並無嗔怪爾等之
　　心今據爾稟稱將來尚欲另具表文再來進獻大皇帝鑒爾等國王恭順悃
　　忱俯賜允准但海洋風信靡常亦不必拘定年限總聽爾國之便使臣到粵
　　天朝規矩凡外夷具表納獻督撫等斷無不入告之理屆時使臣一到即當
　　據情轉奏大皇帝自必降旨允准賞賜優渥以昭厚往薄來之意爾等回國
　　時可將此意告知爾國王以此次爾國王所請未邀允准係格於定例大皇
　　帝並無怪意爾國王儘可安心將來具表進呈亦必恩准從優賞賚如此明
　　切曉諭不特該使臣聞之益加悦服將來回國告知該國王亦必彌深欣感
　　也將此諭令知之欽此
　　乾隆五十八年十一月三十日

附錄17　長麟頒蔡世文等行商諭令，1794年3月11日
（英國國家檔案館外交部檔案，FO 233/189/28）

太子少保兵部尚書總督兩廣部堂覺羅長　督理粵海關稅務上駟院卿蘇　諭外洋行商人蔡世文潘致祥石中和等知悉照得嘆咭唎國貢船買換回國貨物欽奉

諭旨免其輸稅業經本部堂關部會同撫部院

奏請將嗎噗哆嘶貢船免其輸納進口船鈔銀三千六十五兩八分四厘併免征出湖絲稅銀六百八十四兩四錢四分六厘茶葉等稅銀一萬四百五十一兩四錢四分七厘共貨稅銀一萬一千一百三十五兩八錢九分三厘合行給發諭到該商等遵照即便出具領狀將前項免征鈔稅共銀一萬四千二百兩九錢七分七厘赴關照數領出轉給該夷當收領以示

天朝加惠遠人之至意併取具該夷商番稟領狀稟繳察核毋違特諭

乾隆五十九年二月初十日

嗎噗哆嘶貢船免征船鈔及出口貨稅共銀一萬四千二百兩零九錢七分七厘

內

萬和行交過夷收紋銀五百零六兩四錢零四厘

同文行交過夷收紋銀九百六十兩零三錢七分八厘

而益行交過夷收紋銀一千六百七十八兩零六分八厘

源順行交過夷收紋銀八百九十六兩七錢五分

廣利行交過夷收紋銀二千六百二十九兩七錢五分三厘

怡和行交過夷收紋銀二千七百二十七兩七錢八分五厘

義成行交過夷收紋銀九十二兩零零一厘

達成行交過夷收紋銀一十六兩四錢零七厘

東生行交過夷收紋銀九百八十六兩二錢六分四厘

會隆行交過夷收紋銀六百四十二兩零八分三厘

以上共交夷收紋銀一萬一千一百三十五兩八錢九分三厘

另該夷應輸船鈔未征銀三千零六十五兩零八分四厘
通共交還免征紋銀一萬四千二百兩零九錢七分七厘

附錄18 乾隆頒送喬治三世第三道敕諭〔不完整〕，1796年2月3日

(大不列顛及愛爾蘭皇家亞洲學會「小斯當東中文書信及文件」，第1冊第16號文件)

表文土物由夷船寄粵呈進具見恭順之誠天朝撫有萬國琛費來庭不貴其物惟重其誠已飭諭疆臣將貢物進收俾伸虔敬至天朝從前征勦廓爾喀時大將軍統領大兵深入連得要隘廓爾喀震懾兵威匍匐乞降大將軍始據情入奏天朝仁慈廣被中外一體不忍該一處生靈咸將殲除是以允准投誠彼時曾據大將軍奏及爾國王遣使前赴衛藏投稟有勸令廓爾喀投誠之語其時大功業已告成並未煩爾國兵力今爾國王表文內以此事在從前貢使起身之後未及奏明想未詳悉始末但爾國王能知大義恭順天朝深堪嘉尚玆特頒賜爾王錦緞等件爾國王其益勵藎誠永承恩眷以仰副朕綏遠敷仁至意再朕於丙辰踐祚時年二十有五即默禱

上帝若得御宇六十年當傳位嗣子今仰邀

昊眷九旬開秩紀元周甲於明年丙辰傳位皇太子改為嘉慶元年朕稱太上皇帝爾國自丙辰以後凡有呈進表文等件俱應書嘉慶元年號至朕傳位後軍國大政及交涉外藩事件朕仍訓示嗣皇帝所有恩賚懷柔及爾國人在廣東貿易等事一切如舊特一併諭知以便爾國得以遵循欽哉特諭

引用書目

檔案

Archivio della Curia Generalizia dell'Ordine dei Fratri Minori (abbreviated as ACGOFM).

Archivio storico della Sacra Congregazione de Propaganda Fide:

ACTA Congregationis Particularis super rebus Sinarum et Indiarum Orientalium (abbreviated as ACTA CP), vol. 17.

Scritture originali riferite nei confressi particolari di India e Cina (abbreviated as APF SOCP), vol. 68.

SC Collegi Vari, vol. 12.

Archivio Storico dell'Università degli Studi di Napoli l'Orientale, Fondo Collegio dei Cinesiv (abbreviated as ASUNIOR).

Biblioteca Apostolica Vaticana

Borg. Cin. 394

British Library:

India Office Records:

IOR/G/12. "Factory Records: China and Japan," 1614–1843.

WD 959. William Alexander. "Album of 372 Drawings of Landscapes, Coastlines, Costumes and Everyday Life Made During Lord Macartney's Embassy to the Emperor of China. Between 1792 and 1794."

WD 960. William Alexander. "Album of 220 Drawings, Chiefly Profiles of Coastlines, Made During Lord Macartney's Embassy to the Emperor of China. Between 1792 and 1794."

WD 961. William Alexander. "Album of 278 Drawings of Landscapes, Coastlines, Costumes and Everyday Life Made During Lord Macartney's Embassy to the Emperor of China. Between 1792 and 1794."

MS Add. 35174: William Alexander. *A Journal of the Lord Macartney's Embassy to China, 1791–1794, Journey of a Voyage to Pekin…in the Hindostan E. E. M. Accompanying Lord Macartney.* Marlborough, Wiltshire: Adam Matthew Digital, 2007.

Charles W. Wason Collection, Cornell University. Accessed through "The Earl George Macartney Collection," Archives Unbound, Gale (abbreviated as CWCCU):

A Journal of the Proceedings Of His Majesty's Ship Lion, By Sir. E. Gower.

An Important Collection of Original Manuscripts, Papers, and Letters relating to Lord Macartney's Mission to Pekin and Canton, 1792–1794, 10 volumes.

Rare Book, Manuscript and Special Collections Library, Duke University, Durham, North Carolina. Accessed through "China: Trade, Politics and Cultures, 1793–1980." Marlborough, Wiltshire: Adam Matthew Digital, 2007:

George Thomas Staunton Papers, 1743–1885 and Undated.

The Royal Archives, UK:

RA GEO/ADD/31/21/A.

RA GEO/ADD/31/21/B.

RA GEO/ADD/31/21/C.

Royal Asiatic Society Archives, Royal Asiatic Society of Great Britain and Ireland:

GB 891 SC1. Chinese Documents on Trade Regulations with the English.

GB 891 TM. Papers of Thomas Manning, Chinese Scholar, First English Visitor to Lhasa, Tibet.

George Thomas Staunton Chinese Letters and Documents, 2 vols.

The National Archives, UK:

Admiralty Records:

ADM 51/1154. "Admiralty: Captains' Logs," Lion (5 May 1792–13 October 1794).

ADM 52/3163 "Admiralty: Masters' Logs," Lion (4 May 1793–29 April 1794).

ADM 52/3221 "Admiralty: Masters' Logs," Lion (7 May 1792–6 May 1793).

Foreign Office Records:

FO 17. "Foreign Office: Political and Other Documents: General Correspondence Before 1906, China," 1815–1905.

FO 233. "Northern Department and Foreign Office: Consulates and Legation, China: Miscellaneous Papers and Reports," 1727–1951.

FO 663. "Foreign Office: Consulate, Amoy, China: General Correspondence," 1834–1951.

FO 677. "Foreign Office: Superintendent of Trade, Legation, Peking, China: General Correspondence and Diaries," 1759–1874.

FO 682. "Foreign Office: Chinese Secretary's Office, Various Embassies and Consulates, China: General Correspondence," 1861–1939.

FO 1048. "East India Company: Select Committee of Supercargoes, Chinese Secretary's Office: Chinese-language Correspondence and Papers," 1793–1834.

西文書目

A Constant Reader. "To the Editor of the *Monthly Magazine*." *Monthly Magazine or British Register* 19, no. 2 (1 March 1805), p. 139.

A Correspondent. "Embassies to China: Objects, Plans and Arrangements, of Lord Macartney's Embassy, to the Court of Keënlung, From the King of Great Britain; Strictures on the Same; and Remarks Explanatory of the Causes of Its Failure: Its Course Traced, From Its Origination, to Its Arrival at the Mouth of the Peiho." *The Chinese Repository* 6, no. 1 (May 1837), pp. 17–27.

Adas, Michael. *Machines as the Measure of Men: Science, Technology, and Ideologies of Western Dominance*. Ithaca, NY: Cornell University Press, 1989.

Alexander, William. *Views of Headlands, Islands &c. Taken During a Voyage to, and along the Eastern Coast of China, in the Years 1792 & 1793, etc.* London: W. Alexander, 1798.

———. *The Costume of China*. London: William Miller, 1805.

———. *Picturesque Representations of the Dress and Manners of the Chinese. Illustrated in Fifty Coloured Engravings, with Descriptions*. London: W. Bulmer and Co., 1814.

Allison, Rayne. "The Virgin Queen and the Son of Heaven: Elizabeth I's Letters to Wanli, Emperor of China." In *Elizabeth I's Foreign Correspondence: Letters, Rhetoric, and Politics*, edited by Carlo M. Bajetta, Guillaume Coatalen and Jonathan Gibson, pp. 209–228. New York, NY: Palgrave Macmillan, 2014.

Amiot, Joseph. *Mémoires concernant l'Histoire, les Sciences, les Arts, les Mœurs, les Usages, &c. Des Chinois Par les Missionnaries de Pekin*, vol. 1. Paris: Chez Nyon, Libraire, 1776.

Anderson, Æneas. *A Narrative of the British Embassy to China, in the Years 1792, 1793, and 1794; Contains the Various Circumstances of the Embassy, With Account of Customs and Manners of the Chinese and a Description of the Country, Towns, Cities, &c. &c.* London: J. Debrett, 1795.

Anonymous. *A Delicate Inquiry into the Embassies to China, and A Legitimate Conclusion from the Premises*. London: Thomas and George Underwood and J. M. Richardson, 1818.

Anson, George. *A Voyage Round the World: In the Years MDCCXL, I, II, III, IV. By George Anson, Esq; Commander in Chief of a Squadron of His Majesty's Ships, Sent upon an Expedition to the South-Seas. Compiled from Papers and Other Materials of the Right Honourable George Lord Anson, and Published under His Direction. By Richard Walter, M. A. Chaplain of His Majesty's Ship the Centurion, in that Expedition. The Third Edition. With Charts of the Southern Part of South America, of Part of the Pacific Ocean, and of the Track of the Centurion round the World*, edited by Richard Walter and Benjamin Robins. London: John and Paul Knapton, 1748.

Archer, Mildred. "From Cathay to China: The Drawings of William Alexander, 1792–4." *History Today* 12 (1962), pp. 864–871.

———. "Works by William Alexander and James Wales." In *The Royal Asiatic Society: Its History and Treasures*, edited by Stuart Simmonds and Simon Digby, pp. 118–122. Leiden: Brill, 1979.

Argon, Charles. "*The Problem of China*: Orientalism, 'Young China,' and Russell's Western Audience." *Russell: The Journal of Bertrand Russell Studies* 35, no. 2 (Winter 2015–16), pp. 159–161.

Backhouse, Edmund, and John Otway Percy Bland. *Annals and Memoirs of the Court of Peking (From the 16th to the 20th Century)*. Boston: Houghton Mifflin, 1914.

Barrett, Timothy Hugh. *Singular Listlessness: A Short History of Chinese Books and British Scholars*. London: The Wellsweep Press, 1989.

Barrow, John. *Some Account of the Public Life and a Selection from the Unpublished Writings of the Earl of Macartney. The Latter Consisting of Extracts from An Account of the Russian Empire; A Sketch of the Political History of Ireland; and A Journal of an Embassy from the King of Great Britain to the Emperor of China.* 2 vols. London: T. Cadell and W. Davies in the Strand, 1807.

———. *Travels in China, Containing Descriptions, Observations, and Comparisons, Made and Collected in the Course of a Short Residence at the Imperial Palace of Yuen-Min-Yuen, and on a Subsequent Journey through the Country from Pekin to Canton.* London: T. Cadell & W. Davies, 1804.

———. *An Auto-Biographical Memoir of Sir John Barrow, Bart., Late of the Admiralty; Including Reflections, Observations, and Reminiscences at Home and Abroad, from Early Life to Advanced Life*. London: John Murray, 1847.

Bartlett, Beatrice S. "A New Edition of Macartney Mission Documents: Problems and Glories of Translation." *Études chinoises* 14, no. 1 (1995), pp. 145–159.

Batchelor, Robert. "Concealing the Bounds: Imagining the British Nation through China." In *The Global Eighteenth Century*, edited by Felicity A. Nussbaum, pp. 79–92. Baltimore, MD.: John Hopkins University Press, 2003.

Bell, John. *Travels from St. Petersburg in Russia, to Diverse Parts of Asia*. Glasgow: R. and A. Foulis, 1763. 2 vols.

Berg, Maxine. "Britain, Industry and Perceptions of China: Matthew Boulton, 'Useful Knowledge' and the Macartney Embassy to China 1792–94." *Journal of Global History* 1, no. 2 (July 2006), pp. 269–288.

———. "In Pursuit of Luxury: Global History and British Consumer Goods in the Eighteenth Century." *Past and Present* 182 (February 2004), pp. 85–142.

———. "Macartney's Things. Were They Useful? Knowledge and the Trade to China in the Eighteenth Century." Global Conference 4, Leiden, 16–18 September 2004. http://www.1se.ac.uk./Economic-History/Assets/Documents/Research/GEHN/GEHNConference/conf4/Conf4-MBerg.pdf. Accessed March 2018.

Bickers, Robert A., ed. *Ritual and Diplomacy: The Macartney Mission to China 1792–1794.* London: The Wellsweep Press, 1993.

———. "History, Legend and Treaty Port Ideology, 1925–1931." In *Ritual and Diplomacy: The Macartney Mission to China 1792–1794*, edited by Robert A. Bickers, pp. 81–92. London: The Wellsweep Press, 1993.

———. "Backhouse, Sir Edmund Trelawny, Second Baronet (1873–1944)." *Oxford Dictionary of National Biography*, vol. 3, pp. 104–105. Oxford: Oxford University Press, 2004.

Bickers, Robert A., and Jonathan J. Howlett, eds. *Britain and China: Empire, Finance, and War, 1840–1970*. Abingdon, Oxon: Routledge, 2015.

Biggerstaff, Knight. "The First Chinese Mission of Investigation Sent to Europe." In *Some Early Chinese Steps Toward Modernization*, pp. 39–52. San Francisco: Chinese Materials Center, 1975.

Blakley, Kara Lindsay. "From Diplomacy to Diffusion: The Macartney Mission and Its Impact on the Understanding of Chinese Art, Aesthetics and Culture in Great Britain, 1793–1859." PhD dissertation, University of Melbourne, 2018.

Bland, John Otway Percy and Edmund Backhouse. *China under the Empress Dowager: Being the History of the Life and Times of Tzŭ Hsi, comp. from the State Papers of the Comptroller of Her Household*. Boston: Houghton Mifflin, 1914.

Boxer, C. R. "Isaac Titsingh's Embassy to the Court of Ch'ien Lung (1794–1795)." *T'ien Hsia* 8, no. 1 (1939), pp. 9–33.

———, ed. & trans. *Seventeenth Century Macau in Contemporary Documents and Illustrations*. Hong Kong: Heinemann (Asia), 1984.

Branner, David Prager. "The Linguistic Ideas of Edward Harper Parker." *Journal of American Oriental Society* 119, no. 1 (1999), pp. 12–34.

Broomhall, Marshall. *Robert Morrison: A Master-Builder*. London: Church Missionary Society, 1924.

Burrows, Toby. "Manuscripts of Sir Thomas Phillips in North American Institutions." *Manuscript Studies* 1, no. 2 (Fall 2016), pp. 308–327.

Carroll, John M. "The Canton System: Conflict and Accommodation in the Contact Zone." *Journal of the Hong Kong Branch of the Royal Asiatic Society* 50 (2010), pp. 51–66.

———. "'The Usual Intercourse of Nations': The British in Pre-Opium War Canton." In *Britain and China: Empire, Finance, and War, 1840–1970*, edited by Robert Bickers and Jonathan J. Howlett, pp. 22–40. Abingdon, Oxon: Routledge, 2015.

———. "Sorting Out China: British Accounts from Pre-Opium War Canton." In *The Cultural Construction of the British World*, edited by Barry Crosbie and Mark Hampton, pp. 126–144. Manchester: Manchester University Press, 2016.

———. *Canton Days: British Life and Death in China*. Lanham: Rowman & Littlefield, 2020.

Chang, T'ien-Tsê. "Malacca and the Failure of the First Portuguese Embassy to Peking." *Journal of Southeast Asian History* 3, no. 2 (September 1962), pp. 45–64.

———. *Sino-Portuguese Trade from 1514–1644: A Synthesis of Portuguese and Chinese Sources*. Leyden: E. J. Brill, 1969.

Chen, Li. "Law, Empire, and Historiography of Modern Sino-Western Relations: A Case Study of the 'Lady Hughes' Controversy in 1784." *Law and History Review* 27, no. 1 (Spring 2009), pp. 1–53.

———. *Chinese Law in Imperial Eyes: Sovereignty, Justice, and Transcultural Politics*. New York: Columbia University Press, 2016.

Chen, Shanshan. "Art, Science, and Diplomacy: Imagery of the Macartney Mission to China." PhD dissertation, The University of Hong Kong, 2018.

Chen, Song-chuan. "The British Maritime Public Sphere in Canton, 1827–1839." PhD dissertation, University of Cambridge, 2008.

———. *Merchants of War and Peace: British Knowledge of China in the Making of the Opium War*. Hong Kong: Hong Kong University Press, 2017.

Cheong, Weng Eng. *The Hong Merchants of Canton: Chinese Merchants in Sino-Western Trade*. London: Curzon Press, 1997.

The Chinese Repository. Canton: Printed for the proprietors, 1832–1851.

Ching, May-bo. "The 'English Experience' among the Humblest Chinese in the Canton Trade Era (1700s–1842)." *Curtis's Botanical Magazine* 34, no. 4 (2017), pp. 498–313.

Clarke, David. "Chinese Visitors to 18th Century Britain and Their Contribution to Its Cultural and Intellectual Life." *Curtis Botanical Magazine* 34, no. 4 (December 2017), pp. 498–521.

Clingham, Greg. "Cultural Difference in George Macartney's *An Embassy to China*, 1792–94." *Eighteenth Century Life* 39, no. 2 (April 2015), pp. 1–29.

Coates, Austin. *Macao and the British, 1637–1842: The Prelude to Hong Kong*. London: Routledge and Kegan Paul, 1966.

Conner, Patrick, and Susan Legouix Solman. *William Alexander: An English Artist in Imperial China*. Brighton: Brighton Borough Council, 1981.

Corradini, Piero. "Concerning the Ban on Preaching Christianity Contained in Ch'ien-lung's Reply to the Requests Advanced by the British Ambassador, Lord Macartney." *East and West* 15, no. 3/4 (September–December 1965), pp. 89–91.

Correspondence Relating to China, Presented to Both Houses of Parliament, by Command of Her Majesty. London: T. R. Harrison, 1840.

Cranmer-Byng, John L. "Lord Macartney's Embassy to Peking in 1793: From Official Chinese Documents." *Journal of Oriental Studies* 4, Issues 1–2 (1957–58), pp. 117–186.

———. "Introduction." In George Macartney, *An Embassy to China: Being the Journal Kept by Lord Macartney During His Embassy to the Emperor Ch'ien-lung, 1793–1794*, edited by J. L. Cranmer-Byng, pp. 3–58. London: Longmans, 1962.

———. "The Chinese Attitude Towards External Relations." *International Journal* 21, no. 1 (1966), pp. 57–77.

———. "The Defences of Macao in 1794: A British Assessment." *Journal of Southeast Asian History* 5, no. 2 (September 1967), pp. 133–149.

———. "The First English Sinologists. Sir George Staunton and the Reverend Robert Morrison." In *Symposium on Historical Archaeological and Linguistic Studies on South China, South-East Asia and The Hong Kong Region: Papers Presented at Meetings Held in September 1961 as Part of the Gold Jubilee Congress of the University of Hong Kong*, edited by F. S. Drake, pp. 247–260. Hong Kong: Hong Kong University Press, 1967.

———. "Russian and British Interests in the Far East, 1791–1793." *Canadian Slavonic Papers* 10, no. 3 (Autumn 1968), pp. 357–375.

Cranmer-Byng, John L., and Trevor H. Levere. "A Case Study in Cultural Collison: Scientific Apparatus in the Macartney Embassy to China, 1793." *Annals of Science* 38 (1981), pp. 503–525.

Crosbie, Barry, and Mark Hampton, eds. *The Cultural Construction of the British World*. Manchester: Manchester University Press, 2016.

D'Arelli, Francesco. "The Chinese College in Eighteenth-Century Naples." *East and West* 58, no. 1 (December 2008), pp. 283–312.

Datta, Rajeshwari. "The India Office Library: Its History, Resources, and Functions." *The Library Quarterly: Information, Community, Policy* 36, no. 2 (April 1966), pp. 99–148.

Day, Jenny Huangfu. *Qing Travellers to the Far West: Diplomacy and the Information Order in Late Imperial China*. Cambridge: Cambridge University Press, 2018.

Delisle, Jean, and Judith Woodsworth, eds. *Translators through History*. Amsterdam: John Benjamins Publishing Company, 2012.

De Beer, Gavin Rylands. "Sir Hans Sloane and the British Museum." *The British Museum Quarterly* 18, no. 1 (March 1953), pp. 2–4.

De Guignes, Chrétien-Louis-Joseph. *Voyages à Péking, Manille et L'Île de France*. Paris: L'Imprimerie Impériale, 1808.

Delbourgo, James. *Collecting the World: The Life and Curiosity of Hans Sloane*. London: Penguin, 2017.

———. *Collecting the World: Hans Sloane and the Origins of the British Museum*. Cambridge, MA: Belknap Press, 2019.

Duyvendak, J. J. L. "The Last Dutch Embassy to the Chinese Court (1794–1795)." *T'oung Pao* second series 34, no. 1/2 (1938), pp. 1–137.

The Earl de Grey and Ripon [George Frederick Samuel Robinson]. "Address to the Royal Geographical Society of London; Delivered at the Anniversary Meeting on 28th May 1860, by the Earl de Grey and Ripon, President: Obituary." *Proceedings of the Royal Geographical Society of London* 4, no. 4 (1859–1860), pp. 141–143.

Eastberg, Jodi Rhea Bartley. "West Meets East: British Perception of China Through the Life and Works of Sir George Thomas Staunton, 1781–1859." PhD dissertation, Marquette University, 2009.

Elman, Benjamin A. "The Jesuit Role as 'Experts' in High Qing Cartography and Technology." *National Taiwan University History Bulletin* 31 (June 2003), pp. 223–250.

Emanuel, John. "Matteo Ripa and the Founding of the Chinese College at Naples." *Neue Zeilschrift für Missionswissenchaft* 37 (1981), pp. 131–140.

Esherick, Joseph W. "Cherishing Sources from Afar." *Modern China* 24, no. 2 (April 1998), pp. 135–161.

———. "Tradutore, Traditore: A Reply to James Hevia." *Modern China* 24, no. 3 (July 1998), pp. 328–332.

Fairbank, John K., ed. *The Chinese World Order: Traditional China's Foreign Relations.* Cambridge, MA: Harvard University Press, 1968.

———. *Trade and Diplomacy on the China Coast: The Opening of the Treaty Ports, 1842–1854.* Cambridge, MA: Harvard University Press, 1953.

Fairbank, John K., Martha Henderson Coolidge, and Richard Smith. *H. B. Morse, Customs Commissioner and Historian of China*. Lexington: University Press of Kentucky, 1995.

Fan, Fa-ti. *British Naturalists in Qing China: Science, Empire, and Cultural Encounter.* Cambridge, MA: Harvard University Press, 2004.

Fara, Patricia. *Sex, Botany and Empire: The Story of Carl Linnaeus and Joseph Banks.* Cambridge: Icon Books, 2003.

Farmer, Edward L. "James Flint versus the Canton Interest (1755–1760)." *Papers On China* 17 (December 1963), pp. 38–66.

Fatica, Michele. "Gli Alunni Del Collegium Sinicum di Napoli, La Missione Macartney Presso L'Imperatore Qianlong e La Richiesta di Liberta di Culto per I Cristiani Cinesi [1792–1793]." In *Studi in Onore di Lionello Lanciotti*, vol. 2, edited by S. M. Carletti, M. Sacchetti, and P. Santangelo, pp. 525–565. Napoli: Istituto Universitario Orientale, 1996.

———. *Archivio Storico del Collegio dei cinesi (Sezioni di Napoli, Roma E Venezia).* Napoli: Istituto Universitario Orientale, 2004.

———. *Matteo Ripa e il Collegio dei Cinesi de Napoli (1682–1869).* Napoli: Università degli Studi di Napoli "L'Orientale", 2006.

———. *Sedi e Palazzi dell'Università degli Studi di Napoli "L'Orientale".* Napoli: Università degli Studi di Napoli "L'Orientale", 2008.

Fatica, Michele, and Yue Zhuang. "Copperplates Controversy: Matteo Ripa's Thirty-six Views of Jehol and the Chinese Rites Controversy." In *Entangled Landscapes: Early Modern China and Europe*, edited by Yue Zhuang and Andrea M. Riemenschnitter, pp. 144–186. Singapore: NUS Press, 2017.

Ford, Susan Allen. "Fanny's 'Great Book': Macartney's Embassy to China and *Mansfield Park*." *Persuasions On-line* 28, no. 2 (Spring 2008). https://jasna.org/persuasions/on-line/vol28no2/ford.htm, accessed 18 December 2021.

Fry, Michael. "Dundas, Henry, First Viscount Melville (1742–1811)." *The Oxford Dictionary of National Biography* (Oxford: Oxford University Press, 2004). https://www-oxforddnb-com.easyaccess1.lib.cuhk.edu.hk/view/10.1093/ref:odnb/9780198614128.001.0001/odnb-9780198614128-e-8250?rskey=mdw7yp&result=3, accessed 9 May 2021.

Gao, Hao. "British-Chinese Encounters: Changing Perceptions and Attitudes from the Macartney Mission to the Opium War." PhD dissertation: The University of Edinburgh, 2013.

———. *Creating the Opium War: British Imperial Attitude Towards China, 1792–1840*. Manchester: Manchester University Press, 2020.

Gascoigne, John. *Joseph Banks and the English Enlightenment: Useful Knowledge and Polite Culture*. Cambridge: Cambridge University Press, 1994.

———. *Science in the Service of Empire: Joseph Banks, the British State and the Uses of Science in the Age of Revolution*. Cambridge: Cambridge University Press, 1998.

Goodman, Jordan. *Planting the World: Botany, Adventures and Enlightenment Across the Globe with Joseph Banks*. New York: HarperCollins Publishers, 2019.

Gower, Erasmus. *A Journal of the Proceedings of His Majesty's Ship Lion, Commanded by Sir Erasmus Gower, Knt., Commencing in the Yellow Sea on the 5th of August 1793 and Ending at Whampoa in the River Canton the 9th January 1794*. 1794.

Gunn, Geoffrey C. *Encountering Macau: A Portuguese City-state on the Periphery of China, 1557–1999*. Boulder: Westview Press, 1996.

Gützlaff, Karl, F. A. *Journal of Three Voyages Along the Coast of China in 1831, 1832, & 1833*. London: Frederick Westley & A. H. Davis, 1834.

Hager, Joseph. *An Explanation of the Elementary Characters of Chinese; with an Analysis of Their Ancient Symbols and Hieroglyphics*. London: Richard Phillips, 1801.

———. "For the *Monthly Magazine*. Observations on the Name and Origin of the Pyramids of Egypt." *Monthly Magazine* 12, no. 1 (1 August 1801), p. 6.

———."Reply to Dr. Montucci." *The Critical Review, Or, Annals of Literature* 34 (February 1802), pp. 206–217.

———. *Pathèon Chinois, ou parallele entre le culte religieux des Grecs et celui des Chinois*. Paris: De L'Imprimerie de P. Didot L'ainé, 1806.

Hakluyt, Richard. *The Principal Navigations Voyages Traffiques and Discoveries of the English Nation*. 12 vols. Glasgow: James MacLehose and Sons, 1904; reprint. Cambridge: Cambridge University Press, 2014.

Hall, Basil. *Voyage to Loo-Choo, and Other Places in the Eastern Seas, in the Year 1816*. Edinburgh: Archibald Constable & Co., 1826.

Hampton, Timothy. *Fictions of Embassy*. Ithaca, NY: Cornell University Press, 2009.

Hanser, Jessica. *Mr. Smith Goes to China: Three Scots in the Making of Britain's Global Empire*. New Haven: Yale University Press, 2019.

Hariharan, Shantha. "Relations Between Macao and Britain During the Napoleonic Wars: Attempt to Land British Troops in Macao, 1802." *South Asia Research* 30, no. 2 (July 2010), pp. 185–196.

Harrison, Henrietta. *The Missionary's Curse and Other Tales from a Chinese Catholic Village*. Berkeley, Los Angeles and London: University of California Press, 2013.

———. "The Qianlong Emperor's Letter to George III and the Early-Twentieth-Century Origins of Ideas about Traditional China's Foreign Relations." *American Historical Review* 122, no. 3 (June 2017), pp. 680–701.

———. "Chinese and British Diplomatic Gifts in the Macartney Embassy of 1793." *English Historical Review* 133, no. 560 (February 2018), pp. 65–97.

———. "A Faithful Interpreter? Li Zibiao and the 1793 Macartney Embassy to China." *The International History Review* 41, no. 5 (2019), pp. 1076–1091.

———. *The Perils of Interpreting: The Extraordinary Lives of Two Translators between Qing China and the British Empire*. New Jersey: Princeton University Press, 2021.

Hevia, James L. "Guest Ritual and Interdomainal Relations in the Late Qing." PhD dissertation, University of Chicago, 1986.

———. "A Multitude of Lords: Qing Court Ritual and the Macartney Embassy of 1793." *Late Imperial China* 10, no. 2 (December 1989), pp. 72–105.

———. "The Macartney Embassy in the History of Sino-British Relations." In *Ritual and Diplomacy: The Macartney Mission to China 1792–1794*, edited by Robert A. Bickers, pp. 57–79. London: The Wellsweep Press, 1993.

———. *Cherishing Men from Afar: Qing Guest Ritual and the Macartney Embassy of 1793.* Durham, NC: Duke University Press, 1994.

———. "Postpolemical Historiography: A Response to Joseph W. Esherick." *Modern China* 24, no. 3 (July 1998), pp. 319–327.

———. "The Ultimate Gesture of Deference and Debasement': Kowtowing in China." *Past and Present* 203, Suppl. 4 (2009), pp. 212–234.

Hillemann, Ulrike. *Asian Empire and British Knowledge: China and the Networks of British Imperial Expansion*. London: Palgrave Macmillan, 2009.

Holmes, Samuel. *The Journal of Mr. Samuel Holmes, Sergeant-Major of the XIth Light Dragoons, During His Attendance as One of the Guards on Lord Macartney's Embassy to China and Tartary.* London: W. Bulmer & Company, 1798.

Hsü, Immanuel C. Y. "The Secret Mission of the Lord Amherst on the China Coast, 1832." *Harvard Journal of Asiatic Studies* 17, no. 1/2 (June 1954), pp. 231–252.

Hunter, William C. *The "Fan Kwae" at Canton before the Treaty Days, 1825–1844*. London: Kegan Paul, Trench & Co., 1882.

———. *Bits of Old China*. London: Kegan Paul, Trench and Company, 1885.

Hutton, Brian. "The Creation, Dispersion and Discovery of the Papers of George, 1st Earl Macartney." *Familia* 2 (1989), pp. 81–86.

Hüttner, Johann Christian. *Nachricht von der Britischen Gesandtschaftsreisé durch China und einen Teil der Tartarei, 1792–94*. Berlin: Voss, 1797.

Irvine, Thomas. *Listening to China: Sound and the Sino-Western Encounter, 1770–1839.* Chicago: Chicago University Press, 2020.

Keevak, Michael. *Embassies to China: Diplomacy and Cultural Encounters before the Opium War.* Singapore: Palgrave Macmillan, 2017.

Kitson, Peter J. "'The Kindness of my Friends in England': Chinese Visitors to Britain in the Late Eighteenth and Early Nineteenth Centuries and Discourses of Friendship and Estrangement." *European Romantic Review* 27, no. 1 (2016), pp. 55–70.

Krahl, Joseph. *China Missions in Crisis: Bishop Laimbeckhoven and His Times, 1738–1787.* Rome: Gregorian University Press, 1964.

Kwan, Uganda Sze Pui. "Transferring Sinosphere Knowledge to the Public: James Summers (1828–91) as Printer, Editor and Cataloguer." *East Asian Publishing and Society* 8, no. 1 (2018), pp. 56–84.

Landry-Deron, Isabelle. "Le 'Dictionnaire chinois, français et latin' de 1813." *T'oung Pao* 101, Fasc 4/5 (2015), pp. 407–440.

Legouix, Susan. *Image of China: William Alexander*. London: Jupiter Books, 1980.

Lehner, Georg. "From Enlightenment to Sinology: Early European Suggestions on How to Learn Chinese, 1770–1840." In *Asian Literary Voices: From Marginal to Mainstream*, edited by Phillip F. Williams, pp. 71–92. Amsterdam: Amsterdam University Press, 2010.

Leung, Chung Yan. "A Bilingual British 'Barbarian'—A Study of John Robert Morrison (1814–1843) as the Translator and Interpreter for the British Plenipotentiaries in China between 1839 and 1843." MPhil Thesis, Hong Kong Baptist University, 2001.

Lindorff, Joyce. "Burney, Macartney and the Qianlong Emperor: The Role of Music in the British Embassy to China, 1792–1794." *Early Music* 40, no. 3 (August 2012), pp. 441–453.

Lindsay, Hugh Hamilton, and Karl F. A. Gützlaff. *Report of Proceedings of a Voyage to the Northern Ports of China in the Ship Lord Amherst*. London: B. Fellowes, 1833.

Liu, Lydia H. *The Clash of Empires: The Invention of China in Modern World Making*. Cambridge, MA and London: Harvard University Press, 2004.

Lo, Hui-min. "The Ching-shan Diary: A Clue to its Forgery." *East Asian History* 1 (1991), pp. 98–124.

Lundbæk, Knud. "The Establishment of European Sinology 1801–1815." In *Cultural Encounters: China, Japan, and the West: Essays Commemorating 25 Years of East Asian Studies at the University of Aarhus*, edited by Soren Clausen, Roy Starrs, and Anne Wedell-Wedellsborg, pp. 15–54. Aarhus: Aarhus University Press, 1995.

Lunney, Linde. "The Celebrated Mr. Dinwiddie: An Eighteenth-Century Scientist in Ireland." *Eighteenth-Century Ireland* 3 (1988), pp. 69–83.

Macartney, George. *An Embassy to China: Being the Journal Kept by Lord Macartney during his Embassy to the Emperor Ch'ien-lung, 1793–1794*, edited by J. L. Cranmer-Byng. London: Longmans, 1962.

———. *An Embassy to China: Being the Journal Kept by Lord Macartney During his Embassy to the Emperor Ch'ien-lung, 1793–1794*, edited by J. L. Cranmer-Byng. London: The Folio Society, 2004.

Mancall, Mark. *Russia and China: Their Diplomatic Relations to 1728*. Cambridge, MA: Harvard University Press, 1971.

Martin, R. Montgomery. *China; Political, Commercial, and Social; in an Official Report to Her Majesty's Government*. 2 vols. London: James Madden, 1847.

Marshall, P. J. "Britain and China in the Late Eighteenth Century." In *Ritual and Diplomacy: The Macartney Mission to China 1792–1794*, edited by Robert A. Bickers, pp. 11–29. London: The Wellsweep Press, 1993.

McAnally, Henry. "Antonio Montucci." *Modern Language Quarterly* 7, no. 1 (1946), pp. 65–81.

Meynard, Thierry. "Fan Shouyi, a Bridge between China and the West under the Rite Controversy." *Annales Missiologici Posnanienses* 22 (2017), pp. 21–31.

Milton, John. *Paradise Lost.* London: John Bumpus, Holborn-Bars, 1821.

Minamiki, George. *The Chinese Rites Controversy from Its Beginnings to Modern Times.* Chicago: Loyola University Press, 1985.

Montucci, Antonio. "An Account of an Evangelical Chinese Manuscript in the British Museum, together with a specimen of it, and Some Hints on the Proper Mode of Publishing It in London." *Gentleman's Magazine* (Oct–Nov 1801), pp. 882–887.

———. *The Title-Page Reviewed, the Characteristic Merits of the Chinese Language, Illustrated by an Investigation of Its Singular Mechanism and Peculiar Properties; Containing Analytical Strictures on Dr. Hager's Explanation of the Elementary Characters of the Chinese.* London: W. and C. Spilsbury, 1801.

———. *Letters to the Editor of the Universal Magazine, on Chinese Literature; Including Strictures on Dr. Hager's Two Works and the Reviewers' Opinions Concerning Them.* London: Knight and Compton, 1804.

———. "To the Editor of the *Monthly Magazine*, 12 March 1804." *Monthly Magazine* 17, no. 3 (1 April 1804), p. 211.

———. *Remarques Philologiques sur les voyages en Chine de M. de Guignes*. Berlin: Aux Frais De L'Auteur, 1809.

———. *Urh-Chh-Tsze-Ten-Se-Yn-Pe-Keou; Being A Parallel Drawn between the Two Intended Chinese Dictionaries; By the Rev. Robert Morrison and Antonio Montucci, LL.D.* London: T. Cadell and W. Davis and T. Boosey, 1817.

Morrison, Elizabeth A. *Memoirs of the Life and Labours of Robert Morrison, DD.* 2 vols. London: Longman, Orme, Brown, Green and Longmans, 1839.

Morrison, Robert. *A Dictionary of the Chinese Language, in Three Parts.* Macao: The Honorable East India Company's Press, 1815–1822.

———. *Memoir of the Principal Occurrences during an Embassy from the British Government to the Court of China in the Year of 1816.* London: Hatchard and Son, 1920.

———. "To the Editor of the Asiatic Journal." *The Asiatic Journal and Monthly Register for British India and Its Dependencies* 15, no. 89 (May 1823), pp. 459–461.

Morse, Hosea Ballou. *The Chronicles of the East India Company.* 5 vols. London: Oxford University Press, 1926–1929.

———. *The International Relations of the Chinese Empire.* 3 vols. London: Longmans, Green & Co., 1910–1918.

Mosca, Matthew W. *From Frontier Policy to Foreign Policy: The Question of India and the Transformation of Geopolitics in Qing China.* Stanford: Stanford University Press, 2013.

______. "The Qing State and Its Awareness of Eurasian Interconnections, 1789–1806." *Eighteenth-Century Studies* 47, no. 2 (Winter 2014), pp. 103–116.

Moseley, William W. *A Memoir on the Importance and Practicability of Translating and Printing the Holy Scriptures in the Chinese Language; and of Circulating Them in That Vast Empire*. London: N. Merridew, 1800.

———. *A Dictionary of Latin Quantities: Or Prosodian's Guide to the Different Quantities of Every Syllable in the Latin Language, Alphabetically Arranged*. London: Blackwood, 1827.

———. *The Origin of the First Protestant Mission to China, and History of the Events Which Included the Attempt, and Succeeded in the Accomplishment of a Translation of the Holy Scriptures into the Chinese Language*. London: Simpkin and Marshall, 1842.

Mui, Hoh-cheung, and L. H. Mui. *The Management of Monopoly: A Study of the English East India Company's Conduct of Its Tea Trade, 1784–1833*. Vancouver: University of British Columbia Press, 1984.

Mungello, D. E., ed. *The Chinese Rites Controversy: Its History and Meaning*. Nettetal: Steyler Verlag, 1994.

Napier, Priscilla. *Barbarian Eye: Lord Napier in China, 1834, the Prelude to Hong Kong*. London & Washington: Brassey's, 1995.

"New research uncovers the story of the first Chinese Scotsman." *History Scotland*, 16 February 2018, https://www.historyscotland.com/history/new-research-uncovers-the-story-of-the-first-chinese-scotsman/. Accessed 21 April 2020.

Nicolson, Harold. *Diplomacy*. New York: Oxford University Press, 1963.

Nish, Ian, ed. *British Documents on Foreign Affairs: Reports and Papers from the Foreign Office Confidential Print*. Part I, Series E, vol. 16. Frederick, MD: University Publications of America, 1994.

Nolde, John Jacob. "The 'Canton City Question,' 1842–1849: A Preliminary Investigation into Chinese Anti-Foreignism and its Effect Upon China's Diplomatic Relations." PhD dissertation, Cornell University, 1950.

O'Neill, Patricia Owens. "Missed Opportunities: Late 18th Century Chinese Relations with England and the Netherlands." PhD dissertation, University of Washington, 1995.

Ong, S. P. "Jurisdiction Politics in Canton and the First English translation of the Qing Penal Code." *Journal of the Royal Asiatic Society*, Series 3, 20, no. 2 (April 2010), pp. 141–165.

Pagani, Catherine. *"Eastern Magnificence and European Ingenuity": Clocks of Late Imperial China*. Ann Arbor: The University of Michigan Press, 2001.

Parker, Edward Harper. *Chinese Account of the Opium War*. Shanghai: Kelly and Walsh, 1888.

———. "From the Emperor of China to King George the Third: Translated from the Tung-Hwa Luh, or Published Court Records of the now Reigning Dynasty." *The Nineteenth Century: A Monthly Review* 40 (July 1896), pp. 45–55.

Patton, Steven. "The Peace of Westphalia and It Affects on International Relations, Diplomacy and Foreign Policy." *The Histories* 10, no. 1 (2019), pp. 91–99.

Pelliot, Paul. "Le Hōǰa et le Sayyid Husain de l'Historie des Ming." *T'oung Pao*, 2d ser., 38, livr. 2/5 (1948), pp. 81–292.

Peyrefitte, Alain. *L'Empire Immobile ou Le Choc Des Mondes*. Paris: Librairie Arthéme Fayard, 1989.

———. *The Collision of Two Civilisations: The British Expedition to China in 1792–4*. Translated by Jon Rothschile. London: Harvill, 1993.

______, ed. *Un choc de cultures: La vision des Chinois*. Translated by Pierre Henri Durand, et. al. Paris: Librairie Arthéme Fayard, 1992.

Price, Barclay. *The Chinese in Britain: A History of Visitors and Settlers*. Gloucester: Amberley Publishing, 2019.

Pritchard, Earl H. *Anglo-Chinese Relations During the Seventeenth and Eighteenth Centuries*. Urbana, Ill: The University of Illinois, 1929; reprint. New York: Octagon Books, 1970.

———. "Letters from Missionaries at Peking Relating to the Macartney Embassy." *T'oung Pao* Second Series 31, no. 2/3 (1934), pp. 1–57.

———. *The Crucial Years of Early Anglo-Chinese Relations, 1750–1800*. Washington: Pullman, 1936; reprint. New York: Octagon Books, 1970.

———, ed. "The Instructions of the East India Company to Lord Macartney on His Embassy to China and His Reports to the Company, 1792–4." In *Journal of the Royal Asiatic Society of Great Britain and Ireland* (1938), pp. 201–230; 375–396, 493–509. Collected in *Britain and the China Trade, 1635–1842*, selected by Patrick Tuck, vol. 7, pp. 201–230; 375–396, 493–509. London & New York: Routledge, 2000.

———. "The Kowtow in the Macartney Embassy to China in 1793." *The Far Eastern Quarterly* 2, no. 2 (1943), pp. 163–203.

Proescholdt, Catherine W. "Johann Christian Hüttner (1766–1847): A Link Between Weimar and London." In *Goethe and the English-Speaking World: Essays from the Cambridge Symposium for His 250th Anniversary*, edited by Nicholas Boyle and John Guthrie, pp. 99–109. Rochester, NY: Camden House, 2002.

Proudfoot, William Jardine. *"Barrow's Travels in China." An Investigation into the Origin and Authenticity of the "Facts and Observations" Related in a Work Entitled "Travels in China, by John Barrow, F.R.S." (Afterwards Sir J. Barrow, Bart.) Preceded by a Preliminary Inquiry into the Nature of the "Powerful Motive" of the Same Author, and Its Influence on His Duties at the Chinese Capital, as Comptroller to the British Embassy, in 1793*. London: George Philip and Son, 1861.

———. *Biographical Memoir of James Dinwiddie: Astronomer in the British Embassy, 1792, '3, '4, Afterwards Professor of Natural Philosophy in the College of Fort William, Bengal*. Liverpool: Edward Howell, 1868. Reprint. Cambridge and New York: Cambridge University Press, 2010.

Puga, Rogério Miguel. *A Presença Inglesa e as Relações Anglo-Portuguesas em Macau, 1653–1793*. Lisbon: Centro de Historia de Alem-Mar, FSCH-New University of Lisbon; Centro Cultural e Cientifico de Macau, 2009.

———. *The British Presence in Macau, 1635–1793*. Translated by Monica Andrade. Hong Kong: Hong Kong University Press, 2013.

Rewen, Zhijun. "Tributary System, Global Capitalism and the Meaning of Asia in Late Qing China." MA thesis, University of Ottawa, 2012.

Ripa, Matteo. *Memoirs of Father Ripa, During Thirteen Years' Residence of the Court of Peking in the Service of the Emperor of China: With an Account of the Foundation of the College for the Education of Young Chinese at Naples.* Selected and Translated from the Italian by Fortunato Prandi. London: J. Murray, 1844.

Robbins, Helen H. *Our First Ambassador to China: An Account of the Life of George, Earl of Macartney, with Extracts from His Letters, and The Narrative of His Experiences in China, as told by Himself 1737–1806 From Hitherto Unpublished Correspondence and Documents.* New York: E. P. Dutton and Company, 1908.

Rockhill, William Woodville. "Diplomatic Missions to the Court of China: The Kotow Question." *The American Historical Review* 2, no. 3 (April 1897), pp. 427–442; 2, no. 4 (July 1897), pp. 627–643.

Royal Collection Trust. *The Royal Library & The Royal Archives: A Guide to Collections.* London: Royal Collection Trust, 2016.

Rule, Paul. "Louis Fan Shou-i: A Missing Link in the Chinese Rites Controversy." In Échanges culturels et religieux entre la Chine et l'Occident, edited by Edward Malatesta et. al., pp. 277–294. San Franciso: Ricci Institute for Chinese-Western Cultural History, 1995.

Russell, Bertrand. *The Problem of China.* London: George Allen & Unwin, 1922.

Sample, Joseph Clayton. "Radically Decentered in the Middle Kingdom: Interpreting the Macartney Embassy to China from a Contact Zone Perspective." PhD dissertation, Iowa State University, 2004.

Schopp, Susan E. *Sino-French Trade at Canton, 1698–1842.* Hong Kong: Hong Kong University Press, 2020.

Sebes, Joseph. *The Jesuits and the Sino-Russian Treaty of Nerchinshk (1689): The Diary of Thomas Pereira.* Rome: Institutum Historicum, 1961.

Shaw, Samuel. *The Journals of Major Samuel Shaw, The First American Consul at Canton.* Boston: W. M. Crosby and H. P. Nichols, 1847.

Singer, Aubrey. *The Lion and the Dragon: The Story of the First British Embassy in the Court of Qianlong in Peking, 1792–1794.* London: Barrie and Jenkins, 1992.

Sivin, Nathan. "Copernicus in China." *Studia Copernicana* 6 (1973), pp. 62–122.

Sloboda, Stacey. "Picturing China: William Alexander and the Visual Language of Chinoiserie." *The British Art Journal* 9, no. 2 (October 2008), pp. 28–36.

Smith, Edward. *The Life of Sir Joseph Banks: President of the Royal Society, with Some Notices of His Friends and Contemporaries.* London: John Lane, 1911.

Smith, Richard J. "Mapping China and the Question of a China-Centered Tributary System," *The Asia-Pacific Journal* 11, no. 3 (January 2013), pp. 1–18.

———. *Mapping China and Managing the World: Culture, Cartography and Cosmology in Late Imperial Times.* Abingdon, Oxon; New York: Routledge, 2013.

Spivey, Lydia Luella. *Sir George Thomas Staunton: Agent for the British East India Company in China, 1798–1817.* M.A. thesis. Duke University, 1968.

St. André, James. "'But Do They Have a Notion of Justice?' Staunton's 1810 Translation of the Penal Code." *The Translator* 10, no. 1 (April 2004), pp. 1–32.

Standaert, Nicolas. *Chinese Voices in the Rites Controversy: Travelling Books, Community Networks, Intercultural Arguments*. Rome: Institutum Historicum Societatis Iesu, 2012.

Staunton, George. *An Abridged Account of the Embassy to the Emperor of China, Undertaken by Order of the King of Great Britain; Including the Manners and Customs of the Inhabitants; And Preceded by an Account of the Causes of the Embassy and Voyages to China, Taken Principally from the Papers of Earl Macartney, as Compiled by Sir George Staunton, Bart.* London: John Stockdale, 1797.

———. *An Historical Account of the Embassy to the Emperor of China, Undertaken by Order of the King of Great Britain; Including the Manners and Customs of the Inhabitants; And Preceded by an Account of the Causes of the Embassy and Voyage to China, Abridged Principally from the Papers of Earl Macartney, as Compiled by Sir George Staunton, Bart.* London: John Stockdale, 1797.

———. *An Authentic Account of an Embassy from the King of Great Britain to the Emperor of China*. 2 vols. Philadelphia: Robert Campbell, 1799.

Staunton, George T. *Memoir of the Life & Family of the Late Sir George Leonard Staunton, Bart. With an Appendix, Consisting of Illustrations and Authorities; And a Copious Selection from His Private Correspondence*. Havant: Havant Press, 1823.

———. *Memoirs of the Chief Incidents of the Public Life of Sir George Thomas Staunton, Bart.* London: L. Booth, 1856.

———. *Notes of Proceedings and Occurrences, during the British Embassy to Pekin in 1816* (1824, for private circulation). Collected in Patrick Tuck, selected, *Britain and the China Trade, 1635–1842*, vol. 10. London and New York: Routledge, 2000.

———. *Ta Tsing Leu Lee, Being the Fundamental Laws, and a Selection from the Supplementary Statutes, of the Penal Code of China*. London: T. Cadell and W. Davis, 1810.

Stevenson, Caroline M. *Britain's Second Embassy to China: Lord Amherst's "Special Mission" to the Jiaqing Emperor in 1816*. Canberra: Australian National University Press, 2021.

Stifler, Susan Reed. "The Language Students of the East India Company's Canton Factory." *Journal of the North China Branch of the Royal Asiatic Society* 69 (1938), pp. 46–82.

Swanson, Robert. "On the (Paper) Trail of Lord Macartney." *East Asian History* 40 (2016), pp. 19–25.

Swinhoe, Robert. *Narrative of the North China Campaign of 1860: Containing Personal Experiences of Chinese Character, and of the Moral and Social Condition of the Country; Together with a Description of the Interior of Pekin.* London: Smith, Elder and Co., 1861.

Temple, Richard Carnac, ed. *The Travels of Peter Mundy, in Europe and Asia, 1608–1667.* 5 vols. Cambridge: Hakluyt Society, 1907–1936; reprint: Nendeln, Liechtenstein: Kraus Reprint Ltd., 1967.

Teng, Ssu-yü, and John K. Fairbank. *China's Response to the West: A Documentary Survey, 1839–1923.* Cambridge, MA: Harvard University Press, 1954.

Treaties, Conventions, etc., Between China and Foreign States. Shanghai: Statistical Department of the Inspectorate General of Customs, 1917.

Trevor-Roper, Hugh. *Hermit of Peking, The Hidden Life of Sir Edmund Backhouse*. New York: Knopf, 1977.

Van Braam, Andre Everard. *An Authentic Account of the Embassy of the Dutch East-India Company, to the Court of the Emperor of China, in the Years 1794 and 1795; (Subsequent to that of the Earl of Macartney.) Containing a Description of Several Parts of the Chinese Empire, Unknown to Europeans; Taken from the Journal of Andre Everard Van Braam, Chief of the Direction of that Company, and Second in the Embassy. Translated from the Original of M. L. E. Moreau de Saint-Méry*. London: R. Phillips, 1798.

Van Dyke, Paul A. *The Canton Trade: Life and Enterprise on the China Coast, 1700–1845*. Hong Kong: Hong Kong University Press, 2005.

———. "Fire and the Risks of Trade in Canton, 1730s–1840s." In *Canton and Nagasaki Compared, 1730–1830: Dutch, Chinese, Japanese Relations*, edited by Evert Groenendijk, Cynthia Viallé, and Leonard Blussé, pp. 171–202. Leiden, NL: Institute for the History of European Expansion, 2009.

———. *Merchants of Canton and Macao: Politics and Strategies in Eighteenth-Century Chinese Trade*. Hong Kong: Hong Kong University Press, 2011.

———. *Merchants of Canton and Macao: Success and Failure in Eighteenth-Century Chinese Trade*. Hong Kong: Hong Kong University Press, 2016.

Van Dyke, Paul A., and Susan E. Schopp, eds., *The Private Side of the Canton Trade, 1700–1840: Beyond the Companies*. Hong Kong: Hong Kong University Press, 2018.

Wade, Geoff. "The Portuguese as Represented in Some Chinese Sources of the Ming Dynasty." *Ming Qing yanjiu* 9 (2000), pp. 89–148.

Waley, Arthur. *The Opium War through Chinese Eyes*. London: George Allen & Unwin, 1958.

Waley-Cohen, Joanna. *The Sextants of Beijing: Global Currents in Chinese History*. New York: Norton, 1999.

Walravens, Hartmut. *Antonio Montucci (1762–1829) Lektor der italienischen Sprache, Jurist und gelehrter Sinologe; Joseph Hager (1757–1819) Orientalist und Chinakundiger*. Berlin: C. Bell Verlag, 1992.

Wang, Hui. "Translation between Two Imperial Discourses: Metamorphosis of King George III's Letters to the Qianlong Emperor." *Translation Studies* 13, no. 3 (2020), pp. 318–332.

Wang, Tseng-tsai. "The Macartney Mission: A Bicentennial Review." In *Ritual and Diplomacy: The Macartney Mission to China 1792–1794*, edited by Robert A. Bickers, pp. 43–56. London: The Wellsweep Press, 1993.

Wild, Norman. "Materials for the Study of the Ssu I Kuan." *Bulletin of the School of Oriental and African Studies* 11, no. 3 (1945), pp. 617–640.

Willeke, Bernward H. "The Chinese Bible Manuscript in the British Museum." *Catholic Biblical Quarterly* 7, no. 4 (1945), pp. 450–453.

William, Laurence. "British Government under the Qianlong Emperor's Gaze: Satire, Imperialism, and the Macartney Embassy to China, 1792–1804." *Lumen* 32 (2013), pp. 85–107.

Williams, Frederick W. *Anson Burlingame and the First Chinese Mission to Foreign Powers*. New York: Charles Scribner's Sons, 1912.

Wills, John E. *Embassies and Illusions: Dutch and Portuguese Envoy to K'ang-hsi, 1667–1786.* Cambridge, MA: Council on East Asia Studies, Harvard University, 1984.

———, ed. *China and Maritime Europe, 1500–1800: Trade, Settlement, Diplomacy, and Missions.* Cambridge and New York: Cambridge University Press, 2011.

Wilson, John Human. "The Life and Work of John Hoppner (1758–1810)." PhD dissertation, Courtauld Institute of Art, University of London, 1992.

Winfield, Rif. *British Warships in the Age of Sail, 1714–1792: Design, Construction, Careers and Fates*. Barnsley: Seaforth Publishing, 2007.

Winterbotham, William. *An Historical, Geographical, and Philosophical View of the Chinese Empire; Comprehending a Description of the Fifteen Provinces of China, Chinese Tartary, Tributary States; Natural History of China; Government, Religion, Laws, Manners and Customs, Literature, Arts, Sciences, Manufactures, &C. To Which Is Added, a Copious Account of Lord Macartney's Embassy, Compiled from Original Communications.* London: J. Ridgway and W. Button, 1795.

Wong, John D. *Global Trade in the Nineteenth Century: The House of Houqua and the Canton System*. Cambridge: Cambridge University Press, 2016.

Wong, J. Y. "Sir John Bowring and the Canton City Question." *Bulletin of John Rylands University Library of Manchester* 56, no. 1 (Autumn, 1973), pp. 219–245.

———. *Yeh Ming-ch'en, Viceroy of Liang Kuang, 1852–8.* Cambridge: Cambridge University Press, 1976.

———. *Deadly Dreams: Opium, Imperialism, and the Arrow War (1856–1860) in China.* Cambridge: Cambridge University Press, 1998.

Wong, Lawrence Wang-chi. "Barbarians or Not Barbarians: Translating *Yi* in the Context of Sino-British Relations in the 18th and 19th Century." In *Towards a History of Translating: In Celebration of the Fortieth Anniversary of the Research Centre for Translation*, edited by Lawrence Wang-chi Wong, vol. 3, pp. 293–388. Hong Kong: Research Centre for Translation, The Chinese University of Hong Kong, 2013.

———. "Translators or Traitors?—The Tongshi in 18th and 19th Century China." *East Journal of Translation,* Special Issue of 2014 (May 2014), pp. 24–37.

———. "'Objects of Curiosity': John Francis Davis as a Translator of Chinese Literature." *Sinologists as Translators in the 17–19th Centuries*, edited by Lawrence Wang-chi Wong and Bernhard Fuehrer, pp. 169–203. Hong Kong: The Chinese University Press, 2015.

———. "'Entrance into the Family of Nations': Translation and the First Diplomatic Missions to the West, 1860s–1870s." *Translation and Modernization in East Asia in the 19–20th Centuries*, edited by Lawrence Wang-chi Wong, pp. 165–217. Hong Kong: The Chinese University Press, 2017.

———. "'We Are as Babies under Nurses': Thomas Manning (1772–1840) and Sino-British Relations in the Early Nineteenth Century." *Journal of Translation Studies* New Series 1, no. 1 (June 2017), pp. 85–136.

———. "The Linguists (Tongshi) in the Canton Trade System Before the Opium War: The Case of Li Yao." *East Journal of Translation* CIUTI Issue 2019 (June 2019), pp. 4–11.

———. "'A Style of Chinese Respect': Lord Macartney's Reply to the Imperial Edicts of Emperor Qianlong in 1793." *Journal of Cultural Interaction in East Asia* 12, no. 1 (August 2021), pp. 8–28.

———. "Sinologists as Diplomatic Translators: Robert Thom (1807–1846) in the First Opium War and His Translation of the Supplementary Treaty (Treaty of the Bogue), 1843." In *Crossing Borders: Sinology in Translation Studies*, edited by T. H. Barrett and Lawrence Wang-chi Wong, pp. 181–212. Hong Kong: The Chinese University of Hong Kong Press, 2022.

Wong, Owen Hong-hin. *A New Profile in Sino-Western Diplomacy: The First Chinese Minister to Great Britain*. Hong Kong: Chung Hwa Book Company, 1978.

Wood, Frances. "Britain's First View of China: The Macartney Embassy 1792–1794." *The Journal of the Royal Society of Arts* 142, no. 5447 (March 1994), pp. 59–68.

———. "Closely Observed China: From William Alexander's Sketches to His Published Work." *British Library Journal* 24 (1998), pp. 98–121.

Ye, Xiaoqing. "Ascendant Peace in the Four Seas: Tributary Drama and the Macartney Mission of 1793." *Late Imperial China* 26, no. 2 (2005), pp. 89–113.

———. *Ascendant Peace in the Four Seas: Drama and the Qing Imperial Court.* Hong Kong: Chinese University Press, 2012.

Yeager, Carl Francis. "Anson Burlingame: His Mission to China and the First Chinese Mission to Western Nations." PhD dissertation, Georgetown University, 1950.

Zeng, Jingmin. "Scientific Aspects of the Macartney Embassy to China 1792–1794: A Comparative Study of English and Chinese conceptions of Science and Technology in the Seventeenth and Eighteenth Centuries." PhD dissertation, University of Newcastle, N.S.W., 1998.

Zhang, Shunhong. "British Views on China: During the Time of the Embassies of Lord Macartney and Lord Amherst, 1790–1820." PhD dissertation, University of London, 1990.

———. "Historical Anachronism: The Qing Court's Perception of and Reaction to the Macartney Mission." In *Ritual and Diplomacy: The Macartney Mission to China 1792–1794*, edited by Robert A. Bickers, pp. 31–42. London: The Wellsweep Press, 1993.

———. *British Views on China: At a Special Time (1790–1820)*. Beijing: China Social Sciences Press, 2011.

中文書目(以作者姓氏拼音排序)

阿布雷沃:〈北京主教湯士選與馬戛爾尼勛爵使團(1793)〉,《文化雜誌》第32期(1997年9月),頁125–130。

阿英(編):《鴉片戰爭文學集》,上、下冊,北京:古籍出版社,1957。

艾爾曼、胡志德:〈馬嘎爾尼使團、後現代主義與近代中國史:評周錫瑞對何偉亞著作的批評〉,《二十一世紀》第44期(1997年12月),頁118–130。

愛尼斯・安德遜(著),費振東(譯):《英使訪華錄》,北京:商務印書館,1963。

———(著),費振東(譯):《英國人眼中的大清王朝》,北京:群言出版社,2002。

愛新覺羅・弘曆：《清高宗御製詩文全集》，北京：中國人民大學出版社，1993。

畢可思：〈通商口岸與馬戛爾尼使團〉，收張芝聯（主編）：《中英通使二百周年學術討論會論文集》，北京：中國社會科學出版社，1996，頁314–331。

〈兵部題《失名會同兩廣總督張鏡心題》殘稿〉，收國立中央研究院歷史語言研究所（編）：《明清史料乙編》，第8冊，上海：商務印書館，1936，頁751–756。

伯希和（編），高田時雄（校訂、補編），郭可（譯）：《梵蒂岡圖書館所藏漢籍目錄》，北京：中華書局，2006。

蔡鴻生：《俄羅斯館紀（增訂本）》，北京：中華書局，2006。

蔡香玉：〈乾隆末年荷蘭使團出使緣起〉，《學術研究》2016年第10期（2016年10月），頁127–135。

———：〈乾隆末年荷蘭使團表文重譯始末〉，《清史研究》2018年第2期（2018年5月），頁99–113。

常修銘：〈馬戛爾尼使節團的科學任務——以禮品展示與科學調查為中心〉，台北：國立清華大學碩士論文，2006。

———：〈認識中國——馬戛爾尼使節團的「科學調查」〉，《中華文史論叢》第94期（2009年6月），頁345–377。

陳春聲（編）：《海陸交通與世界文明》，北京：商務印書館，2013。

陳東林、李丹慧：〈乾隆限令廣州一口通商政策及英商洪任輝事件述論〉，《歷史檔案》1987年第1期（1987年2月），頁94–101。

陳美玉：〈清末在華洋人的個案研究：馬士（H. B. Morse, 1855–1934）在中國海關的經歷與成就〉，《崑山科技大學人文暨社會科學學報》第1期（2009年6月），頁235–270。

陳尚勝：《中國傳統對外關係研究》，北京：中華書局，2015。

———（編）：《中國傳統對外關係的思想與政策》，濟南：山東大學出版社，2007。

陳學霖：〈記明代外番入貢中國之華籍使事〉，《大陸雜誌》第24卷第4期（1962年2月），頁16–21。

———：〈「華人夷官」：明代外蕃華籍貢使考述〉，《中國文化研究所學報》第54期（2012年1月），頁29–68。

達素彬（撰），鞠方安（譯）：〈第三者的觀點：赫脫南關於馬戛爾尼使團的描述〉，收張芝聯、成崇德（主編）：《中英通使二百周年學術討論會論文集》，北京：中國社會科學出版社，1996），頁332–338。

《大清會典》，收《四庫全書》，上海：上海古籍出版社，1987。

《大清十朝聖訓》，台北：文海出版社，1965。

戴裔煊：《〈明史・佛朗機傳〉箋正》，北京：中國社會科學出版社，1984。

丁名楠：〈景善日記是白克浩司偽造的〉，《近代史研究》1983年第4期（1983年10月），頁202–211。

樊國梁：《燕京開教畧》，收輔仁大學天主教史料研究中心（編）：《中國天主教史籍彙編》，台北：輔仁大學出版社，2003，頁285–444。

范文瀾：《中國近代史》，北京：人民出版社，1947。

方豪：〈樊守義著中文第一部歐洲遊記〉，收《中西交通史》，第4卷，台北：中華文化出版事業委員會，1954。頁186–195。

———：《方豪六十自定稿》，台北：學生書局，1969。

費賴之（著），馮承鈞（譯）：《在華耶穌會士列傳及書目》，北京：中華書局，1995。

費正清（編），杜繼東（譯）：《中國的世界秩序：傳統中國的對外關係》，北京：中國社會科學出版社，2010。

馮崇義：《羅素與中國：西方思想在中國的一次經歷》，北京：三聯書店，1994。

《高宗純皇帝實錄》，北京：中華書局，1986。

葛劍雄：〈就事論事與不就事論事：我看《懷柔遠人》之爭〉，《二十一世紀》第46期（1998年4月），頁135–139。

宮宏宇：〈中西音樂交流研究中的誤讀、疏漏與誇大——以民歌《茉莉花》在海外的研究為例〉，《音樂研究》2013年第1期（2013年1月），頁85–95。

故宮博物院圖書館掌故部（編）：《掌故叢編》，北平，1928–1928；台北：國風出版社，1964。

故宮博物院文獻館（編）：《史料旬刊》，台北：國風出版社，1963。

———（編）：《文獻叢編》，北平，1930；台北：國風出版社，1964。

顧衛民：《中國天主教編年史》，上海：上海書店，2003。

關詩珮：〈翻譯與帝國官僚：英國漢學教授佐麻須（James Summers; 1828–91）與十九世紀東亞（中日）知識的產生〉，《翻譯學研究集刊》第17期（2014），頁23–58。

———：《譯者與學者：香港與大英帝國中文知識建構》，香港：牛津大學出版社，2017。

《國父全集》編輯委員會（編）：《國父全集》，第1冊，台北：近代中國出版社，1989。

國立故宮博物院（輯），《清代外交史料（嘉慶朝）》，台北：成文出版社，1968。

國立中央研究院歷史語言研究所（編）：《明清史料乙編》，10冊，上海：商務印書館，1936。

韓琦：〈禮物、儀器與皇帝：馬戛爾尼使團來華的科學使命及其失敗〉，《科學文化評論》第2卷第5期（2005年10月），頁11–18。

何偉亞：〈從東方的習俗與觀念的角度看：英國首次赴華使團的計劃與執行〉，收張芝聯、（主編）：《中英通使二百周年學術討論會論文集》，北京：中國社會科學出版社，1996，頁83。

———（著），鄧常春（譯），劉明（校）：《懷柔遠人：馬嘎爾尼使華的中英禮儀衝突》，北京：社會科學文獻出版社，2002。

何新華：《威儀天下：清代外交禮儀及其變革》，上海：上海社會科學院出版社，2011。

———：《最後的天朝：清代朝貢制度研究》，北京：人民出版社，2012。

———：《清代朝貢文書研究》，廣州：中山大學出版社，2016。

亨特(著)、沈正邦(譯)、章文欽(校):《舊中國雜記》,廣州:廣東人民出版社,1992。

侯毅:《小斯當東與中英早期關係史研究》,北京:中國社會科學出版社,2020。

胡濱(譯):《英國檔案有關鴉片戰爭資料選譯》,2冊,北京:中華書局,1993。

黃慶華:《中葡關係史》,3冊,合肥:黃山書社,2006。

黃興濤:〈馬戛爾尼使華與傳教士及傳教問題〉,收張芝聯(主編):《中英通使二百周年學術討論會論文集》,北京:中國社會科學出版社,1996,頁358–375。

黃一農:〈龍與獅對望的世界:以馬戛爾尼使團訪華後的出版物為例〉,《故宮學術季刊》第21卷第2期(2003),頁265–306。

———:〈印象與真相——清朝中英兩國的覲禮之爭〉,《中央研究院歷史語言研究所集刊》第78本第1分(2007),頁35–106。

黃宇和(著)、區鉷(譯):《兩廣總督葉名琛》,北京:中華書局,1984。

季壓西、陳偉民:《中國近代通事》,北京:學苑出版社,2007。

〔漢〕賈誼:《新書》,上海:中華書局,1936。

江瀅河:〈1793年英國馬戛爾尼使團與澳門〉,收珠海市委宣傳部、澳門基金會、中山大學近代中國研究中心(主編):《珠海、澳門與近代中西文化交流》,北京:社會科學文獻出版社,2010,頁286–307。

蔣廷黻:〈琦善與鴉片戰爭〉,《清華學報》第6卷第3期(1931年10月),頁1–26。

金國平:《中葡關係史地考證》。澳門:澳門基金會,2000。

———:〈Tumon雜考〉,收《西力東漸:中葡早期接觸追昔》,澳門:澳門基金會,2000),頁19–42。

———、吳志良:〈從西方航海技術資料考Tumon之名實〉,收《東西望洋》,澳門:澳門成人教育學會,2002,頁259–274。

———、吳志良:〈一個以華人充任大使的葡萄牙使團——皮來資和火者亞三新考〉,《行政》第60期(2003),頁465–483。

———、吳志良:《早期澳門史論》,廣州:廣東人民出版社,2007。

淨雨:〈清代印刷史小記〉,張靜廬(輯注):《中國近代出版史料二編》,北京:中華書局,1957,頁339–361。

卡門・曼德思(著),臧小華(譯):《陸海交接處:早期世界貿易體系中的澳門》,北京:社會科學文獻出版社,2013。

孔慧怡:〈「源於中國」的偽譯:《景善日記》揭示的文化現象〉,收《翻譯・文學・文化》,北京:北京大學出版社,1999,頁181–206。

孔佩特(撰),江瀅河(譯):〈外銷畫中的中國樂器圖〉,收廣東省博物館(編):《異趣同輝:廣東省博物館藏清代外銷藝術精品集》,廣州:嶺南美術出版社,2013,頁30–39。

賴毓芝:〈圖像帝國:乾隆朝《職貢圖》的製作與帝都呈現〉,《中央研究院近代史研究所集刊》第75期(2012年3月),頁1–76。

李長森:《近代澳門翻譯史稿》,北京:澳門特別行政區政府文化局、社會科學文獻出版社,2016。

李天綱：《中國禮儀之爭：歷史．文獻和意義》，上海：上海古籍出版社，1998。

李學勤（主編）：《十三經註疏》，北京：北京大學出版社，1999。

李雲泉：《朝貢制度史論：中國古代對外關係體制研究》，北京：新華出版社，2004。

———：《萬邦來朝：朝貢制度史論》，北京：新華出版社，2014。

梁嘉彬：《廣東十三行考》，上海：商務印書館，1936；廣州：廣東人民出版社，1999。

———：〈律勞卑事件新研究〉，《史學彙刊》第9期（1973年10月），頁83–129。

〔清〕梁廷枏：《夷氛聞記》，北京：中華書局，1959。

———：《粵海關志》，韶關：廣東人民出版社，2002。

廖迅喬：〈國書與表文背後的話語權力——馬戛爾尼使團國書翻譯的批評話語分析〉，《外國語文》第35卷第2期（2019年3月），頁126–132。

劉炳森、馬玉良、薄樹人、劉金沂：〈略談故宮博物院所藏「七政儀」和「渾天合七政儀」〉，《文物》1973年第9期（1973年9月），頁40–44。

劉芳（輯），章文欽（校）：《葡萄牙東波塔檔案館藏清代澳門中文檔案彙編》，2冊，澳門：澳門基金會，1999。

劉禾（著），楊立華（譯）：《帝國的話語政治：從代中西衝突看現代世界秩序的形成》，北京：三聯書店，2009。

劉家駒：〈英使馬戛爾尼覲見乾隆皇帝的禮儀問題〉，收《近代中國初期歷史研討會論文集》，上冊，台北：中央研究院近代史研究所，1989，頁27–49。

劉鑒唐、張力（主編）：《中英關係繫年要錄（公元13世紀–1760年）》，第1卷，成都：四川省社會科學院出版社，1989。

劉黎：〈一場瞎子和聾子的對話：重構英使馬戛爾尼訪華的翻譯過程〉，《上海翻譯》2014年第3期（2014年8月），頁81–85。

———：〈何止譯者：馬戛爾尼使團訪華活動之譯員考析〉，《重慶理工大學學報（社會科學版）》第29卷第3期（2015年3月），頁126–130。

———：〈馬戛爾尼覲見乾隆皇帝禮儀照會翻譯之考析〉，《重慶交通大學學報（社會科學版）》第15卷第2期（2015年4月），頁137–139。

———：〈中英首次正式外交中百靈致兩廣總督信件的翻譯問題〉，《重慶交通大學學報（社會科學版）》第16卷第2期（2016年4月），頁133–138。

———：〈意識形態的博弈：馬戛爾尼訪華外交翻譯中的操控與反操控〉，《外國語文研究》第2卷第4期（2016年8月），頁56–62。

劉潞（主編）：《清宮西洋儀器》，香港：商務印書館，1998。

———、吳芳思（編譯）：《帝國掠影：英國訪華使團畫筆下的清代中國》，北京：中國人民大學出版社，2006。

———、吳芳思（編譯）：《帝國掠影：英國使團畫家筆下的中國》，香港：中華書局，2007。

龍雲：《錢德明：18世紀中法間的文化使者》，北京：北京大學出版社，2015。

羅志田：〈夷夏之辨與「懷柔遠人」的字義〉，《二十一世紀》第49期（1998年10月），頁138–145。

———：〈譯序〉，何偉亞（著），鄧常春（譯），劉明（校）：《懷柔遠人：馬嘎爾尼使華的中英禮儀衝突》，北京：社會科學文獻出版社，2002，頁1–31。

羅竹風（主編）：漢語大詞典編輯委員會、漢語大詞典編纂處（編纂）：《漢語大詞典》，第3卷，上海：漢語大詞典出版社，1989。

呂穎：〈從傳教士的來往書信看耶穌會被取締後的北京法國傳教團〉，《清史研究》2016年第2期（2016年5月），頁88–99。

馬國賢（著），李天綱（譯）：《清廷十三年：馬國賢在華回憶錄》，上海：上海古籍出版社，2004。

馬戛爾尼（著），秦仲龢（譯）：《英使謁見乾隆紀實》，香港：大華出版社，1972。

———（著），劉半農（譯）、林延清（解讀）：《乾隆英使覲見記》，天津：天津人民出版社，2006。

———、約翰．巴羅（著），何高濟，何毓寧（譯）：《馬戛爾尼使團使華觀感》，北京：商務印書館，2013。

馬廉頗：《晚清帝國視野下的英國——以嘉慶道光兩朝為中心》，北京：人民出版社，2003。

馬士（著），區宗華（譯），林樹惠（校），章文欽校注：《東印度公司對華貿易編年史》，5卷，廣州：廣東人民出版社，2016。

———（著），區宗華（譯），林樹惠（校）：《東印度公司對華貿易編年史》，5卷，廣州：中山大學出版社，1991。

馬世嘉（著），羅盛吉（譯）：《破譯邊疆與破解帝國：印度問題與清代地緣政治的轉型》，新北市：台灣商務印書館，2019。

馬西尼（著）、錢志衣（譯）：〈十七、十八世紀西方傳教士編撰的漢語字典〉，載卓新平（編）：《相遇與對話：明末清初中西文化交流國際學術研討會論文集》，北京：宗教文化出版社，2003，頁334–347。

茅海建：〈關於廣州反入城鬥爭的幾個問題〉，《近代史研究》1992年第6期（1992年11月），頁43–70，收〈廣州反入城鬥爭三題〉，《近代的尺度：兩次鴉片戰爭軍事與外交（增訂本）》，北京：三聯書店，2011，頁113–139。

———：《天朝的崩潰：鴉片戰爭再研究》，北京：三聯書店，2005。

閔銳武：《蒲安臣使團研究》，北京：中國文史出版社，2002。

歐陽恩良、翟巍巍：〈從「鴃舌之音」到京師同文館的建立——由近代中西語言接觸看清廷觀念的轉變〉，《甘肅社會科學》2008年第1期（2008年1月），頁56–59。

歐陽哲生：〈英國馬戛爾尼使團的「北京經驗」〉，《北京社會科學》2010年第6期（2010年12月），頁4–19。

———：〈鴉片戰爭前英國使團的兩次北京之行及其文獻材料〉，《國際漢學》2014年第1期（2014年12月），頁102–113。

———：《古代北京與西方文明》，北京：北京大學出版社，2018。

潘鳳娟：〈不可譯之道、不可道之名：雷慕沙與《道德經》翻譯〉，《中央大學人文學報》第61期（2016年4月），頁55–166。

佩雷菲特（著），王國卿等（譯）：《停滯的帝國：兩個世界的撞擊》，北京：三聯書店，1993。

———，王國卿等（譯）：《停滯的帝國：一次高傲的相遇，兩百年世界霸權的消長》，新北：野人文化股份有限公司，2015。

E. H. 普利查德（編注），朱杰勤（譯）：〈英東印度公司與來華大使馬卡特尼通訊錄〉，《中外關係史譯叢》，北京：海洋出版社，1984。

秦國經：〈從清宮檔案看英使馬戛爾尼訪華歷史事實〉，收張芝聯（主編）：《中英通使二百周年學術討論會論文集》，北京：中國社會科學出版社，1996，頁189–243。

———、高換婷：《乾隆皇帝與馬戛爾尼》，北京：紫禁城出版社，1998。

《清會典事例》，北京：中華書局，1991。

任萍：《明代四夷館研究》，北京：北京師範大學出版社，2015。

榮振華（著），耿昇（譯）：《在華耶穌會士列傳及書目補編》，北京：中華書局，1995。

〔清〕申良翰（纂修），李騰元（編輯）：《香山縣志》，出版日期缺。

施曄、李亦婷：〈嘉慶朝英軍入侵澳門事件再考察——以新見斯當東檔案為中心〉，《史林》2021年第3期（2021年6月），頁67–73。

石文蘊：〈中西方文明的碰撞——一份特殊的《英國國王喬治三世致乾隆皇帝信》賀禮〉，《中國檔案報》第3495期（2020年3月6日），第四版。http://www.zgdazxw.com.cn/culture/2020–03/09/content_302834.htm。

斯當東（著），葉篤義（譯）：《英使謁見乾隆紀實》，香港：三聯書店，1994。

———（著），葉篤義（譯）：《英使謁見乾隆紀實》，上海：上海書店，2005。

蘇爾．諾爾（編），沈保義等（譯），《中西禮儀之爭：西文文獻一百篇（1645–1941）》，上海：上海古籍出版社，2001。

蘇精：《馬禮遜與中文印刷出版》，台北：學生書局，2000。

———：《上帝的人馬：十九世紀在華傳教士的作為》，香港：基督教中國宗教文化研究社，2002。

———：《中國，開門！馬禮遜及相關人物研究》，香港：基督教中國宗教文化研究社，2005。

蘇寧阿（輯）：《乾隆五十八年英吉利入貢始末》，收中國第一歷史檔案館（編）：《英使馬戛爾尼訪華檔案史料匯編》，北京：國際文化出版公司，1996，頁592–605。

台灣銀行經濟研究室（編）：《欽定平定台灣紀略》，台北：台灣銀行經濟研究室，1961。

湯開建：《明代澳門史論稿》，2卷，哈爾濱：黑龍江教育出版社，2012。

———：〈中葡關係的起點——Tamão新考〉，收《明代澳門史論稿》上卷，哈爾濱：黑龍江教育出版社，2012，頁1–36。

———、張坤：〈兩廣總督張鏡心《雲隱堂文錄》中保存的崇禎末年澳門資料〉，《澳門研究》第35期（2006年8月），頁122–132。

湯仁澤：《經世悲歡：崇厚傳（1826–1893）》，上海：上海社會科學院出版社，2009。

〔清〕田明曜：《重修香山縣志》，台北：台灣學生書店，1968。

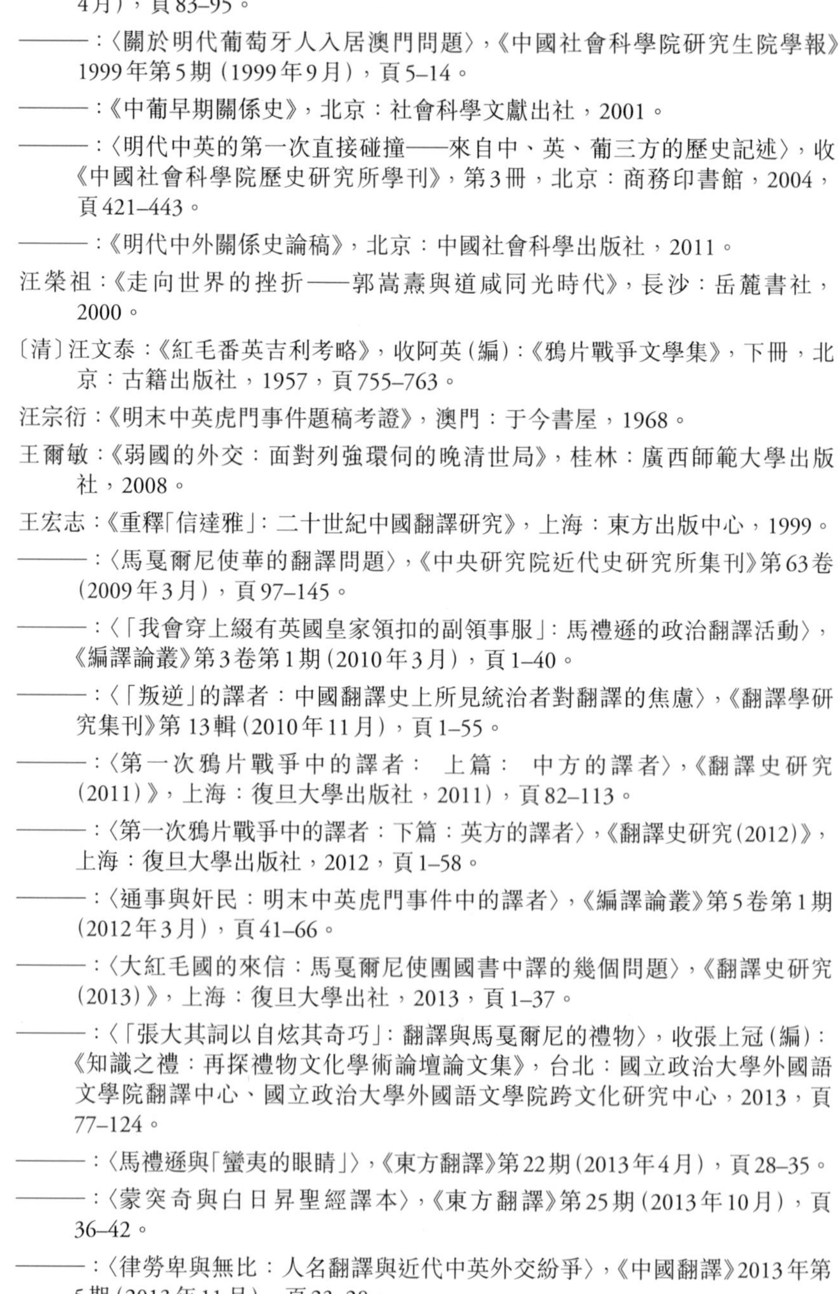

萬明：〈意大利傳教士馬國賢傳略〉，《傳統文化與現代化》1999年第2期（1999年4月），頁83–95。

———：〈關於明代葡萄牙人入居澳門問題〉，《中國社會科學院研究生院學報》1999年第5期（1999年9月），頁5–14。

———：《中葡早期關係史》，北京：社會科學文獻出社，2001。

———：〈明代中英的第一次直接碰撞——來自中、英、葡三方的歷史記述〉，收《中國社會科學院歷史研究所學刊》，第3冊，北京：商務印書館，2004，頁421–443。

———：《明代中外關係史論稿》，北京：中國社會科學出版社，2011。

汪榮祖：《走向世界的挫折——郭嵩燾與道咸同光時代》，長沙：岳麓書社，2000。

〔清〕汪文泰：《紅毛番英吉利考略》，收阿英（編）：《鴉片戰爭文學集》，下冊，北京：古籍出版社，1957，頁755–763。

汪宗衍：《明末中英虎門事件題稿考證》，澳門：于今書屋，1968。

王爾敏：《弱國的外交：面對列強環伺的晚清世局》，桂林：廣西師範大學出版社，2008。

王宏志：《重釋「信達雅」：二十世紀中國翻譯研究》，上海：東方出版中心，1999。

———：〈馬戛爾尼使華的翻譯問題〉，《中央研究院近代史研究所集刊》第63卷（2009年3月），頁97–145。

———：〈「我會穿上綴有英國皇家領扣的副領事服」：馬禮遜的政治翻譯活動〉，《編譯論叢》第3卷第1期（2010年3月），頁1–40。

———：〈「叛逆」的譯者：中國翻譯史上所見統治者對翻譯的焦慮〉，《翻譯學研究集刊》第13輯（2010年11月），頁1–55。

———：〈第一次鴉片戰爭中的譯者：上篇：中方的譯者〉，《翻譯史研究（2011）》，上海：復旦大學出版社，2011），頁82–113。

———：〈第一次鴉片戰爭中的譯者：下篇：英方的譯者〉，《翻譯史研究（2012）》，上海：復旦大學出版社，2012，頁1–58。

———：〈通事與奸民：明末中英虎門事件中的譯者〉，《編譯論叢》第5卷第1期（2012年3月），頁41–66。

———：〈大紅毛國的來信：馬戛爾尼使團國書中譯的幾個問題〉，《翻譯史研究（2013）》，上海：復旦大學出社，2013，頁1–37。

———：〈「張大其詞以自炫其奇巧」：翻譯與馬戛爾尼的禮物〉，收張上冠（編）：《知識之禮：再探禮物文化學術論壇論文集》，台北：國立政治大學外國語文學院翻譯中心、國立政治大學外國語文學院跨文化研究中心，2013，頁77–124。

———：〈馬禮遜與「蠻夷的眼睛」〉，《東方翻譯》第22期（2013年4月），頁28–35。

———：〈蒙突奇與白日昇聖經譯本〉，《東方翻譯》第25期（2013年10月），頁36–42。

———：〈律勞卑與無比：人名翻譯與近代中英外交紛爭〉，《中國翻譯》2013年第5期（2013年11月），頁23–28。

———：《翻譯與近代中國》，上海：上海復旦大學出版社，2014。

———：〈「不通文移」：近代中英交往的語言問題〉，《翻譯與近代中國》，上海：復旦大學出版社，2014，頁135–193。

———：〈1814年的「阿耀事件」：近代中英交往中通事〉，《中國文化研究所學報》第57期（2014年7月），頁203–232。

———：〈斯當東與廣州體制中英貿易的翻譯：兼論1814年東印度公司與廣州官員一次涉及翻譯問題的會議〉，《翻譯學研究集刊》第17期（2014年8月），頁225–259。

———：〈「這簡直就是一份外交贗品」：蒲安臣使團國書的英譯〉，《僑易》創刊號（2014年10月），頁85–119。

———：〈《南京條約》「領事」翻譯的歷史探析〉，《中國翻譯》2015年第3期（2015年6月），頁26–36。

———：〈從「紅江」到「香港」：19世紀上半英國人對Hong Kong的翻譯〉，《東方翻譯》2015年第3期（2015年6月），頁40–46。

———：〈英國外相巴麥尊的「昭雪伸冤」：鴉片戰爭初期一條影響道光皇帝對英策略的翻譯〉，《外國語文研究》2015年第4期（2015年8月），頁49–59。

———：〈「豈有城內城外之分？」：「廣州入城事件」與《南京條約》的翻譯問題〉，《翻譯史研究（2016）》，上海：復旦大學出版社，2016，頁153–189。

———：〈說「夷」：十八至十九世紀中英交往中的政治話語〉，《文學》2016年春／夏（2017年3月），頁209–307。

———：〈「不得辯論」？1849年香港第三任總督文翰一道有關「廣州入城」問題照會的翻譯〉，《翻譯史研究（2017）》，上海：復旦大學出版社，2018，頁125–148。

———：〈從西藏拉薩到《大英百科全書》：萬寧（Thomas Manning, 1772–1840）與18–19世紀中英關係〉，《國際漢學》第16期（2018年9月），頁122–147。

———：〈「著名的十三條」之謎：圍繞1843年中英〈善後事宜清冊附粘和約〉的爭議〉，《中央研究院近代史研究集刊》第103期（2019年5月），頁1–46。

———：〈馬戛爾尼使團的譯員〉，《翻譯史研究（2018）》，上海：復旦大學出版社，2020，頁36–120。

———：〈「今爾國使臣之意，欲任聽夷人傳教」？馬戛爾尼使團乾隆致英國王第二道敕諭中的傳教問題〉，《中國文化研究所學報》第71期（2020年7月），頁47–70。

———：〈生榮死哀：英國第一任寧波領事羅伯聃（Robert Thom, 1807–1846）的去世及有關其撫卹安排的討論〉，《或問》第37期（2020年8月），頁1–16。

———：〈使團的預告：東印度公司主席百靈就馬戛爾尼使團訪華致廣東官員信函的翻譯問題〉，《翻譯史論叢》第2期（2020年12月），頁1–35，

———：〈作為文化現象的譯者：譯者研究的一個切入點〉，《長江學術》第69期（2021年1月），頁87–96。

———：〈「奉天承運，皇帝敕諭英吉利國王知悉」：乾隆致英國王喬治三世的三道敕諭及其翻譯問題〉，《復旦談譯錄》第3期（2021年6月），頁50–129。

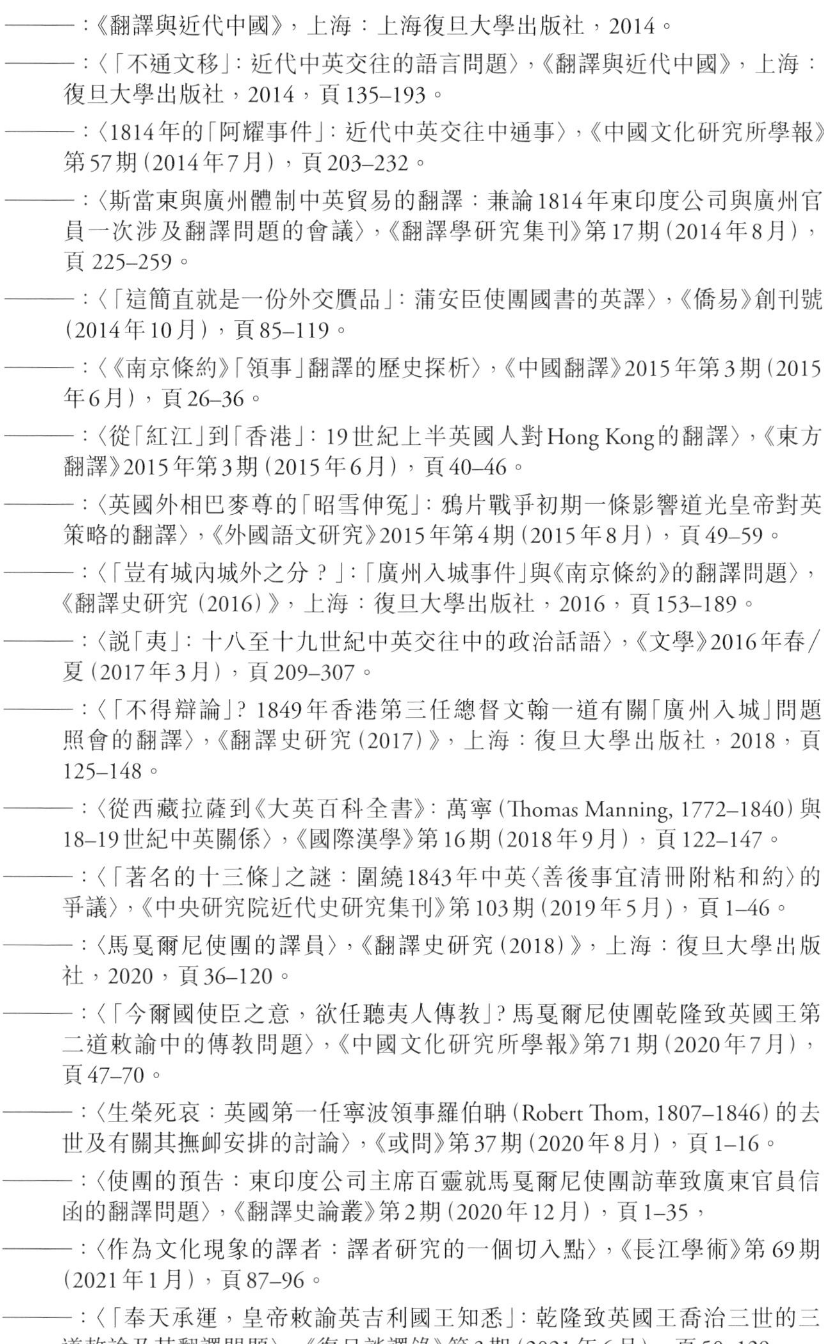

———：〈如何「張大其詞以自炫其奇巧」？論新發現1793年馬戛爾尼使團禮品清單中譯本〉，《外國語言與文化》第5卷第3期（2021年9月），頁102–123。

王輝：〈天朝話語與喬治三世致乾隆皇帝的清宮譯文〉，《中國翻譯》2009年第1期（2009年1月），頁27–32。

王開璽：《清代外交禮儀的交涉與論爭》，北京：人民出版社，2009。

———：《清代的外交與外交禮儀之爭》，北京：東方出版社，2017。

王日根：《明清海疆政策與中國社會發展》，福州：福建人民出版社，2006。

王鐵崖（編）：《中外舊約章匯編》，北京：三聯書店，1957。

〔清〕王先謙：《東華續錄》，《續收四庫全書》，上海：上海古籍出版社，1995。

王雲五（主編）：《四庫全書珍本六集》，台北：台灣商務印書館，1976。

王曾才：〈馬戛爾尼使團評述〉，收《屈萬里先生七秩榮慶論文集》編輯委員會（編）：《屈萬里先生七秩榮慶論文集》，台北：聯經出版公司，1978，頁235–248；又收王曾才：《中英外交史論集》，台北：聯經出版公司，1979，頁17–40。

威廉·亞歷山大（著），沈弘（譯）：《1793：英國使團畫家筆下的乾隆盛世——中國人的服飾和習俗圖鑒》，杭州：浙江古籍出版社，2006。

〔清〕文慶、賈楨、寶鋆等（纂輯）：《籌辦夷務始末（道光朝）》，北京：中華書局，1964。

吳義雄：《條約口岸體制的醞釀——19世紀30年代中英關係研究》，北京：中華書局，2009。

———：〈國際戰爭、商業秩序與「通夷」事件——通事阿耀案的透視〉，《史學月刊》2018年第3期（2018年3月），頁66–78。

夏泉、馮翠：〈傳教士本土化的嘗試：試論意大利傳教士馬國賢與清中葉中國學院的創辦〉，《世界宗教研究》2010年第3期（2010年6月），頁77–85。

〔清〕夏燮：《中西紀事》，長沙：岳麓書社，1988。

解江紅：〈清代廣州貿易中的法國商館〉，《清史研究》2017年第2期（2017年5月），頁99–112。

許地山（編）：《達衷集》，上海：商務印書館，1931。

徐藝圃：〈序言〉，收中國第一歷史檔案館（編）：《英使馬戛爾尼訪華檔案史料匯編》，北京：國際文化出版公司，1996，頁1–9。

閻宗臨：《中西交通史》，桂林：廣西師範大學出版社，2007。

楊登傑：〈七政儀考〉，收方勵之（主編）：《科學史論集》，合肥：中國科學技術大學出版社，1987，頁127–155。

〔清〕楊光榮（修），陳澧（纂）：《香山縣志》，中山：本衙藏版，1879。

〔清〕印光任、張汝霖：《澳門記略》，廣州：廣東高等教育出版社，1988。

游博清：〈小斯當東（George Thomas Staunton, 1781–1859）——19世紀的英國茶商、使者與中國通〉，國立清華大學歷史研究所碩士學位論文，2004。

———：《經營管理與商業競爭力：1786–1816年間英國東印度公司對華貿易》，台北：元華文創股份有限公司，2017。

葉靄雲：〈廣東通事「老湯姆」及其寬和通事館考〉，《翻譯史研究（2016）》，上海：復旦大學出版社，2016，頁97–119。

葉柏川：《俄國來華使團研究：1618–1807》，北京：社會科學文獻出版社，2010。

余三樂：《早期西方傳教士與北京》，北京：北京出版社，2001。

袁墨香：〈馬戛爾尼使華與天主教傳教士〉，山東大學碩士學位論文，2005。

———：〈天主教傳教士與馬戛爾尼使團〉，《棗莊學院學報》第23卷第1期（2006年2月），頁71–76。

約翰・巴羅（著），李國慶（整理）：《中國旅行記》，2冊，桂林：廣西師範大學出版社，2011。

約瑟夫・塞比斯（著），王立人（譯）：《耶穌會士徐日升關於中俄尼布楚談判的日記》，北京：商務印書館，1973。

曾陽晴：〈白日昇「四史攸編耶穌基利斯督福音之合編」之編輯原則研究〉，《成大宗教與文化學報》第11期（2008年12月），頁156–188。

章文欽：《廣東十三行與早期中西關係》，廣州：廣東經濟出版社，2009。

張誠：《張誠日記》，北京：商務印書館，1973。

張德昌：〈胡夏米（Hugh Hamilton Lindsay）貨船來華經過及其影響〉，《中國近代經濟史研究集刊》1卷2期（1931年11月）；收《清史研究資料叢編》，香港：學海出版社，出版日期缺，頁220–239。

張海鵬（編）：《中葡關係史資料集》，2冊，成都：四川人民出版社，1999。

張靜廬（輯注）：《中國近代出版史料二編》，北京：中華書局，1957。

張隆溪：〈什麼是「懷柔遠人」？正名、考證與後現代式史學〉，《二十一世紀》第45期（1998年2月），頁56–63。

———：〈「餘論」的餘論〉，《二十一世紀》第65期（2001年6月），頁90–91。

〔清〕張渠：《粵東聞見錄》，廣州：廣東高等教育出版社，1990。

張順洪：〈馬戛爾尼和阿美士德對華評價與態度的比較〉，《近代史研究》1992年第3期（1992年6月），頁1–36。

〔清〕張廷玉等：《清朝文獻通考》，上海：商務印書局，1936。

———等：《明史》，北京：中華書局，1974。

張維華：〈葡萄牙第一次來華使臣事蹟考〉，《史學年報》第1卷第5期（1933年），頁103–112。

———：《明史佛郎機呂宋和蘭意大里亞四傳注釋》，北平：哈佛燕京學社，1934。

———：《明史歐洲四國傳注釋》，上海：上海古籍出版社，1982。

張西平：〈明清之際《聖經》中譯溯源研究〉，收陳春聲（編）：《海陸交通與世界文明》，北京：商務印書館，2013，頁341–367。

〔明〕張燮：《東西洋考》，上海：商務印書館，1937。

張軼東：〈中英兩國最早的接觸〉，《歷史研究》1958年第5期（1958年10月），頁27–43。

張芝聯（主編）：《中英通使二百周年學術討論會論文集》，北京：中國社會科學出版社，1996。

趙剛：〈是什麼遮蔽了史家的眼睛？——18世紀世界視野中的馬戛爾尼使團來華事件〉，收李陀、陳燕穀(主編)：《視界》第9輯，石家莊：河北教育出版社，2003，頁2–28。

趙曉陽：〈二馬聖經本與白日昇聖經譯本關係考辨〉，《近代史研究》2009年第4期(2009年7月)，頁41–59。

〔清〕趙翼：《簷曝雜記》，北京：中華書局，1997。

中國第一歷史檔案館(編)：《鴉片戰爭檔案史料》，7冊，天津：天津古籍出版社，1992。

———(編)：《英使馬戛爾尼訪華檔案史料匯編》，北京：國際文化出版公司，1996。

———(編)：《清中前期西洋天主教在華活動檔案史料》，4冊，北京：中華書局，2003。

中央研究院歷史語言研究所(編)：《大明世宗肅皇帝實錄》，收《明實錄》，台北：中央研究院歷史語言研究所，1966。

鍾鳴旦(著)、陳妍容(譯)：《禮儀之爭中的中國聲音》，上海：上海人民出版社，2021。

鍾叔河：《走向世界：近代中國知識份子考察西方的歷史》，北京：中華書局，1985。

鍾珍萍、葛桂彔：〈互文‧圖像‧數據與中國形象建構——以英國馬戛爾尼使團著作為中心〉，《福建師範大學學報(哲學社會科學版)》2021年第2期(2021年4月)，頁144–154。

周錫瑞：〈後現代式研究：望文生義，方為妥善〉，《二十一世紀》第44期(1997年12月)，頁105–117。

朱杰勤：〈英國第一次使臣來華記〉，《現代史學》第3卷第1期(1936年5月)，頁1–47；收《中外關係史論文集》，開封：河南人民出版社，1984，頁482–547。

———：〈英國第一次使團來華的目的和要求〉，《世界歷史》1980年第3期(1980年3月)，頁24–31；收《中外關係史論文集》，開封：河南人民出版社，1984，頁548–562。

朱雍：《不願打開的中國大門：18世紀的外交與中國命運》，南昌：江西人民出版社，1989。

日文書目

內田慶市：〈白日昇漢譯聖經攷〉，《東アジア文化交涉研究》第5號(2012)，頁191–198。

佐佐木正哉(編)：《鴉片戰爭後の中英抗爭(資料篇稿)》，東京：近代中國研究委員會，1964。

———(編)：《鴉片戰爭の研究(資料篇)》，東京：近代中國研究委員會，1967。

———(編)：《鴉片戰爭前中英交涉文書》，東京：巖南堂書店，1967。

索引

（以中文首字拼音排序）